U0767691

国家重点档案专项资金资助项目

抗日战争档案汇编

抗战时期四川梁山地区日机空袭伤亡损失及善后抚恤救济档案汇编

1

重庆市梁平区档案馆 编

五洲传播出版社

图书在版编目（CIP）数据

抗战时期四川梁山地区日机空袭伤亡损失及善后抚恤救济档案汇编 / 重庆市梁平区档案馆编 . -- 北京：五洲传播出版社，2024. 3. -- (抗日战争档案汇编). ISBN 978-7-5085-5171-5

Ⅰ . K265.063

中国国家版本馆 CIP 数据核字第 2024DC9442 号

抗战时期四川梁山地区日机空袭
伤亡损失及善后抚恤救济档案汇编（全二册）

编　　者：重庆市梁平区档案馆
出 版 人：关　宏
责任编辑：苏　谦
装帧设计：北京禾风雅艺文化发展有限公司
出版发行：五洲传播出版社
地　　址：北京市海淀区北三环中路31号生产力大楼B座6层
邮　　编：100088
电　　话：010-82005927，82007837
网　　址：www.cicc.org.cn, www.thatsbooks.com
印　　刷：天津艺嘉印刷科技有限公司
版　　次：2025年6月第1版第1次印刷
开　　本：210mm × 285mm
印　　张：64.25
定　　价：1030.00元

抗日战争档案汇编编纂出版工作组织机构

编纂出版工作领导小组

组　长　王绍忠

副组长　高　嵘　李洁鸿　林振义

编纂委员会

主　任　王绍忠

副主任　李洁鸿

顾　问　杨冬权　李明华　陆国强

成　员（按姓氏笔画为序排列）

王　宇　王　放　王海燕　方　旭　甘自强　田　红

田　峰　田富祥　代年云　白晓军　冯建华　伍　英

刘晓阳　孙秀梅　孙建军　苏雨新　苏树增　杜昕昱

李　军　李　晶　李世华　李宝玲　李莉娜　李海蓉

李家成　杨文丰　杨智友　谷　磊　张　军　张向军

张军勇　张秀丽　陆和兰　陈念芜　陈熙满　欧阳春

罗先东　周向阳　郑泽隆　赵舒龙　胡　勇　姜若宁

姚永军　聂文胜　夏　红　顾　俊　徐未晚　高建舟

常建宏　梁克昌　蒋宏灵　喻在岗　焦东华　童　鹿

曾德亚　谭荣鹏　潘　勇

编纂出版工作领导小组办公室

主　任　李莉娜

副主任　贾　坤　沈　岚

成　员（按姓氏笔画为序排列）

朱召师　李　宁　汪海涛　董书婷

《抗战时期四川梁山地区日机空袭伤亡损失及善后抚恤救济档案汇编》编委会

总序

为深入贯彻落实习近平总书记「让历史说话，用史实发言，深入开展中国人民抗日战争研究」的重要指示精神，国家档案局根据《全国档案事业发展「十三五」规划纲要》和《「十三五」时期国家重点档案保护与开发工作总体规划》的有关安排，决定全面系统地整理全国各级综合档案馆馆藏抗战档案，编纂出版《抗日战争档案汇编》（以下简称《汇编》）。

中国人民抗日战争是近代以来中国反抗外敌入侵第一次取得完全胜利的民族解放战争，开辟了中华民族伟大复兴的光明前景。这一伟大胜利，也是中国人民为世界反法西斯战争胜利、维护世界和平作出的重大贡献。加强中国人民抗日战争研究，具有重要的历史意义和现实意义。

全国各级档案馆保存的抗战档案，数量众多，内容丰富，全面记录了中国人民抗日战争的艰辛历程，是研究抗战历史的珍贵史料。一直以来，全国各级档案馆十分重视抗战档案的开发利用，陆续出版公布了一大批抗战档案，对揭露日本帝国主义侵华罪行，讴歌中华儿女勠力同心、不屈不挠抗击侵略的伟大壮举，弘扬伟大的抗战精神，引导正确的历史认知，发挥了积极作用。特别是国家档案局组织有关方面共同努力和积极推动，「南京大屠杀档案」被联合国教科文组织评选为「世界记忆遗产」，列入《世界记忆名录》，捍卫了历史真相，在国际上产生了广泛而深远的影响。

全国各级档案馆馆藏抗战档案开发利用工作虽然取得了一定的成果，但是，在档案信息资源开发的系统性和深入性方面仍显不足。正如习近平总书记所指出的：「同中国人民抗日战争的历史地位和历史意义相比，同这场战争对中华民族和世界的影响相比，我们的抗战研究还远远不够，要继续进行深入系统的研究。」「抗战研究要深入，就要更多通过档案、资料、事实、当事人证词等各种人证、物证来说话。要加强资料收集和整理这一基础性工作，全面整理我国各地抗战档案、照片、资料、实物等……」

国家档案局组织编纂《汇编》，对全国各级档案馆馆藏抗战档案进行深入系统地开发，是档案部门贯彻落实习近平总书记重要指示精神，推动深入开展中国人民抗日战争研究的一项重要举措。本书的编纂力图准确把握中国人民抗日战争的历史进程、主流和本质，用详实的档案全面反映一九三一年九一八事变后十四年抗战的全过程，反映中国共产党在抗日战争中的中流砥柱作用以及中国人民抗日战争在世界反法西斯战争中的重要地位，反映国共两党「兄弟阋于墙，外御其侮」进行合作抗战、共同捍卫民族尊严的历史，反映各民族、各阶层及海外华侨共同参与抗战的壮举，展现中国人民抗日战争的伟大意义，以历史档案揭露日本侵华暴行，揭示日本军国主义反人类、反和平的实质。

编纂《汇编》是一项浩繁而艰巨的系统工程。为保证这项工作的有序推进，国家档案局制订了总体规划和详细的实施方案，明确了指导思想、工作步骤和编纂要求。为保证编纂成果的科学性、准确性和严肃性，国家档案局组织专家对选题进行全面论证，对编纂成果进行严格审核。

各级档案馆高度重视并积极参与到《汇编》工作之中，通过全面清理馆藏抗战档案，将政治、军事、外交、经济、文化、宣传、教育等多个领域涉及抗战的内容列入选材范围。入选档案包括公文、电报、传单、文告、日记、照片、图表等多种类型。在编纂过程中，坚持实事求是的原则和科学严谨的态度，对所收录的每一件档案都仔细鉴定、甄别与考证，维护档案文献的真实性，彰显档案文献的权威性。同时，以《汇编》编纂工作为契机，以项目谋发展，用实干育人才，带动国家重点档案保护与开发，夯实档案馆基础业务，提高档案人员的业务水平，促进档案馆各项事业的发展。

守护历史，传承文明，是档案部门的重要责任。我们相信，编纂出版《汇编》，对于记录抗战历史，弘扬抗战精神，发挥档案留史存鉴、资政育人的作用，更好地服务于新时代中国特色社会主义文化建设，都具有极其重要的意义。

抗日战争档案汇编编纂委员会

编辑说明

抗日战争时期，四川省梁山县（今重庆市梁平区）作为大后方最前哨机场和拱卫重庆的空战指挥部所在地，成为侵华日军飞机轰炸的重点地区。据不完全统计，从一九三八年十月四日至一九四四年十二月十九日，日军飞机对梁山地区特别是梁山县城进行了长达六年共计四十九次的狂轰滥炸，给梁山人民的生命及财产造成极其惨重的损失，犯下了无法抵赖、不可饶恕的罪行。

重庆市梁平区档案馆馆藏相关档案详细记载了抗日战争时期日机对梁山机场、梁山县城及所辖乡镇的轰炸概况、损失调查统计以及善后抚恤救济等内容，是真实客观揭露日本侵华罪行的一手史料。梁平区档案馆深入挖掘馆藏档案资料，选用档案原件全文影印，编纂出版《抗战时期四川梁山地区日机空袭伤亡损失及善后抚恤救济档案汇编》。全书共二册，选稿时间起自一九三八年，迄至一九四五年，按照日机轰炸年度分成六个部分，年度内再按轰炸发生具体时间结合档案形成时间先后排序，最后专设一部分，为梁山地区人民要求赔偿日军轰炸损失史料。选用档案未作删节，如有缺页，为档案自身不全。

本书使用规范简化字及公元纪年。档案中原标题完整或基本符合要求的使用原标题；对原标题有明显缺陷的进行了修改或重拟；无标题的加拟了标题。标题中人物姓名使用通用名，机构名称使用全称或规范简称，历史地名沿用当时地名，对繁体字、错别字、不规范异体字、异形字等予以径改。档案所载时间不完整或不准确的，作了补充或订正。档案无时间且无法考证的标注「时间不详」，排在同一事件末；只有年份的档案排在同一事件该年末，只有年份、月份而没有具体日期的档案，排在同一事件该月末。限于篇幅，本书不作注释。

由于时间紧，档案公布量大，编者水平有限，在编辑过程中可能存在疏漏之处，欢迎斧正。

编　者

二〇二二年六月

目录

三、一九四〇年日军轰炸梁山地区史料

第二册

四、一九四一年日军轰炸梁山地区史料

五、一九四三年日军轰炸梁山地区史料

六、一九四四年日军轰炸梁山地区史料

七、梁山地区人民要求赔偿日军轰炸损失史料

一、一九三八年日军轰炸梁山地区史料

航空委员会空军第三总站关于报送一九三八年十月四日日机轰炸梁山县破坏情形调查表致梁山县政府的公函（一九三八年十月十一日）

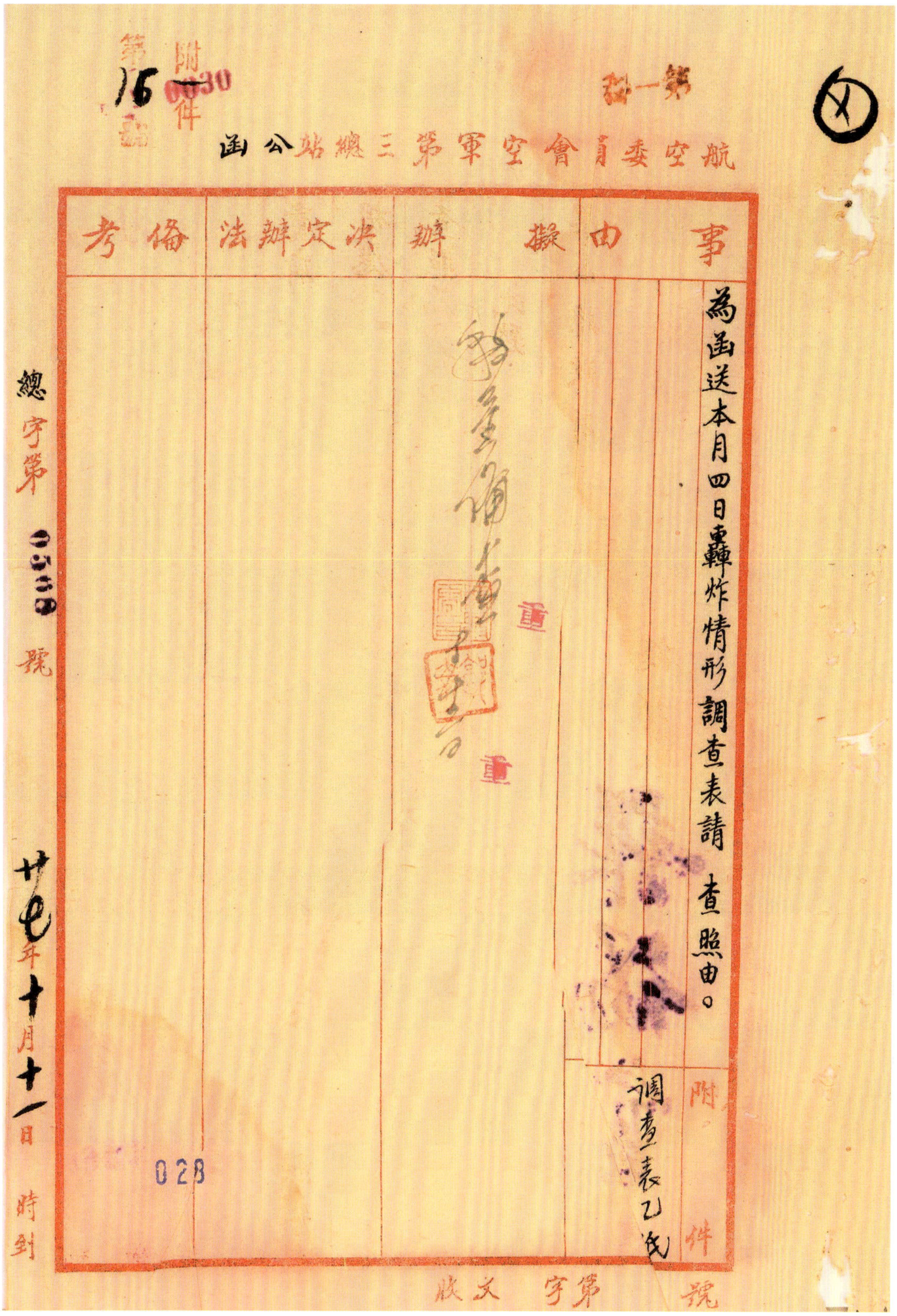
航空委員會空軍第三總站公函

第一號

事由	擬辦	決定辦法	備考
為函送本月四日轟炸情形調查表請 查照由。			
附件：調查表乙紙			

總字第0530號

廿七年十月十一日 時到

航空委員會空軍第三總站公函

總字第0568號

案准

貴府民字第六二零一號函囑填送轟炸情形調查表自應照辦。相應檢同調查表一份，備函送上即請

查照為荷。

此致

梁山縣政府

總站長張錫實

028-1

中華民國二十七年十月十一日

029-1

附：轰炸破坏情形调查表

轟炸彈破壞情形調查表

次序	類別	破壞情形	附錄
1	地址	四川省 市 街 巷	
2	日期	民國二七年十月四日	
3	投彈高度	二千 公尺	
4	轟炸彈重量	100. 50. 25 公斤	
5	被炸處漏斗孔	深2.5 2. 1.5 公尺直徑5. 3. 2. 公尺	須説明地質
6	偏離轟炸目的物	公尺	
7	破碎片爆射距離	公尺	須註明其大小及破壞附近建築物情形、
8	震倒民房間數	間	須註明建築方法及所有材料
9	炸燬民房間數	間	仝上
10	受破碎片擊傷人數	人	
11	受破碎片爆死人數	人	
12	受房屋壓傷人數	人	
13	受房屋壓死人數	人	
14	二十公尺內破壞情形		須附明晰影片（四吋）
15	五十公尺內破壞情形		仝上
16	六百公尺內破壞情形		仝上
17	大受損失面積數	平方公尺	須附千分一實測平面图
18	微受損失面積數	平方公尺	仝上
19	其他		

主管長官　　　　調查者

梁山县政府、梁山县第一区北城镇联保办公处等关于核办一九三八年十月二十二日邝王氏母女被日机炸亡抚恤案的文书（一九三八年十月至十一月）

梁山县第一区北城镇联保办公处致梁山县政府的呈（一九三八年十月二十二日）

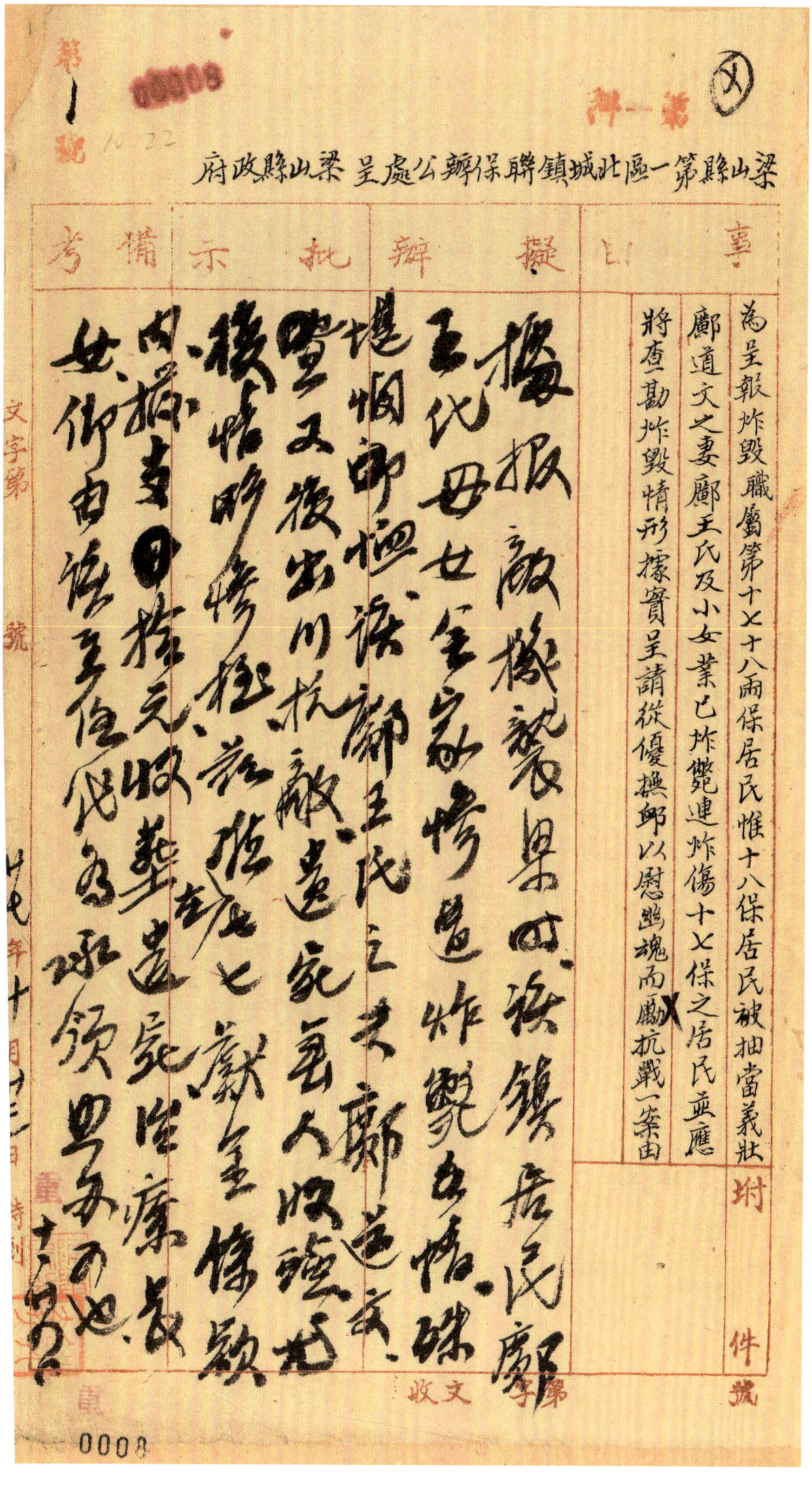
梁山縣第一區北城鎮聯保辦公處呈 梁山縣政府

事由	擬辦	批示	備考
為呈報炸毀職屬第十七十八兩保居民惟十八保居民被抽當義壯鄺道文之妻鄺王氏及小女業已炸斃連炸傷十七保之居民並應將查勘炸毀情形據實呈請從優撫䘏以慰幽魂而勵抗戰一案由			

附件

0008

竊本日敵機來梁投彈後職督即會同唐警佐前往查勘炸毀情形當經勘明已將
職屬第十八保居民鄺王氏全身炸碎同時將該氏歲多之小女亦同炸死並將該氏八歲長
女見妹足桿炸傷查該氏夫鄺道文前經被袖當義勇壯丁已出川殺敵有案可稽複查該
氏夫拋妻離子拚命為國殺敵詎料該氏母子在家遭此巨劫至遺之八歲之孺女見妹盡失其所
依惠之足桿受傷乏人醫治籲天無路呼地無門痛哭流啼言之痛心聞之酸鼻情殊可憫實
屬慘然已極理應呈請從優撫卹給該氏等燒埋費同時並將職屬第十七保鄧家院子居
民孫榮興頭部及腳上兩處均受重傷連將沈明登後頸部受傷及伊之孀母和伊之小工
胡么妹亦同受傷由將黑朝門劉柳如及劉春軒房院及器具衣物概行燃燒罄盡職應
將勘明敵機來梁炸毀所屬房院及炸死傷居民之慘狀情形除分呈 第區署轉請從優
撫卹燒埋外理合具文呈請

鈞府俯賜鑒核，懇予從優撫卹，給該鄺王氏之燒埋費，以慰幽魂，而勵抗戰，指令飭遵。

謹呈

縣長陳

梁山縣第一區北城鎮聯保主任庾　高

中華民國二十七年十月二十二日

梁山县政府致梁山县第一区北城镇联保办公处的指令（一九三八年十月）

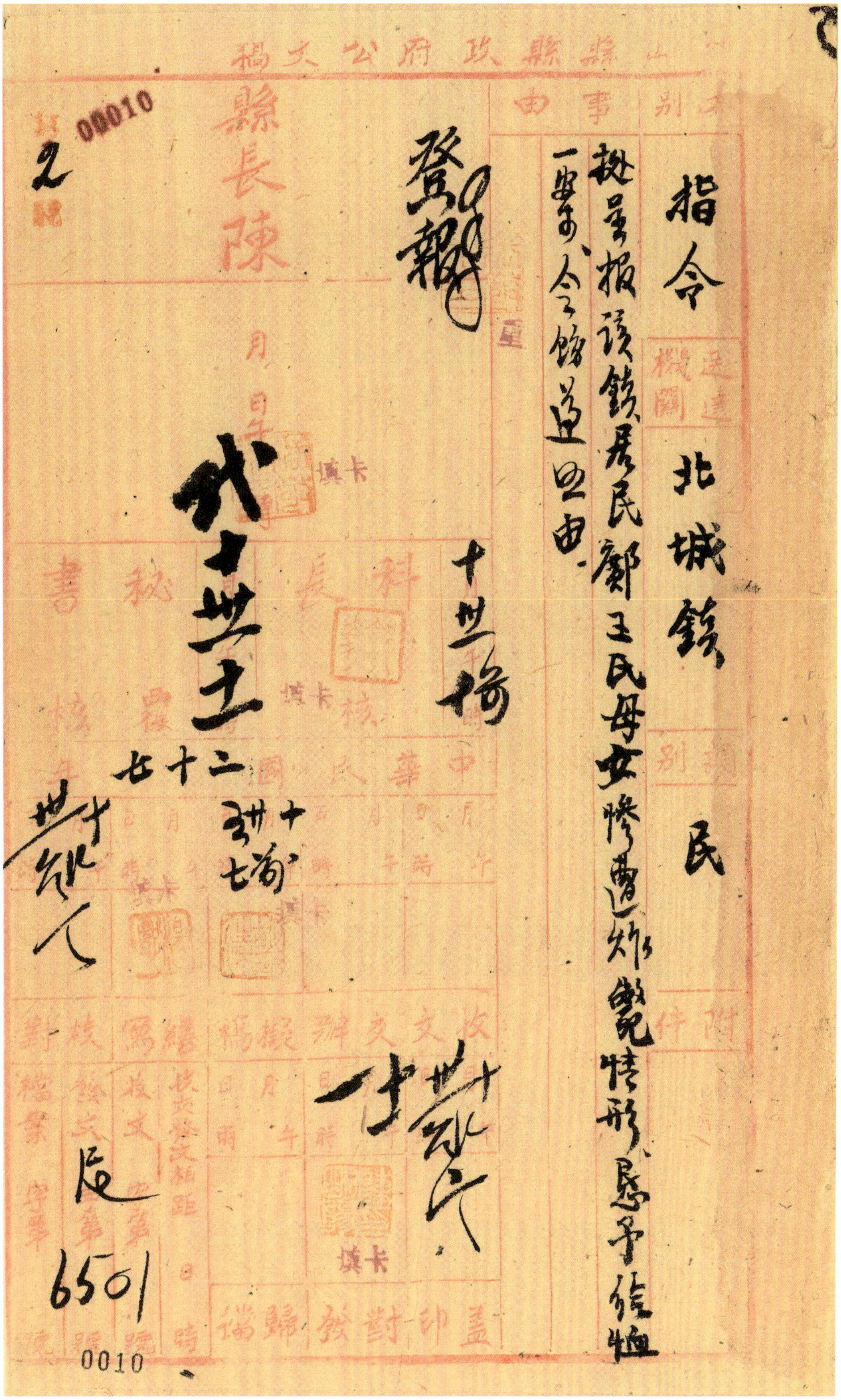
山县县政府公文稿

县长陈

指令 北城镇民

据呈报该镇居民郑王氏母女惨遭炸毙情形恳予体恤一案，令饬遵照由

全

衔 指令 二十七年民字第6501号

令北城镇联保主任 庚高

二十七年十月二十三日呈一件，为呈报炸毁城镇第十七、十八两保居民，惨十八保居民补抽壮丁郑道文之父，其妻王氏及女业已炸毙，其长女郑幽魂，又第十七保居民杨庆妻侄，恳予从优抚恤，以利抗战由。

呈悉。据报日寇敌机袭城时，该镇居民郑王氏母女惨遭炸毙，无情殊堪悯恤，该郑王氏之夫郑道文，又系出川抗敌，遗尸无人收殓，情形尤属惨极，兹准在七七献金余款内拨支贰拾元，收殓遗尸，以

應其妻傅秀女、仰該主任委員具領、並由該主任代為辦理一切善後可也、

此令、

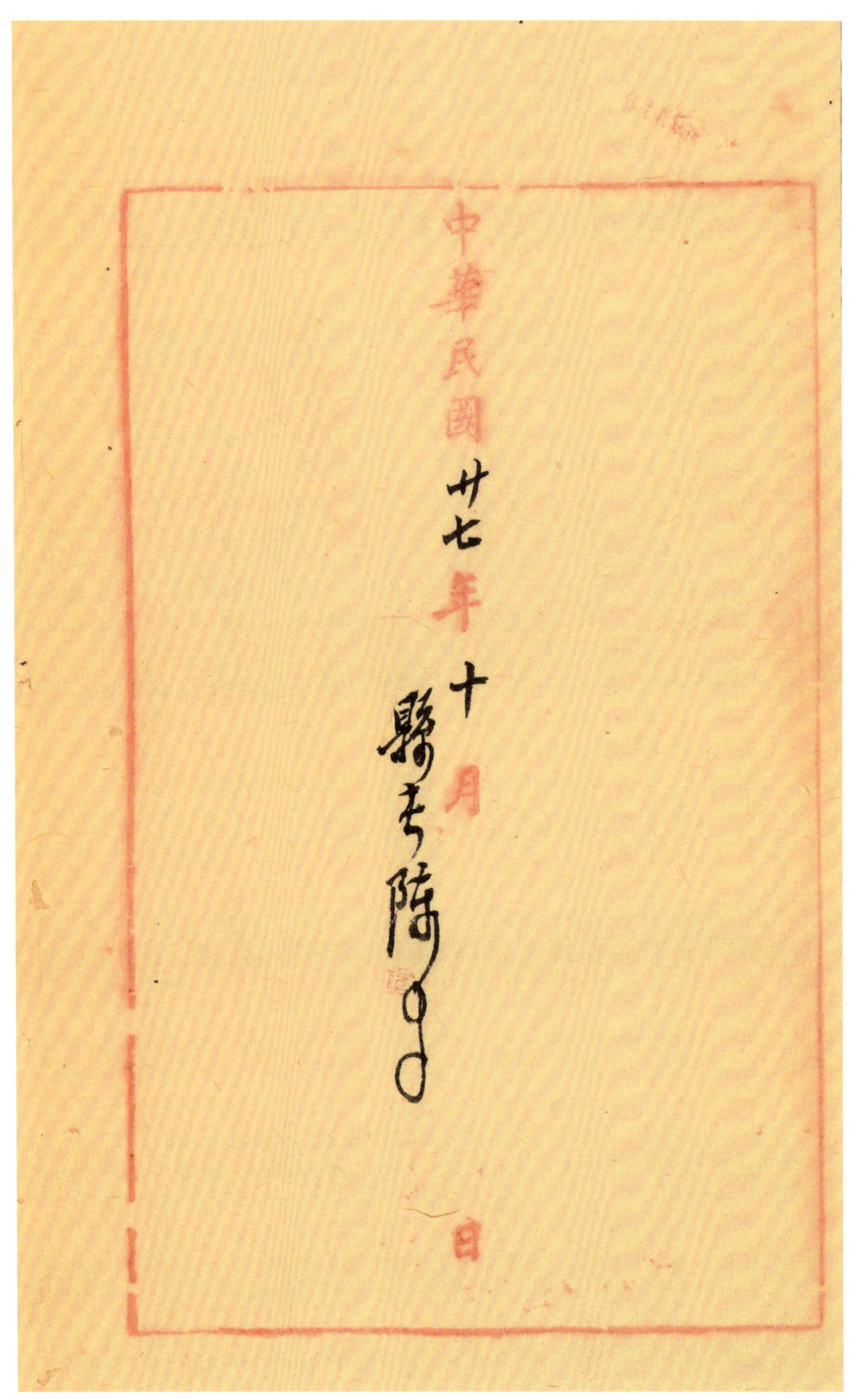

中華民國廿七年十月日

縣長陳○○

邝贱妹致梁山县政府的呈（一九三八年十一月）

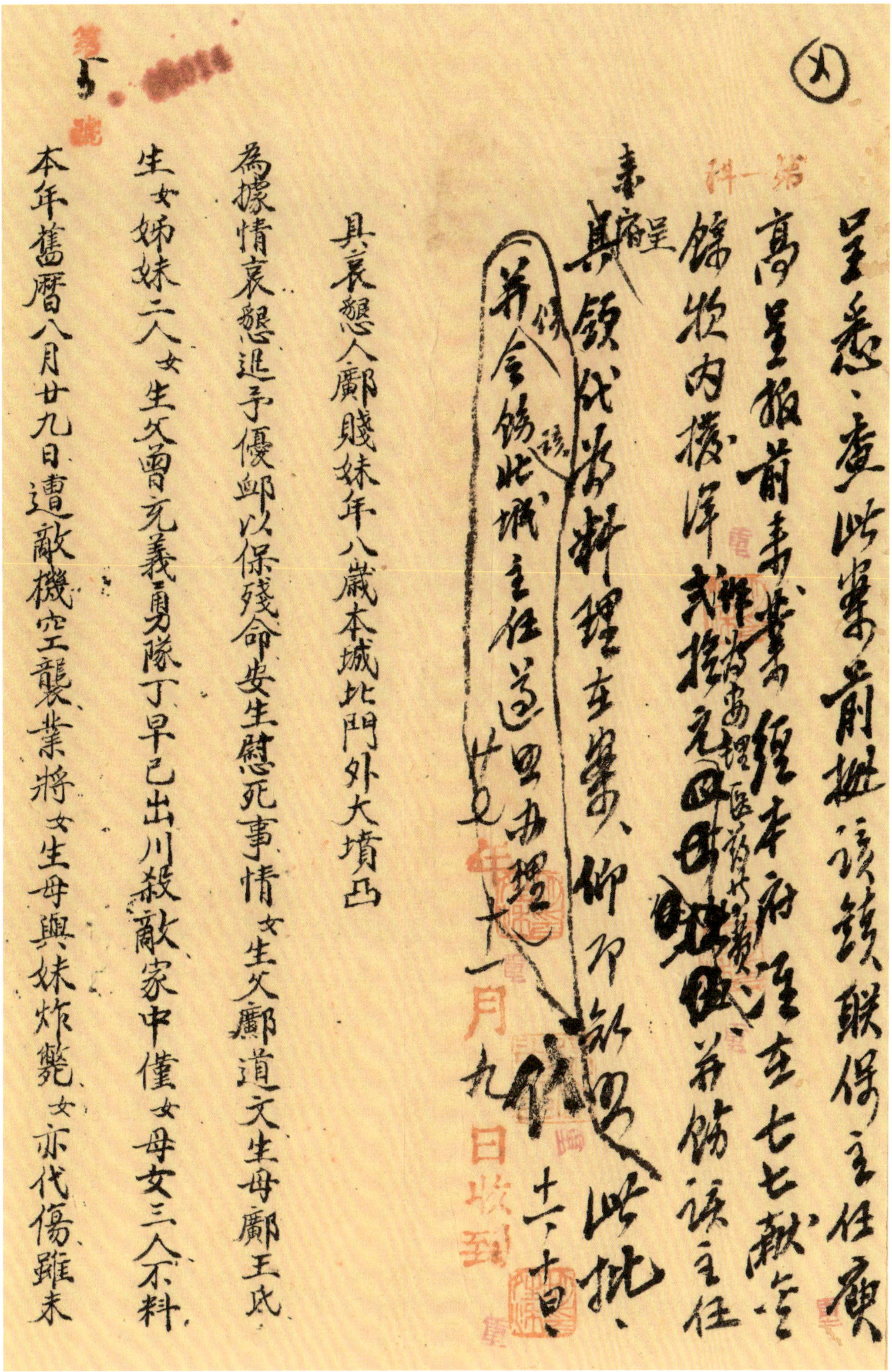
呈悉。查此案前据该镇联保主任广
高呈报前来，业经本府准予七七献金
储款内拨洋贰拾元（作为丧葬医药费），并饬该主任
具领代为料理在案。仰即就近与该联保主任商洽可也。此批。

廿七年十一月九日收到

十一月十日

具哀恳人邝贱妹，年八岁，本城北门外大坟凸

为据情哀恳，追予优恤，以保残命，安生慰死事。情女生父邝道文，生母邝王氏，

生女姊妹二人，女生父曾充义勇队丁，早已出川杀敌，家中仅女母女三人。不料

本年旧历八月廿九日，遭敌机空袭，业将女生母与妹炸毙，女亦代伤，虽未

得死而傷形頗重，對於存亡尚難定料，況此慘狀雖經本鎮聯保主任具報
鈞府業沐恩准優卹在案，其實尚未具領。因思此種情形，女之生父尚未在家，
母女無辜遭此慘禍，家又赤貧，對於母妹之死安埋無着，女之生活無濟，不祈
鈞座加恩體恤，何足以維人道。是以據情哀懇
鈞府鑒原，准予從厚優卹，俾女母妹屍身得已安埋，倘蒙恩准，不勝沾感。謹呈
梁山縣長陳（重） 公鑒

中華民國二十七年十一月 日具哀懇人鄺賤妹七

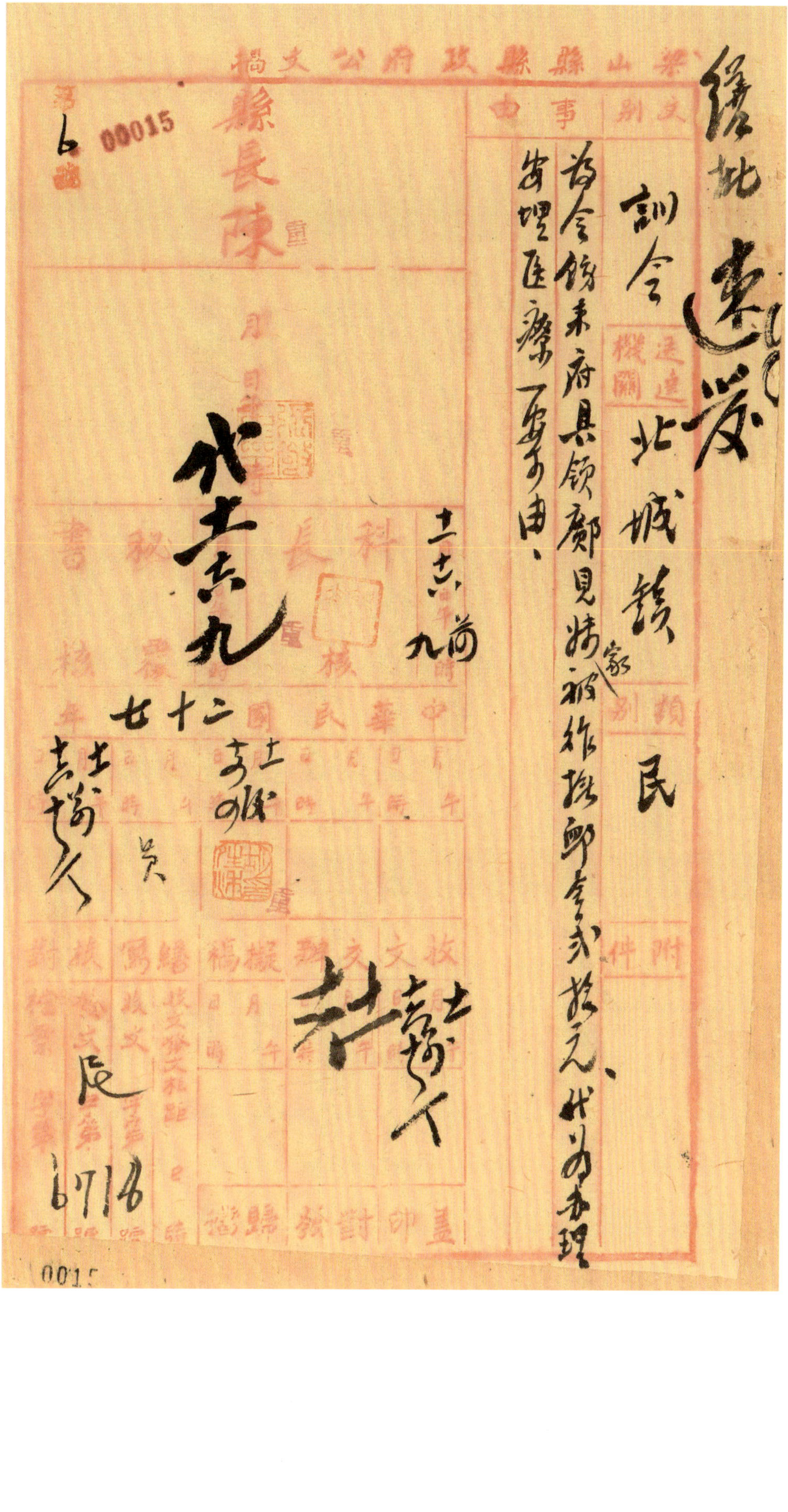

梁山县政府致梁山县第一区北城镇联保办公处的训令（一九三八年十一月十六日）

梁山縣政府公文稿

縣長陳

文別：訓令

送達機關：北城鎮

類別：民

事由

科長

秘書

核稿

中華民國　年　月　日　時

附件

全

训令 廿七年民字第4718号

令北城镇联保主任唐蔚

案据北门外大坟丘居民郑见游呈称：

"为据情哀恳，迅予优恤……谨呈"

等情。据此，除以"呈悉[illegible]云云。此批"等语揭示外，

合行令仰该主任即便[illegible]具，并附具领恤金，

代为料理，以矜孤苦为要！

此令。

中华民国二十七年十二月十六日

县长 陈

015-1

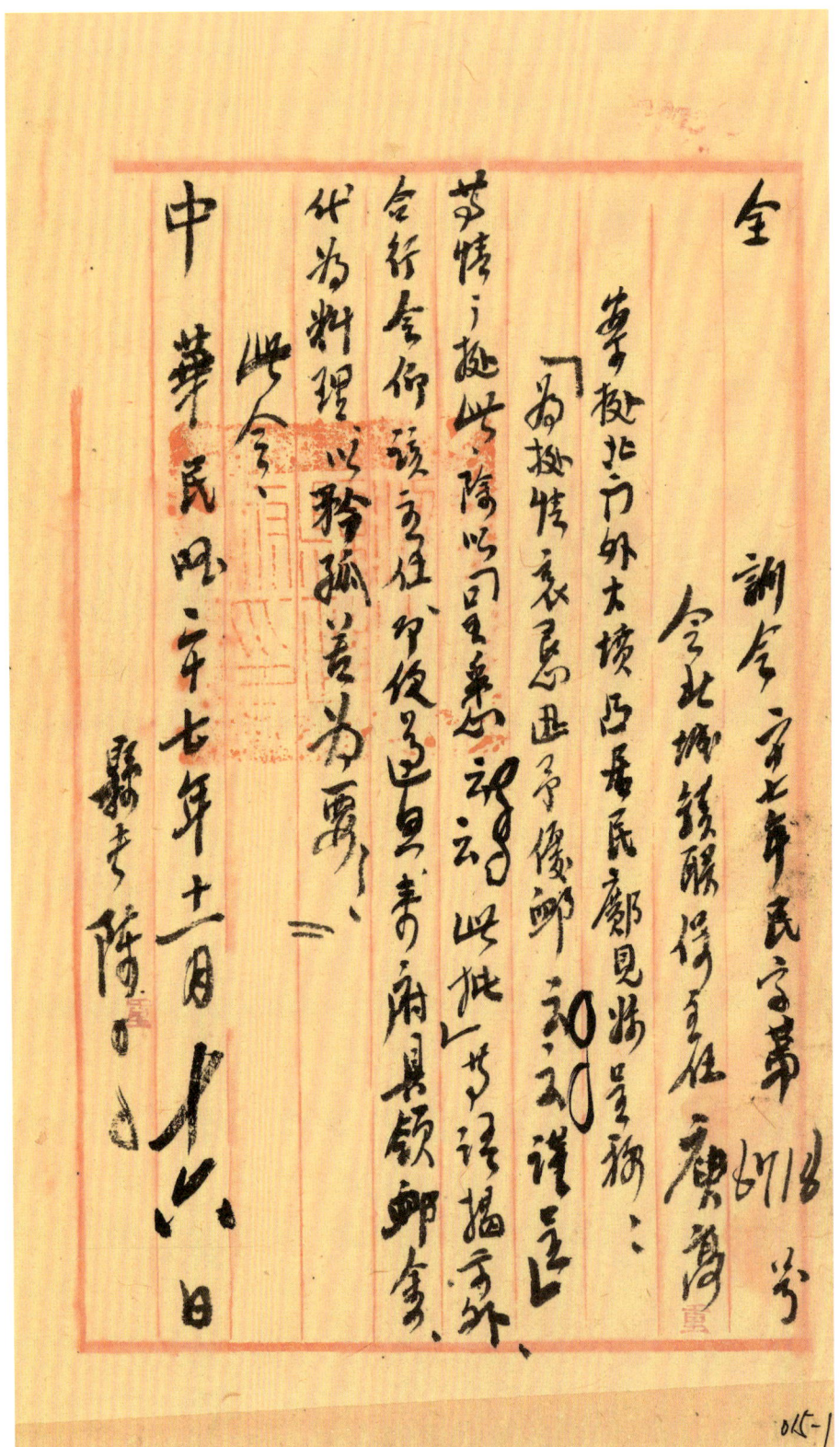

梁山县政府、梁山县第一区北城镇联保办公处关于核办一九三八年十一月五日日机炸毁莫宗文、邓明德、王明兴房院、器物案的来往文书（一九三八年十一月六日至九日）

梁山县第一区北城镇联保办公处致梁山县政府的呈（一九三八年十一月六日）

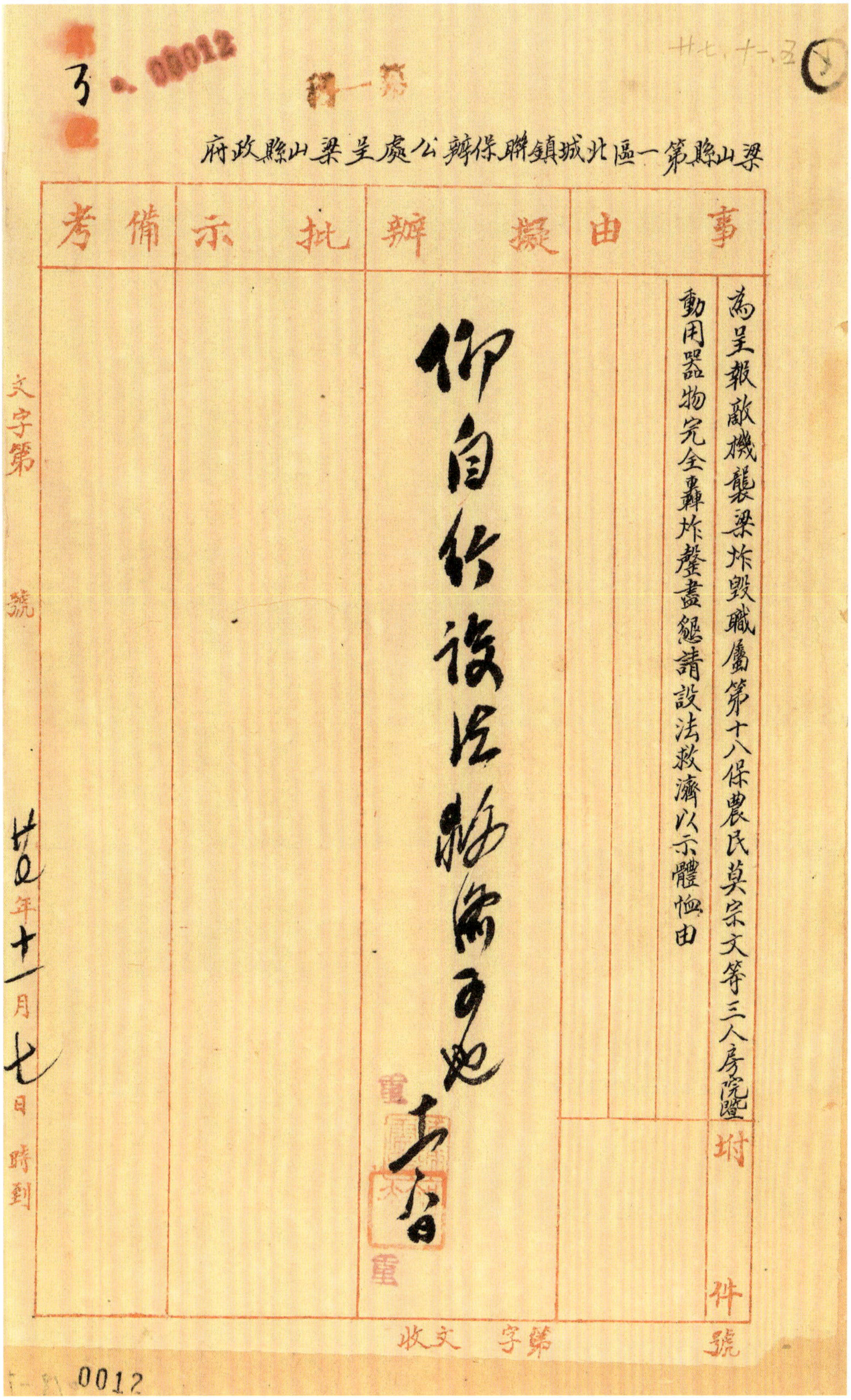
梁山縣第一區北城鎮聯保辦公處呈梁山縣政府

事由：為呈報敵機襲梁炸毀職屬第十八保農民莫宗文等三人房院暨動用器物完全轟炸罄盡懇請設法救濟以示體恤由

擬辦：

批示：仰自行設法救濟可也

備考：

文字第　號

廿七年十一月七日　時到

收文　字第　號

竊本月五日敵機來梁投彈後職屬即會同唐警佐前往查勘轟炸情形當經勘明已將職屬第十八保農民莫宗文鄧明德王明興三人之房院暨動用器物完全轟炸罄盡查該農民莫宗文等均屬窮苦專賴耕作維生現被敵機炸罄日無所食夜無所棲亦無繼耕之可能至全家老幼皆嗷嗷待哺並痛哭流啼言之痛心聞之酸鼻情殊可憫是此慘狀不忍卒睹除呈報第一區署轉報外理合具文報請

鈞府俯予從優救濟實沾德便指令飭遵

謹呈

縣長陳

梁山縣第一區北城鎮聯保主任庚重高

中華民國二十七年十一月六日

梁山县政府致梁山县第一区北城镇联保办公处的指令（一九三八年十一月九日）

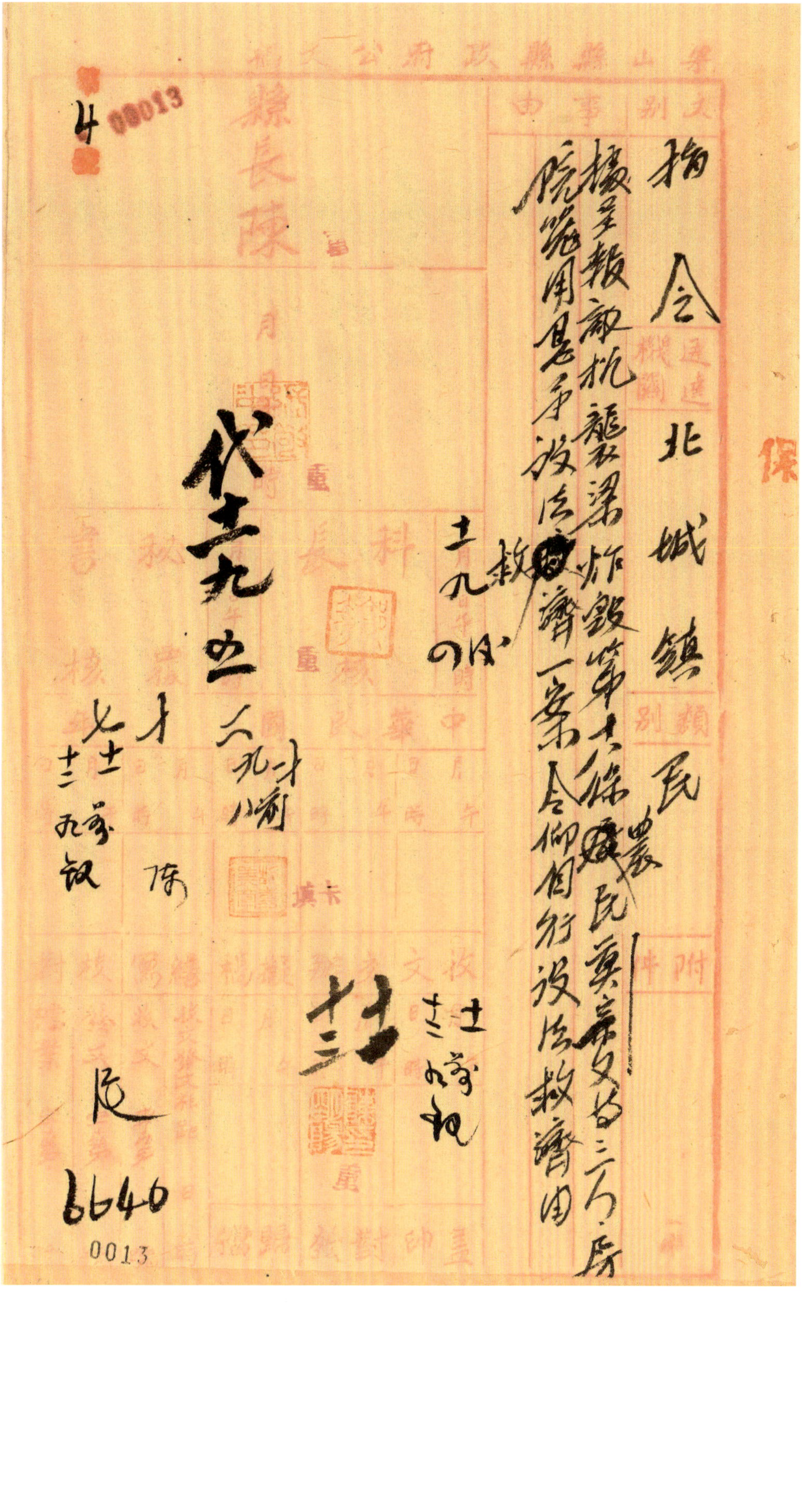

梁山縣縣政府公文稿

文別：指令

事由：據呈報敵機襲梁炸毀第十六保農民冀宗文等三戶房院，懇予設法救濟一案，令仰自行設法救濟由

送達機關：北城鎮民

縣長陳

代　十一、九

6640

0013

令

衔　指令　二七年十月民字第6640號

令北城镇联保主任聂高

二十七年十月八日呈乙件，为呈报敌机袭梁炸毁第十八保农民莫崇文等三八户房屋器用衣被财物，恳予设法救济一案由。

呈悉。仰候设法救济可也！

此令。

中华民国二十七年十一月九日

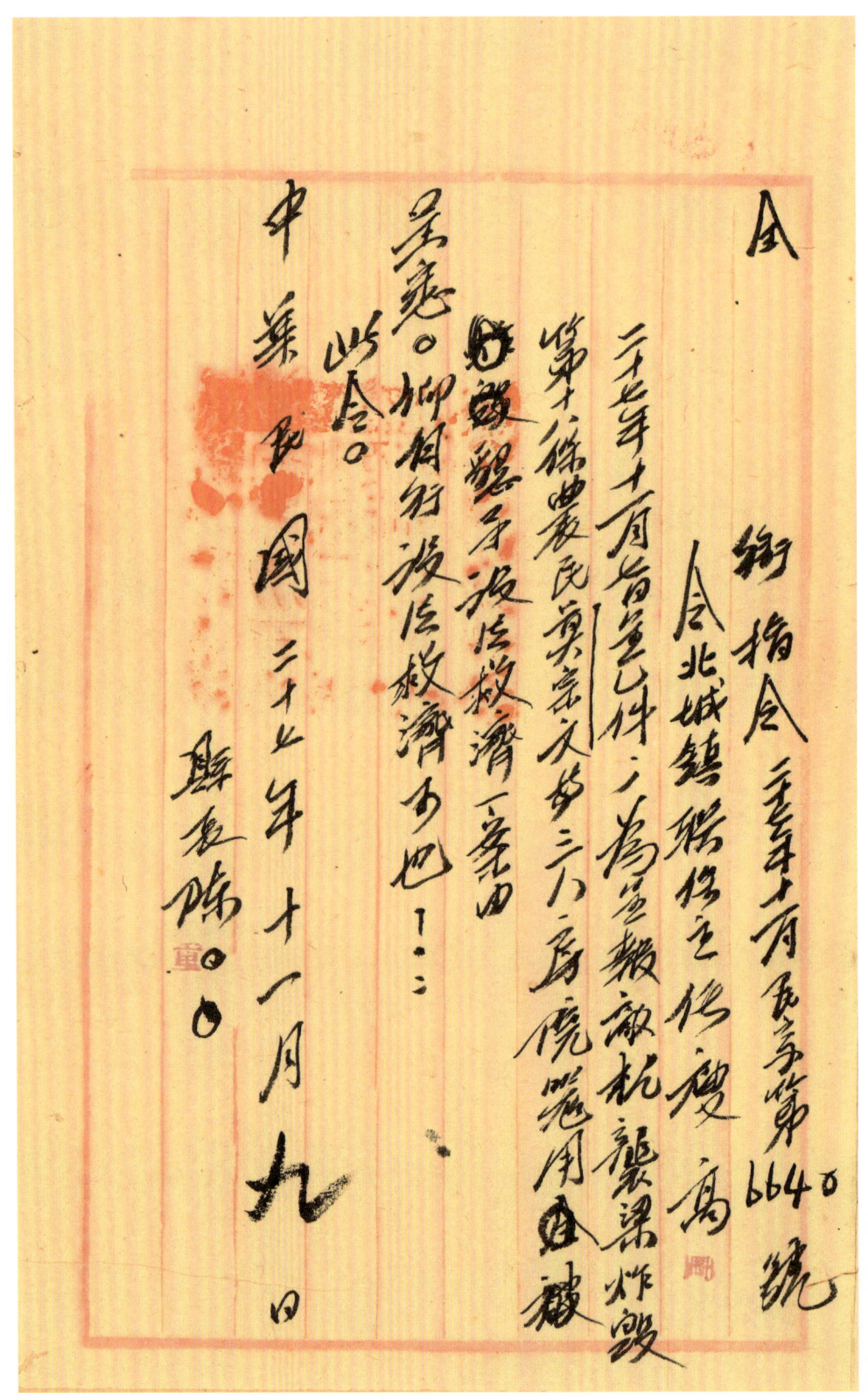

县长陈〇〇

四川省政府、梁山县政府等关于核办洪范九房屋、民田等于一九三八年十月二十二日、十一月五日被炸恳请救济案的文书（一九三八年十一月至一九三九年三月）

洪范九致梁山县政府的诉愿书（一九三八年十一月二十日）

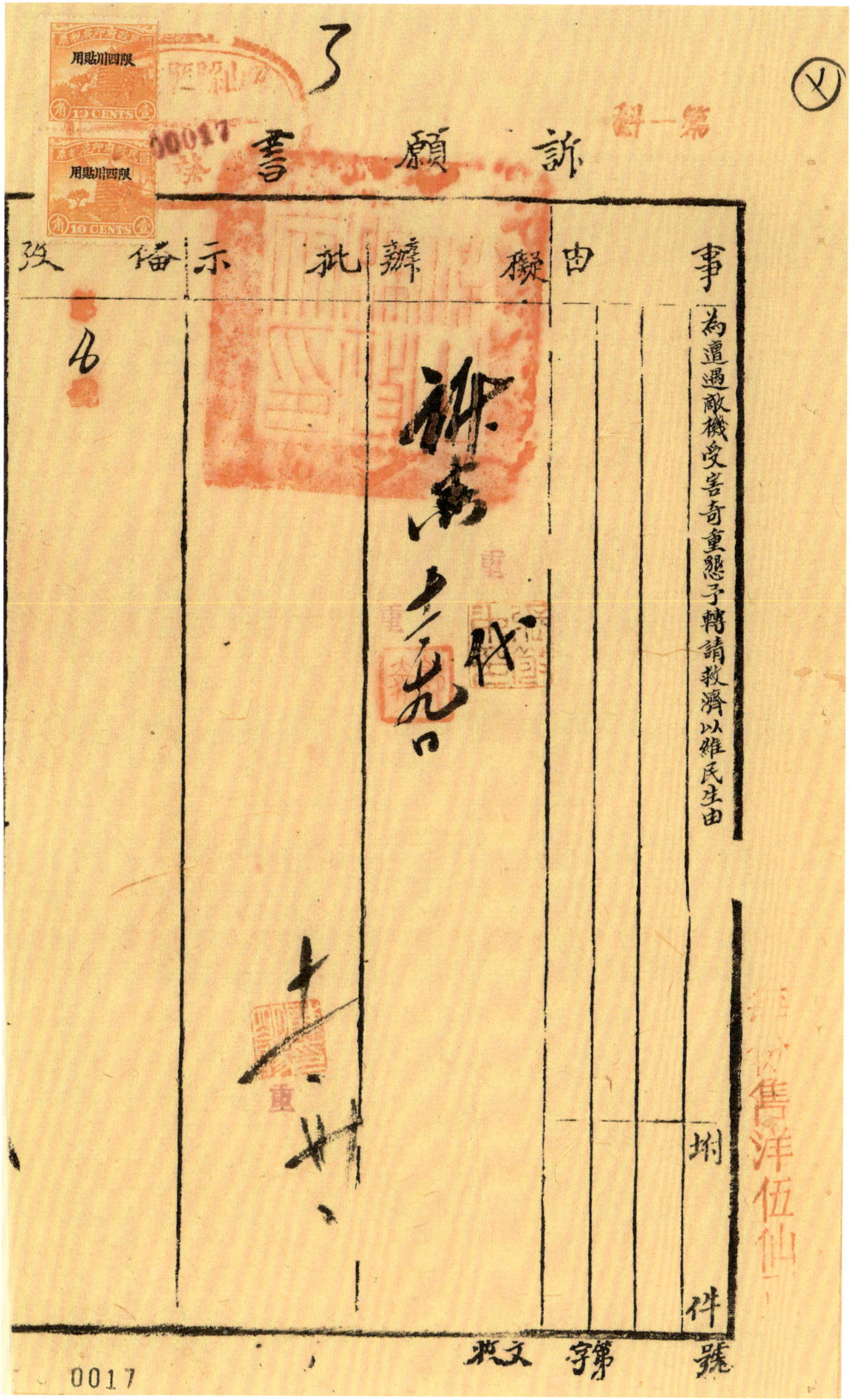
第一科

訴願書

事由	為遭遇敵機受害奇重懇予轉請救濟以維民生由
擬辦	
批示	
備考	

坿件

收文第字號

0017

卅七年十一月廿八日 時到

	姓名	年齡	性別	籍貫	職業	住所
再訴願人	洪範九	四十八	男	梁山	染業	西城外劉家巷
代理人						
原處分決定官署						

附記

一 訴願者應於再訴願人欄內將「再」字塗去並於原處分官署欄內將「決定」二字塗去再訴願人將原處分官署欄內「處分」二字塗去

二 法人提起訴願或再訴願者其名稱及代表人應於再訴願人欄內分別載明

三 事實及理由應分述於後

竊民稅名洪崎九升、洪三堂九升、前買大墳垻田租四十五石正、佃户沈崇海、兹于十月二十二日、敵機二次襲梁、民田落炸彈五枚、庄房倒毁、已成焦土、農食農具、損失罄盡、佃户婦沈李氏受傷外、短工三人胡耀茂、孫云興、沈明發等四人、亦同受傷、曾在防護團醫治、現尚有孫云興重傷至今未癒、此種慘禍、目不忍覩、觀者為之流淚、復于十一月五日、敵機又至、民田中彈七枚、連界田陌亦中十餘枚、斯時民田已成十餘大穴、寬約三四丈餘、深約丈餘、統計民田共為四丘、連受敵機炸彈、其中空處、兼有破片藏伏、耕種頗感困難、佃户亦因之退佃、但明春栽種、又成空虛、民前本小商、勞苦所得、僅有此業、緣民得買此田、於二十四年接後三載、天災人禍、先前收獲、上税不足、今秋本豐、除停機支路佔田約十餘石外、收獲之谷、上税償債、何期敵機炸彈、正中倉頂、所收之谷、化為烏有、使民捶胸頓足、完税無法、償賬無能、民命運不辰、連遭變故、憤不欲生、生意停業、輾轉反側、頓使精神竟失作用、萬不得已、哭泣縷訴、伏懇轉詳

上峯、不勝沾感之至。

謹呈

梁山縣縣長陳

附呈證據文件應記明於此

訴願人洪範九 簽名蓋章

代表人 簽名蓋章

代理人 簽名蓋章

保人 簽名蓋章

中華民國二十七年十一月二十日

四川省政府致梁山县政府的训令（一九三九年二月六日）

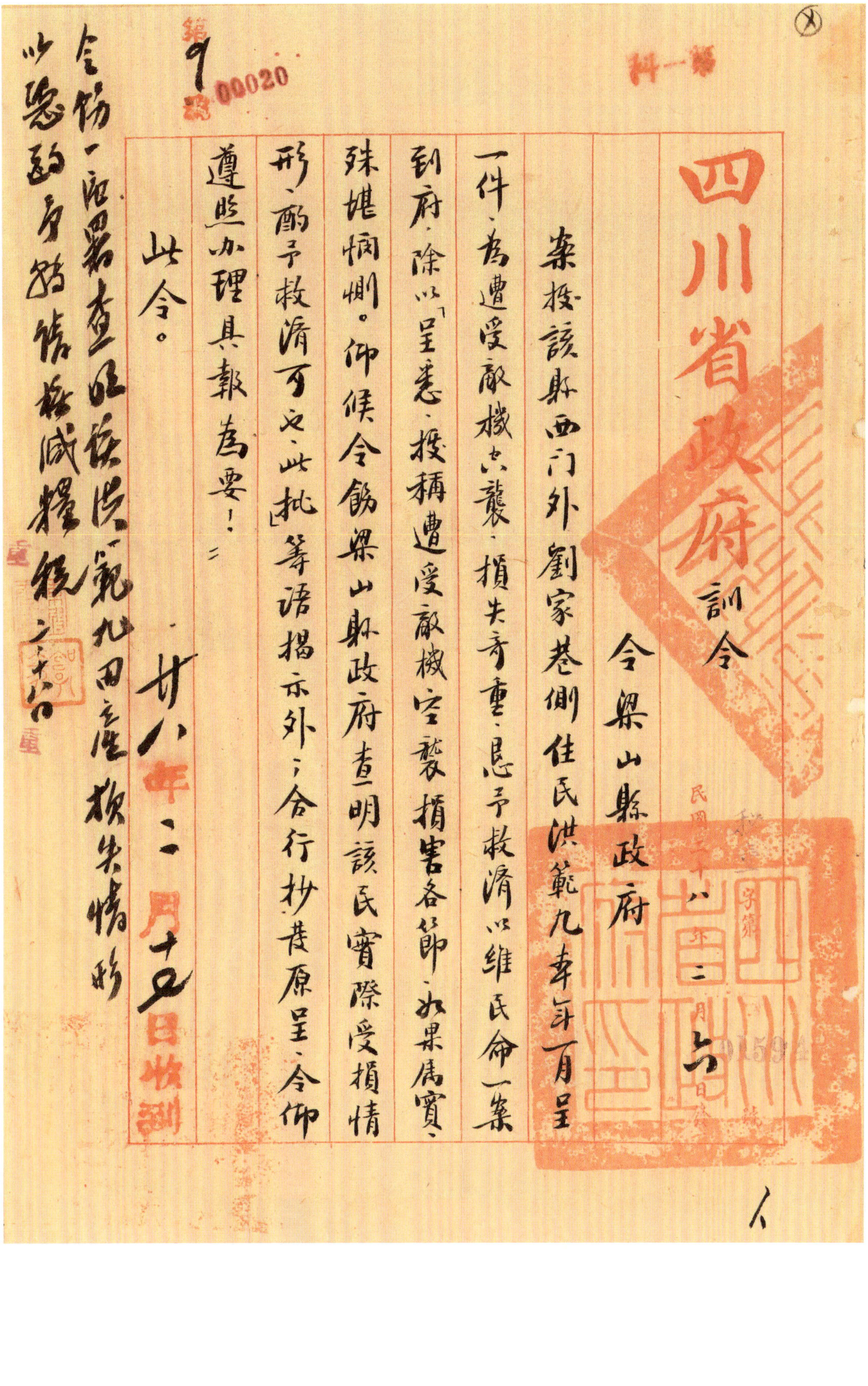
第9號 00020

一科

四川省政府訓令

令梁山縣政府

案據該縣西門外劉家巷側住民洪範九本年一月呈一件，為遭受敵機空襲，損失奇重，懇予救濟，以維民命一案到府。除以「呈悉。據稱遭受敵機空襲損害各節，如果屬實，殊堪憫惻。仰候令飭梁山縣政府查明該民實際受損情形，酌予救濟可也。此批」等語揭示外，合行抄發原呈，令仰遵照辦理具報為要！

此令。

民國二十八年二月六日

廿八年二月十五日收到

令飭一區署查明該洪範九田產損失情形，以憑酌予轉請核減糧稅。二、十六

附抄费原呈存

主席 王缵绪

梁山县政府致梁山县第一区区署的训令（一九三九年二月）

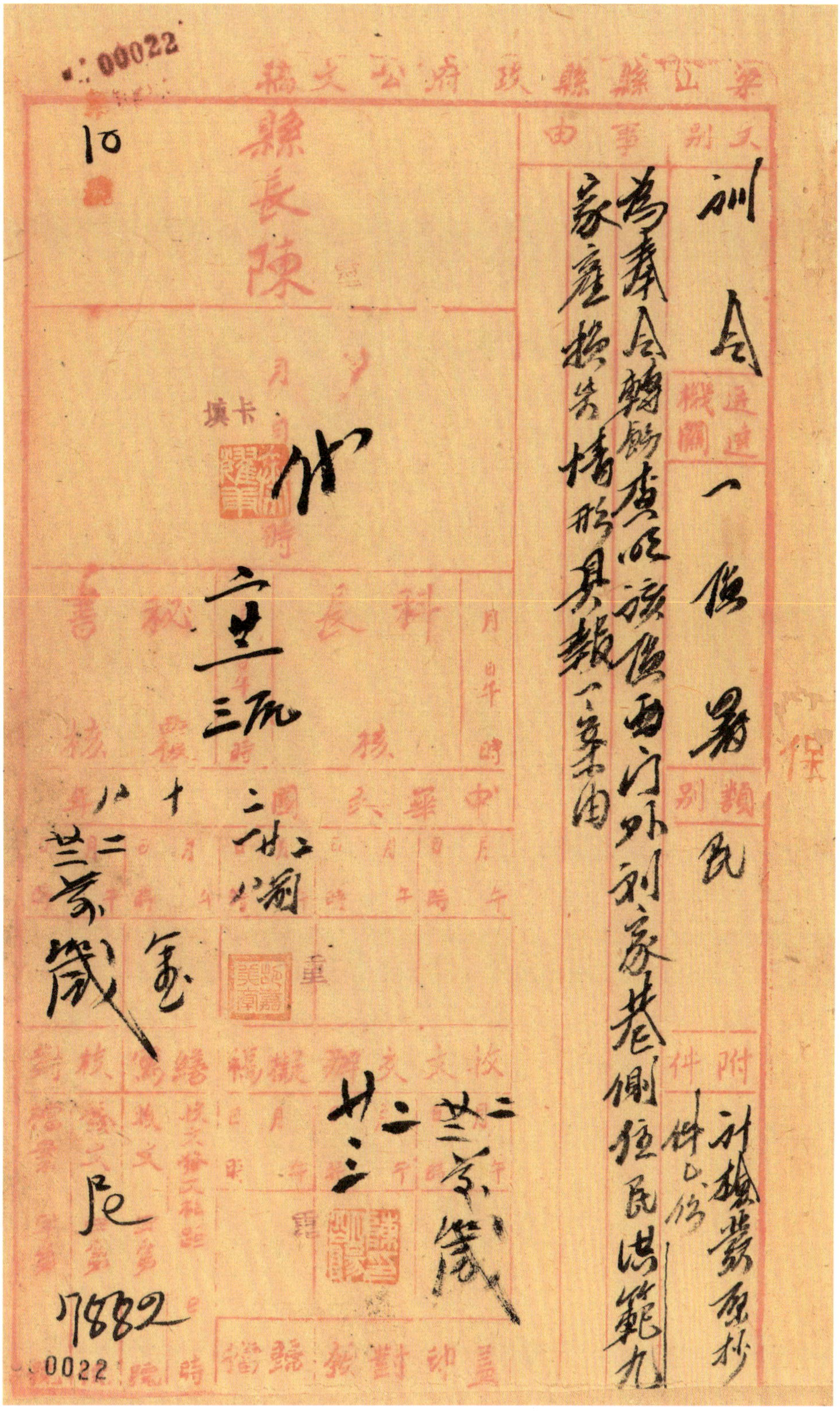
梁山縣縣政府公文稿
文別 訓令
一區署
類別 民
事由 為奉令轉飭查明該區西門外劉家巷側狂民… 家庭損失情形具報一案由
縣長陳
科長
秘書
中華民國 年 月 日 午 時

令

銜訓令 二十八年六月民字第7882號

令一徵署

二十八年六月十[illegible]日，案奉

四川省政府二十八年秘賑字第一五九四號訓令開：

「案據該縣西門外……云云○○辦理具報為要，此令」

等因，附抄黃原呈一件，奉此。令行檢發原抄件，

令仰該署即便遵照，尅日查明該黃範九田產損失情

形具報，以憑轉請酌予核減糧稅為要！

此令。

計檢發原抄件一份

中華民國二十八年六月 日

縣長陳○○

022-1

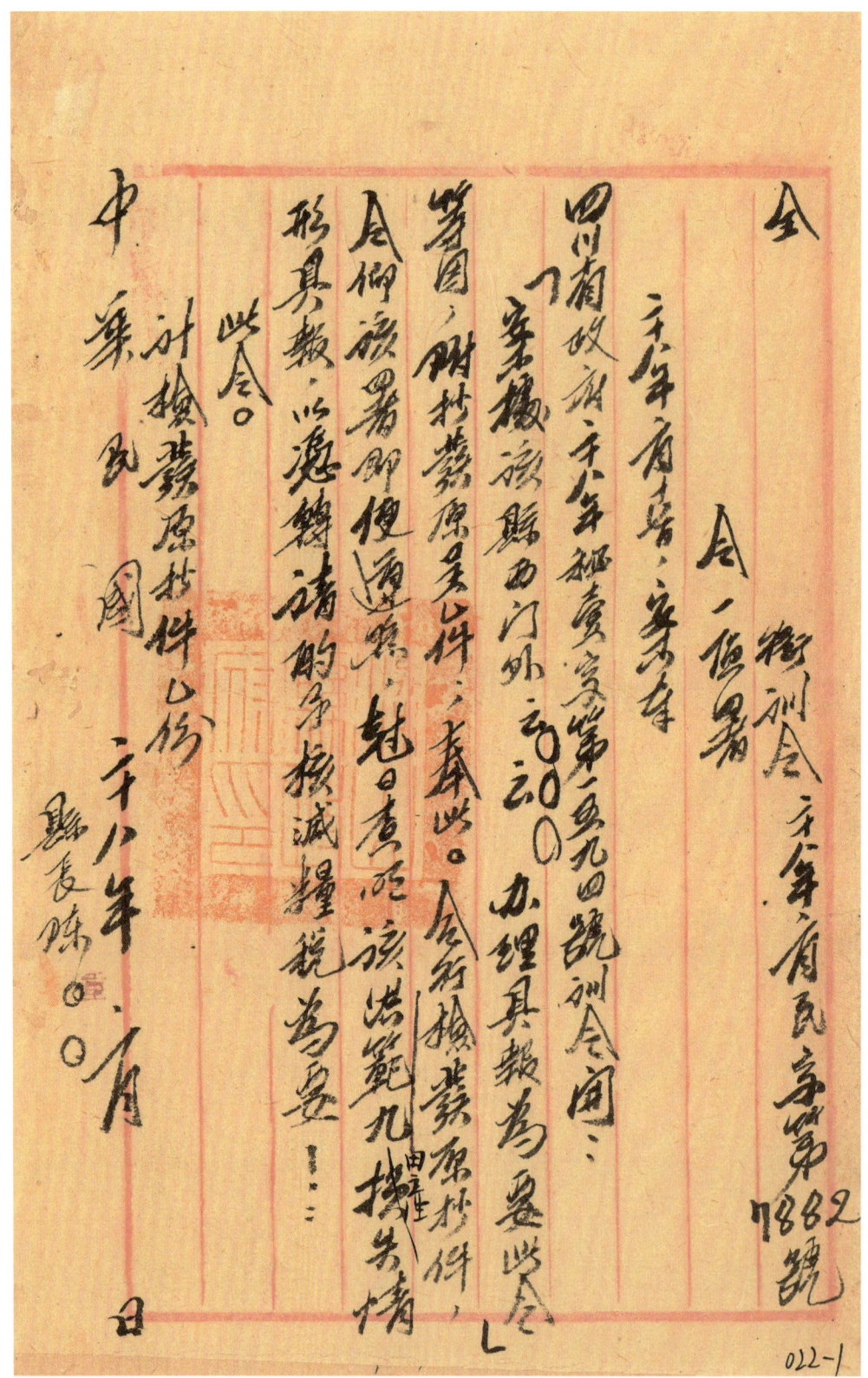

梁山县农会致中央赈济委员会特派专员的呈（一九三九年三月六日）

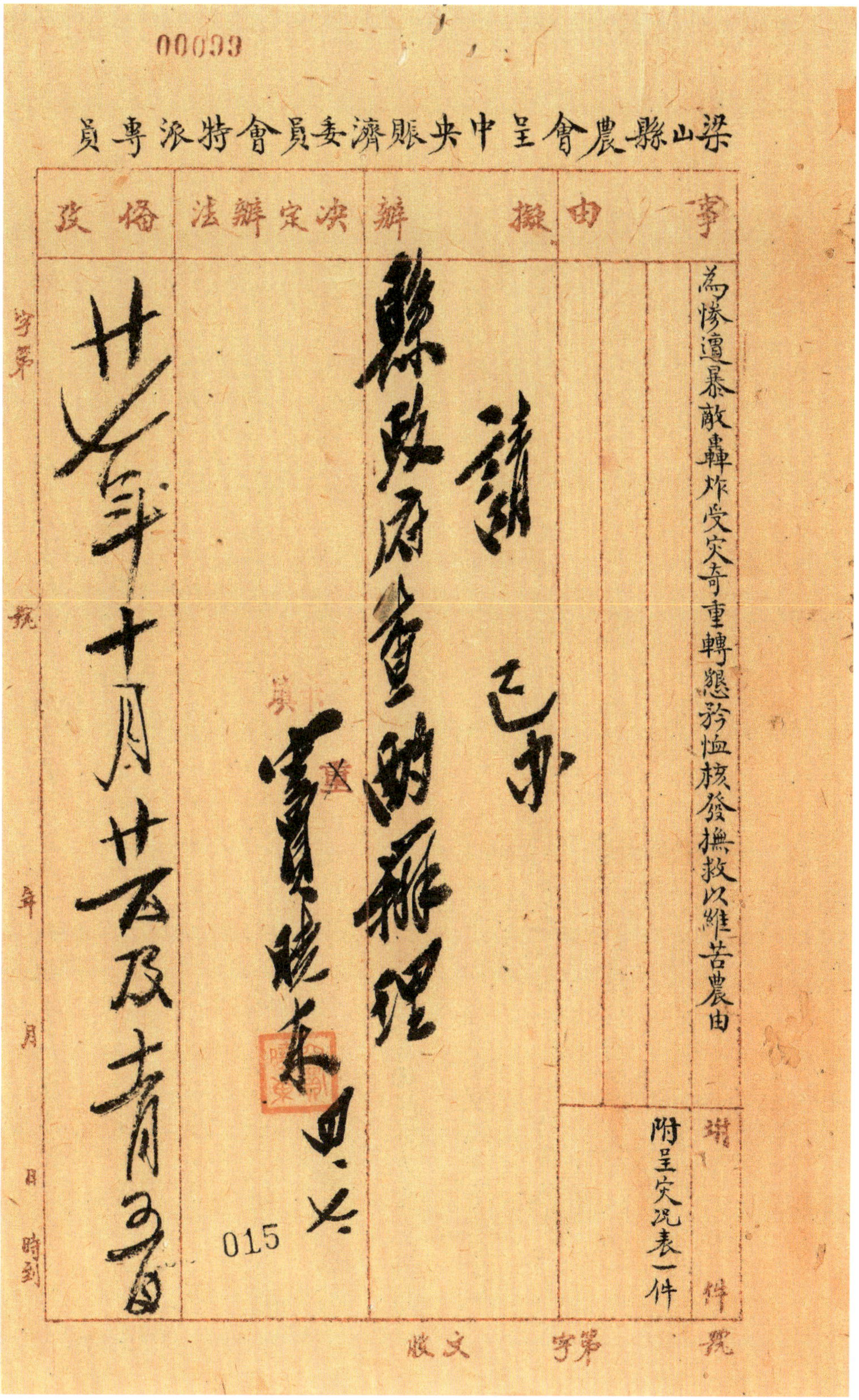

00099

梁山縣農會呈中央賑濟委員會特派專員

事由	附件	擬辦	決定辦法	備考
為慘遭暴敵轟炸受災奇重轉懇矜恤核發撫救以維苦農由	附呈災況表一件	請 縣政府查明辦理 已示 曾曉東		廿七年十月廿五及十一月五日

字第 號 年 月 日 時到

收文 字第 號

015

案據職會北門外北門壩大坟堡等處農民洪範九等報稱呈爲遭遇敵機受災奇
重懇予轉請救濟以維民生事竊民等均置有北門外北門壩大坟堡等處田租應各招佃
棲耕無異哭於陰曆十月二十二日敵機二次襲梁民等租田投擲炸彈百餘枚莊房倒毀已成
焦土農食農具損失罄盡租谷飛散顆粒無存民範九佃户沈李氏受傷外短工三人胡耀茂孫
雲興沈明登等亦同受傷民靜三佃户莫忠文受傷一人民道文家傷二人死二人雖曾醫治現尚未愈
此種慘禍目不忍覩復於十一月五日敵機又至民等田中又中彈數十枚連界田陌亦未幸免斯時
民等之田已成百餘大穴寬約三四丈深約丈餘統計共受敵機兩次炸彈其中空處兼有破片藏
伏耕種頗感困難佃户亦因之退佃明春栽種又成空虛民等本小商苦農所得僅敷生活又
兼三載天災人禍先後收獲尚尤不足上税今年本豐而田又被停機支路佔用何期又遇敵機一再
炸毀生活完税付債更無着落萬不得已只有哭訴俯懇鈞會轉請各級上峰俯念民瘼大

015-1

00100

加於恤賑救以維苦農不勝沾感之至謹呈等情前來當經職會協同北城鎮聯保主任及當地
保甲往勘各受敵機一再炸毀情況不虛實屬令人覩不忍覩慘傷至極除以據報各情仰候將
各業農佃農被炸損失彙齊即行具呈　各上峰分別撫恤可也答復印發並隨據轉
省賑務委員會請予撫恤救濟外推值此前瘡未復後殃踵至該暴敵又復於本年三月二十九日
集機十八架翔梁大肆狂炸城市內外傷亡人數達三百譜坍塌房院數百家財產損失時難擬
計不特增人慘惻更令髮指乃我
中央仁慈信義眷念民瘼今特簡派
鈞座攜款下臨撫救賑濟又蒙召集會議職會忝列提付往災已准前後一體同仁共沾雨
露用特謹將民二十七年十月二十二日及十一月五日兩次慘遭暴敵轟炸受災各由列表連同具
文轉懇

016

鈞座鑒核俯予核發賑濟以救苦農而維灾黎感禱再造靡涯矣

謹呈

中央賑濟委員會特派專員賓

計繕呈敵機轟炸傷亡損失灾况表一紙

梁山縣農會幹事長譚用五

016-1

中華民國二十八年三月六日

017-1

梁山县第一区区署致梁山县政府的呈（一九三九年三月十四日）

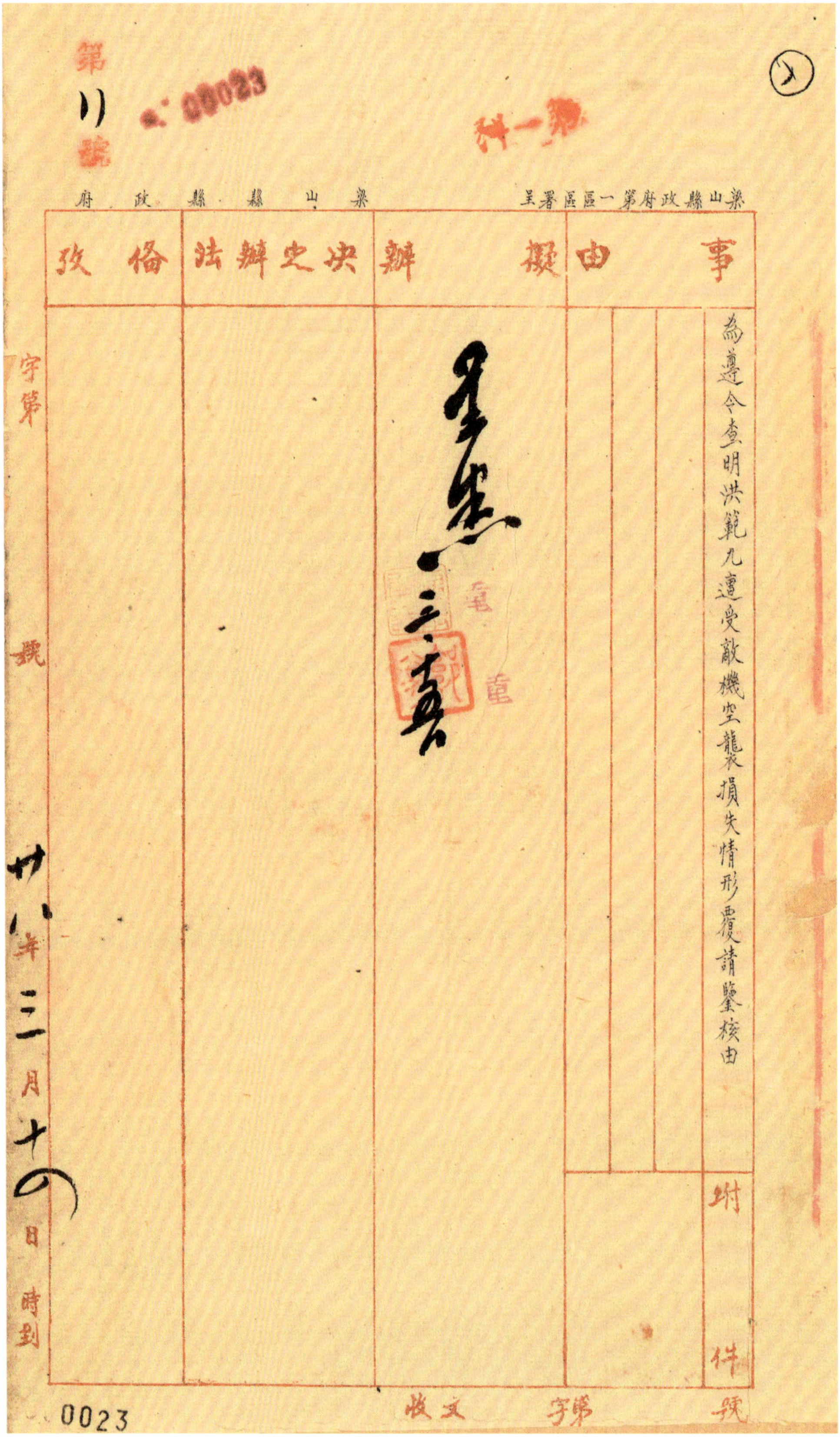
第11號
00023
梁山縣政府第一區區署呈　梁山縣政府
事由：為遵令查明洪範九遭受敵機空襲損失情形覆請鑒核由
擬辦
決定辦法
備考
附件
收文　字第　號
廿八年三月十四日時到
0023

案查前奉

鈞府民字第七八八二號訓令，以奉 四川省政府令飭查明本縣西門外劉家巷住民洪範九遭受敵機空襲

損失情形，酌予救濟一案，轉飭查明呈覆等因，經派區員羅粹甫前往查勘去後，旋據覆稱：

「竊職奉令查勘洪範九遭受敵機空襲損失情形一案，遵於三月四日會同北城鎮巡查副

隊長陳致君前往勘明，計莊房中彈一枚，炸燬瓦屋四間，約值一百六十元，倉厫一所，損失倉穀十

四五石，約值九十元，佃户沈崇海損失全部農具及什物糧食等項，約值六十元，又水田四坵，共中彈

八枚，其被炸面積，共可填穀四市石之譜，彈穴短期不易填補，本年春耕，此四田半將荒廢，

所有查明各情，理合報請鑒核，謹呈。」

等情；據此，經職覆查屬實，理合具文呈請

鈞府，俯賜鑒核，令遵！

谨呈。

县长陈

区长黄豐

中華民國二十八年三月十四日

二、一九三九年日军轰炸梁山地区史料

梁山县政府抚恤救济一九三九年三月二十九日被炸灾民紧急会议记录（一九三九年三月二十九日）

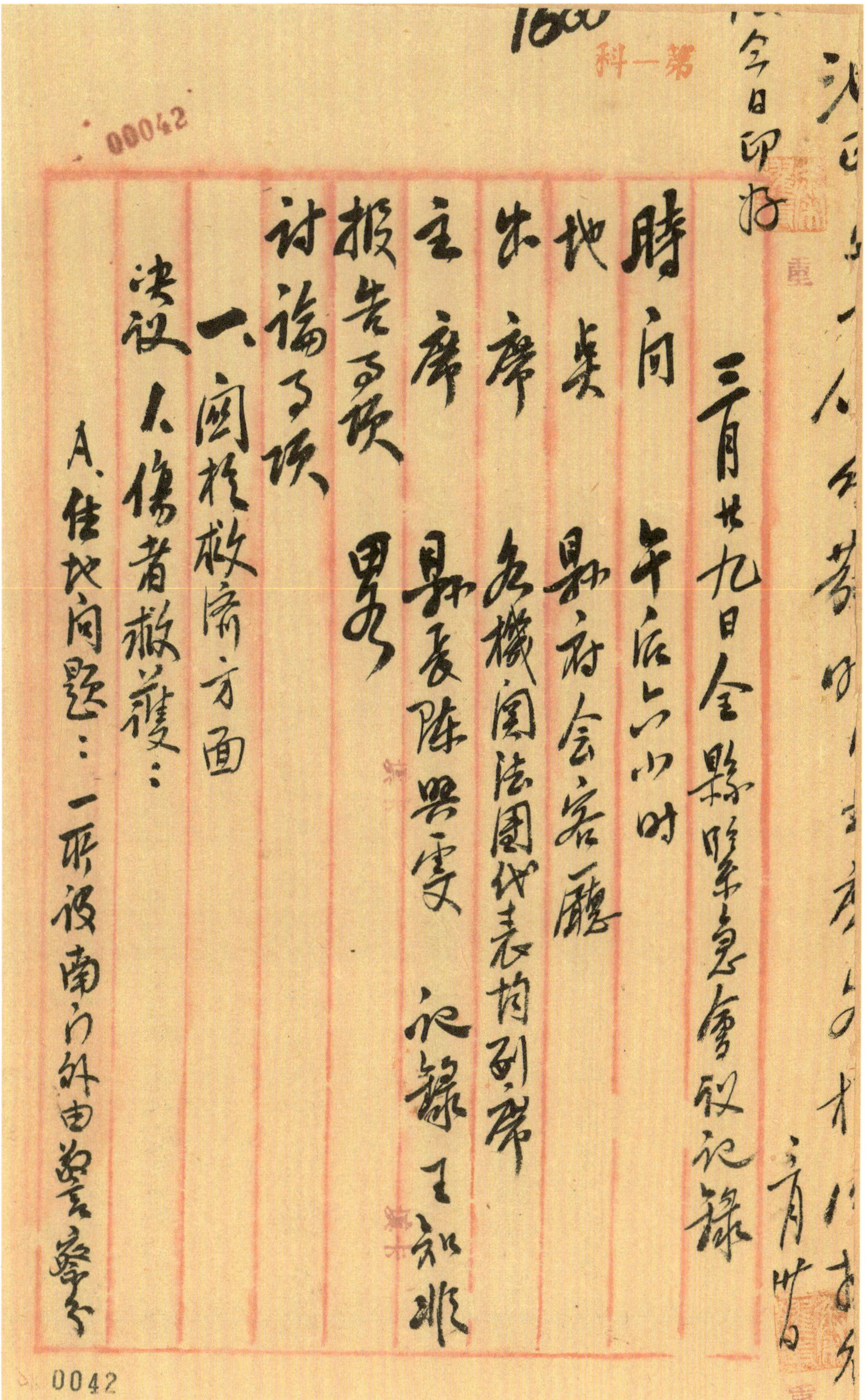

三月廿九日全县紧急会议记录

时间 午后六小时

地点 县府会客厅

出席 各机关法团代表均列席

主席 县长陈思雯 记录 王知非

报告事项 略

讨论事项

一、关于救济方面

决议 人伤者救护：

A、住地问题：一、暂设南门外由沿觉寺

驻所：商同南城联保主任负责修筹一所，设地点西门外红十字分会地址，临时收容地点暂设戒烟医院

B、搬运问题：担架由防护团担任，搬运由自卫队派员二路担任

C、医药问题：由南华医院刘院长将应用药品开单交与警察分驻所先将本城各药房药品估价征用，不足时再行

2、难民救济：
设法筹买

042-1

A、調查：由四城聯保主任負責於明日午前十時以前調查完竣

B、救濟標準：不分男女老幼每人每日發給伙食洋一角二分一次由救濟院負責辦理

C、救濟範圍：以無力自給兼無親友之援助者為限

D、住地問題：由各聯保主任會同保甲長即行（限本週內）設法收容，若經調查後確無安置地點時再行報請縣府處理，並依兒童由育嬰堂收慈幼院儘量設法收容

9、救濟經費：

A、請中央省府撥款救濟

B、地方募捐：由縣府製發募捐冊，分各機關法團及紳耆負責募集

C、在撥款未到以前暫由財委會（負責）墊支，俟撥款到時即行歸墊

六、關於撫卹方面：

決議 A、因公死亡及殘廢員兵依法呈請省府撥卹撫卹，在省府未將卹款撥發以前由地方暫行墊支

B、關於死亡居民由救濟院負責設法掩埋

043-1

三、關於交通方面：

決設入城區交通：

A. 恢復時間：限次日午前十二時完全恢復

B. 街上障礙物：由自衛隊負責掃除

C. 填土作工：由東南西三鎮各調民工八十名，四日晨早開工，限午前十二時完成。北門城外由北城鎮負責整理

乙、城外交通：附城道路由各聯保自行設法加寬之，並多開闢支路。

丙、電信交通：由鄉村電話管理處負責趕緊修復

四、關於人口疏散方面

凡老弱妇孺无职业者概宜七日以内为自由疏散期间

逾期以后未疏散者由政府强迫疏散

2. 城内学校校舍自应由各校自行设法迁移

3. 疏散区内房租问题照县府前颁疏散办法办理

4. 城内米、杂粮、柴炭、等市由县府择定地点移至城外，所有棚摊等临时设备由各该帮自行设法办理之

梁山县警察所关于报送一九三九年三月二十九日日机轰炸经过及警士伤亡情形致梁山县政府的签呈
（一九三九年三月三十日）

廿八年三月卅日收到

签呈 二十八年三月三十日 於警察所

竊昨日正午十二鍾時敵機由東西飛，本市發出空襲警報，職所警士即全體分佈市面，執行交通管制，及鎮壓漢奸匪類之活動，未幾緊急警報發出，敵機十八架，已臨市空，由西向東飛去，移時復由東折轉，飛至東門城門洞，自是處起，經北門向西門而出，中間一帶投擲大小炸彈不下百枚，損毀民房甚夥，傷亡人民至衆，除經派警調查確實另案呈報外，惟查東門崗位執行任務警士方雄武，北門崗位執行任務警士鄧克明，均在崗位上被炸殞命，又巡邏警士毛隆精之兩足炸斷，已成殘廢，何偉民頭部左臂俱被破片炸傷，何清因在炸彈威脅圈内，横身被泥掩蓋，致右脚受石磴壓傷，徐家榮脚部亦被破片炸傷，再查方雄武，乃本所一等警士，平時服務極能盡忠職守，惟身後蕭

被炸斃之方雄武、鄧克明，准先由警佐責負殮埋之備卹，應由國家給卹，應呈縣請卹，以表此忠魂。呈核鄧 四月三日 16

條，家無立錐，情實可憫，且祖母年已七十有餘，母亦年逾五十有奇既無伯叔，終鮮兄弟，似此死者固屬可憫，而生者更為可憐，至鄧克明雖已子女各一，惟女僅歲餘，子不匝月，且雙親俱已半百，又係獨子，亦極可憫，不特披麻持杖送老無人，而湮嗣於此斷絕，死憫生憐，昔人所悲，至毛隆精係營山人，離鄉來所，服務警士，年有餘矣，生性剛直，極厥勇敢，頗能硬幹，不幸被炸成殘，兼身家淡泊，孤苦無依，若不分別從優傷埋撫卹厚給醫藥，何足以慰幽魂，而資鼓勵，為此具文簽請

鈞府，俯賜鑒核，提前發給傷埋醫藥費，並懇轉請 上峯從優撫卹，是否有當，指令祇遵，謹呈

梁山縣縣長陳

警佐唐昭明（印：唐昭明印）

030-1

梁山县第一区北城镇联保办公处关于报送一九三九年三月二十九日被炸房屋损毁、人员伤亡情形致梁山县政府的呈（一九三九年三月三十日）

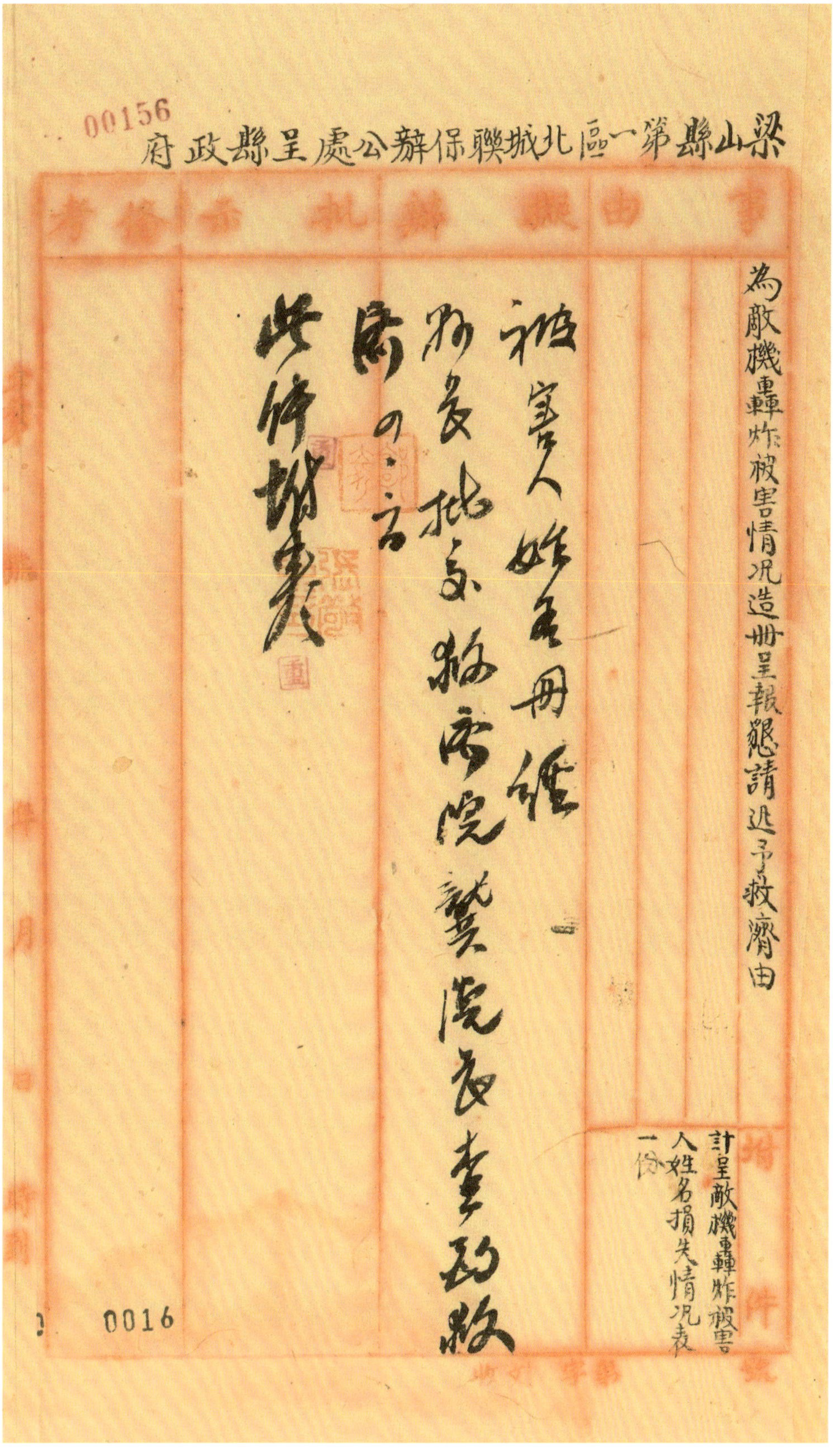
00156

梁山縣第一區北城聯保辦公處呈縣政府

事由	擬辦	批示	備考
為敵機轟炸被害情況造冊呈報懇請迅予救濟由			

附件：計呈敵機轟炸被害人姓名損失情況表一份

此件擬存

0016

竊查昨二十九日敵機狂炸本市後經職派員分頭出外者查計職北城區段被毀房院二百四十二幢內計約八百戶死亡八十三人又無名死屍四十二名受傷四十兩名其他商號住戶之財產損失尚在調查中統計上項被炸情形戶口約佔職鎮總數五分之三被害之慘損失之重為空前所未有除當遵諭處置一切外理合造具被害人姓名及房院損失名冊一份賫呈

鈞府俯予核閱並懇轉飭救災支會迅予發給貧民生活費以資救濟無任屏營待命之至。

謹呈

縣長陳

計呈敵機轟炸被害人姓名損失情況表一份

016-1

00157

梁山縣第一區北城鎮聯保主任庾

高

0017

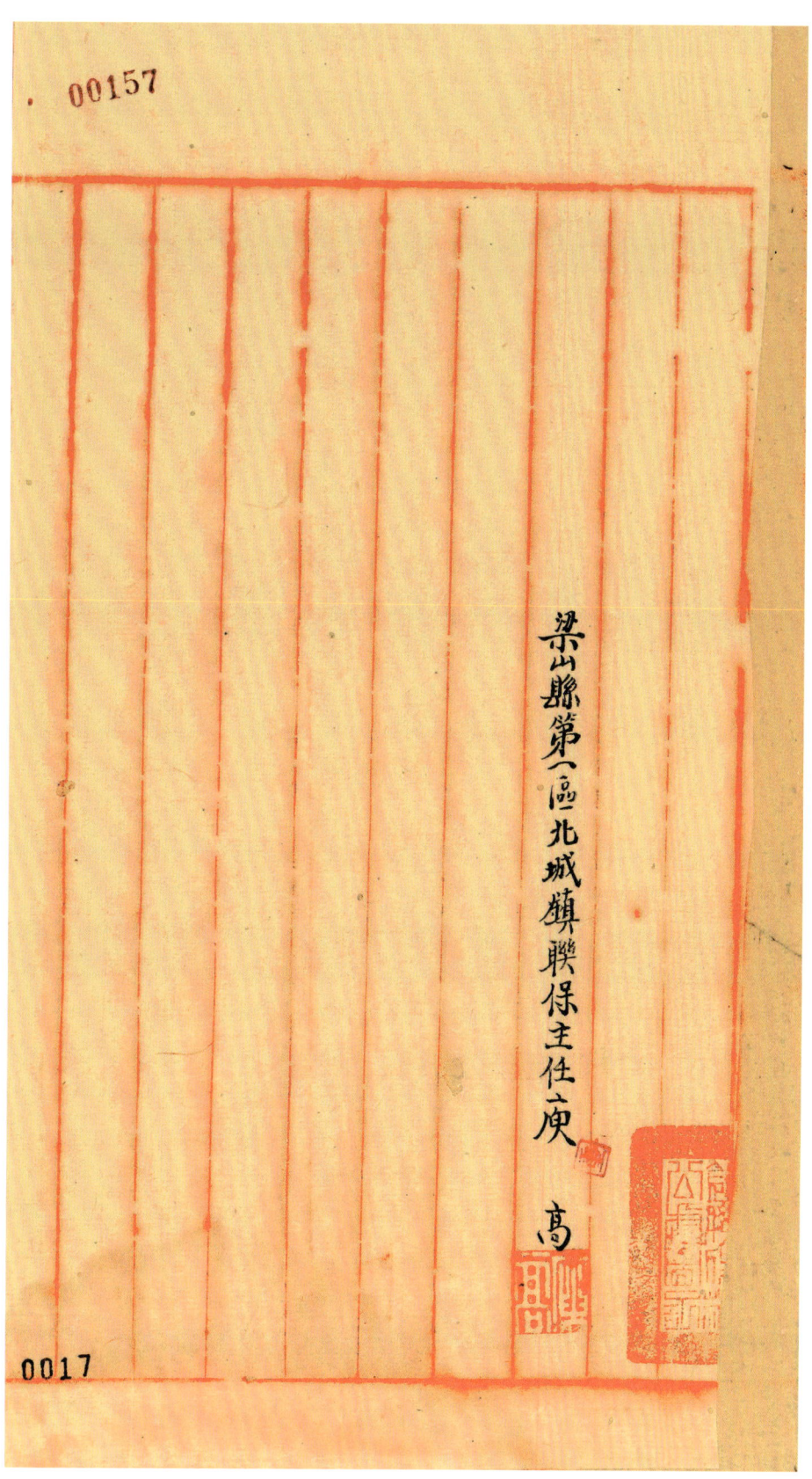

中华民国二十八年三月三十日

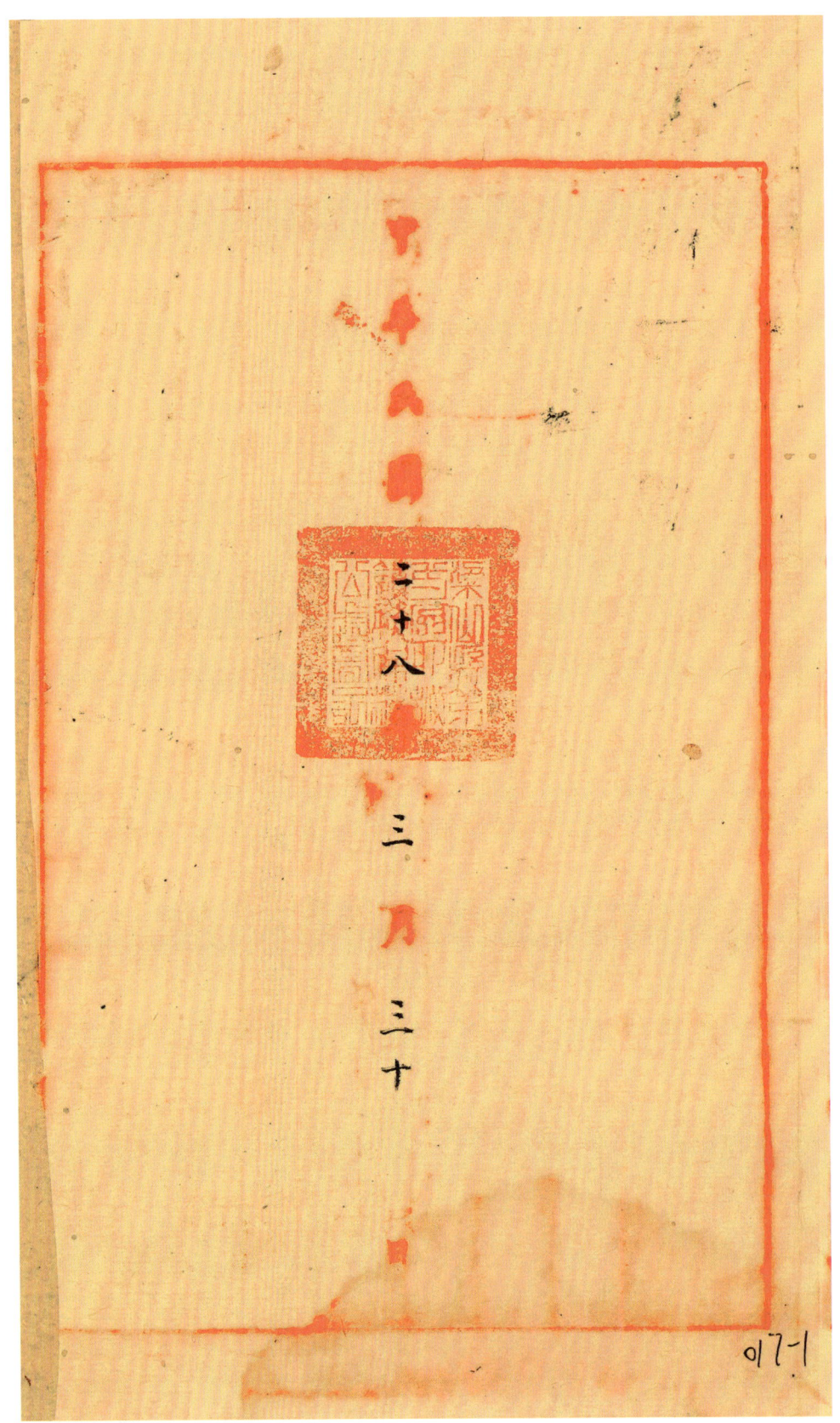

00158

北城房屋損壞調查單

保别	姓名	年齡	籍貫	職業	損失情形	原有人數	備考
二	鹿克倫	二三	北46号	乾菜	三間		佃
	邓蔡氏	六二	25号	鹽糖	同	四人	仝
	邓吳氏	三六	21号	小貿	同	二人	仝
	刘小松	六十	23	仝	同	三人	仝
	吴世大	五十	27	火炮舖	四間	五人	與
	师世清	四五	25	酒舖	仝	六人	佃
	李恒安	二七	27	小貿	仝	四人	佃
	文永治	三五	21	仝		三六	

寄居邓吴氏家

0018

陈甫堂	三八	52	菜铺	三间	九人	佃
陈世传	四六	6	茶铺	二间	四人	佃
蒋俊甫	五二	7	茶铺	二间	仝	仝
谢功方	三一	9	菜馆	四间	七人	仝
陈建初	三四	11	扎料	一间	四人	仝
何永年	四八	13	茶馆	二	五人	佃
胡成寿	四五	15	面馆	二	四人	仝
一 彭长兴	二八	中正街一号	新货	三间	五人	仝
袁绍仁	三六	北28	剃头	仝	六人	仝
杨志六	三二	21	小贸	二	三人	仝

018-1

00159

	佘彭氏	四八	24	草鞋舖	舖面炸燬	五人	佃	
	吴開玉	三六	22	饅店	仝	三人	佃	
	李尊一	三六	21	綢舖	仝	五人	佃	
	王道明	五五	12	箱子舖	後面被炸	六人	自	
二保	雷双合	三四	23	饅頭店	三间	三人	佃	
	向木三	五〇	25	轎舖	二间	四人	佃	
	刘玉成	六四	27	小贸	二间	三人	佃	
	范祐文	三三	29	缝工	二间	三人	佃	投弹一枚
	罗昆倫	三八	31	鞋舖	二间	三人	佃	
	田正心	四五	31	做筆	二间	二人	寄居	

0019

刘指南	五七	33	卦店	三间	五人	佃
任居富	二九	35	鞋铺	三间	三人	佃
張蜀晋	三三	30	[illegible]	四间	五人	佃
二 龔謝貞	四五	52	居家	二间	四人	自
李民明	五四	47	居家	全院	六人	自
李世滔	二六	[illegible]	斋铺 政界	全院	三人	自
曾克清	四八	60	斋铺	後院	七人	佃
余和清	四八	60	银匠铺	後院	七人	佃
陈洪林	六四	62	斋铺	全院	二人	佃
李绍九	三二	仝	医理	仝	十一人	自

019-1

00160

李明山	五一	62	振表	全院	二人	佃
張福友	二八	64	麵舖	一间	四人	佃
文義廷	三一	仝	縫工	仝	四人	佃
陳育生	四六	66	政界	全院十二间	十人	自業 执照乙枚
徐家勝	五四	110	油貨舖	六间	五人	佃
王增福	二〇	仝	条舖	四间	二人	佃
秦高氏	六一	仝	居家	四间	八人	自
鄧本祥	二八	112	山货舖	三间	四人	佃
權太興	三三	114	什店	二间	四人	佃
關樹堂	五六	111	鞋舖	二间	四人	佃

0020

	潘德云	三八	引	药铺	二间	四人	佃	投弹乙枚
三	姚正伦	三五	盖芽巷	小贸	一间	三人	佃	
	雷彦臣	三二	仝	剃头匠	二间	三人	佃	投乙枚
	陈瑞廷	四四	仝	小贸	二间	二人	佃	被袁家坦二枚炸毁
四	中校后							投弹乙枚
九	郭谢氏	三六	又	面铺	二间	三人	佃	
	罗甲连	三七	10	打钱纸	五间	四人	佃	
	刘奇吉	三五	9	医理	一间	五人	佃	
	孙春吴	六二	8	棉花铺	二间	二人	佃	
	郑百惠	三六	门	楼房	后院拆毁	八人	自	

020-1

00161

九	周茂帆	六三	26	小贸	炸重伤	左脚受炸		
	谭光煜	五八	17	巫师	仝	双手被炸		
	谭潘氏	四六	17	仝	炸死			
十一	陈朝禄	五二	27	帮人	炸死			
	刘正洪	二五	21	卖肉	烧死			
十二	孙杨氏	二八	北极街	小贸	炸死			
	孙和尚	五	仝		死			
	胡春山	六六	6	油烛铺	全院炸毁	六人	佃	
	罗体乾	三二	13	打铁铺	三间全毁	三人	佃	
	曾吴氏	五六	16	草鞋铺	二间	五人	佃	

投弹二枚

0021

蔡绍先	五五	尺	居家	铺面被炸	五人	自	
龙耀喬	三〇	30	缝扎匠	一间	三人	佃	
罗荫生	四〇	22	医理	全屋三间被炸	五人	自业	投弹七枚
周茂顺	六三	26	小贸	一间	三人	自业	
盛朱氏	七八	26	小贸	全房被炸	三人	自	
彭绍轩	四五	25	米商	全房炸毁	二人	佃	
柳庆元	四六	27	打饼子	铺面被炸	六人	自	
胡荣通	六三	29	卖面	二间	二人	佃	
余寿林	五〇	30	油面	铺面被炸	二人	自	
胡忠才	三〇	37	油面	全	二人	佃	

021-1

00162

彭惠先	五三	陳家院子	米商	全院炸燬	六人	佃	此地投彈乙枚
袁克光	三二	同	仝	仝	二人	佃	
孫朝華	一九	同	打行	仝	六人	自	
謝功甫	四五	仝	魚秤鋪	仝	五人	佃	
僧遷岩	五一	神農廟	出家	全廟被炸			該處投彈三枚
梁吉祥	五六	〃	小販	全炸	二人	佃	
譚光四	三六	〃	巫師	仝	二人	佃	

一麻柳塆河坎投炸彈乙枚

麻柳塆坎上田中一片共投十一枚

西關廟後面田內投一枚未炸

0022

十二	新鄭氏		埜地	腰部受傷	輕傷	
	鄭遠貴		仝		仝	
	古鍾氏		左面部及左邊上部受重傷			
	何玉文		一區署便衣隊右邊背部受傷			
十三	鄧遠祥	二〇	30	損失舖面叁間	六人	約四十元
	姚楊氏	五〇	32	損失舖面乙間	三人	二十元
	侯洪興	五〇	34	損失舖面乙間	六人	四十元
	徐順富	四〇	36	損失舖面乙間	三人	二十元
	張傳樞	三五	38	損失舖面壹間	五人	一百元
	胡漢清	三九	仝	損失貨櫃玻片貨物等	二人	廿元

022-1

龍玉書	四二	40	損失貨物器具	三人	約三十元
田秉穎 小南	[illegible]	卌	損失鋪面三間貨物等	六人	三百元
田瑞生	四二	46	損失鋪面二間	九人	四百元
涂鏡成	二七	48	損失貨物各項用具	三人	五十六元
張傳樞	三五	46	損失貨物動用具		二百元
熊九昇	三二	48	損失貨物動用具	六人	三百元
蔡盛元	四二	50	損失鋪面貳間動用等	六人	七千七百元
譚子均	三八	54	損失鋪面貳間動用等	十八	五百元
陳[illegible]吉	四二	52	損失鋪面貳間動用具等	八人	四百元
謝少壽	六四	54	損失動用器具等	四人	十二元

陆達三	四七	收	损失货物動用	五人	十元
譚孝優	三四	無	损失房院半间	三人	七百元

023-1

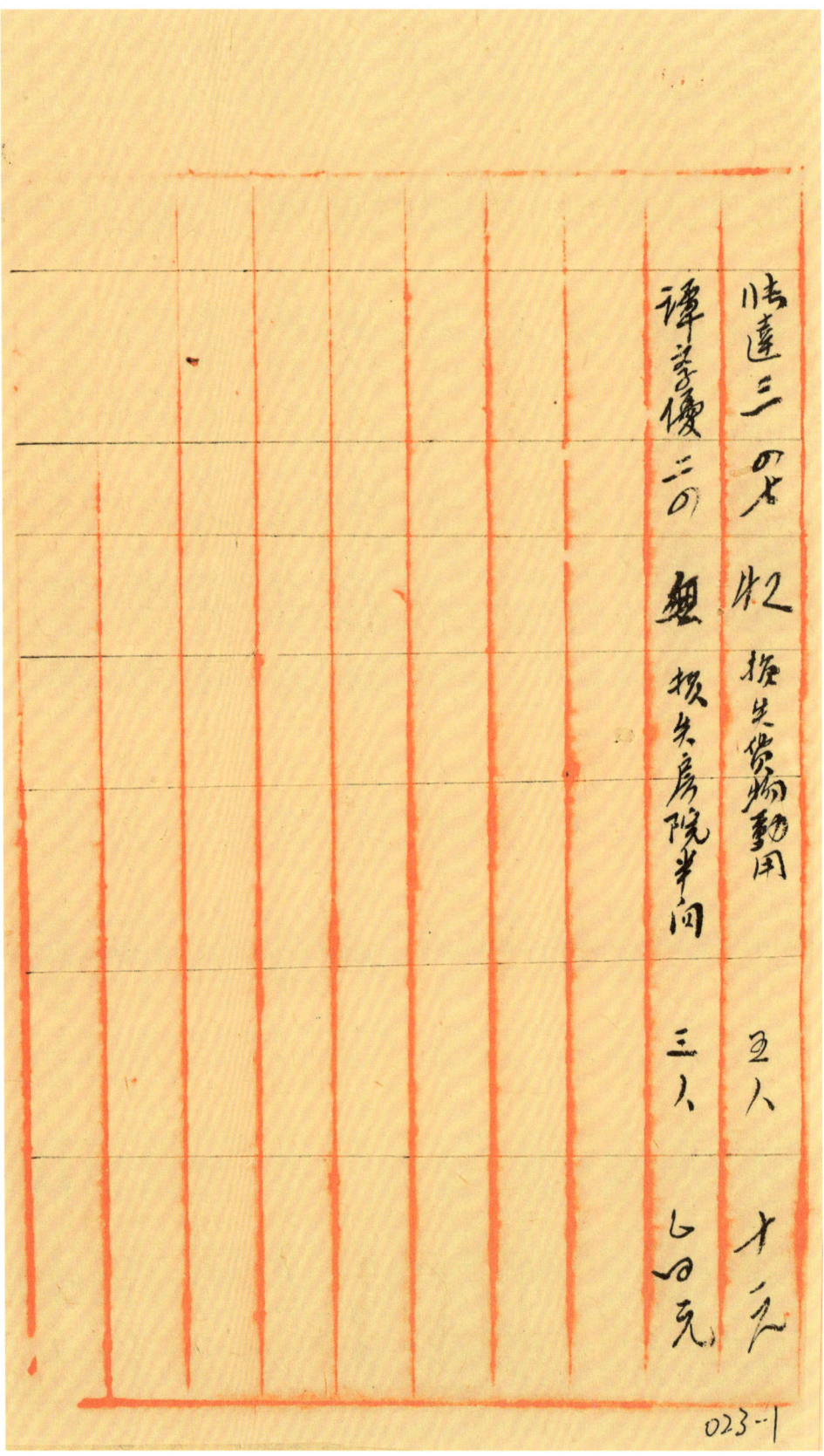

梁山县东城镇联保办公处关于报送一九三九年三月二十九日日机轰炸人员伤亡情形致梁山县政府的呈
（一九三九年三月三十一日）

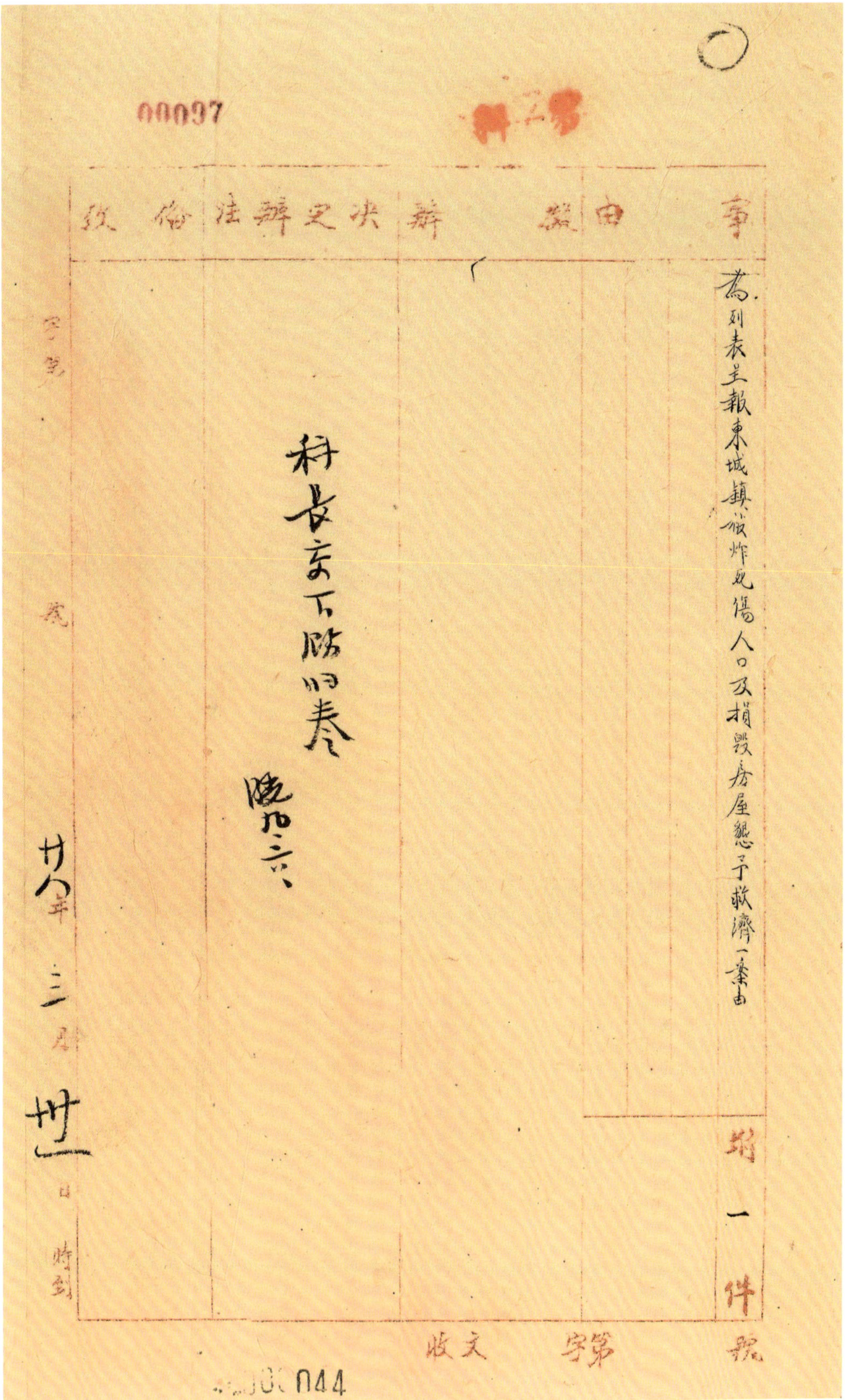

00097

事由：為列表呈報東城鎮被炸死傷人口及損毀房屋懇予救濟一案由

擬辦

決定辦法：科長交下防旧卷
陳 九、三六

備考

附一件

廿八年 三月 廿一 日 時到

收文 字第 號

00044

竊二十八年三月二十九日午刻敵機襲我梁城，到處投彈，職鎮所屬第一聯第二聯三聯第七聯第八聯第九等保均遭轟炸，死傷人口及炸毀房屋無數，内以七八九三保爲更甚，且死傷者均屬貧民。事後主任督飭各保長詳爲調查，現已竣事，理合列表呈報

鈞府鑒核，懇予救濟，伏候指令祗遵。

謹呈

梁山縣縣長陳

計呈東城鎮被炸死傷人口及損毀房屋調查表一份

東城鎮聯保主任羅茘勳

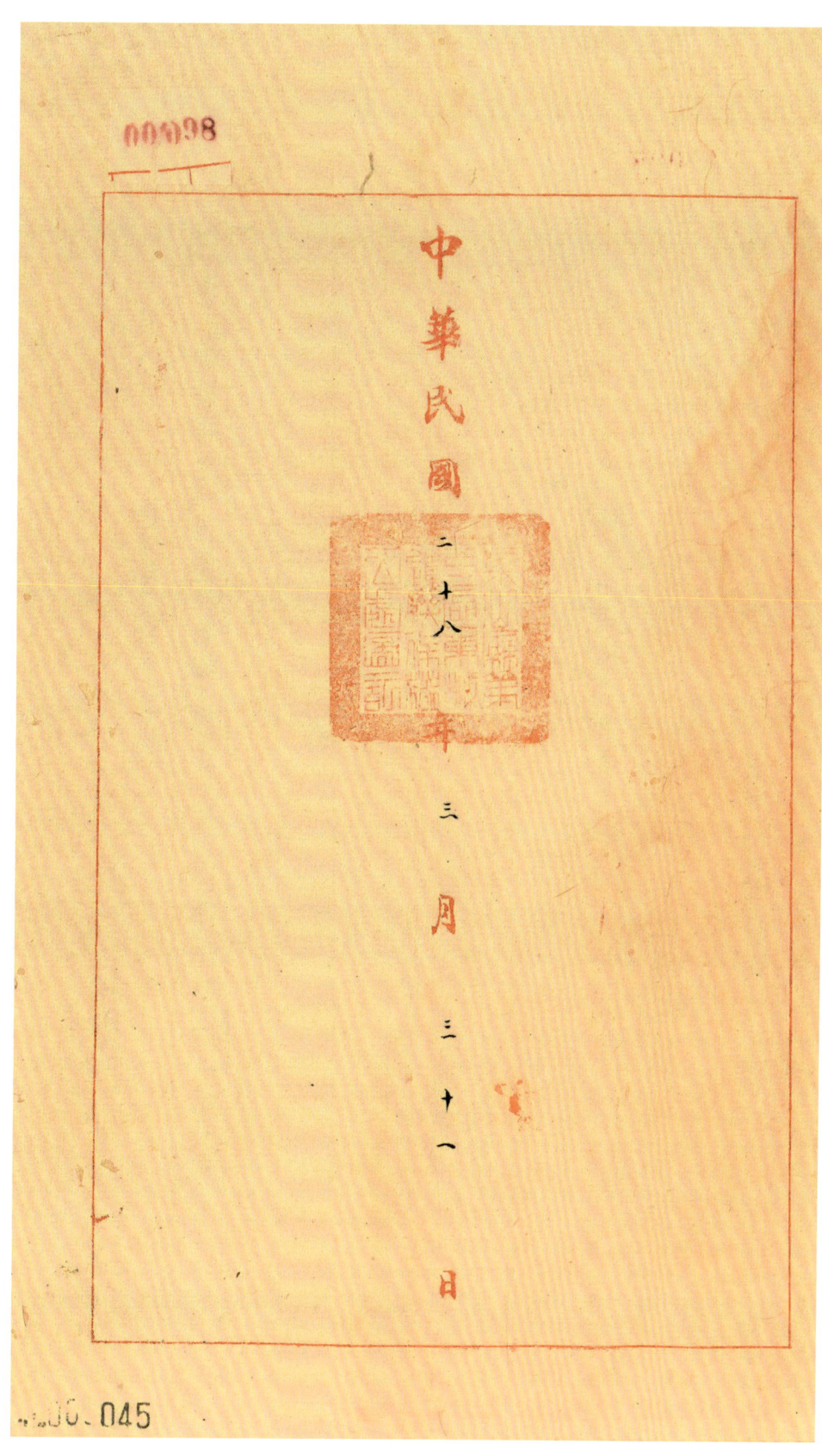

中華民國二十八年三月三十一日

梁山县政府关于筹办一九三九年三月二十九日被炸救济事宜致梁山县财委会的训令（一九三九年三月三十一日）

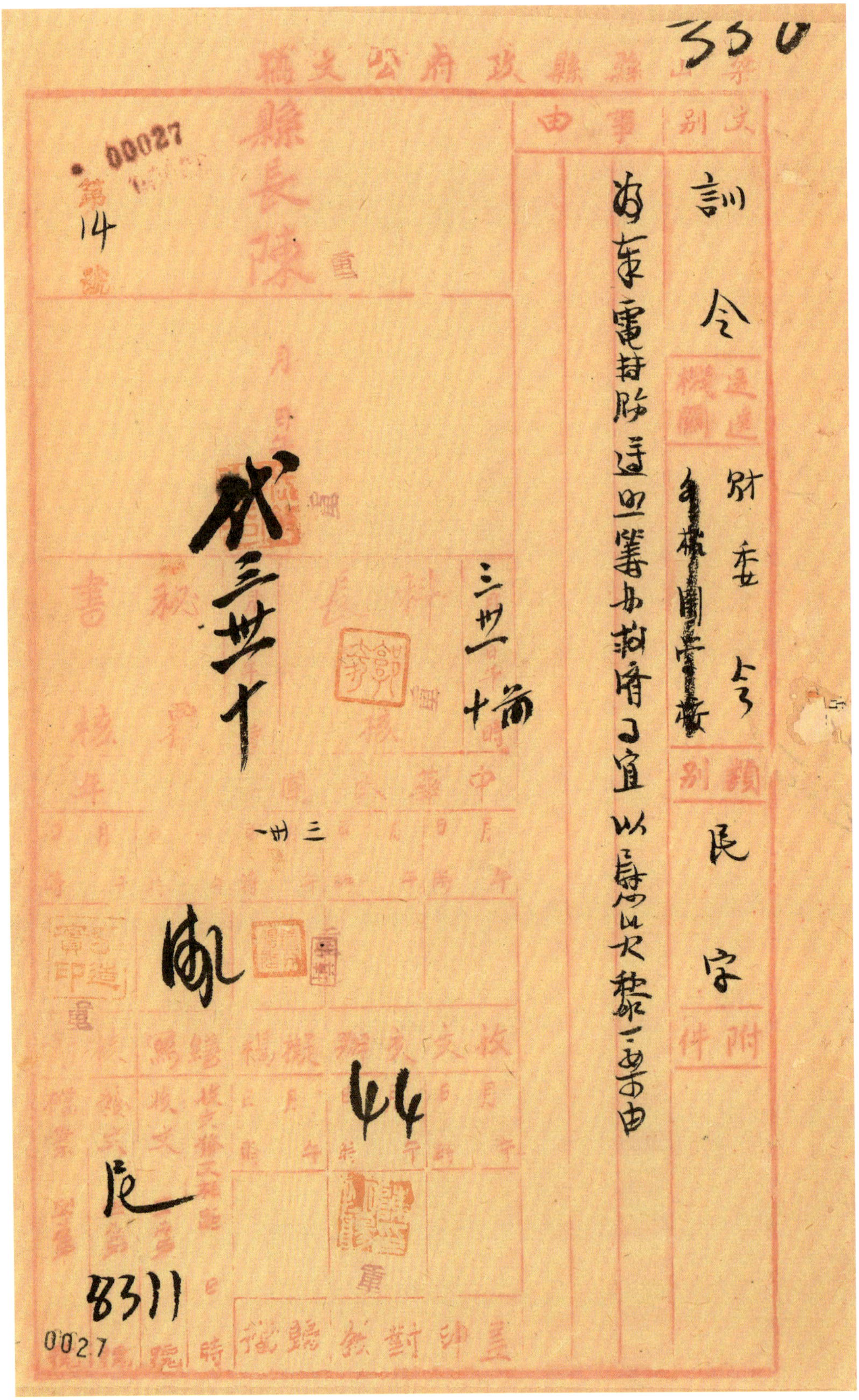
梁山縣政府公文稿

文別：訓令

事由：為奉電轉飭速即籌辦救濟事宜以慰民衆案由

送達機關：財委會

類別：民字

縣長陳

第14號

0027

梁山县政府训令　廿八年民字第8311号

令　财务委员会　各机关学校

本年三月卅日案奉

四川省第十行政督察专员陶代电开：

「梁山陈县长：○○○。云云。为要。」

等因。奉此。查本县惨被狂炸，损害巨大，亟应筹办善后，以慰灾黎。奉电前因，除分令外，合行令仰该会、校即便遵照，并转饬各机关学校一体知照，协力筹办款具报为要！

此令。○二

中华民国二十八年三月卅一日

县长陈○○

027-1

梁山县养老所关于报送一九三九年三月二十九日日机轰炸损失情形致梁山县政府的签呈（一九三九年四月三日）

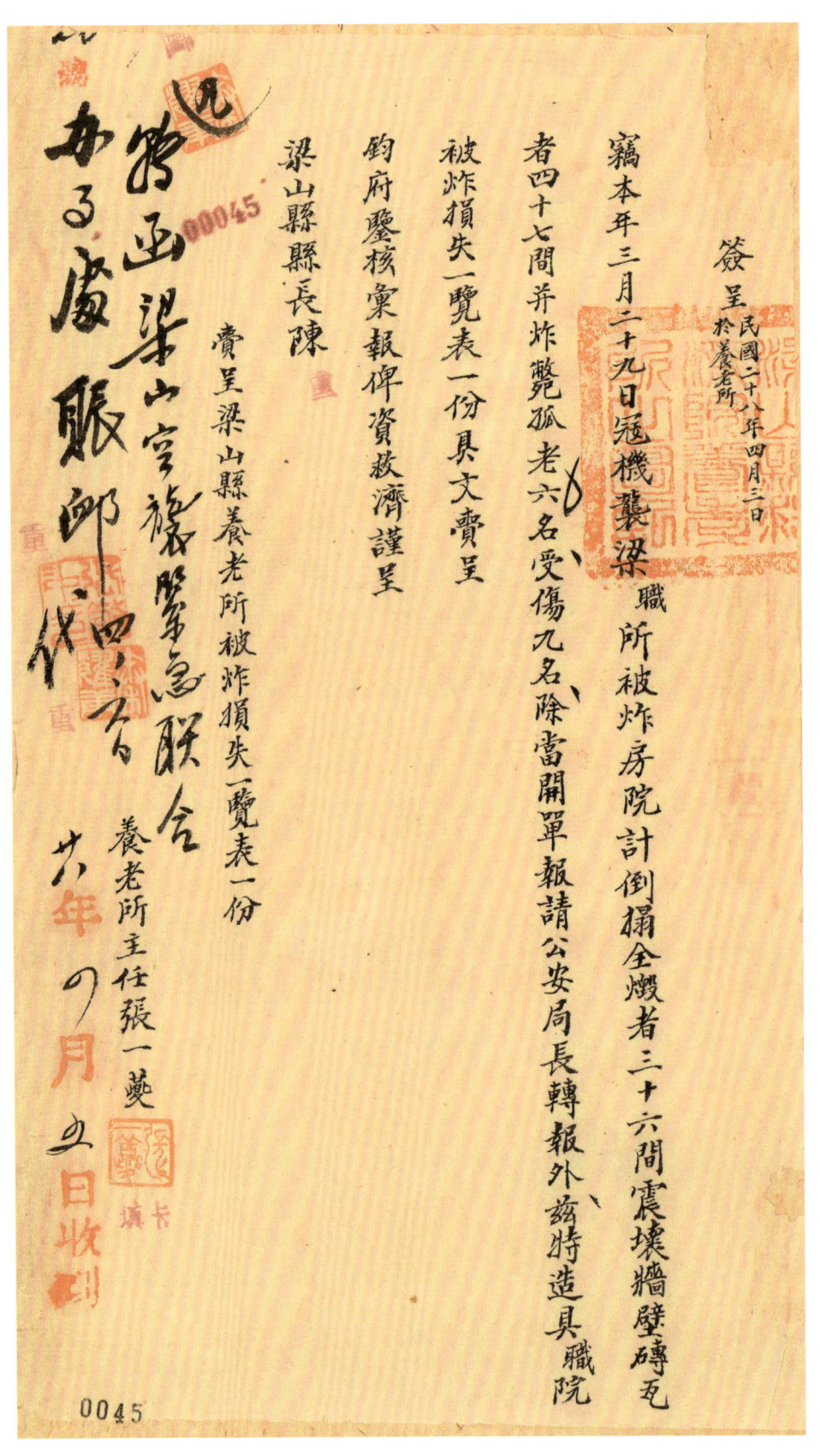

簽呈 民國二十八年四月三日 於養老所

竊本年三月二十九日寇機襲梁 職所被炸房院計倒塌全燬者三十六間、震壞牆壁磚瓦者四十七間，并炸斃孤老六名、受傷九名，除當開單報請公安局長轉報外，茲特造具職院被炸損失一覽表一份，具文賫呈

鈞府鑒核彙報，俾資救濟。謹呈

梁山縣縣長陳

賫呈梁山縣養老所被炸損失一覽表一份

養老所主任張一夔

轉函梁山空襲緊急聯合會核處賑卹 四、三

廿八年四月五日收到

赈济委员会运送配置难民万县总站梁山分站关于派员会同办理紧急救济致梁山县政府的函
（一九三九年四月三日）

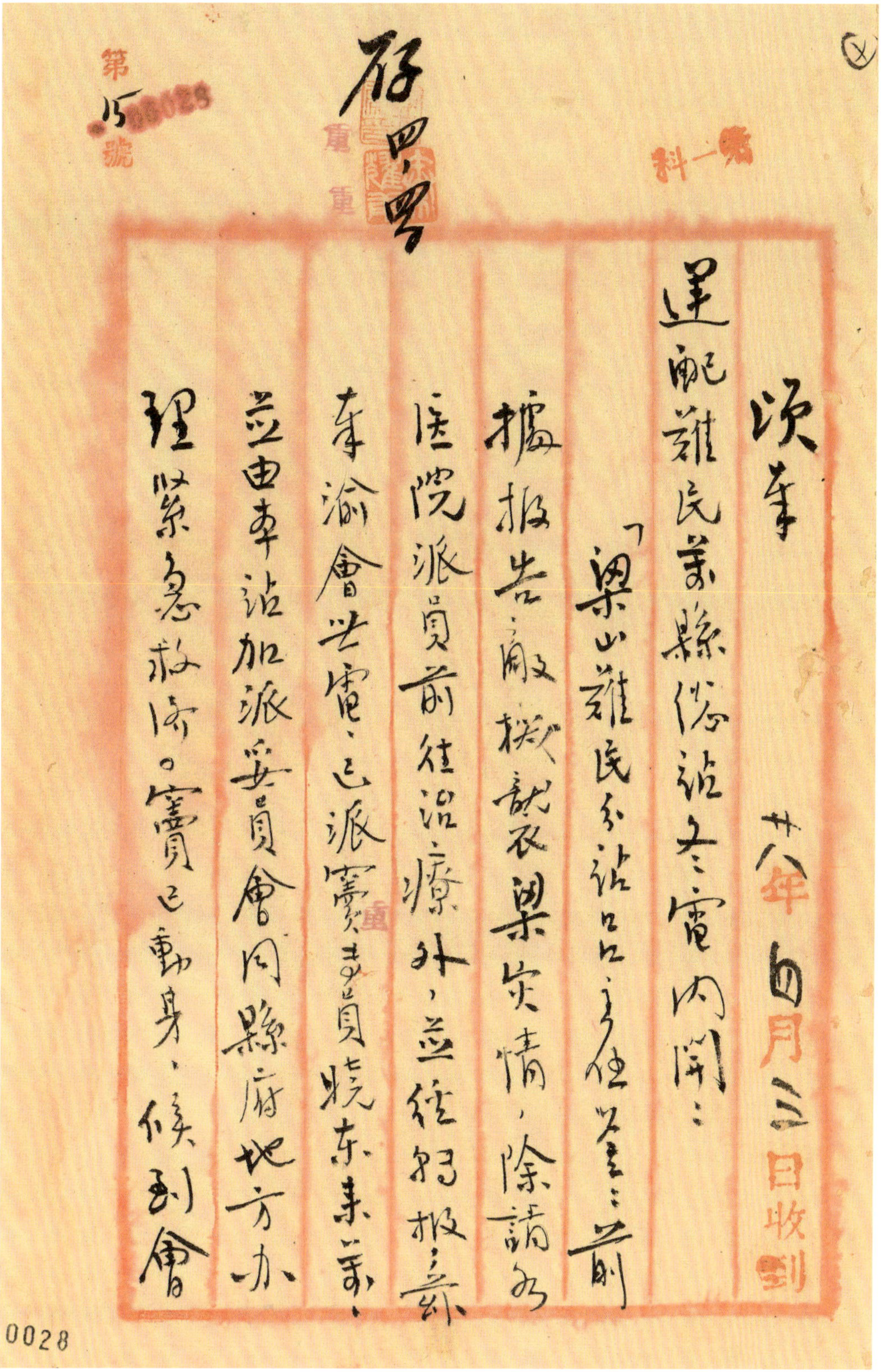

第15號

啓四署

一科

逕啓者：

運配難民萬縣總站查字內開：

「梁山難民分站呈稱：迭經呈請前

據報告，敝擬就梁災情，除請分

院派員前往治療外，並經將報蘇

本渝會告實，已派簽委員曉東來梁，

並由本站加派委員會同縣府地方辦

理緊急救濟。實已動身，候到會

廿八年四月三日收到

0028

商，即便前往，希先特知各机關團
體為要，貴縣德誼多。
等因，奉此，除分函外，特此函知，即希
查照為荷！
此致
梁山縣政府

振濟委員會運送配置難民萬縣總站梁山分站

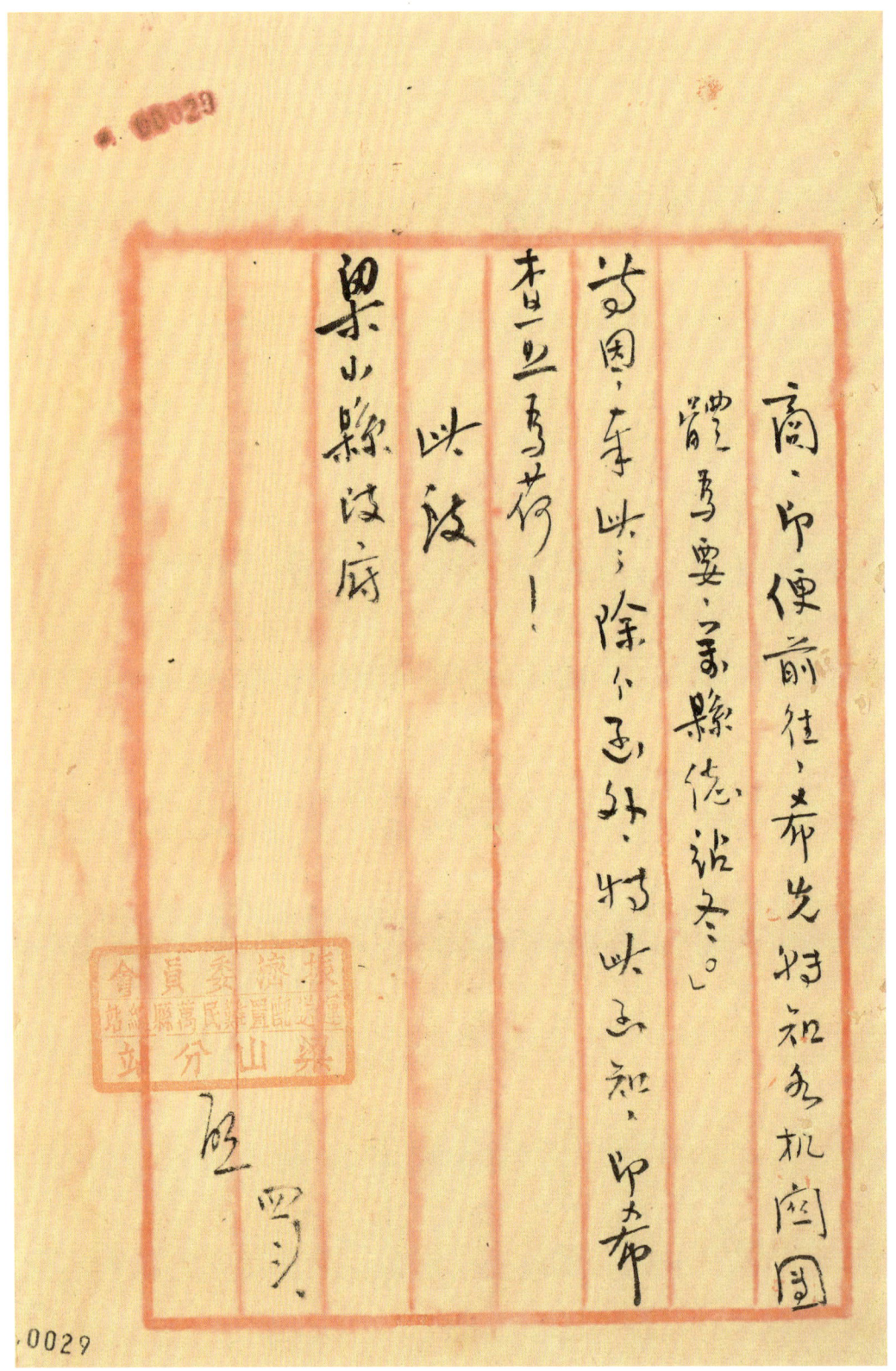

四月

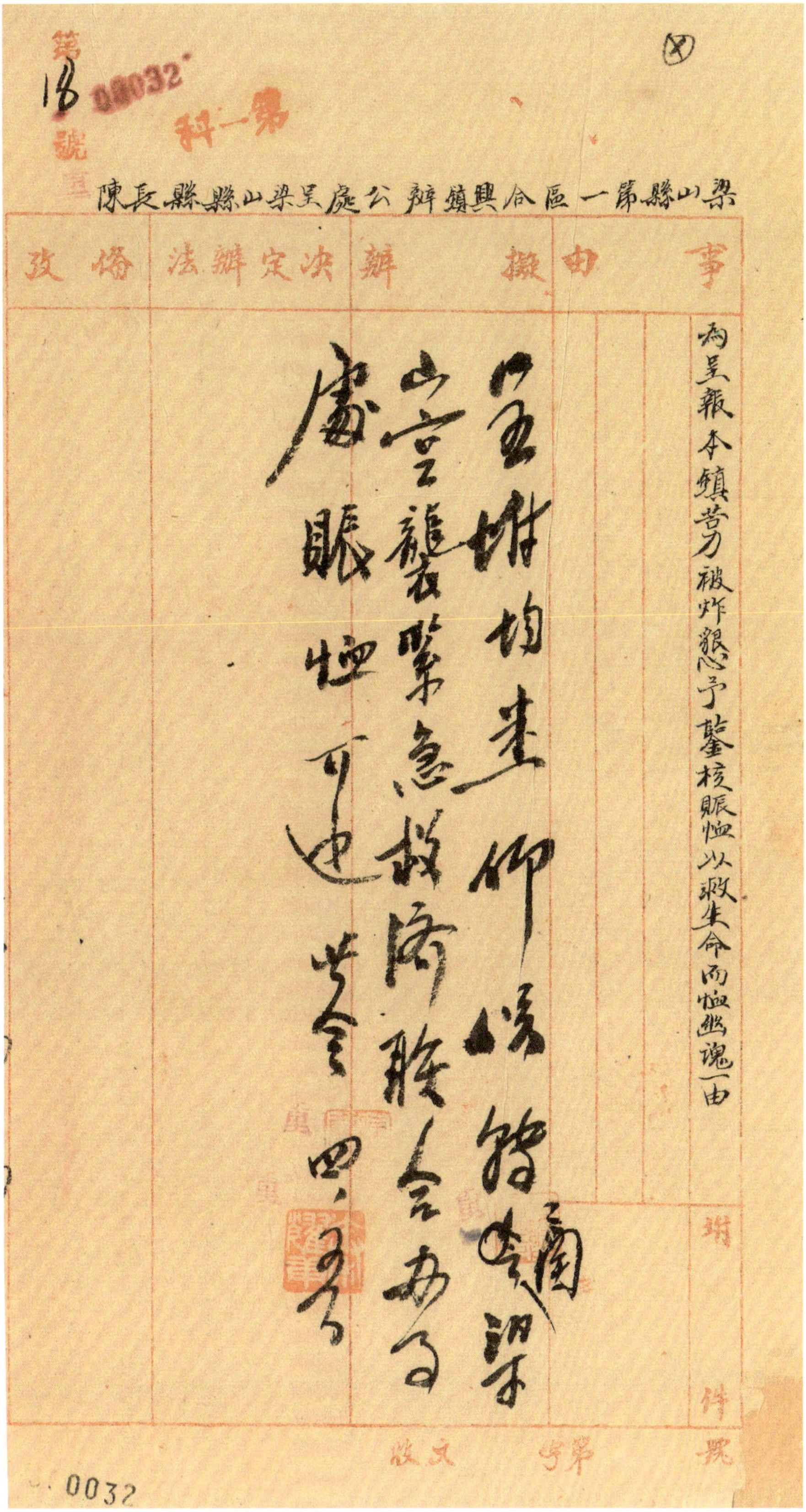
梁山縣第一區合興鎮聯保辦公處呈梁山縣縣長陳

事由	擬辦	決定辦法	備攷
為呈報本鎮苦力被炸懇予鑒核賑恤以救生命而慰幽魂一由	呈件均悉，仰候轉呈梁山空襲緊急救濟聯合辦事處賑恤可也		

附件

收文　第　號

梁山县第一区合兴镇联保办公处关于抚恤一九三九年三月三十一日日机轰炸伤亡运售柴炭苦力致梁山县政府的呈（一九三九年四月四日）

竊本年三月三十一日本鎮苦力運售柴炭至城、於柴炭市北門外、突發警報敵機入川殊該苦力等愚昧不知死守柴炭敵機到時逃避不及致召傷斃八人查該等均屬苦力窮困萬分斃不能埋傷不能醫是特分別造具炸斃及炸傷姓名暨家屬狀況清冊一份賫呈

鈞府懇予鑒核賑恤以救生命而恤幽魂實為公便

謹呈

梁山縣縣長陳

計炸斃及炸傷姓名家屬狀況清冊一份

第一區合興鎮聯保主任秦登高

082-1

中華民國二十八

四月

四日

033-1

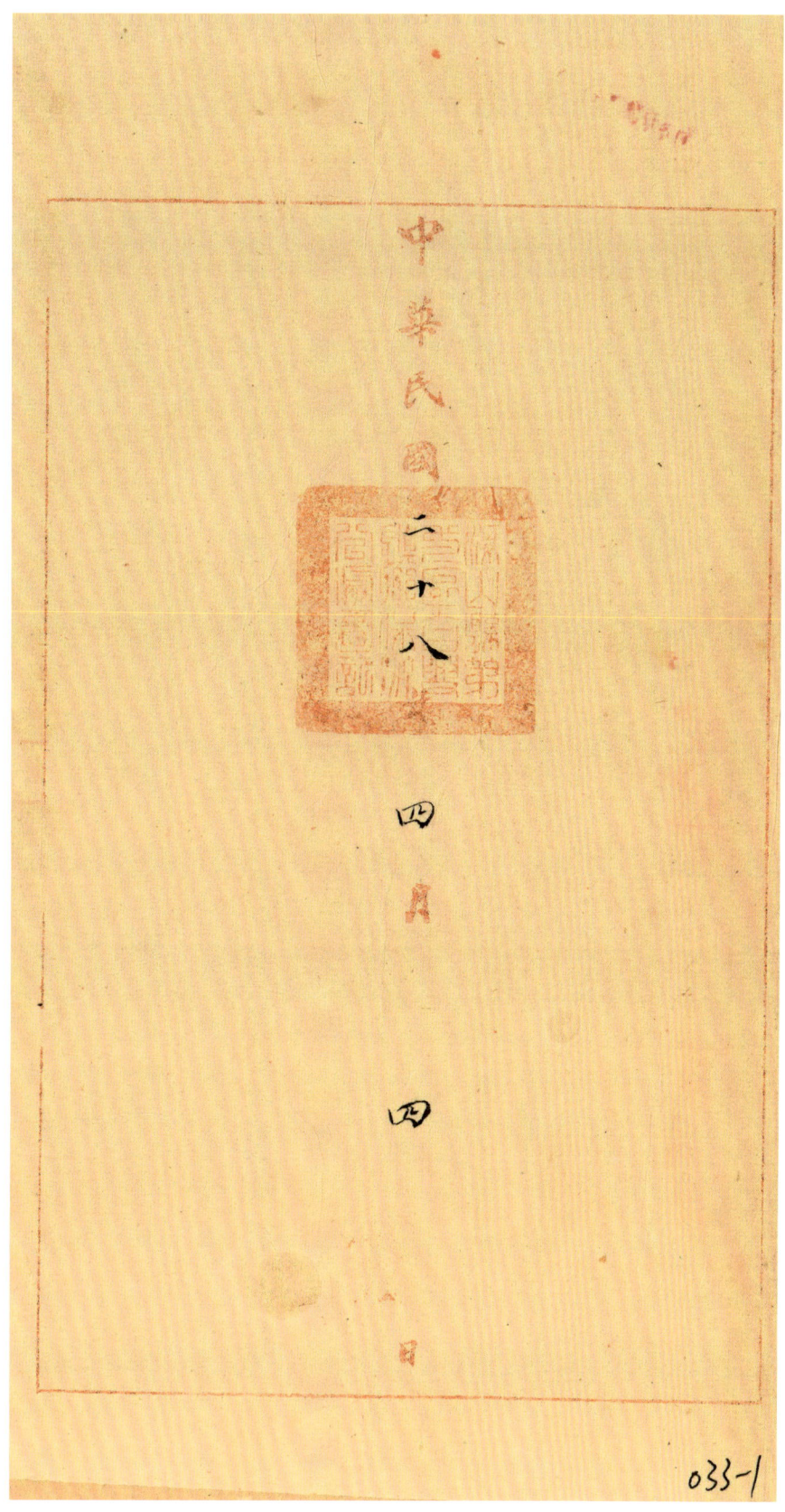

梁山县政府关于抄送一九三九年三月二十九日轰炸中逃亡囚犯清册致梁山县征收局的咨

（一九三九年四月四日）

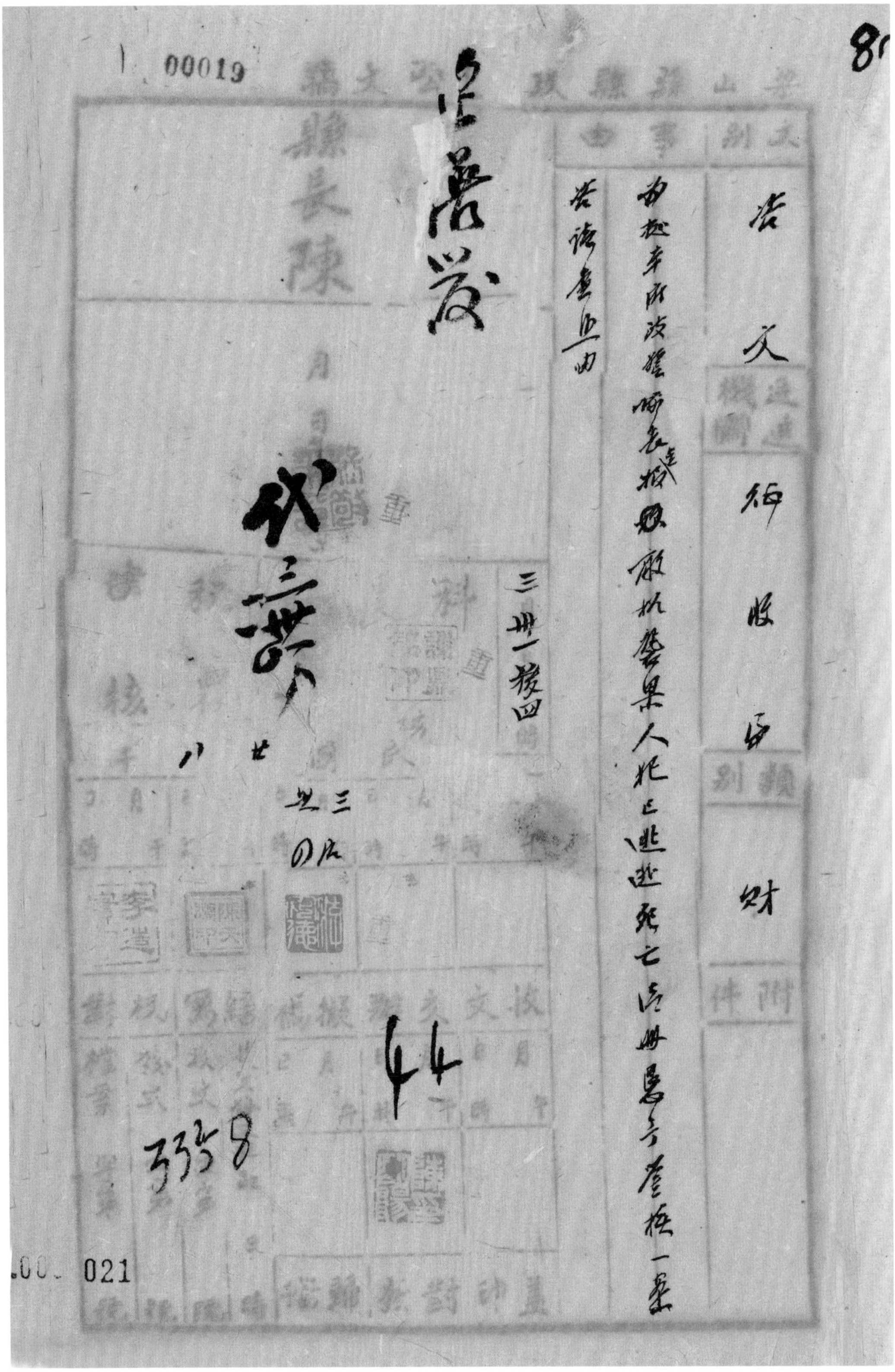

梁山縣政府指令　廿八年財字第　　號

本年三月卅日案據本縣各政務局局長胡嘉昌報稱：「竊查……等……」云……

……………………等，

并依計據呈各國際條約一份，合併抄造姓名已逃未逃死亡清冊一本，擬請

鑒核呈奪備由

查呈請除業經人犯、依照國際法條治罪、其餘已逃人犯、并請通緝

外、抄發列表通緝

處理、備文呈查並分報備案

此令。

梁山縣縣政府縣長　馬

計附抄發人犯姓名已逃未逃死亡清冊一本

021-1

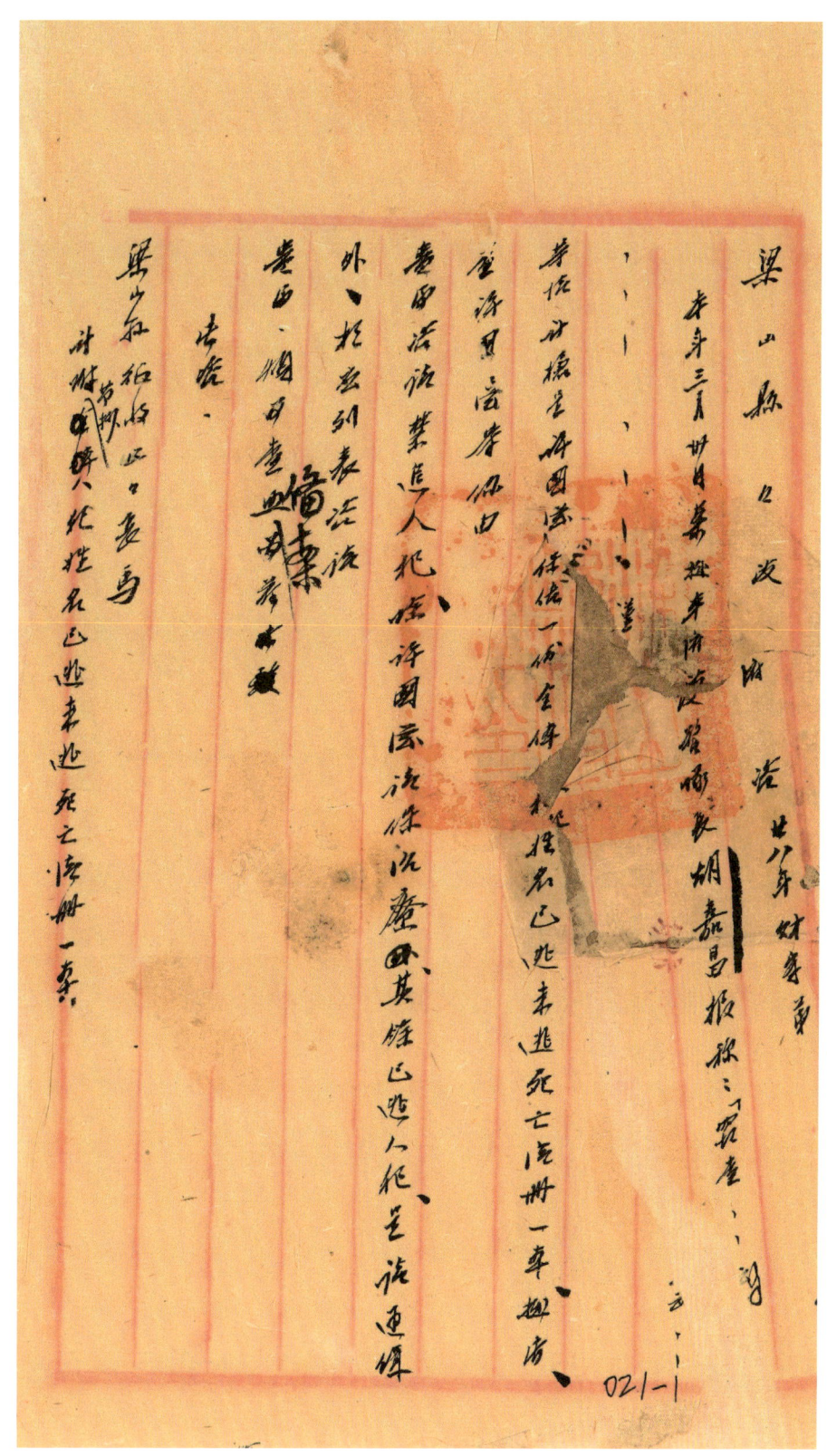

附：节抄人犯姓名已逃未逃死亡清册

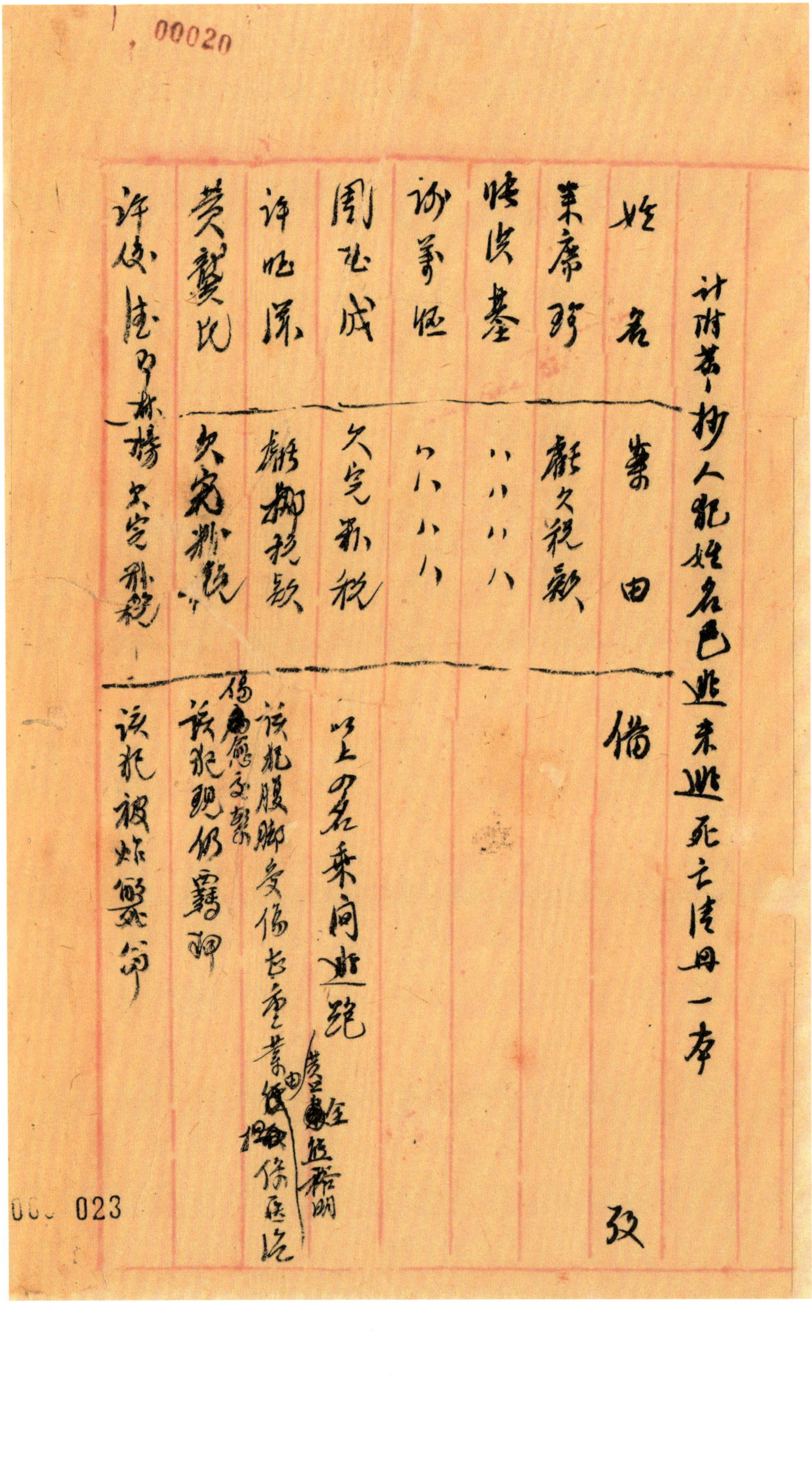

计附节抄人犯姓名已逃未逃死亡清册一本

姓名	案由	备考
朱席珍	欠税款	以上四名乘间逃跑
陈良基	〃〃〃	
邹万兴	〃〃〃	
周希成	欠完粮税	
许晓深	漏[illegible]税款	该犯腿脚受伤甚重，业由[illegible]保释医治（旁注：伤愈即案）
黄龚比	欠完粮税	该犯现仍羁押
许俊德卯林杨	欠完粮税	该犯被炸毙命

梁山县政府、大竹团管区梁山县义勇壮丁常备大队关于给予一九三九年三月二十九日被日机炸伤壮丁李长发优待费的来往文书（一九三九年四月四日至七日）

大竹团管区梁山县义勇壮丁常备大队致梁山县政府的呈（一九三九年四月四日）

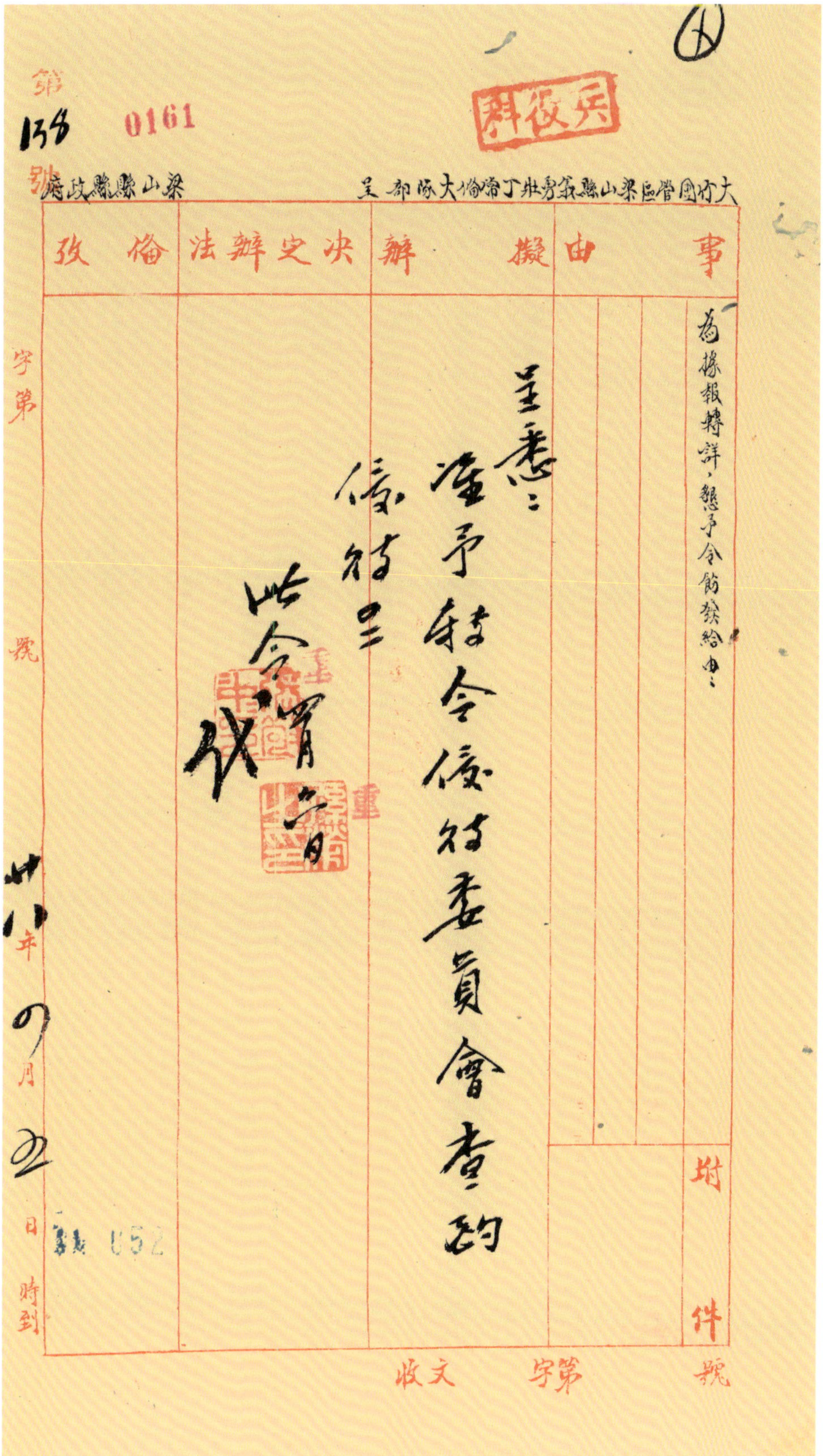

案據第一中隊長劉紹謨層轉該隊壯丁李長發呈稱：

「為敵機炸傷，懇給優待費，情上峯命令，全縣辦理義勇軍，斯時長發心願從軍，當由北城，聯保主任，送入貴隊中敎，突於三月二十九日，警報一發，旋來敵機十餘架，兇惡已極，直向中校內，投有炸蛋數枚，當將長發頭腰等處炸傷，已蒙長官吩咐，即將長發送交醫院調治，兼因長發家內，瓦房動用一律炸毀，母親在家，亦無居住，實屬慘不堪言，現長發在醫院，銀錢分厘俱無，實莫法設，只得具呈，懇祈鈞座鑒核，格外體恤，賞准賜給優待費，以全長發一家生活，謹呈」

等情，據此，理合具文，呈請

鈞府鑒核，俯予轉令優待委員會發給，用示優待！

謹呈。

052-1

梁山縣縣長陳

大竹團管區梁山縣義勇壯丁常備大隊長王鶴笙

王鶴笙印

中華民國二十八　四　四　日

053-1

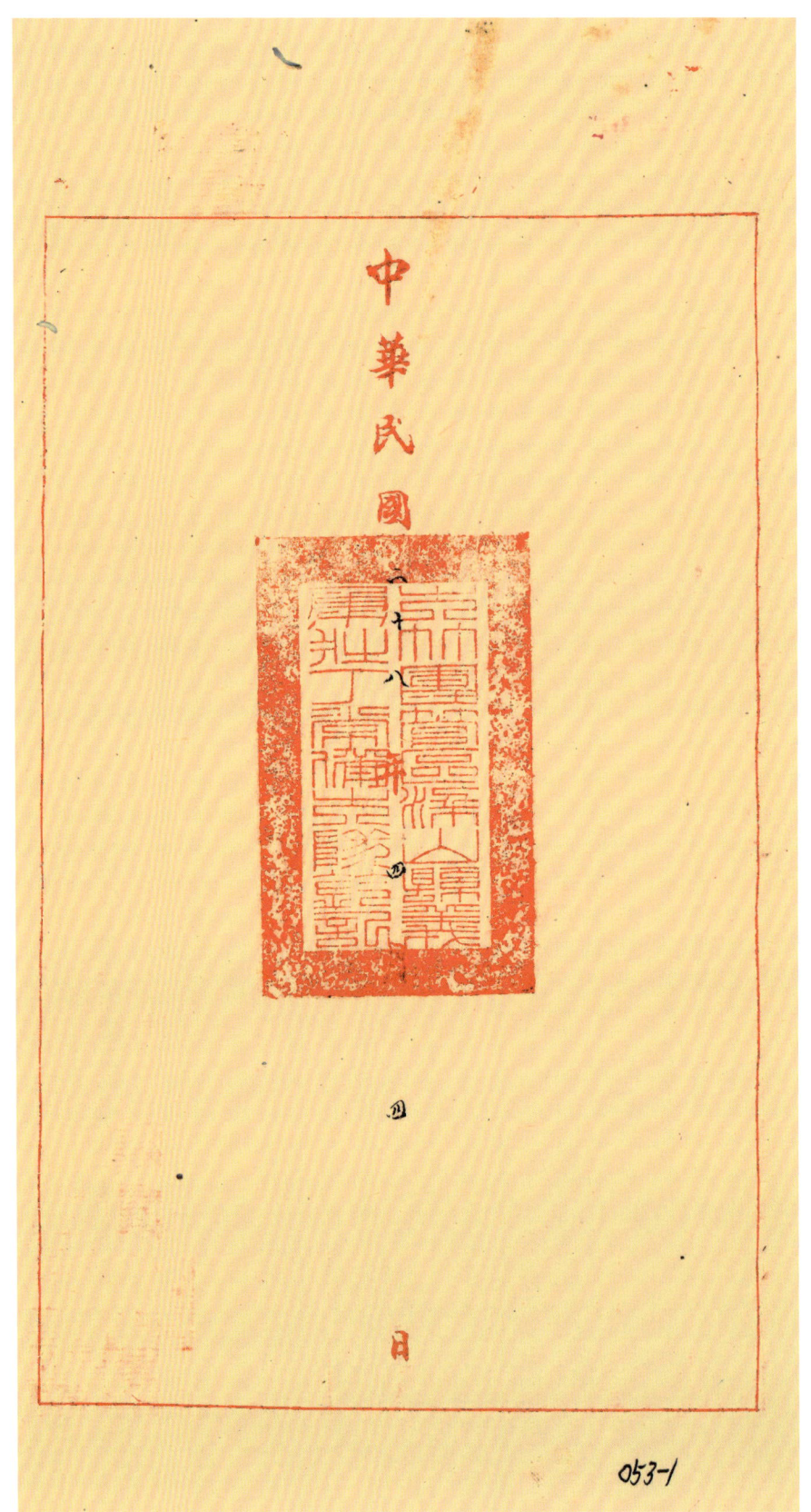

梁山县政府致大竹团管区梁山县义勇壮丁常备大队的指令（一九三九年四月七日）

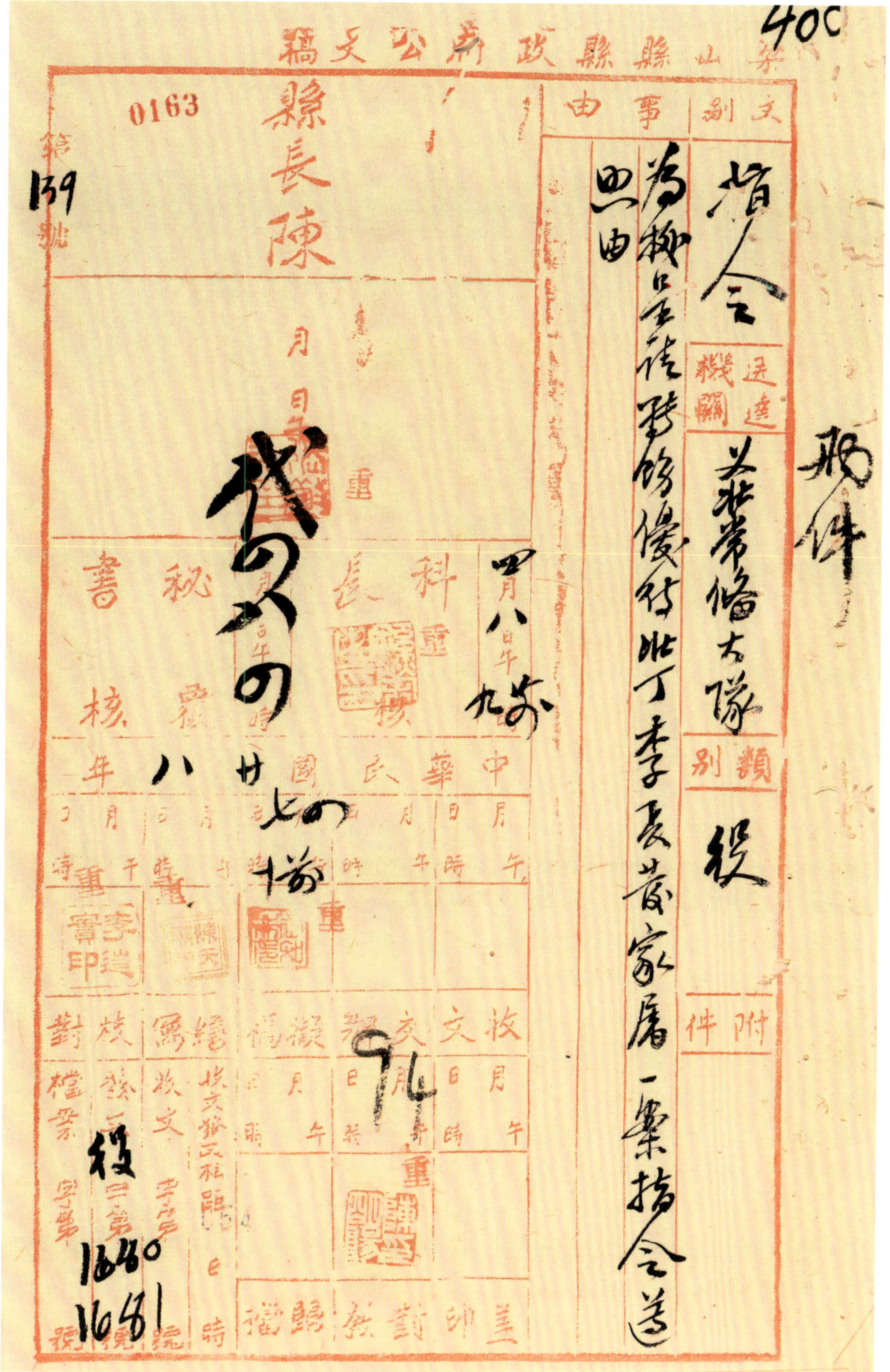
梁山縣政府公文稿

0163

縣長陳

文别 指令

送達機關 義壯常備大隊

類别 役

事由 為據呈請優待壯丁李長發家屬一案指令遵照由

附件

科長 秘書

核稿 擬稿 繕寫 校對 封發 歸檔

中華民國 年 月 日

仝

衔指令　廿八年役字第1680号

令义北常备大队部

本年四月晋呈一件为呈请优待因公受伤

壮丁李良发家属一案由

呈悉。候令行优待委员会查酌

优待。此令。

中华民国廿八年四月七日

县长陈○○

054-1

梁山县政府、胡嘉昌关于办理一九三九年三月二十九日被炸损失衣被救济事宜的文书
（一九三九年四月四日至十二日）

胡嘉昌致梁山县政府的呈（一九三九年四月四日）

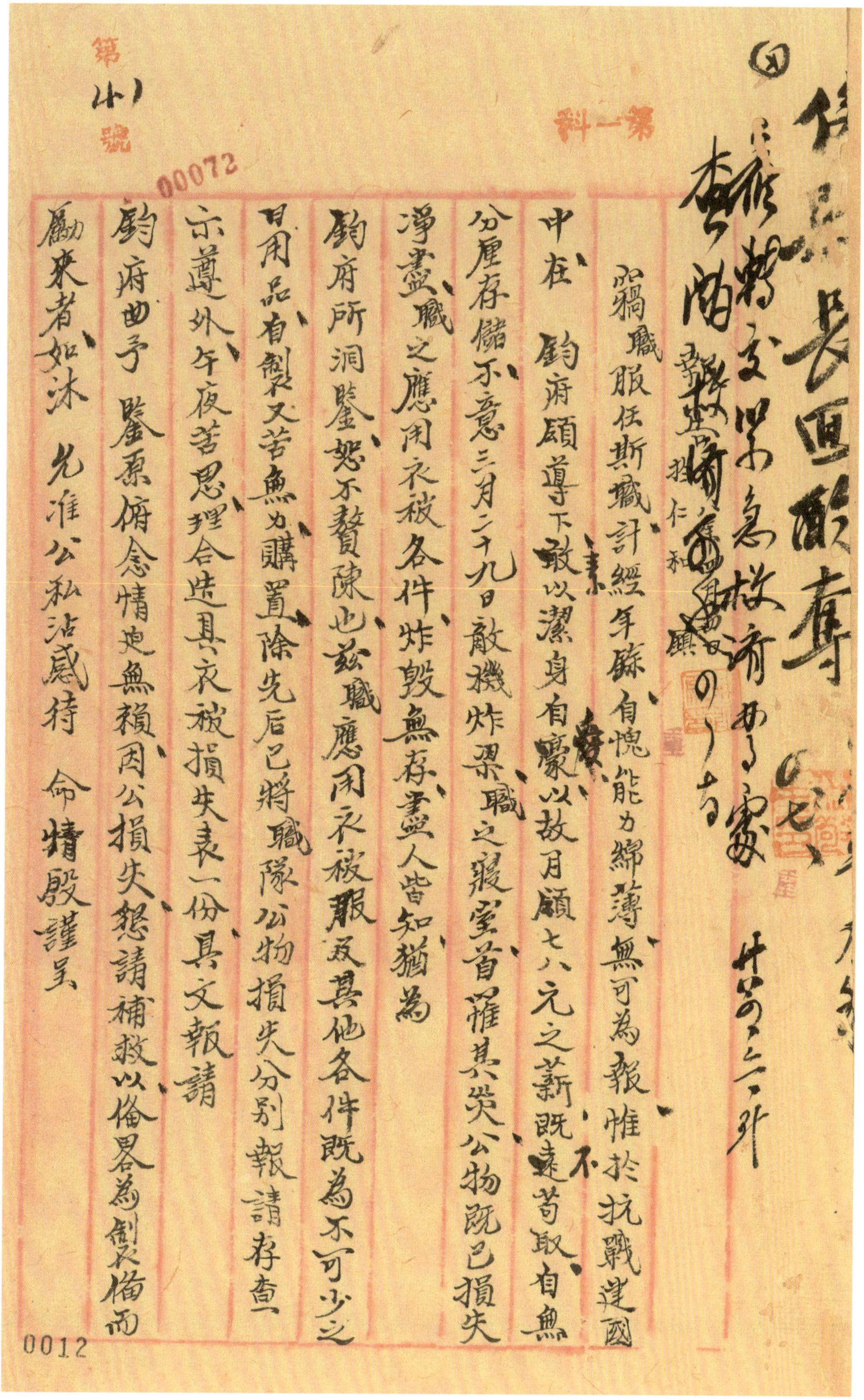
第41號

第一科

00072

竊職服任斯職，計經年餘，自愧能力綿薄，無可為報，惟於抗戰建國中，在 鈞府領導下，敢以潔身自豪，以故月領七八元之薪，既未苟取，自無分厘存儲。不意三月二十九日敵機炸梁，職之寢室首罹其災，公物既已損失淨盡，職之應用衣被各件炸毀無存，盡人皆知，猶為 鈞府所洞鑒，想不贅陳也。茲職應用衣被服及其他各件既為不可少之日用品，自製又苦無力購置，除先后已將職隊公物損失分別報請存查示遵外，午夜苦思，理合造具衣被損失表一份，具文報請 鈞府，曲予 鑒原，俯念情迫無積，因公損失，懇請補救，以備略為製衣備而勵來者，如沐 允准，公私沾感，待 命，謹呈

0012

梁山縣縣長陳

附呈衣物損失表一份

梁山縣政警隊長胡嘉昌

012-1

梁山县政府致梁山县空袭紧急救济联合办事处的公函（一九三九年四月十二日）

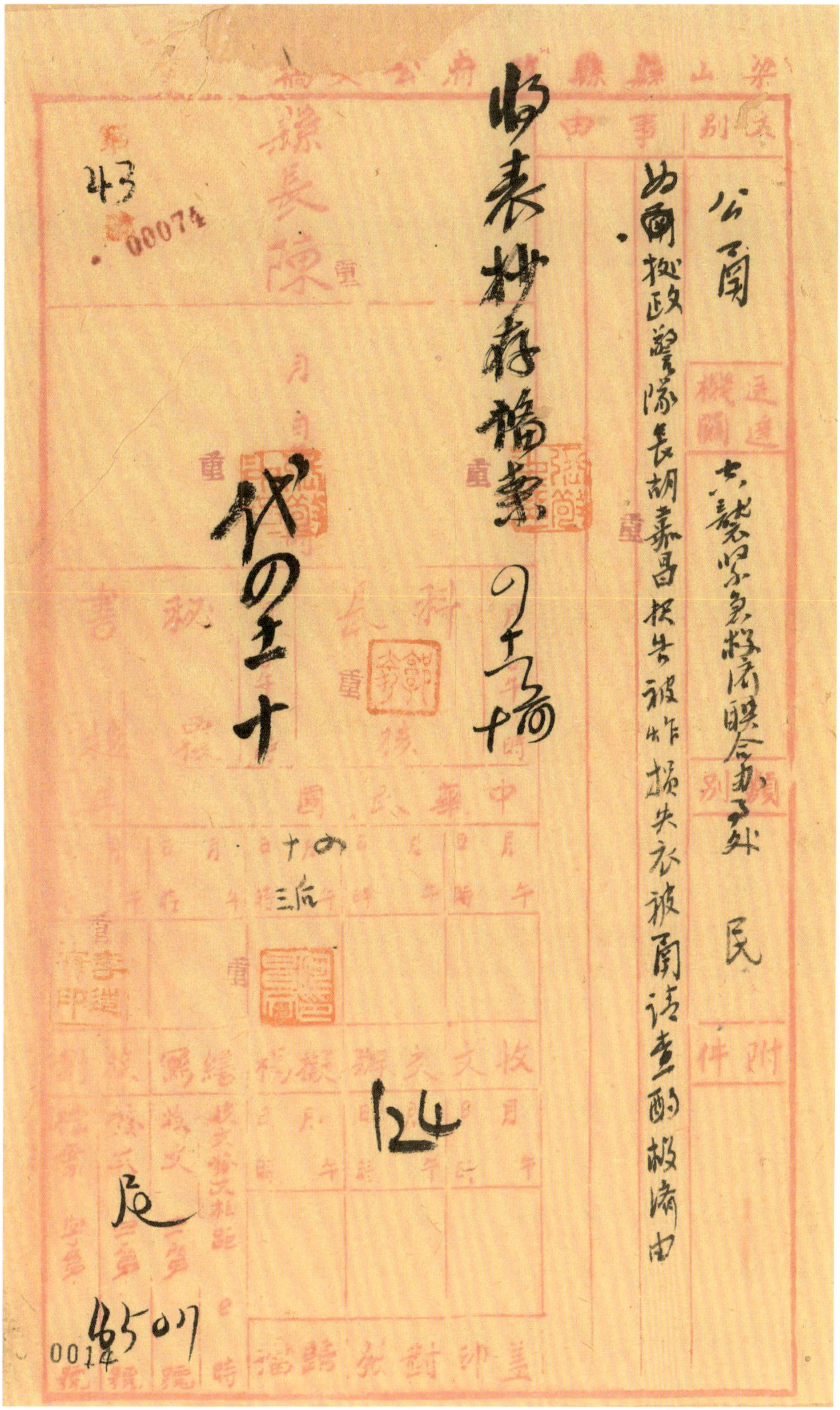

仝

衔公函　廿八年民字第8507号

本年四月六日据本府政警队队长胡嘉昌报称：

「窃职服务斯职云云○○谨呈」　检同原表

附呈衣物损失表一份

等情。据此，查核所称尚系实情，除指令外，相应函请

贵处烦为查酌救济，至级公谊。

此致

梁山县紧急救济联合办事处（救济）

计原表一份

0145

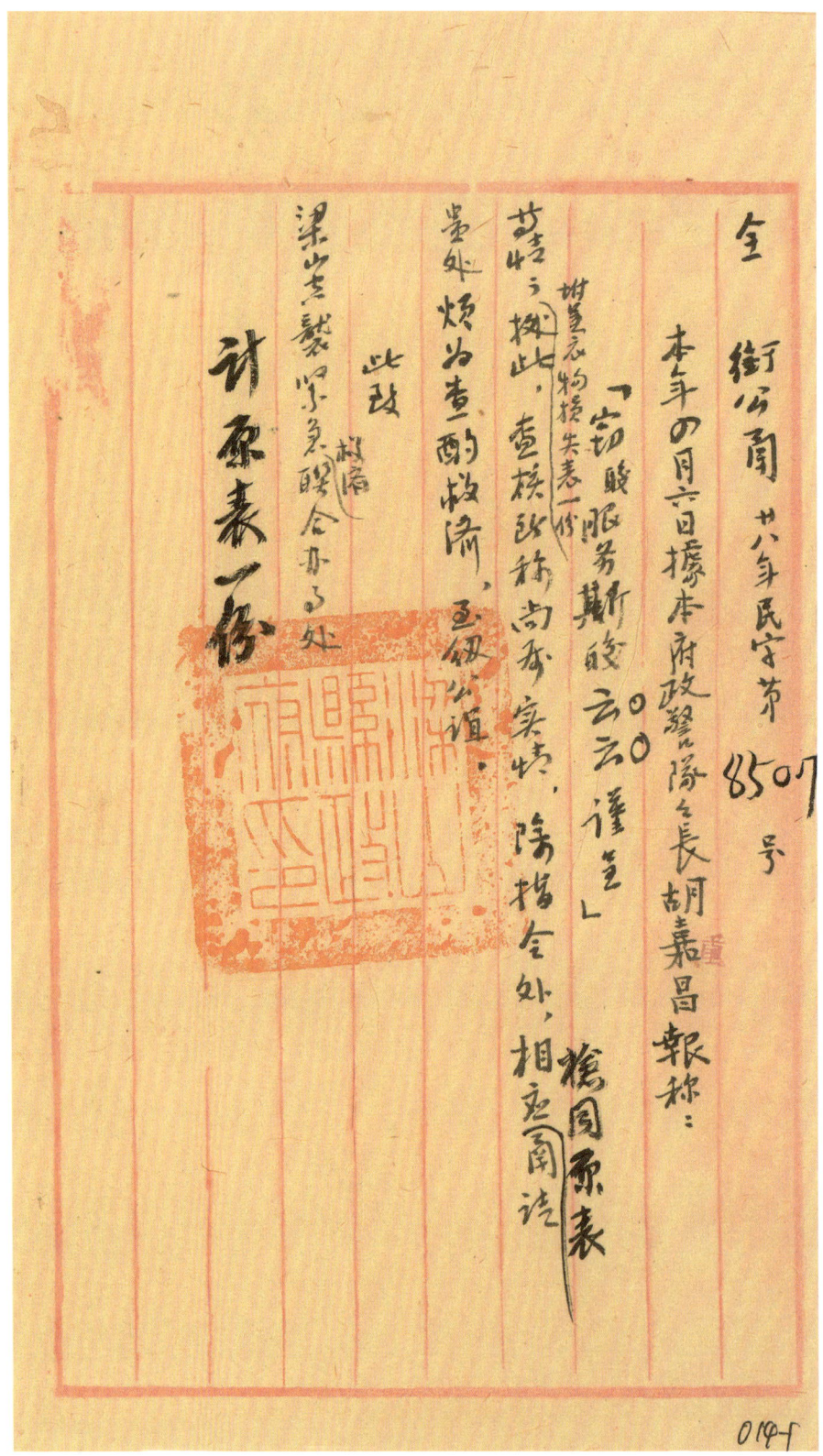

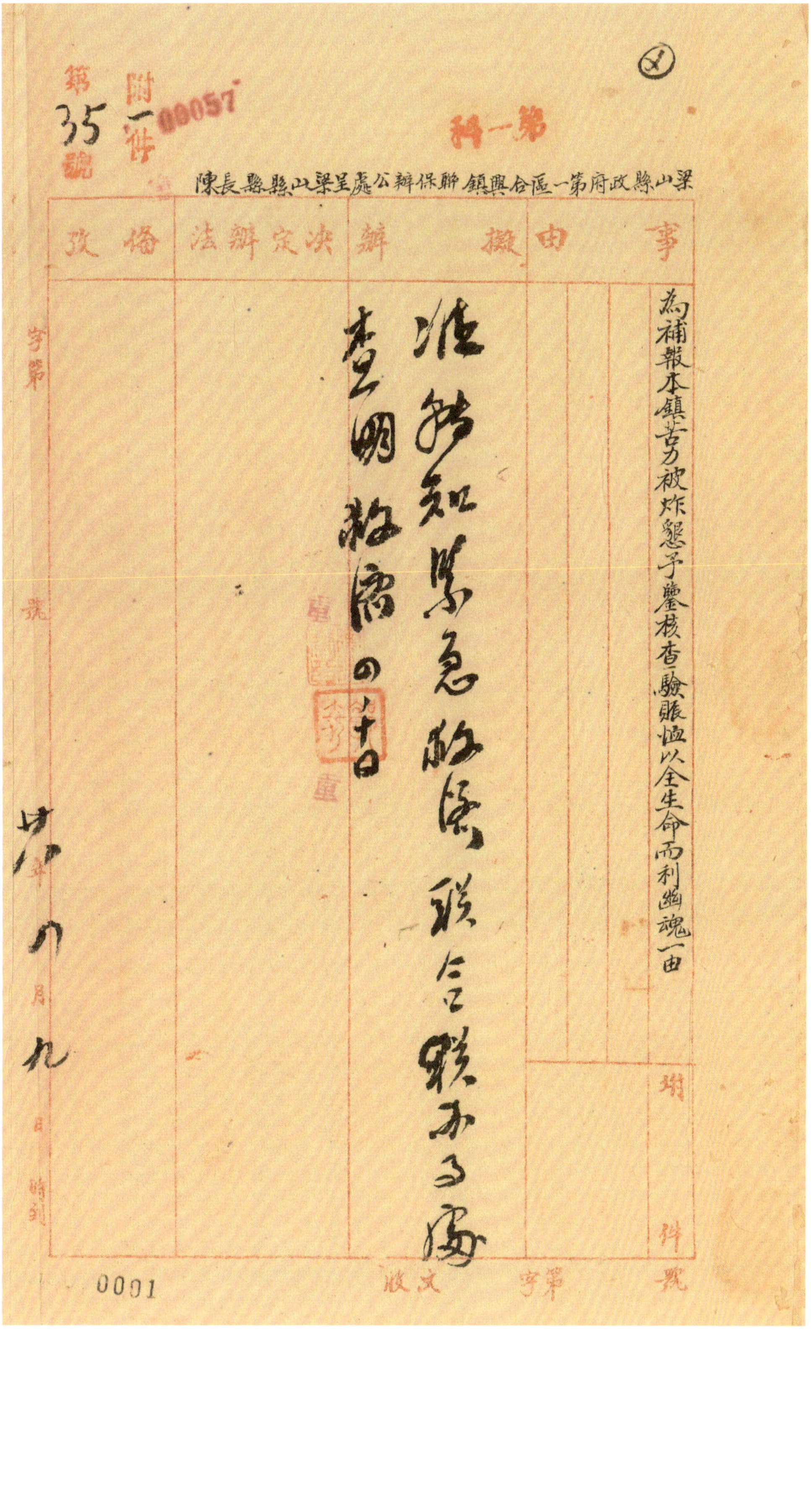
第35號 附一冊 00057 第一科

梁山縣政府第一區合興鎮聯保辦公處呈梁山縣縣長陳

事由	擬辦	決定辦法	備考
為補報本鎮苦力被炸懇予鑒核查驗賑恤以全生命而利幽魂一由	准飭知緊急救濟聯合辦事處查明救濟 四、十		

附件

字第 號

廿八年四月九日時到

0001

收文 字第 號

梁山县第一区合兴镇联保办公处关于补报一九三九年三月二十九日被炸伤亡苦力清册致梁山县政府的呈（一九三九年四月八日）

竊職鎮本月四日茲由本鎮一二五六七保長僉報昨被敵機炸傷苦力四人斃命四人

轉報

鈞府在案復據各保長報告再查有受傷及斃命請速照轉前來查各被炸受傷及斃命實屬苦力竟居大山離保長一二十里許該各保長先前失於查報是特具文分别造具炸斃及炸傷姓暨家屬狀況清冊一份賫呈

鈞府再懇鑒核查驗賑恤以救生命而恤幽魂實沾德便

謹呈

梁山縣縣長陳

計炸傷及炸斃姓名暨家屬狀況清冊一份

第一區合興鎮聯保主任秦登高

中華民國二十八年四月八日

002-1

附：梁山县政府第一区合兴镇联保办公处造具炸毙及炸伤姓名暨家属状况清册

梁山县政府第一区合兴镇联保办公处造具炸毙及炸伤姓名暨家属状况清册

区别	乡镇别	保别	姓名	年龄	生活状况	家属人口	伤毙
第一区	合兴镇	第一保	刘先清	六一	负贩贫苦	三	腿受重伤
〃	〃	第二保	黄长寿	二八	下力贫苦	四	死
〃	〃	第五保	黎九元	二五	卖炭极贫	六	死
〃	〃	〃	李玉春	三六	同	四	死
〃	〃	〃	邓见娄	一九	同	五	身受重伤
〃	〃	第六保	尹八元	一七	下力贫苦	六	死
〃	〃	〃	邓文毛	一四	卖柴极贫	四	头手受重伤
〃	〃	〃	孙海信	五〇	同	五	死

〃	〃	第五保	刘二元	二四	卖炭负差	三	死
〃	〃	〃	王見堂	二二	同	五	〃
〃	〃	第四保	張一友	二一	卖柴负差	三	〃
〃	〃	〃	李同榮	二八	同	六	〃
〃	〃	〃	廖興貴	二八	卖炭负差	七	〃
〃	〃	第七保	王文章	三二	买賣	六	手重傷

003-1

梁山县警察所关于报送一九三九年三月二十九日日机轰炸损失公物、文卷清册致梁山县政府的签呈（一九三九年四月八日）

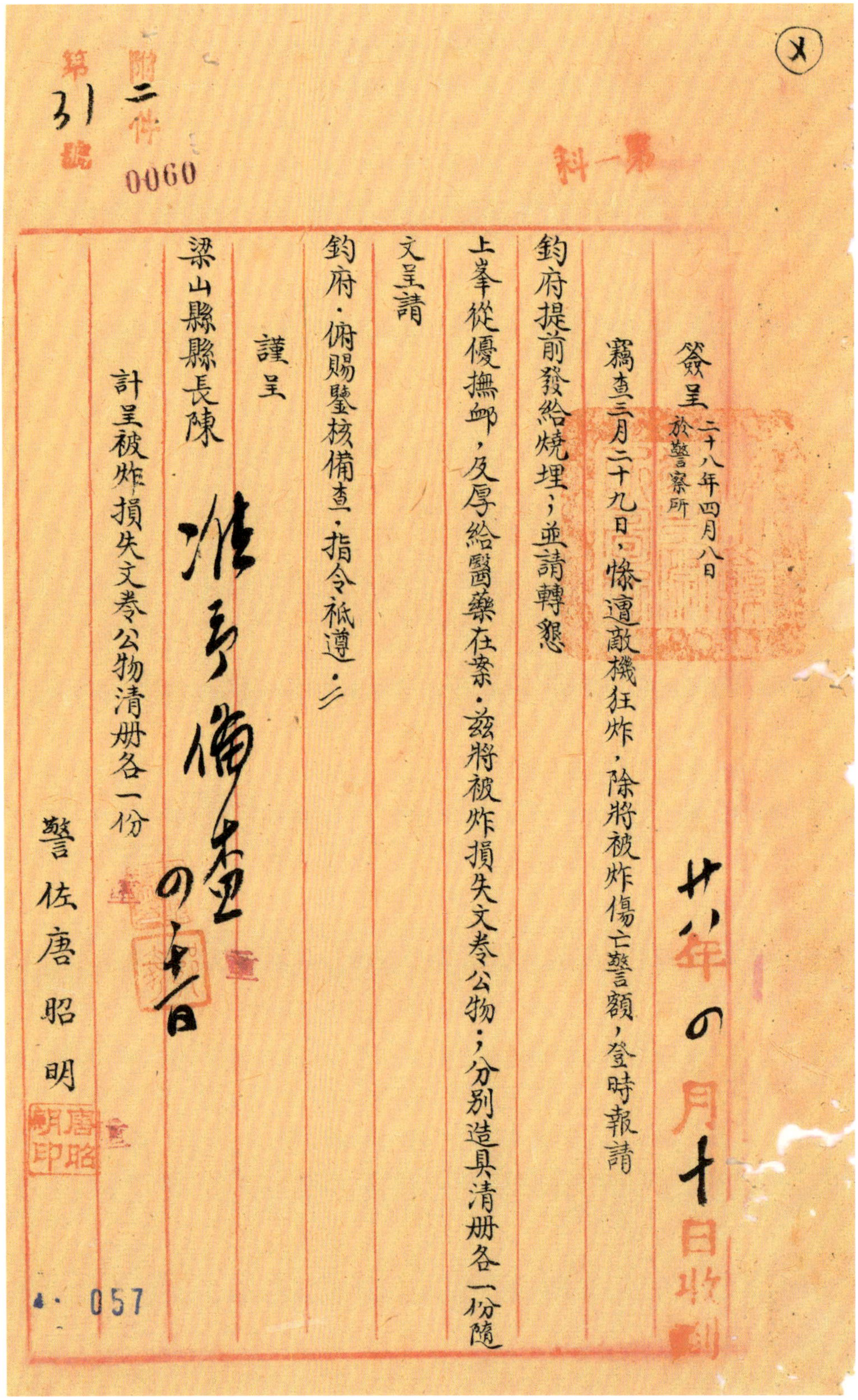

签呈 二十八年四月八日 於警察所

竊查三月二十九日，倏遭敵機狂炸，除將被炸傷亡警額，登時報請

鈞府提前發給燒埋；並請轉懇

上峯從優撫卹，及厚給醫藥在案。茲將被炸損失文卷公物，分別造具清冊各一份隨

文呈請

鈞府，俯賜鑒核備查，指令祇遵。

謹呈

梁山縣縣長陳

計呈被炸損失文卷公物清冊各一份

警佐唐昭明

梁山縣警察所造具被炸損失各種公物清册

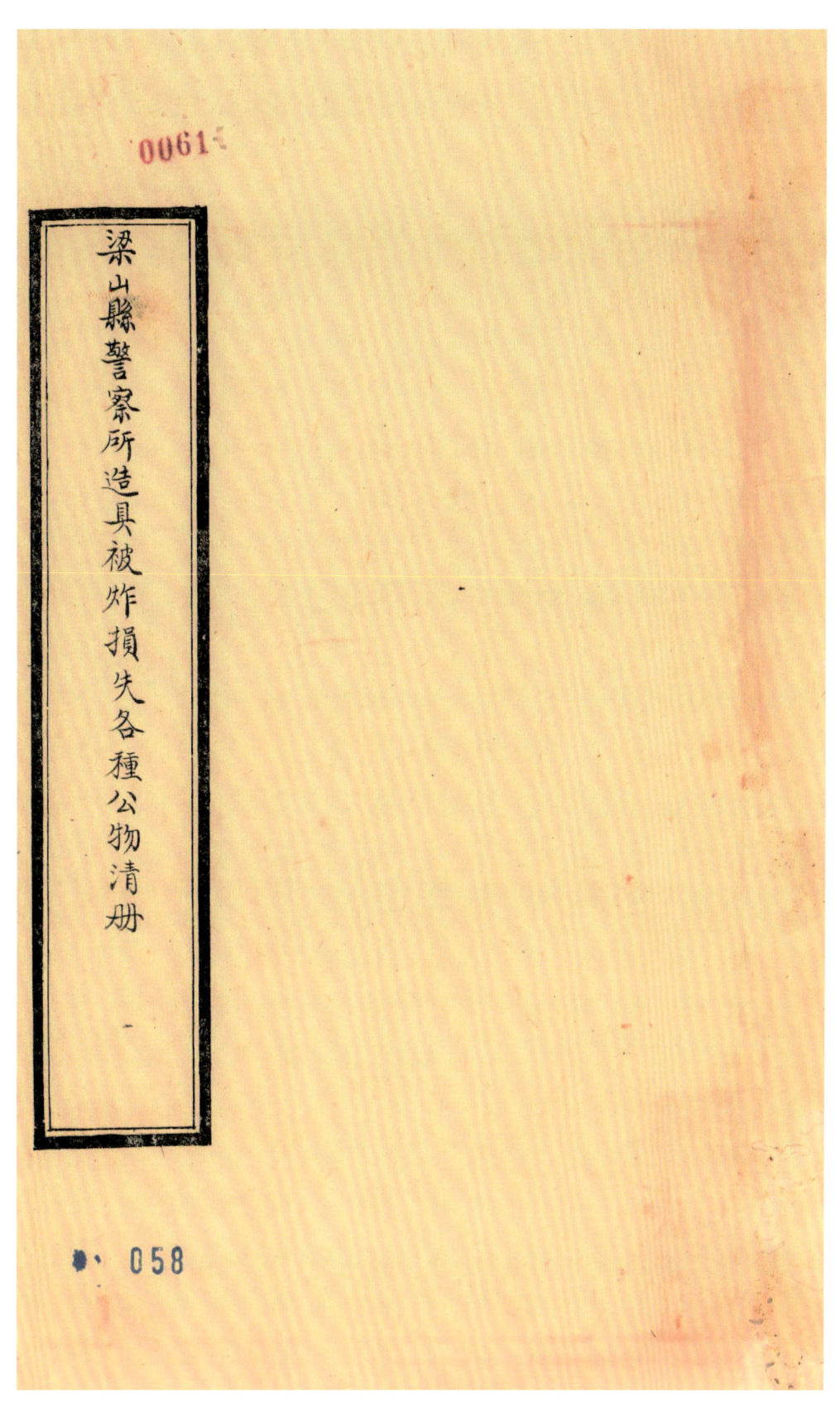

一

梁山縣警察所造具被炸損失各種公物清冊

類別	名稱	數量	備考
武器類	土造夾槍	一支	係警士方雄武所用因警士被炸死而槍支未尋獲
	單支槍	一支	係警士鄧克明所用因警士被炸死槍彈亦炸失未獲
	步槍子彈	六十一發	方雄武炸死損失子彈二十發鄧克明炸死被炸失子彈二十發武器庫內被炸失二十一發
	手槍子彈	五十四發	在武器庫內被炸失
器具類	板凳	三条	
	油印機	一架	
	腳盆	一口	
	停車標識	二塊	

密報箱三個

巡邏箱六個

巡邏鑰匙十二把

警笛十三個

洋鎖二把

漆櫃四個

痰盂十個

警棍十二根

油廠子一個

洋油提子一個

059-1

	溺壺	一把
	鋼圈	六個
	篾笆簣	十六塊
燈亮類	掛洋燈	五盞
	美孚燈	三盞
	電筒	六支
厨具類	火鉤	一把
	火鏟	一把
	各種碗	四十八個
	調羹杯盤	各三十四個

茶缸一口

沙缸一口

竹筷二十雙

甑帕一張

水瓢一把

黃桶一個

油盤鑽各一個

飯瓢二把

服裝類

黃軍服九套

青大衣三件

050-1

	白綁腿	八雙	
	青軍帽	八頂	
	布雨衣	三件	
	腰皮帶	二根	
	銅質領章	八套	
其他	洋油	二桶	扣洋每桶二十二元
	菜油	四十七斤	扣洋十二元
	桐油	七十一斤	扣洋十元零五角

0065

警佐唐昭明

中華民國二十八年四月　日

062

附二：梁山县警察所造具被炸损失文卷清册（一九三九年四月）

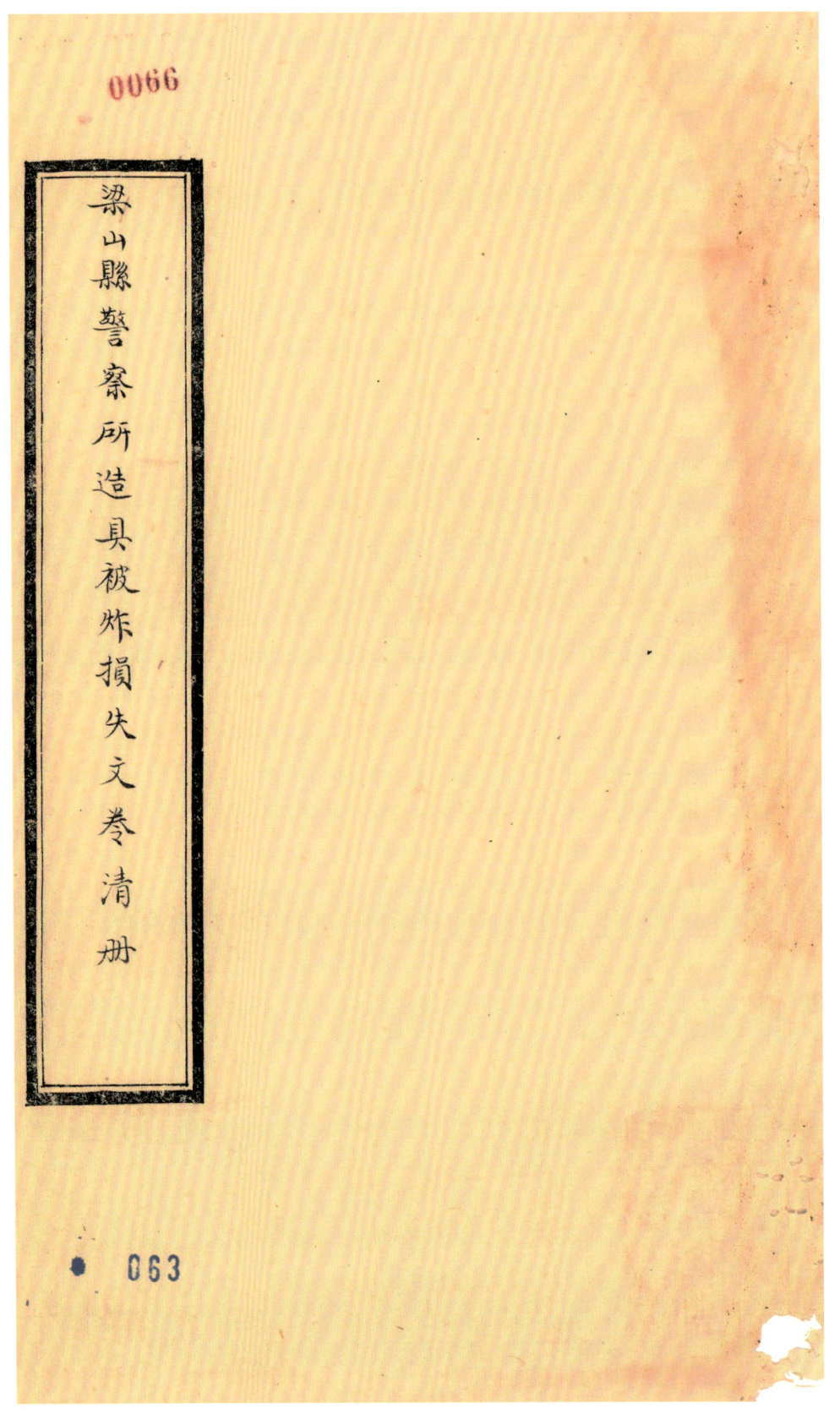

梁山縣警察所造具被炸損失文卷清册

梁山縣警察所造具被炸損失文卷清册

計開

一本所行政卷　一宗
一通令卷　一宗
一通緝卷　一宗
一密令卷　一宗
一違警卷　一宗
一盜竊卷　一宗
一雜　卷　一宗
一衛生卷　一宗

一醫藥調查卷 一宗
一待辦卷 一宗
一各前届舊卷 二捆

0641

中華民國二十八年四月　日

警佐唐昭明

梁山县政府、首黄氏关于办理一九三九年三月二十九日在监狱被炸身亡囚民首国藩抚恤事宜的文书（一九三九年四月八日至十三日）

首黄氏致梁山县政府的诉愿书（一九三九年四月八日）

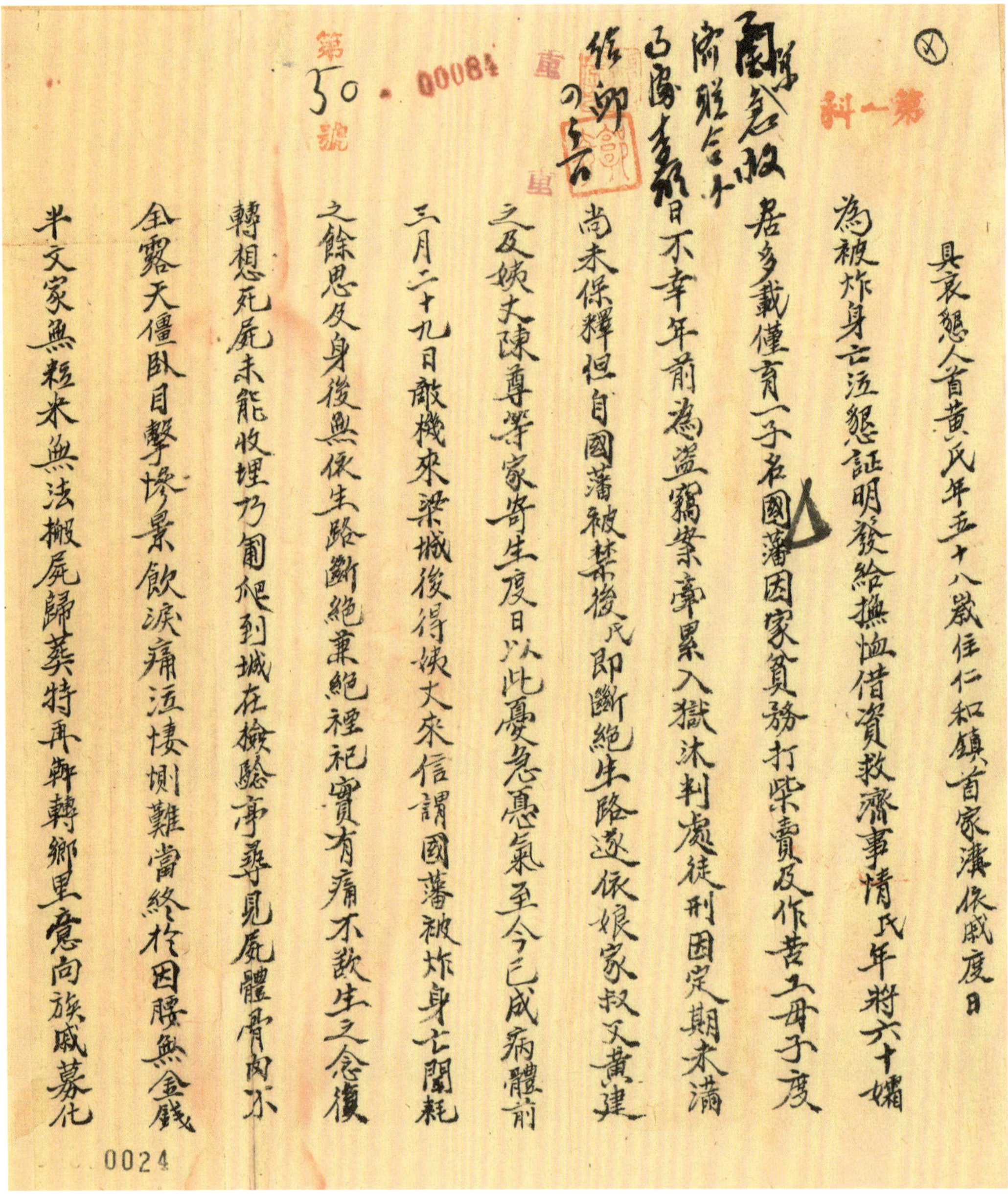
具哀懇人首黄氏年五十八歲住仁和鎮首家灣依戚度日
為被炸身亡泣懇証明發給撫恤借資救濟事情氏年將六十孀
居多載僅育一子名國藩因家貧務打柴賣及作苦工毋子度
日不幸年前為盜竊案牽累入獄沐判處徒刑因定期未滿
尚未保釋但自國藩被禁後氏即斷絕生路遂依娘家叔父黄建
之及姨丈陳尊學家寄生度日以此憂急惡氣至今已成病體前
三月二十九日敵機來梁城後得姨丈來信謂國藩被炸身亡聞耗
之餘思及身後無依生路斷絕兼絕禋祀實有痛不欲生之念復
轉想死屍未能收埋乃匍爬到城在撿驗亭尋見屍體骨肉不
全露天僵臥目擊慘景飲淚痛泣悽惻難當終於因腰無金錢
半文家無粒米無法搬屍歸葬特再輾轉鄉里意向族戚募化

乞助掩埋費殊知仍不濟事好不急煞氏命何苦幸聞前日有
賓專員蒞縣賑災不分死傷俱發款撫恤炸死犯氏在城居有傑
可坿者亦經發款　以鄉居不知發款及來信　到專員又起程轉
萬縣致賑款未能領得復後由氏問到南街賑災處哀請照發
撫恤當經呂主任吩示事屬急賑飭氏速向　縣政府請得證明證
件到處即予發給因此特備函來　轅泣懇　仁天垂憫貧困恤死
無葬憐氏無靠恩准證明氏子首國藩被炸身亡立轉飭賑災、
處發給撫恤並賜證明單一紙俾氏手執邀同本保張金成保長前
往蓋章承領恤金借資救濟死生均沾不勝戴德之至

謹此叩呈

梁山縣縣長陳

具哀懇人首黃氏　十

中華民國二十八年四月八日

梁山县政府致梁山县空袭紧急救济联合办事处的公函（一九三九年四月十三日）

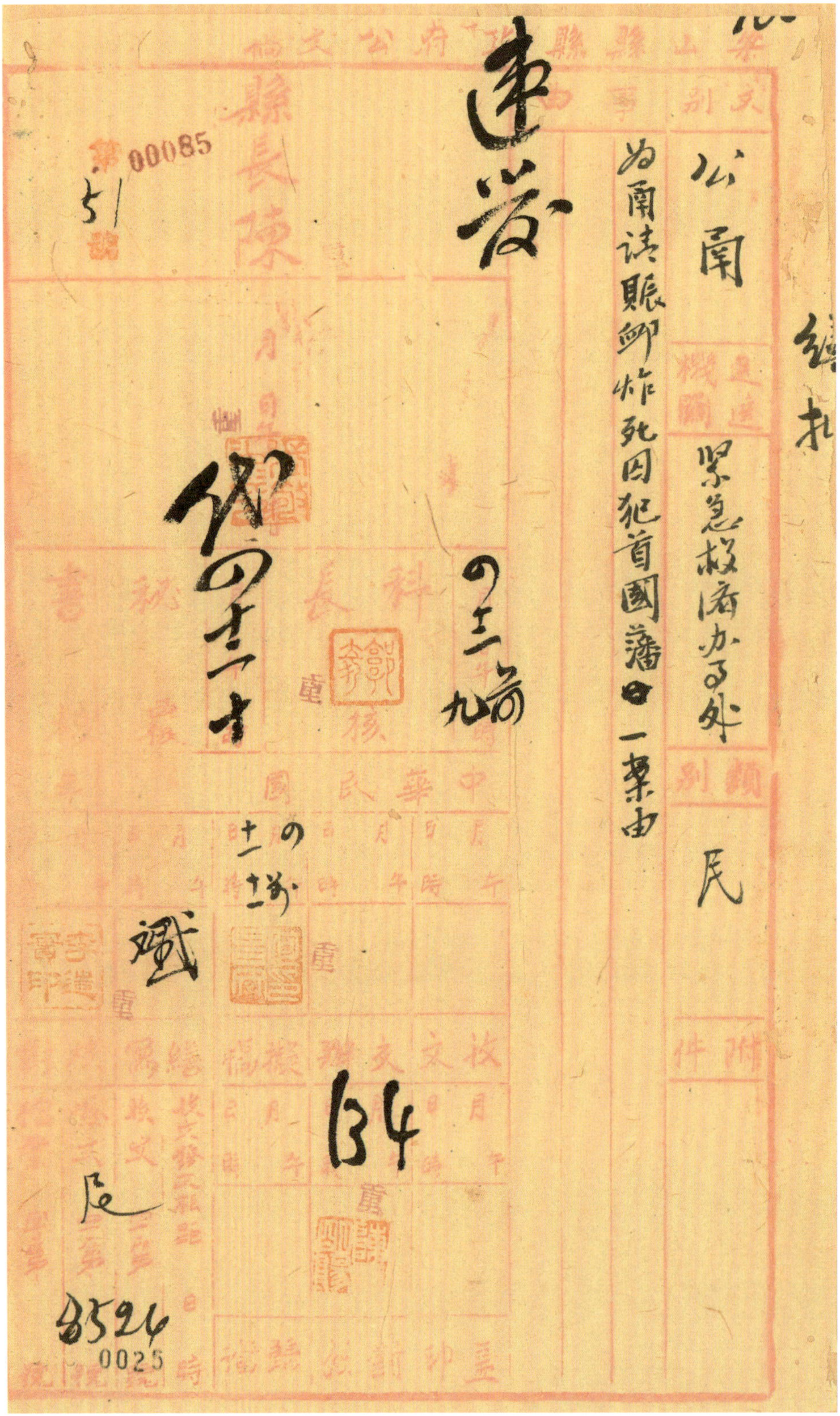
梁山縣政府公文
文別 公函
機關 緊急救濟办事处
事由 為函請賑卹炸死囚犯首國藩一案由
類別 民
速發
縣長陳

全

銜公函　廿八年民字第8526號

案據仁和鎮民首黃氏呈[redacted]以伊子國藩，因案被判處徒刑，禁[redacted]在獄，突於三月二十九日遭敵機炸斃，懇請賑卹[redacted]等情，據此，除批示外，相應函請

貴處煩為查照賑卹，至紉公誼。

此致

梁山空襲緊急救濟聯合辦事處

縣長陳〇〇

章

025-1

梁山县政府、大竹团管区梁山县义勇壮丁常备大队关于办理一九三九年三月二十九日被炸亡壮丁石世祥等四人抚恤事宜的文书（一九三九年四月九日至十一日）

大竹团管区梁山县义勇壮丁常备大队致梁山县政府的签呈（一九三九年四月九日）

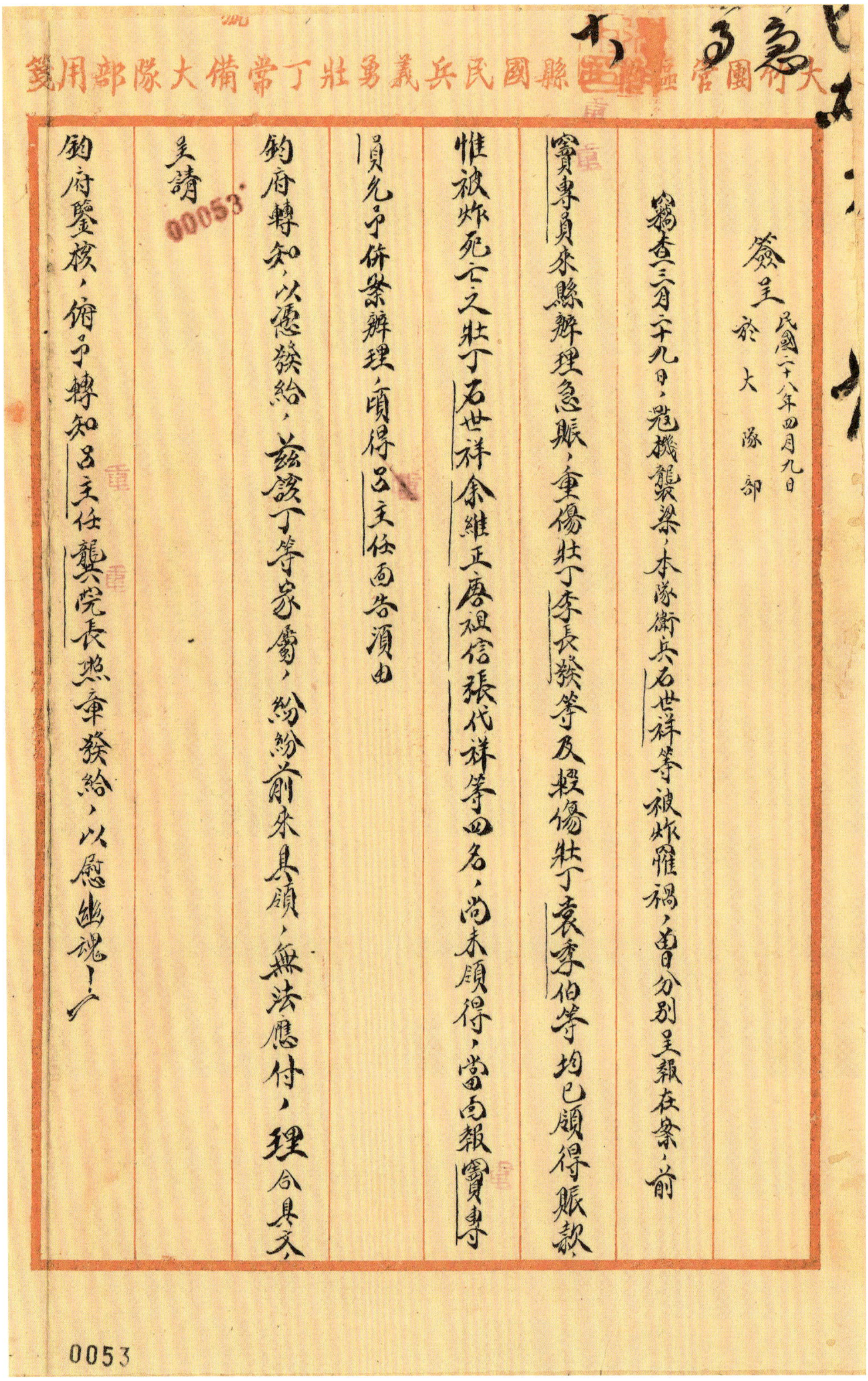
大竹縣國民兵義勇壯丁常備大隊部用箋

簽呈　民國二十八年四月九日　於大隊部

竊查三月二十九日，敵機襲梁，本隊衛兵石世祥等被炸罹禍，曾分別呈報在案。前

賓專員來縣辦理急賑，重傷壯丁李長發等及輕傷壯丁袁李伯等均已領得賑款，惟被炸死亡之壯丁石世祥、余維正、廖祖信、張代祥等四名，尚未領得。當面報賓專員，允予併案辦理，頃得呂主任面告須由

鈞府轉知，以憑發給。茲該丁等家屬，紛紛前來具領，無法應付。理合具文

呈請

鈞府鑒核，俯予轉知呂主任、龔院長照章發給，以慰幽魂！

00053

0053

大竹團管區梁山縣國民兵義勇壯丁常備大隊部用箋

謹呈

梁山縣縣長陳

大竹團管區梁山縣義勇壯丁常備大隊長王鶴筌

梁山县政府致梁山县空袭紧急救济联合办事处的公函（一九三九年四月十一日）

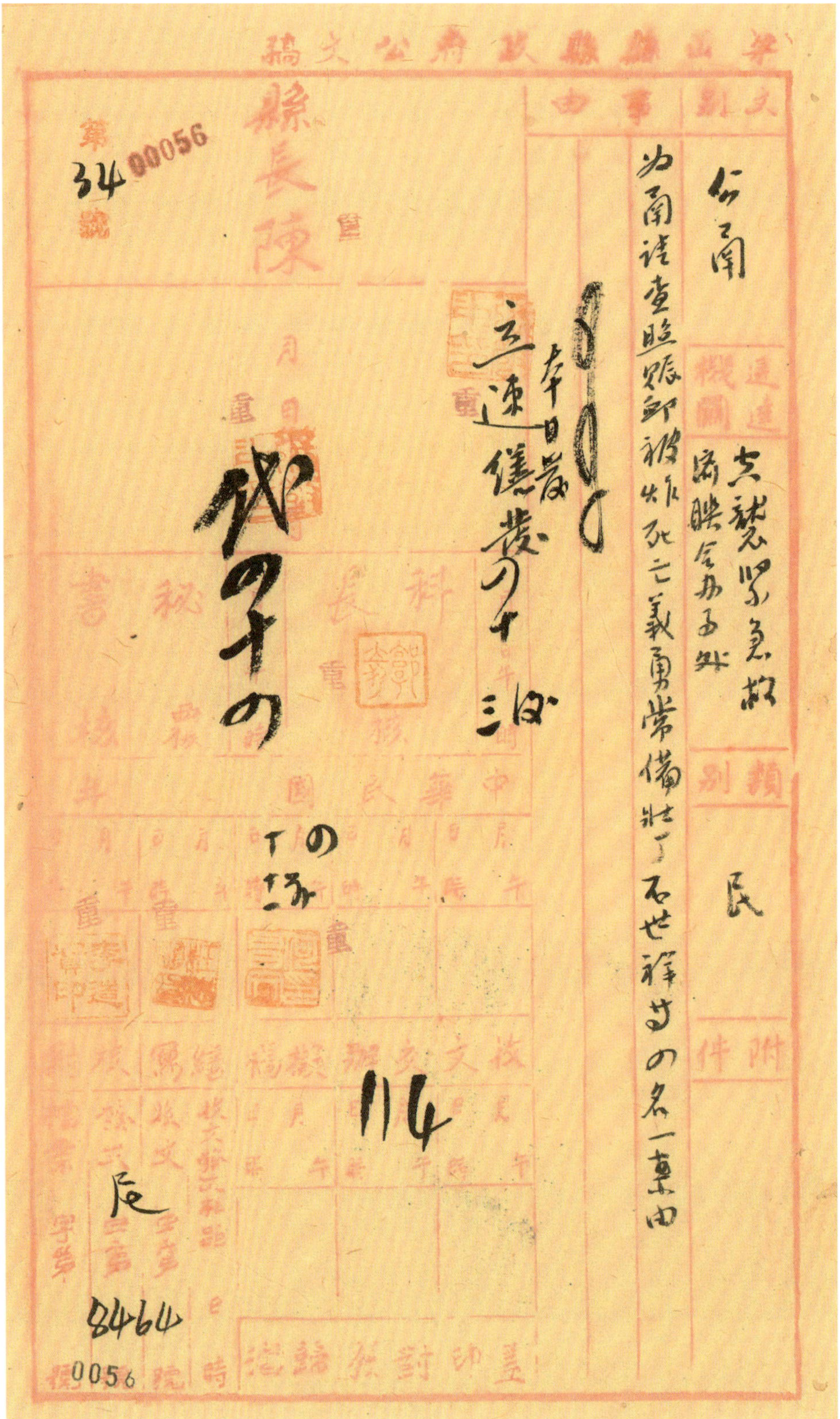
梁山縣政府公文稿
文別 公函
事由 為函請查照賑䘏被炸死亡義勇常備壯丁石世祥等四名一案由
送達機關 六號緊急救濟聯合辦事處
類別 民
縣長陳
立速繕發
114
8464
0056

全

衔 公函 廿六年民字第 8466 号

本月九日案据义勇壮丁常备大队长王鹤笙签呈称：

「窃查三月廿九日云云谨呈」

等情，据此，除指令外，相应函请

贵处烦为查照赈恤为荷。

此致

梁山县难民急救济联合办事处

0561

大竹团管区梁山县义勇壮丁常备大队关于报送一九三九年三月二十九日日机炸毁未发义勇证情形致梁山县政府的呈（一九三九年四月十一日）

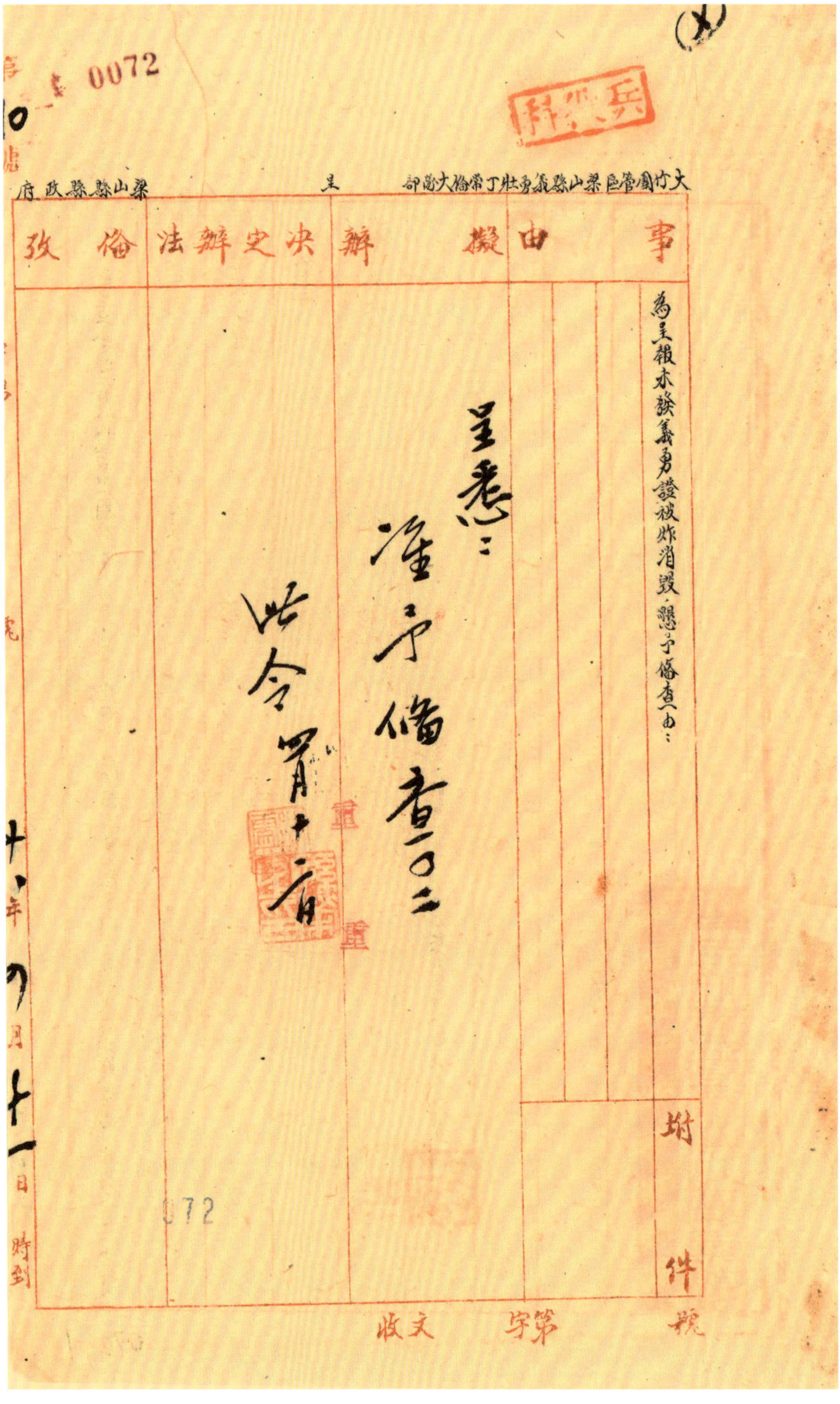
0072
兵役科
大竹團管區梁山縣義勇壯丁常備大隊部 呈 梁山縣政府

事由	擬辦	決定辦法	備攷
為呈報未發義勇證被炸消毀，懇予備查由	呈悉。准予備查。此令 四月十二日		

附件

收文 第 字 號

竊查本隊前次代發第一期壯丁義谷證，尚有十餘張，壯丁家屬未能來領，存於大隊附寢室內，昨於三月二十九日，被寇機狂炸，大隊部被彈兩枚，房屋盡成瓦礫，所餘之義谷證十餘張，亦被炸毀殆盡，理合具文，呈報

鈞府鑒核示遵！

謹呈

梁山縣縣長陳

大竹團管區梁山縣義勇壯丁常備大隊長王鶴笙

072-1

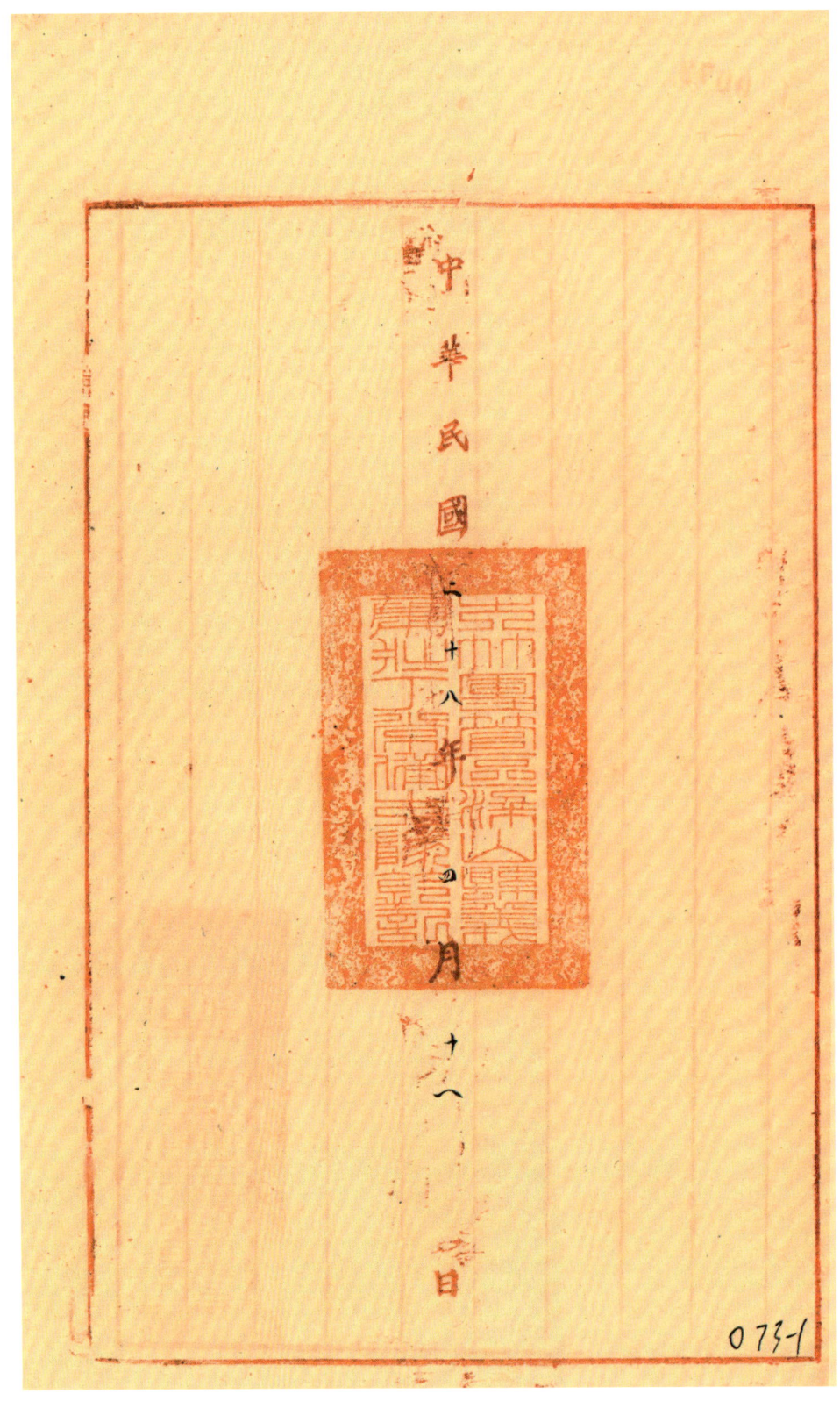

中華民國二十八年四月十八日

073-1

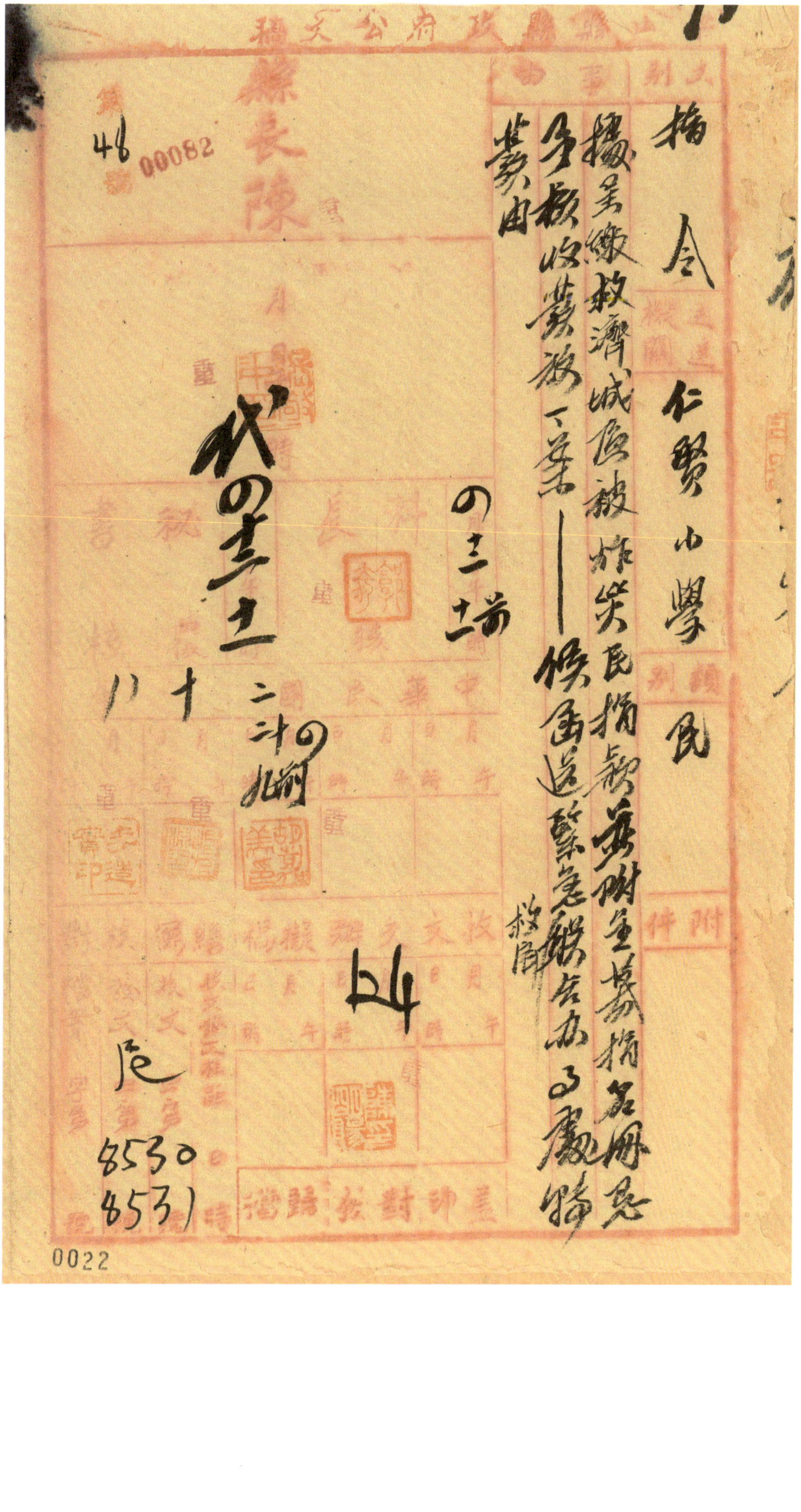

梁山县政府关于核收师生捐赠一九三九年三月二十九日城区被炸灾民救济款致梁山县立仁贤小学的指令（一九三九年四月十二日）

令

县指令 廿八年四月民字第8530号

令县立仁贤山乡校长李芳耀

廿八年四月十一日呈一件，为呈缴募得救济城区被炸灾民款并附呈募捐册，恳予核收发放，并由（？）呈册均悉。该校长等热心慈善，殊堪嘉许，所呈缴救济捐款十八元二角、钱一十四件，已予如数核收，发交紧急救济联合办事处查收转发，以惠灾黎可也！此令。册存。

中华民国廿八年四月十二日

县长 陈〇〇

梁山县政府关于在预备费项下动支一九三九年三月二十九日日机炸毁县政府房屋培修费致四川省政府的呈（一九三九年四月二十日）

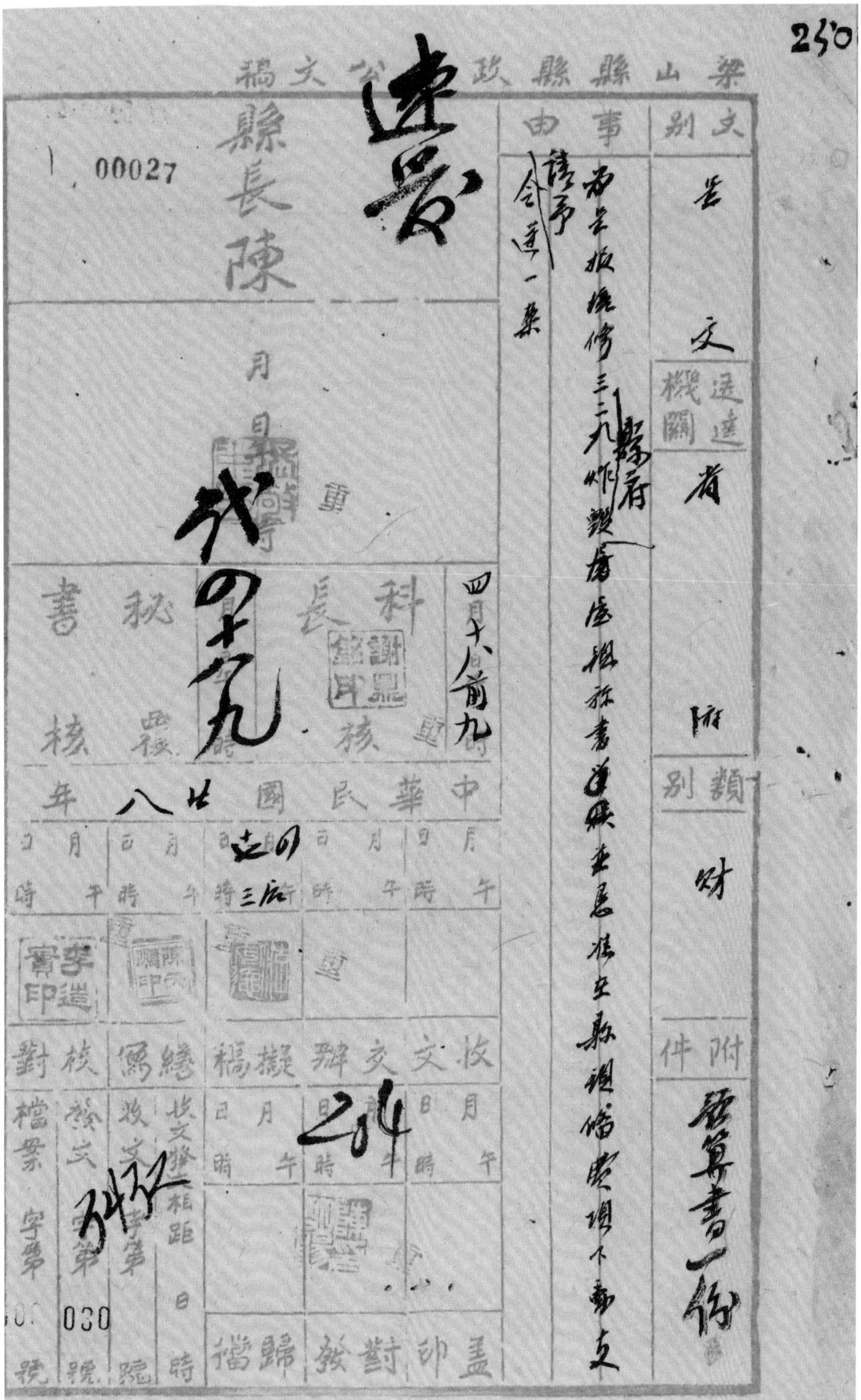
梁山縣政府公文稿

00027

縣長陳

速發

文別：呈文

送達機關：省府

附額別：財

附件：預算書一份

事由：為呈報縣府三二九炸毀房屋擬具預算書並懇核准在縣預備費項下動支

中華民國廿八年

窃本年三月二十九日敌机袭梁，职所住地遭中四弹，头二两门及监所业已炸毁无存，其余大二三堂及办公室、宿舍各室均被震损，墙瓦洞穿，门窗椽桷倾折，又值暴雨昼夜两日，本所职员不特无办公之处，且无容足之地，前已电呈在案，亟须动工迅速培修，免误要公，除办公进行外，惟查是项培修费用原为本年所预算未列，此次被炸情形特殊，又当急需，其他办法可设，拟恳在本年县预备费项下动支，是否有当，理合造具培修预算书二份具文赍呈

钧府，俯赐鉴核，指令祗遵。再监所炸毁已成一片瓦砾，工大款钜，不易建筑，容后议妥再行另文请示，合併呈明。

谨呈

四川省政府主席王

办理

030-1

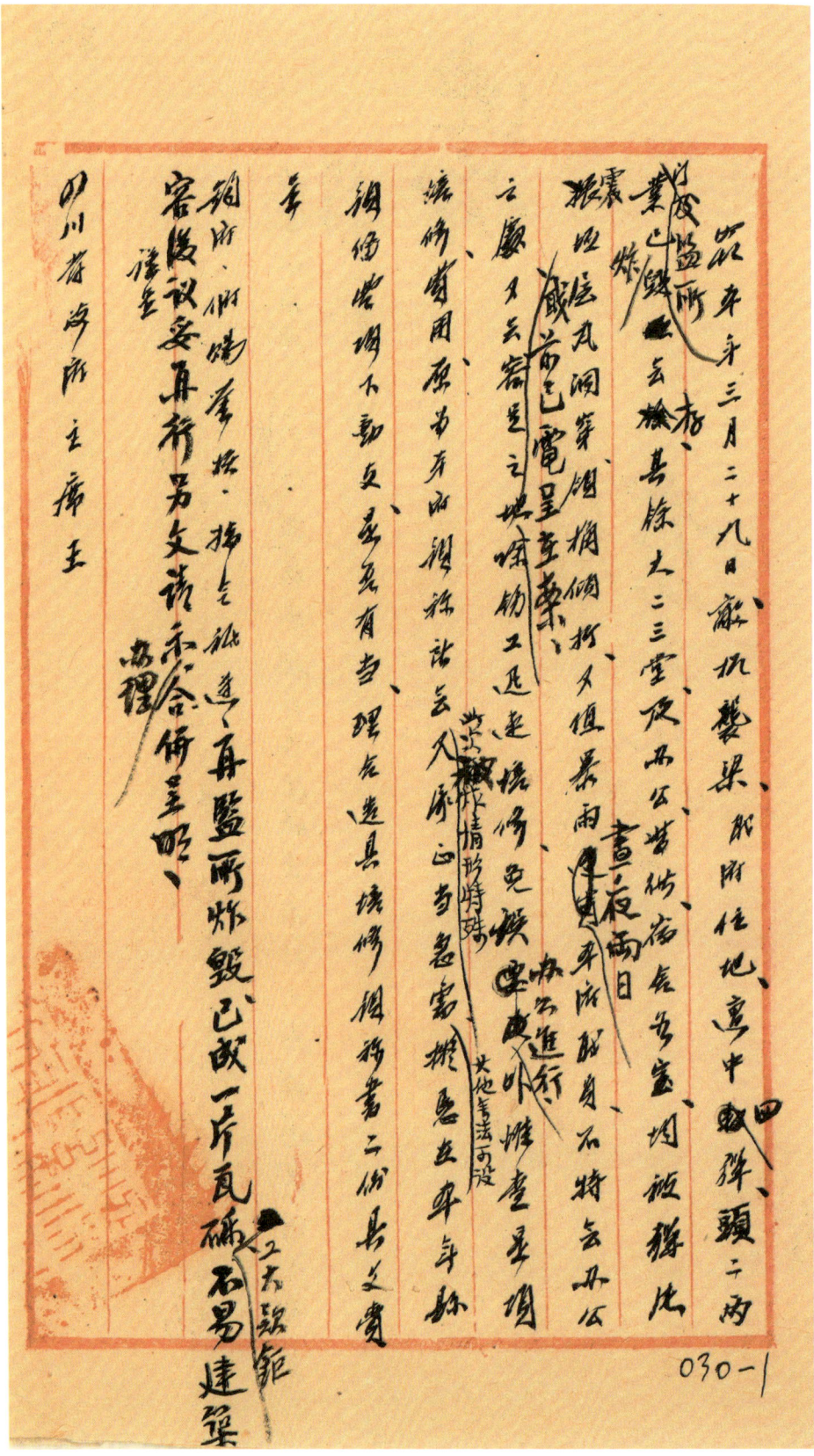

00028

计全境被炸毁房屋调查书二份

梁山县县长琇 90

0000031

附：梁山县政府编造三月二十九日炸毁房屋临时培修预算书（一九三九年四月）

00029

第[illegible]号 作为单据式附呈核 合计[illegible]

梁山县政府编造三二九炸毁房屋临时培修预算书 民国二十八年四月 日

支出门

科目	物品单位	预算金额	备考
第一款 临时培修费		四四五四〇	
第一项 材料费		二九三四〇	
第一目 木料		一二七六〇	
第一节 枧方	廿五块	二〇〇〇	係做炸毁门方门匡或窗台之用 每块价洋八角合计如上数
第二节 领子	四十六根	三三六〇	係做炸毁房屋顶之椽栓地楼及一切杂用。每根价洋[illegible]角合计如上数
第三节 桷子	四百丈	五〇〇〇	係补全炸毁房屋顶之用 每八丈约需洋一元 四百丈约需如上数
第四节 楼板	四十圆	二四〇〇	係补炸毁房屋架构天楼地楼之用 每圆价洋六元合计约需如上数 斯时因炸木料较平时稍贵

000032

科目	数量	金额	说明
第一目 砖瓦灰钉		一六五八〇	
第一节 火砖	一萬五仟尺	六〇〇〇	係補修炸毁大门及围墙之用 每仟尺價洋四元合計洋當如上數
第二节 瓦片	[illegible]萬陆仟尺	六〇八〇	係補蓋被敌機射打毁本府房上瓦片之用 每仟計價洋三元八角合計洋當如上數
第三节 石灰	二仟斤	二〇〇〇	係修砌墙及隔壁之用 每仟斤計洋一元合計洋當如上數
第四节 铁钉	伍十斤	二五〇〇	係釘房欄板壁之用 每斤計洋五角合計洋當如上數
第二项 工资		一五〇〇〇	
第一目 木工	一百二十個	六〇〇〇	係補修一部份炸毁各處房屋之用 每個工計洋五角合計洋當如上數
第二目 泥工	一百五十個	七五〇〇	係補修炸毁大门砖墙及围墙壁之用 每個工計洋五角合計洋當如上數
第三目 石工	壹十個	五〇〇	係補修本府各處墙脚之用 每個工計洋五角合計洋當如上數
合计		四四三四〇	

032-1

00030

说明：

一、三月廿九日敌机炸梁，县府连中炸弹二，大二两门及监所业已毁坏无余，府内大二三堂及办公室、仪式台、宿舍、男室，经敌机机枪扫射，屋瓦洞穿，领梢倾折，门窗更形破碎，复经暴雨连日昼夜数日，本府员目前简直无办公之处，物品无安置之地，故拟先令据价另行工人，迅速修缮，免误府政。

二、县府房屋及器具损失，均系空袭未有，除炸毁监狱及管押所、工程浩大，另案办理外，其余预算第一项材料，因县府房屋年代过久，木料朽坏太多，一经剧烈震动，则各处均有栋折衰颓之象，第二县府上空机枪扫射，大门投弹两枚，对墙门户，东厢楼毁甚巨、故本科研究進行第二項費用，均請另案呈。

五、上項費用，爰前本府預算所無，擬懇在本預備費項下動

支，以利進行。

六、本預算書，係按工從緊縮估計，未敢稍事鋪張，並顧公帑

、合併申明。二

中華民國廿八年四月

日　[illegible]

赈济委员会关于拨款救济一九三九年三月二十九日被炸难民致梁山县政府的代电
（一九三九年四月二十二日）

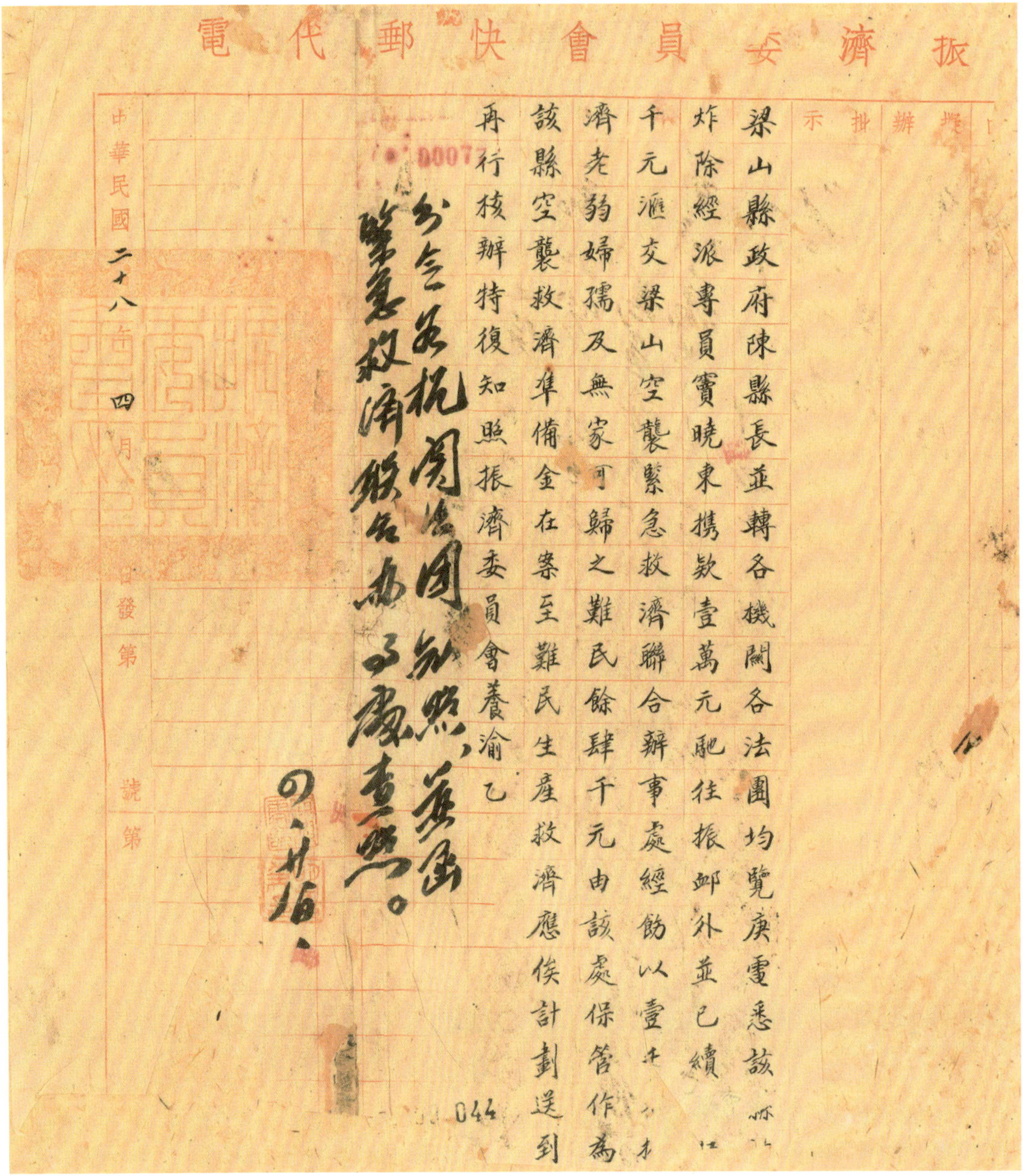
振濟委員會快郵代電

梁山縣政府陳縣長並轉各機關各法團均覽庚電悉該縣[illegible]炸除經派專員竇曉東携款壹萬元馳往振卹外並已續[illegible]千元滙交梁山空襲緊急救濟聯合辦事處經飭以壹千[illegible]濟老弱婦孺及無家可歸之難民餘肆千元由該處保管作為該縣空襲救濟準備金在案至難民生產救濟應俟計劃送到再行核辦特復知照振濟委員會養渝乙

中華民國二十八年四月　日發

梁山县第一区护城乡联保办公处关于恳请抚恤一九三九年三月二十九日被炸伤亡花民致梁山县政府的呈（一九三九年四月）

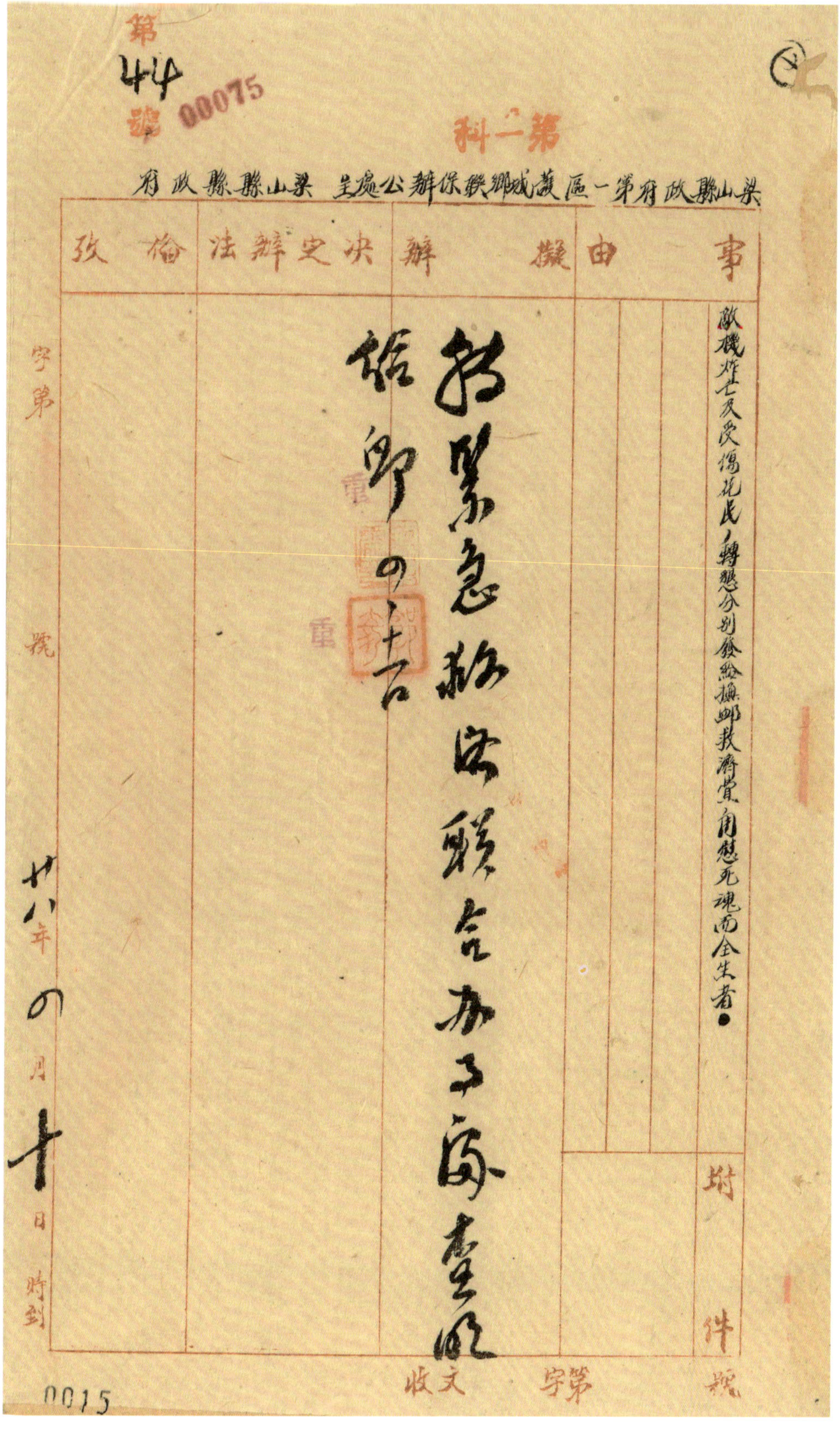
第44號 00075

第二科

梁山縣政府第一區護城鄉聯保辦公處呈梁山縣縣政府

事由	擬辦	決定辦法	備考
敵機炸亡及受傷花民，轉懇分別發給撫卹救濟費，用慰死魂而全生者。	轉緊急救濟聯合辦事處查照 四、十二		

附件

廿八年四月十日時到

竊職現據第三保四甲花氏申廖氏叙稱：「情氏夫方東，年五十八歲，挑炭營生，於陰曆二月初九日，担炭至北門外煤炭市，被敵機轟炸，氏夫陰部兩足及左肩下并頸穴，當經紅十字會抬至西外玉皇宮醫院治療，延於十八日未刻身亡，遺下妻一女二，抱頭環泣，生活頓絕，炸亡之慘，無逾於斯」。又據第四保八甲花氏胡正洪報稱：「氏子雲青年方弱冠，於陰曆二月初九日，剛担炭至北門煤炭市，敵機係由晴空，投彈數枚，將氏子腦部完全炸碎，血肉橫飛，登時亡命，迤遺年邁雙老，男二女四，白夜悲啼，仰事俯畜之資，均賴供給，氏子一死，何所依恃」。再據第二保三甲吳氏子紹喜報稱：「同月初九日午前，民因進城賣炭，適至煤炭市，忽遇敵機狂炸，一時逃避不急，被炸飛來両胸膛及腰手，均受重傷，目下藥餌不進，命危旦夕，無立錐地，丁口五六，悲慘之至，泣懇主任鑒核，予轉詳縣府分別發給撫卹及救濟費，生死兩全，存亡沾恩」。各等情前來，查該花氏申廖氏、胡正洪亡夫死子，而子紹喜受傷最重，均屬堪憫。理合備文呈報

鈞府鑒核垂憐，予分別發給撫卹，及救濟費，用慰死魂，而全生者，並祈示遵！！

00076

谨呈

县长陈

第一区蕻城乡联保主任唐孔般

0016

一三三

中華民國二十八年四月

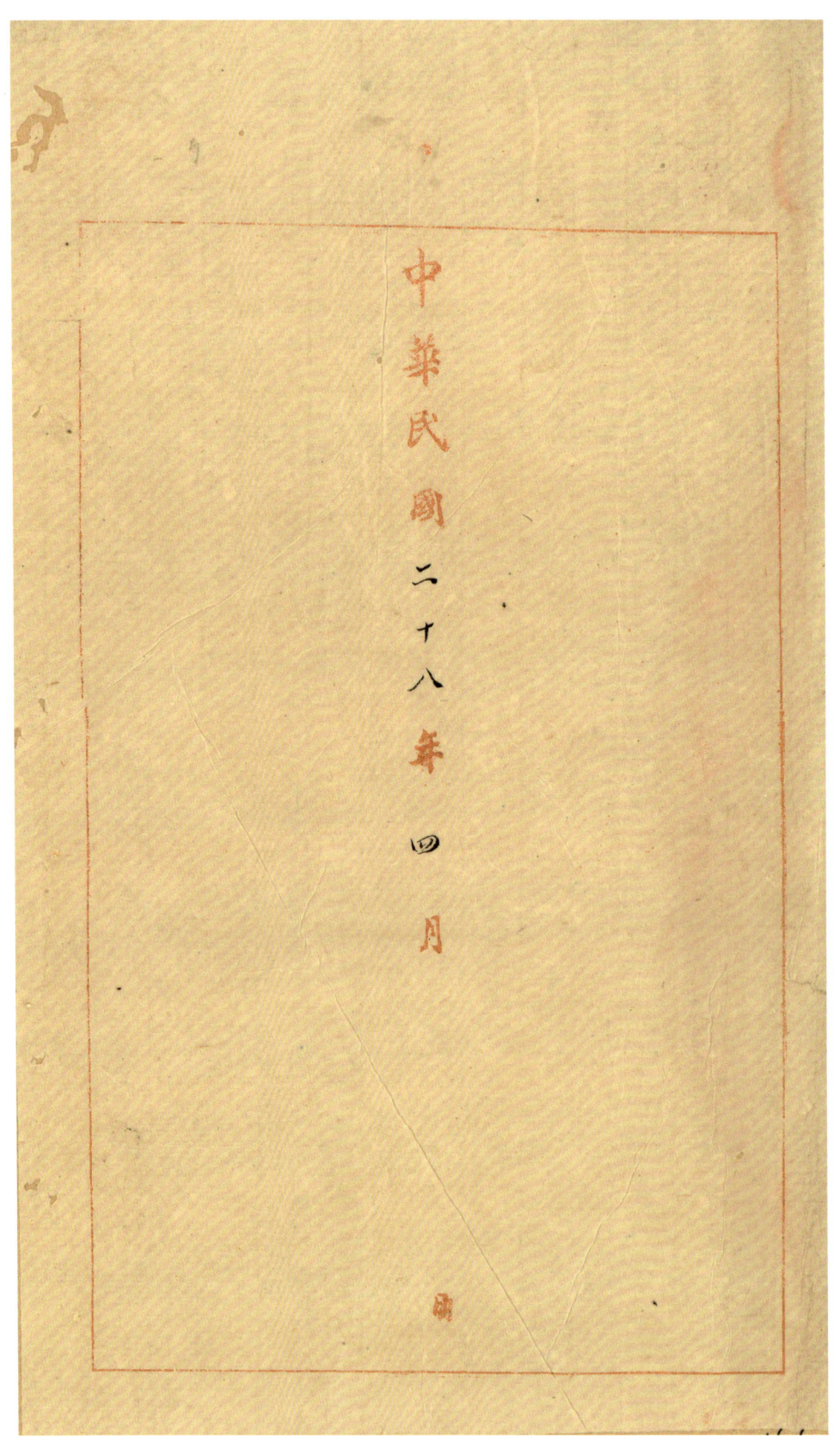

梁山县第二区礼让镇联保办公处关于请抚恤一九三九年三月二十九日被炸囚民致梁山县政府的签呈（一九三九年四月）

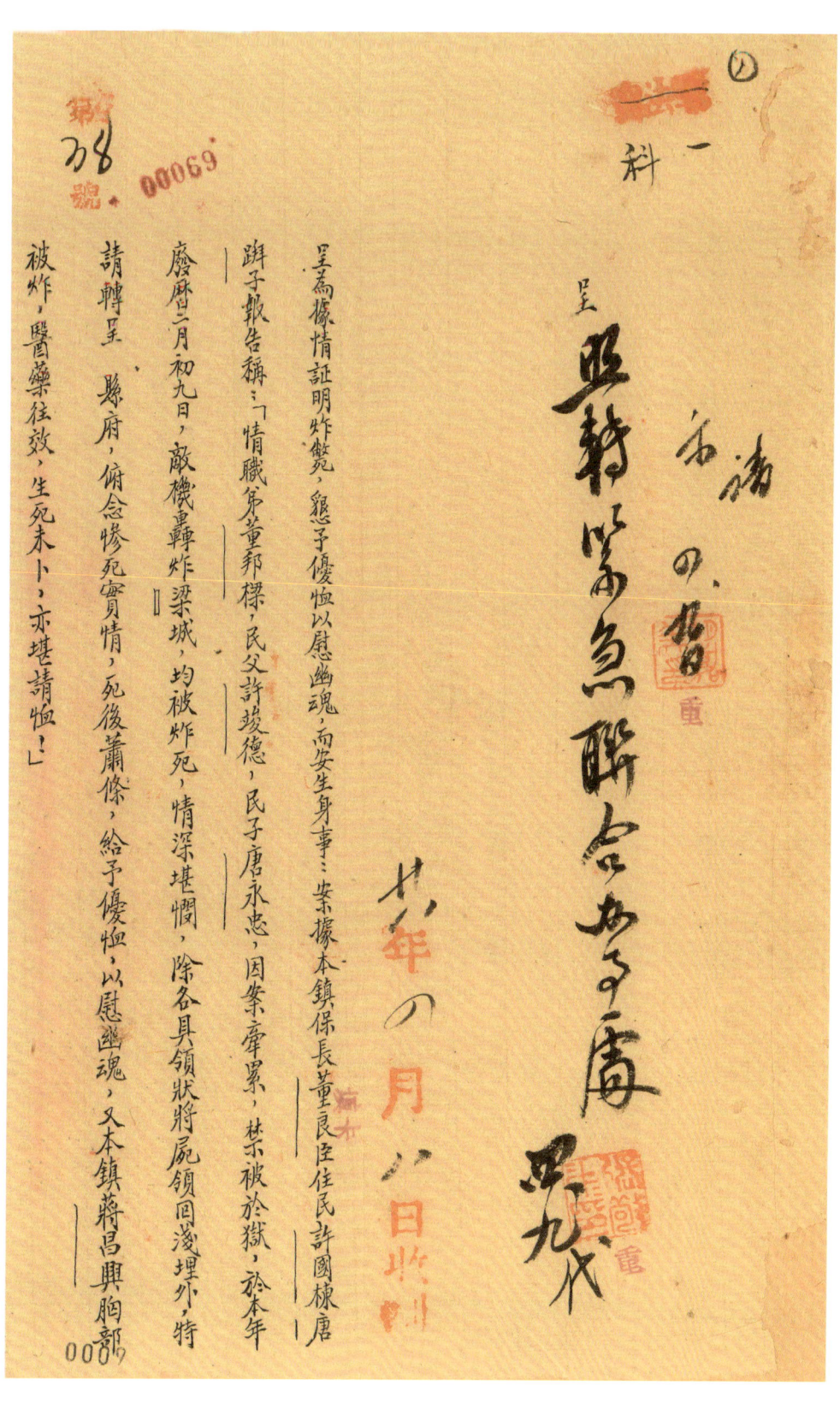

一科

呈為據情証明炸斃，懇予優恤以慰幽魂，而安生身事：案據本鎮保長董良臣住民許國棟唐蹤子報告稱：「情職係董邦樑，民父許玻德，民子唐永忠，因案牽累，禁被於獄，於本年廢曆二月初九日，敵機轟炸梁城，均被炸死，情深堪憫，除各具領狀將屍領回淺埋外，特請轉呈縣府，俯念慘死實情，死後蕭條，給予優恤，以慰幽魂。又本鎮蔣昌興胸部被炸，醫藥往效，生死未卜，亦堪請恤！」

廿八年四月八日收

等情；據此，查保長董良臣等報稱該戶等，慘遭炸斃各情，除職親蒞檢驗無異

外，理合據情具文呈轉

鈞府，懇予優恤，以慰幽魂，而安生身，是否有當？俯候令遵！！

謹呈。

梁山縣縣長陳

附呈被炸斃三人籍貫年齡事實表一份

第二區禮讓鎮聯保主任潘　季

中華民國二十八年四月　日

0097

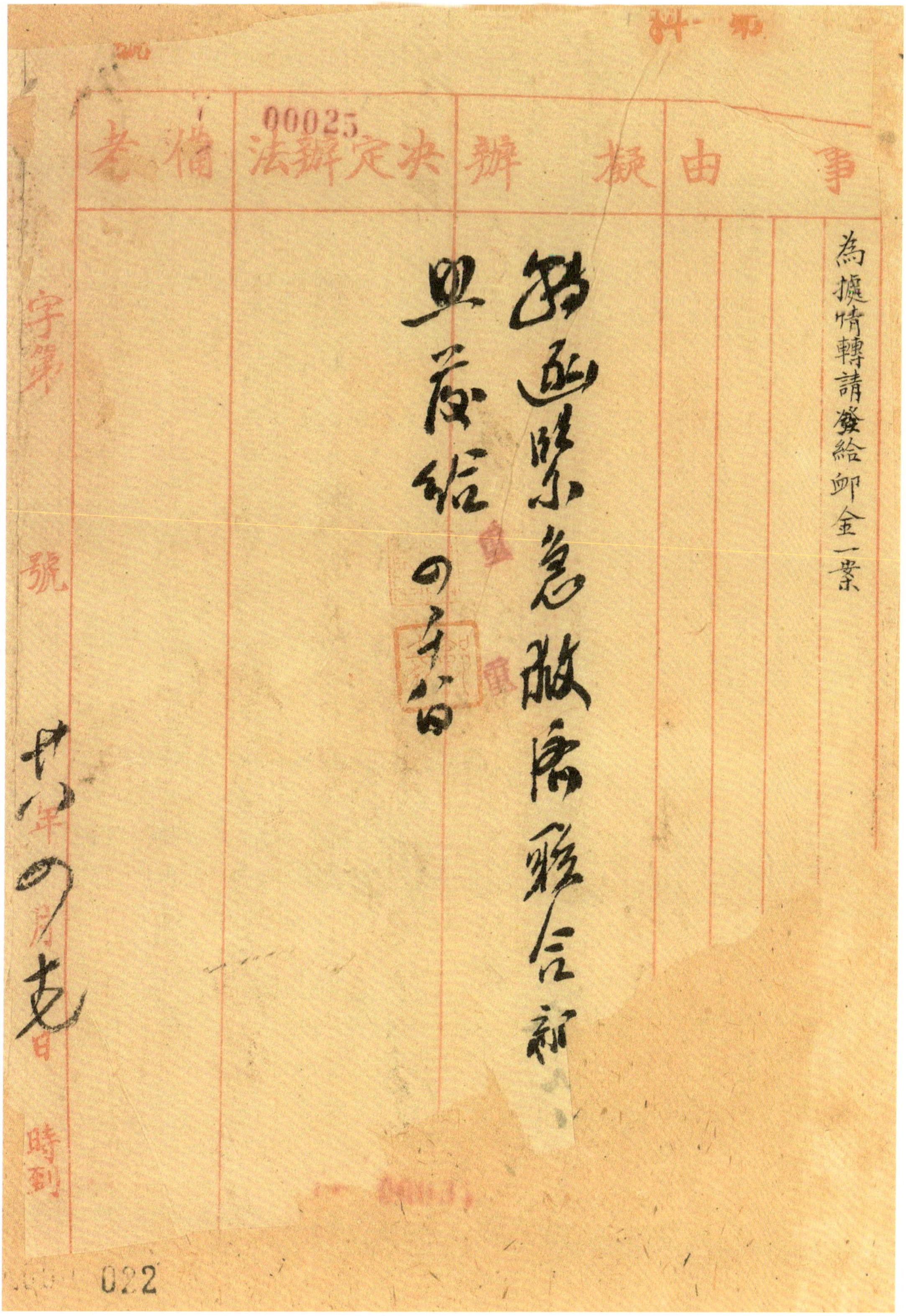

梁山县第三区七星乡联保办公处关于请求发放一九三九年三月二十九日被炸毙囚民冯学文抚恤金致梁山县政府的呈（一九三九年四月）

竊本月十三日 本鄉第三保住戶馮石氏報告稱為氏夫因公中彈
請特矜憐賜給卹 以資安葬而慰幽魂事情氏夫馮學文為族侄、
槍不還致遭縣府羈押追繳在案忽本年三月二十九日敵機來梁放彈將
難睹現無賻儀暴屍未葬似此因公中彈身亡理合備文泣請轉詳縣府大
卹金以資安葬而慰幽魂不任全家沾感之至謹呈等情據此查馮學文因
亡確屬實在該遺屬馮石氏所稱各節尚無不合之處理合據情詳請
鈞府發給卹金
謹呈
縣長陳

七星鄉聯保主任 唐廿

中華民國三十八年四月十

923

梁山县面粉业同业公会造具一九三九年三月二十九日各同业被炸损失表（一九三九年四月）

麪粉業損失名單

梁山縣麪粉業同業公會造具各同業損失表

業别	牌號	經營主	貨品損失數	住址	備考
麪粉業	益豐裕	張志芳	灰麪乾濕機器麪共計百貳拾元	北門內城門口	鹽糖貫筒損失在外
		劉子明	灰麪乾濕機器麪共計損失四五十元	同	
		曹福堂	灰麪器具共計損失計洋二十元	北門外提八碚	
		高精良	灰麪器具共計損失洋四拾元之譜	南市街	高精良由本保[illegible]女人炸斃
		張世學	灰麪麥子器具共計損失洋柒捌百元	北門外炭市街	
		王師爺娘子	貨物器具共計損失洋二十元	北門外炭市街	
		譚裕恒	機器灰麪家具共計損失洋三十元	東門內城門口	裕恒受微傷

說明　受損失者共計柒家總共損失計洋千餘元之譜炸

商會主席錢

斃一名代傷一名謹呈

主席張世學代

鄭宜隆印

00086

民國二十八年四月　日

021-1

梁山县疋头百货业同业公会造具一九三九年三月二十九日各店被炸损失调查表（一九三九年四月）

梁山縣疋頭百貨業各店被炸損失調查表

業別	牌號	經營主	貨品損失數	住址	備考
百貨	鑫記	戴鑫田	計洋叁拾元正	北正街第七號	拱牌一概焚燬被炸
疋頭	鴻大	李春華	計洋四拾元正	北正街第十七號	廚房被炸
百貨	德成	常德成	計洋四拾元正	北正街第六號	住屋震炸
百貨	協義	藍協三	計洋叁百元正	中正街第五號	破瓦飛炸
疋頭百貨	鴻遇昌	劉長興	計洋貳千五百元正	中正街第十八號	拱牌一概焚燬震炸
百貨	義興	孔義興	計洋捌百四拾元正	中正街第十二號	破瓦飛炸
百貨	中大	徐子章	計洋叁百元正	中正街第十三號	破瓦飛炸
鐘表	美華	楊義琪	計洋五拾元正	中正街第十五號	被破瓦炸
百貨	榮記	陳榮衡	計洋五百元正	中正街第十三號	被破瓦炸
電料	蜀榮	廖蜀明	計洋四拾元正	新橋街第十九號	被破瓦炸
百貨	光明文	李應龍	計洋拾四元正	新橋街第三十三號	被破瓦炸
百貨	德興	張光明	計洋五元正	北正街第七號	被破瓦炸
疋頭	運泰祥	蔡紹文	計洋貳拾元正	黑觀林	被破瓦炸

022-1

梁山縣疋頭百貨業同業公會

中華民國二十八年四月　日

梁山縣疋頭百貨業主席楊沛霖

梁山县政府关于填报战时各行业损失报告表致梁山县商会的训令（一九三九年五月三日）

165

函知各公會限期填報

梁山縣縣政府訓令　建字第七五六八號

令縣商會

本年四月廿二日案奉

四川省政府建一字第一〇〇七一號訓令開：

建設廳案呈奉經濟部廿八年二月十八日統字第二三四〇六號訓令開：案查關於各地因敵人肆意摧毀經濟事業所受各項損失情形，前經本部以秘字第六五八七號訓令分飭查報在案，茲為完成戰時農礦工商各業損失報告表三種，又檢附表填報之抗戰時期各

00015

015

廿八年五月三日發

地工厂遭受敌人损失毁情形报告表』种，令饬令仰该厂

查照前令所发附件填报，克日送本部以凭汇转，计除分行

外，仰即遵照为要。计发战时农矿工商损失报告表

四份。等因，奉此，遵本府核办去来，查阅核查报因敌人肆意

摧毁公私财产，虐大轰炸所受损失一案，前经令饬遵办

在案。兹奉前情，除分令外，合行抄发原表，令仰该府即

便转饬所属遵照查填具报，以凭汇案转为要。

并同附发战时农矿工商损失报告表四份。等因。奉此，除分令外，合行检抄报告表，令仰

该会于文到五日内填报来府，以凭汇转为要，报失假误其限，倘查出延误，此令。

计检发战时农矿工商损失报告表一份

县长 陈[illegible]

015-1

战时商业损失报告表

省 市 县 镇　　　　第　页共　页

00016

名称	店屋或公司	营业種類	職工人数	實繳資本	损失估计（元）					损失原因					现在情形			附註
					房屋	設備	存货	其他	合计	空襲	军事	火災	搶劫	其他	復業	遷移	停歇	

第　次报告自　年　月　日

016

填报机关　　填报者　　填报日期　年　月　日

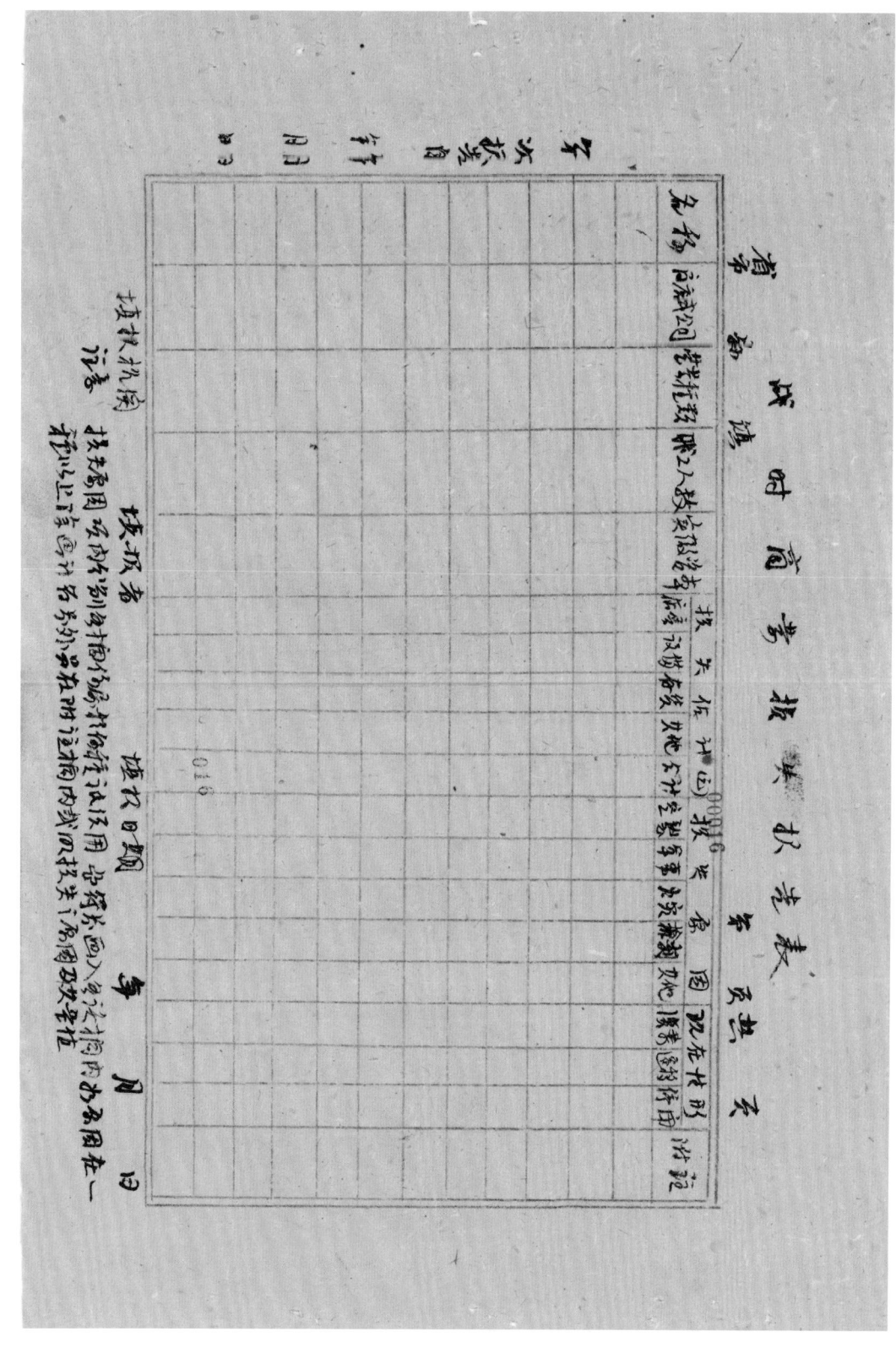

注意　损失原因项内分别各种商行损失种类依用　符号画入各该栏内如原因在一種以上除画符号外另在附註栏内载明损失之原因及其价值

梁山县政府、梁山县管狱署等关于核办囚民朱易昭于一九三九年三月二十九日被炸亡抚恤案的文书（一九三九年六月至七月）

梁山县政府致梁山县管狱署的训令（一九三九年六月二十八日）

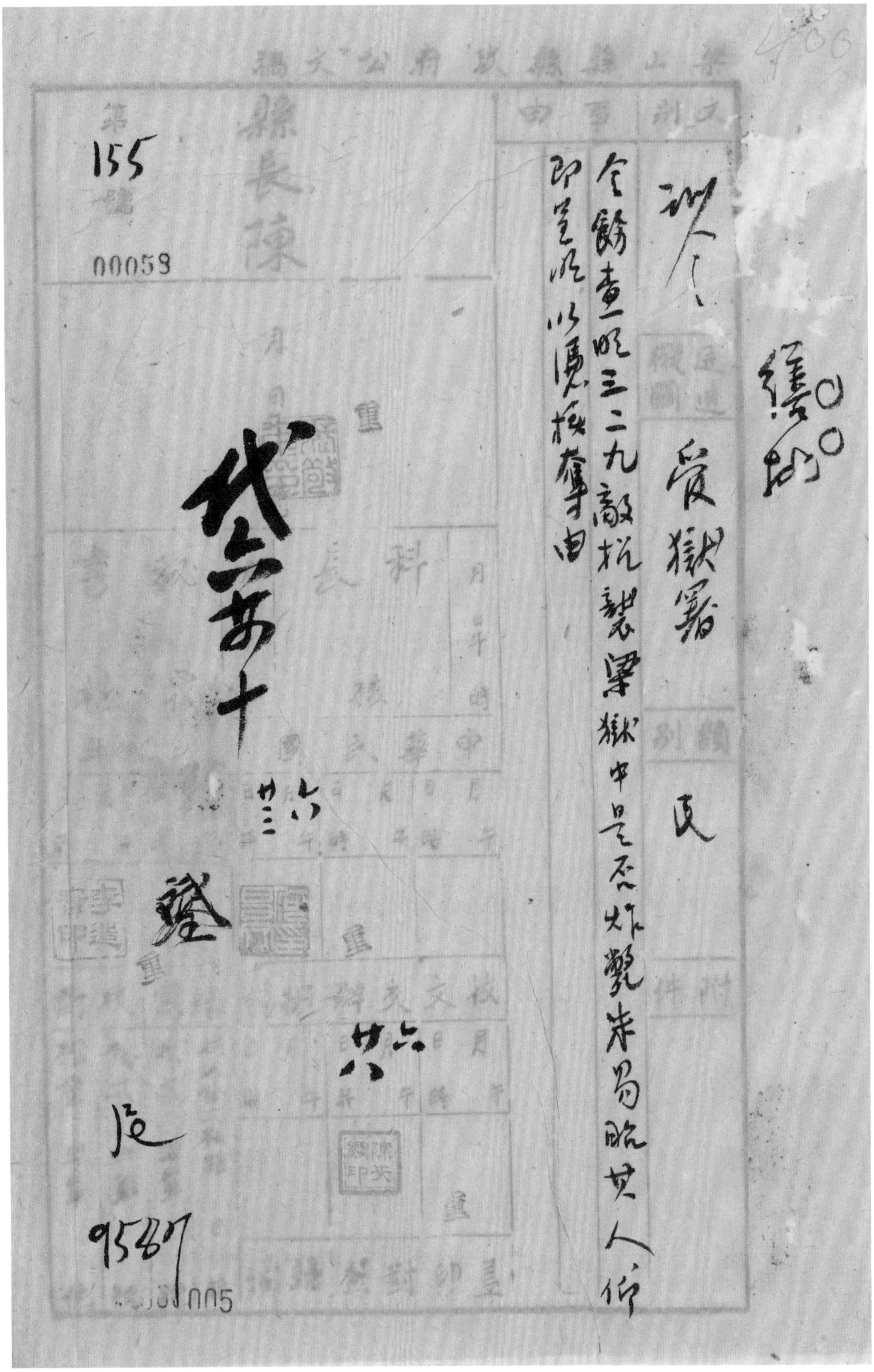
梁山縣政府公文稿

第155號

00058

縣長陳

文別：訓令

受文者：管獄署

事由：令飭查明三二九敵機襲梁獄中是否炸斃朱易昭其人仰即呈明以憑核奪由

全

衛訓令　卅八年民字第9561號

令發獄員　陳嘉隆

本年六月廿二日案據[illegible]太平鄉第六保住戶朱

陸氏呈稱：

「茲為呈請給發六○六針謹呈」

等情，據此，除以「呈悉，六○六針准令」等語揭示外，令

行令仰該員即便遵照查明呈覆，以憑核奪

為要。

此令

0057

梁山县管狱署致梁山县政府的呈（一九三九年六月）

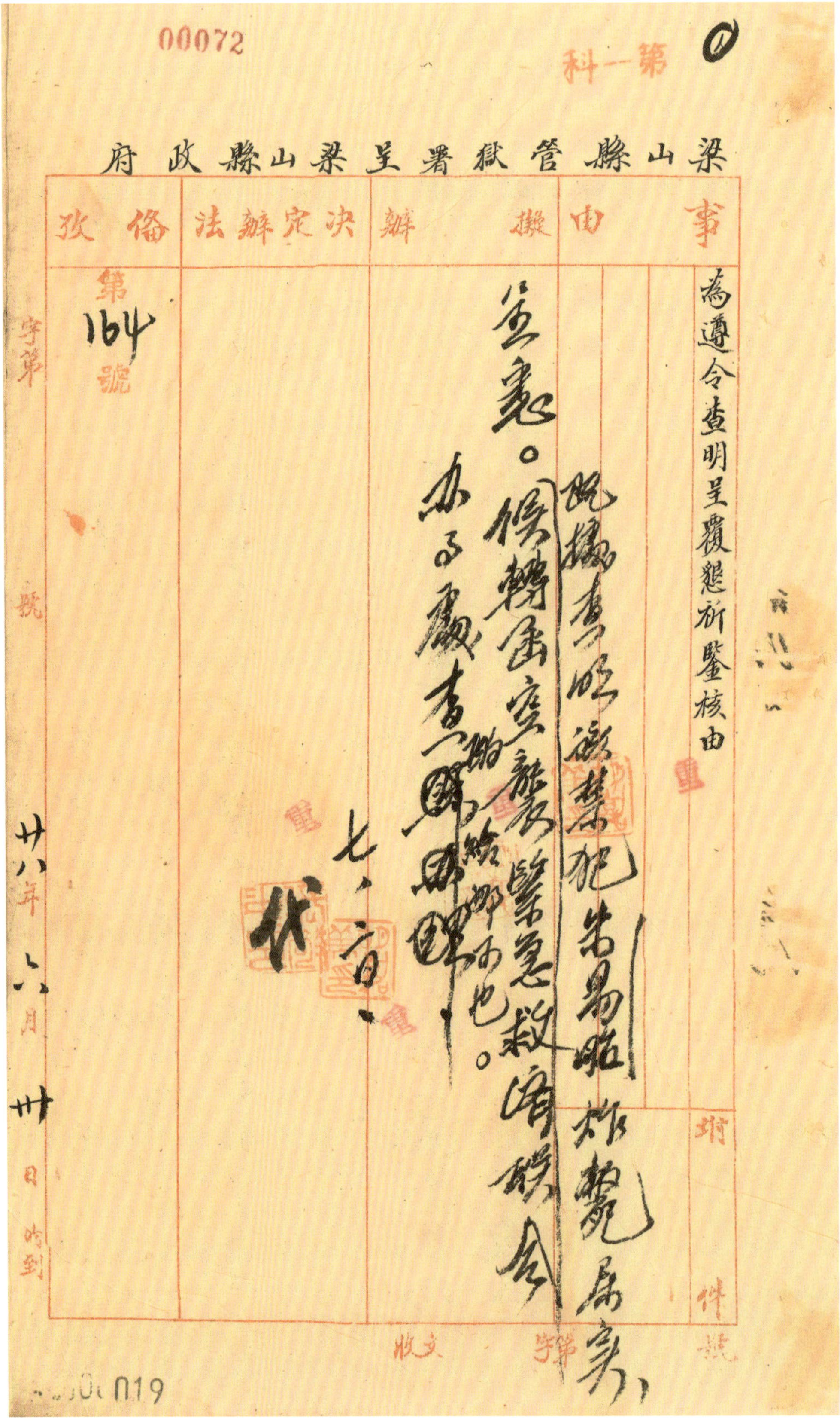

00072

第一科

梁山縣管獄署呈梁山縣政府

事由：為遵令查明呈覆懇祈鑒核由

擬辦

決定辦法

備考：第164號

二十八年六月卅日到

為遵令查明呈覆懇祈鑒核事項奉

鈞府民字九五八七號訓令（略）開令將朱易昭在禁是否炸斃查明呈覆以憑核奪為要此令等因奉此職查三二九被敵機炸毀監獄死傷逃颺底冊內該犯朱易昭慘遭炸斃洵屬實在並蕭前管獄員呈報在案理合據實、

呈請

鈞府鑒核指令祇遵、！

謹呈○／

縣長陳

管獄員陳嘉隆

中華民國二十八　六　月　日

梁山县政府致梁山县空袭紧急救济联合办事处的公函（一九三九年七月六日）

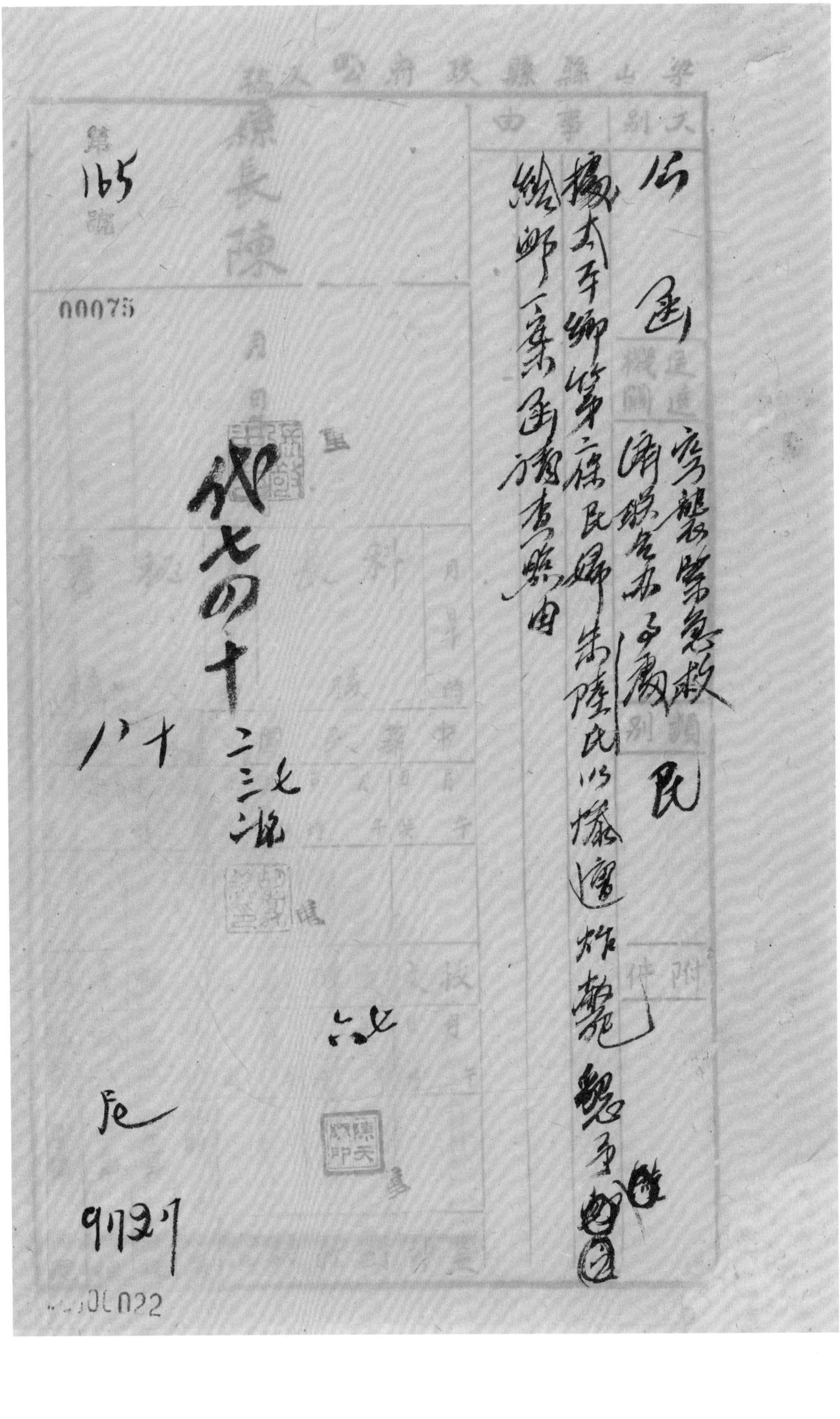

令

衔○令　二十八年七月　民字第9727號

案查前據太平鄉第二保民婦朱陳氏呈稱：

「呈為呈請嚴懲，詞○○云。不勝治感之至。謹呈」

等情。據此。○查經批示：「呈悉。令飭管獄署查明具

覆，以憑核辦。」去後。○茲于二十八年七月二十日據

管獄員陳嘉驥呈稱：

「為遵令查明呈覆，詞○○云。指令祇遵。謹呈」

等情。據此。查所覆前來。○除以「呈悉，詞○○云。此令」等語指

令印發外，相應函請

貴處煩希查照辦理為荷。

此致

梁山縣空襲緊急救濟聯合辦事處

梁山县第三区太平乡联保办公处致梁山县政府的呈（一九三九年七月）

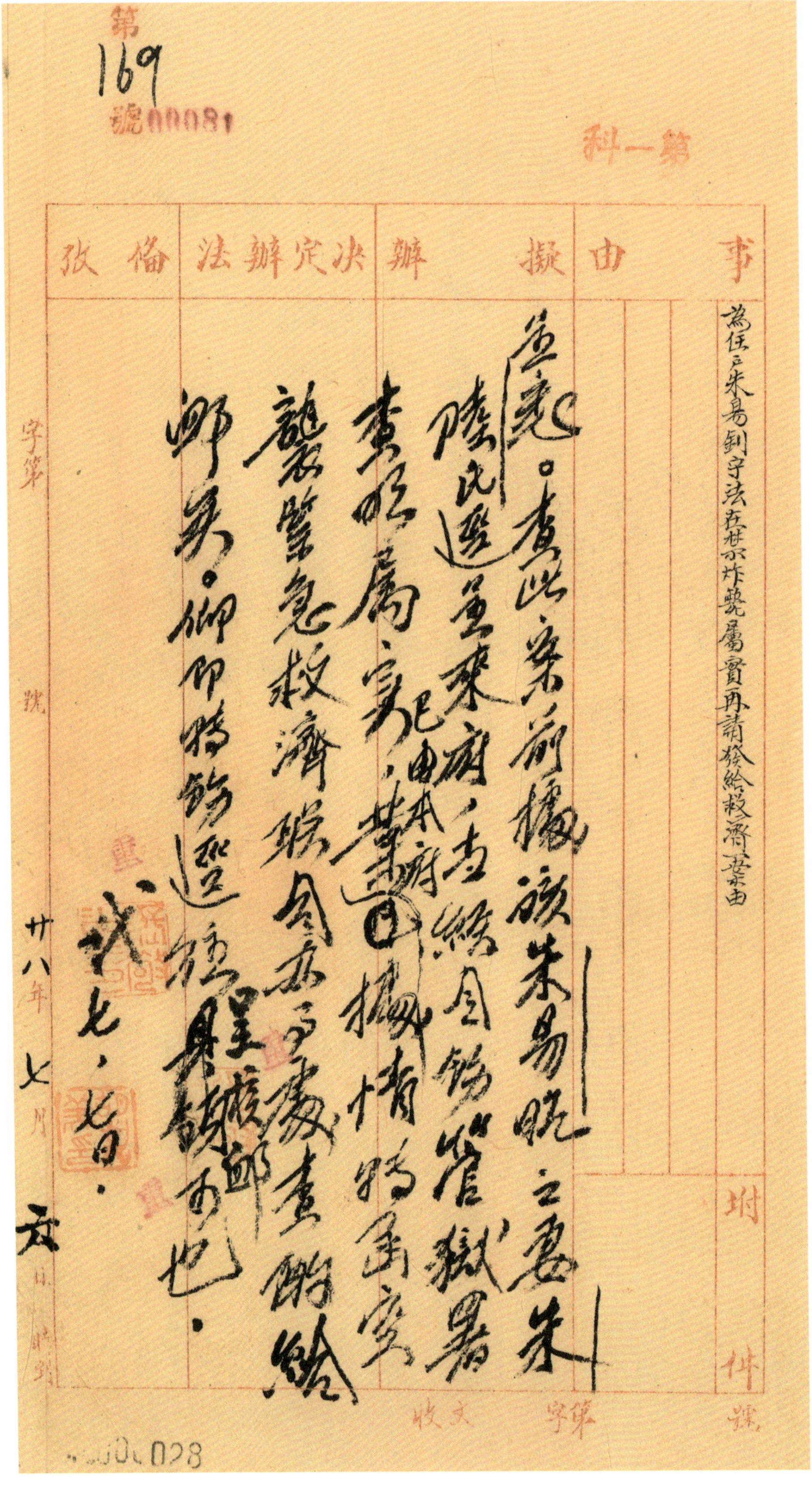
第169號 00081

第一科

事由	擬辦	決定辦法	備攷
為住户朱易釗被炸斃屬實再請發給救濟費案由	呈悉。查此案前據該朱易昭之妻朱陰氏逕呈來府，當經令飭警察獄署查明屬實，已由本府業將據情轉呈空襲緊急救濟聯合辦事處查酌發給卹矣。仰即轉飭遵照，候具領可也。		

廿八年七月　日

八、七、七日

收文　第　字　號

0000028

呈為守法在禁炸斃屬貧再請給費以昭撫卹事情職鄉住戶朱景釗因違法被禁已逾三載前遭敵機炸斃双足不全情甚可憐伊妻朱陸氏來城領屍苦自己無錢搬運幸蒙戴委員等助資作費始將屍身運回安埋繼聞上峯撥款賑濟凡被炸斃者每人給洋叁拾元朱陸氏已來城數次未克領獲職恤伊夫一死家貧生活維難用特備文呈請

鈞府作主照章發給俾伊領訖以示撫恤恐有虛冒情事職負完全責任謹呈

梁山縣縣長陳

第三區太平鄉聯保主任李大銓

中華民國二十八年七月日

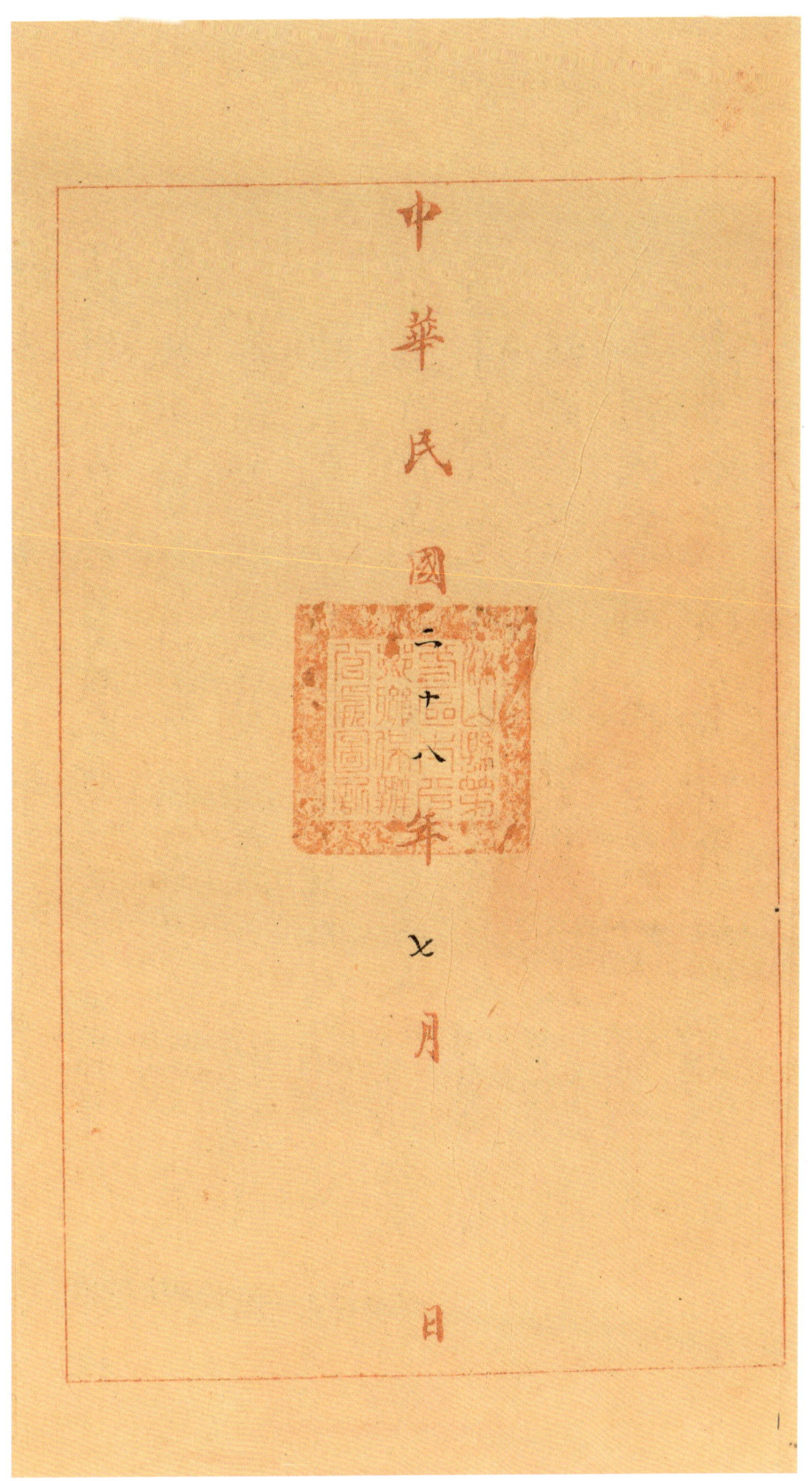

梁山县警察所造具一九三九年六月三十日调查北城镇被炸灾情一览表（一九三九年七月一日）

梁山縣警察所造具二十八年六月三十日調查北城鎮被炸災情一覽表

保別	姓名	年齡	籍貫	職業	房屋損失	家庭人數	被炸情況	住址	備攷
三保	姚正倫	三五	梁山	小貿	二间炸毀	三人	動用全毀約損失十餘元	豆葉巷	佃
	雷彥全	二八	梁山	理髮	二间炸毀	二人	動用等具約損失十元	同	同
	陳家鳳	四六	梁山	收荒	二間炸毀	三人	此地投彈一枚約卅元	同	佃袁熊凡房子
	熊宜齋	五九	同	居家	三間炸毀	三人	此地投彈一枚	鍋子市	是向必書指定的地方僱根
五保	胡成玉	三八	同	小貿	三间炸毀	七人	此地投燀二枚	老堂鋪	
	胡鄭氏	七二	同	同	一间炸毀	二人	動用具等約壹百元	同	
	谷胡氏	六四	同	同	一间炸毀	一人	此地投彈一枚	同	
	袁熙和	二八	同	居家	三间炸毀	四人	物具等約損壹百元	同	

00165

王鸿钧	四七	梁山	无	一间被炸	三人	[illegible]完全被炸	[illegible]十六号
刘茂候	三〇	同	小贩	一间被炸	四人	附近尽炸	马寿街[illegible]号
龙致中	六十	同	小贩	二间炸毁	四人	损失约壹百余元	马寿街[illegible]号
钟明朝	四二	同	下力	一间炸毁	四人	中投弹二枚	顺城街[illegible]号
唐培玉	六八	同	售菸	二间租佃	三人	附近完炸	顺城街[illegible]号
盛就氏	五一	同	小贩	四间炸毁	五人	投弹一枚	马寿街[illegible]号
李光仁	五四	同	挑夫	一间炸毁	四人	附近完屋挂	[illegible]街[illegible]号
邱大海	六一	同	贩	一间炸毁	六人	同	顺城街[illegible]号
邱大江	六十	同	贩	一间炸毁	一人	同	同
范竹轩	五四	同	木料铺	三间炸毁	四人	投弹一枚	木料巷[illegible]号

0025

劉天德	三八	梁山	下力	一間炸毀	二人	附近全炸	順城街四十号
鄧衣金	三九	同	貧	一間炸毀	二人	此地投彈二枚	同
谷崇昌	三九	同	貧	一間炸毀	一人	附近全炸	望城街39号
王展章	二八	同	居家	一間炸毀	二人	約二十元	順城街38号
吳建貴	四十	同	土匠	二間炸毀	二人	家具全炸	順城街32号
丁貴陽	五十	同	下力	一間炸毀	二人	同	順城街29号
八保隆姜氏	五二	同	麵房	三間炸毀	四人	此地投彈二枚	馬房街後面
譚少傳	五四	同	無		一人	被炸無靠	同
李世南	三九	同	醬園	四間炸毀	五人	動具傢俱約十元	馬房街[illegible]
周仁安	六六	同	小販	一間炸毀	四人	此地投彈一枚	神農街四号

蕭權

[illegible]25-1

00166

	羅興發	五六	梁山	貿易	四間被燒 八人全燒	打[illegible]寺
	周海雲	四六	同	打更	四人全燒	報恩寺 [illegible] 五振
	余美福	四一	同	貿易	三間被炸 四人救	救濟一 香市街2號
保別	姓名	年	籍	職	傷亡情況	備攷
七保	陳發生	十五	梁山	理髮	女象在樓拉下炸斃	
	滿應明	五一	梁山	雇人	左腿兩處中炸傷	樓身一帶 之如
五保	陳興如	五九	梁山	小貿	東[illegible]城街9號房屋炸毀	
	楊周氏	四六	梁山	草鞋	[illegible]炸斃	家庭窮人
六保	彭吉武	五五	梁山	賣糖	[illegible]受傷 左手一帶	
七保	蔣世用	三〇	梁山	職工	五拉神廟街[illegible]號	住殺

.0026

劉正洪 四一 梁山 屠肉 警報時避至中有洋流十務號

陸海南 二六 梁山 吳停街 幫人 和同新杭 被射擊斃

中華民國廿八年七月一日晨二点

026-1

川康绥靖主任公署关于杳报一九三九年六月三十日被炸损失情形致梁山县政府的电（一九三九年七月一日）

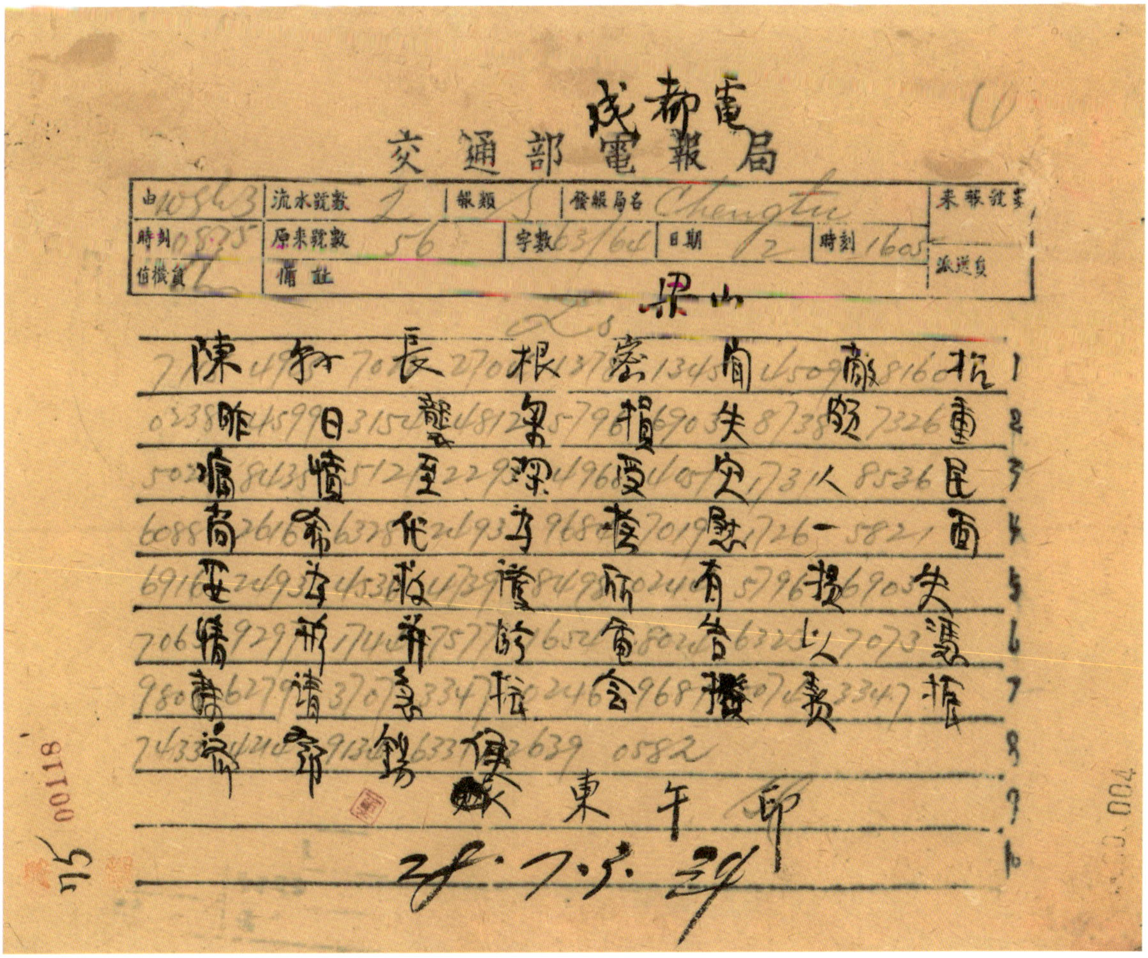

梁山县警察所关于请求核办一九三九年六月三十日被炸伤警士龙明光、刘纯甫、胡忠易、颜香斋抚恤案致梁山县政府的签呈（一九三九年七月一日）

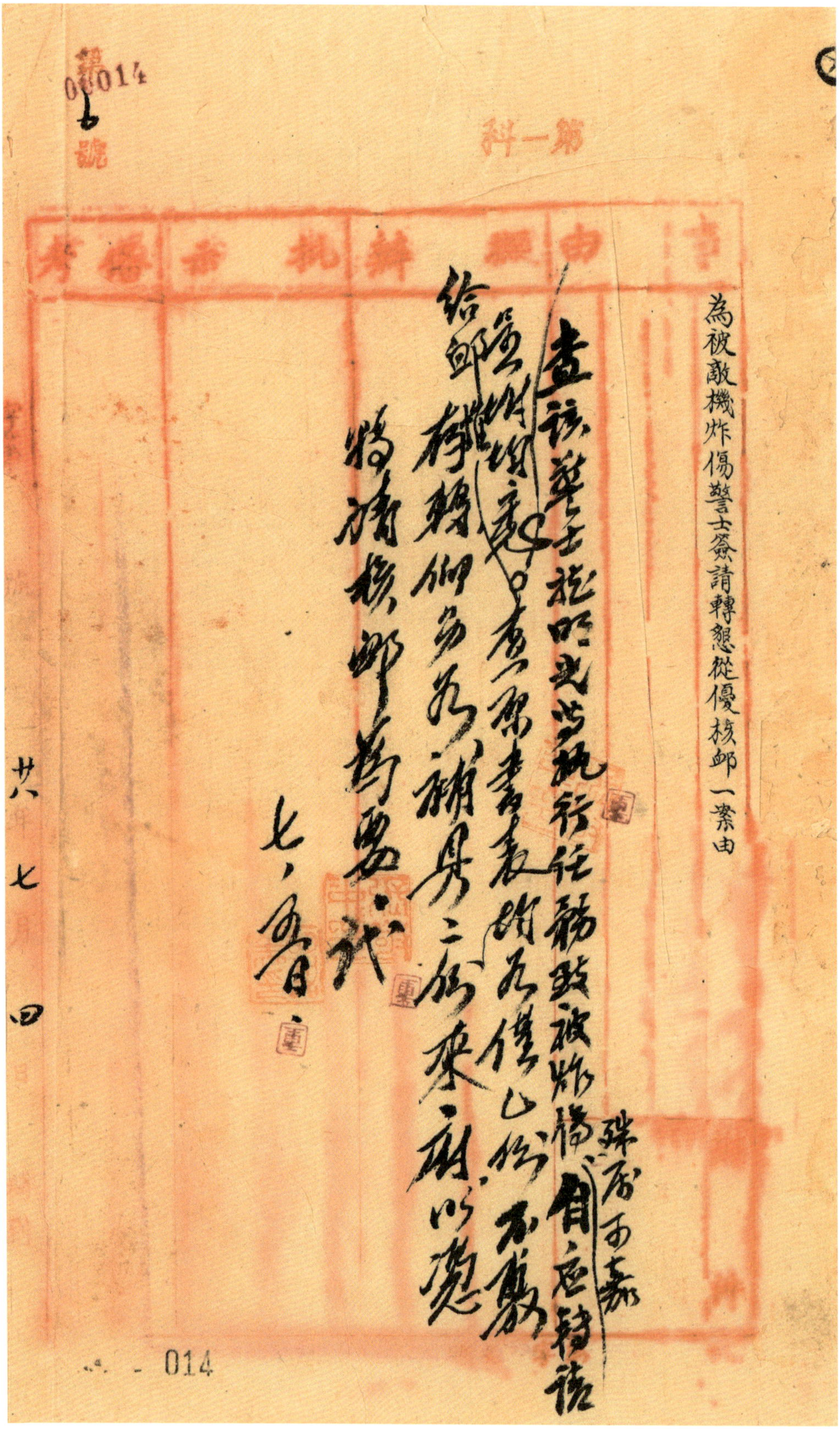

第一科

為被敵機炸傷警士簽請轉懇從優核卹一案由

廿八 七 四

簽呈 二八年七月一日
於警察所

竊昨日午後一點五十分，接萬縣轉夔宜長途電話，謂有敵機二十七架由東向西飛行，

本市即發出空襲警報，所有警士，即全體分佈市面街巷，執行交通管制，及鎮壓漢奸活動

，未幾緊急警報發出，敵機二十六架，已臨市空，由東向西飛來，至東外上八廟，低飛投彈，自

是處起，經東北門往西門而出，中間一帶街巷院壩及機場支路郊外等地，投擲大小炸彈百

餘枚，損毀街房甚多，傷亡人民數十，移時復由西折轉，飛至北外新街，投下燒夷彈數枚

，登時起火，燒燬鋪面院子約三十座，發現焚斃人民兩人，所有以上被炸焚各處傷亡詳情

，除經派警調查確實另案呈報外，惟查執行北水洞門巡邏任務之一等警士龍明光，右耳

根前被破片炸傷，如[illegible]大一艮，約二三分深，劉純甫頭部氣門心炸傷，如大指頭一眼，約

三分深，又執行三官殿崗位任務之一等警士胡忠易，左足掌炸傷一口，長二寸許，寬五分餘

、又二等警士顏香齋，因往北外新街救火，爬在屋頂，施用水袋，正救濟間，忽火勢燒近，擬移地在救，倉忙間桷板斷漏，全身墜下，遂將兩手掛傷，現左右手背手掌，均已紅腫，十指皆硬，手竿括傷多處，鮮血淋漓，疼痛非常，該警等因公受傷，情殊可憫，除已送往醫院治療外，擬請援照四川省防空司令部頒發縣防護團組織條例，「以駐在該縣軍警團共合組織為防護團員之規定」，得依據四川省防空協會二十七年防總字第零零零四七號訓令：「頒發人民守土傷亡撫卹實施辦法第三條第四項保衛村鎮抗拒敵人規定」分別填具負傷調查表一份，證明書四份，理合備文連同書表賫請

鈞府，俯賜核轉，從優議卹，以勵來茲，指令祗遵。

謹呈

梁山縣縣政府

計呈負傷調查表一份證明書四份

代警佐黃 璽

中華民國二十八年七月　日

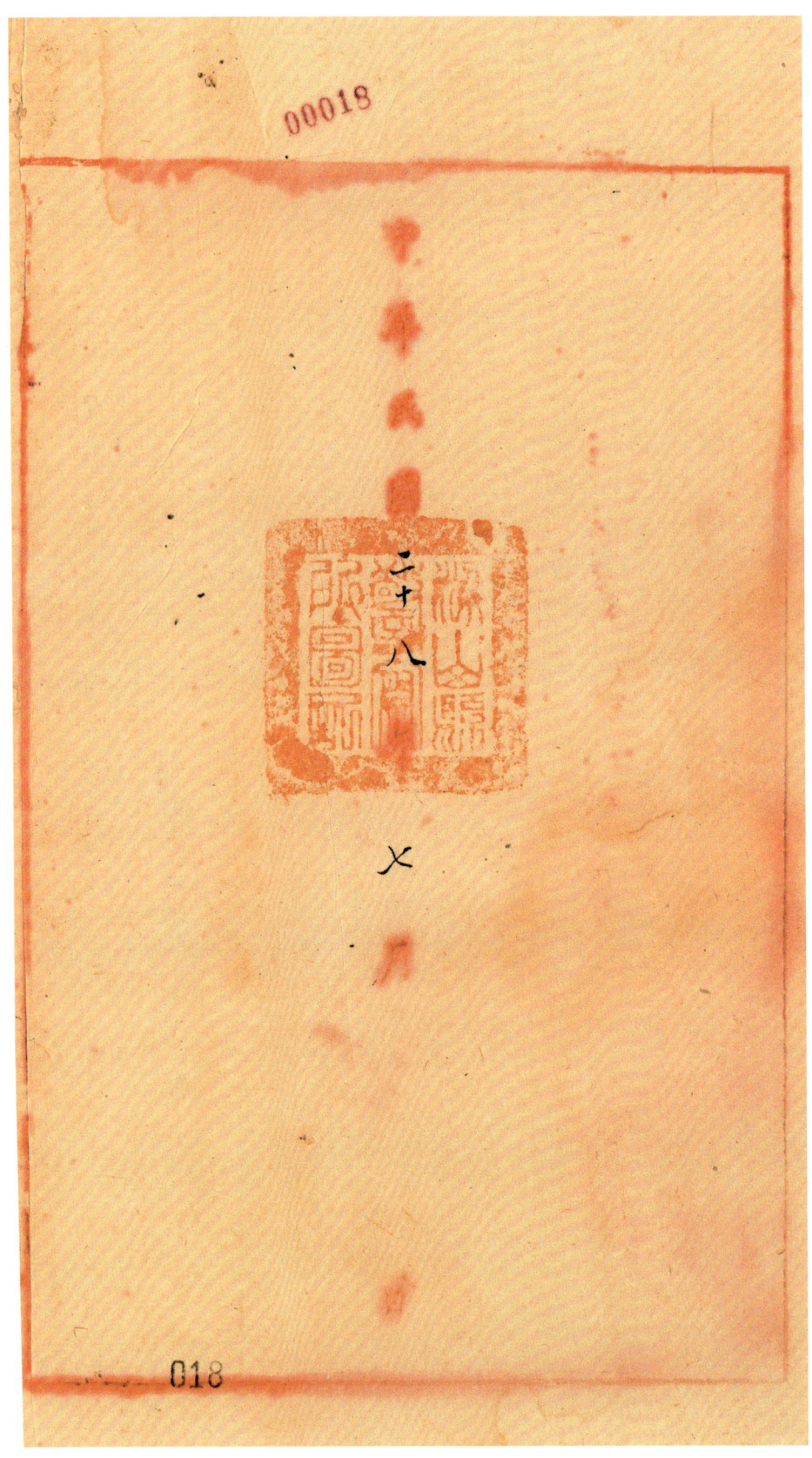

梁山縣警察所警士因公負傷調查表

隊別	職務	姓名	籍貫	年齡	負傷事由	負傷部位及名稱	負傷年月日	負傷地點	殘廢狀況	住址及通訊處
梁山縣政府警察所	一等警士	龍明光	梁山	二六	執行水洞門巡邏	右耳根被破片炸傷李大一眼	二十八年六月三十號	北門水洞門	無	梁山縣東大街第一百一十四號
同前	同前	劉純甫	同	二五	同前	頭部氣門心炸傷大指大一眼	同前	同前	無	梁山陸勝鄉
同前	同前	胡忠易	同	三六	執行西外三官殿崗位崗警	左足掌炸傷一口長二寸許寬五分	同前	西門外三官殿	無	梁山縣屏錦鎮郵局轉
同前	二等警士	顾香齋	忠縣	三四	派往新街救火	由屋顶漏下雨手括傷手背手掌紅腫指硬手掌傷多条	同前	北門外新街	無	梁山東門外大炮台第三號

附記

中華民國二十八年七月　日代警佐黄豐具

附二：梁山县警察所警士负伤等级证明书（一九三九年七月）

00025

梁山縣政府警察所警士負傷等級證明書

隊號	梁山縣政府警察所
姓名	胡忠易
年齡	二十五歲
籍貫及永久住址	四川省梁山縣屏錦鎮
職別	一等警士
受傷地點	西門外三官殿崗位
受傷年月日	二十八年六月三十日
受傷事由	執行三官殿崗警被敵機轟炸市區受傷
治療經過	受傷後初在蓬萊醫院現在南華醫院治療
受傷部位及名稱	左足掌被破片炸傷一条長二寸許寬三分深二分譜
受傷等級	三等
治療後情况及有無機能障碍或殘廢	無
病院名稱及所在地	南華醫院住南門外南園
院長	劉樂皐
主治醫官	何仁則
審查官	兼代警佐黄疊
附記	

中華民國二十八年七月一日

00025

梁山縣政府警察所警士負傷等級證明書

隊號	梁山縣政府警察所
姓名	龍明光
年齡	二十六歲
籍貫及永久住址	四川省梁山縣東大街一一四號
職別	一等警士
受傷地點	梁山縣北門水洞門
受傷年月日	二十八年六月三十日
受傷事由	執行北門水洞門巡邏被敵機轟炸市區受傷
治療經過	自是日受傷後即在梁山南華醫院治療
受傷部位及名稱	右耳根前被破片炸傷如李大一眼約二三分深
受傷等級	三等
治療後情況及有無機能障礙或殘廢	無
病院名稱及所在地	南華醫院在南門外南園
院長	劉皋皐
主治醫官	何仁則
審查官	兼代警佐黄靈
附記	

中華民國二十八年七月一日

01000

016

00013

梁山縣政府警察所警士負傷等級證明書

隊號	梁山縣政府警察所
姓名	劉純甫
年齡	二十五歲
籍貫及永久住址	四川省梁山縣隆勝鄉
職別	一等警士
受傷地點	梁山縣北門水洞門
受傷年月日	二十八年六月三十日
受傷事由	執行北水洞門巡邏被敵機轟炸市區炸傷
治療經過	自是日受傷後即住南華醫院治療
受傷部位及名稱	頭部氣門心被破片炸傷如大指頭一眼約二三分深
受傷等級	三等
治療後情況及有無機能障碍或殘廢	無
病院名稱及所在地	南華醫院住南門外南園
院長	劉舉臯
主治醫官	何仁則
審查官	兼代警佐黃賚
附記	

中華民國二十八年七月 一 日

01

梁山縣政府警察所警士負傷等級證明書

隊號	梁山縣政府警察所
姓名	顔香齋
年齡	三十四歲
籍貫及永久住址	四川省忠縣花橋鄉
職別	二等警士
受傷地點	北門外新街
受傷年月日	二十八年六月三十日
受傷事由	敵機投下燒夷彈新街起火執行消防任務被跌受傷
治療經過	住在紅十字會醫院治療
受傷部位及名稱	兩手括傷手背掌紅腫指硬如木手竿括濫皮膚多条
受傷等級	三等
治療後情況及有無機能障碍或殘廢	無
病院名稱及所在地	西外三官殿紅十字會醫院
院長	鍾和霖 代
主治醫官	歐克明
審查官	兼代警佐黃豐
附記	

中華民國二十八年七月一日

赈济委员会运送配置难民万县总站关于责令梁山分站会同赈恤一九三九年六月三十日被炸难民致梁山县政府的代电（一九三九年七月三日）

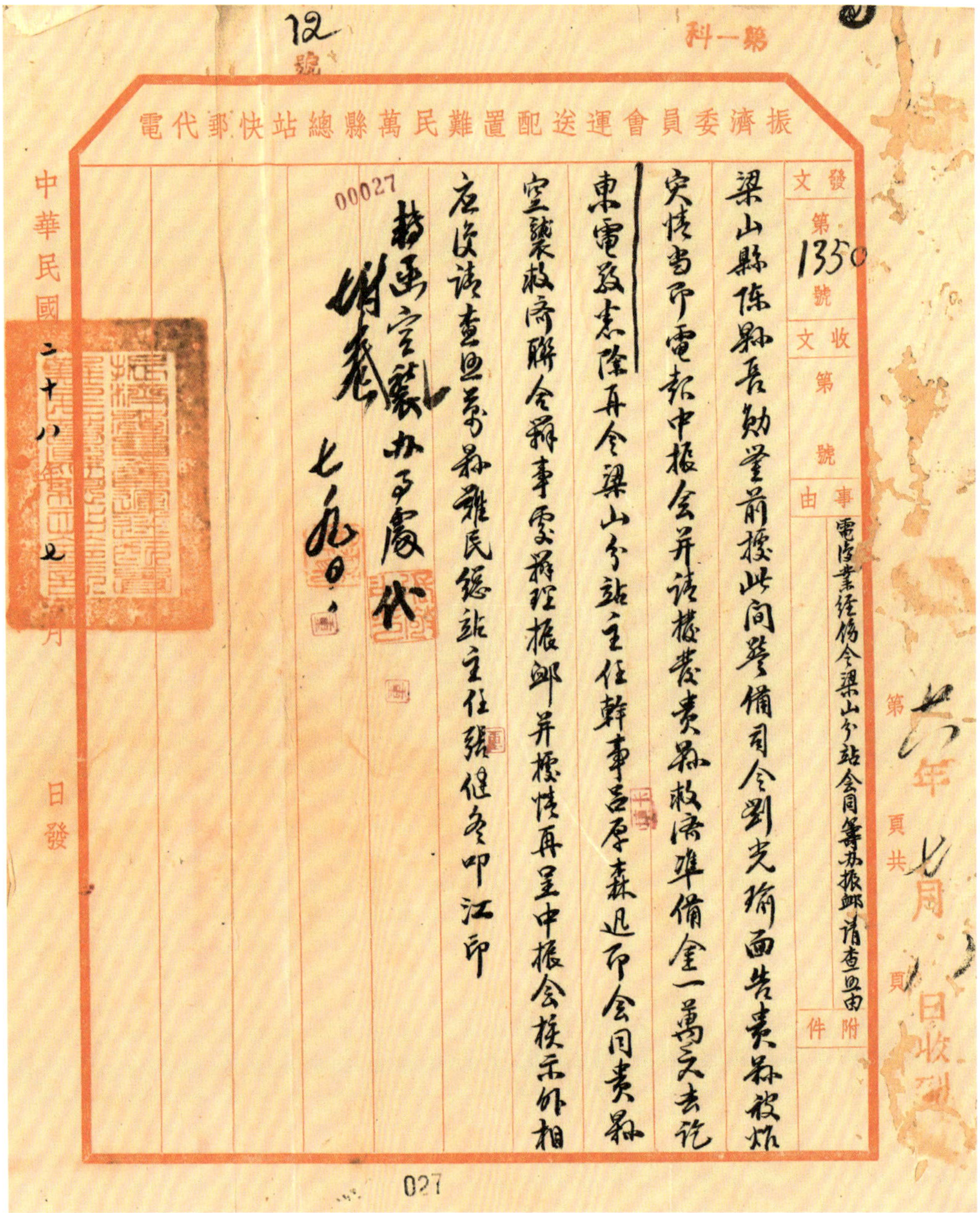

12號

第一科

振濟委員會運送配置難民萬縣總站快郵代電

發文第1350號

收文第　號

事由：電復業經飭令梁山分站會同籌辦振卹請查照由

附件

00027

梁山縣陳縣長勛鑒：前據此間警備司令劉光瑜面告貴縣被炸實情，當即電報中振會，并請撥發貴縣救濟準備金一萬元去訖，東電發表。除再令梁山分站主任幹事呂厚森迅即會同貴縣空襲救濟聯合辦事處辦理振卹并據情再呈中振會核示外，相應電請查照。萬縣難民總站主任張健叩。江印

特函空襲救濟聯合辦事處 代

七月九日

中華民國二十八年七月　日發

第　頁 共　頁

廿八年七月　日收到

027

梁山县政府关于报送一九三九年六月三十日被炸情形并恳请拨款赈济致四川省赈济会、川康绥靖主任公署的代电（一九三九年七月五日）

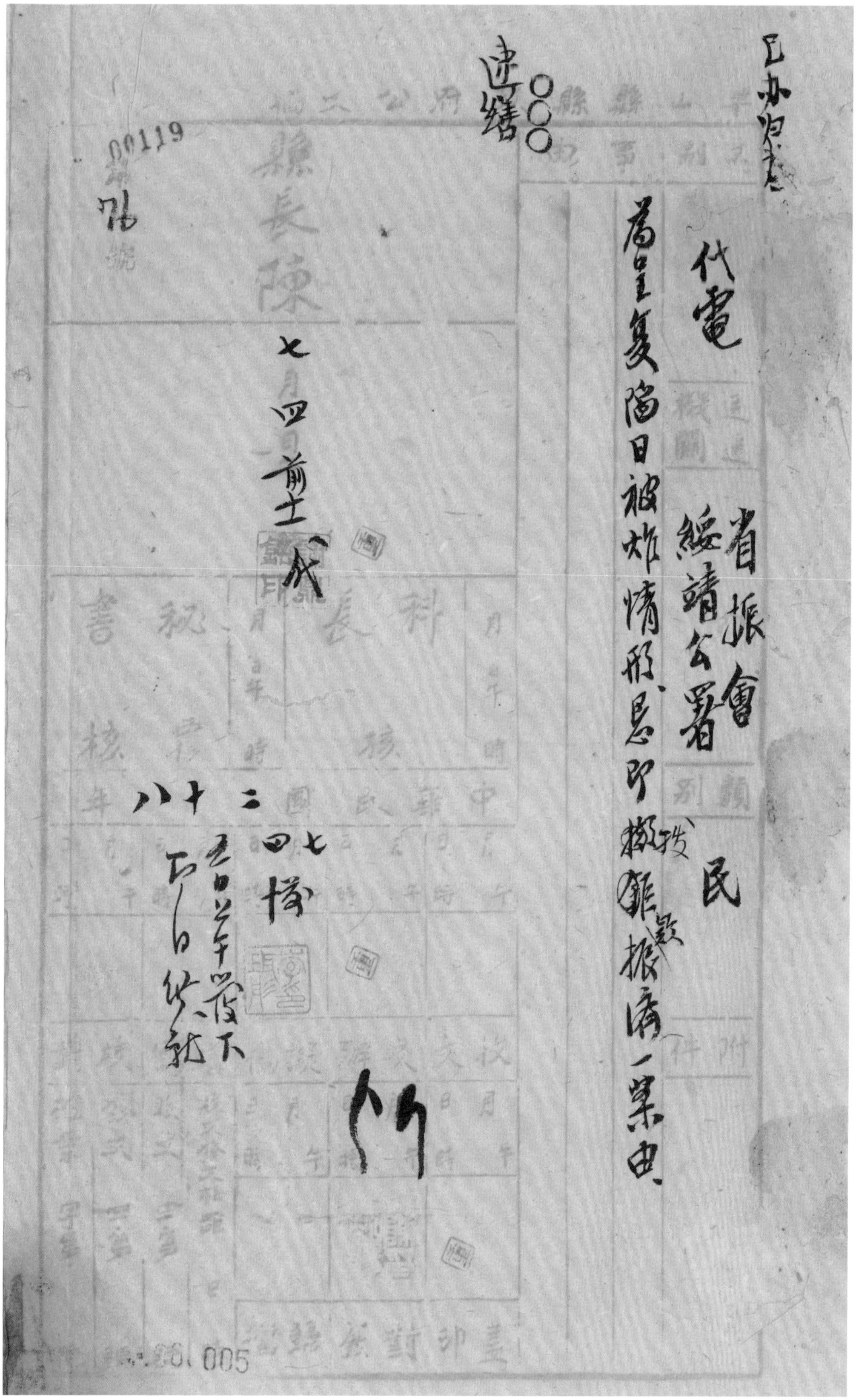
代電
省振會
綏靖公署
民
爲呈复渝日被炸情形、恳即拨款振济一案由、
縣長陳
七月四日前十一代

急成都省振會、綏靖主任鄧鈞鑒：東午電奉悉，垂詢陷日被炸灾
情，至深感荷。此次寇機二十六架由東飛至，為第五次襲梁。午
間在市空環繞投彈百餘，機場炸毀五十餘處，東西北三
門內外落彈八十餘枚，且擲燒夷彈焚去城外街房三十（八）餘
家，燬壞房屋二百（四十三）餘座，計死十五人，傷教官士三名、平民三十（四）餘
人。當敵機去後，職立即率丁警同憲兵與補充團分頭撲
火，施救掩埋，治療並暑放急振撫卹，受災詳情，除由空襲
緊急聯合救濟委會同保甲調查造冊（列花名）具文呈報外，特先
電復。務懇鈞座俯念梁民一再受炸，死傷之多，損失之鉅，懷
痛情形實屬奇重，懇撥鉅款，下縣大施振救，用蘇困
黎。臨電迫切，無任屏營待命之至。梁山縣長陳〇〇叩微印
郭〇仰支

梁山县政府关于收容一九三九年六月三十日被炸幼童致梁山县救济院育婴堂、梁山县慈幼院的训令
（一九三九年七月五日）

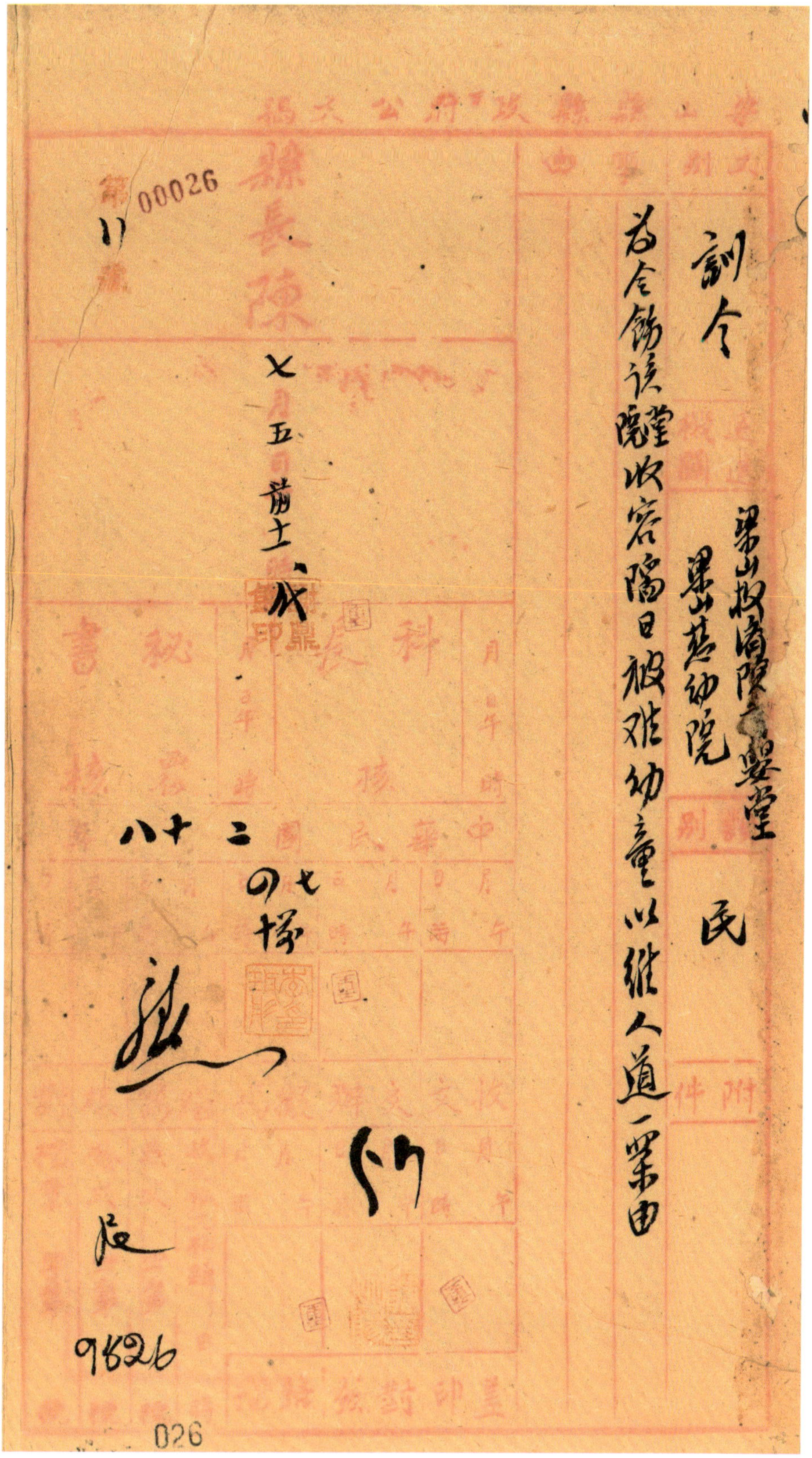
梁山縣政府公文稿
縣長陳
第 00026 號
訓令
梁山救濟院育嬰堂
梁山慈幼院
民
為令飭該院堂收容隔日被難幼童以維人道一案由

全　銜訓令　　　　廿八年民字第　　　　號　9626

令梁山救濟院育嬰堂
　梁山慈幼院

本年七月十日案准
梁山空襲緊急救濟聯合會辦事處公函開：
「查前二十日計〇〇云云。請煩查照辦理為荷」
等由；准此。除分令外，合行令仰該院堂即便遵照，遇有發
被炸無家可歸之幼童，准由原住保甲長申送前
來，即予收容，用維人道，切切勿違為要。此令。

中華民國二十八年七月　　日

縣長陳〇〇
兼一科科長郭〇代行

梁山县政府关于办理一九三九年六月三十日被炸赈济款具领造册呈报事宜致梁山县空袭紧急救济联合办事处的公函（一九三九年七月九日）

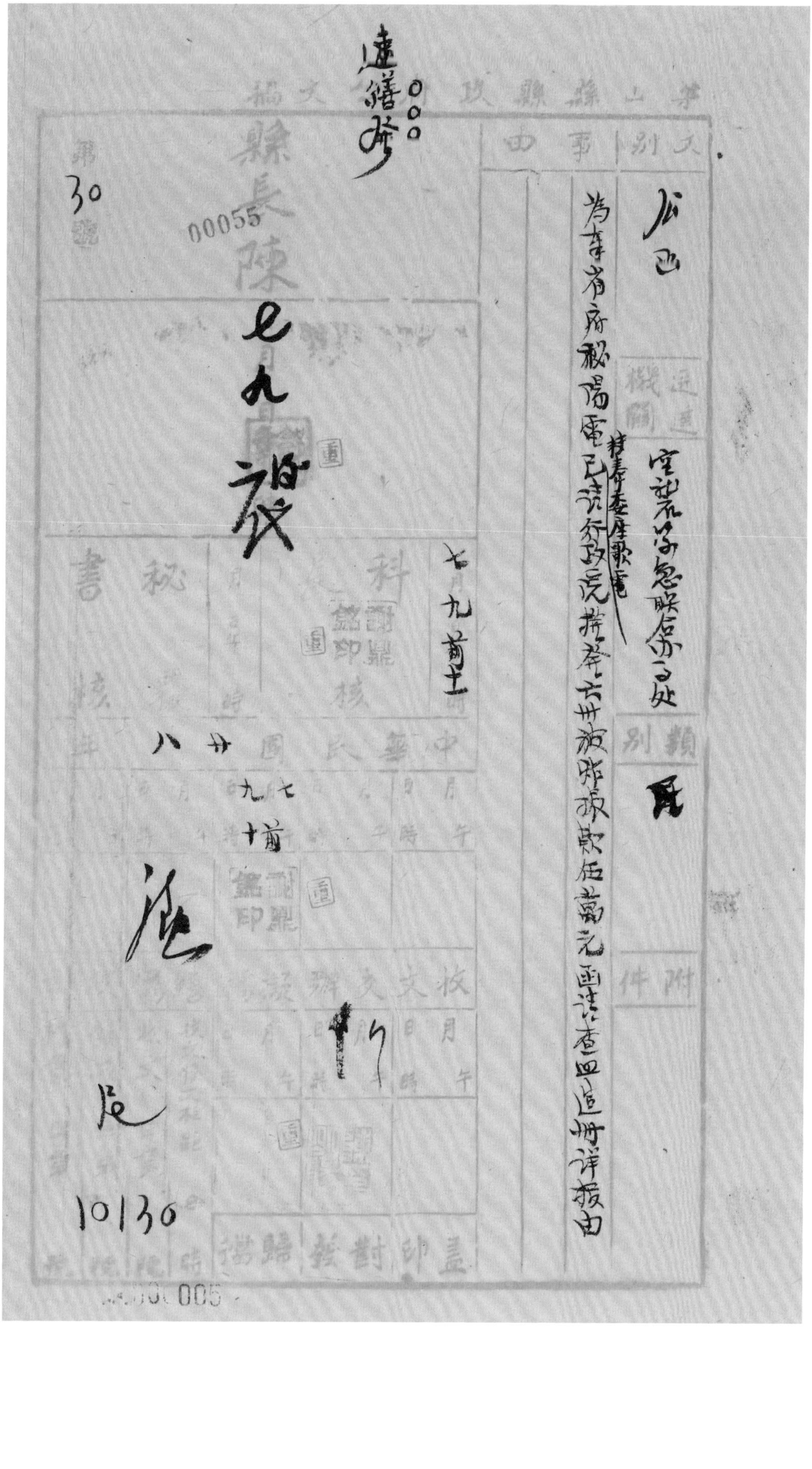

（全衔）代电　廿八年七月民字第10130号

本年七月八日案奉

四川省政府秘阳电开：

梁山县陈县长顺存：奉委员长蒋办四歌电开

……录原文……呈复。

等因。奉此，除款汇下达四县镇，相应函请

贵处请烦查照召开会议造册呈报，并希详细办法造册呈报为荷！

此致

梁山县空袭紧急联合办事处

县长陈〇〇

科长郭〇代行

万县市防空指挥部关于赶办抚恤一九三九年六月三十日被炸难民致梁山县政府的代电（一九三九年七月十二日）

遵照辦理，並函賑濟會，并令救濟院、聯合辦事處查照。七、十六日

萬縣市防空指揮部快郵代電

叮警字第52號

事由：為奉電轉飭該縣妥籌善後趕辦急振并撫卹難民仰即遵辦隨時具報由

梁山縣長陳興雯覽：查該縣被炸災情，曾經本部詳情并轉請撥款撫卹去訖。茲奉四川省政府庚省秘一電開：艷陽兩電均悉，核報萬梁二縣慘遭敵機轟炸情形，及派區撥款赴萬救護各節，處理甚是，惟災重款微，恐難濟事，已屬省振濟會撥款滙濟，並據情特請中央分別賜撥鉅款共資救濟，仰就近督飭各該縣府妥籌善後，趕辦急振并撫卹難民，勿任失所等因。除另電中振會撥款振濟外，仰該縣長切實遵辦，隨時具報為要。劉光瑜、閔永濂。

中華民國　年　月　日發

四川省第十区行政督察专员公署关于转请省府拨款赈济一九三九年六月三十日被炸难民致梁山县政府的代电

（一九三九年七月十六日）

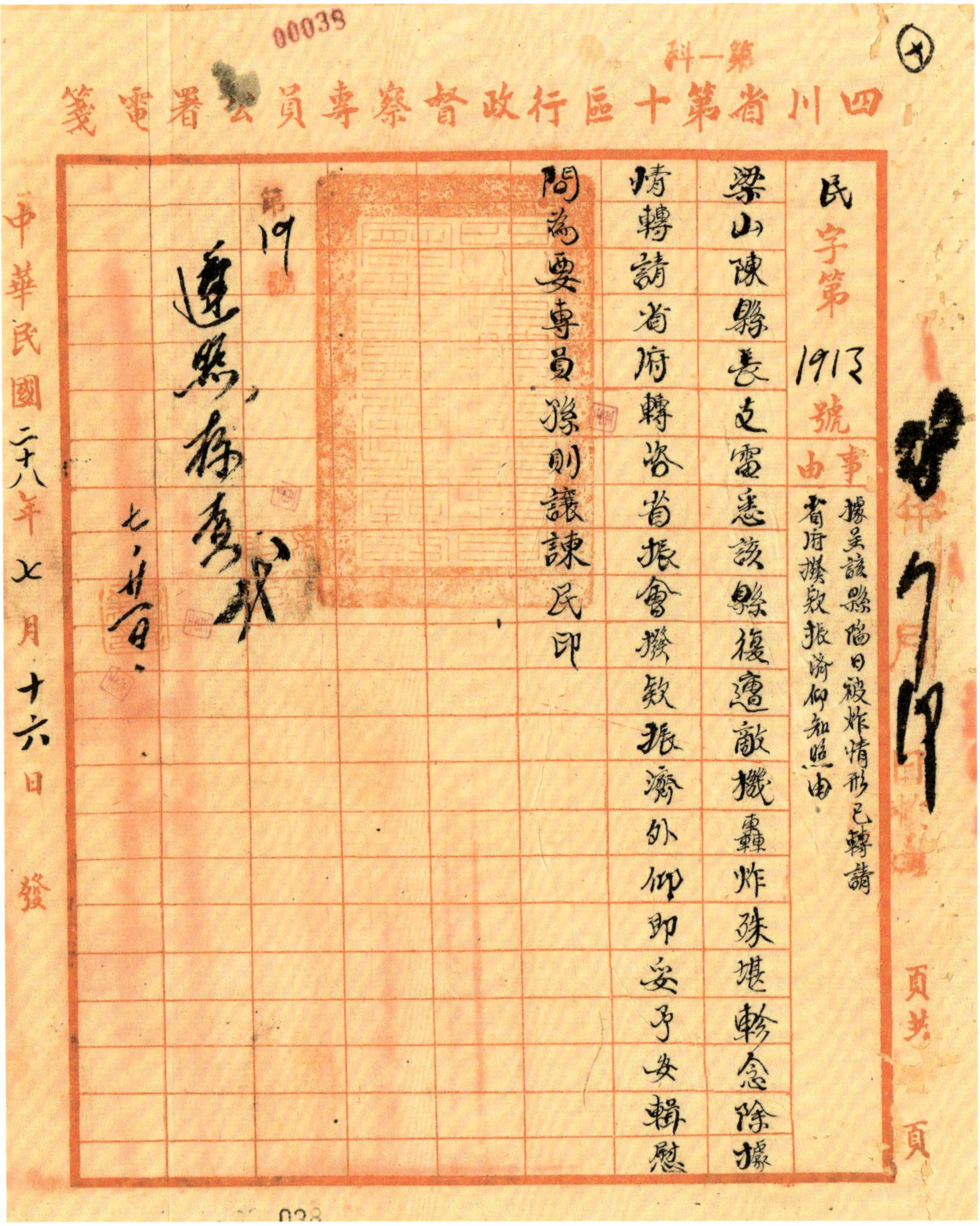

四川省第十區行政督察專員公署電箋

第一科

民字第1913號

事由：據呈該縣陷日被炸情形已轉請省府撥款振濟仰知照由

梁山陳縣長：支電悉。該縣復遭敵機轟炸，殊堪軫念。除據情轉請省府轉咨省振會撥款振濟外，仰即妥予安輯慰問為要。專員孫則讓諫民印

中華民國二十八年七月十六日發

张仰之关于次子张智一九三九年六月三十日被炸亡恳请抚恤优待致梁山县政府的诉愿书（一九三九年七月十六日）

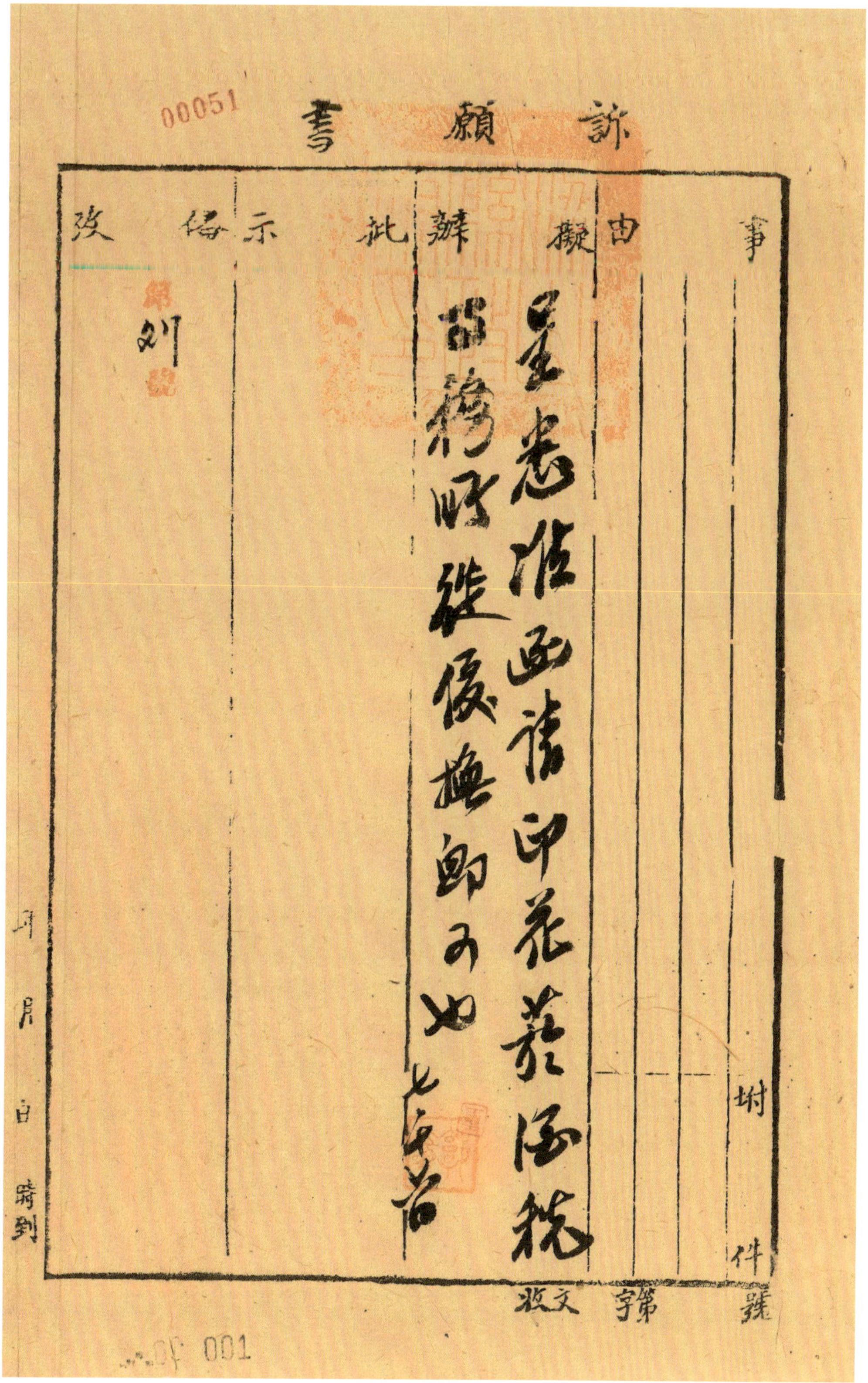
00051

訴願書

事由

擬辦

批示

備攷

件數

收文 第 字

	姓名	年齡	性別	籍貫	職業	住所
再訴願人	張仰之	七一	男	梁山	紙燭鋪	西大街二三四號
代理人						
原處分決定官署						

附記

一 訴願者應於再訴願人欄內將「再」字塗去並於原處分官署欄內將「決定」二字塗去再訴願人將原處分官署欄內「處分」二字塗去

二 法人提起訴願或再訴願者其名稱及代表人應於再訴願人欄內分別載明

三 事實及理由應分述於後

呈為子因公死家屬苦慘泣請轉詳撫恤優待并懇免輸雜款以

憫家慘事情民次子張智曾在縣府充任政警十有餘年嗣令撥入菸
酒事務所催收酒稅勤勞慎潔照章收繳效力兩年屢辭未獲業
經謝前任事務主任表報智勞呈准上峯有卷可查因此民子服任公
務成績可佳迭辭不允詎於六月三十日午前十二時張智往北門街酒
市散場壩征收一區所屬各酢房桶户酒厘詎遭敵機二十六架炸城適
子張智聞警跑避剛至北門神農廟處竟被暴敵機槍射傷肚腹
左右奶膛兩脚亦遭彈片打傷當時斃命俟敵機去後民避機返家
聞往視察智果炸死非虛即報保甲長及本鎮主任李秀靈等看
驗智受槍傷炸斃屬實曾沐現任菸酒事務主任焦恩給洋十元飭
民撿殮屍身掩埋恩至義盡竊思智收國稅因公慘死責義當然

曷煩多瀆，惟查民子在日潔正不苟，毫無餘積，貧乏窮困，每月只靠薪洋十元養家，現子炸死，尚遺有孀媳、七齡弱女、兩歲孩子，媳肚懷孕，昨已產生一女，況民年逾七旬，雖有長子，歲越半百，素病弱敗，閤家數口，貧窘孫苦，孀邁幼慘，俱無者生活難尋，養葬維難，口食斷乏，慘痛萬分，苦不堪言，只得含淚忍痛，除呈請菸酒事務主任轉祥外，為此呼懇

鈞處鑒核，務憫民家生死慘狀，准予轉詳上峯撫恤幽魂，優待家屬，免出雜款，如沐恩准，存殁均沾。謹呈

梁山縣長陳　公鑒

附呈證據文件應記明於此

訴願人張仰之簽名蓋章

代表人　簽名蓋章

代理人　簽名蓋章

保人　簽名蓋章

中華民國二十八年七月十六日

梁山县政府、梁山县警察所关于核办一九三九年六月三十日被炸伤警士胡忠易抚恤案的来往文书（一九三九年七月十七日至二十二日）

梁山县警察所致梁山县政府的签呈（一九三九年七月十七日）

00039

第一科

事由	擬辦	批示	備考
為本年六月三十日被炸負傷警士胡忠易現有鼓膜肥厚聽力障碍簽請轉懇從優核卹一案由	呈件均悉准予轉請從優核卹 令飭遵 七、廿二		第20號

附件：證明書一紙

廿八年七月十九

00039

簽呈 二十八年七月十七日
於警察所

案查本年六月三十日，慘遭寇機轟炸市區，炸傷本所三官殿崗警胡忠易，曾將因公受傷調查表證明書填請
鈞府轉懇 省府從優核卹在案。惟查該警胡忠易自是日負傷後，即送至南華醫院療治，現據該院院長劉舉臯醫師何仁則治療檢查證明書稱：「茲經本院治療檢驗警士胡忠易，確因被炸負傷耳鼓受損，現已發生鼓膜肥厚，聽力障礙，特給此證」等語來所，是該警士胡忠易，此次執行任務，因公負傷，始因傷勢輕微，列報三等，繼而發生機能障礙，情殊可憫，謹援四川省防空協會防總字第零零零四七號訓令檢發四川省防空司令部規定人民守土死傷撫卹實施辦法第五條所載：「依前條第一款第三款第四款規定領受一次卹金後，三個月以內，

00040

發現其傷勢加至較重傷勢者，得依同条同項第二款或第三款之規定加給年撫金々等語。理合連同醫院證明書具文呈請

鈞府，俯賜核轉　省府從優加核年撫金，以資養治，而勵來茲，指令祇遵。

謹呈

梁山縣縣政府

計呈南華醫院證明書一紙

兼代警佐黃　　豐

00040

中华民国二十八年七月　日

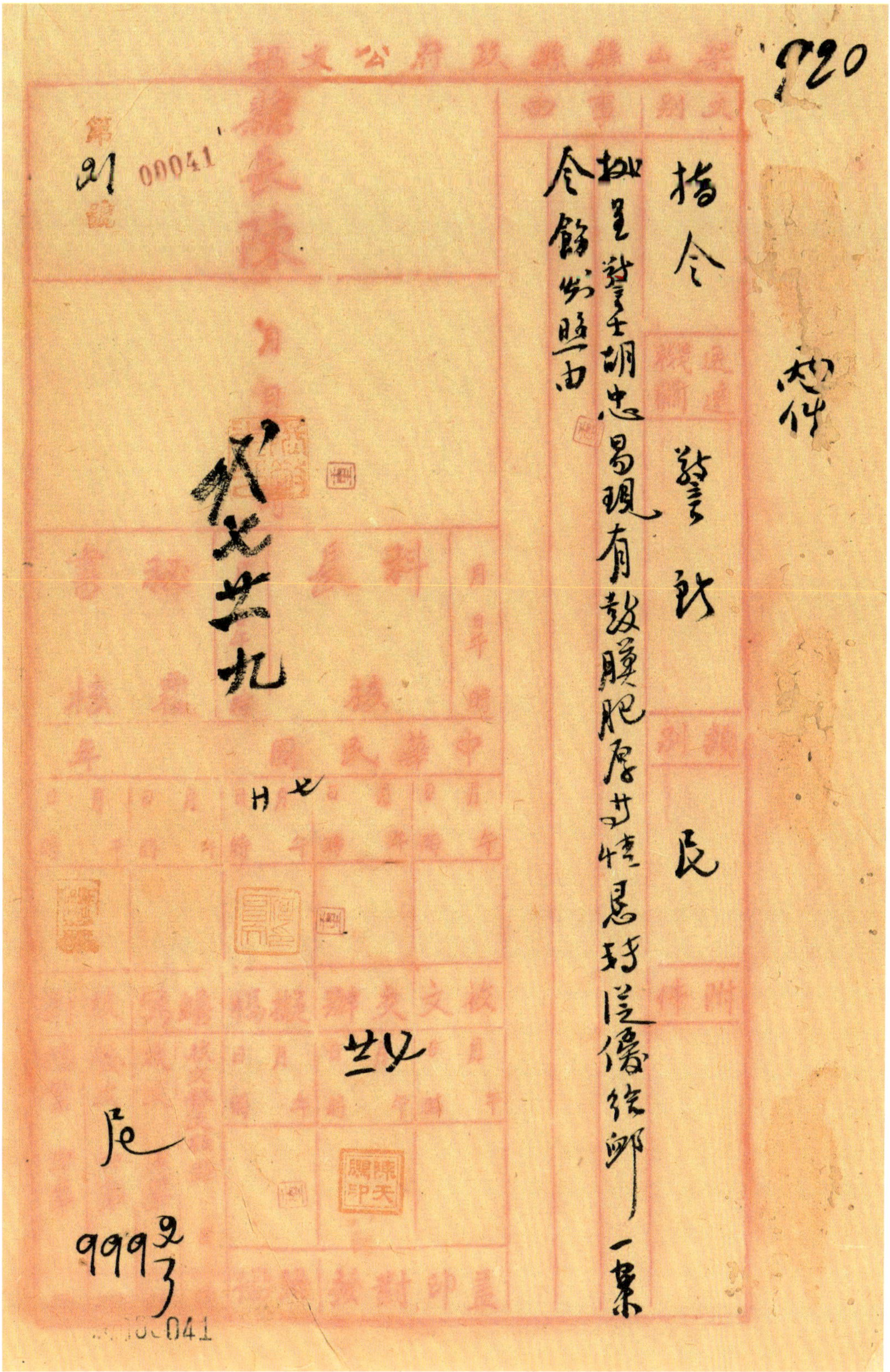

指令　警所　長

據呈警士胡忠昌現有鼓膜肥厚并請恳轉呈優給郵一案

令飭知照由

梁山县政府致梁山县警察所的指令（一九三九年七月二十二日）

全衔指令　廿八年民字第9992号

令兼代警佐黄豐

本月廿九日呈资一件，为警士胡忠禺现有鼓膜肥厚、听力障碍，拟请转送醫診斷一案由。

呈件均悉。准予转请送醫核辦，并令饬遵。

此令。件存转。

梁山县一九三九年六月三十日被炸灾民关于请求变更中央拨付赈济款使用方案致梁山县政府的呈（一九三九年七月十八日）

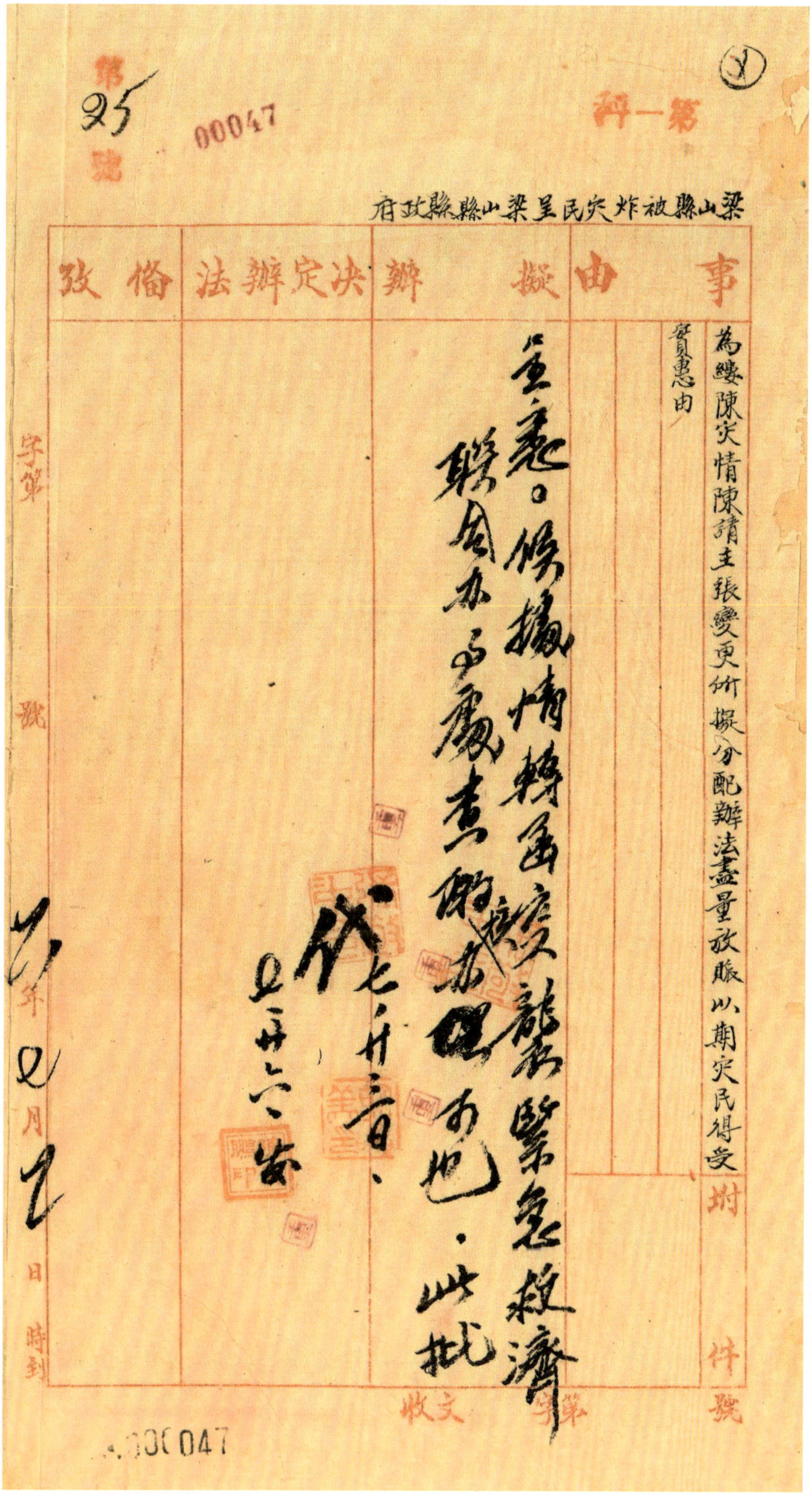

第25號

00047

第一科

梁山縣被炸災民呈梁山縣政府

事由	擬辦	決定辦法	備考
為變陳災情陳請主張變更所擬分配辦法盡量放賑以期災民得受實惠由	呈悉。候據情轉函賑濟委員會緊急救濟聯合辦事處查照辦理可也。此批 七月廿二日		

竊災民等世居北大街其地毗連飛行場突於六月卅日敵機二十六架襲梁中燒夷彈數枚災民等家屋錢幣貨品什物器具等項悉遭焚燬罄盡損失達三十餘萬之鉅以致闔家老幼日無飲食夜無棲息空自悲泣徒喚奈何而已現災民等扶老攜幼流亡市井雖曾蒙梁山縣空襲緊急救濟聯合辦事處給每人每日伙食費一角輕災數日重者壹月計共發出前次存款僅二千餘元災民等至深感謝惟因罹災極重已失根本生計杯水車薪難濟於事瞬將沿街乞食昨閱七月　日梁山報載我中央愛民如子普施德惠撫慰災民撥款六萬元以資救濟電諭梁山當局遵照仍將發放情形及災民冊報查並將餘款妥存又聞梁山縣空襲緊急救濟聯合辦事處決議以三萬元作存款餘三萬元又以舉辦醫院工廠小本借貸及購買消防器具等項支用未擬實惠分潑於災民殊災民等嗷嗷待哺急望救濟特

00048

是具文縷呈下情邀懇

劉[illegible]主張公道變更前項分配辦法盡量放賑以期災民等身受實惠不勝感戴之至！

謹呈。

梁山縣縣政府

梁山縣（家屋全部被焚炸災民）冉英臣　吳雲亮

庾次山　羅甲運　蕭穆　鄢謝氏

庾劉氏　鄺大才　庾思貴　余富逵

蔡孫氏　孫德揚　戴榮書　晁海雲

江箴之　呂少清　唐際虞　孫新春

劉奇方　鄔大海　鄧子惠　牟一元

陳甫堂　秦樹森　張世儒　曾司富

蔣俊甫　謝井南　謝功卓　胡永壽

蕭樹之　鄧黄氏　鄧蔣氏　劉曉松

張世清　梁世泰　李懷安　鄧克均

姜玉卿　陳先遠　僧能臣　李奎盛

李耀甫　何永年　羅鑾一　楊一福

胡華山　扈克倫　羅老八　吴少林

李　俊　謝元明　李國賢　謝大發

熊福元　李經九　陳鴻錦　李明五

謝汝清　僧孝章　詹緝熙　謝希白

何仁安　李世蘭　李世彬　陳紹軒
秦高氏　劉直齋　陳育生　曾克清
徐心太　李萬順　謝延壽　何鼎新
秦叔玉　尹國煌　錢志三　孫盛熙
秦昆　譚作選　李梁氏　羅隆乾
蔣道瀛　李正心　余和清　閱寧

中華民國二十八年七月十八日

四川省赈济会关于办理一九三九年六月三十日被炸赈济费致梁山县政府的指令（一九三九年七月二十四日）

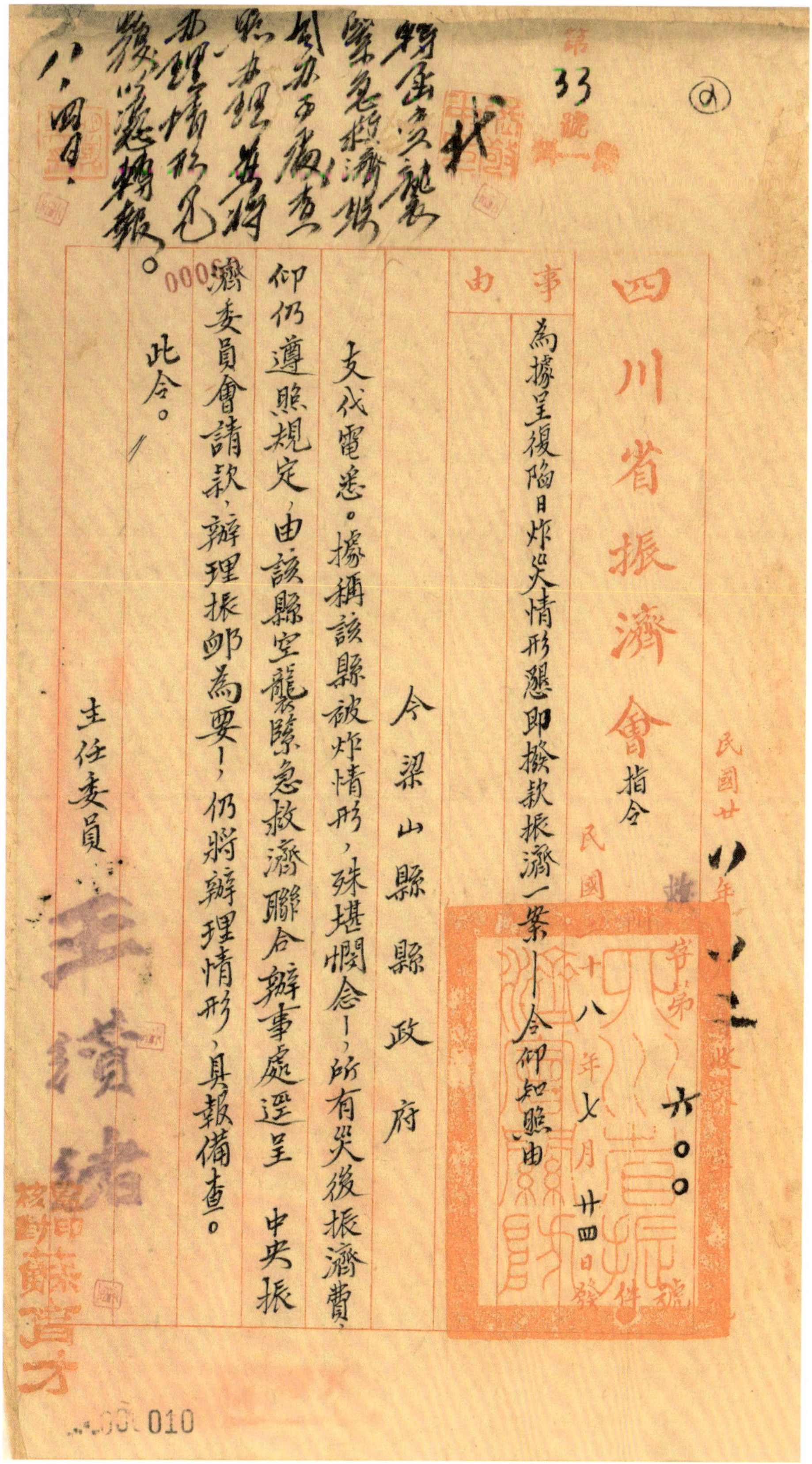

將原文飭知空襲緊急救濟聯合辦事處查照辦理，並將辦理情形見覆，以憑轉報。

八.四日

四川省振濟會指令

振字第六〇〇號

事由：為據呈復陷日炸災情形懇即撥款振濟一案，令仰知照由

民國廿八年七月廿四日發

令梁山縣縣政府

支代電悉。據稱該縣被炸情形，殊堪憫念！所有災後振濟費，仰仍遵照規定，由該縣空襲緊急救濟聯合辦事處逕呈中央振濟委員會請款，辦理振卹為要！仍將辦理情形，具報備查。

此令。

主任委員 王纘緒

川康绥靖主任公署关于办理一九三九年六月三十日被炸赈济事宜致梁山县政府的指令

（一九三九年七月二十五日）

第一科

川康綏靖主任公署令梁山縣縣政府

事由	擬辦	決定辦法	備考
由 為據報陷日被炸情形懇即撥款賑濟一案仰候函請省府核辦 附件	函空襲緊急救濟聯合辦事處查照 八月 日		00062

收文 第 字 號

00012

川康綏靖主任公署指令 祕字第九三九號

令梁山縣縣長陳興雯

支代電一件為呈報陷日被炸情形懇即撥款賑濟一案由

支代電悉。據報陷日被炸情形，殊深軫念。仰候據情函請

四川省政府核辦可也。

此令。

中華民國二十八年七月廿五日

主任鄧錫侯

副主任潘文華

監印馮尊五

校對胡靜齋

梁山县警察所造具东城镇一九三九年六月三十日日机狂炸人民调查表（一九三九年七月）

梁山縣警察所造具東城鎮六月卅日日機狂炸人民調查表

保號	姓名	年歲	人口	職業	受傷部位	受傷輕重	備考
保1號	范岂氏	三六	三人	小貿	背部	重傷	
5	范怀氏	三一	四人	仝	同部	輕傷	
1	李海輝	亮	六人	仝	房屋震	微	
	謝大文	三四	四人	住房屋	仝	重	
	張周貴	三二	四人	下力	仝	微	
2	毛正德	三三	二人	手藝	仝	重	
	左玉氏	三四	二人	荒貨	同部	輕	第二甲投彈二枚
	左世貴	一七	二人	仝	足部	重	

三戶 周顯廷 三五 五人 下力 亡故 全家損失無存 佃

4 龍黃氏 五の人 仝 仝 砲傷穿腰 佃

龍興光 一一 三六 仝 背部輕傷 佃

5 曾志福 三の 二人 軍丌 房屋均失 佃

6 孫啟週 二七の八 藥商 左背輕傷房屋毀

8 王道全 の九 三八 賣糖本 房屋損失

畢 王嚴氏 の九 三八 丌 足部輕傷

9. 彭清培 の七 三八 忠縣下力 足部重傷破產

妻 彭孫氏 三一 三八 仝 腰傷 輕傷

蔣清富 六九 一人 本城賣豆腐 亡故 房屋損失 佃

027-1

10 姚蒋氏 四七 十人 無 房屋损失间 三甲

李可玉 四九 三人 警（去务政） 动用损失没有一点

胡刘氏 五二 一人 孤老人 家俱损失 佃

田春林 五七 三人 下力 房屋动用均损 佃

6 陈益丰 一〇 四八 小贸 目部受伤轻伤一 三甲投弹三枚

2 刘裕兴 五〇 二七 [illegible] 家俱损毁 佃

陈纪六 二九 三人 警察（本城） 房屋五间微损

6 林开发 五〇 四人 猪行 房屋六间损失

陈洪珍 一三 四人 卖小菜 右脚破伤重伤 房屋均损

林大贵 四五 三人 卖豆花 腰部轻伤 房屋损失

姓名氏 年〇 四人 仝 身體輕重 房屋損失

楊共氏 四〇 一人 針工 右手臂砂 炸刀斷

2 胡海清 五三 七人 本城 賣石炭 房屋四間 損失四間 自業

3 盧謝氏 三六 二人 針工 房屋損失 自業

胡汉清 二九 三人 兼傷 保 勤用損失

邢蟲氏 四八 二人 本城 居房 動用損失

四甲投彈五枚 佃

賈安清 五九 一人 孤人 家俱損失 佃

4 黃向氏 五四 〇人 措行 週身接寧傷

陳兴順 六二 七人 飛工 房屋均損 佃

秦吉山 七一 二人 道士 目部重傷

五甲投彈八枚

02-8-1

00169

1 邱夏氏 五四 二人 居家 動用損失 佃

2 邓正鼎 三八 三八 下力 動用損失

4 夏甫福 三九 四人 城外 小貿 動用損失

7 陈远志 二三 五人 仝 房屋損失 自業

李蘇氏 二六 一人 坎 黄土 腿部 重傷

黄胡氏 五五 三人 下力 右足脚部 炸傷 重傷 七甲 [illegible] 彈 四枚

7 胡斌文 六二 一人 仝 家俱損失均重 古廟

1 李吉焜 二七 三人 安匠 家俱損失 佃房屋王益川

8 李明八 四九 三人 翻黄漆 家俱損失

9 董胖氏 四二 三八 仝 家俱損失略重

0029

10 洪记三[illegible]の九 三人 五匠 拔朱俱重
凌云匠 三八 四人 木料弹拔正中寿屋损失家俱毫无
張利三 六七 三人 全 右手瘫柱弹重伤 八甲
11 洪昌福の九の八 全 家俱毫无
8 陈世春 五十 六人 全 目部半伤 轻
陈许氏 七二 三六 全 右臣部沉重 九甲
1 钟甫瑞 二一 五八 下力 李城 背心被片弹伤 二甲 艺技一弹
2 陈丁常 十三 目部轻伤
3 陈刘氏 五三 背部轻伤稳片已取

梁山县农会关于请予一九三九年三月二十九日、六月三十日被炸损失之家缓缴粮税、免纳房捐并催拨救济款致梁山县政府的呈（一九三九年七月）

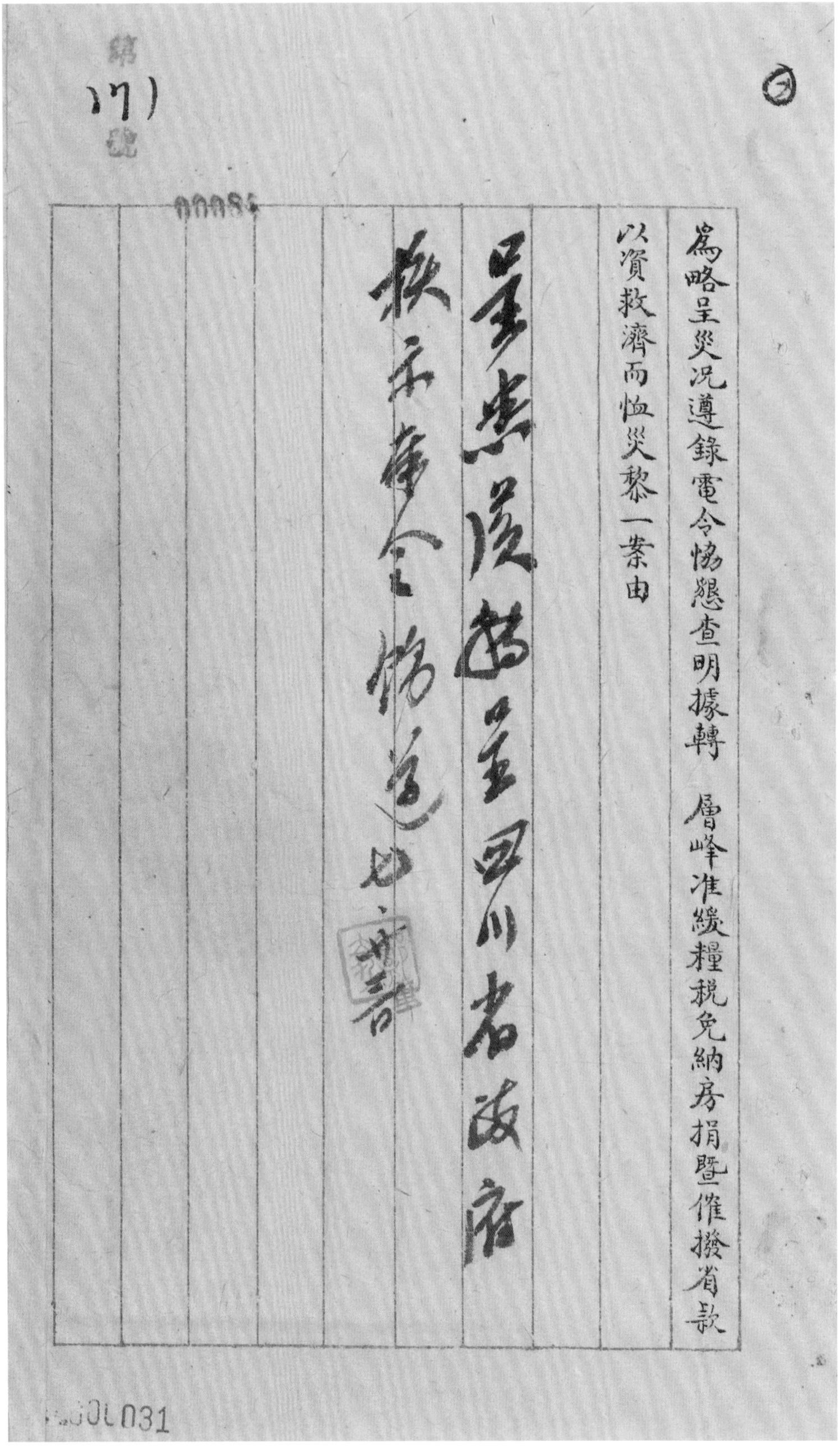

第171號

為略呈災況遵錄電令懇查明據轉 層峰准緩糧稅免納房捐暨催撥省款以資救濟而恤災黎一案由

呈悉。候據呈四川省政府核示飭遵。此令。

竊職等昨因縣城於國曆三月二十九日慘遭敵機襲炸嗣經緊急救濟聯合辦事處逐一調查死亡叁百壹拾肆人受傷壹百玖拾柒人坍塌房屋貳仟柒百餘間損失房業者壹仟伍百肆拾玖人估計約值洋貳拾叁萬柒仟壹百伍拾捌元財產損失者壹萬壹仟貳百貳拾柒人估計約值洋壹拾肆萬捌仟陸百玖拾柒元無依災民玖百貳拾柒人所投炸彈壹百陸拾叁枚各等災況甚鉅情慘已極雖蒙

中央振委會派員滙款撫濟死傷仁漿恩賻感荷銘深而被炸損毀房業財產流離無依者情更慘鉅勢未全霑雨潤職等鄉境誼深悲痛無已乃於四月聯名電懇

中央振委會

四川省政府暨 第十區行政督察專員轉請准予撫救並免輕賦徭各情去後茲奉

中振會復電開「梁山縣農會譚用五幹事長縣工聯會周爵廷代表等覽四月十四

日願代電悉查梁山於寅豔日被敵機襲炸即經本會撥款壹萬元派員馳往查振復經加撥伍千元交由該縣空襲緊急救濟聯合辦事處以四千元留作該縣空襲救濟準備金其餘壹千元作為振濟被害老弱婦孺及無家可歸難民之用至所請免徵及減輕賦稅一節應呈由地方政府查明核轉併仰知照振濟委員會魚渝乙計乚復奉

第十區專員署二十八年民字第一二一一號訓令開「案查前據該幹事長等電以該縣慘遭轟炸請轉層峰准予賑濟補救等情一案當經轉請並電復在卷茲奉

四川省政府二十八年五月十二日發秘一字第五五三七號指令內開『代電悉查梁山縣此次被炸本府至深軫念前據該縣政府呈報災情並請救濟到府當據情轉電

中央振濟會救濟准復已派專員實曉東攜款壹萬元前往會同縣府及各機關法團辦理撫濟嗣據該縣旅省學會呈請撥款救濟前來復經函請省振濟會酌

撥省款用資救濟各在案茲據前情除函請省振會速辦外仰即轉飭該會知照」

等因奉此合行令仰該幹事長代表等知照此令」再又奉

鈞府二十八年六月十三日民字第九四二九號訓令開「本府六月七日案奉

四川省政府民二字第一三三三零號寢代電開『梁山陳縣長覽案據該縣農會幹事

長譚用五縣工聯會代表周爵廷等四月願代電稱……合行電仰該縣遵照辦理並轉

飭該譚用五等知照』等因奉此合行令仰該幹事長遵照呈明以憑轉呈核示為要

此令」各等因奉此前瘡難復正請補救晧於六月卅日又復遭敵狂炸焚燒城市郊野

田房損失更為綦重慘不忍覩伏查職等責在領導農工應為農工聲訴而迭次被炸遭

害者不僅貧苦農工各業俱備概受重大損失實為吾梁空前未有之慘變即以十餘年

之慘淡經營政府隆加優遇亦難培復原狀今為田房財產受損災民無依計是以略呈

災況暨遵錄前奉各電令理合具文協懇

鈞府鑒核軫念民瘼准予查明據轉層峰宏施博濟如經三二九與六卅被炸損失之家准緩二十八年下季糧稅容後補完并免房捐及地方附加保甲雜派各款並懇省府准函省振會於省款項下迅予滙下以資補濟而恤災黎均沾再造靡涯矣仍候

示遵謹呈

梁山縣縣長陳

兼代縣長郭

梁山縣農會幹事長譚用五

工聯會代表周爵廷

中華民國二十八年七月　日

梁山县政府、梁山县警察所等关于核办一九三九年三月二十九日被炸伤亡警士方雄武、邓克明、毛隆精、何伟民、何清、徐家荣抚恤案的文书（一九三九年七月至一九四一年四月）

梁山县警察所致梁山县政府的签呈（一九三九年七月二十五日）

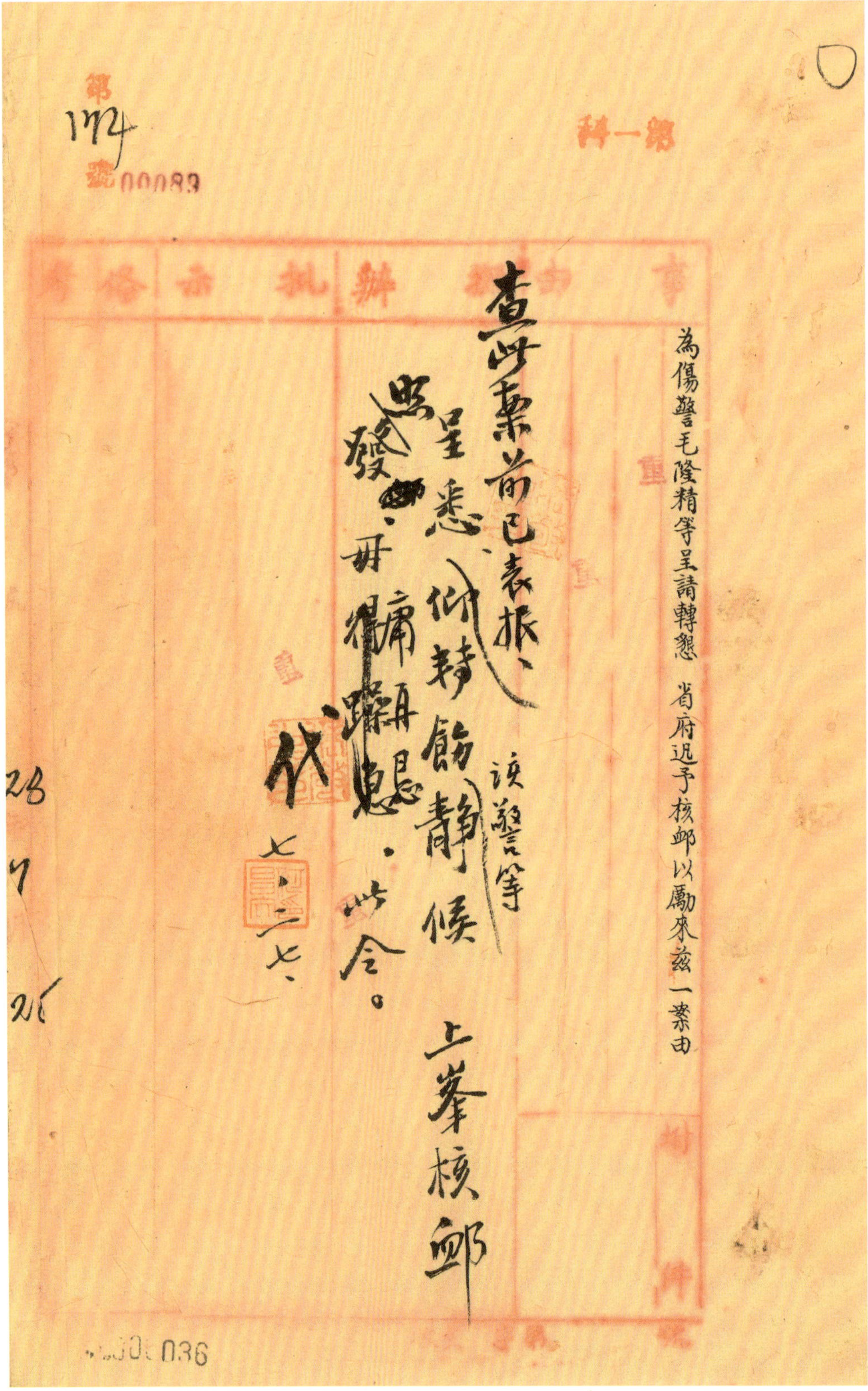
為傷警毛隆精等呈請轉懇 省府迅予核卹以勵來茲一案由

查此案前已表振、呈悉、仰轉飭該警等靜候 上峯核卹 毋庸瀆懇。此令。

簽呈 二十八年七月二十五日
於警察所

案據本所負傷警士毛隆精何偉民何清徐家榮等呈稱：

「呈為聯名協懇轉請從速核發優卹以維殘廢事竊警等於三二九日被炸後業將因公負傷調查表等級證明書呈報上峯核發優卹在案迄今數月尚未核下而防護團同日受傷之員兵早經奉令核准優卹已領兩月有餘但警受傷過重竟成殘廢無欵醫治又況薪餉無多即作伙食等費不敷甚鉅雖蒙鈞座體卹每月期尚未滿而警薪先付已屬格外優待曷瀆緣警路隔數百里從戎異鄉被炸成殘舉目無親對於醫藥各費無從措備又況何偉民等之傷比警較輕雖能暫時服務而血脈流通漸有發生痛苦之處且亦頗感困難如不從速優卹而警等數人尚不足慮誠恐繼來服務警察者見此灰

心是特協懇轉請迅速核示以資鼓勵而維殘廢則德被二天矣謹呈

等情，據此。查本年三二九遭敵機轟炸市區，炸傷本所警士毛隆精何偉氏何清徐家榮；暨被炸殞命警士方雄武鄧克明等，當將因公負傷及因公殞命調查表；並等級證明書併案報請　鈞府轉懇　省府從優核卹在案。惟查自報迄今，時逾三月，尚未奉核下所，而負傷各警住院醫藥各費，在在需款，無法應付，至被炸殞命各警家屬，每次來所請領卹金，老悲少涕，悽慘之狀，情殊可憫，茲據前情，理合具文轉懇　鈞座，俯賜察核前案，轉懇　省府迅予核發卹金，以資轉給，而勵來茲。是否有當，指令祇遵。謹呈。

梁山縣縣政府

兼代警佐黄　疊

（印：黄疊印）

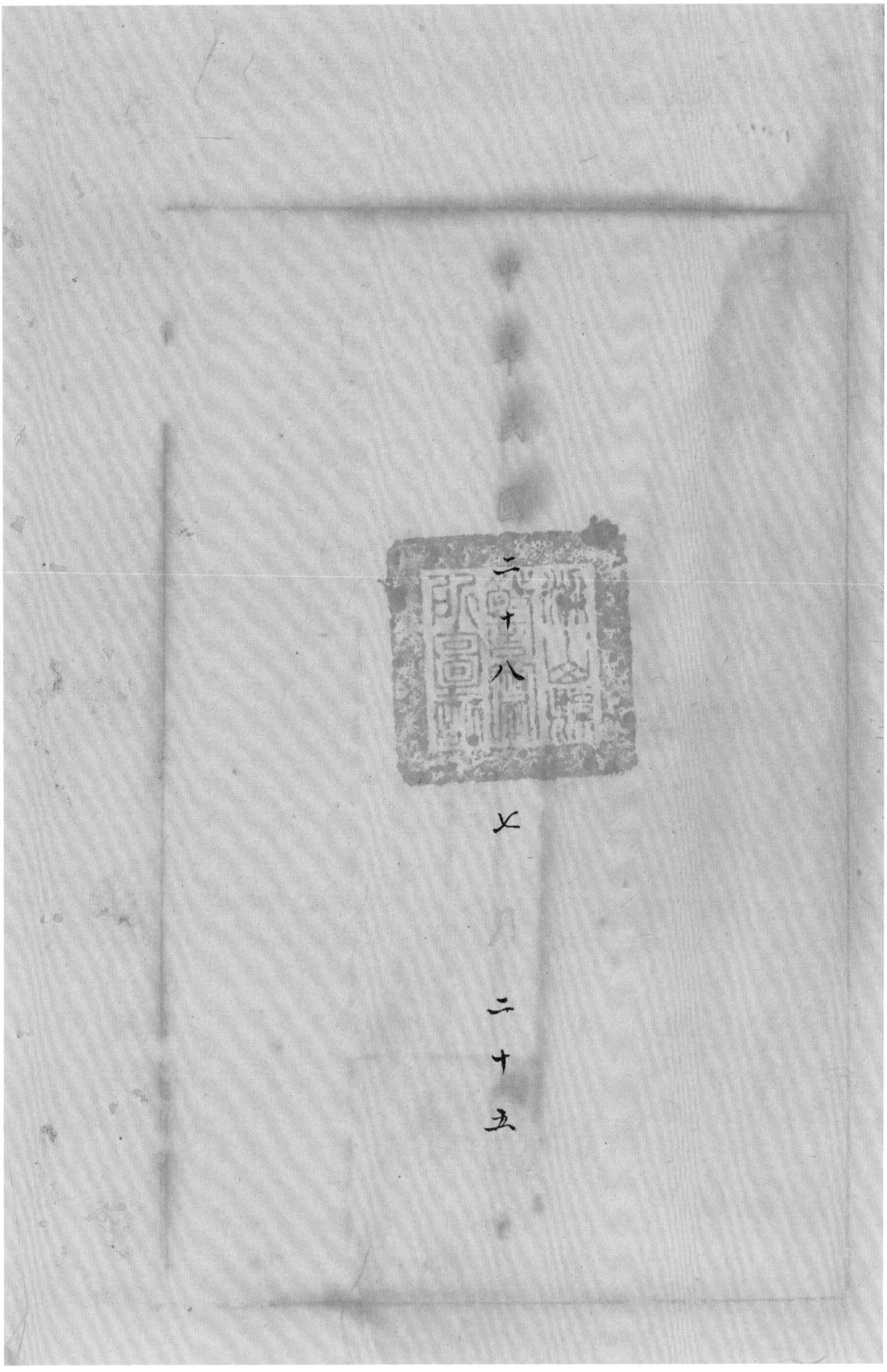

中華民國二十八年七月二十五日

毛隆精致梁山县政府的诉愿书（一九三九年九月五日收）

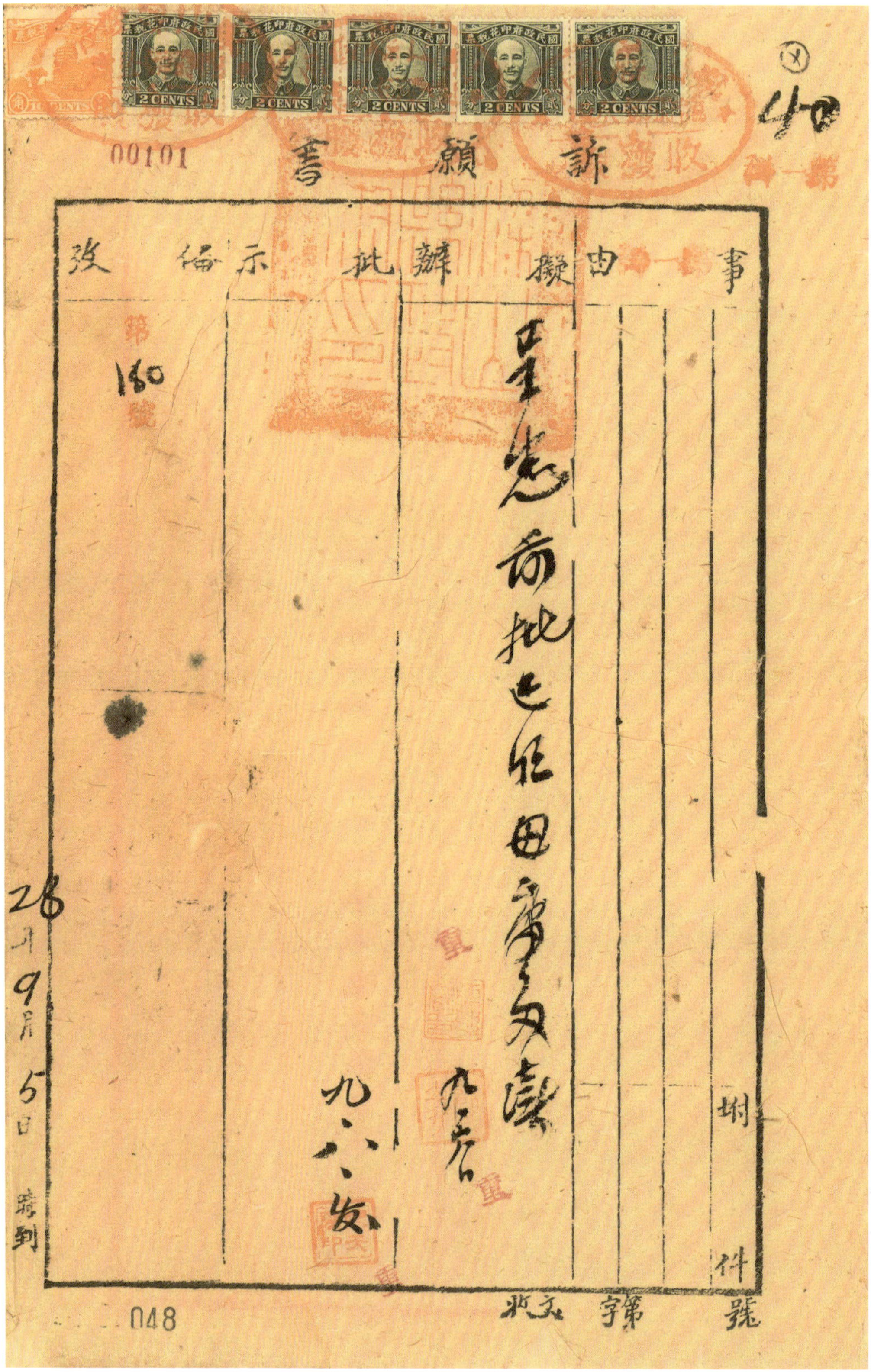
00101
訴願書
事由
擬辦
批示
備考
件號
字第 號
048

姓名	年齡	性別	籍貫	職業	住所
再（哀懇）訴願人 毛隆精	三十二歲	男	營山	梁山縣警察所警士	現住梁山西門內秦家壩
代理人					

原處分官署

附記

一 訴願者應於再訴願人欄內將「再」字塗去並於原處分官署欄內將「決定」二字塗去再訴願人將原處分官署欄內「處分」二字塗去

二 法人提起訴願或再訴願者其名稱及代表人應於再訴願人欄內分別載明

三 事實及理由應分述於後

為被炸成殘恩餉告罄腹腸難度垂憐殘廢泣懇酌給邮金以便轉歸

故里而免啼饑事竊傷警於三三九日被炸成殘業經警察所表報在案
惟時逾數月尚未核下前警與何偉民等四人以連名呈請警所轉呈
鈞府核發優卹旋奉警佐轉
鈞府指令後開仰轉知該警等靜候省府核卹飭領勿瀆此令理應靜
候舌島再曉緣警籍屬梁山從戎治縣服務警察執行任務被炸成殘
無能謀生荷蒙警佐加以刮目於七月內將八月份之薪餉恩賜於警怎
奈殘廢一身花甲將半起居飲食仰望他人千般萬苦徒喚奈何靜
候迄今恩餉告罄欲圖歸計怎奈囊橐空虛梁山千里苦乏輿費若仍
守候卹金服枵難度輾轉反側血淚交流處此無法之際別無點金
之術再四思維只得泣懇

鈞座垂憐殘廢、體念哀情、或飭振濟機關、酌量籌給卹金、以便轉歸故里、而免螳蟻贍啗、又況夏令已去、秋事蕭條、將見啼饑號寒、益無良法濟禦、為此哀乞

梁山縣縣長陳　公鑒

附呈證據文件應記明於此

襄懇人毛隆精 簽名蓋章

[illegible]叅人 簽名蓋章

[illegible] 簽名蓋章

保[illegible] 簽名蓋章

中華民國　年　月　日

梁山县警察所致梁山县政府的签呈（一九四〇年一月三日）

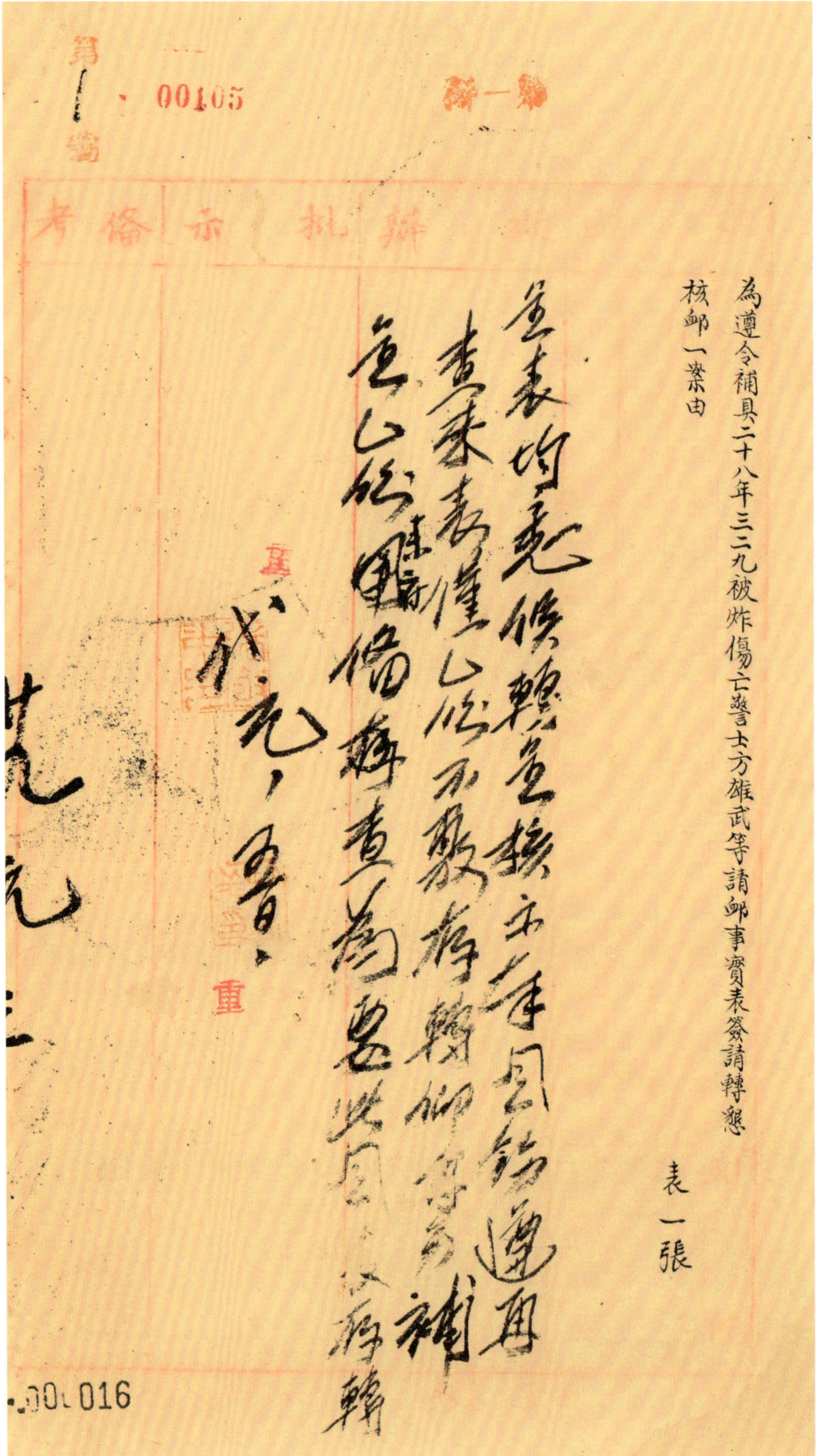

第 號 ·00105

擬辦 批示 備考

為遵令補具二十八年三二九被炸傷亡警士方雄武等請卹事實表簽請轉懇核卹一案由

表一張

呈表均悉，候轉呈核示。[illegible]

查來表僅[illegible]不敷存轉，仰[illegible]補

呈[illegible]備案查為要[illegible]存轉

001016

發呈 二十九年元月三日
於警察所

案查接管卷內，唐前警佐於二十八年四月呈報三二九遭被敵機轟炸市區，炸斃警士方雄武、鄧克明，炸傷警士何偉民、徐家榮、毛隆精、何清等，填具請卹調查表、證明書，簽請鈞府轉懇核卹去訖。旋奉二十八年九月民字第一零八三〤號訓令開：

「案查前轉呈警士方雄武等死傷請卹書表請予給卹一案，茲奉 四川省政府二十八年民字第二四零零九號指令開：『呈暨附件均悉，查原賚書表與公務員卹金條例施行細則及非常時期獎卹警察暫行辦法之規定均不相符，茲予隨令發還，仰即轉飭依照規定另行填具請卹事實表轉呈來府再予核辦。此令。』等因，計發還原證明書六份、調查表二份。奉此，合行檢同原書六份，令仰該所即便遵照另報來府，以憑轉報為要。此令。」

016-1

等因，計發還原證明書六份奉此。查本所炸斃警士方雄武鄧克明適合非常時期獎卹警察暫行辦法第三條規定，得給壹百元至壹百五拾元之卹金，負傷成殘警士毛隆精適合第四條規定得給五十元至壹百元之卹金，受傷警士何偉民何清徐家榮合於第五條規定得給三十元至八十元之卹金，兹特依照非常時期獎卹警察暫行辦法，分別填具請卹事實表，除照公務員卹金條例施行細則規定另案請卹外，理合備文連表賫請

鈞府，俯賜核卹，指令祗遵。

謹呈

梁山縣縣政府

計呈請卹事實表一份

警佐陳連科

中華民國二十九年元月

이기-1

梁山县警察所致梁山县政府的签呈（一九四〇年一月十六日）

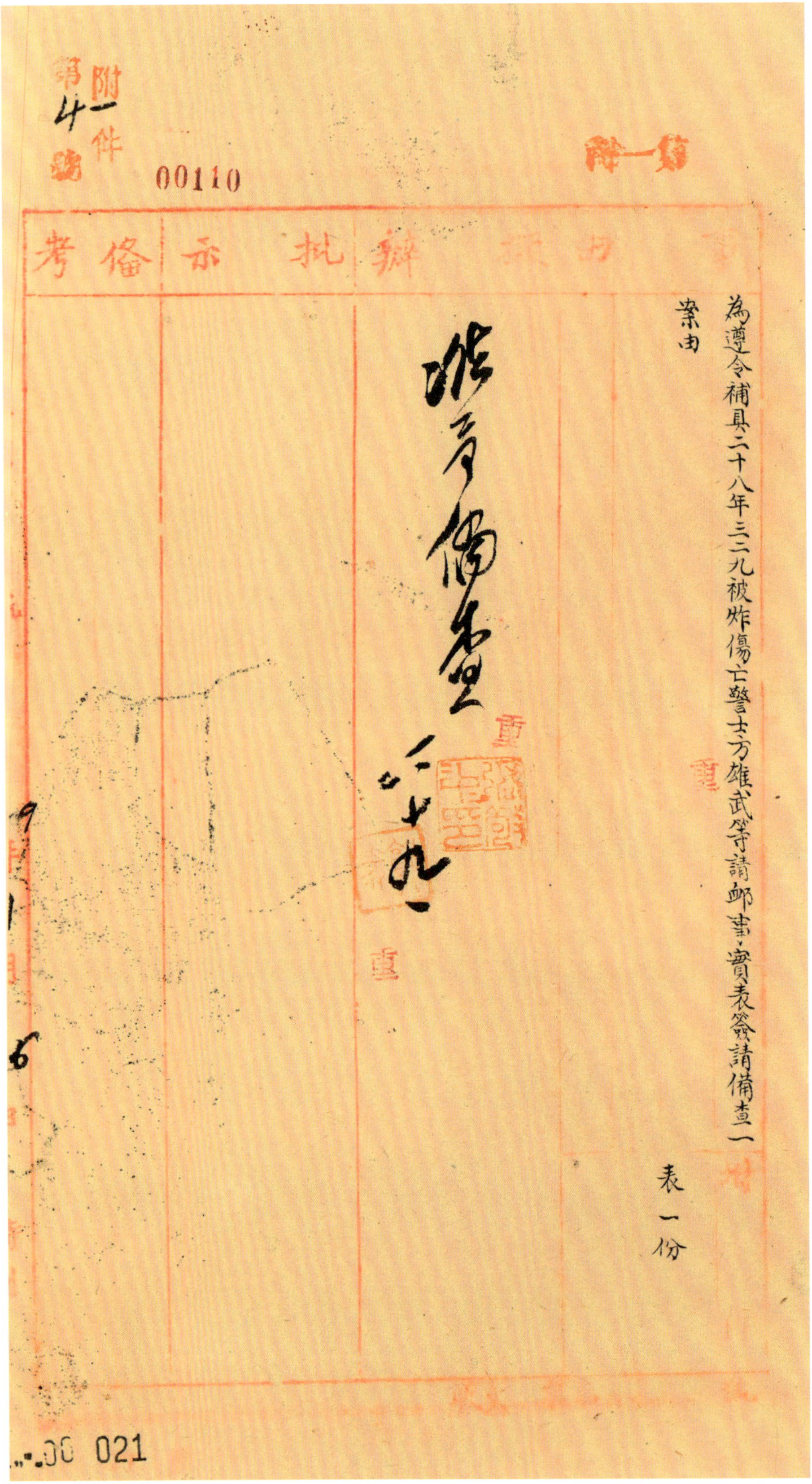

第4号
附一件
00110

事由	拟办	批示	备考
案由 為遵令補具二十八年三二九被炸傷亡警士方雄武等請卹事實表簽請備查一 表一份		准予備查 一、廿九	

00 021

簽呈 二十九年元月十六日
於警察所

案查本所前為遵令補具二十八年三二九被炸傷亡警士方雄武等請卹事實表簽請
鈞府核轉給卹去訖。茲奉二十九年元月十三日民字第一二三二八號指令開：「呈表均悉，候轉呈
核示。奉令飭遵再查來表僅一份不敷存轉，仰再另照式補呈一份來府備查為要。此令。表存轉」
等因，奉此，遵即照式補具一份，理合具文簽請
鈞府俯予備查，指令祇遵。

謹呈
梁山縣縣政府

計呈表一份

警佐陳連科

021-1

二三三

00111

中華民國二十九年元月　日

00 022

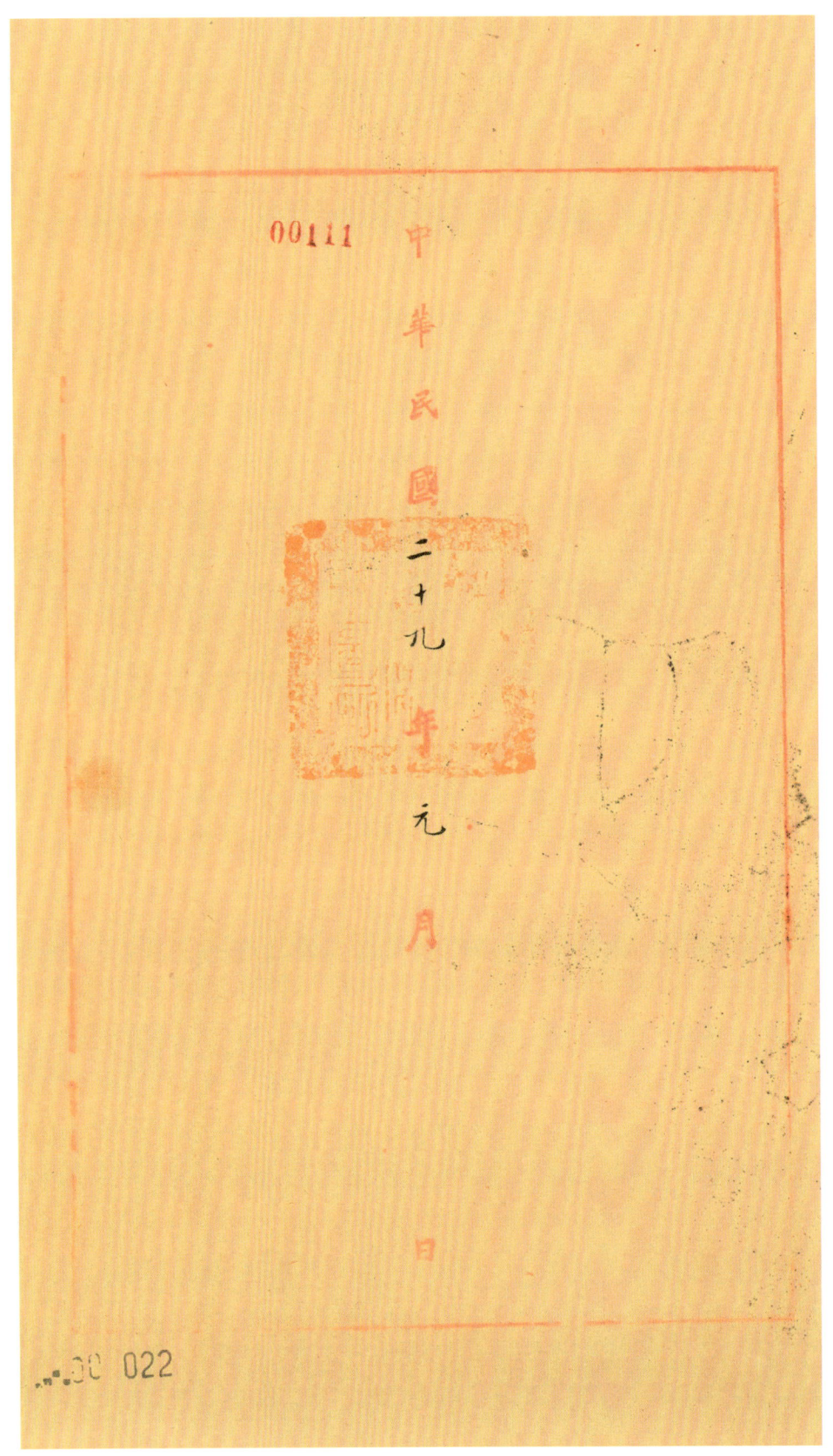

梁山縣警察所請卹事實表

職別	姓名	事實	經過獎卹金額
一等警士	方雄武	二十八年三月二十九日被敵機十八架轟炸市區服務一崗位崗警登時被炸殞命	曾依照公務員卹金條例施行細則呈請給卹尚未奉准下縣
同	鄧克明	二十八年三月二十九日被敵機十八架轟炸市區服務六崗位崗警登時被炸殞命	同
同	毛隆精	二十八年三月二十九日被敵機十八架轟炸市區服務東門巡邏左足杆炸斷右足背及五指皮肉炸去業已成殘	同
同	何偉民	二十八年三月二十九日被敵機十八架轟炸市區服務二崗位崗警頭部被破片炸傷三處左臂炸傷一口	同
同	何清	二十八年三月二十九日被敵機十八架轟炸市區服務四崗位崗警左足被磚石壓傷	同

二等警士徐家榮

二十八年三月二十九日被敵機十八架轟炸市區服務之崗位崗警友足後跟被同
破片炸穿脚心釘穿一眼

中華民國二十九年元月　日警佐陳連科呈

023-1

梁山县政府致四川省政府的呈（一九四〇年四月七日）

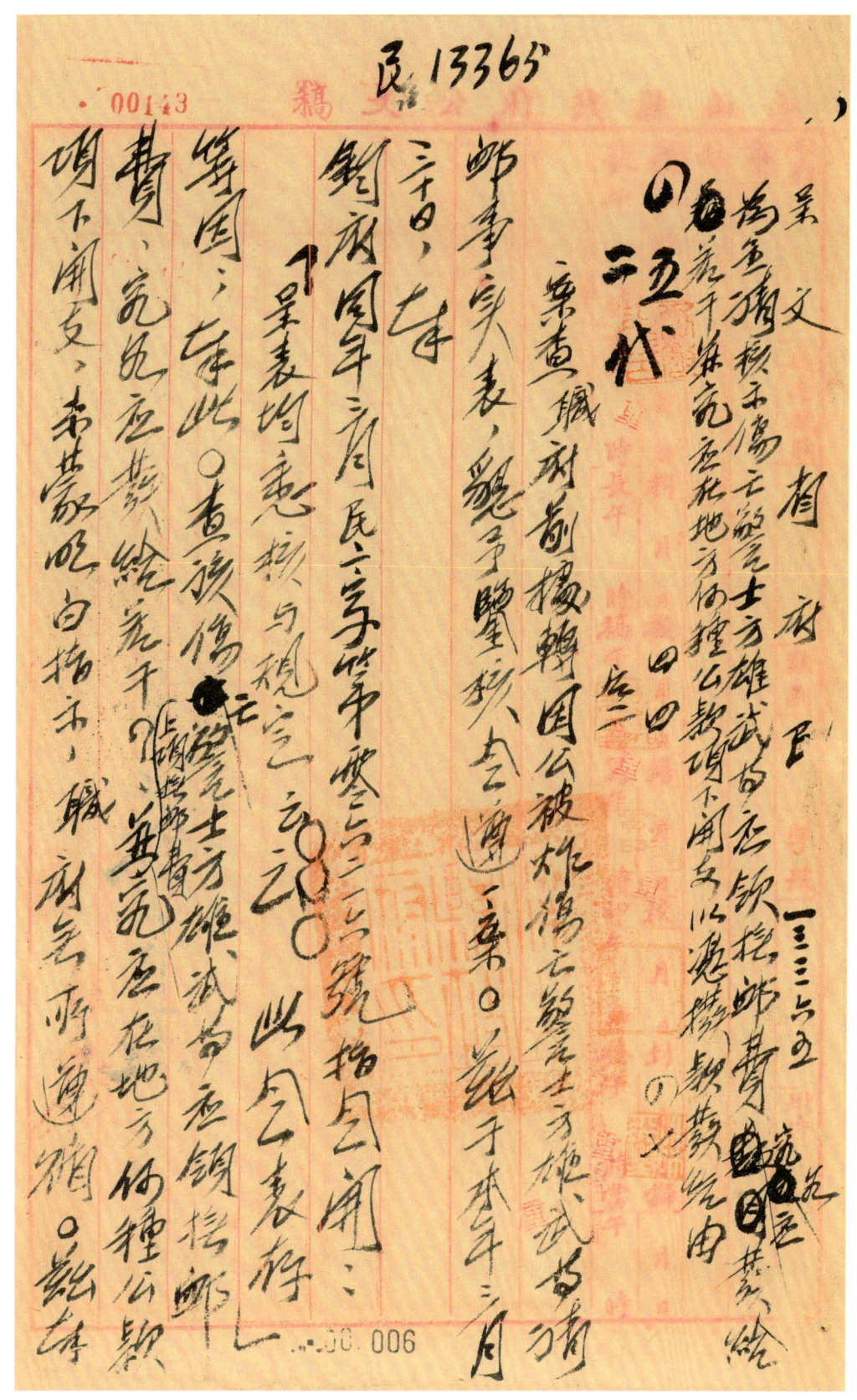

民13365

00143　　稿

呈文　　省　府　　民

为呈请核示伤亡员警士方雄武等应领抚恤费究应发给若干并究应在地方何种公款项下开支以凭拨款发给由

一三三六五

案查职府前据转国公被炸伤亡员警士方雄武等请恤事实表，恳予鉴核，去[illegible]一案。○经于本年三月二十日，去案。

钧府同年三月民二字第零六三二六号指令开：

"呈表均悉。核与规定……云云……此令。表存。"

等因。奉此。○查该伤亡员警士方雄武等应领抚恤费，究应发给若干，并究应在地方何种公款项下开支，未蒙明白指示，职府无所遵循。○兹特

00006

前因，理合具文呈請

鈞府鑒察，即懇分別核示下縣，以憑撥款發給，

指令祗遵！

謹呈

兼理四川省政府主席蔣

梁山縣縣長陳〇〇

四川省政府致梁山县政府的指令（一九四〇年五月二十四日）

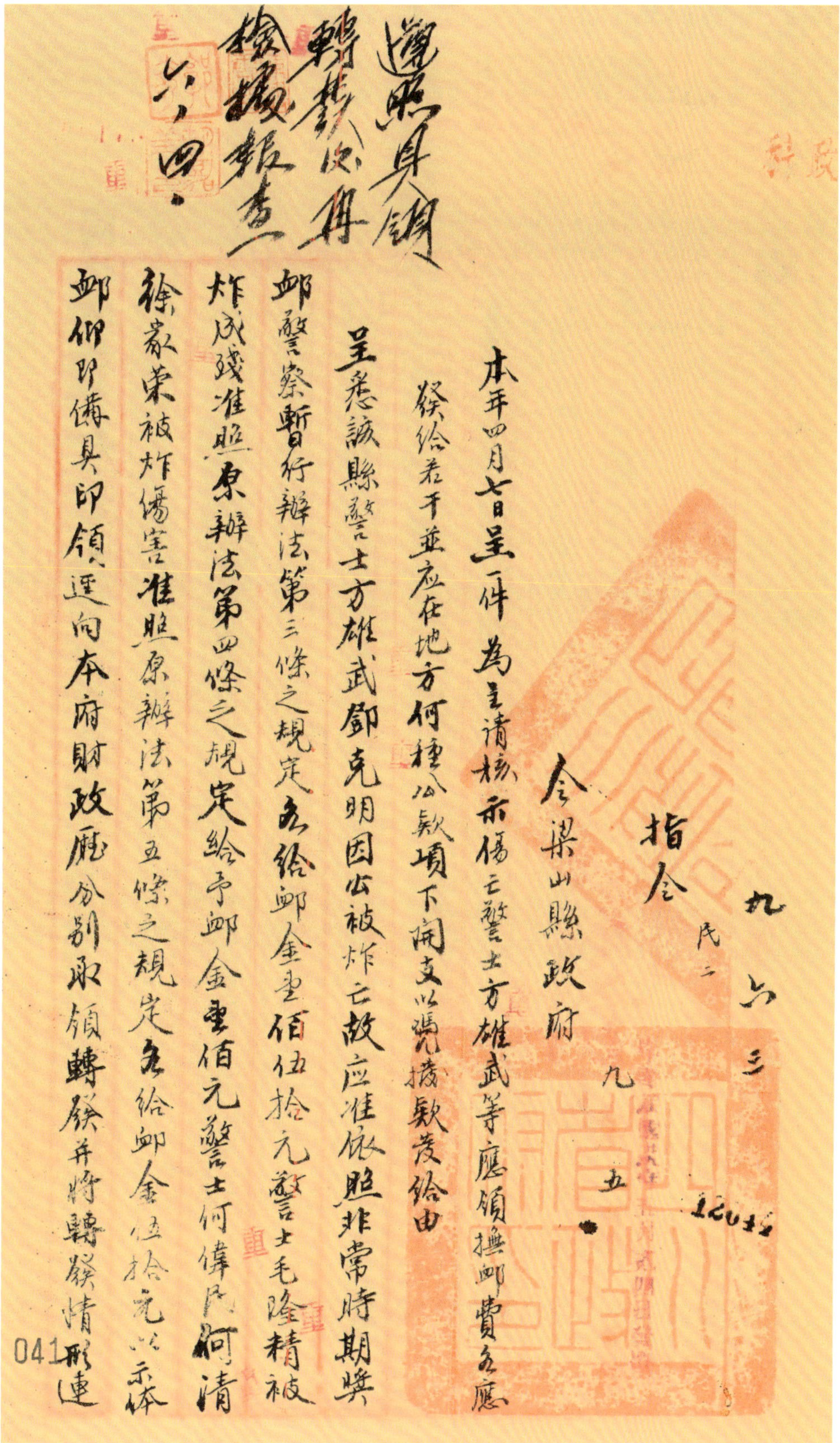

遵照具領轉發後再檢據報查
六、八、四

九六三

指令　民二　九五

令梁山縣政府

本年四月七日呈一件為呈請核示傷亡警士方雄武等應領撫卹費應發給若干並應在地方何種公款項下開支以憑撥款發給由

呈悉該縣警士方雄武鄧克明因公被炸亡故應准依照非常時期獎卹警察暫行辦法第三條之規定各給卹金壹佰伍拾元警士毛隆精被炸成殘准照原辦法第四條之規定給予卹金壹佰元警士何偉民何清徐家榮被炸傷害准照原辦法第五條之規定各給卹金伍拾元以示体卹仰即備具印領逕向本府財政廳分別具領轉發并將轉發情形連

041

00180

同收據報查為要此令

兼理主席 蔣中正

民政廳長 胡次威

監印 關爾佳
校對 [illegible]

044

梁山县政府致四川省财政厅的领条（一九四〇年六月）

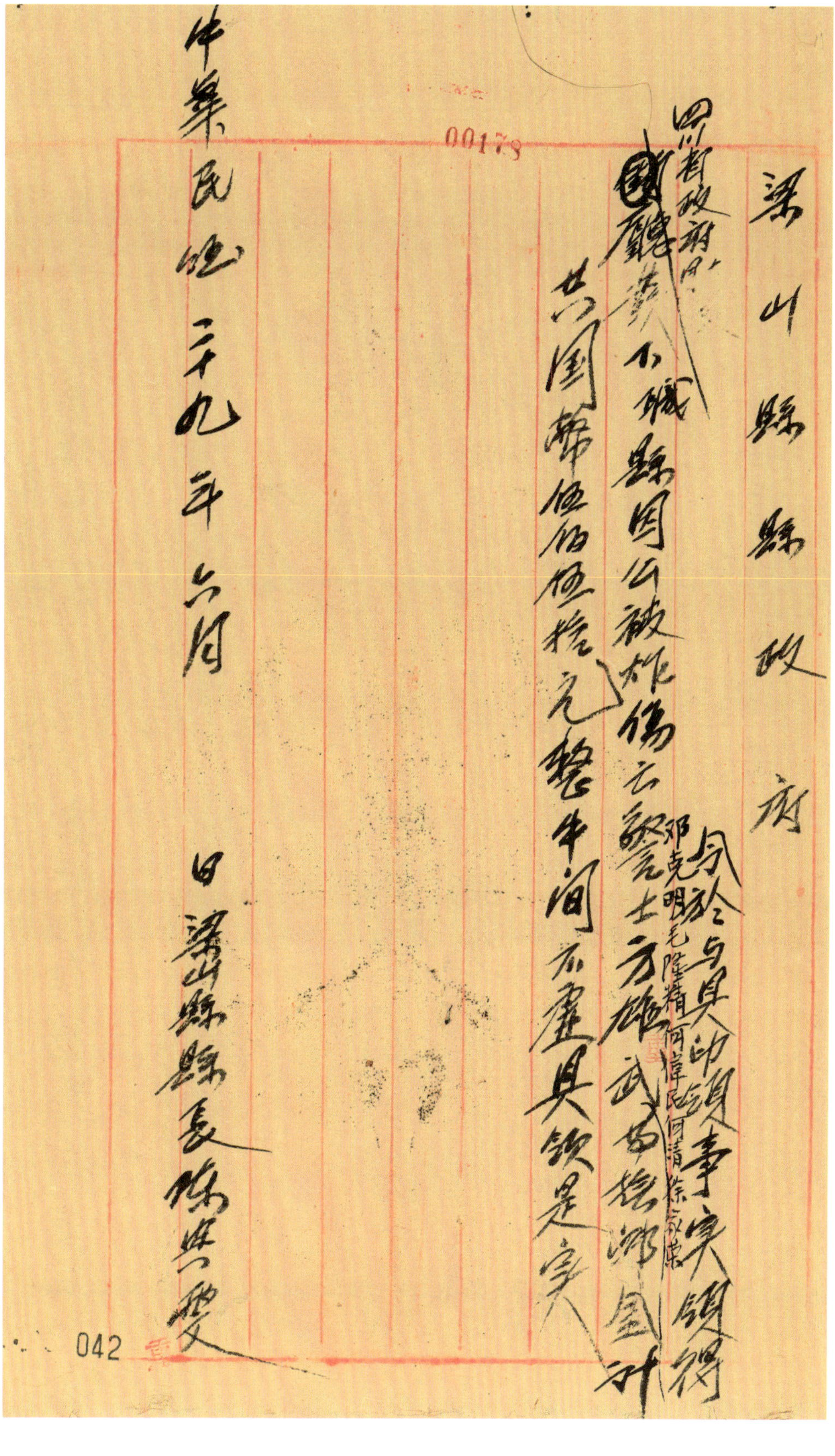
00178

梁山縣縣政府
今具領事實領得
四川省政府
財政廳發下職縣因公被炸傷亡警士方雄武、鄧克明、毛隆精、何偉民、何清齋等卹金計
共國幣伍佰伍拾元整，中間不虛，具領是實。
中華民國二十九年六月　日
梁山縣縣長陳[illegible]

042

梁山县政府致四川省金库梁山支库的公函（一九四〇年八月十九日）

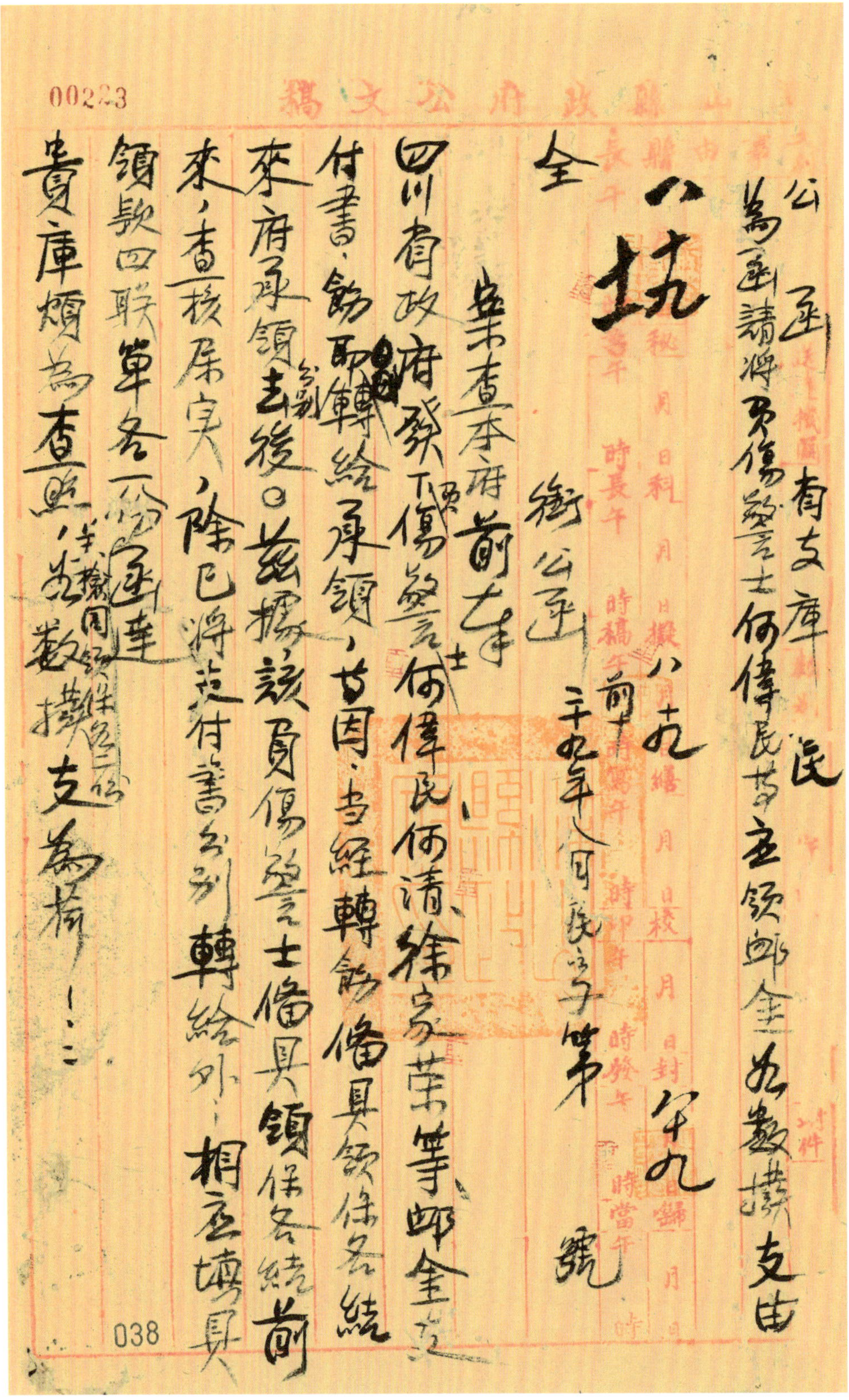
公函
为函请将受伤壮士何传民等应领恤金如数拨支由
八抗
拟八九　封八九
衔公函　二十九年八月　民字第　号
全
案查本府前奉四川省政府颁发受伤壮士何传民、何清、徐家荣等恤金支付书，饬即转给承领，等因，当经转饬备具领结各结来府承领去后，兹据该受伤壮士备具领结保结前来，查核属实，除已将支付书分别转给外，相应填具领款四联单各一份，函达贵库，烦为查照，准予如数拨支为荷！

00224

此致

四川省金库梁山支库

计附领款四联单各一份共三份领付凭条存根共十二份

县长陈〇〇

039

附：领结、保结（一九四〇年八月）

領結

具領結人何偉民今於

梁山縣縣政府實領得發來被炸傷警何偉民應領卹

金伍拾元正所領是實中間不虛此結

具領結人傷警何偉民

00226

保結

具保結人壽春藥號經理陽明曦今於
梁山縣縣政府實保得被炸傷警何偉民具領卹金
伍拾元所領是實如有冒領保人願負完全責
任此結

041

具保結商號壽春

經理陽明曦

被炸傷警何偉民

中華民國二十九年八月　日

041-1

00327

領結

具領結人徐家榮今於
梁山縣縣政府實領得被炸傷警徐家榮應領郵
金伍拾元所領是實不虛此結

具領結人傷警徐家榮

042

保結

具保結人時代布廠住西大街九一號經理張興遠今於

梁山縣縣政府實保得被炸傷警徐家榮具領卹金五十元所領是實

如有冒領情事保人願負法律上完全責任此結

具保結商號時代布廠

經理 張興遠

被保傷警徐家榮

具領結人何典籍今於
梁山縣政府實領得發來被炸傷警何清郎全
洋伍拾元正所領是實中間不虛此結

具領結人傷警之父何典籍

中華民國廿九年八月　日

00230

具保結人壽春藥號經理陽明曦今於

梁山縣縣政府實保得被炸傷警何清具領卹金伍拾元

正所領是實如有冒領情事保人願負法律上完全責任此結

具保結商號壽春

經理陽明曦

被保傷警之父何典籍

中華民國二十九年八月　日

045

梁山县政府致四川省银行梁山支库的公函（一九四〇年十二月二十三日）

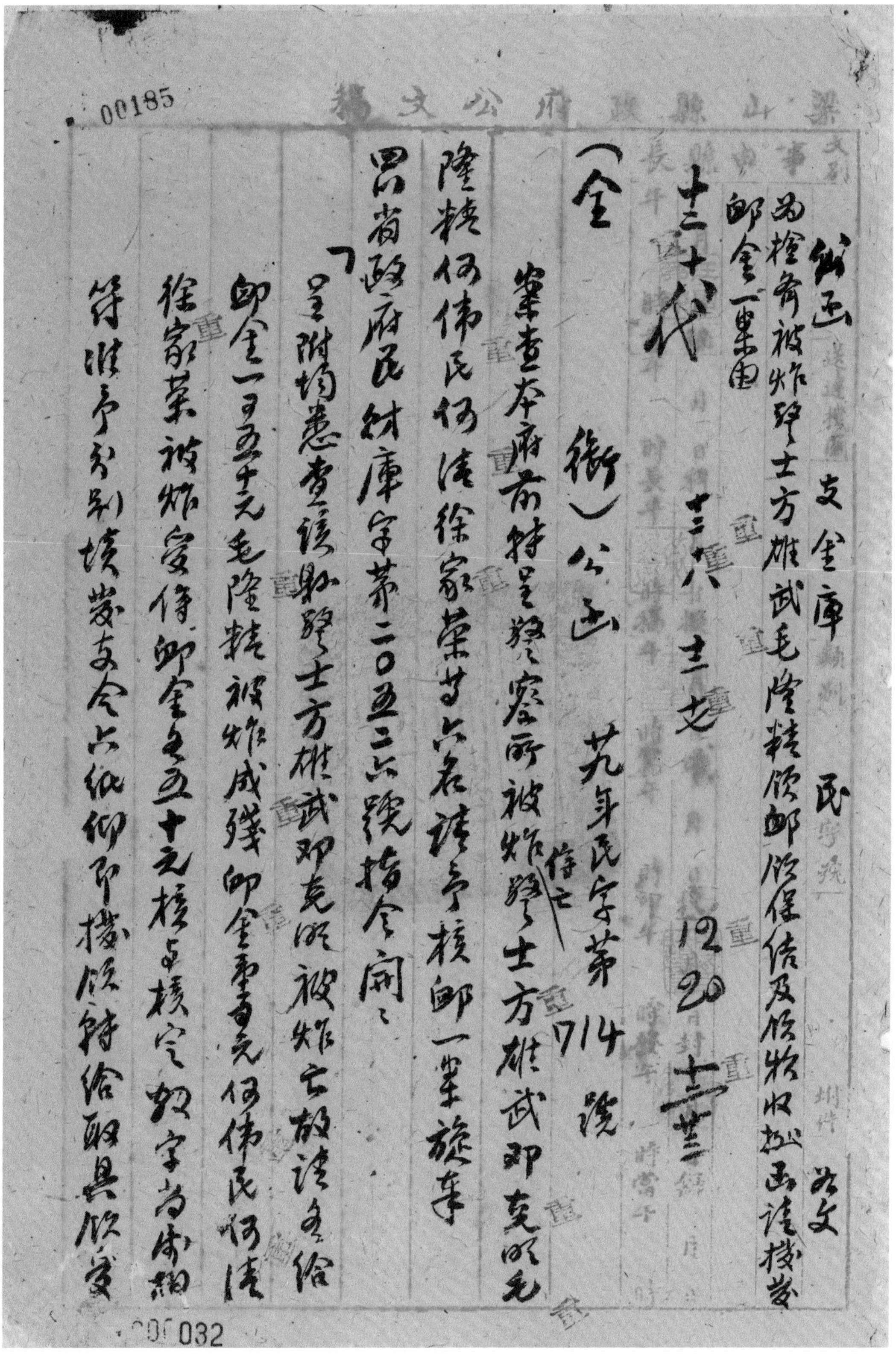

00185

梁山縣政府公文稿

文別：公函　受文者：支金庫　民字號　附件　發文

事由：為檢齊被炸難士方雄武毛隆精領卹保結及領卹收據函請撥發卹金一案由

十二　十六　代　十二　十八　十二　廿三　12　20

（全銜）公函　廿九年民字第714號

案查本府前轉呈發容所被炸難士方雄武、鄧堯明、毛隆精、何偉民、何清、徐家榮等六名請予核卹一案，旋奉四川省政府民財庫字第二〇五二六號指令開：「呈附均悉。查該難士方雄武、鄧堯明被炸亡故，請各給卹金一百五十元；毛隆精被炸成殘，卹金壹百元；何偉民、何清、徐家榮被炸受傷，卹金各五十元。核與核定數字尚屬相符，准予分別填發支令六紙，仰即據領轉給取具收據

00C032

卹金人收據保結函由梁縣金庫彙案抵解 ㄴ

等因，附發支付書六份，奉此，除郭莫氏、何偉民、何清、徐家榮等四名應領卹金已先後具領外，下餘方雄武、毛隆魁二名尚未承領；茲據該方雄武遺族方袁氏（并准梁山縣政府函送）及傷者毛隆魁分別備具收據保結前來，除將領據保結各提存一份備查外，相應檢同原收據保結各二份、支付書二份、收據收批二紙，函請

貴庫煩為查照，將方雄武之卹金壹萬貳千元撥交過府轉（以憑）給與毛隆魁之卹金壹萬元，即請逕匯梁山縣政府查收，所需匯費請即由卹款內扣為荷！！此致〇二

四川省銀行梁山金庫

附支字四〇八〇號及四一〇〇號支付書各一份，收據保結各二份，共四份，收據收批二紙

縣長 劉〇〇

00188

領款收据

第一聯 存根

民字第壹號

支令直字第〇〇八號

金額 壹萬伍拾元正

廿九年度十二月份

科目 款 代領被炸難士方捐救卹金 項

備考 民政科經手

右款業派本機關 持上開支令向 領訖除出具收据報查報核外特留此根備查

梁山縣縣長 劉慎旃 會計

領款日期 中華民國廿九年十二月 日

此聯存查

說明：
1、本收据右邊第一聯作原機關存根
2、填寫收据時原領款機關長官及會計須署名蓋章

…035

00189

領款收據

第一聯　存根

民字第弍號

令直字第〇一〇號

金額：壹百元正

廿九年度十一月份

科目：款　代收傷兵卹金；項　毛陸楷

備考：民政科經办

右款業派本機關　持上開支令向　領訖除出具收據報查報核外特留此根備查

梁山縣縣長劉慎旗　會計

領款日期：中華民國廿九年十二月　日

說明：
1、本收據右邊第一聯作原機關存根
2、填寫收據時原領款機關長官及會計須署名蓋章

此聯存查

…036

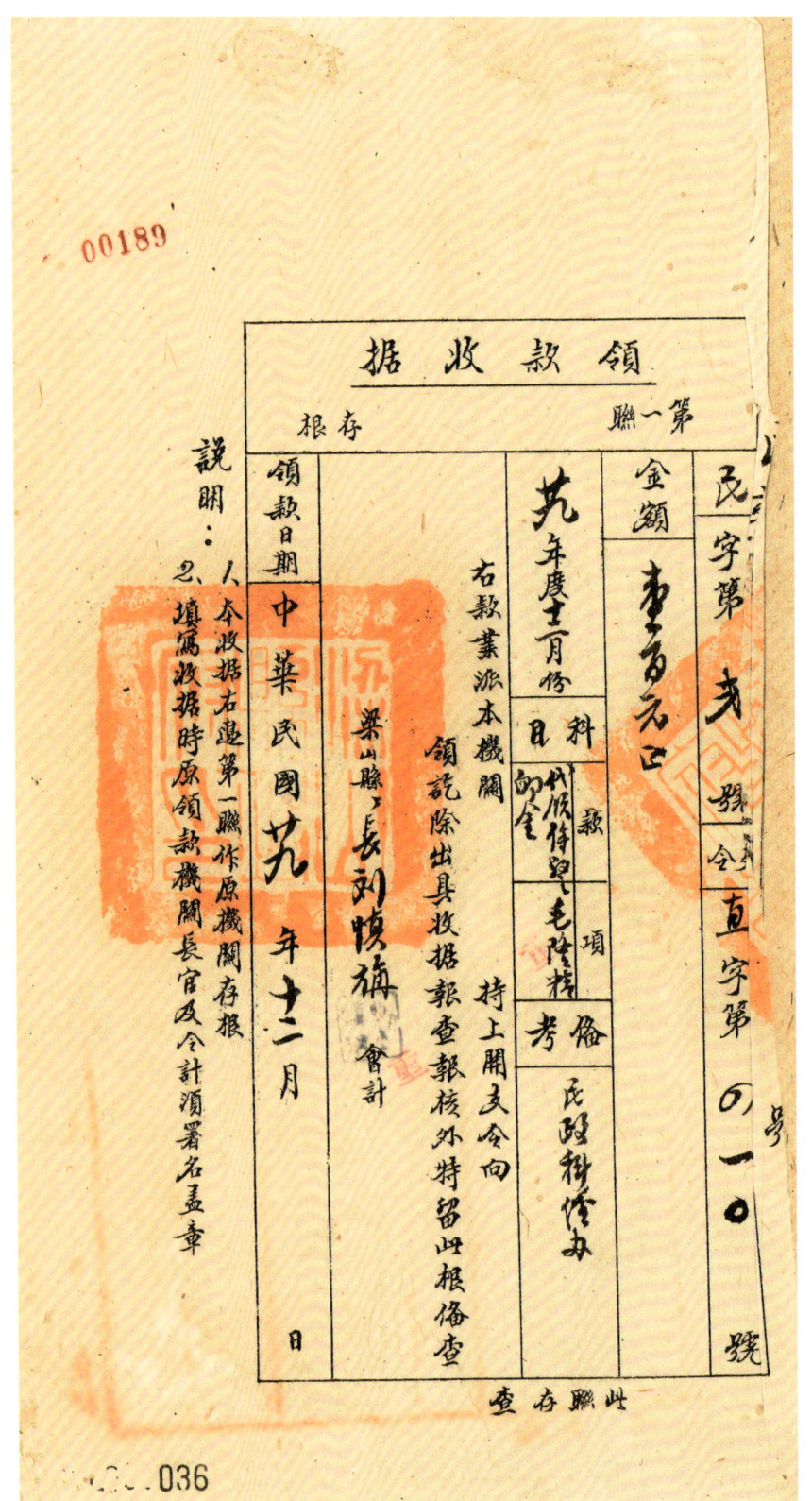

四川省银行致梁山县政府的公函（一九四一年四月十七日）

00236

四川省銀行公函

事由	擬辦	批示	備考
為准函覆送方雄武毛隆精兩名撫卹金共貳百五拾元請查收轉發仍希見覆由	函交民政科 四一九、	方雄武之卹金交其遺族方袁氏具領 毛隆精之卹金由信匯梁山縣府轉發 華後 四、十九、	

附

發文 字第 號 4 年 月 17 日 時到

總0010 收文 字第 號

033

四川省銀行公函

庫字第二十六號

逕啓者案查前准

貴府二十九年十二月二十一日民字第七一四號公函：

「(畧)以傷亡警士方雄武應領卹金壹百五拾元及毛隆精受傷卹金壹百元尚未承領據該方雄武遺族方表氏并准營山縣縣政府函送傷警毛隆精領卹領保結除各提存一份備查外相應檢同原領保結各二份支付書領款收據二紙函請貴庫煩為查照將方雄武之卹金壹百五十元撥支過府以憑轉給至毛隆精之卹金壹百元即請逕滙營山縣府收轉所需滙費即照內扣為荷」

00238

等由，附直字四〇八號四一〇號支付書各一份，領保結各弍份共四份領據收據二紙，准此，茲查省府支令，刻已奉到，亟應照發各該領應郵金，惟營山縣本行尚未設立行處，所囑毛隆精應領郵金逕滙之處，未便照辦，茲將方雄武應領之郵金壹百伍拾元毛隆精郵金壹百元，兩共弍百伍拾元正，一并備函送請

貴府煩為查照分別轉發仍希見覆為荷

此致

梁山縣縣政府

附送方雄武郵金現欵壹百伍拾元毛隆精郵金現欵壹百元共弍百伍拾元正

主任 李世賢

發已於四月十九日交民政科
李科員提去

035

中華民國三十年四月十七日

梁山县政府、川陕鄂边区绥靖主任公署军粮组驻樊监运站站部关于办理一九三九年三月二十九日被炸身亡因犯胡耀卿抚恤案的公函（一九三九年七月至八月）

川陕鄂边区绥靖主任公署军粮组驻樊监运站站部致梁山县政府的公函（一九三九年七月）

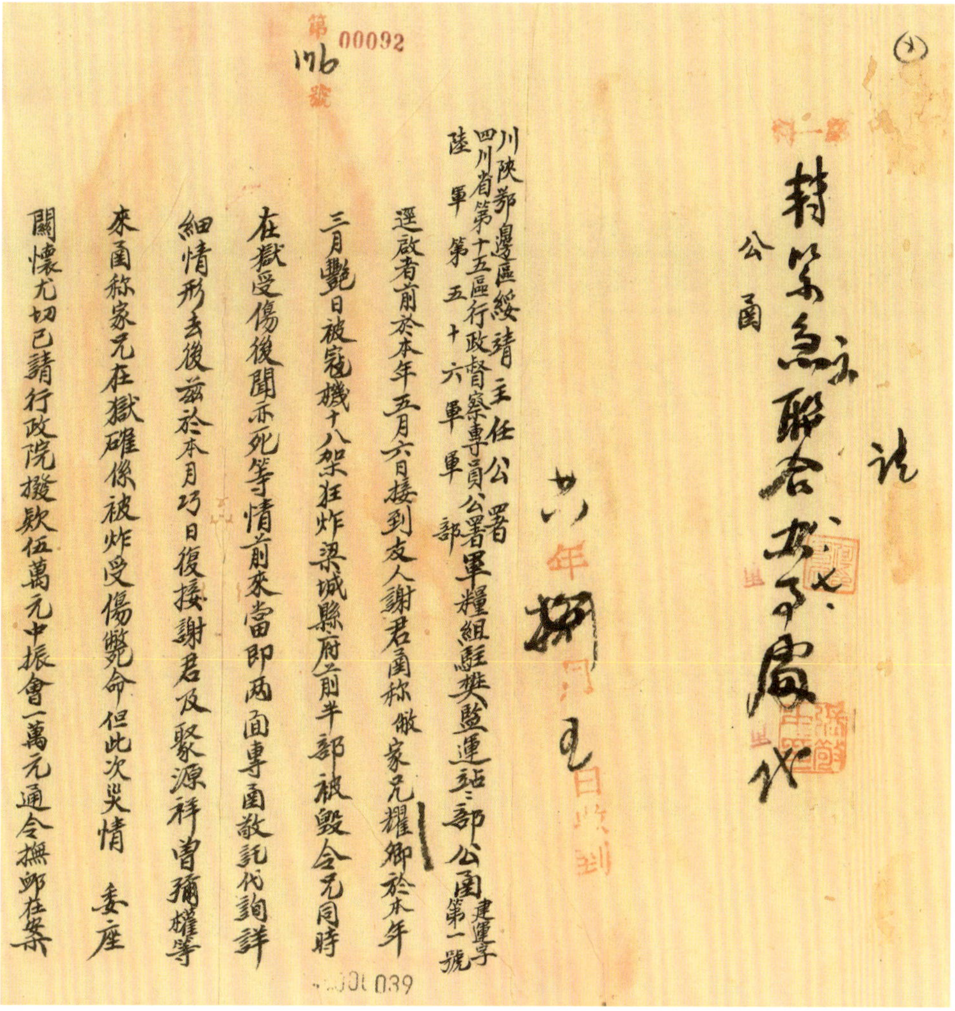
第176號

川陝鄂邊區綏靖主任公署
四川省第十五區行政督察專員公署
陸軍第五十六軍軍部
軍糧組駐樊監運站站部公函 建運字第一號

逕啟者：前於本年五月六日接到友人謝君函稱，敝家兄耀卿於本年三月艷日被寇機十八架狂炸梁城縣府，前半部被毀，舍兄同時在獄受傷後聞亦死等情，前來，當即兩面專函敬託代詢詳細情形去後，茲於本月巧日復接謝君及聚源祥曾彌權等來函，稱家兄在獄確係被炸受傷斃命，但此次災情，委座關懷尤切，已請行政院撥款伍萬元，中振會一萬元，通令撫邺在案

死者三元如未領者可以具請核示補發等情前來查敝家兄去歲
不過與土劣劉舉皋為争執建築防空避難壕起衅遭禍被禁
齊
同時被禁後冰提釋即以國難當前服務公家奔走在外對於家
兄事件未暇顧及只得迭次具文呈請　貴縣司法處鑒原省釋
未沐允准現聞敝家兄不幸既遭此惡耗夫復何言竊思敝
家兄身後蕭條何堪言歎既蒙　國府通令撫卹在案况齊
現又服務國家側身公役是以具文函請
鈞府按照額定撫卹外從優給予卹金以慰幽魂而安子侄如荷
俯允死生載德不勝沾感之至此致
梁山縣縣長陳

軍糧駐樊監運站站長　胡　齊

如蒙俯允發給敬祈賜交　謝科長鼎銘兄代收轉交小兒
胡澤民手收為荷如有回示請寄宣漢樊噲店投交
軍糧監運站站部可也

中華民國二十八年七月　日

039-1

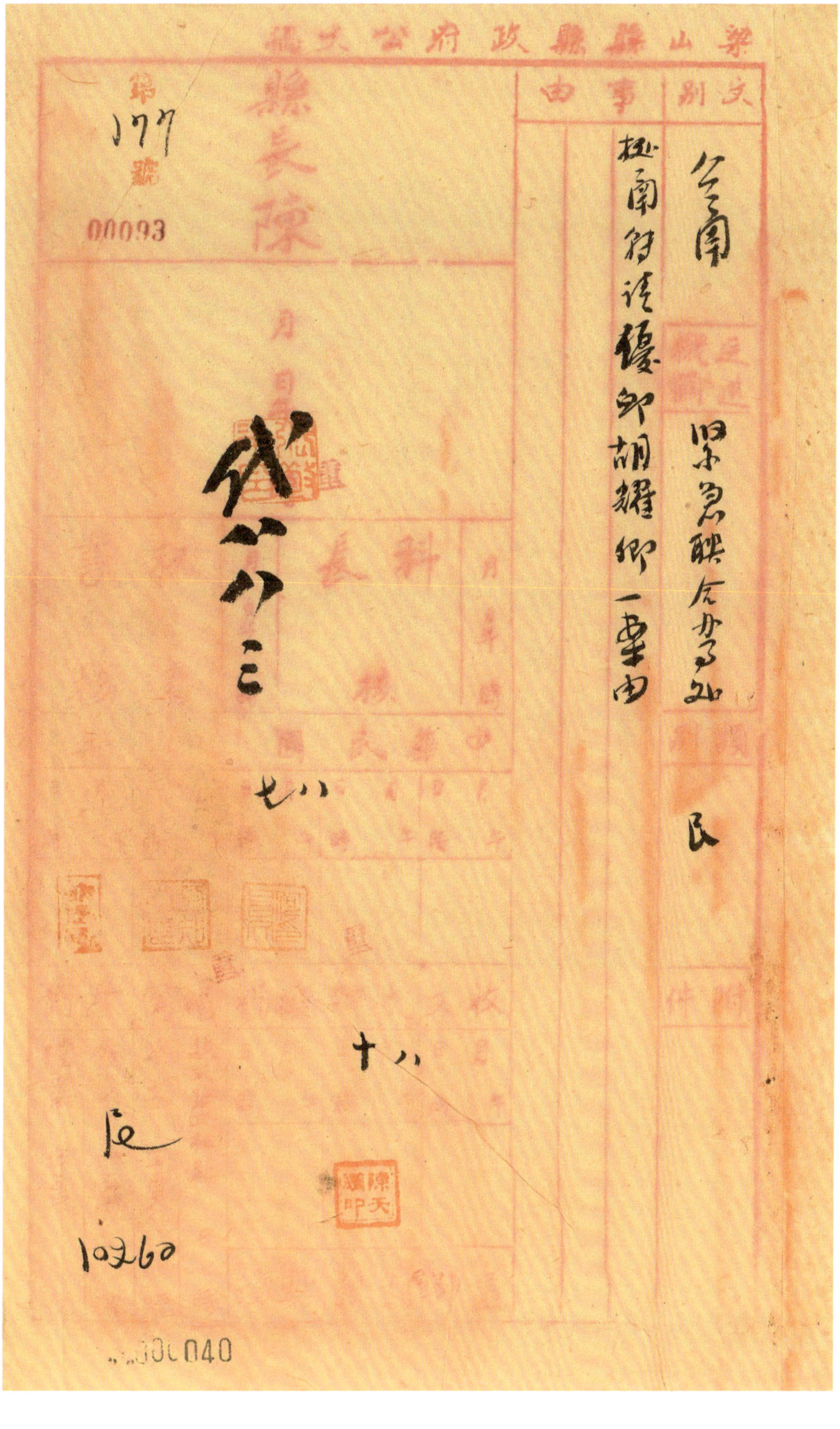
梁山縣縣政府公文箋

文別：公函

事由：梁空聯合辦事處

第177號

00093

縣長陳

00C040

梁山县政府致梁山县空袭紧急救济联合办事处的公函（一九三九年八月十日）

全衔公函　廿六年民字第10260号

本年八月三日案准川陕鄂边区绥靖主任公署军粮组驻樊监运站站长胡齐函称：

「迳启者云云知照，此致。」

等由；准此，相应函达

贵处查照办理为荷。

此致

梁山各界紧急救济联合办事处

县长 [illegible]

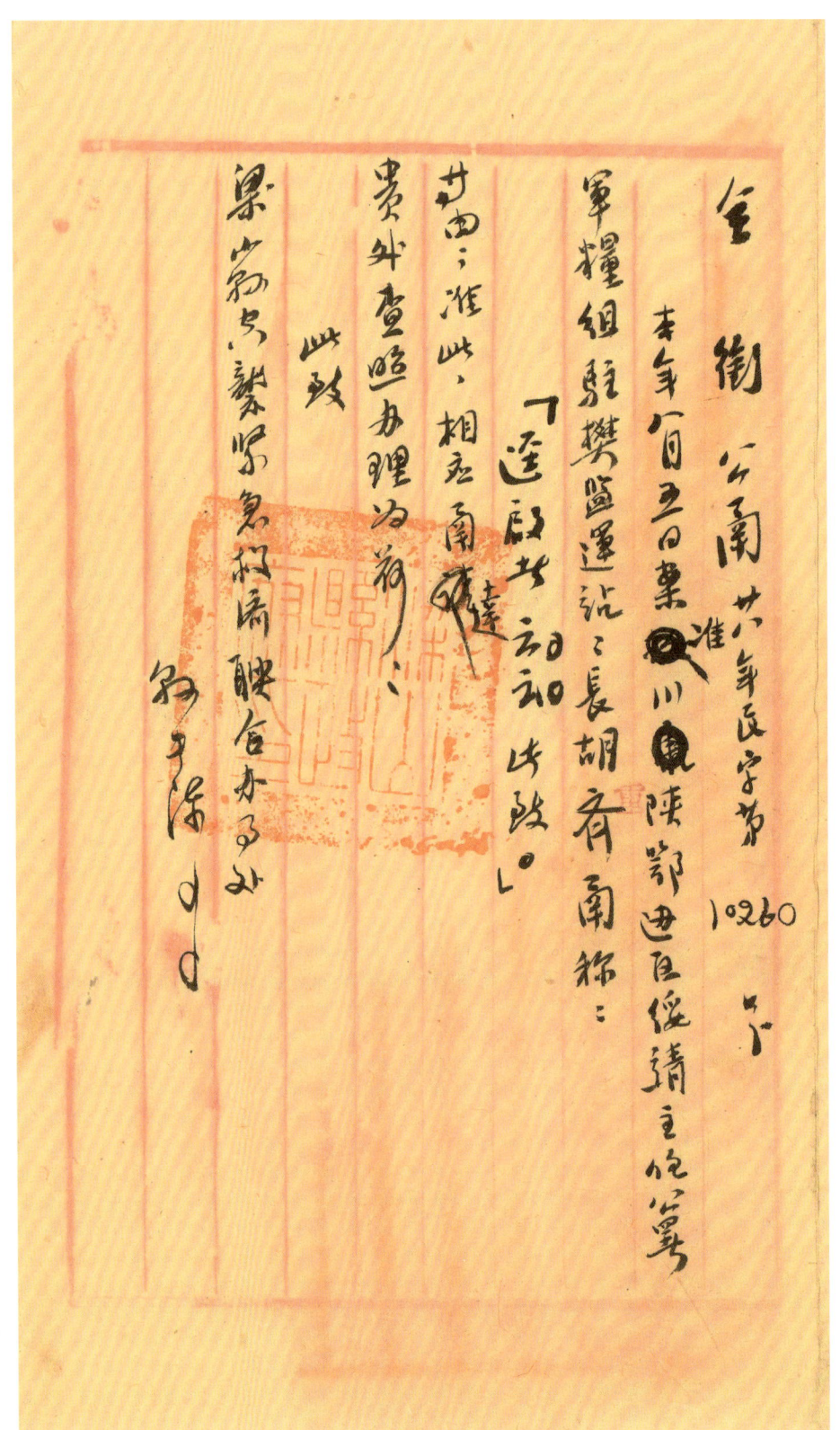

四川省赈济会关于汇拨一九三九年六月三十日轰炸救济款致梁山县政府、梁山县赈济会、梁山县空袭紧急救济联合办事处的训令（一九三九年八月五日）

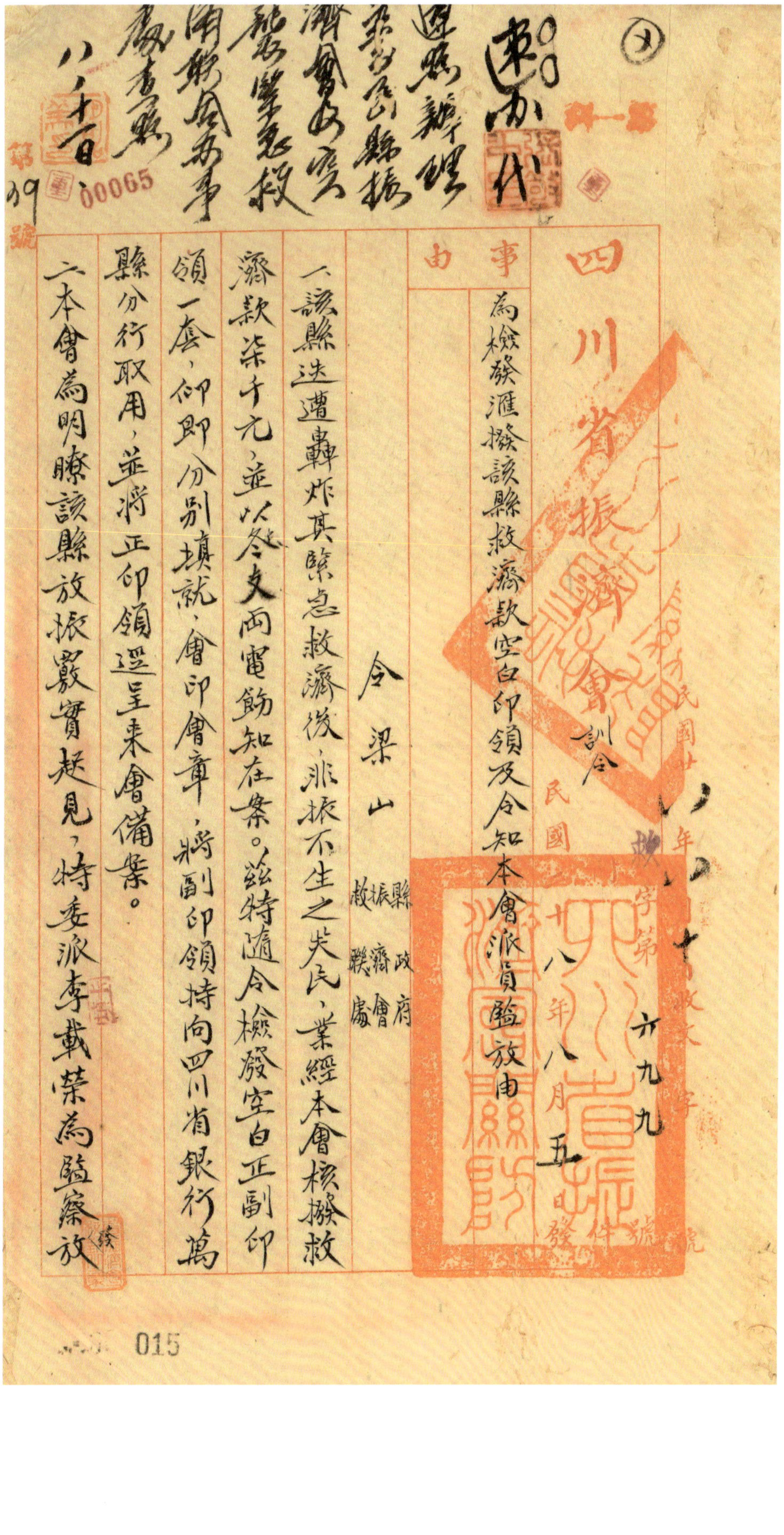

四川省振濟會訓令

民國廿八年八月五日發　字第六九九號

事由：為檢發滙撥該縣救濟款空白印領及令知本會派員監放由

令梁山縣政府、振濟會、救聯處

一、該縣迭遭轟炸，其際急救濟後，非振不生之災民，業經本會核撥救濟款柒千元，並以冬支兩電飭知在案。茲特隨令檢發空白正副印領一套，仰即分別填就，會印會章，將副印領持向四川省銀行萬縣分行取用，並將正印領逕呈來會備案。

二、本會為明瞭該縣放振數實起見，特委派李載榮為監察放

00066

奉節梁山炸失振款專員飭即前來該縣監放，除函 省府備查暨

訓令該員遵照外，合行令知，俟該員到縣時，應即商洽妥為辦

理為要，並將辦理情形，具報查考。

此令。

附發空白印領一套

主任委員 王瓚緒

監印 蘇育才

核對

00016

梁山县政府关于派员领取一九三九年六月三十日轰炸赈款七千元致梁山县赈济会的公函
（一九三九年八月十九日）

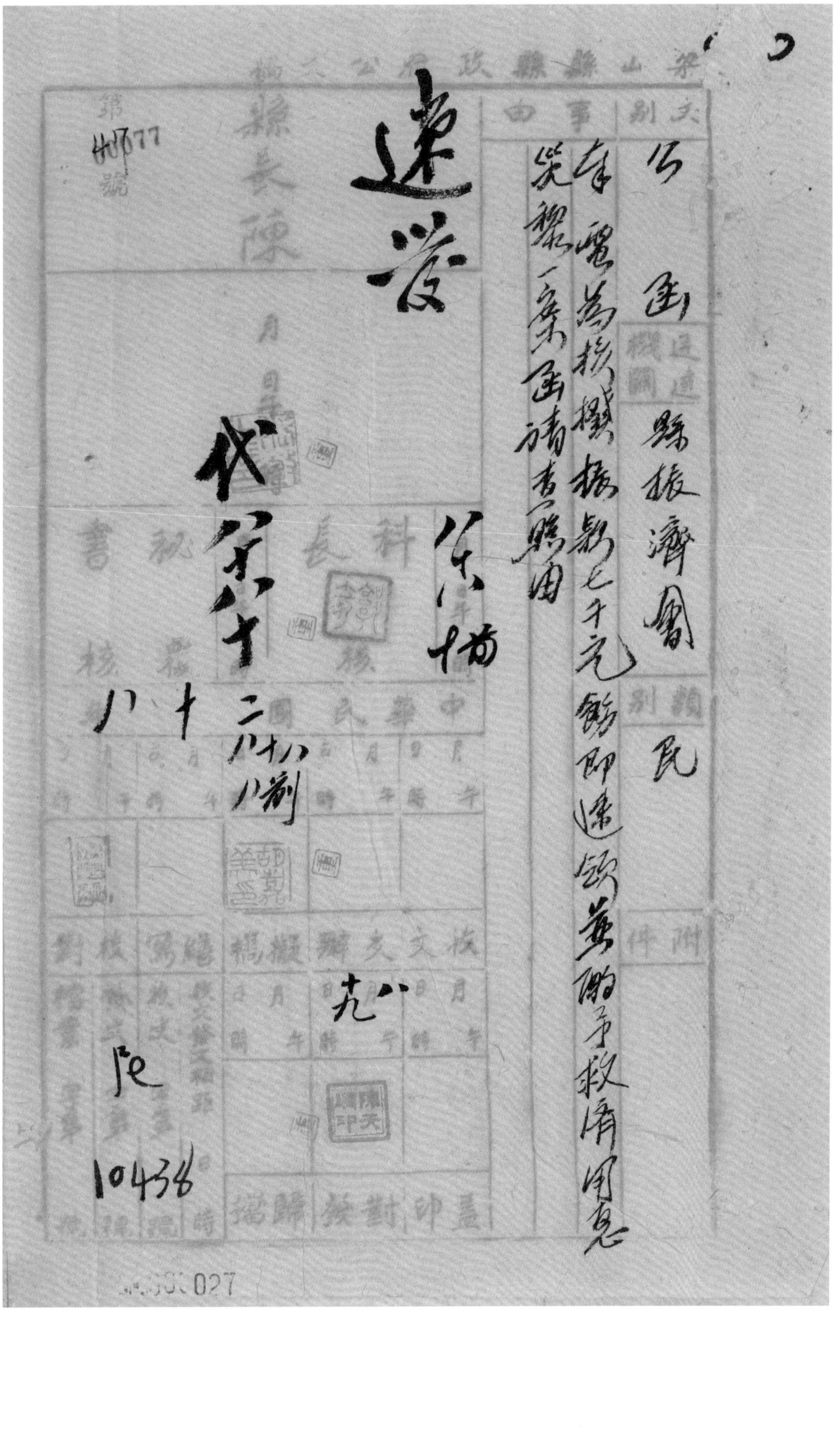
梁山縣縣政府公文稿
文别 公函
受文機關 梁山縣振濟會
類别 民
速發

銜公函　卅年　月　日民字第10436號

函

卅年八月十七日案奉

四川省振濟會卅年八月冬電開：

下梁山陳縣長覽：該縣元云〇〇　電覆備查

等因；奉此。相應函達

貴會煩爲查照，希即派員前往領取，并將領取

救濟、用途實際，併希將領款日期見覆，以

憑轉報爲荷！

此致

梁山縣振濟會

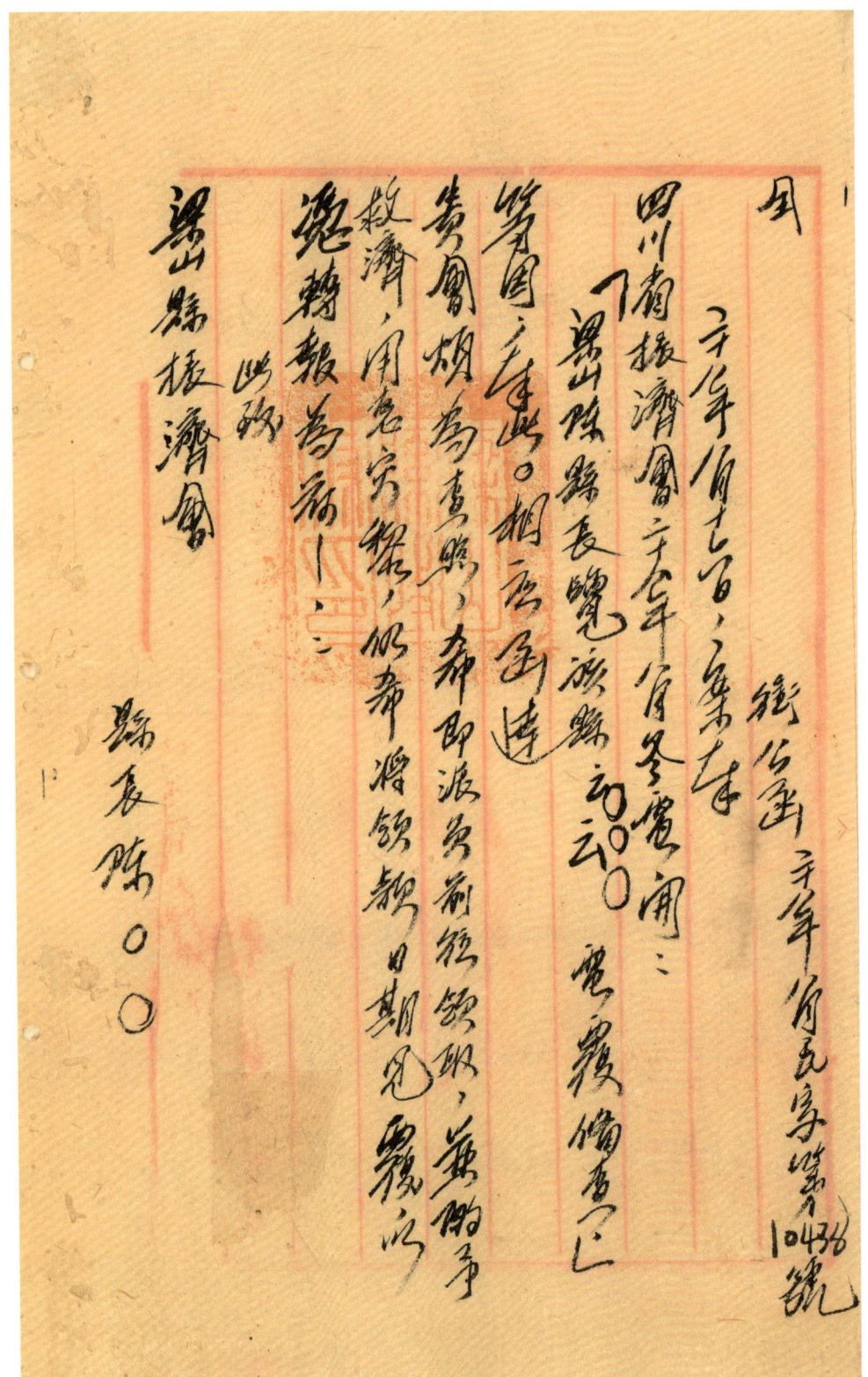

縣長陳〇〇

梁山县北城镇被炸灾民李志磐等关于报送一九三九年三月二十九日、六月三十日被炸损失表并恳请救济致梁山县政府的呈（一九三九年八月）

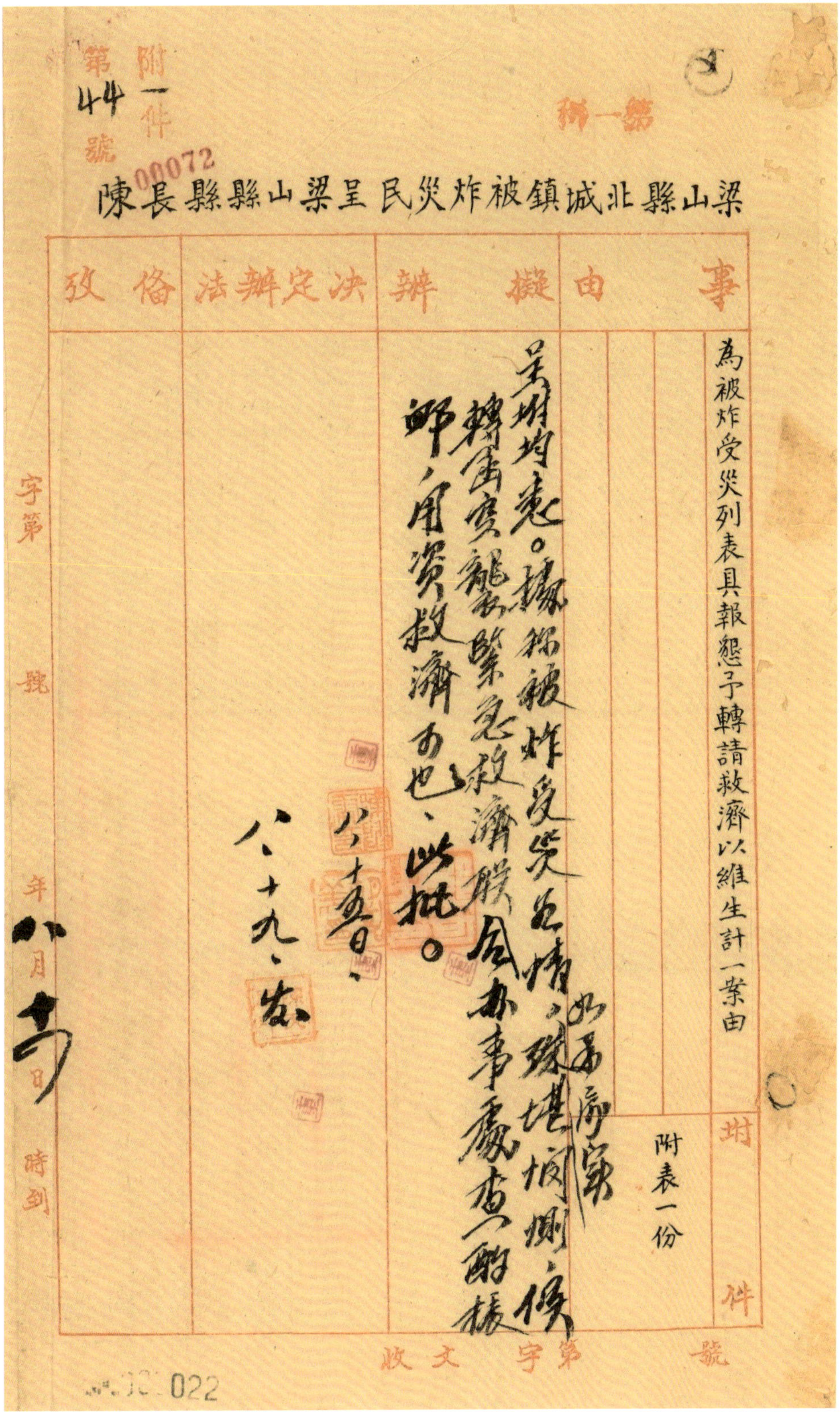

附一件
第44號
00072

第一聯

梁山縣北城鎮被炸災民呈梁山縣縣長陳

事由：為被炸受災列表具報懇予轉請救濟以維生計一案由

附件：附表一份

擬辦：呈表均悉。據稱被炸受災各情，如果屬實，殊堪憫惻，候轉呈賑委會暨急救濟賑會辦事處查酌援例用資救濟可也。此批。

八·十五日

八·十九·發

決定辦法

備致

字第　號　年八月十六日時到

收文　字第　號

022

呈為被炸受災，列表具報，懇予轉請救濟，以維生計事，情民等世居北城鎮內外，本年三月二十九日及六月三十日，寇機兩次襲梁，民等住屋，適當其衝，兩次均經命中，無一幸免，房院變為焦土，瓦礫一片，慘不忍覩，民等或為小本經營，或出征前綫，家中遺有老弱，或專恃收取房租為生，一旦化為烏有，生計何堪設想，當被炸之後，啼飢露宿，不一而足，今雖或依戚親，或託世友，或棲家廟，茍延暫時，而來日大難，生計日絀，午夜自思，誠不知涕之所從出也，茲幸政府軫念災情，頻頒賑款，遜聽之下，莫不雀躍，用特彙表懇乞

鈞座鑒憐，准予轉請速頒賑款，以救災黎，俾受實惠，則有生之年，定當感戴無涯矣，伏候示遵—三

00074

謹呈。

梁山縣縣長陳

附表一份

北城鎮受炸災民李誌盤（印）等

中華民國二十八年八月 日

附：梁山县北城镇被炸灾民损失一览表（一九三九年八月）

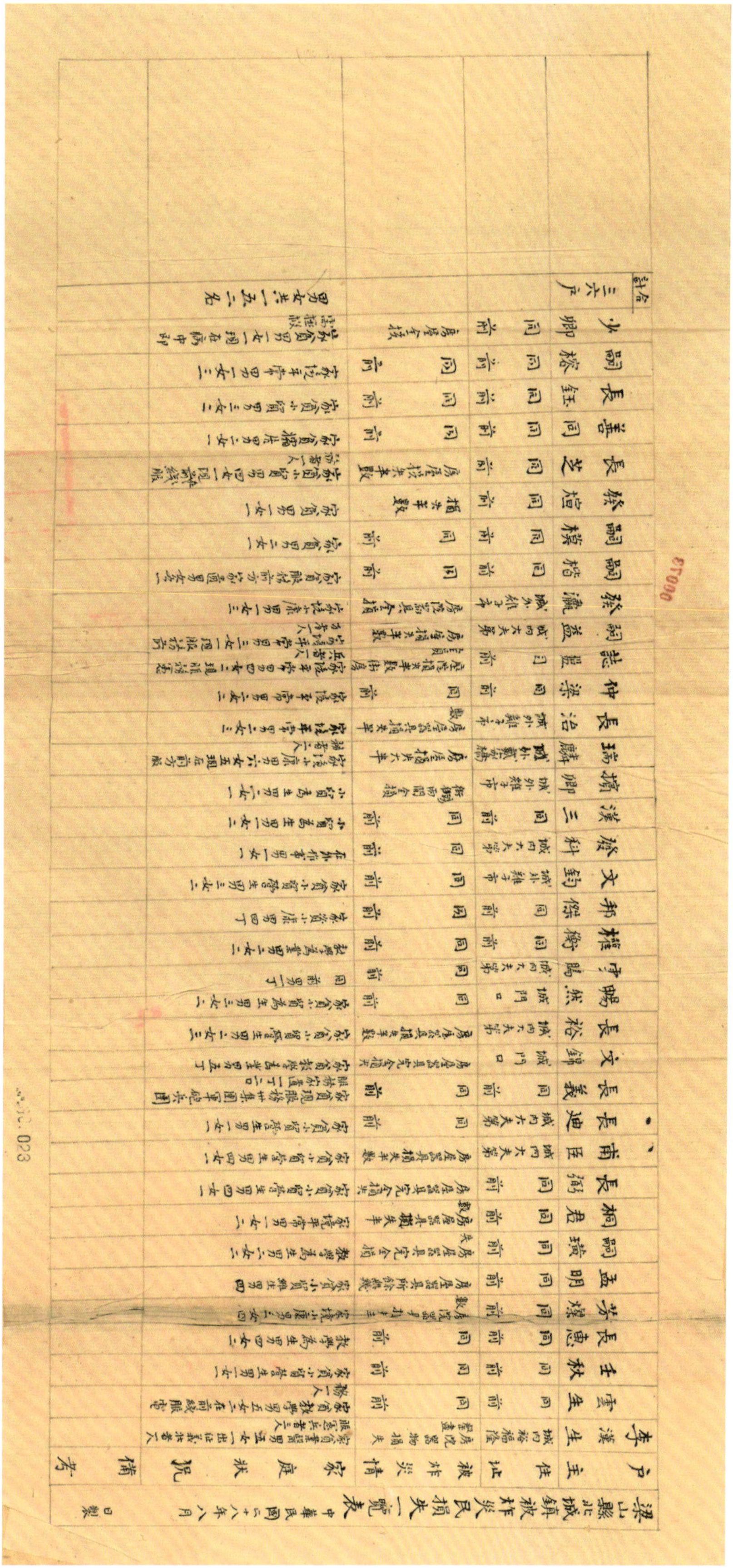
梁山縣北城鎮被炸災民損失一覽表
中華民國二十八年八月　日製

戶主	住址	被炸災情	家庭狀況	備考

梁山县政府第三区区署关于报送一九三九年九月一日日机轰炸情形致梁山县政府的代电（一九三九年九月二日）

第56號 00083

廿八年九月二日收到

快郵代電

縣長陳鈞鑒：東晚十一點三十分由西山飛來敵機多架盤旋屏錦鎮市空，不久即從距場四里之蕎子坡投擲燒夷轟炸各彈約拾餘枚，已爆者七枚，未爆者四枚，高胡潘吳等家房屋損失有差，輕傷二人，除由職親往慰問及詳情另呈外，理合電懇轉請上峯撥欵救濟，並通知空軍總站掘取未爆之彈以免危險。第三區區長謝鎮藩叩冬

梁山县政府第三区区署关于报送一九三九年九月一日日机轰炸屏锦镇第九保居民损失调查表致梁山县政府的呈（一九三九年九月七日）

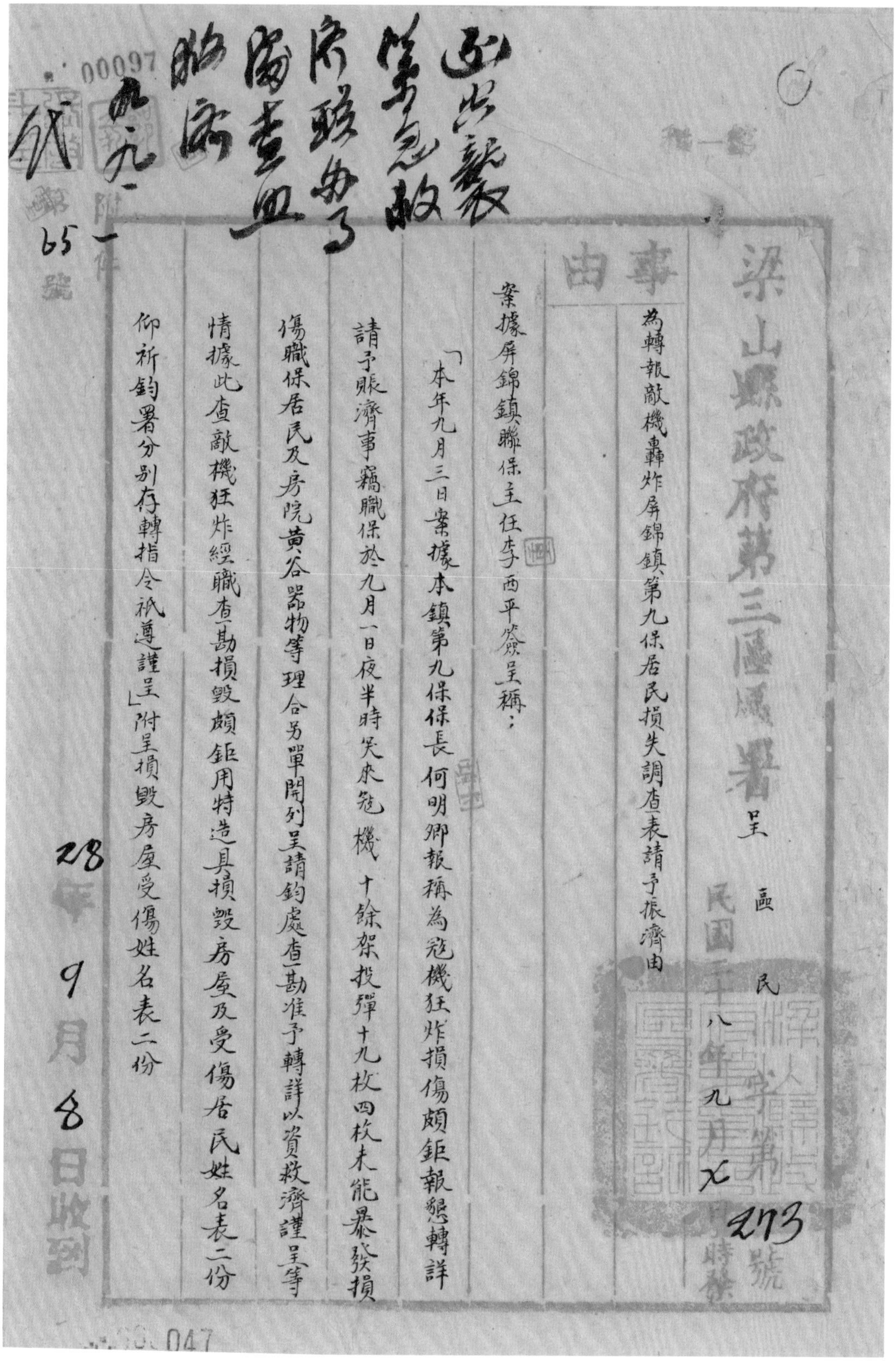
梁山縣政府第三區區署 呈

事由：為轉報敵機轟炸屏錦鎮第九保居民損失調查表請予振濟由

案據屏錦鎮聯保主任李西平簽呈稱：

「本年九月三日案據本鎮第九保保長何明卿報稱為寇機狂炸損傷頗鉅報懇轉詳請予賑濟事竊職保於九月一日夜半時突來寇機十餘架投彈十九枚四枚未能暴發損傷職保居民及房院黄谷器物等理合另單開列呈請鈞處查勘准予轉詳以資救濟謹呈等情據此查敵機狂炸經職查勘損毁頗鉅用特造具損毁房屋及受傷居民姓名表二份仰祈鈞署分别存轉指令祇遵謹呈」附呈損毁房屋受傷姓名表二份

區民

民國二十八年九月七日

第273號

28年9月8日收到

等情。据此，查敌机轰炸情形，职于冬日勘明电呈在案，据报前情，除指令外，理合备文检同调查表一份，转请

钧府俯予振济，指令祇遵！

谨呈

县长陈

计呈调查表一份

第三区区长谢镇藩

附：梁山县第三区屏锦镇联保办公处造具敌机投弹炸损房屋受伤居民姓名表（一九三九年九月）

梁山縣第三區屏錦鎮聯保辦公處造具敵機投彈炸損房屋受傷居民姓名表

保别	姓名	受傷部位	炸損房屋數目	備攷
第九保	高才貞		十一間	毁共谷二十五石
	潘明貴		三間	毁共谷十餘石
	高茂散		三間 碉樓一所	毁共谷十五石
	胡洪德		二間	
	全玉順		一間	
	李大安		五間	
	沈家德	頭部	五間	
	曾明德	右膀	三間	

蒋智渊	足背	十间
胡良诚		七间
胡良昭		四间
胡忠义		三间
祝永宽		三间

中华民国廿八年九月 日联保主任李西平（印）

梁山县第三区和亲镇联保办公处关于报送一九三九年九月一日被炸灾情致梁山县政府的呈
（一九三九年九月七日）

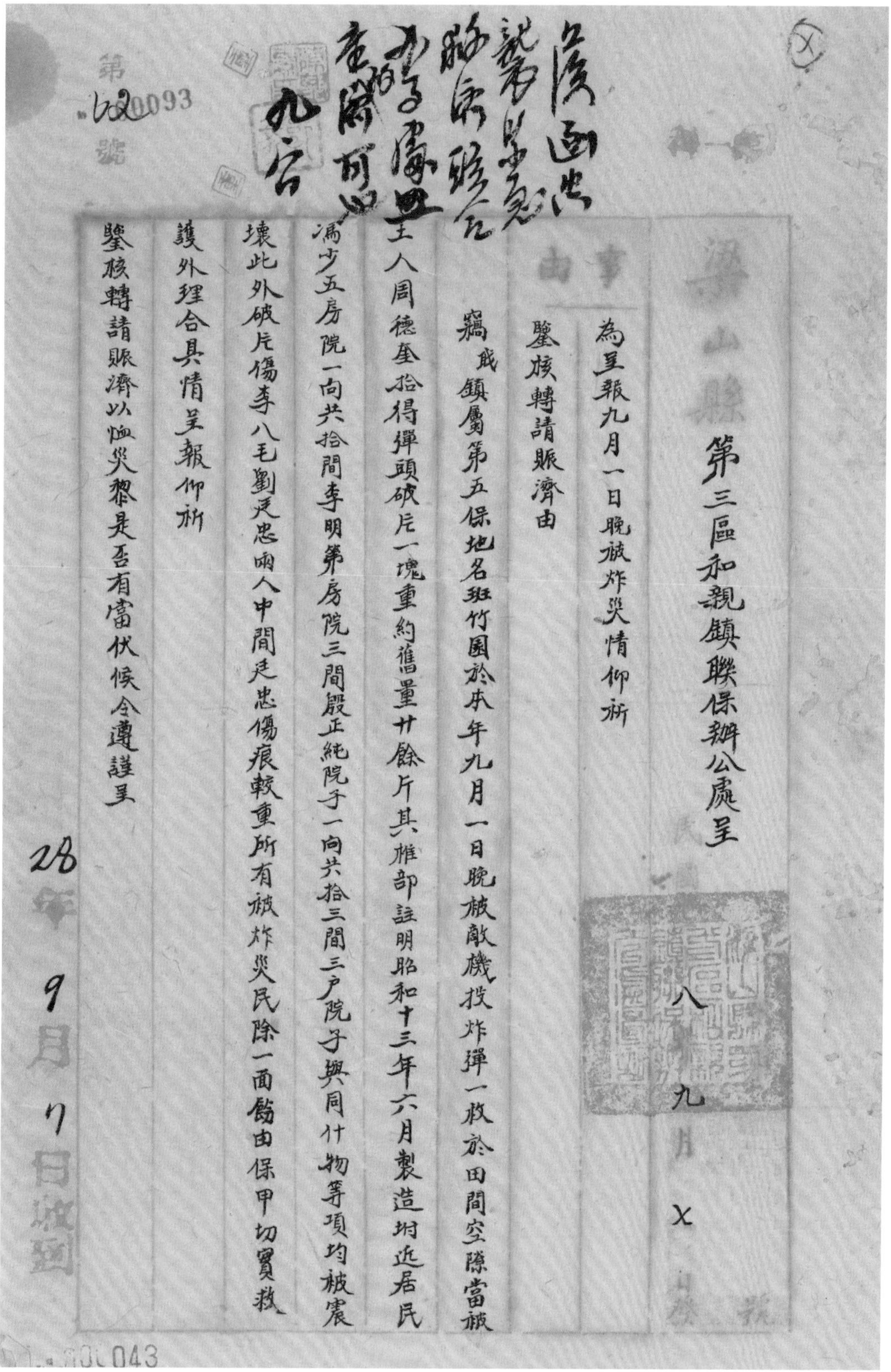
第62號 0093

梁山縣

第三區和親鎮聯保辦公處呈 八 九 月 X

事由 為呈報九月一日晚被炸災情仰祈
鑒核轉請賑濟由

竊我鎮屬第五保地名斑竹園於本年九月一日晚被敵機投炸彈一枚於田間空隙當被主人周德奎拾得彈頭破片一塊重約舊量廿餘斤其椎部註明昭和十三年六月製造坍近居民漏步五房院一向共拾間李明第房院三間嚴正純院子一向共拾三間三户院子與同什物等項均被震壞此外破片傷李八毛劉定忠兩人中間定忠傷痕較重所有被炸災民除一面飭由保甲切實救護外理合具情呈報仰祈
鑒核轉請賑濟以恤災黎是否有當伏候令遵謹呈

28年9月7日收到

梁山縣縣長陳

和親鎮聯保主任唐昇初

唐昇初印

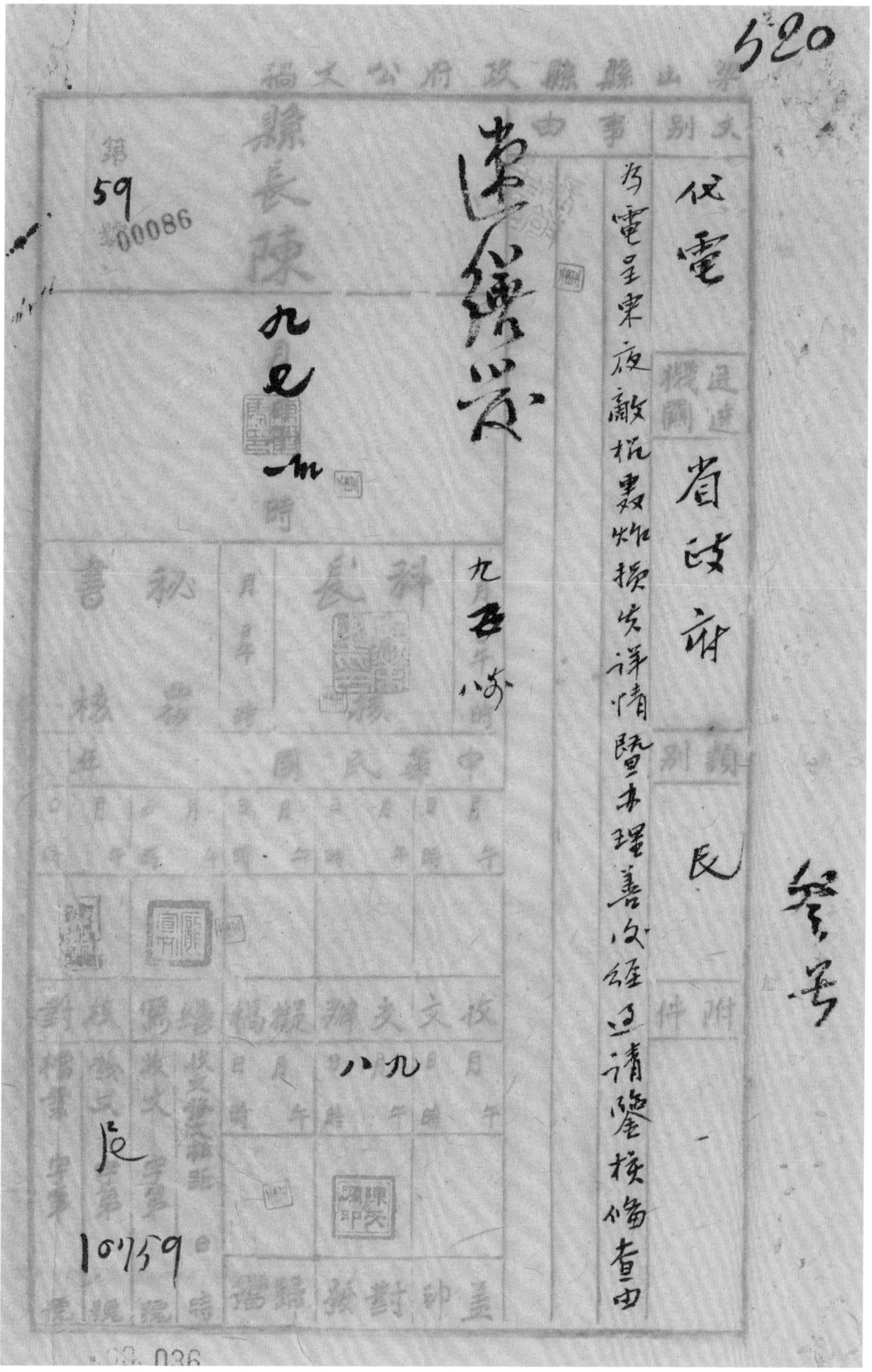
520
梁山縣政府公文稿
文別：代電
事由：為電呈東夜敵機轟炸損失詳情暨辦理善後經過請鑒核備查由
送達機關：省政府
類別：民
附件：
縣長陳
第59號 00086

梁山县政府关于报送一九三九年九月一日日机轰炸损失及善后办理详情致四川省政府的代电（一九三九年九月七日）

成都省主席王鈞鑒：查本月夜敵機襲炸本縣概況，業經
以冬寅電呈報在案，茲將轟炸經過損失詳情謹陳於次：
查本月陳夜間敵機分三批襲梁，十時到達市空，值月色
朦朧，目標難明，盤旋二时許始投彈，計東西北城隍、中彈七
十枚，機場中彈六枚，場之四週中彈二百餘枚，毁房屋
一百三十四幢，死傷平民一十八人，同时屏錦鎮（距城七十里）投彈十一枚，死傷
七人，和新鎮（距城四十里）投彈一枚，傷三人，新善鄉（距城三十
里）投彈二枚，係將擲炸彈，均落荒郊，房屋尚少毁損，
傷亡平民業由中央振濟會救濟（三二九元），安民之蛻完，死者
每人發救濟費三十元，重傷二十元，輕傷十元，房屋全部

炸毀者三十元、毀壞一半者二十元、將亂損震壞者十元，均經連日派員調查清楚，分別發放、嗣炸毀機場亦於六三兩日徵調民工數百名、漏夜修復，除分電外，理合電呈鈞座鑒核備查示遵。梁山縣長陳〇〇叩陽民印

（七日）

梁山县政府关于报送一九三九年九月一日日机轰炸损失详情致四川省第十区行政督察专员公署的代电（一九三九年九月七日）

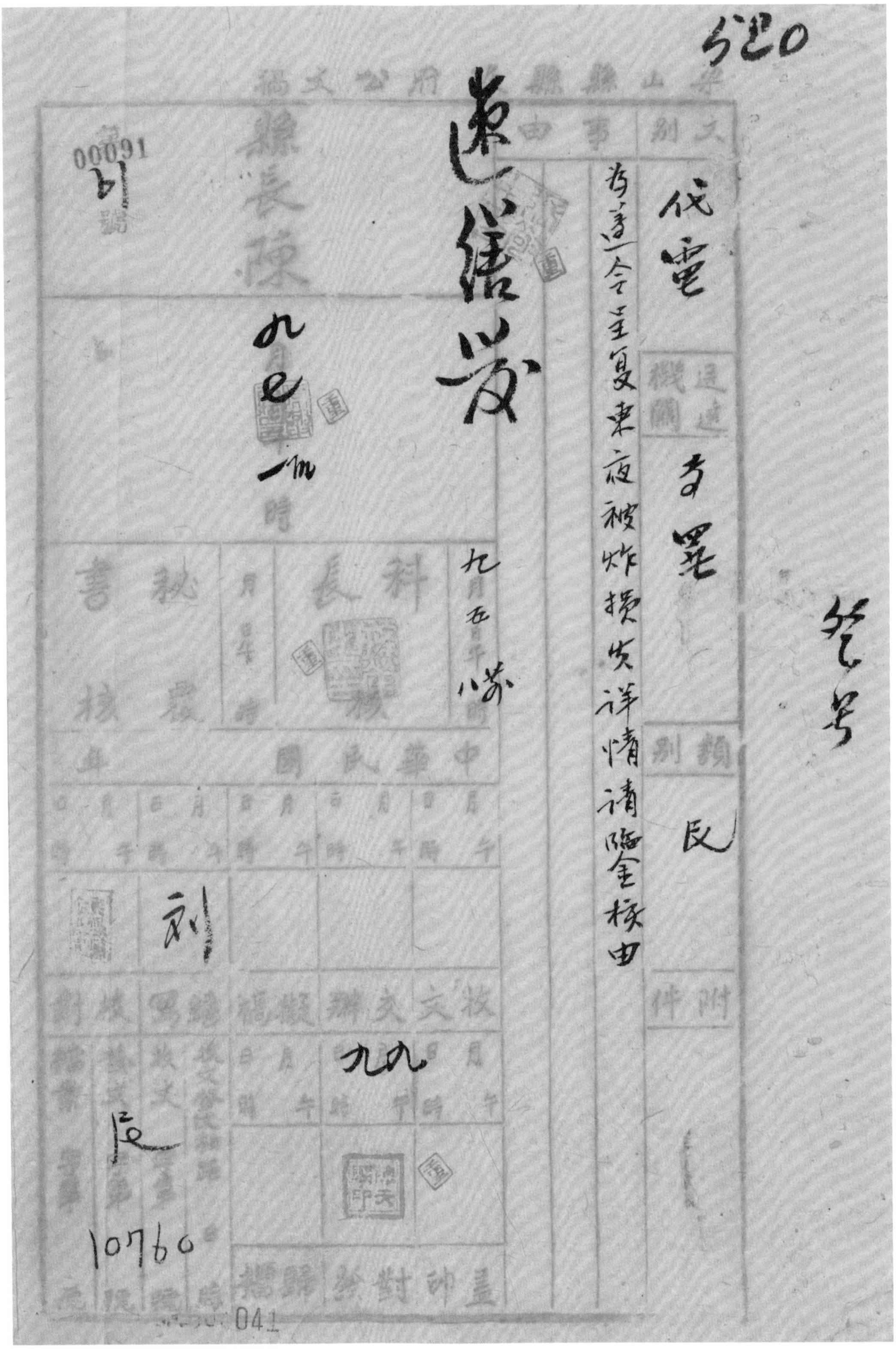
梁山縣政府公文稿
文別 代電
事由 為遵令呈復東夜被炸損失詳情請鑒核由
送達機關 專署

大竹专员孙钧鋆：案奉刘署江民治电饬将九月一日敌机轰
炸损失详情，迅速查报等因，遵查是日夜间敌机分
三批袭梁，十时许达市空，借月色朦胧，目标难明，盘
旋二时许，始投弹，计东西北城镇中弹七十枚，校场中弹六
枚，场之四周中弹二百余枚，毁房屋一百三十四幢，死伤平民
八十余人，同时屏锦镇（距城七十里）亦投弹十一枚，死伤七人，和新镇
（距城四十里）投弹一枚，伤三人，义善乡（距城三十里）投弹二枚，难
掷炸弹，多落荒郊，房屋尚少毁损，伤亡平民，业照中央
振济会救济（十三、二、九）灾民之规定，死者每人发救济费三十元，重
伤二十元，轻伤十元，房屋全部炸毁者三十元，毁坏一半者二十

再元，将瓦桷震坏等十元，均经连日派员调查清楚，分别發放，炸毁机场，并于二三两日征调民工数百名，漏夜修复，奉电前因，谨电复，伏乞[redacted]示[redacted]遵。梁山县长陈名叩

阳 民印

七日

四川省政府关于依式填报一九三九年九月一日敌机轰炸损失情形致梁山县政府的代电（一九三九年九月二十三日）

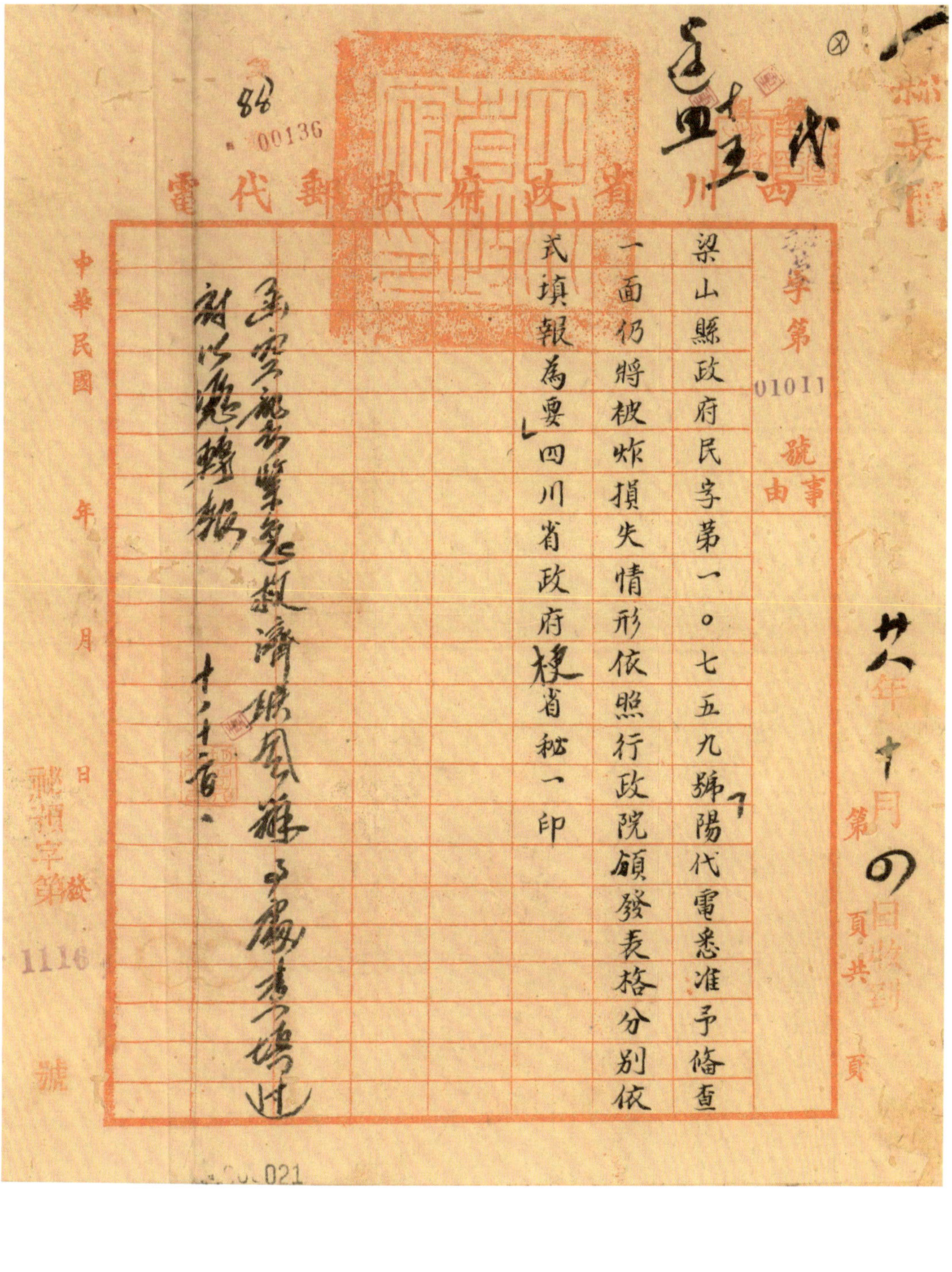

四川省政府快郵代電

字第01011號

事由

梁山縣政府民字第一〇七五九號陽代電悉准予備查一面仍將被炸損失情形依照行政院頒發表格分別依式填報為要四川省政府梗省秘一印

中華民國 年 月 日 發 字第1116號

廿八年十月四日收到

邓汝华关于报送一九三九年三月二十九日房院被炸并经管元天宫账据及现洋一并炸毁致梁山县政府的呈（一九三九年九月）

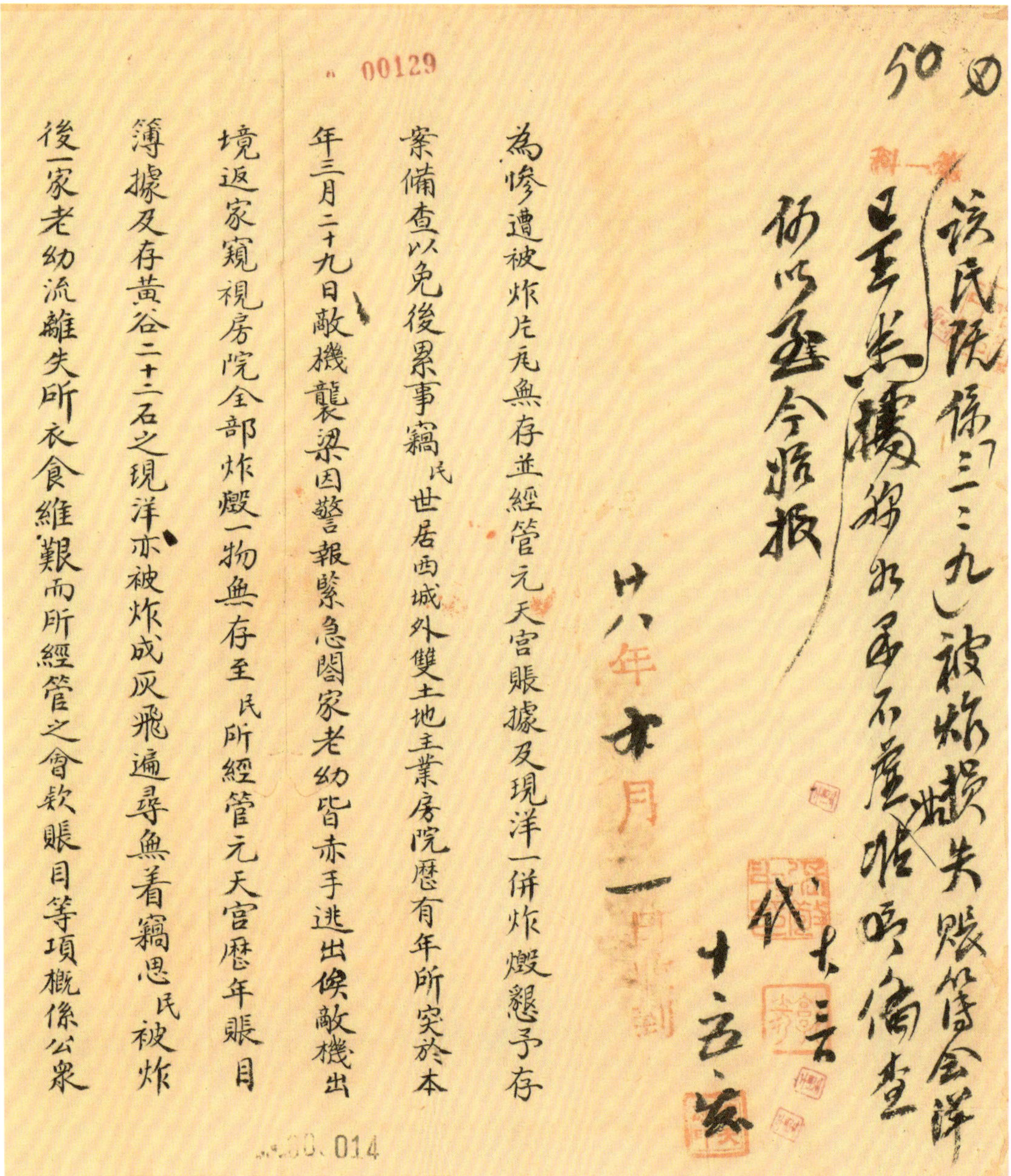

00129

為慘遭被炸片瓦無存並經管元天宮賬據及現洋一併炸燬懇予存
案備查以免後累事竊民世居西城外雙土地主業房院歷有年所突於本
年三月二十九日敵機襲梁因警報緊急闔家老幼皆赤手逃出俟敵機出
境返家窺視房院全部炸燬一物無存至民所經管元天宮歷年賬目
簿據及存黃谷二十二石之現洋亦被炸成灰飛遍尋無着竊思民被炸
後一家老幼流離失所衣食維艱而所經管之會款賬目等項概係公眾

廿八年十月一

事務誠恐會内人衆别生枝節難以言辯是特具文呈懇　鈞府卹民
苦衷准予備案存查不勝沾感之至謹呈
梁山縣縣長陳

具呈人鄧汝華

中華民國二十八年九月　　日

梁山县政府关于报送一九三九年九月二十九日敌机轰炸情形致四川省防空司令部的代电（一九三九年十月八日）

稿

270

00135

四川梁山縣縣政府快郵代電

民字第 號

事由：為遵麻電呈報「九二九」被炸情形由

成都省防空司令鄧鈞鑒：麻電奉悉，垂念災良，深感戴。謹查「九二九」日寇機兩批十七架，為梁山第七次受炸。當在市空旋繞九次，東南城郭及郊外投彈四次，三百餘枚，多落山溝田土中，燬壞民房百二十餘幢，貧民男女小孩死二十七人，重傷九人，輕傷五人，搽傷三十餘人。已遵照中賑會規定發放撫卹急賑一千三百四十二元。特電奉覆。梁山縣縣長陳興雯叩庚印

中華民國二十八年十月八日發

第 頁 共 頁

四川省第十区行政督察专员公署关于拨发一九三九年九月前被炸赈款致梁山县政府的代电（一九三九年十月八日）

督察專員公署箋

賑(二)字第　號

事由：為奉轉電該縣被炸前已請撥賑款五萬元等由一案電仰知照由

梁山陳縣長頃奉省政府捷省秘一代電開案奉軍事委員會辦四渝字第八六九一號齊電開世秘蓉字第〇三八五號代電悉梁山一再被炸災情慘重深用軫念查前已請行政院撥給振款五萬元以濟災黎並仰辦理振卹在案仍希督飭妥為配發等因查此案前據該專署轉呈到府當經由府電請軍委會行政院鑒核并電復在案茲奉前因合行電仰知照并轉飭梁山縣政府遵照[illegible]查本案本署前經奉電飭知并飭將賑款八[illegible]情形[illegible]形先[illegible]

中華民國　年　月　日

四川省第十區行政督察專員公署電箋

字第　號

事由

行具報備查在案茲奉前因合行電仰遵照并查照前電先行報查為要專員孫則讓齊民賑(二)印

共　頁

中華民國廿八年十月八日發

梁山县政府关于查报一九三九年九月前赈款分配情形致梁山县空袭紧急救济联合办事处的公函
（一九三九年十月十七日）

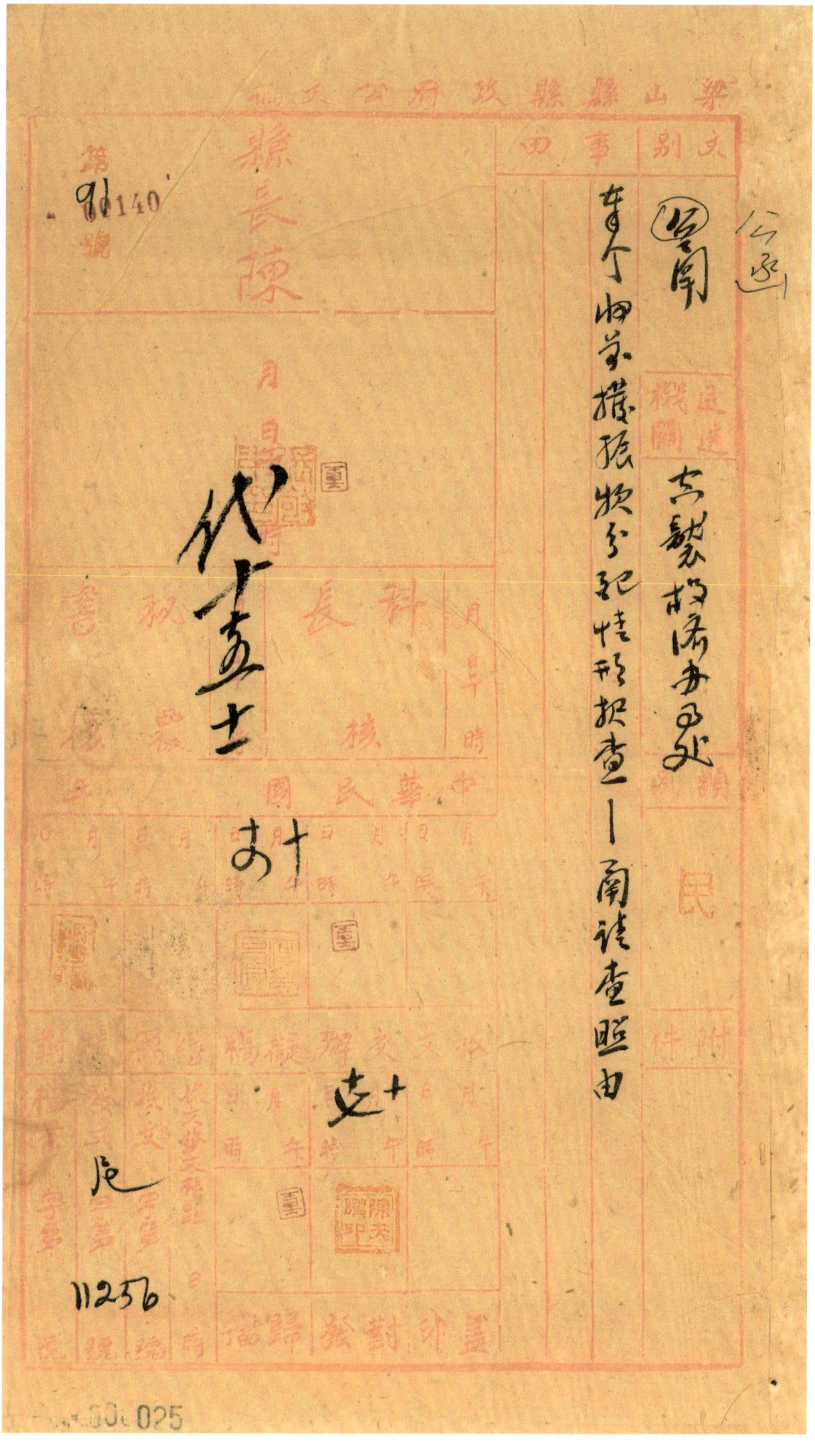
梁山縣政府公文稿

文別：公函

事由：案奉……振款分配情形報查……請查照由

縣長陳

全衔公函　廿八年民字第　号

本年十月十日案奉

四川省第十区行政督察专员公署民赈（二）字第　代电开：

「梁山陈县长：文印。先行报查为要。」

等因；奉此，相应函请

贵处烦为查照，迅将前指振款分配情形函复过府，以

凭转报为荷！

此致

梁山县各界紧急救济联合办事处

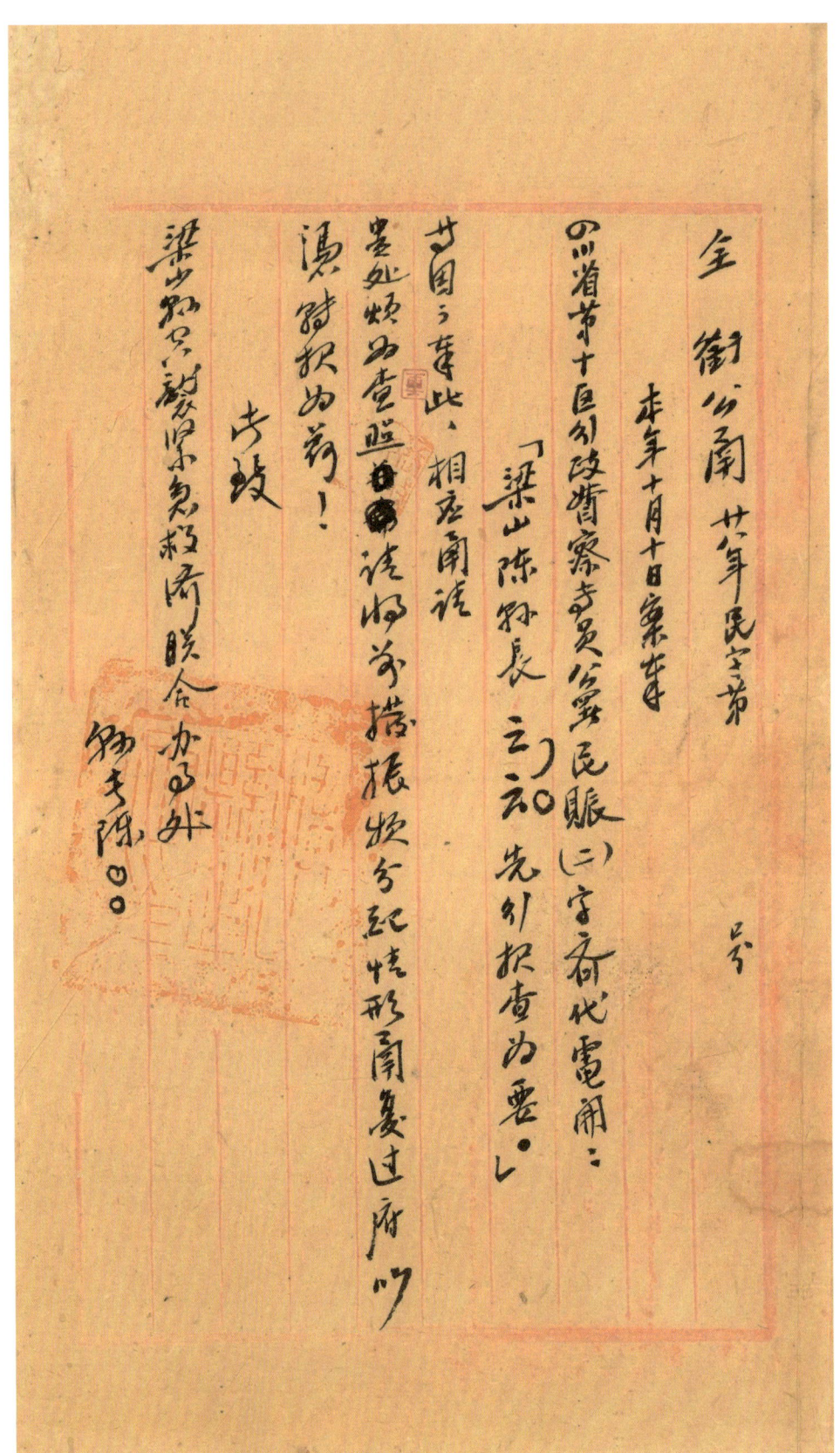

县长陈〇〇

四川省政府关于核准拨发一九三九年六月三十日空袭救济费五万元致梁山县政府的训令（一九三九年十一月十一日）

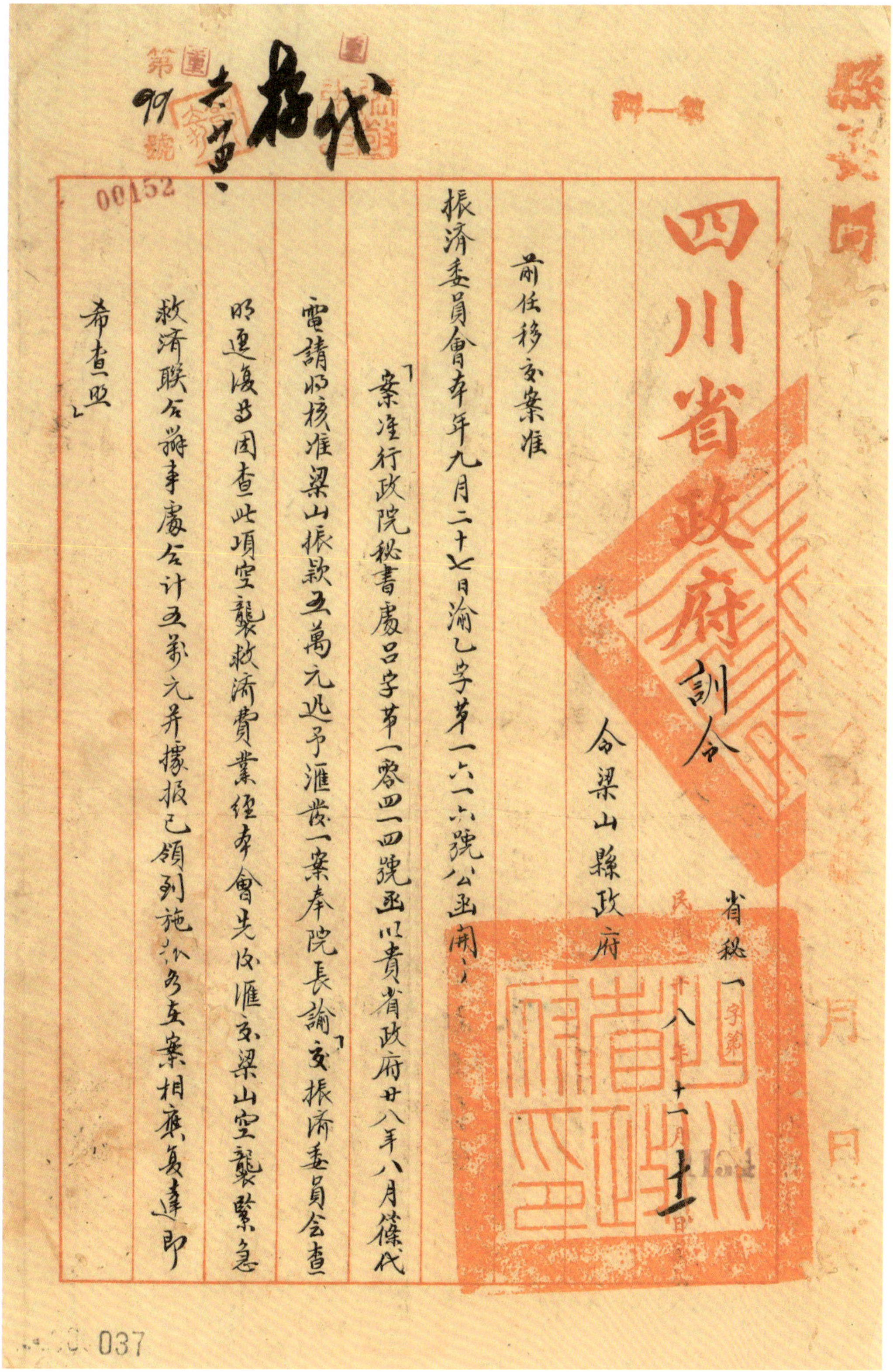

四川省政府訓令

省秘一字第八號

民國廿八年十一月十一日

令梁山縣政府

前任移交案准

振濟委員會本年九月二十七日渝乙字第一六一六號公函開：

「案准行政院秘書處呂字第一零四一四號函以貴省政府廿八年八月篠代電請將核准梁山振款五萬元迅予滙發一案奉院長諭交振濟委員會查明速復等因查此項空襲救濟費業經本會先後滙交梁山空襲緊急救濟聯合辦事處合計五萬元并據報已領到施放各在案相應復達即希查照」

00153

等由，准此。合行令仰知照。

此令。

兼理主席 蒋中正

038

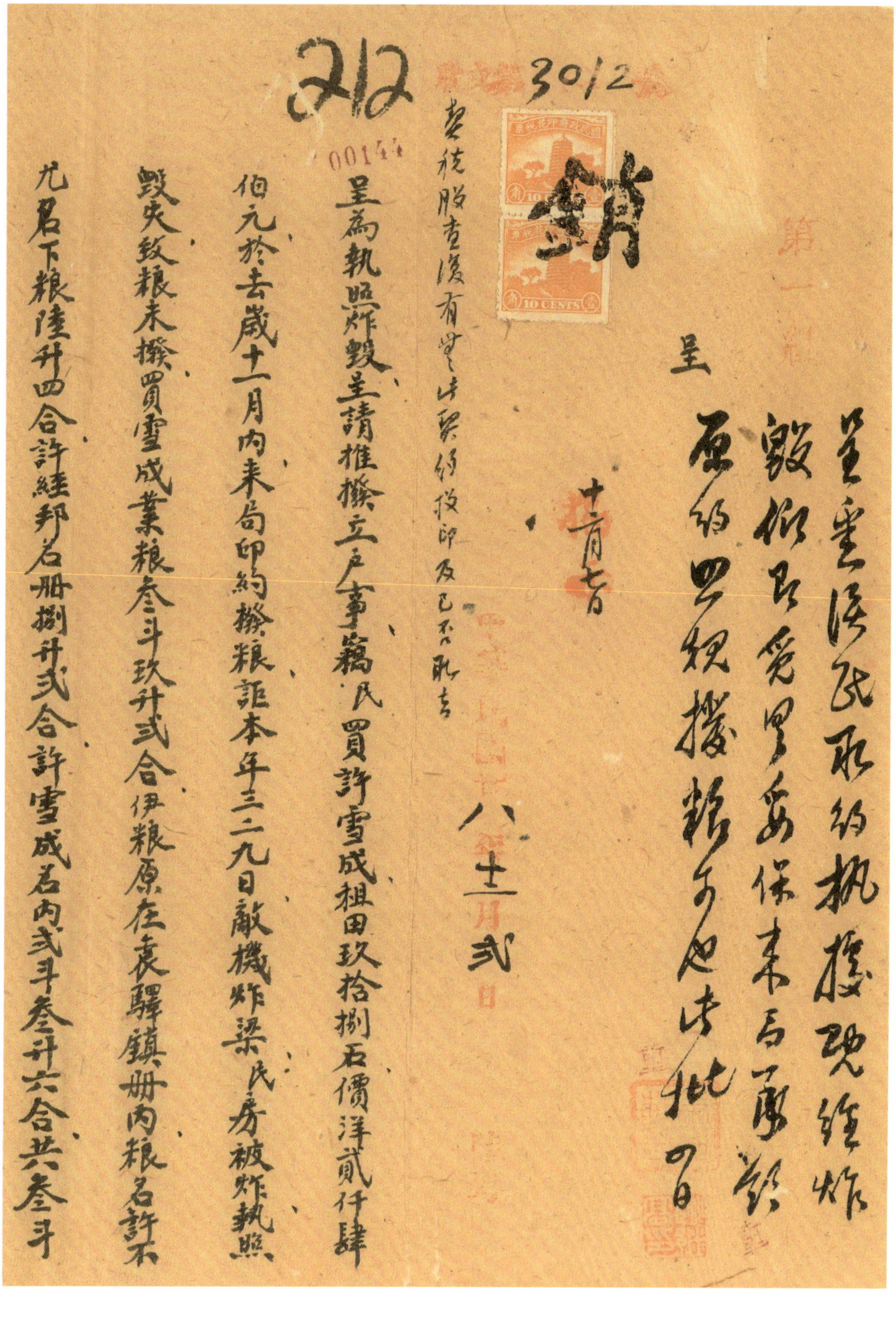

212

3012

00144

呈為執照炸毀呈請推撥立戶事。竊民買許雪成祖田玖拾捌石，價洋貳仟肆佰元，於去歲十一月內來局印約撥粮。詎本年三二九日敵機炸梁，民房被炸，執照毀失，致粮未撥。買雪成業粮叁斗玖升弍合，伊粮原在袁驛鎮冊內，粮名許示九君下粮陸升四合，許維邦名冊捌升弍合，許雪成名內弍斗叁升六合，共叁斗

交税股查復有無此項納税印及已否取去

八 十一月 弍

十一月七日

呈悉。該民所稱執據現經炸毀，仰即覓界鄰保來局承領原納四現撥粮可也。此批。

呈

钱有余关于报送一九三九年三月二十九日执照被炸毁请推拨立户致梁山县征收局的呈（一九三九年十一月）

玖升弍合推撥入城廂錢有餘廒冊名內立戶完納民原有粮壹斗捌升正在城廂可查再有買主城廂李耀誠耀結買嚴光廷田租肆拾肆石六斗價洋玖佰元其粮名係嚴立臣名下粮壹斗弍升伍合伍勺嚴遠擇名冊粮壹升陸合六勺共粮壹斗肆升弍合一勺推撥入城廂李耀誠李耀結二人名內完納稅課倘懇鑒核照上開列推撥爲荷謹呈

梁山縣徵局局長馬

公鑒

具城廂民錢有餘

中華民國二十八年十一月　日

037

刘指南关于呈报一九三九年三月二十九日、六月三十日佃房炸毁押金无着致梁山县政府的诉愿书
（一九三九年十一月）

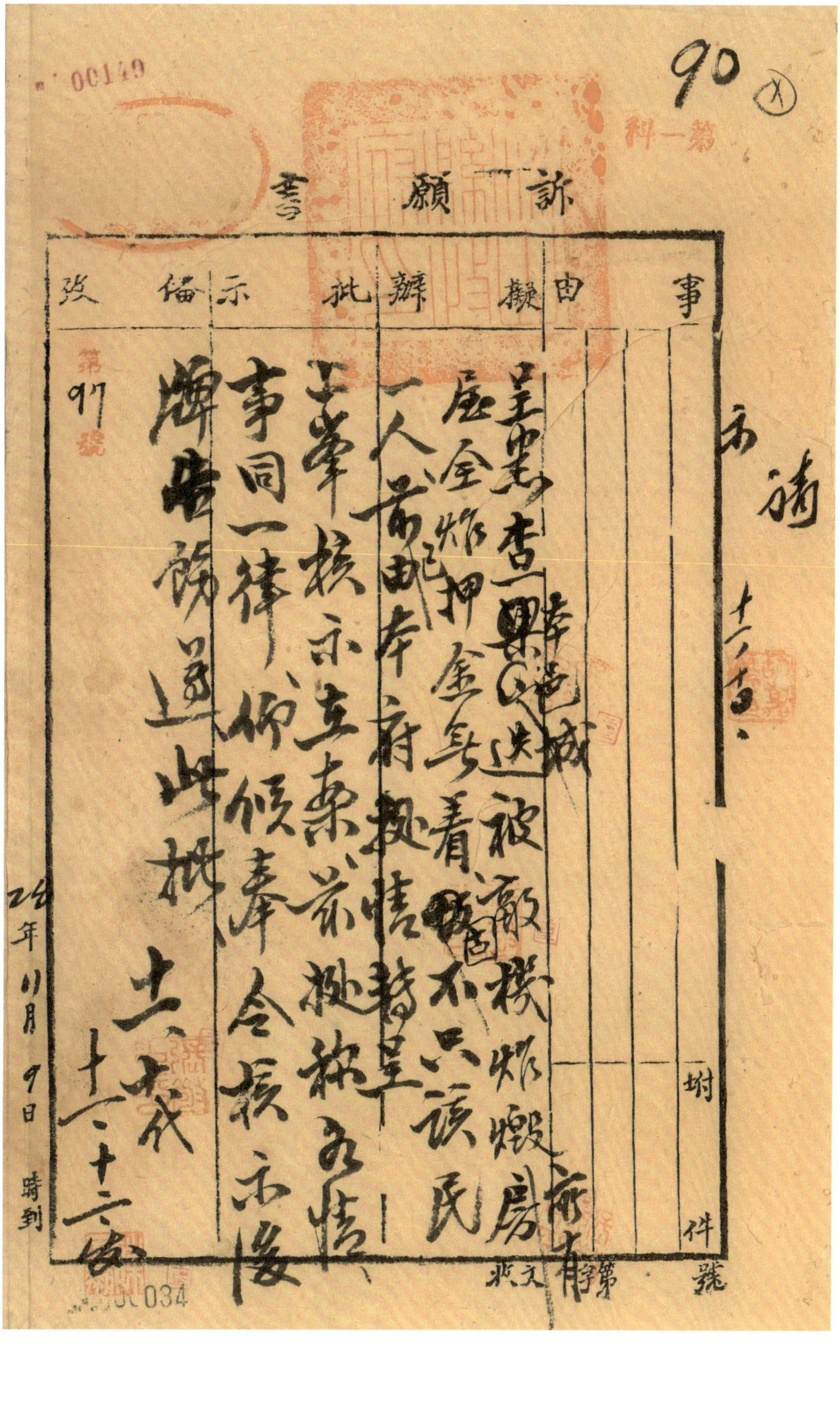

	姓名	年齡	性別	籍貫	職業	住所
再訴願人	劉措南	五三	男	梁山縣	商	北門內
代理人						
原處分決定官署						

附記

一訴願者應於再訴願人欄內將「再」字塗去並於原處分官署欄內將「決定」二字塗去再訴願人將原處分官署欄內「處分」二字塗去

二法人提起訴願或再訴願者其名稱及代表人應於再訴願人欄內分別載明

三事實及理由應分述於後

為佃房炸毀押金無着呈請示遵以免糾紛事情商在北門內營貿

爐店以洋叁佰元作押佃熊殿颺街房居住不料敵機三二九六卅兩月兩次襲梁將商貨物炸毀房屋亦被炸壞曾經聯保查明有案但房主取佃戶之押金原為杜絕佃戶課洋不清是為保証該房意外損失在存厚道之心者不待佃戶過問還出押金商於六月向該殿颺索還押金推約秋收後設法付給商昨面會殿颺竟失前言改稱民間房屋敵機炸毀中央明令給予賠償商之押金候清平時方能歸還等語商稍識文字未見明文撫恤果有房被炸毀予以撫恤而商貨物動用器具等被炸亦沾惠澤就竟有無明令清平時方還押金商不得知是以聲懇

鈞府鑒核批示祇遵俾商押金有着以杜糾紛不勝沾感謹呈

梁山縣縣長陳

公鑒

附呈證據文件應記明於此

訴願人劉指南簽名蓋章押

代表人　簽名蓋章

代理人　簽名蓋章

保人　簽名蓋章

中華民國二十八年十一月　　日

梁山县空袭紧急救济联合办公处关于检送一九三九年历次被炸伤亡损失报告表致梁山县政府的公函（一九三九年十二月一日）

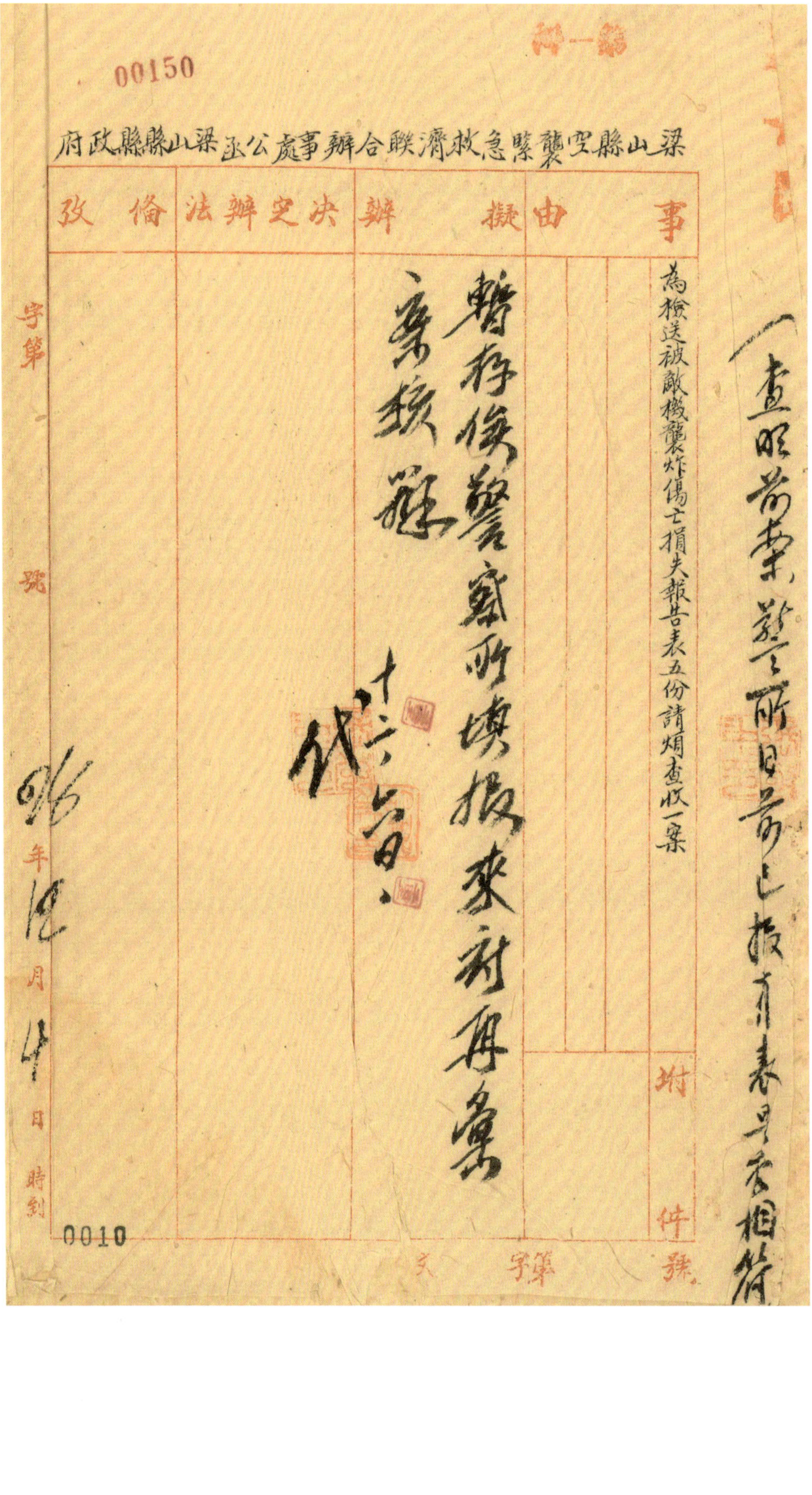

00150

梁山縣空襲緊急救濟聯合辦事處公函梁山縣縣政府

事由	擬辦	決定辦法	備攷
為檢送被敵機襲炸傷亡損失報告表五份請煩查收一案	暫存俟警察所填報來府再彙案核辦		
附件			

第　字　號

年 12 月 4 日 時刻

0010

第　字　文　號

梁山縣空襲緊急救濟聯合辦事處公函　字第　號

二十八年十一月十八日案准

貴府民字第一一六六五號公函抄送振濟會頒發被敵機襲炸傷亡損失報告表囑予查照填報等由准此茲將本年度屢次被炸傷亡損失情形按照表列各項逐一填楚除分別呈報外相應檢同報告表五份函送

貴府查照為荷

此致

梁山縣縣政府

計檢送被敵機襲炸傷亡損失報告表五份

主任委員陳興雯

副主任委員傅厚澤
丁廷俠

中華民國二十八年十二月一日

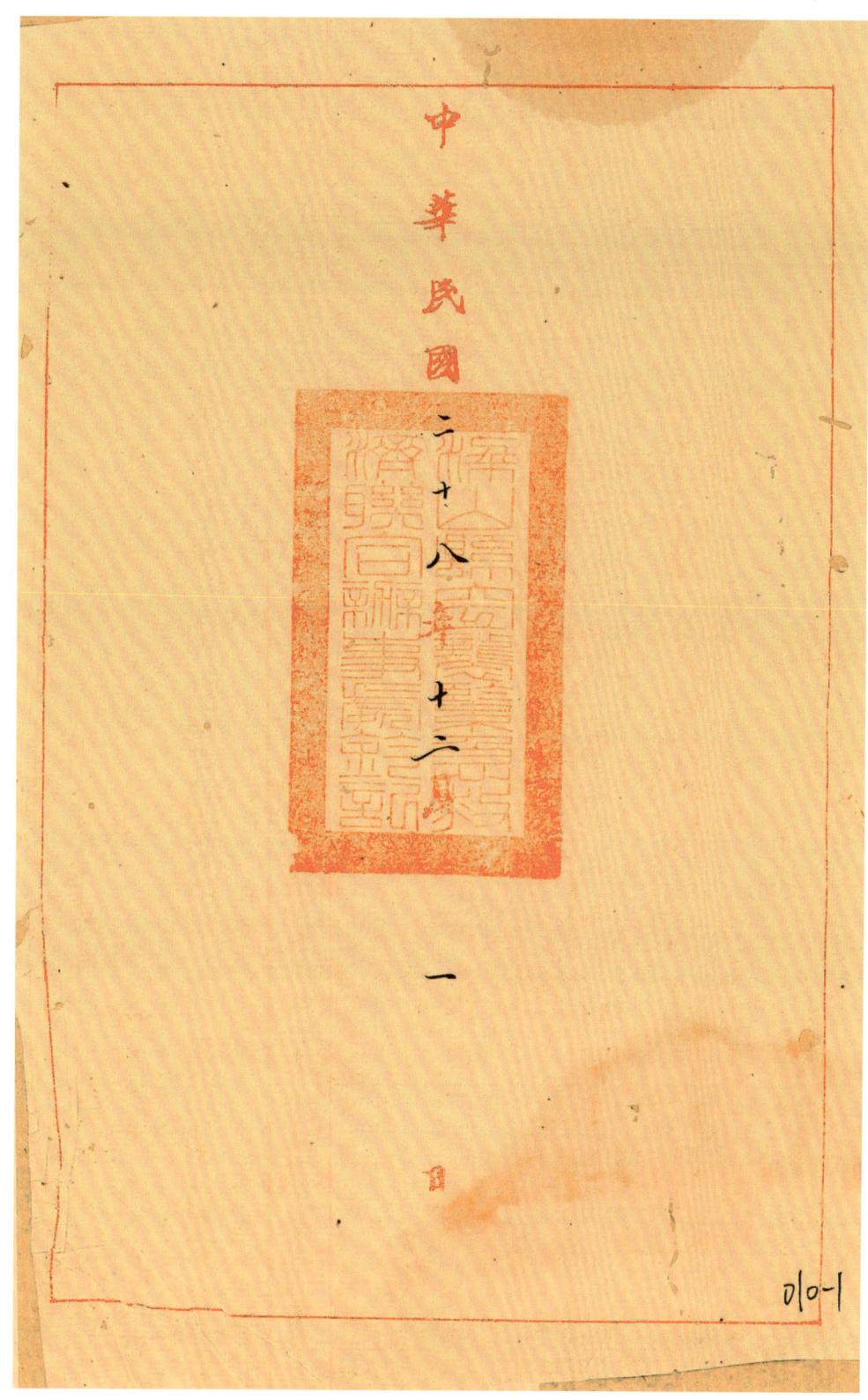

D10-1

附：四川省梁山县被敌机轰炸伤亡损失报告表（一九三九年十二月一日）

00152

四川省梁山縣被敵機襲炸傷亡損失報告表

民國二十八年十二月一日填報

報告機關　梁山縣空襲緊急救濟聯合辦事處

被災區域		被炸日期			次數	傷亡人數			毀屋間數			振卹款數	振卹人數	振卹辦法	損失估計	備考
省別	縣別	年	月	日		輕傷	重傷	死亡	炸毀	燃燒	震毀					
四川	梁山	二十八年	三月	二十九日	第四次	一七四人	一一二人	二五九人	一四九五間	無	一三四五間	1、振款共一三八三二元 2、無息貸款共三二七五元	1、傷亡六五四五人 2、借貸無息款者共六五五五人	凡受輕傷者適照規定給卹十元，重傷二十元，死亡三十元；房屋炸燬無家可歸者經會議議決照人口計算，每人適以五角發給，藉資急振	此次炸燬房屋計二七〇〇間，以市價每間一〇〇元扣，約值銀二七〇〇〇〇元；炸燬物件種類繁多，其價格自難一一估算，約計損失值銀一二五〇〇餘元，連炸燬現銀二〇〇餘元，綜計損失約值銀三九五五〇〇餘元	1、本表所列傷亡人數係就各被炸鄉鎮冊報之合計數字填造 2、救聯處經手發放傷亡撫卹金二三五〇元，急振銀二〇八二元 3、賓專員曉東經手發放傷亡撫卹金九五〇〇元，所有結單收據均已攜走 4、此次急振每人僅發給五角，各災民以損失過鉅，生活無着，請准爲難民總站主任張建參撥款三二七五元辦理無息借貸，經振大會議決定每戶貸給五元

0012

四川省梁山縣被敵機襲炸傷亡損失報告表

報告機關　梁山縣空襲緊急救濟聯合辦事處　　民國二十八年十二月一日填報

被災區域		被炸日期			次數	傷亡人數			毀屋間數			振卹款數	振卹人數	振卹辦法	損失估計	備考
省別	縣別	年	月	日		輕傷	重傷	死亡	炸毀	燃燒	震毀					
四川	梁山	二十八年	六月	三十日	第五次	二一人	二九人	二〇人	七四間	一四一間	二三五間	共二七〇六元	共二六〇人	凡受輕傷者遵照規定給卹十元重傷二十元死亡三十元房屋炸燬無家可歸者經會議議決半燬每人給生活費一元五角全燬每人給生活費三元	此次炸燬房屋計四七〇間以市價每間一百元扣約值銀四七〇〇〇元炸燬物件種類繁多其價自難一一估算約計損失值銀二七三〇餘元兩共計銀四九七三〇餘元	振卹款數內傷亡佔銀一三九〇元急振佔銀一三一六元其詳細細數容後冊報

00147

四川省梁山縣被敵機襲炸傷亡損失報告表

報告機關　梁山縣空襲緊急救濟聯合辦事處　　　　民國二十八年十二月一日 填報

被災區域		被炸日期			次數	傷亡人數			毀屋間數			振卹款數	振卹人數	振卹辦法	損失估計	備考
省別	縣別	年	月	日		輕傷	重傷	死亡	炸毀	燃燒	震毀					
四川	梁山	二十八年	九月	一日	第六次	一一人	四人	二人	八〇間	無	七八間	共九七六元	共一〇四人	凡受輕傷者遵照規定給卹十元重傷二十元死亡三十元房屋炸燬無家可歸者者經會議議決半燬每人給生活費二元全燬每人給生活費三元	此次炸燬房屋計一五八間以市價每間一〇〇元扣約值銀一五八〇〇元炸燬貨件種類繁多其價自難一一估算約計值銀一三〇二元兩共計損失值銀一七一〇二餘元	振卹款數內傷亡佔銀二五〇元急振佔銀七二六元其詳細數容後册報

0007

四川省梁山縣被敵機襲炸傷亡損失報告表

報告機關　梁山縣空襲緊急救濟聯合辦事處　　民國二十八年十二月一日填報

被災區域		被炸日期			次數	傷亡人數			毀屋間數			振卹款數	振卹人數	振卹辦法	損失估計	備考
省別	縣別	年	月	日		輕傷	重傷	死亡	炸毀	燃燒	震毀					
四川	梁山	二十八年	九月	二十九日	第七次	六人	八人	三〇人	二八間	無	三七間	共一二三二元	共六五人	凡受輕傷者遵照規定給卹十元重傷二十元死亡三十元房屋炸燬無家可歸者經會議議決半燬每人給生活費二元全燬每人給生活費三元	此次炸燬房屋計六五間以市價每間一〇〇元扣約值銀六五〇〇元炸燬物件種類繁多其價自[illegible]一一估算約計損失值銀一〇〇〇餘元兩共計銀七五〇〇餘元	振卹款數內傷亡佔銀一一二〇元急振佔銀一一二元其詳細細數容後冊報

P155

四川省梁山縣被敵機襲炸傷亡損失報告表

報告機關　梁山縣空襲緊急救濟聯合辦事處　　　　民國二十八年十二月一日填報

被災區域		被炸日期			次數	傷亡人數			毀屋間數			振卹款數	振卹人數	振卹辦法	損失估計	備考
省別	縣別	年	月	日		輕傷	重傷	死亡	炸毀	燃燒	震毀					
四川	梁山	二十八年	十月	十三日	第八次	一六人	一四人	二八人	一〇二四間	無	七四一間	共四六四五元	共五九六人	凡受輕傷者遵照規定給卹十元重傷二十元死亡三十元房屋炸燬無家可歸者經會議議決仍援「九一」「九二九」兩次之例半燬每人給生活費二元全燬每人給生活費三元	此次炸燬房屋計一七六五間以市價每間一〇〇元扣約值銀一七六五〇〇元炸燬物件繁多種類不同其價目難一一估計大約可值銀一三〇〇〇〇餘元兩次損失達三〇六五〇〇餘元	振卹款數內傷亡佔銀一二八〇元急振佔銀三三六五元其詳細數容後冊報

0015

梁山县政府关于告知一九三九年三月二十九日、六月三十日被炸灾民来县政府登记损失的牌告
（一九三九年十二月七日）

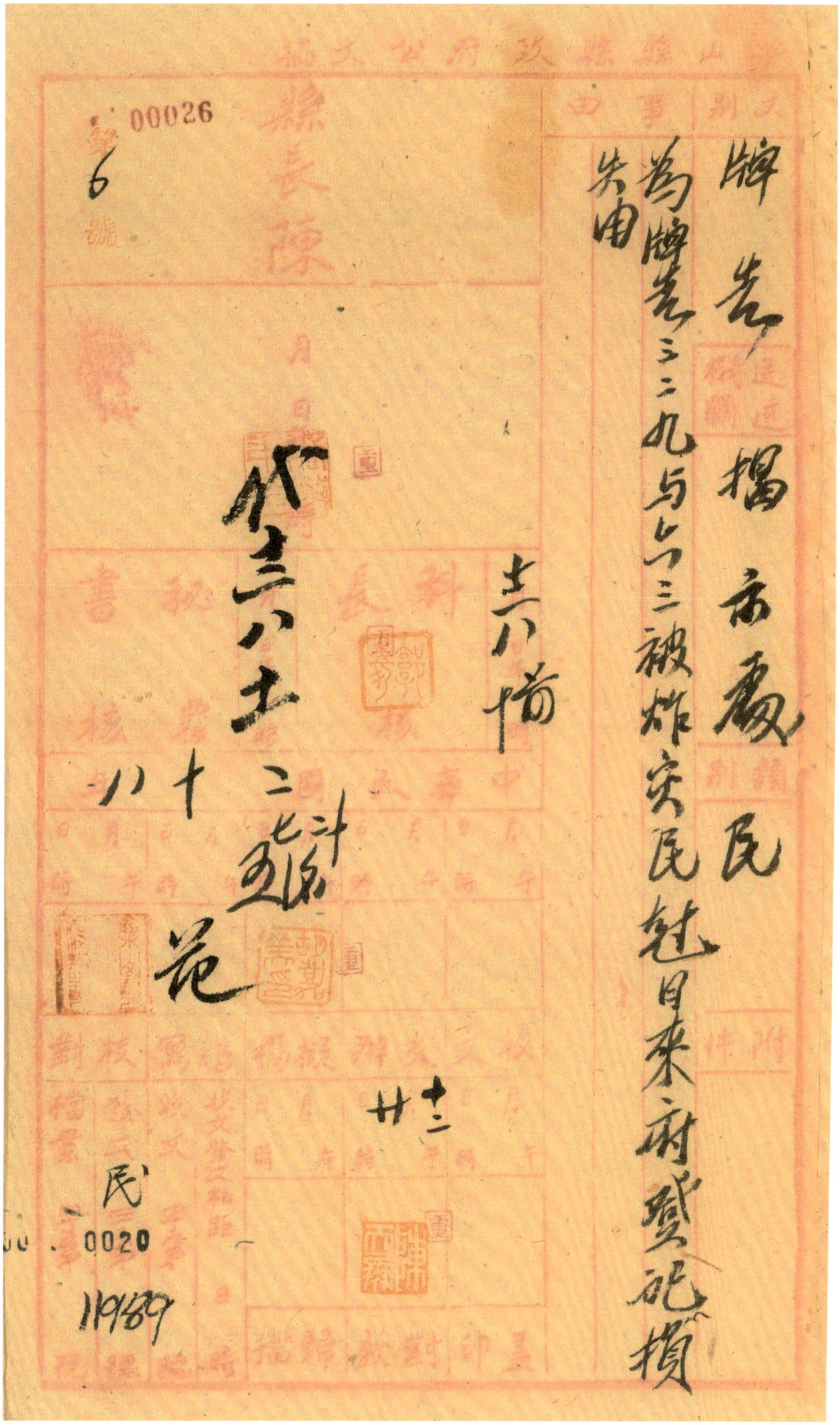
梁山縣政府公文稿

縣長陳

牌告 揭示 灾民

為牌告三二九与六三被炸灾民速日來府登記損失由

令

衔牌告（三十年十一月民字第　　号）

案查前据县属农会联合会等呈以迭遭
敌机轰炸，灾情惨重，协恳转呈准予缓征
粮税，免纳房捐，及地方附加，保甲杂派各款，
并恳拨款救济一案，当经转呈
四川省政府核示在案。旋于本年十一月
廿三日奉 府同年财字第一九一九号指令开：
「呈悉。据呈已悉，该县府六二〇〇卯即遵照。此令。」
等因。奉此，经分函知照，并转咨县征
收局查照办理去讫。兹于本年十一月六日准

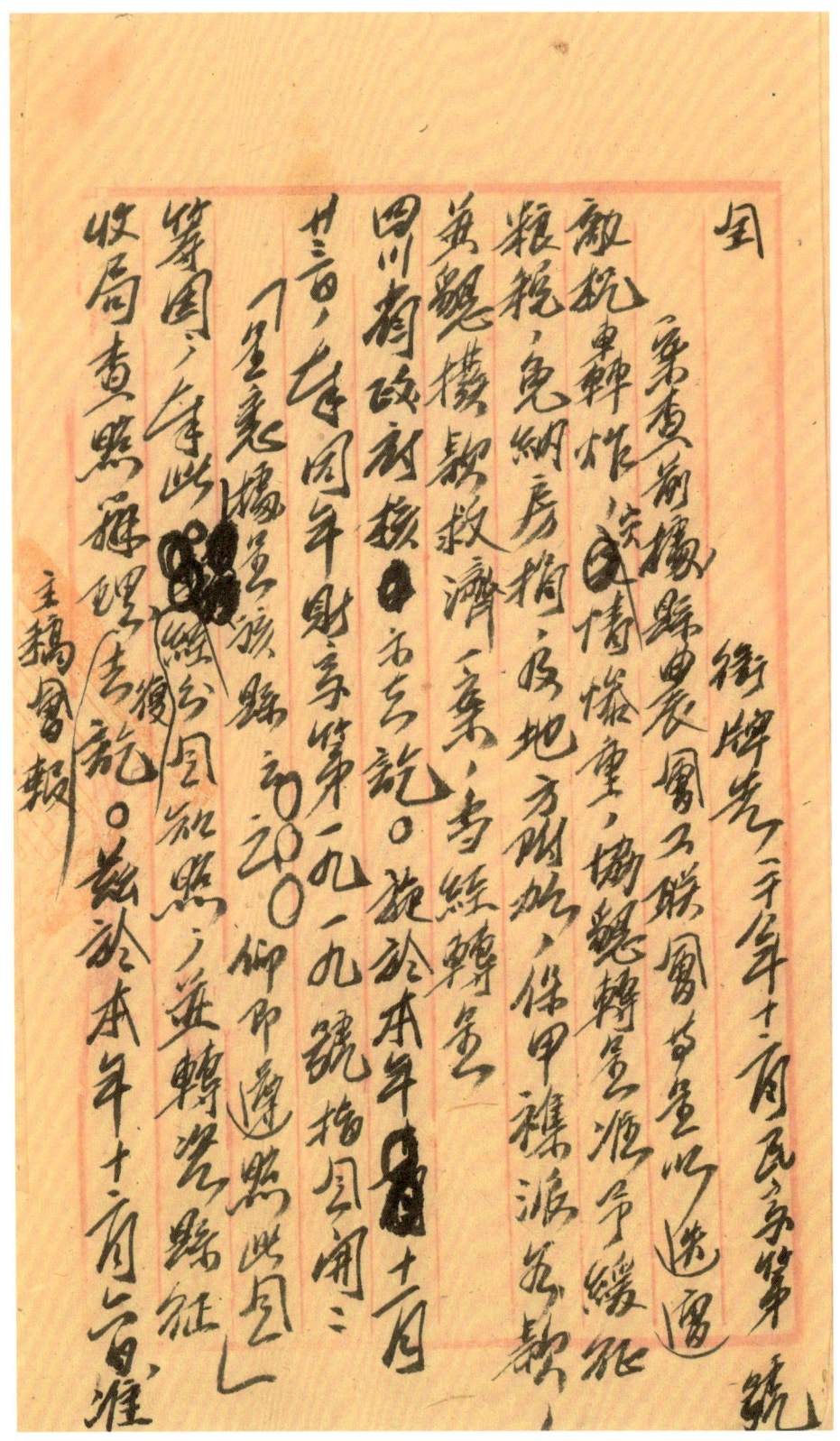

主稿 曾毅

梁山縣稅收局三十八年稅字第九八五號簽開：

「案准 貴府民字2080號函報為蘇此巷災由，准此。因奉轉告，仰各該受災難民

令各部便遵照，並迅日來府登記損失，以憑會同縣稅收局造冊轉報，何延為要！」

此告。

中華民國二十八年十二月七日

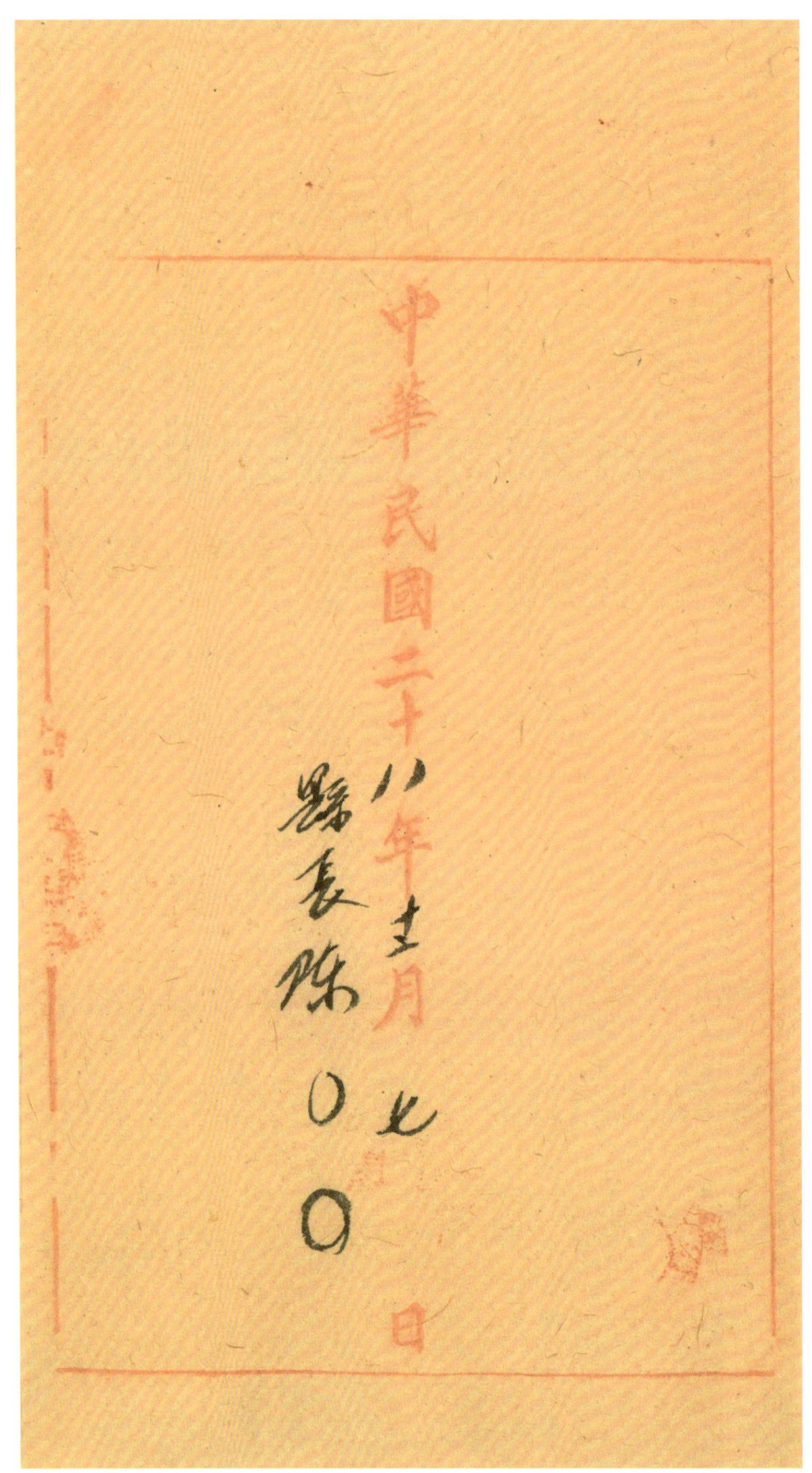

縣長陳〇〇

梁山县警察所关于补报一九三九年九月、十月日机轰炸情形致梁山县政府的签呈（一九三九年十二月八日）

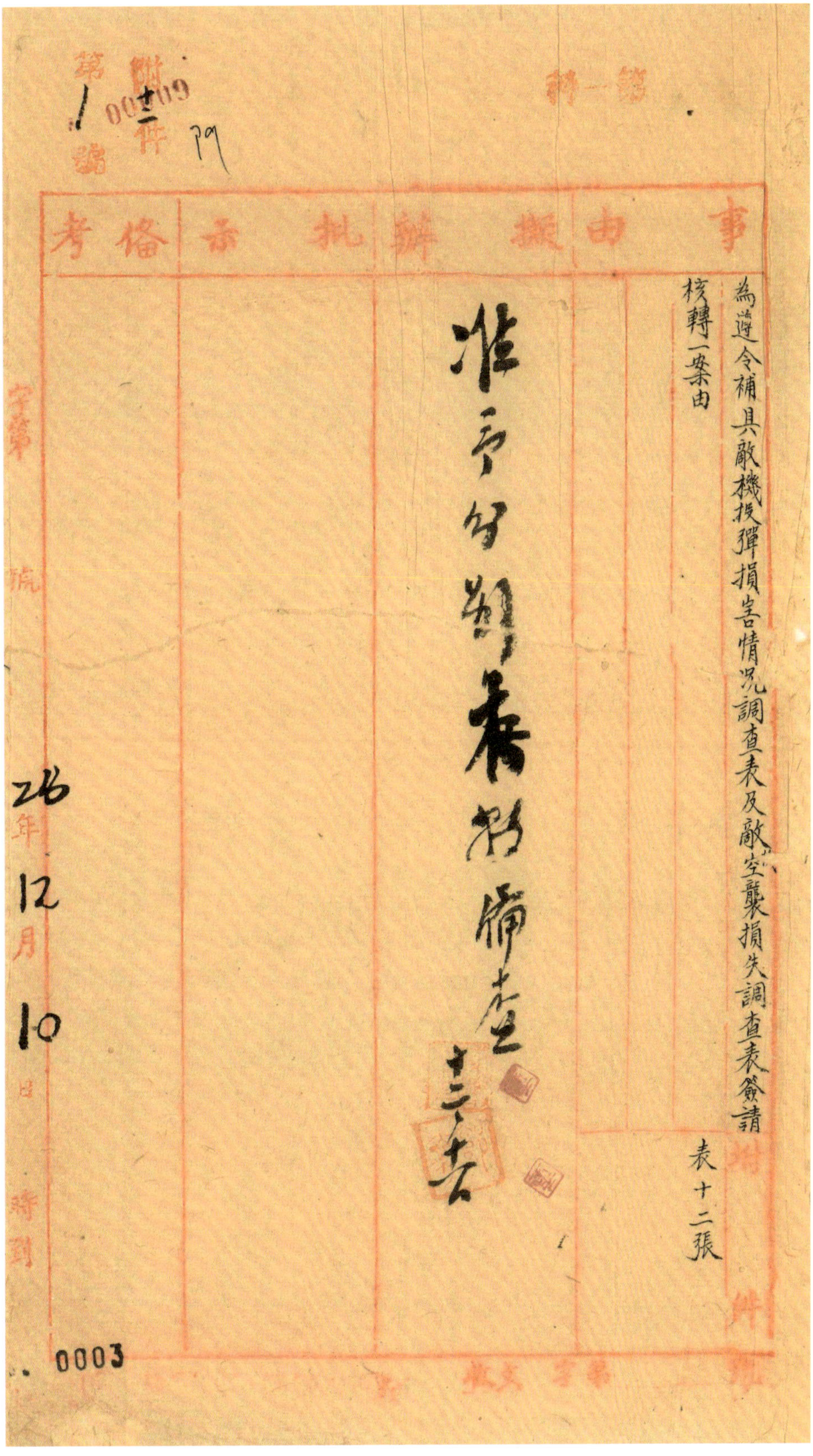

第 1 號　附 十二 件　79

00109

收文 第一號

事由：為遵令補具敵機投彈損害情況調查表及敵空襲損失調查表簽請核轉一案由

附件：表十二張

擬辦：

批示：准予分別彙報備查　十二、十六

備考：

字第　號

28 年 12 月 10 日 時到

0003

簽呈　二十八年十二月八日 於 警察所

案查前為遵令查報九十兩月被炸詳情簽請　鈞府核轉去訖，旋奉二十八年民字第一一九三四號指令開：

「呈表均悉查所呈敵機投彈損害情況調查表及敵機空襲損失調查表兩種各均僅有一份不敷存轉仰即依式各補呈二份來府用備分別呈轉為要此令」

等因；奉此，遵即依式各補填二份，理合具文賫請

鈞府，俯賜核轉，指令祇遵。

謹呈

梁山縣縣政府

計呈敵機投彈損害情況調查表六張敵機空襲損失調查表六張共一十二張

00019

警佐陳連科

00 8 0013

中華民國二十八年十二月八日

附一：一九三九年九月一日敌机投弹损害情况调查表（一九三九年九月一日）

P13

00013

敵機投彈損害情況調查表 二十八年九月一日

序次	別類			損害情況	附記
1	損害地點			四川省梁山縣	
2	損害時間			二十八年九月一日 時	
3	投彈數量及高度			一百三十六枚約八百公尺上下	
4	炸彈類種及重量			急性炸彈大者約二百五十公斤小者一百餘公斤	
5	土質			夾沙泥	
6	被炸處漏斗孔			深四至七公尺 直徑三至五公尺	
7	偏離轟炸目標			偏離一百五十公尺	
	及破片最遠距離			距離一百八十公尺	
8	震倒建築物間數			房屋七十八間估值七千八百元	
9	炸毁建築物間數			房屋八十間估值八千元	
10	毒化範圍			無 平方公尺	
11	死傷人畜及原因	死	人口	原因炸死男女各一人	
			牲畜	原因無	
		傷	人口	原因炸傷十五人男九女六	
			牲畜	原因無	

省（市島）防空司令（指揮官）蓋章　　調製者警佐

1..0007

附二：一九三九年九月一日敌机空袭损失调查表（一九三九年九月一日）

附 11090

敵機空襲損失調查表　填表者　二十八年九月一日

空襲地點		空襲日期			警報時刻		空襲	投擲彈數		人口損失數目								房屋損害間數			其他損失情形	救護情形	備考
市縣名	城鄉鎮	年	月	日	起	訖	次數	爆炸	未炸	死亡男	死亡女	受傷男	受傷女	失蹤男	失蹤女	合計男	合計女	震倒	炸毀	合計			
梁山縣	城廂	二十八年	九月	一日	二一、四〇	〇二、四〇	一次	一百三十六枚	無	一人	一人	九人	六人	無	無	十人	七人	七十八間	八十間	毀屋一五八間	炸毀貨件甚多種類繁複自難一一估計大約損失值洋一三〇二元	輕傷十元重傷二十元死亡三十元由空襲緊急會辦事處按名發給	

填表須知

1、此表於被空襲後五日內填具呈報

2、填表應注意事項

(甲)空襲地點項各城鄉鎮欄填註被炸地點

(乙)警報時刻項起字欄係填註空襲警報時刻止字欄填註解除警報時刻

(丙)人口房屋以外之損失填註於其他損失欄內

(丁)表門列各項外如炸彈重量爆炸之勢力圈及炸彈入土坑之深闊苟能調查時於備考欄內註明

3、表上除由填報機關加蓋印信外填表人加蓋私章

四川省政府製

00　0008

譽佐

附三：一九三九年九月二十九日敌机投弹损害情况调查表（一九三九年九月二十九日）

p 15

敵機投彈損害情況調查表 二十八年九月二十九日

序次	别類			損害情況	附記
1	損害地點			四川省梁山縣	投彈一百八九十枚内有光明彈二三十枚未爆彈一枚合併聲明
2	損害時間			二十八年九月二十九日　時	
3	投彈數量及高度			一百八九十枚高約七八公尺	
4	炸彈種類及重量			急性炸彈及光明彈兩種重約一百至二百五十公斤	
5	土質			夾沙坭	
6	被炸處漏斗孔			深三至六七公尺　直徑二至五六公尺	
7	偏離轟炸目標			偏離一百三四十公尺	
	及破片最遠距離			距離一百二三十公尺	
8	震倒建築物間數			三十七間估價三千七百元	
9	炸毁建築物間數			二十八間估價二千八百元	
10	毒化範圍			無　平方公尺	
11	死傷人畜及原因	死	人口	原因炸死三十人男十八女十二	
			牲畜	原因無	
		傷	人口	原因炸傷十四人男十一女三	
			牲畜	原因無	

省（市、區）防空司令（指揮官）蓋章　調製者警佐

0009

附四：一九三九年九月二十九日敌机空袭损失调查表（一九三九年九月二十九日）

P16

0016

敵機空襲損失調查表　填表者　二十八年九月二十九日

空襲地點		空襲日期			警報時刻		空襲	投擲彈數		人口損失數目								房屋損害間數			其他損失情形	救護情形	備攷	填表須知
										死亡		受傷		失踪		合計								
市縣名	城鄉鎮	年	月	日	起	訖	次數	爆炸	未炸	男	女	男	女	男	女	男	女	震倒	炸毁	合計				
梁山縣	城廂夂西外毛家河一帶	二十八年	九月	二十九日	二三、〇一	〇三、二〇	三次	一六〇枚	一枚	十八人	十二人	十一人	三人	無	無	二十九人	十五人	三十七間	二十八間	六十五間	炸毁物件種類甚多難於一一估計約值洋一千元	輕傷給卹十元重傷二十元死亡三十元		一、此表於被空襲後五日內填具呈報 二、填表應注意事項 （甲）空襲地點項各城鄉鎮欄填註被炸地點 （乙）警報時刻項起字欄係填註空襲警報時刻止字欄填註解除警報時刻 （丙）人口房屋以外之損失填註於其他損失情形欄內 （丁）表列到各項外如炸彈重量爆炸之勢力圍及炸彈入土坑之深濶符能調查時於備攷欄內註明 三、表上除由填報機關加蓋印信外填表人加蓋私章

0010

四川省政府製　　警佐

附五：一九三九年九月敌机空袭统计表（一九三九年九月）

P17 敵機空襲統計表 二十八年九月份

日	時	空襲地點	空襲次數	敵機架數	投彈枚數	損害情形					附記
						房屋		人口		其他	
						炸燬	震倒	死	傷		
一日	二一.四〇	城廂	一次	十八架	一百三十六枚	八十間	乂十八間	二人	一十五人	一三〇二元	以上被炸詳情無法查填合併陳明
二十九日	二三.〇一	城廂及西外毛家河帶	一次	九架	一百八九十枚	二十八間	三十乂間	三十人	一十四人	一〇〇〇元	
總計 本月											
總計 連前											

00 . 0011

附六：一九三九年十月十三日敌机投弹损害情况调查表（一九三九年十月十三日）

敵機投彈損害情況調查表　二十八年十月十三日

序次	類別	損害情況	附記
1	損害地點	四川省梁山縣	
2	損害時間	二十八年十月十三日　時	
3	投彈數量及高度	三百一十四枚約一千二百公尺	
4	炸彈類種及重量	急性炸彈與定期性管兩種一百至二百五十公斤	
5	土質	夾沙泥	
6	被炸處漏斗孔	深三至七八公尺　直徑三至八公尺	
7	偏離轟炸目標	偏離二百五六十公尺	
	及破片最遠距離	距離四十或五六十公尺	
8	震倒建築物間數	七百四十一間估值七万四千一百元	
9	炸毀建築物間數	一千零二十四間估值一十萬零二百四十元	
10	毒化範圍	無　平方公尺	
11	死傷人畜及原因	死　人　口　原因炸死二十八人男十九女九	
		死　牲　畜　原因無	
		傷　人　口　原因炸傷二十人男六女十四	
		傷　牲　畜　原因無	

省（市、縣）防空司令（指揮官）　　調製者　警佐

0004

附七：一九三九年十月十三日敌机空袭损失调查表（一九三九年十月十三日）

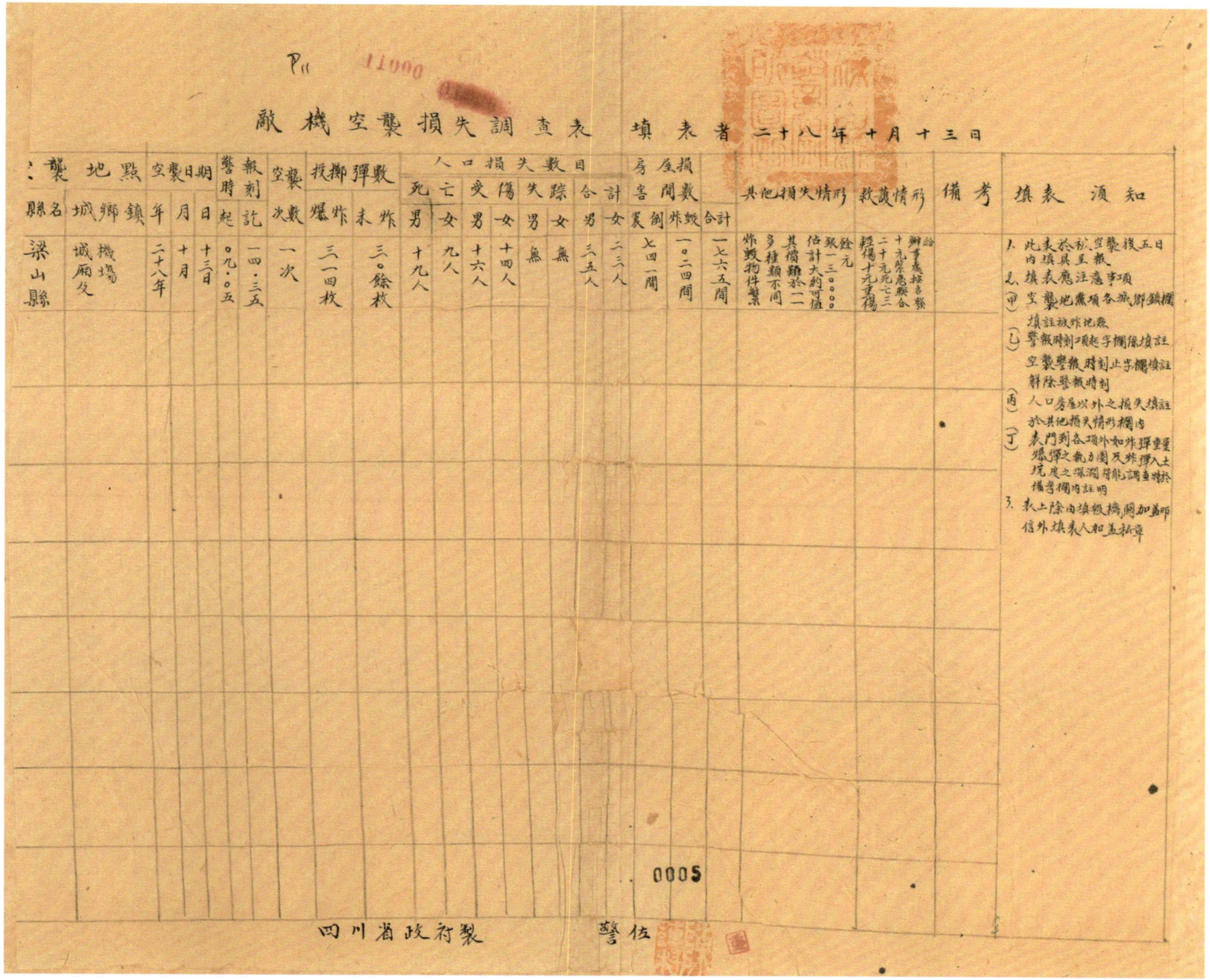

敵機空襲損失調查表　填表者　二十八年十月十三日

空襲地點 縣名	空襲地點 城鄉鎮	空襲日期 年	空襲日期 月	空襲日期 日	警報時刻 起	警報時刻 訖	空襲次數	投擲彈數 爆炸	投擲彈數 未炸	人口損失數目 死亡 男	人口損失數目 死亡 女	人口損失數目 受傷 男	人口損失數目 受傷 女	人口損失數目 失蹤 男	人口損失數目 失蹤 女	人口損失數目 合計 男	人口損失數目 合計 女	房屋損害間數 震倒	房屋損害間數 炸毀	房屋損害間數 合計	其他損失情形	救護情形	備考
梁山縣	機場城廂鎮	二十八年	十月	十三日	〇九·〇五	一四·三五	一次	三一四枚	三〇餘枚	十九人	九人	十六人	十四人	無	無	三五人	二三人	七四一間	一〇二四間	一七六五間	炸毀物件繁多種類不同其價難於一一估計大約可值賬一三〇〇〇〇餘元	輕傷十元重傷二十元死亡三十元緊急賑合卹費應按名發給	

填表須知

1. 此表於敵機空襲後五日內填具呈報
2. 填表應注意事項
(甲) 空襲地點項各城鄉鎮欄填註被炸地點
(乙) 警報時刻項起字欄係填註空襲警報時刻止字欄填註解除警報時刻
(丙) 人口房屋以外之損失填註於其他損失情形欄內
(丁) 表門列各項外如炸彈重量爆彈之軌力圍及炸彈入土坑度之深闊均能調查時於備考欄內註明
3. 表上除由填報機關加蓋印信外填表人加蓋私章

四川省政府製

0005

警佐

附八：一九三九年十月敌机空袭统计表（一九三九年十月）

P12 敵機空襲統計表 二十八年十月份

日	時	空襲地點	空襲次數	敵機架數	投彈枚數	損害情形：房屋：炸毀	損害情形：房屋：震倒	損害情形：人口：死	損害情形：人口：傷	損害情形：其他	附記
十三	〇九〇五	城厢及機場	一次	三十六架	三百一十四枚	一〇二〇間	七四一間	二十八人	三十人	一三〇〇〇〇餘元	以前被炸詳情無法查填合併陳明
本月											
連前											

S1000

C0 . 0006

梁山县警察所关于报送一九三九年十二月十八日、十九日敌机轰炸情形致梁山县政府的签呈（一九三九年十二月二十六日）

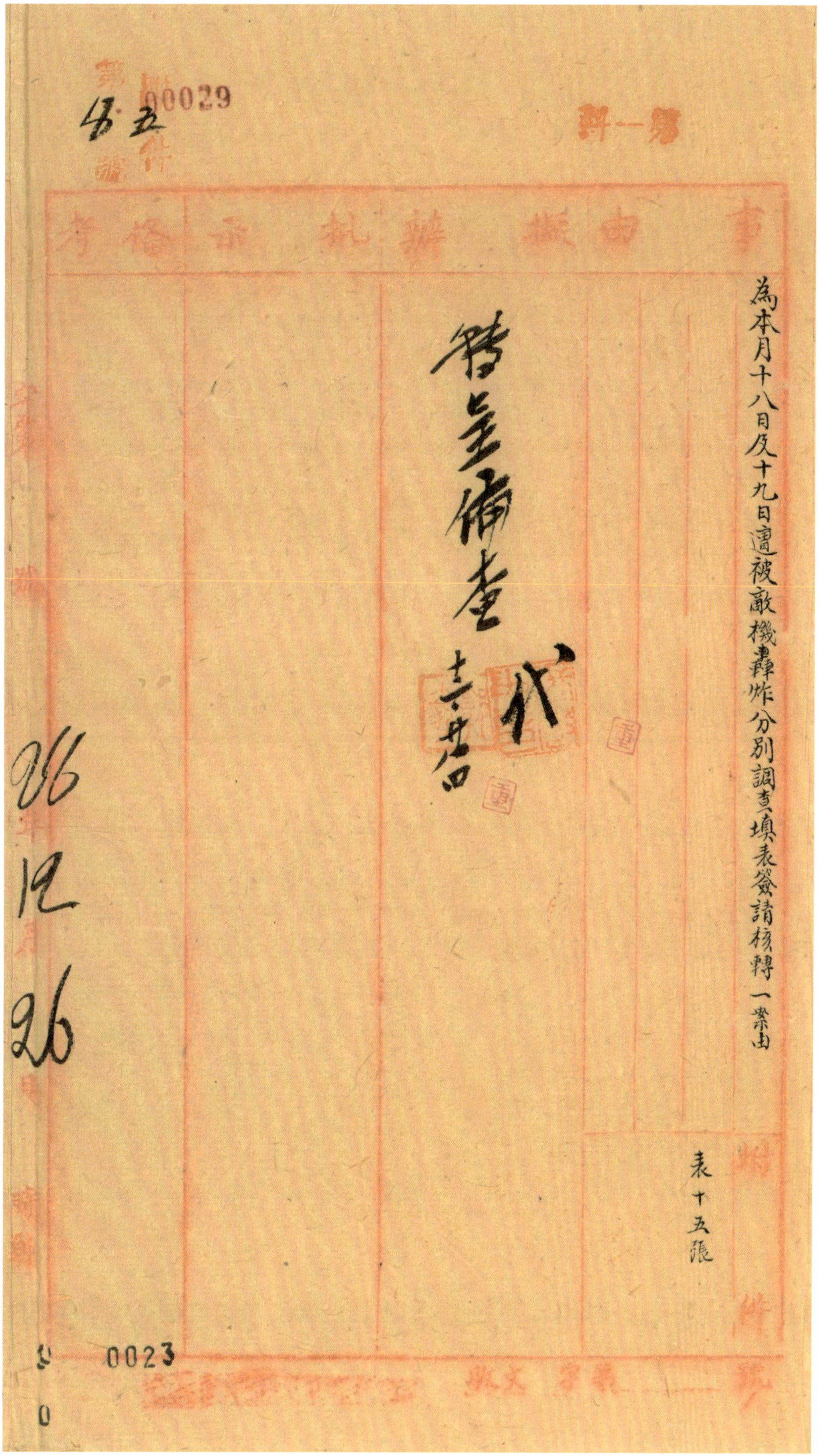

第一科

事由　擬辦　批示　備考

為本月十八日及十九日遭被敵機轟炸分別調查填表簽請核轉一案由

表十五張

轉呈備查

代

26 12 26

00029

0023

簽呈 二十八年十二月二十六日
於警察所

竊查本月十八日午前十一鐘，突來敵機二十七架，由城東侵入市空，經八廟地段向北外銀水巷高板橋飛過，中間一帶，及機場一部份，投擲大小炸彈壹百六十一枚，旋於十九日又來敵機二十六架，由城西侵入市空，經北外機場向東飛行，其間機場內投擲大小炸彈壹百四十六枚，所有以上兩日被炸傷亡人數，暨損毀公私建築物，登即派警調查明白，依照前次奉頒敵機投彈損害情況調查表，敵機空襲損失調查表，敵機空襲統計表三種，分別填具各三份，理合備文賫請

鈞府，俯賜核轉，指令祇遵。

謹呈

梁山縣縣政府

計呈敵機投彈損害情況調查表六張敵機空襲損失調查表六張敵機空襲統計表三張計表三種合共壹十五張

警佐陳速科

中華民國二十八年十二月　日

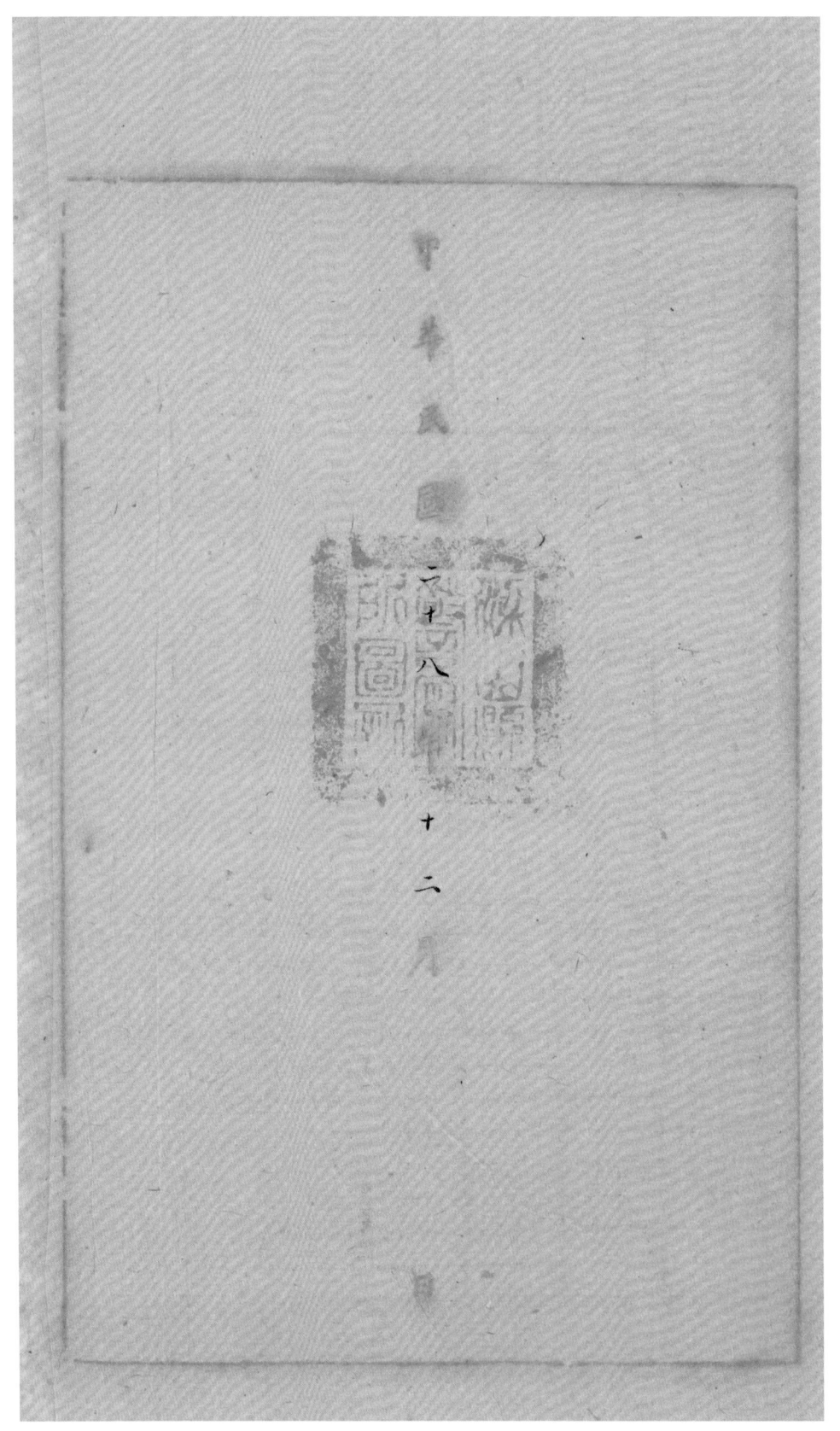

附一：一九三九年十二月十八日敌机投弹损害情况调查表（一九三九年十二月十八日）

00034

敵機投彈損害情况調查表二十八年十二月十八日

序次	類別	損害情况	附記
1	損害地點	北門外機場與賑水巷及高板橋一帶	
2	損害時間	二十八年十二月十八日十一時	
3	投彈數量及高度	一百六十一枚高約八百公尺	
4	炸彈種類及重量	爆炸彈約五六十公斤	
5	土質	夾泥	
6	被炸處漏斗孔	深二公尺　直徑一公尺	
7	偏離轟炸目標	偏離二十公尺	
	及破片最遠距離	距離二十公尺	
8	震倒建築物間數	民房十一間　估值九百五十元	
9	炸毀建築物間數	民房四院十八間　估值一千三百七十元	
10	毒化範圍	無　平方公尺	
11	死傷人畜及原因　死　人口	原因機場养場隊執行任務及農工一人	
	死傷人畜及原因　死　牲畜	原因無	
	死傷人畜及原因　傷　人口	原因機場养場隊執行任務及農工人十四人	
	死傷人畜及原因　傷　牲畜	原因無	

省(市縣)防空司令(指揮官)蓋章　　調製者　蓋章

0028

附二：一九三九年十二月十八日敌机空袭损失调查表（一九三九年十二月十八日）

敵機空襲損失調查表　　填表者　二十八年十二月十八日

空襲地點 市縣名	空襲地點 城鄉鎮	空襲日期 年	空襲日期 月	空襲日期 日	警報時刻 起	警報時刻 訖	空襲次數	投擲彈數 爆炸	投擲彈數 未炸	人口損失數目 死亡 男	死亡 女	受傷 男	受傷 女	失蹤 男	失蹤 女	合計 男	合計 女	房屋損害間數 震倒	焚毁	合計	其他損失情形	救護情形	備考	填表須知
梁山	北城鎮	二十八年	十二月	十八日	前八鐘	後一鐘	一次	一百五十枚	十一枚	八人	無	十四人	無	無	無	二十二人	無	十一間	四院十八間	二十九間	人民什物穀米等項不少一時難於統計	由空襲緊急聯合辦事處輕傷十元重傷二十元死者三十元		

四川省政府製　　60．警026

附三：一九三九年十二月十九日敌机投弹损害情况调查表（一九三九年十二月十九日）

00035

敵機投彈損害情況調查表 二十八年十二月十九日

序次	別類			損害情況	附記
1	損害地點			北門外飛機場	
2	損害時間			二十八年十二月十九日午後一時	
3	投彈數量及高度			一百四十六枚 高約八九百公尺	
4	炸彈種類及重量			爆炸彈一種 約二百五十公斤	
5	土質			夾泥	
6	被炸處漏斗孔			深五公尺 直徑六公尺	
7	偏離轟炸目標			偏離二十公尺	
	及破片最遠距離			距離五十公尺	
8	震倒建築物間數			無間 估值無元	
9	炸毀建築物間數			無間 估值無元	
10	毒化範圍			無 平方公尺	
11	死傷人數及原因	死	人口	原因無	
			牲畜	原因無	
		傷	人口	原因農民工作被石打傷一人	
			牲畜	原因無	

省（市縣）防空司令（指揮官）蓋章　　調製者 蓋章

0029

附四：一九三九年十二月十九日敌机空袭损失调查表（一九三九年十二月十九日）

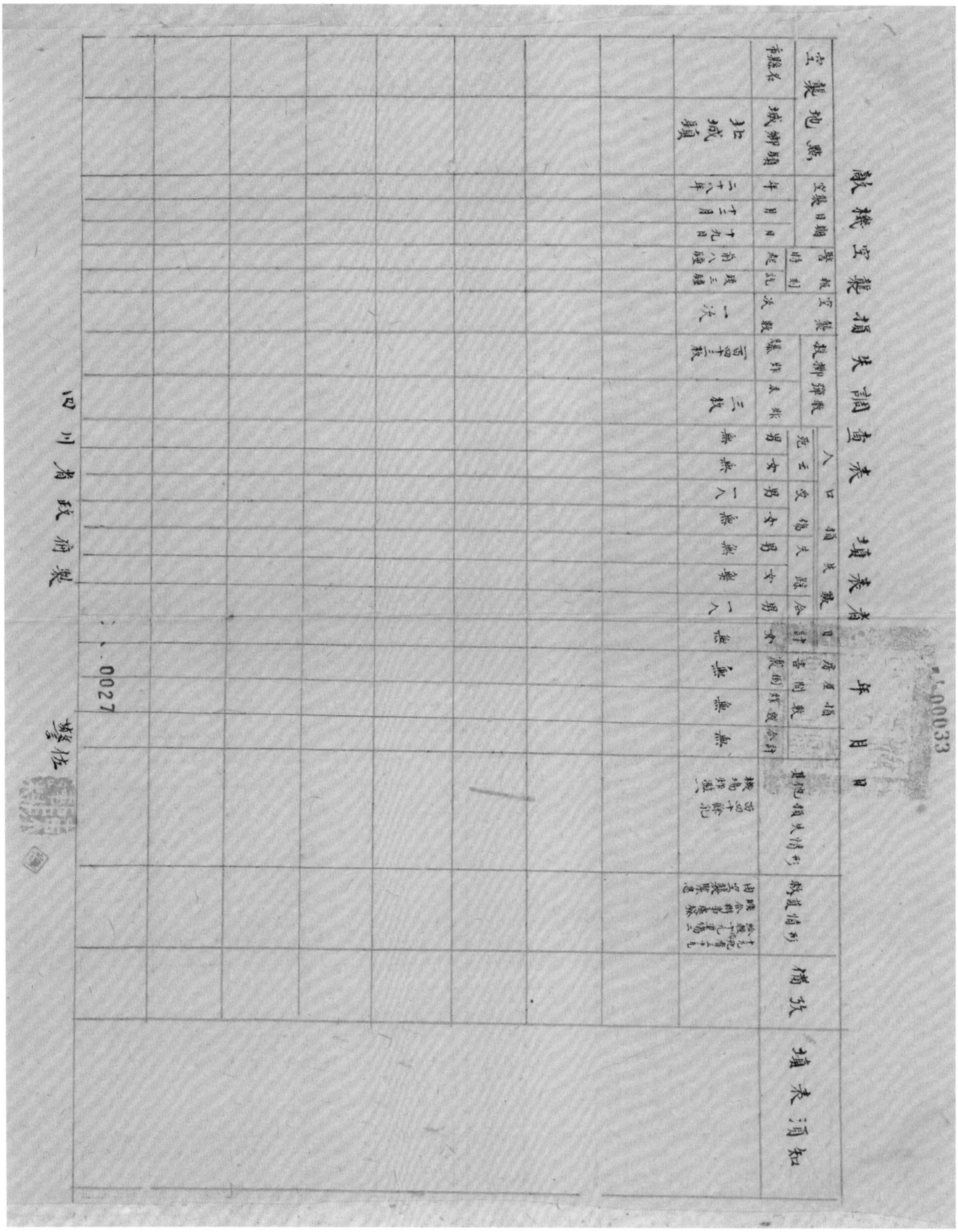

00033

敌机空袭损失调查表　填表者　年　月　日

空袭地点		空袭日期			警报时刻		空袭次数	投掷弹数		人口损失数目								房屋损害间数			其他损失情形	救济情形	备考	填表须知
										死亡		受伤		失踪		合计								
市县名	城乡镇	年	月	日	起	讫	次数	爆炸	未炸	男	女	男	女	男	女	男	女	震倒	炸毁	合计				
	北城镇	二十八年	十二月	十九日	前八钟	后三钟	一次	一百四十三枚	三枚	无	无	一八	无	无	无	一八	无	无	无	无	百四十余孔 机场炸毁一	十九死者三十九 给殓十九重伤二 昧合办事处系 由空袭紧急		

0027

四川省政府制　　警佐

附五：一九三九年十二月敌机空袭统计表（一九三九年十二月）

敵機空襲統計表二十八年十二月份

日	時	空襲地點	空襲次數	敵機架數	投彈枚數	損害情形：房屋：炸毁	損害情形：房屋：震倒	損害情形：人口：死	損害情形：人口：傷	損害情形：其他	附記
十八	八時	機場飲水巷一帶	一次	二七	一百六十一枚	十八間	十一間	八人	十四人		
十九	八時	機場內	一次	二六	一百四十六枚	無	無	無	一		
總計	本月										
	連前										

川康绥靖主任公署关于抚慰敌机袭梁灾民致梁山县政府的代电（一九三九年十二月二十七日）

川康綏靖主任公署快郵代電

秘字第一〇五五號

事由

梁山陳縣長巧電悉據報敵機空襲該縣毀損民房及死傷各節殊深軫念至希加意撫慰為盼特復主任鄧錫侯副主任潘文華蓉綏秘感印

中華民國二十八年十二月二十七日發

第16號

縣長

第一科

29年1月6日收到

遵照辦

梁山县政府、梁山县第一区中城镇镇公所等关于核办一九三九年六月三十日被炸居民吴廷贵抚恤案的文书（一九四〇年七月至十月）

吴廷贵致梁山县政府的报告（一九四〇年七月十六日收）

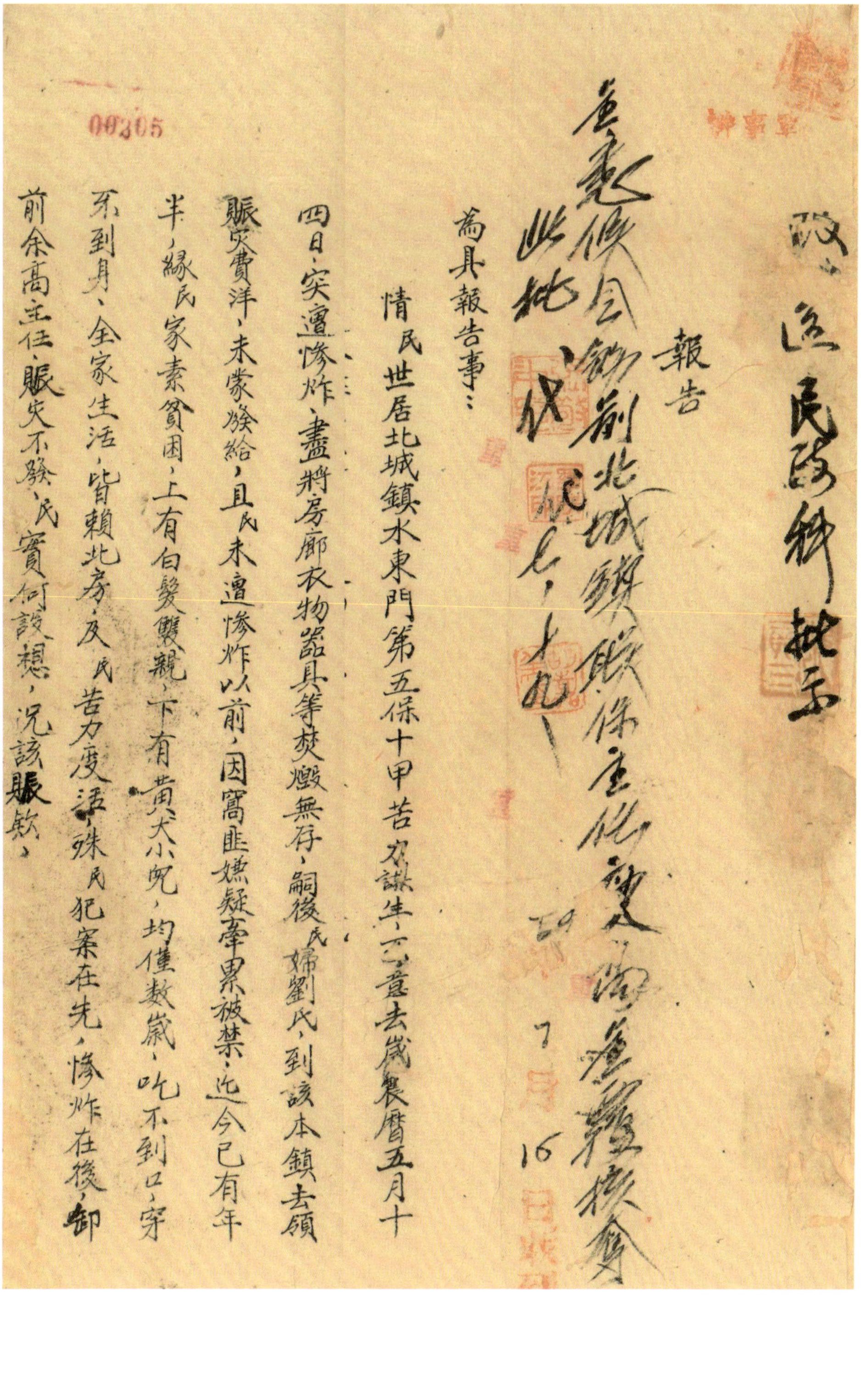
報告

為具報告事：

情民世居北城鎮水東門第五保十甲，苦力謀生。不意去歲農曆五月十四日，突遭慘炸，盡將房廊衣物器具等焚燬無存。嗣後民婦劉氏到該本鎮去領賑災費洋，未蒙發給，且民未遭慘炸以前，因窩匪嫌疑牽累被禁，迄今已有年半。緣民家素貧困，上有白髮雙親，下有黃犬小兒，均僅數歲，吃不到口，穿不到身，全家生活，皆賴此房。及民苦力度活，殊民犯案在先，慘炸在後，卻前余高主任，賑災不發，民實何敢想，況該賑款，

7 16

上峯為顧全生靈而設，昨本鎮防護隊附，犯案進獄，謂民家中老幼，早已四散吵駡，惟賑欵一事，亦在鈞前余高主任手，又蒙
縣長蒞獄面懇當允，是特具文，呈請
鈞府，體念慘情，懇乞 令飭該鈞前余高主任，將民慘炸賑欵發給，以維全家最底生活，闔眷沾恩無涯矣！

謹呈

獸獄官陳 轉呈

縣長陳

北城鎮水東門五保十甲居民 吳廷貴 十

中華民國二十九年七月 日

庚高致梁山县政府的签呈（一九四〇年七月二十六日）

00308

民政科

簽呈　二十九年七月二十六日　於東鄉鄉公所

本年七月二十四日案奉

鈞府民字未列號訓令，以據北城鎮民吳廷貴呈報去年六卅被炸，未領賑款，飭查明呈復，等因；奉此，查梁山城區自去年三二九首次被炸後，縣中即依規定組設空襲緊急救濟聯合辦事處，專門辦理撫濟事宜，職前任聯保主任，以職責關係，僅督促各保長在轟炸後勘查何處被炸？受災情形，由職彙報聯合辦事處，再由辦事處派駐梁憲兵復查，何者應賑？何者應不予救濟，所發賑款，亦由聯合辦事處撫濟組直接發放民承領，該吳廷貴是否應領賑款？及曾否發給？職並未經手，無從知悉，更無有握存賑款不發之事，奉令前因，理合簽覆

鈞座，俯賜鑒核示遵！

七月廿六

29年7月27日

022

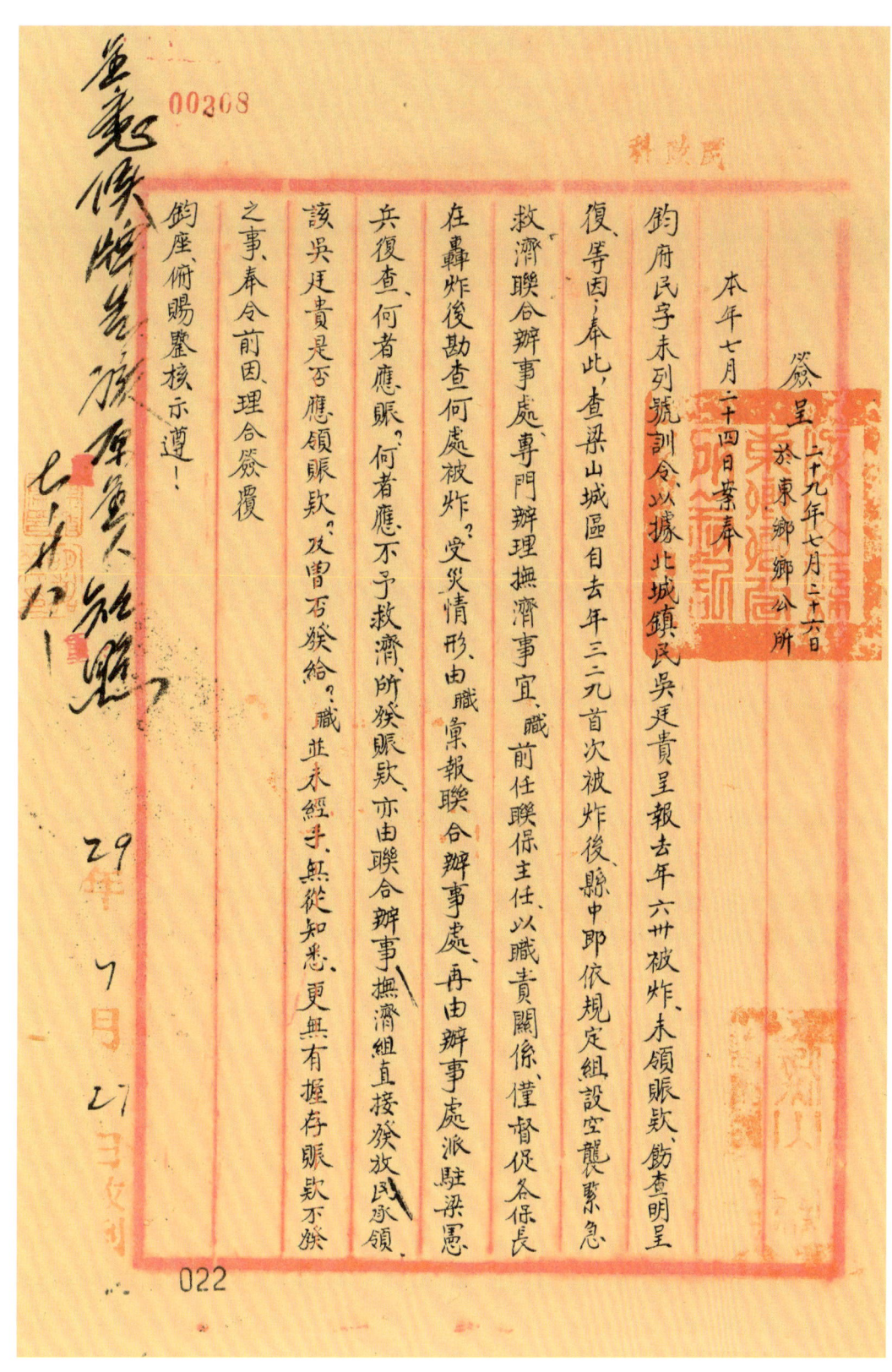

謹呈

縣長陳

前北城鎮聯保主任庾 高

梁山县第一区中城镇镇公所致梁山县政府的呈（一九四〇年十月十五日）

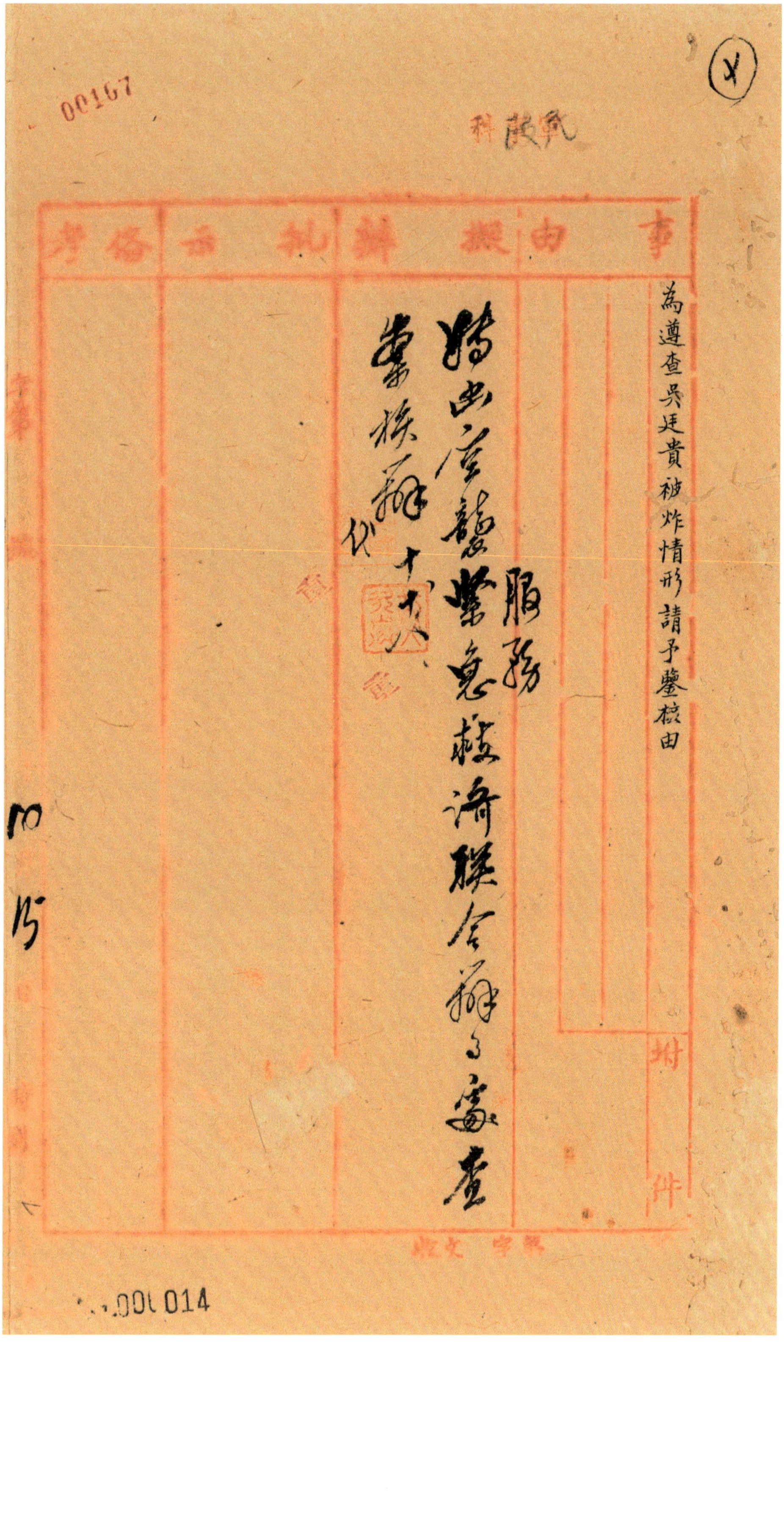

九月二十五日案奉

鈞府撫字第五○號訓令為據吳廷貴條遭敵機轟炸請補發卹金飭即查明呈覆等

因奉此遵即轉飭該管保長余承瑞查覆去訖茲據呈覆

「本年十月五日案奉 鈞所訓令開仰該保長即便遵照查明呈覆來鎮以

憑轉報為要此令等因奉此遵于十月八日前往前任北城五保保長及隣居各住户

詳詢該吳廷貴確係去歲舊曆五月十四日被敵機將房屋衣物完全炸燬并未領

得撫卹金家庭又確貧寒[illegible]理合具文呈請鈞座轉報鑒核謹呈」

等語前來理合具文據實轉呈

鈞府請予鑒核示遵

謹呈

梁山縣縣長劉

中城鎮鎮長林聞聲

梁山縣空襲救護處鈐記

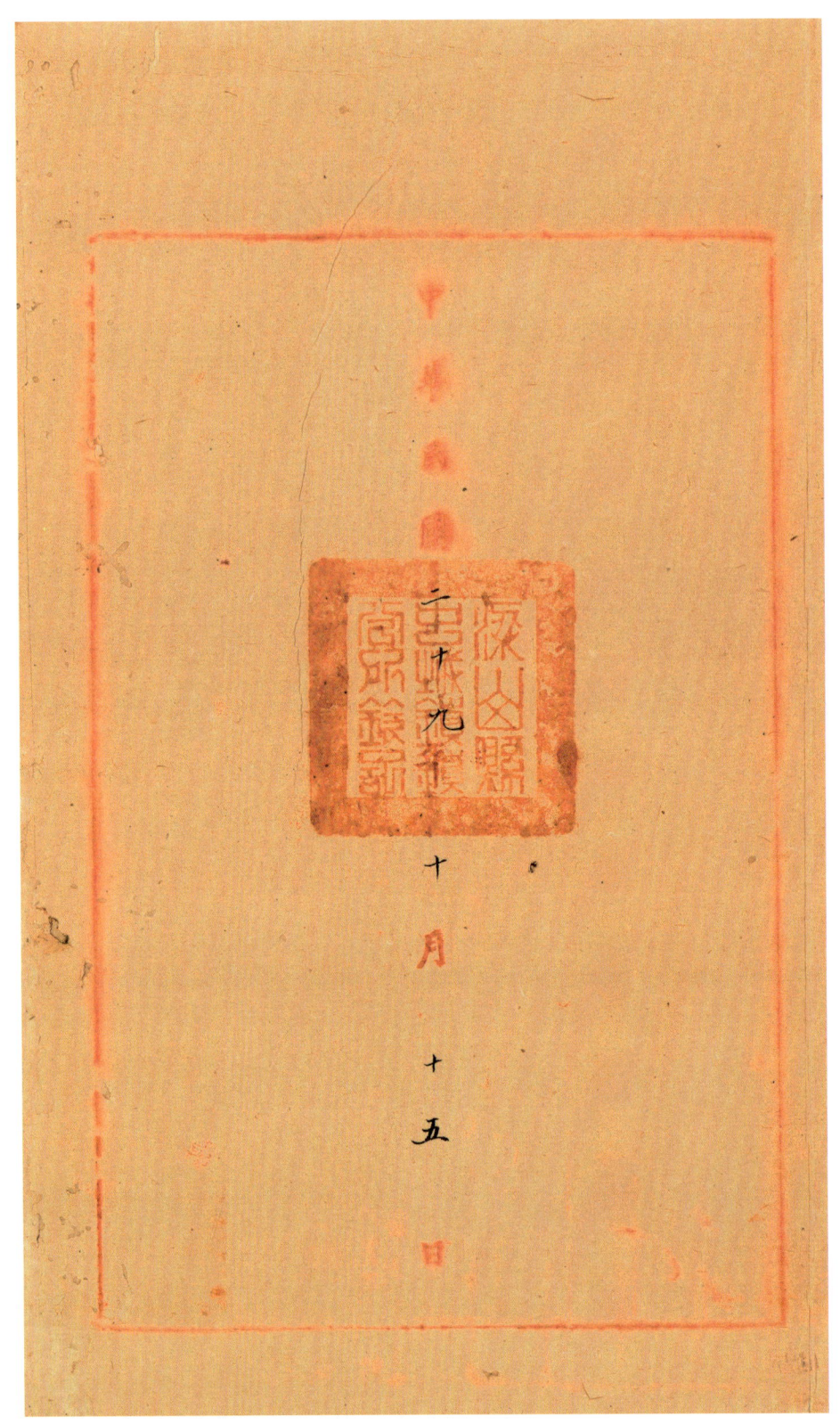

中華民國二十九年十月十五日

梁山县政府致梁山县第一区中城镇镇公所的指令（一九四〇年十月三十一日）

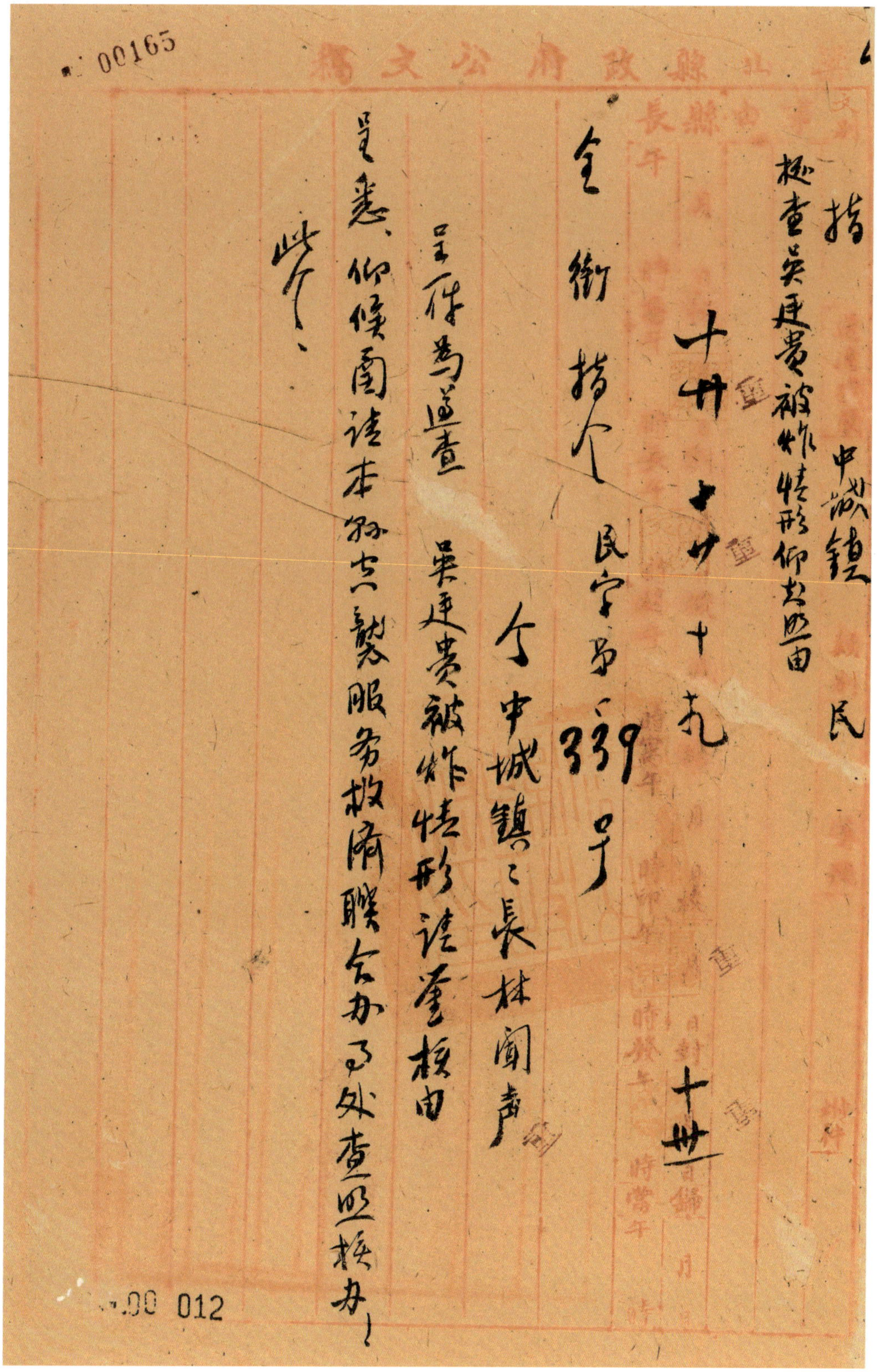
00165

梁山縣政府公文稿

指

中城鎮

民

據查吳廷貴被炸情形仰查照由

十廿七

十廿九

十卅

令衛指令 民字第339號

令中城鎮鎮長林蘭聲

呈件為遵查吳廷貴被炸情形請鑒核由

呈悉。仰候函請本縣士紳服務救濟聯合辦事處查照核辦。

此令。

00 012

梁山县政府致梁山县空袭紧急救济联合办事处的公函（一九四〇年十月三十一日）

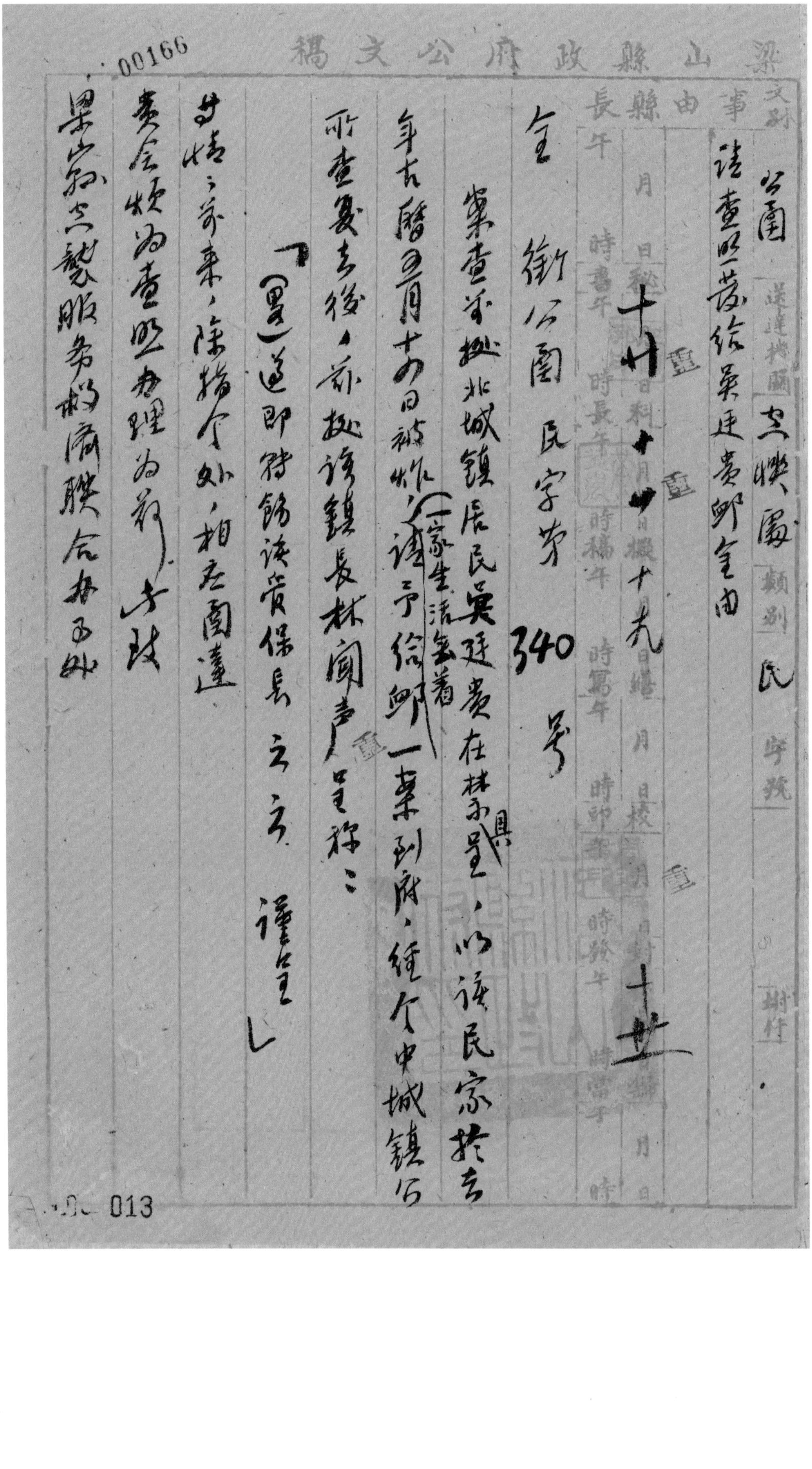
00166

梁山縣政府公文稿

文別：公函　類別：民　字號

事由：請查照發給吳廷貴卹金由

縣長：十卅

十卅

十九

卅一

全銜公函　民字第340号

案查前據北城鎮居民吳廷貴在案具呈，以該民家於去年古曆三月十六日被炸，（一家生活無着）請予給卹一案到府，經令中城鎮公所查覆去後，茲據該鎮長林國聲呈稱：

「（略）……即轉飭該管保長云云　謹呈」

等情，前來，除指令外，相應函達

貴會煩為查照辦理為荷。此致

梁山縣空襲服務救濟聯合辦事處

013

四川省政府、梁山县政府等关于核办一九三九年三月二十九日被炸殒命警备队员孙启远抚恤案的文书
（一九四〇年十月至一九四二年六月）

孙曹氏致梁山县政府的呈（一九四〇年十月）

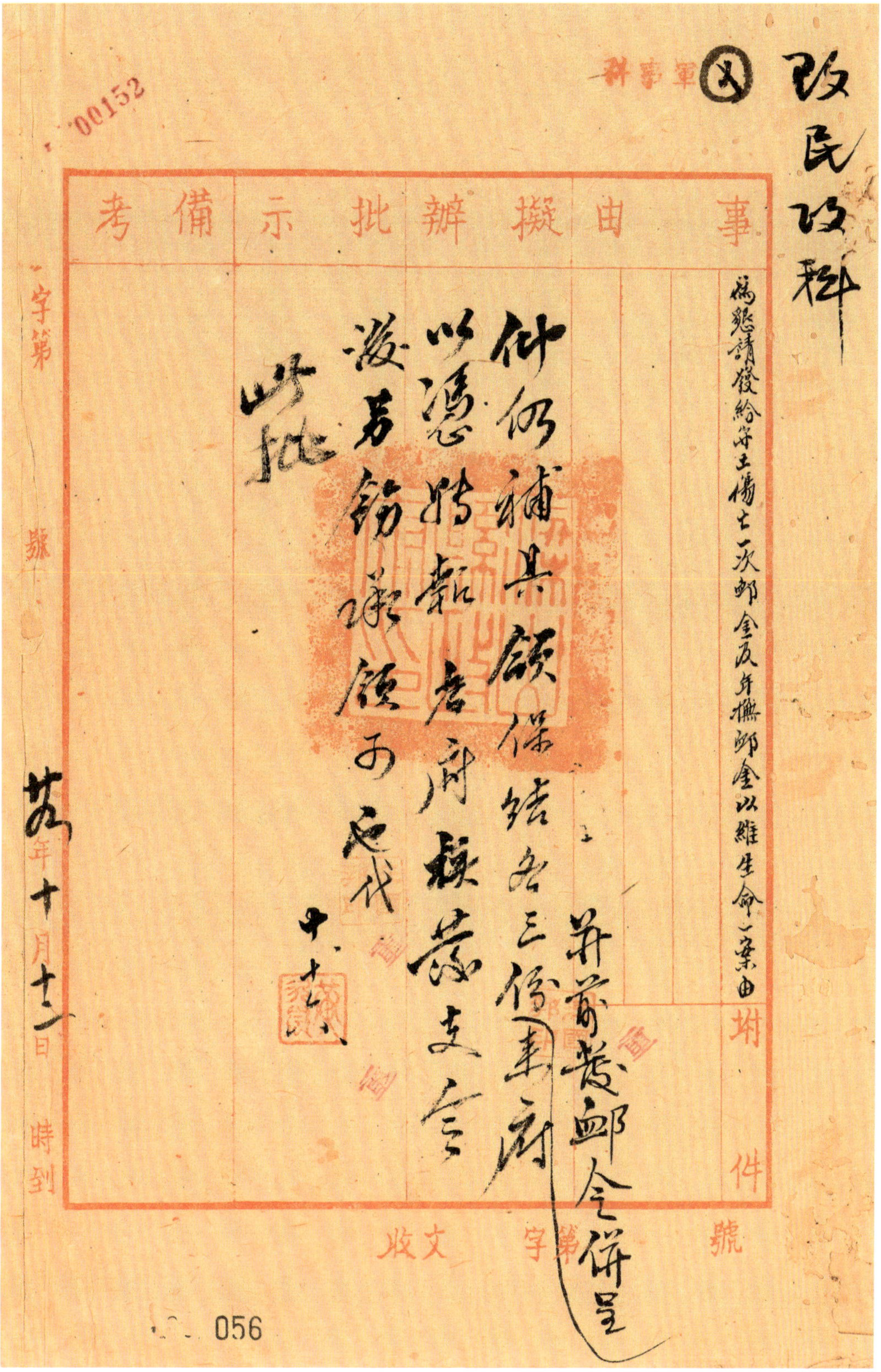
00152

事由

為懇請發給守土傷亡一次卹金及年撫卹金以維生命一案由

擬辦

批示

備考

件 字第 號

收文 字第 號

年 十 月 十二 日 時到

056

竊氏夫孫啟遠前於二十八年服務防護團警備隊員一職，不幸三二九突來敵機多架襲梁，氏夫因執行警備任務，未被撤離，以致中彈守土傷亡，遺氏聯小五口，現值國難期間，生活高昂，兼氏身屬女流，實難撫度，前具呈請撫卹，已蒙

鈞府核轉 省府發給卹費字第一號人民守土傷亡撫卹令載明一次卹金八十元年撫卹金五十元，係繼續承領十年，並示補具領條結各三份，已便承領，氏遵令補具領到撫卹令並具領條結各三份前來

鈞府承領，沐

鈞府已示防護團，而防護團亦推 鈞府，況氏屬女流，不知公事理由，是特具文哀懇

鈞府，速予發給一次卹金及年撫金，以維母子生命，如蒙允准，實沾大德，是否有當，批示祇遵。

謹呈

梁山縣縣長劉

具哀懇遺族領卹人 孫曾氏

中華民國二十九年十月日

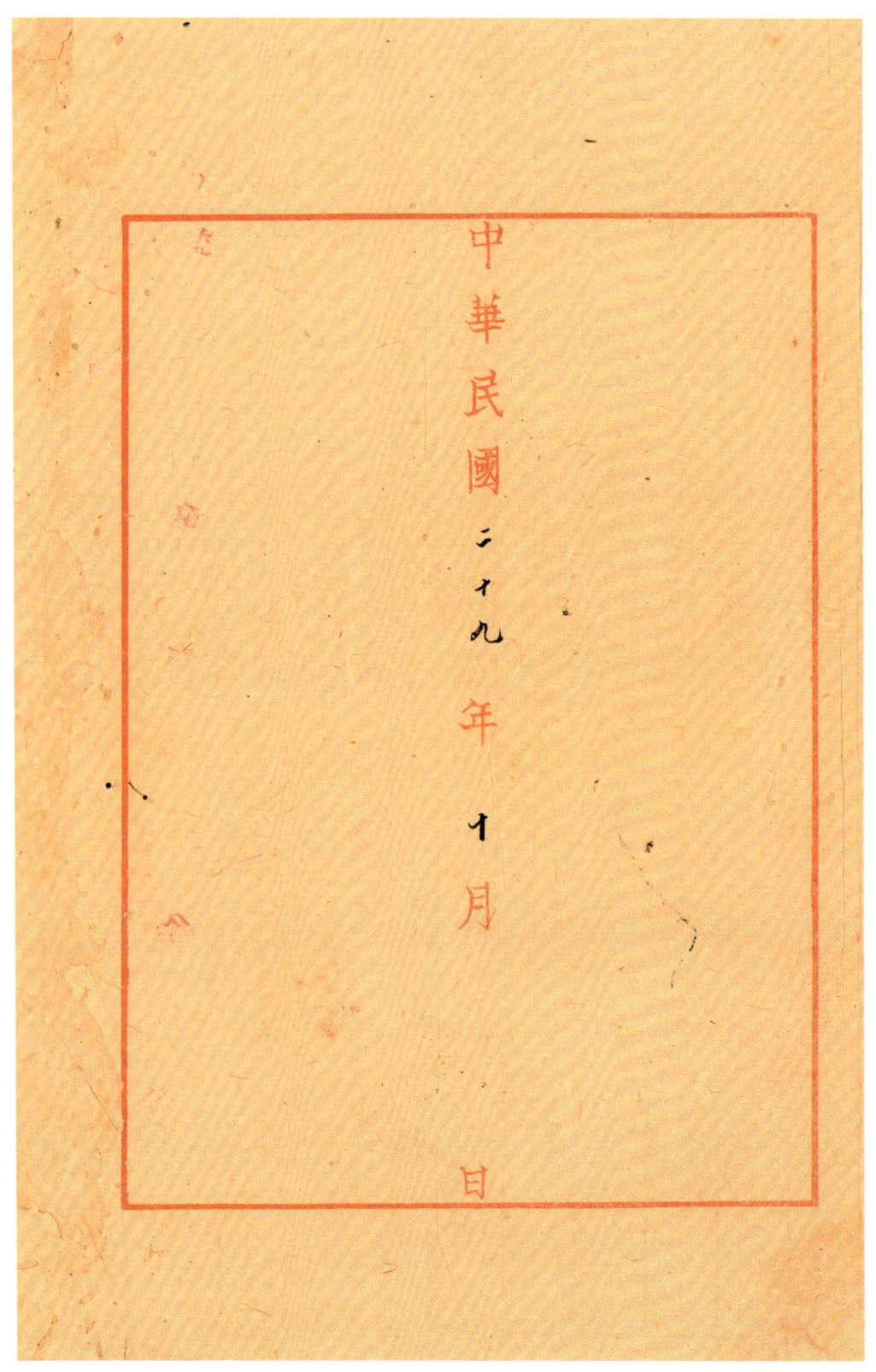

梁山县政府致四川省政府的呈（一九四一年二月八日）

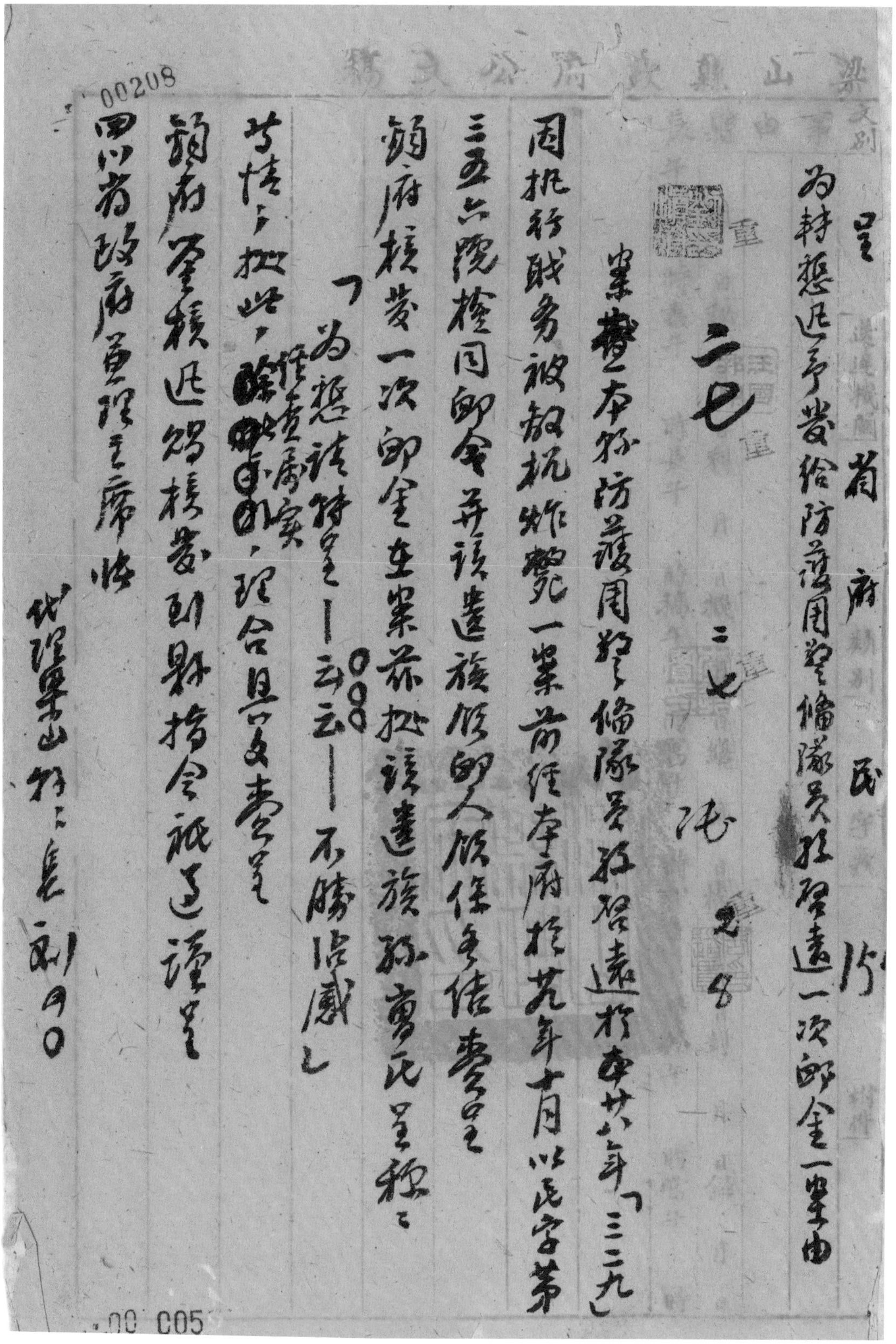
呈

为转恳迅予发给防护团警备队员杜绍远一次卹金一案由

案查本县防护团警备队员杜绍远于本廿九年「三二九」因执行职务被敌机炸毙一案，前经本府于本年十月以民字第三五六号检同卹金并该遗族领卹人领保各结表呈

钧府核发一次卹金在案。兹据该遗族孙曾氏呈称：「为恳请转呈——云云——不胜感戴」等情。据此，经查属实，理合具文赍呈

钧府鉴核，迅赐核发到县，指令祗遵。谨呈

四川省政府主席 蒋

代理梁山县县长 刘□□

梁山县政府致四川省银行梁山支金库的公函（一九四一年三月五日）

梁山县政府公文稿

公函　支金库　民

为奉转请检炸亡防护团警备队员孙启远即全掛检

元一案由　三の　三五

三の　三　三五

（全衔）公函　卅年民字第2985号

案查本府前转呈防护团警备队员孙启伤亡

远请即为表一案兹于本年二月廿八日奉

四川省政府财民三字第四五四七号指令开：

「呈暨附件均悉。此令领保结存

即令饬遵」

等因附发直字第四八六号支付书一纸奉此除将该

故员孙启远领条结各一份存查外相应检同原

00210

001007

支付書暨領款收據並保領結各二份，備函請
貴庫煩為查照收款，匯交該縣孫麟遠之妻
曾氏承領為荷——
此致。
四川省銀行梁山支金庫
附支字第四八六號支付書一張、領款收據二聯共一張、保領結各二份。
縣長 劉○○

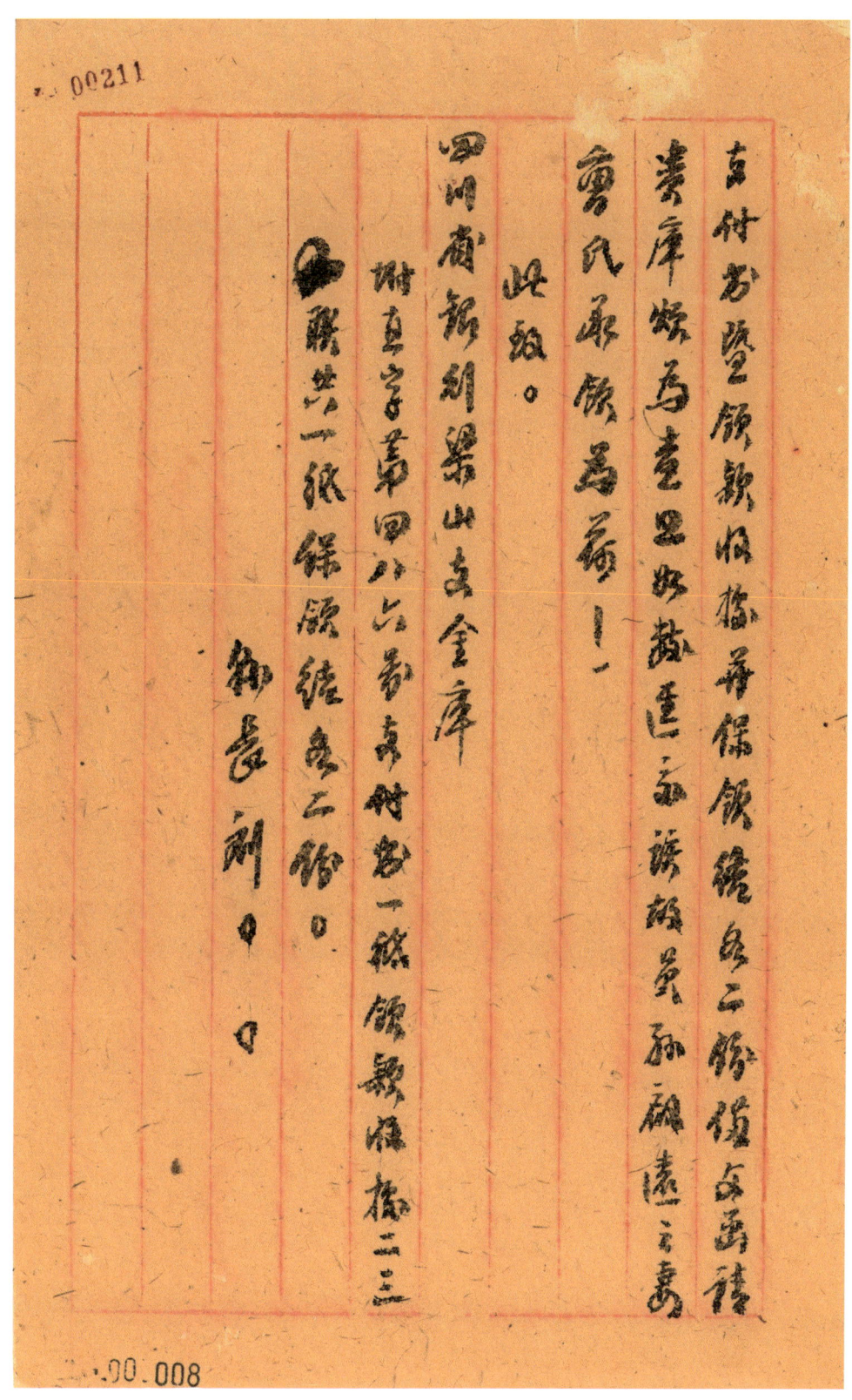

四川省政府致梁山县政府的指令（一九四一年四月五日）

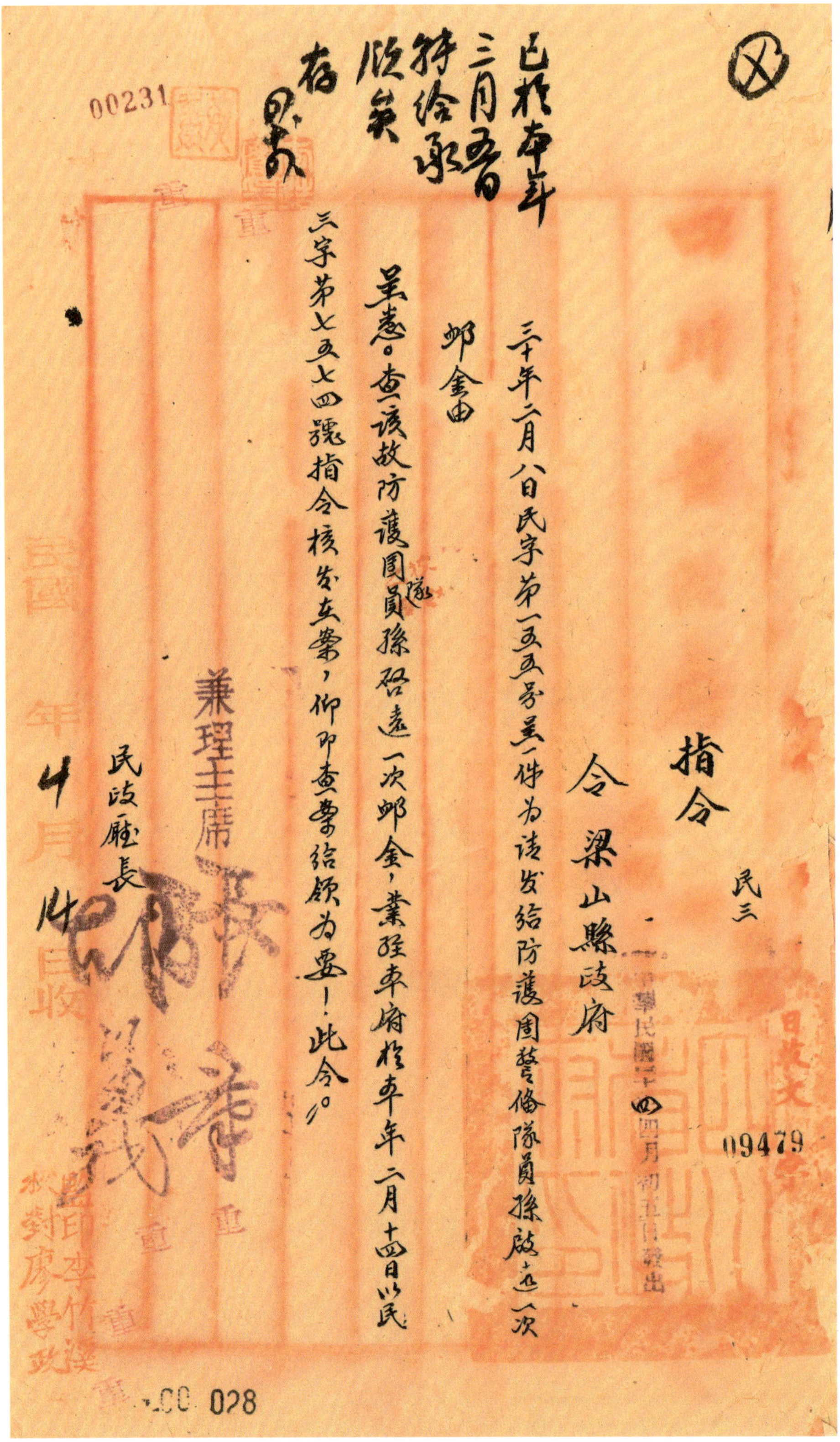

指令　民三

令梁山縣政府

三十年二月八日民字第一五五号呈一件为请发给防護团警備隊員孫啟远一次卹金由

呈悉。查该故防護团員孫啟遠一次卹金，業经本府於本年二月十四日以民三字第七五七四號指令核发在案，仰即查案给领为要！此令。

兼理主席

民政廳長

中華民國三十年四月初五日發出

已於本年三月晉特给承領矣

存

00231

09479

梁山县政府致四川省政府的呈（一九四一年四月二十三日）

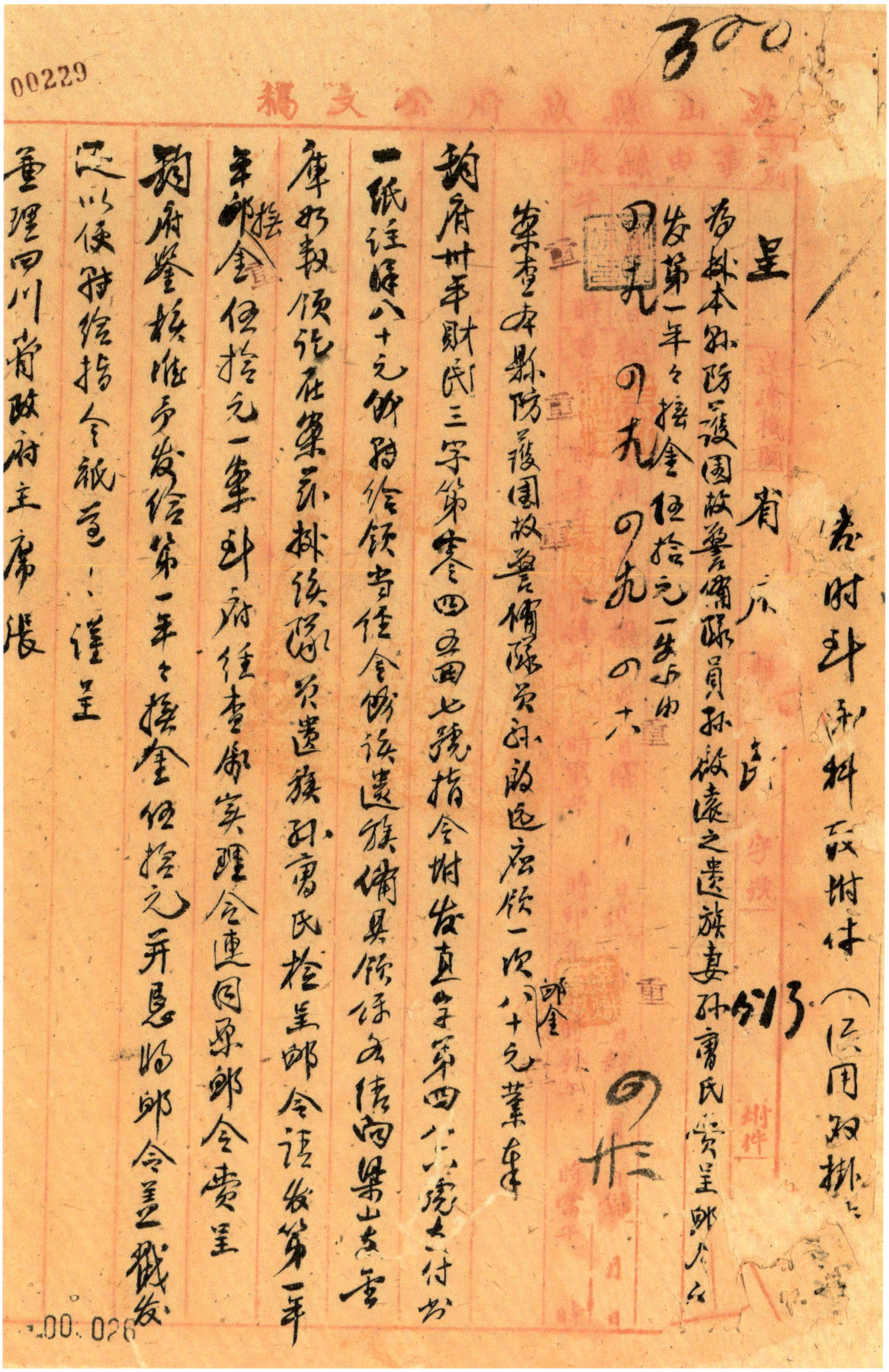
00229

梁山縣政府公文稿

呈 省府

為據本縣防護團救護隊員孫啟遠之遺族妻孫曹氏賫呈部令，發第一年年撫金伍拾元一案由

案查本縣防護團救護隊員孫啟遠因公殉職一次（卹金）八十元，業奉

鈞府卅年財民三字第叁四五四七號指令附發直字第四八八號支付書

一紙，計洋八十元，飭將給領，當經令飭該遺族備具領結，向梁山支金

庫如數領訖在案。茲據該隊員遺族孫曹氏檢呈部令，請發第一年

年撫金伍拾元一案到府，經查屬實，理合連同原部令賫呈

鈞府鑒核，准予發給第一年年撫金伍拾元，并懇將部令差還（截發），

以便附給指令祇遵！謹呈

兼理四川省政府主席張

00.026

附原册全一件

梁山县县长刘○○

天

附：孙启远抚恤通知书

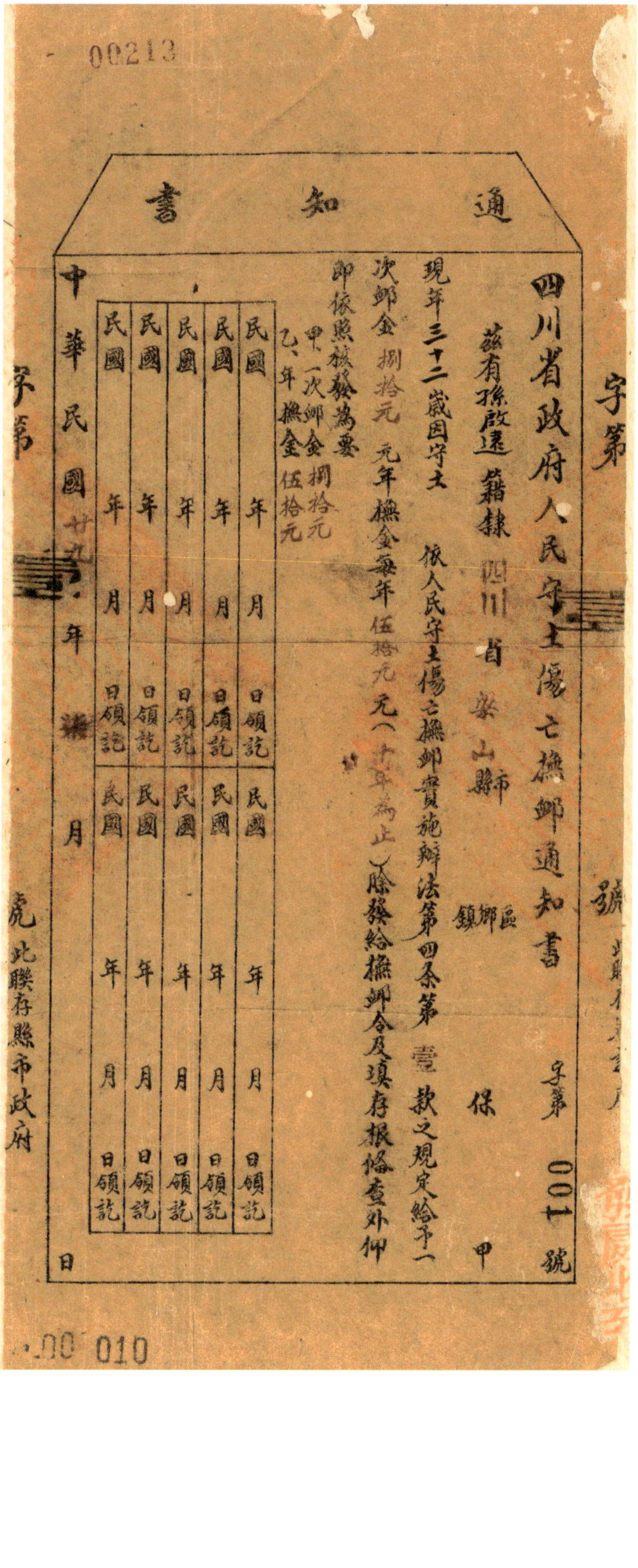

通知書

字第　　號

四川省政府人民守土傷亡撫卹通知書

字第 001 號

茲有孫啟遠 籍隸 四川 省 安 山 縣市　　區鄉鎮　　保　　甲

現年三十二歲因守土　依人民守土傷亡撫卹實施辦法第四条第 壹 款之規定給予一

次卹金 捌拾元 元年撫金每年 伍拾元 元（十年為止）除發給撫卹令及填存根備查外仰

即依照核發為要

甲、一次卹金 捌拾元

乙、年撫金 伍拾元

民國　年　月　日領訖	民國　年　月　日領訖	民國　年　月　日領訖	民國　年　月　日領訖	民國　年　月　日領訖
民國　年　月　日領訖	民國　年　月　日領訖	民國　年　月　日領訖	民國　年　月　日領訖	民國　年　月　日領訖

中華民國 廿九 年 十 月　　日

第　　字　　號 此聯存縣市政府

孙曹氏致梁山县政府的报告（一九四二年六月）

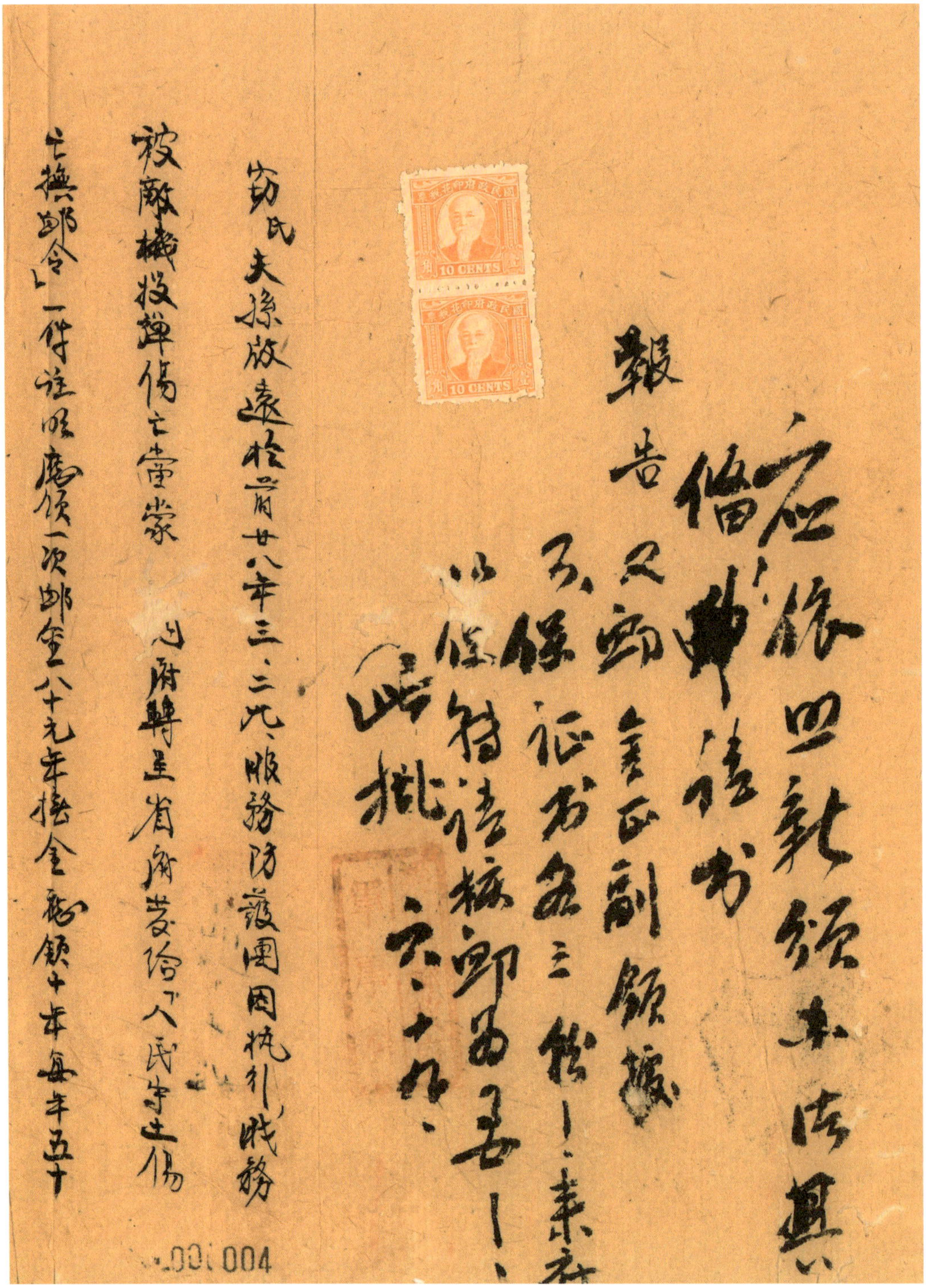

应依照新颁办法具备申请书及保证书各三份一并来府以凭转请核办为要。此批。六、十九

报告

窃氏夫孙啟远于前廿八年三、二九服务防护团因执行职务被敌机投弹伤亡，业蒙钧府转呈省府发给「人民守土伤亡抚恤金」一件，注明应领一次恤金八十元，年抚金领十年，每年五十

又附恤金正副领据

元，惟氏一次恤金共五十元及廿八年、廿九兩個年份（五十元）業已領訖，至本年第二年

年撫金五十元迄未領得，查原撫卹令附記第二條載「年

撫金每年向該管縣市政府領取」等語。現值百物騰漲，

米珠薪桂之際，氏夫被炸，家中生活維持困難，用特報懇

鈞府鑒核，准予發給（本年）第二年年撫卹金伍拾元，以

濟生活，不勝沾感。謹呈

梁山縣縣長黃

附呈領條保結各一份

住東門天主堂隔壁

遺族領卹人孫曾氏呈

中華民國三十一年六月　日

附：领结（一九四二年六月）

具領結人孫曾氏實領得

梁山縣政府發給故夫孫啟遠廿一年應領第

二年年撫卹金伍拾元正此據

具領結人

孫曾氏

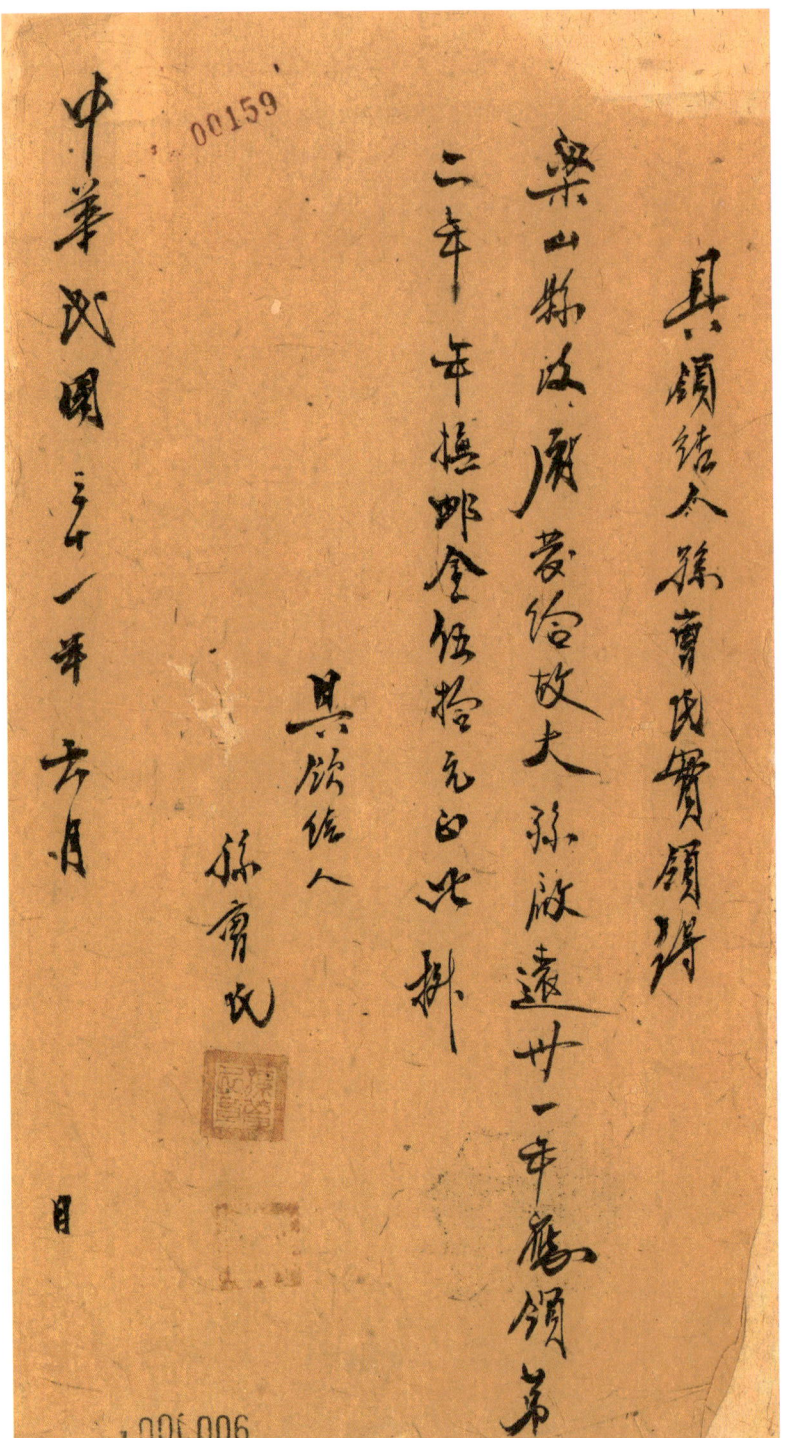

中華民國三十一年六月　日

一九三九年三月二十九日日机轰炸福音堂财产损失直接汇报表（一九四〇年十一月十四日）

財產損失直接彙報表

機關名稱 梁山縣福音堂

事件 敵機炸毀

00045

日期 二十八年三月二十九日

地點 中正街 填送日期 二十九年十一月十四日

分類	價值
共計	壹百元
建築物	壹百元
器具	
現款	
圖書	
儀器	
文卷	
醫藥用品	
其他	

040

附財產損失報告單一張

報告者 英人 任永心

一九三九年三月二十九日日机轰炸福德小学财产损失直接汇报表（一九四〇年十一月十四日）

財産損失直接彙報表

機關名稱 福德小學

事件 敵機炸毀

日期 二十八年三月二十九日

地點 中正街 填送日期 二十九年十一月十四日

分類	價值
共計	捌百元
建築物	弍百元
器具	
現款	
圖書	肆百元
儀器	弍百元
文卷	
醫藥用品	
其他	

附財産損失報告單二張

報告者英人任永心

梁山县政府关于转请拨发一九三九年三月二十九日被炸伤员张太平恤金致四川省银行梁山支金库的公函（一九四一年二月八日）

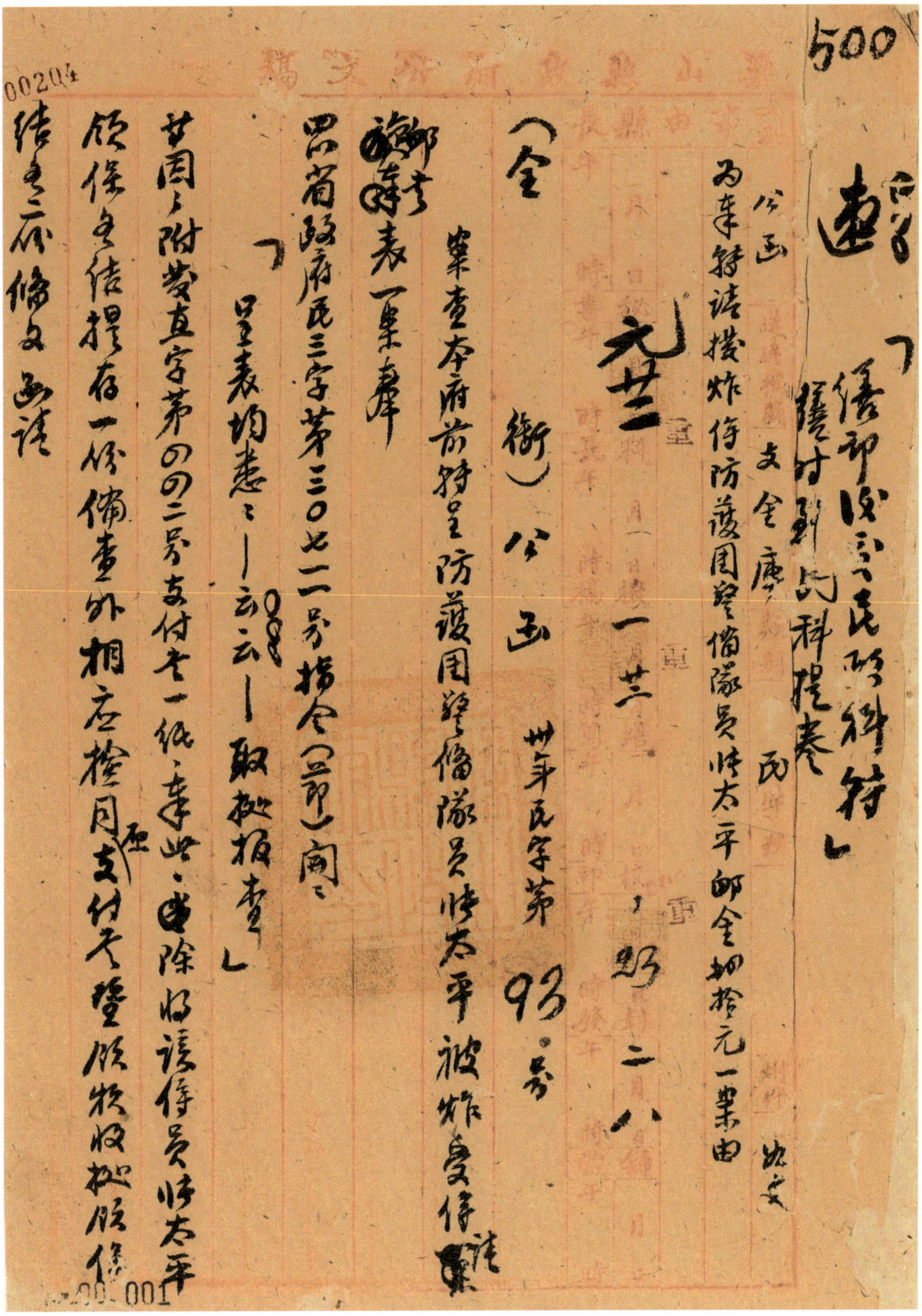
500
速
公函
为奉转请拨炸伤防护团警备队员张太平卹金捌拾元一案由
（全衔）公函　卅年民字第93号
案查本府前转呈防护团警备队员张太平被炸受伤请
表一案，奉
四川省政府民三字第三〇七一号指令（二节）开：
「呈表均悉。……云云……取据报查。」
并附发直字第〇〇二号支付书一纸，奉此，除将该员张太平
领卹金结据存一份备查外，相应检同支付书暨收据

贵库烦为查照如数送交该侍员持太平县领为荷。

此致

四川省银行梁山支金库

附直字第〇〇二号支付书一纸、领款保结书二份、领款收据二三〇联共一纸

县长 刘〇〇

領結

具領結人傷員張太平 今領得

梁山縣政府發來核准應領卹金肆拾元正所領是實

中間不虛此結

具領人張太平

中華民國三十年元月八日

保結

具保結人濟生藥房經理魏澤波年三十二歲現住金帶鄉

今保得

梁山縣政府發来防護團警備隊員張太平負傷卹金肆拾元正

如有冒領情事保人願負全責所保是實此結

具保結人濟生藥房
經理人魏澤波
被保人張太平

中華民國三十年元月八日

四川省政府、梁山县政府关于核办一九三九年三月二十九日被炸伤防护团警备队员王明章抚恤案的文书

（一九四一年二月至一九四二年一月）

四川省政府致梁山县政府的指令（一九四一年二月九日收）

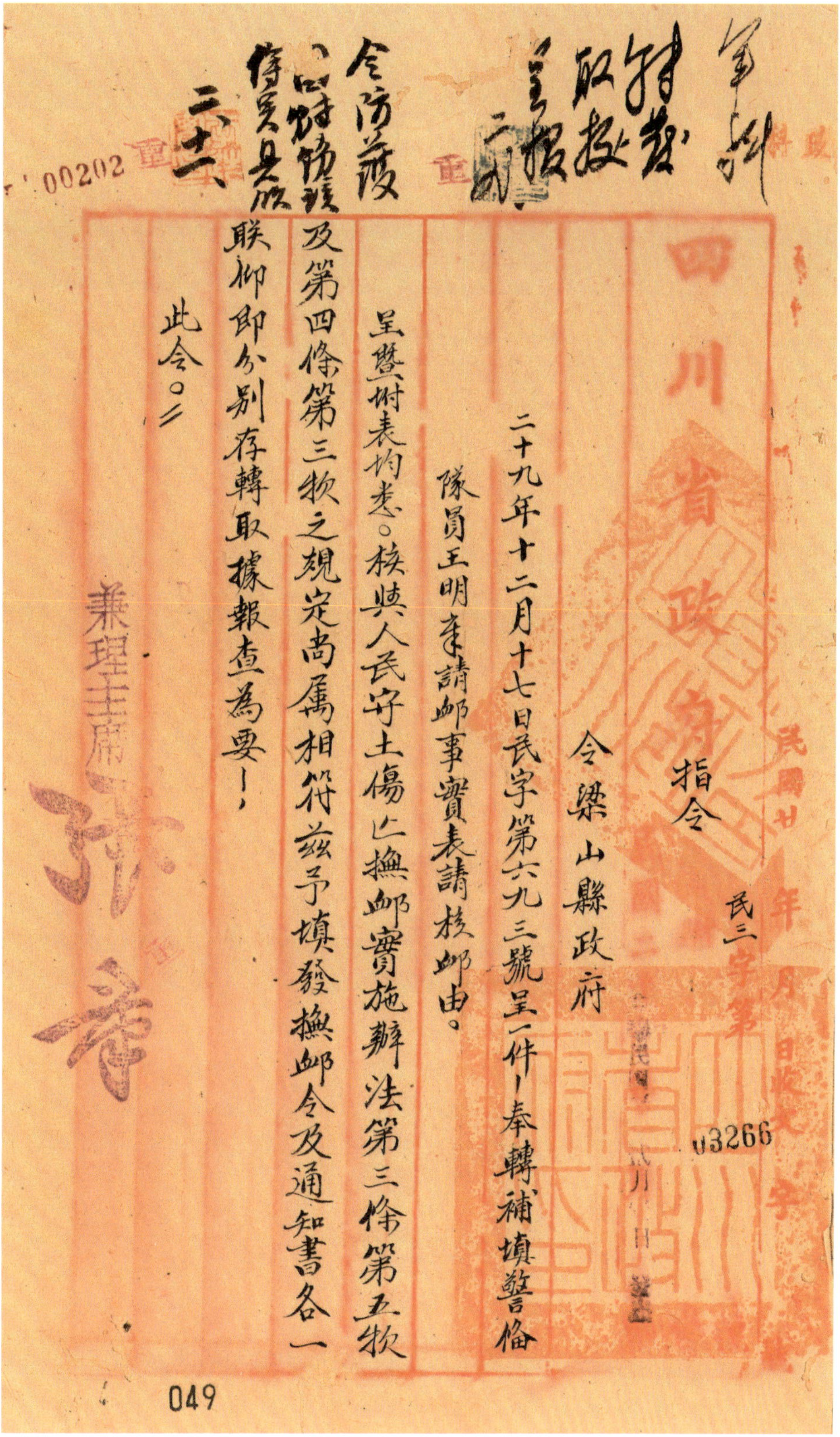
四川省政府指令 民三字第 號

令梁山縣政府

二十九年十二月十七日民字第六九三號呈一件，奉轉補填警備隊員王明章請卹事實表請核卹由。

呈暨附表均悉。核與人民守土傷亡撫卹實施辦法第三條第五款及第四條第三款之規定尚屬相符，茲予填發撫卹令及通知書各一聯，仰即分別存轉取據報查為要！

此令。

兼理主席 張羣

轉發取據呈報 二月

令防護團轉飭該隊員具領

二十二

民國卅年 月 日收文 字

03266

00202

049

00203

民政廳長

監印李竹溪

050

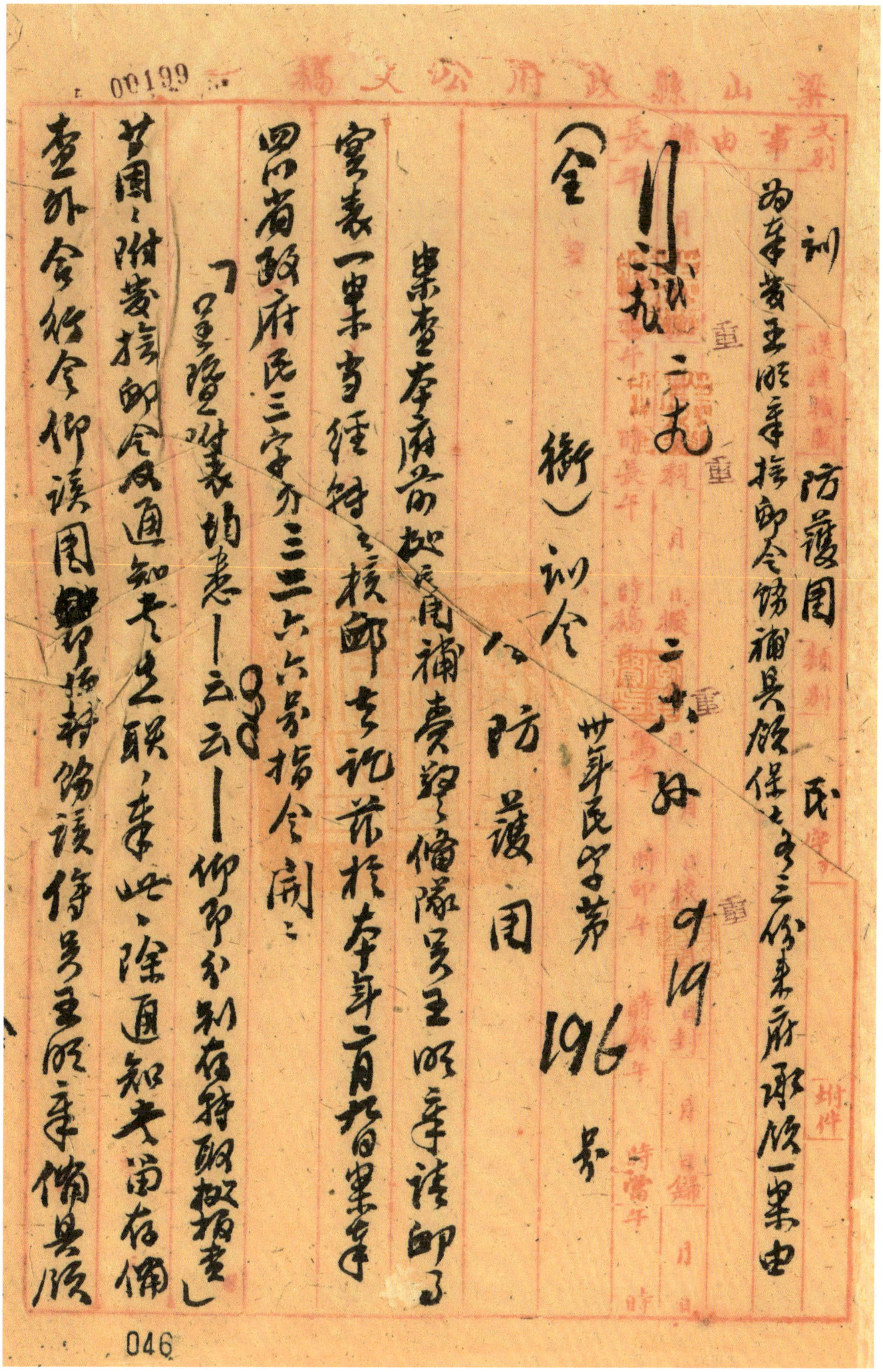

梁山县政府致梁山县防护团的训令（一九四一年二月十九日）

詳請文三份以憑核轉府函飭郵令為要

此令。

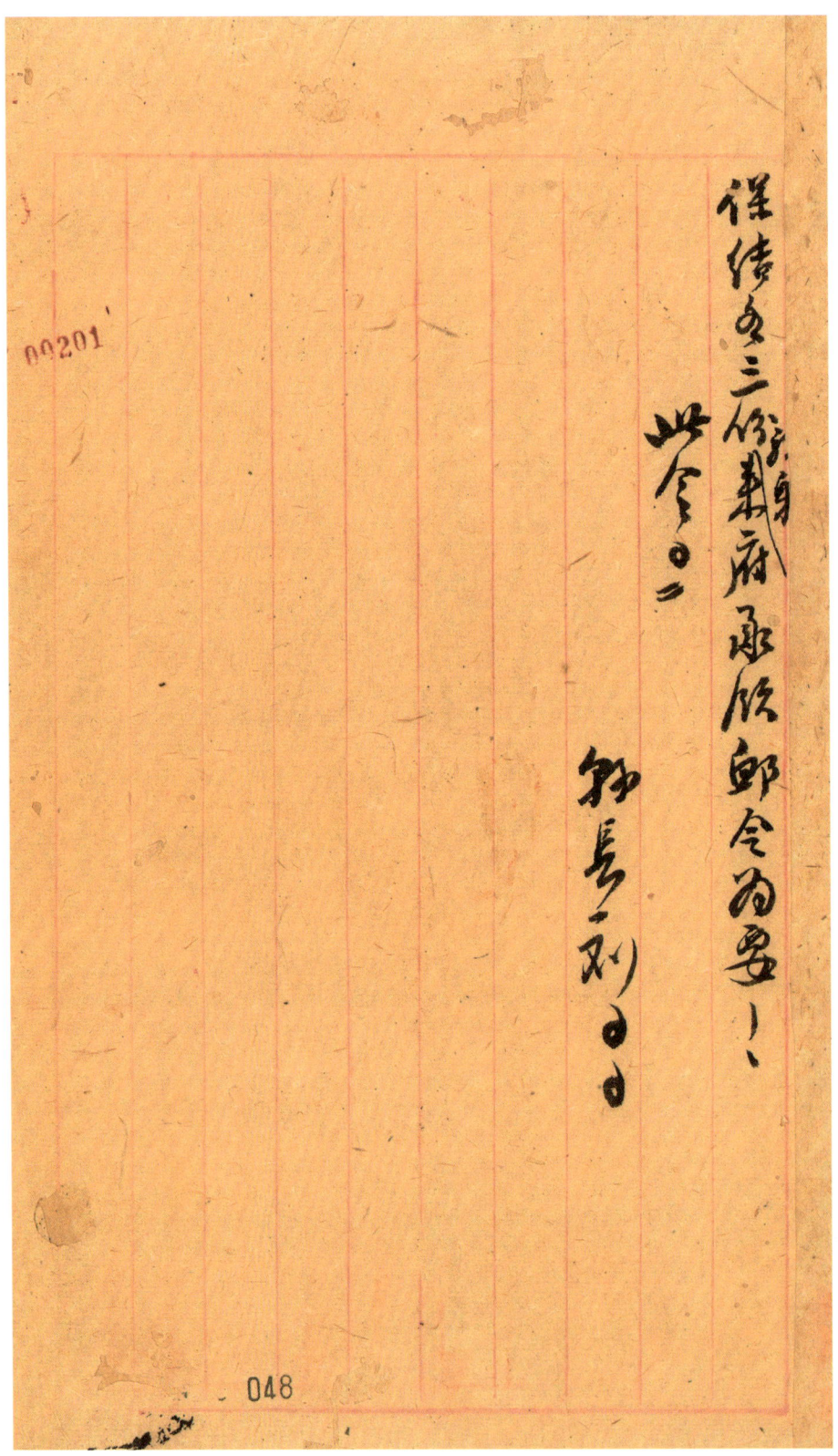

鄉長 劉○○

梁山县政府公文稿

呈　省府　民　411

事由：为转呈防护团员警備队员王明章恤令及领保结恳发一次恤金请予鉴核由

三 廿六　三 廿六　三 廿八　三 廿六　向　三 卅　后 风　卅一

案查本府前呈报防护团警備队员王明章请恤事实表恳予核恤一案，旋于本年二月九日奉

钧府民字第三二六六号指令，颁发王明章抚恤令及通知书各一联，仰转给承领，取据报查。当因该通知书另提存外，当经转饬具领去后，兹据该伤员王明章賫呈领保结各三份，恳转发给恤金等情前来。经查属实，理合检同原恤令及领保结各二份，具文呈请

钧府鉴核，发给一次恤金，并恳将原恤令盖戳发还，指令祗遵。

谨呈

兼理四川省政府主席張

計呈王明章卹金一件領保結各二份

代理梁山縣縣長劉○○

領結

具領結人王明章實領得

梁山縣政府發來傷員王明章撫卹令一件中間不虛所領是實

此結

具領結人王明章

中华民国三十年三月 日

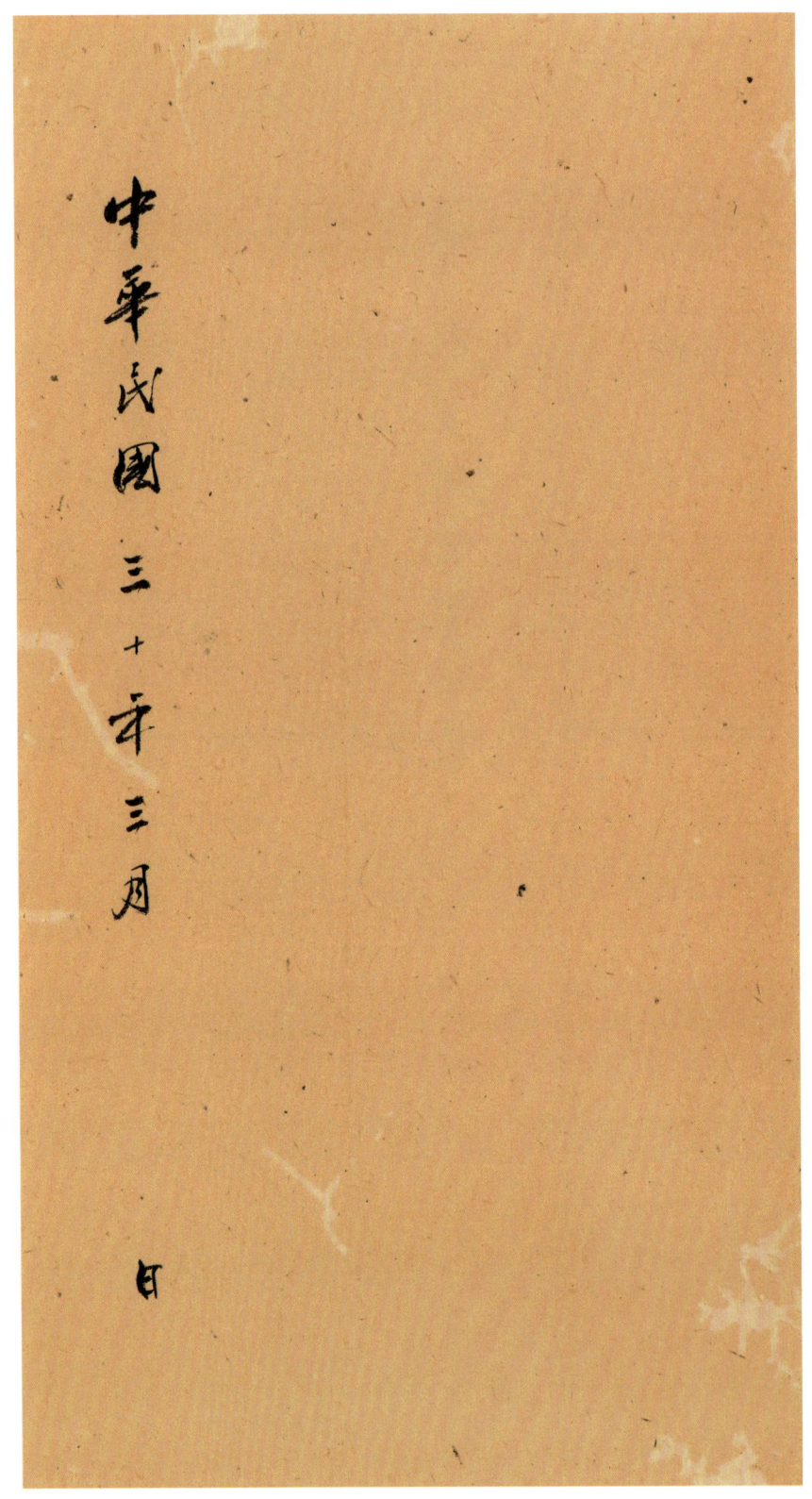

保結

具保結人興盛荣经理羅傑松住梁山北正街四十號實保得王明章於

梁山縣政府實領得傷員王明章撫卹令一件所領是實不虛此結

具鋪保人　興盛荣

经理　羅傑松

中華民國三十年三月　　日

附二：王明章抚恤通知书

通知書

四川省政府人民守土傷亡撫卹通知書　　字第038號

茲有王明章籍隸　四川省　梁山縣市　區鄉鎮　保　甲

現年卅六歲因守土　依人民守土傷亡撫卹實施辦法第四条第　款之規定給予一次卹金　陸拾元元年撫金每年叁拾五元（五年為止）除發給撫卹令及填存根備查外仰即依照核發為要

甲、一次卹金陸拾元

乙、年撫金叁拾五元

民國　年　月　日領訖	民國　年　月　日領訖	民國　年　月　日領訖	民國　年　月　日領訖	民國　年　月　日領訖
民國　年　月　日領訖	民國　年　月　日領訖	民國　年　月　日領訖	民國　年　月　日領訖	民國　年　月　日領訖

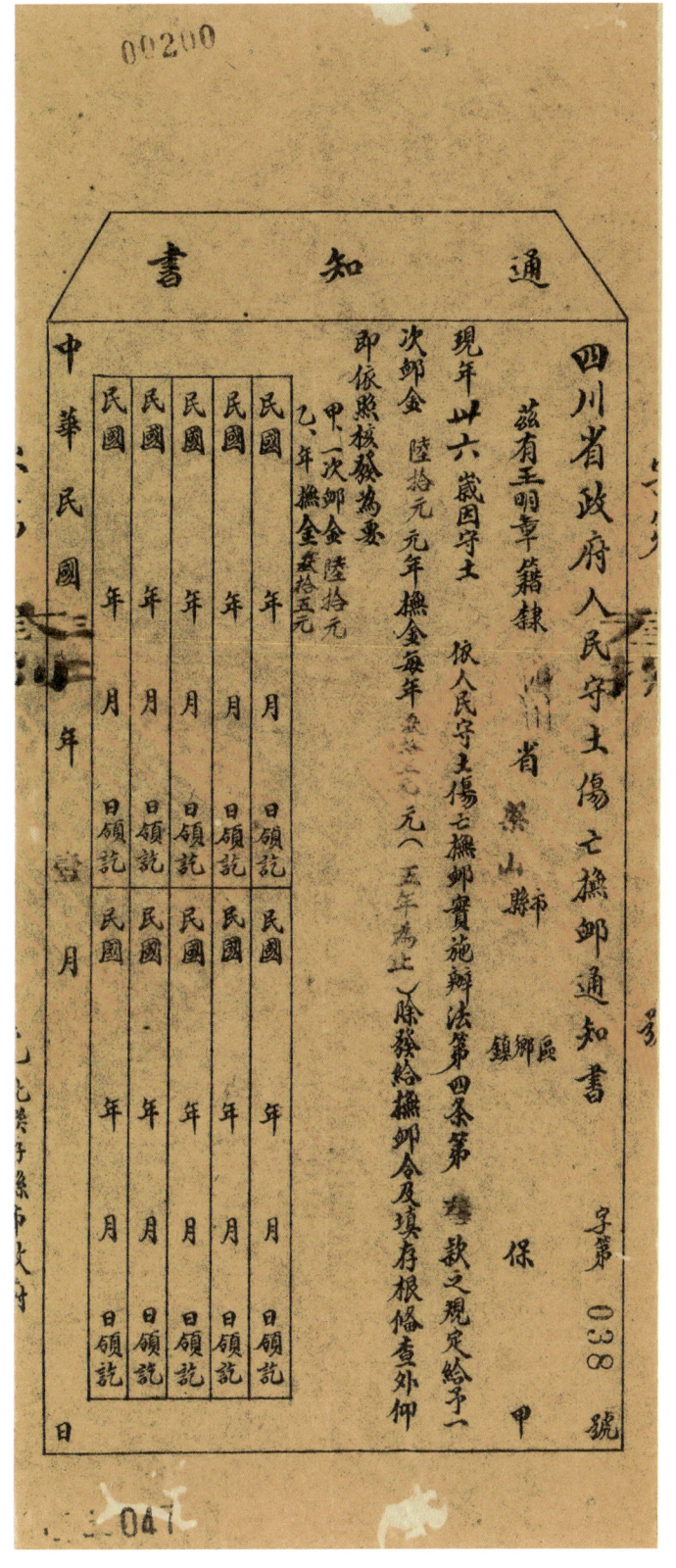

中華民國　年　月　日

四川省政府致梁山县政府的指令（一九四一年十二月五日）

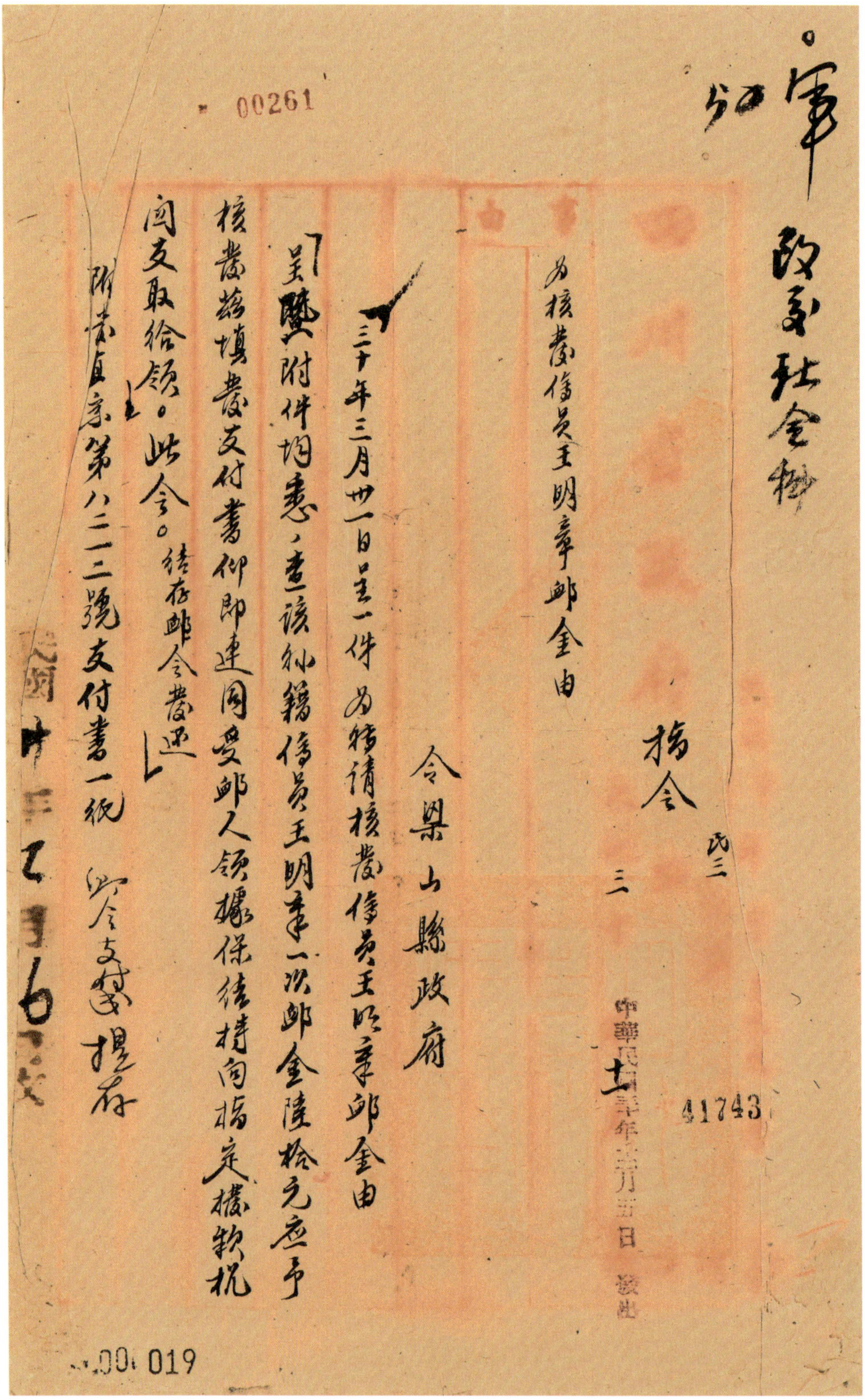
00261

第 510 號

政字社會秘

為核發傷員王明章卹金由

指令

民三

令梁山縣政府

三十年三月廿一日呈一件為轉請核發傷員王明章一次卹金由

呈暨附件均悉。查該縣傷員王明章一次卹金陸拾元應予核發。茲填發支付書仰即連同受卹人領據保結持向指定撥款機關支取給領。此令。

結存卹令發還

附發直字第八二一三號支付書一紙

卹令支票提存

中華民國三十年十二月五日發出

41743

00019

00262

兼理主席

民政廳長

查案請飭發郵人取具領保結希府轉知

攜帶機關備領　十六．十七

受郵傳員王明章　舖保北正街四十号　興盛榮　經理罗傑松

校對廖學

監印李竹選

00.020

梁山县政府致四川省银行梁山支库的公函（一九四二年一月六日）

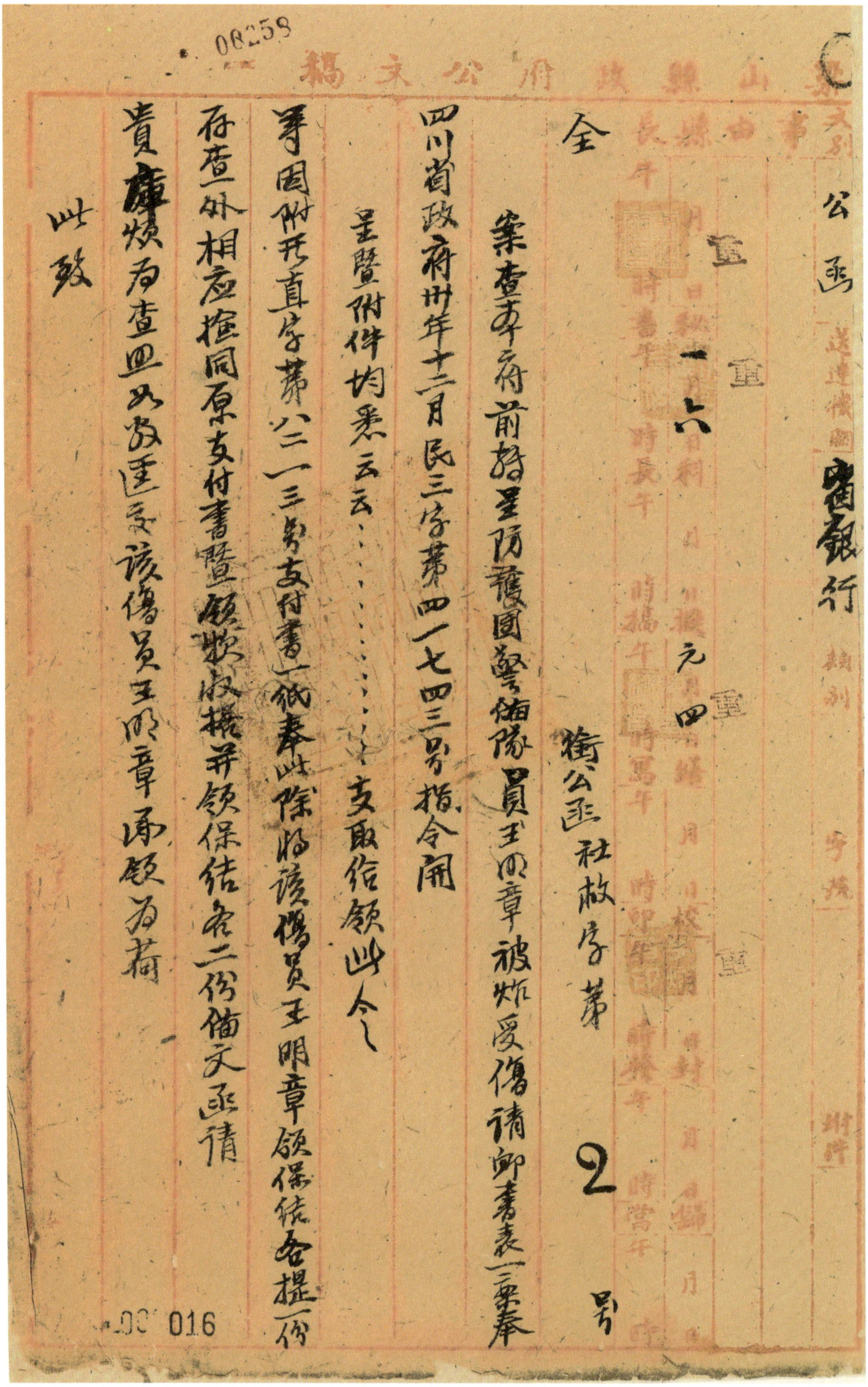
梁山縣政府公文稿

文別 公函
送達機關 四川省銀行

全銜公函社救字第2號

案查本府前轉呈防護團警備隊員王明章被炸受傷請卹書表一案奉
四川省政府卅年十二月民三字第四一七四三號指令開
呈暨附件均悉云云……支取給領此令
等因附發直字第八三一三號支付書一紙奉此除將該傷員王明章領保結備提一份
存查外相應檢同原支付書暨領收據並領保結各二份備文函請
貴庫煩為查照如數匯交該傷員王明章承領為荷
此致

00259

四川省银行梁山支金库

附直字第八二一二号支付书一纸领款收据二三联共一张领保结各一份

县长刘〇〇

00 017

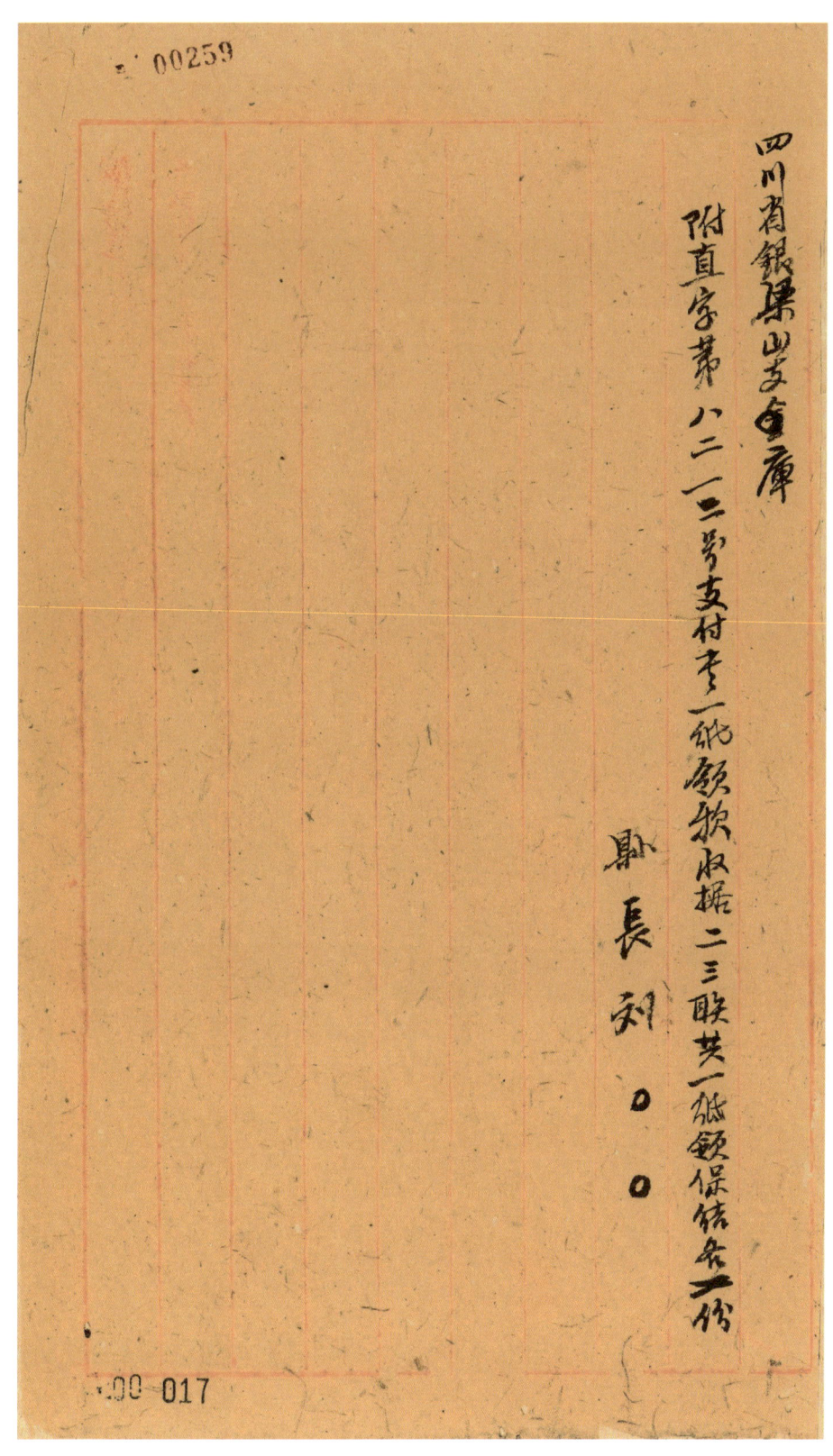

附：领结、保结（一九四二年一月）

領結

具領結人王明章今領得

梁山縣縣政府發來防護團警備隊負傷隊員王明章應領一次卹

金洋陸拾圓正所領是實不虛此結

領卹人王明章

中華民國三十一年 一 月 日

保結

具保結人興盛榮經理羅傑松住中城鎮五保實保得王明章於

梁山縣縣政府發來防護團負傷警備隊員王明章應領一次郵

金洋陸拾圓正如有冒領情事保人願負全責所保是實不虛

此結

具保結人 興盛榮 經理羅傑松

現住北正街第四號乾菜舖

領郵人 王明章

00022

查保人龍天榆

中華民國三十一年一月　日

梁山县第一区中城镇镇公所关于抚恤一九三九年三月二十九日被日机炸伤队丁徐世福致梁山县政府的呈（一九四一年六月十四日）

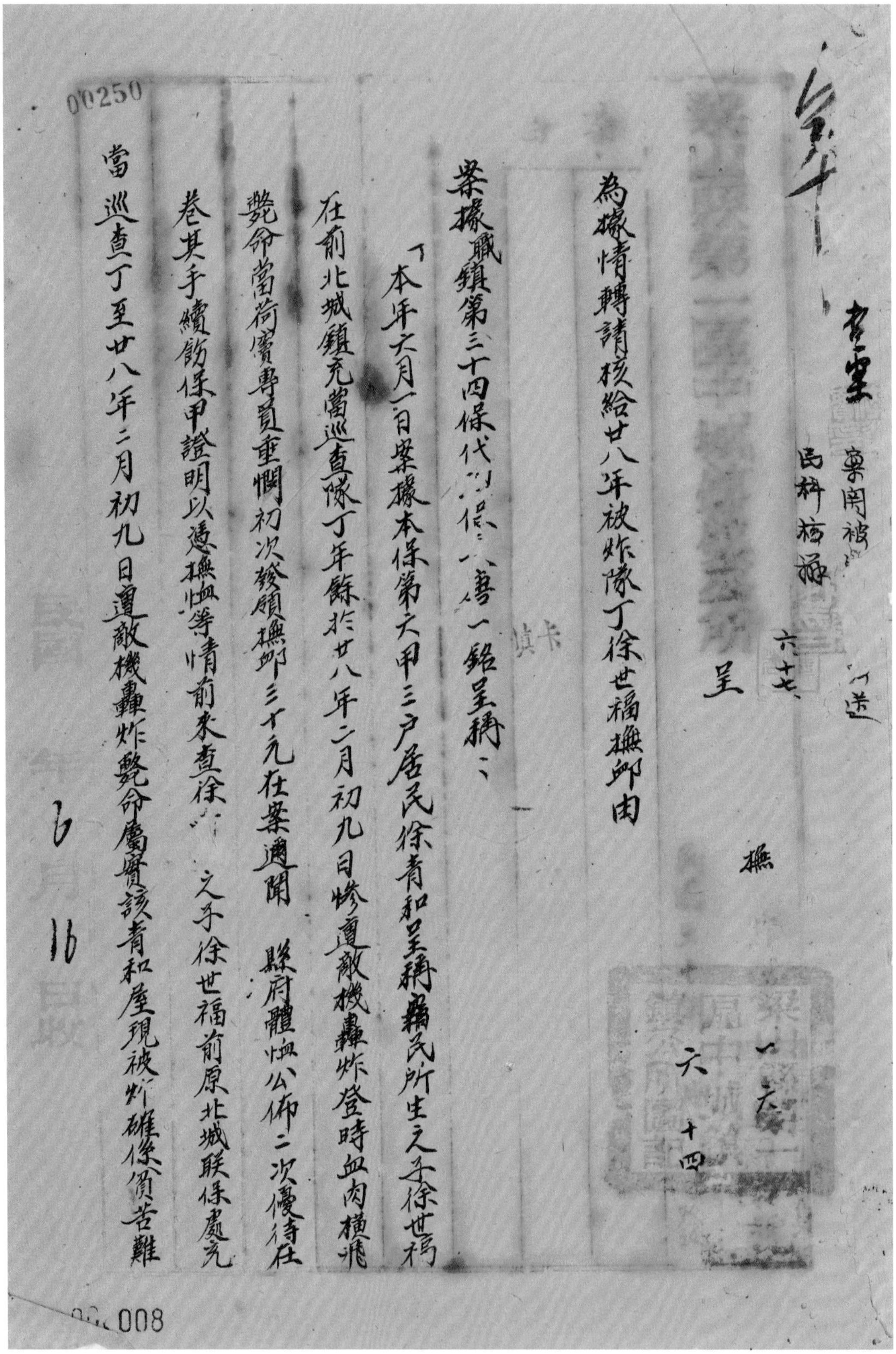

為據情轉請核給廿八年被炸隊丁徐世福撫卹由

呈

案據職鎮第三十四保代理保長[illegible]一銘呈稱：

「本年六月一日案據本保第六甲三戶居民徐青和呈稱：竊民所生之子徐世福在前北城鎮充當巡查隊丁年餘，於廿八年二月初九日慘遭敵機轟炸，登時血肉橫飛斃命，當荷賞專員[illegible]初次發領撫卹三十元在案。適聞縣府體恤公佈二次優待在卷，其手續飭保甲證明以憑撫恤等情前來。查徐青和之子徐世福前原北城联保處充當巡查隊丁，至廿八年二月初九日遭敵機轟炸斃命屬實，該青和屋現被炸，確係貧苦難

庶不虛應予轉請撫恤所有緣由理合據實轉呈鈞所核轉縣府准予撫恤以資救濟不違謹呈

等情。據此，理合具文轉請

鈞府鑒核給予撫卹指令祇遵！！

謹呈

梁山縣縣長劉

中城鎮鎮長林聞聲

呈悉。查此次襲（柳侯祥西）[illegible]（服務）急救濟由本（聯合辦事處）會同縣查明辦理可也

此令。

六、[illegible]、

三、一九四〇年日军轰炸梁山地区史料

梁山县警察所关于报送一九四〇年四月三十日敌机轰炸情形致梁山县政府的签呈（一九四〇年五月七日）

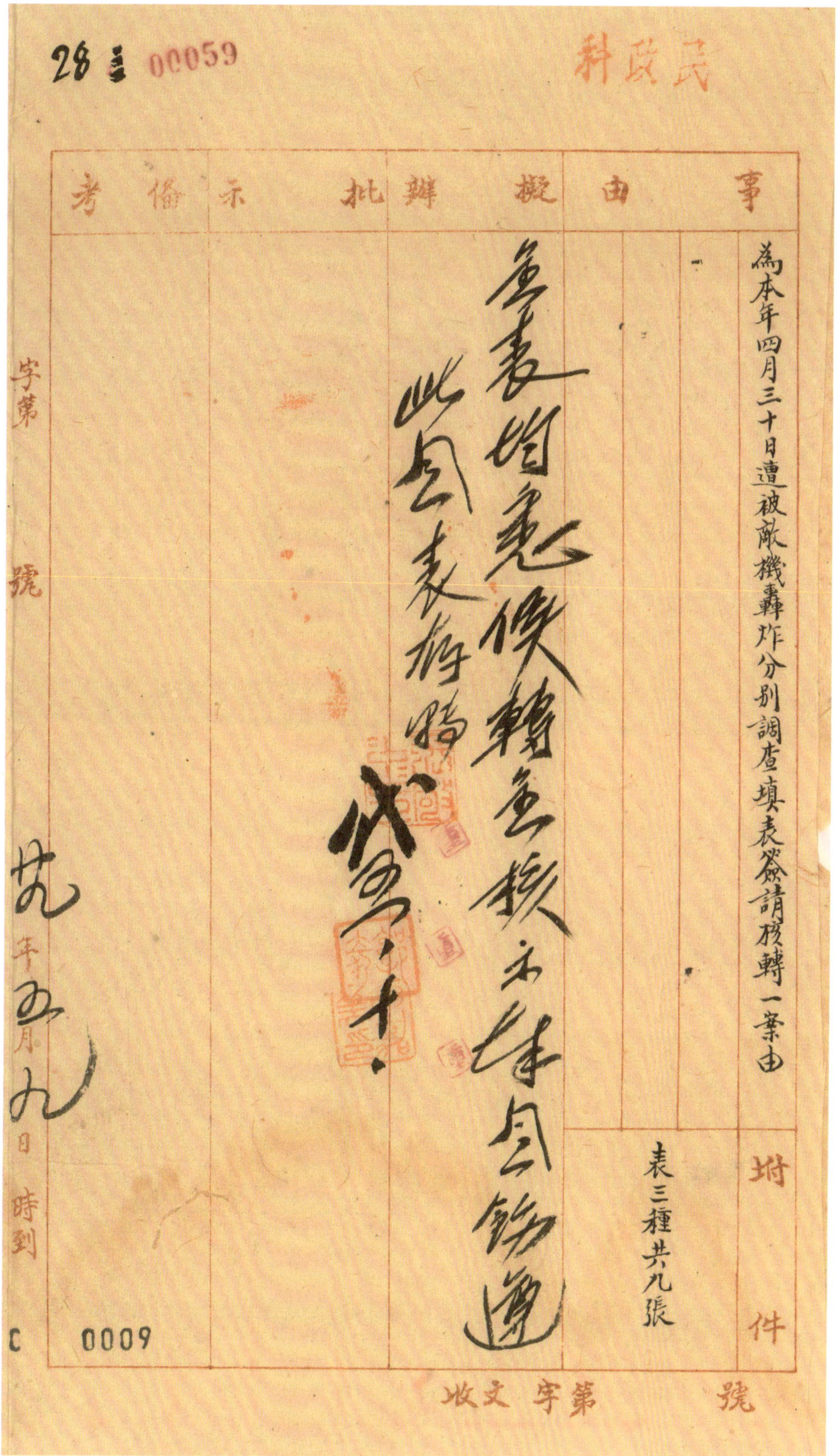
28 00059

民政科

事由	拟办	批示	备考
為本年四月三十日遭被敵機轟炸分別調查填表簽請核轉一案由			

附件：表三種共九張

字第　號

年五月九日　時到

收文　字第　號

C 0009

簽呈 廿九年五月七日 於警察所

竊本年四月三十日午前五鐘四十分，突來敵機九架，由城南侵入市空，經北外新機場向八廟紅朝門飛行，投擲大小炸彈六十九枚，燒夷彈四枚，炸毀機棚二所，民房五間，震壞七間，炸死開江民工四人，重傷居民一人，登時派警調查明晰，按照前次奉頒敵機投彈損害情況調查表、敵機空襲損失調查表、敵機空襲統計表三種，分別填具各三份，理合備文賫請

鈞府，俯賜核轉，指令祇遵。

謹呈

梁山縣縣政府

計呈敵機投彈損害情況調查表、敵機空襲損失調查表、敵機空襲統計表各三份

00060

警佐陳連科

0010

中華民國二十九年五月　日

P51

00051

P51

敵機投彈損害情況調查表 二十九年四月三十日

序次	類別			損害情況	附記
1	損害地點			北外新機場八廟紅朝門一帶	
2	損害時間			二十九年四月三十日午前五時	
3	投彈數量及高度			各種彈七三枚約三千公尺以上	
4	炸彈種類及重量			炸彈燒夷彈兩種均約五十公斤	
5	土質			灰泥	
6	被炸處漏斗孔			深二公尺直經二公尺	
7	偏離轟炸目標及破片最遠距離			偏離一五公尺 距離 二十尺	
8	震倒建築物間數			七間 估值七百元	
9	炸毀建築物間數			機棚二個民房五間估值二千五百元	
10	毒化範圍			無	
11	死傷人畜及原因	死	人口	原因擴修機場調集閬江民工作工致被炸死	
			牲畜	原因無	
		傷	人口	原因紅朝門居民躲避未及致被炸死	
			牲畜	原因無	

0001

四川省梁山縣防空司令（指揮官）黃章 調製者 黃章

..0000

附二：一九四〇年四月三十日敌机空袭损失调查表（一九四〇年四月三十日）

950 00020

敵機空襲損失調查表

填表者 二十九年四月三十日

空襲地點		空襲日期			警報時刻		空襲	投擲彈數		人口損失數目								房屋損害間數			其他損失情形	救護情形	備考
										死亡		受傷		失踪		合計							
市縣名	城鄉鎮	年	月	日	起	訖	次數	爆炸	未炸	男	女	男	女	男	女	男	女	震倒	炸毀	合計			
梁山	北城外	二十九年	四月	三十日	前二時	前七時	一次	六三枚	六枚	四人	無	無	一人	無	無	四人	一人	七間	五間	一二間	亦有動用什物機棚宿	死亡三十九 重傷二十九 輕傷三十九	—

填表須知

1、此表於被空襲後五日內填具呈報

2、填表應注意事項

(甲)空襲地點各城鄉鎮欄填被炸地點

(乙)警報時刻填起字欄係填註空襲警報時間止字欄填註解除警報時刻

(丙)人口房屋以外之損失填註於其他損失情形欄內

(丁)表內列名填外如炸彈重量爆炸之勢力範圍及炸彈入土坑度之深淵等能調查時於備考欄內註明

(戊)表上除填表機關加蓋印外填表人加蓋私章

0044

附三：一九四〇年四月敌机空袭统计表（一九四〇年四月）

附2　敵機空襲統計表二十九年四月份

日	時	空襲地點	空襲次數	敵機架數	投彈枚數	損害情形 房屋 炸毀	損害情形 房屋 震倒	損害情形 人口 死	損害情形 人口 傷	損害情形 其他	附記
一日	午前五時	北外新機場八廟紅鋼門	一次	九架	七三枚	五間	七間	四人	一人	炸毀機棚二間	
總計 本月											
總計 連前											

.0002

梁山县政府关于报送一九四〇年五月十九日、二十日日机轰炸情形致四川省政府、川康绥靖主任公署、四川省第十区行政督察专员公署的代电（一九四〇年五月二十日）

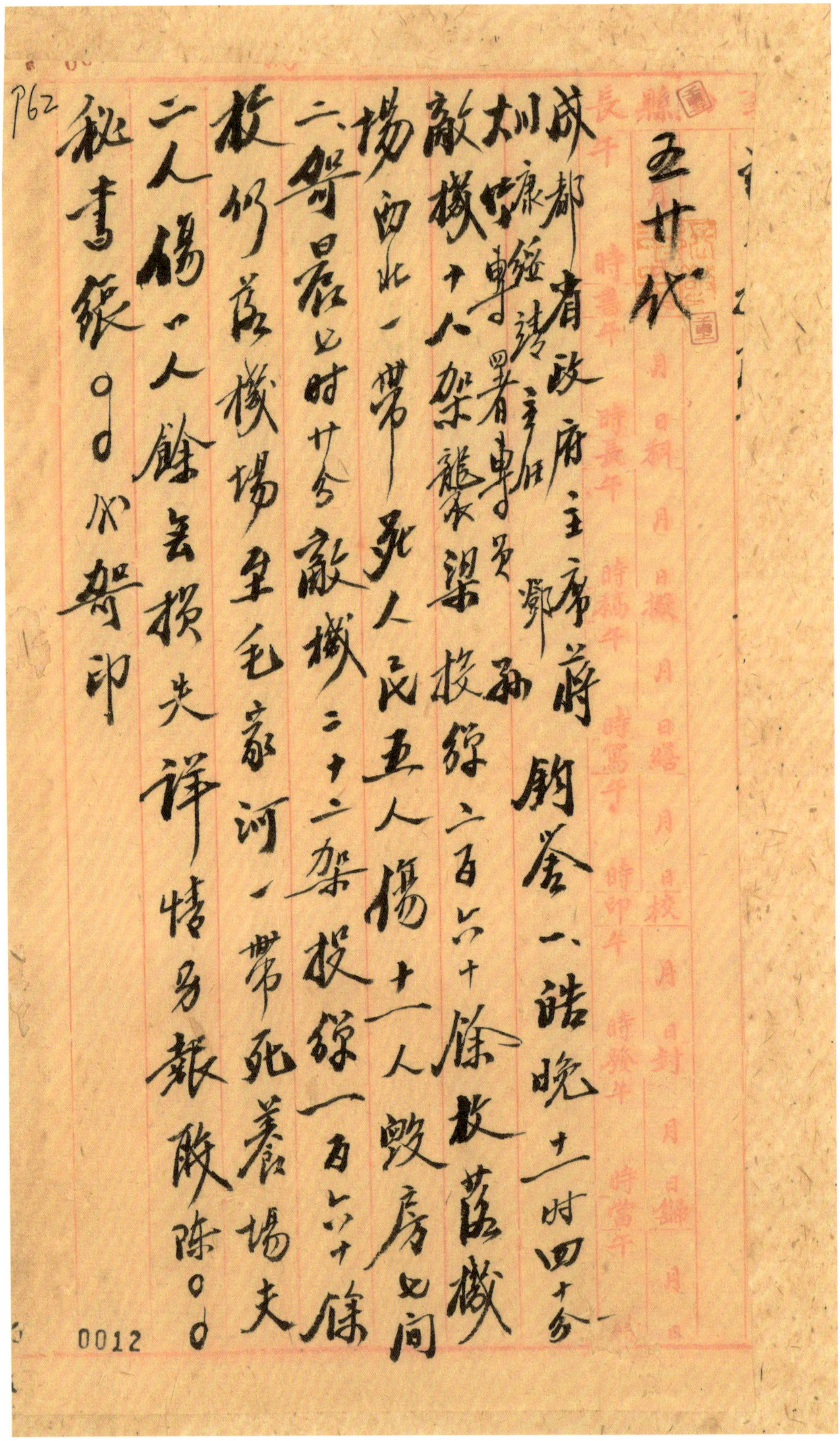

五廿代

成都省政府主席蒋钧鉴：
川康綏靖主任鄧、大竹專署專員孫：
一、皓晚十一时四十分敵機十八架襲梁，投彈二百六十餘枚，落機場西北一帶，死人民五人，傷十一人，毁房七間。二、號晨九时廿分敵機二十二架投彈一百六十餘枚，仍落機場至毛家河一帶，死養場夫二人，傷一人，餘無損失，詳情另報。職陳○○秘書張○○代號印。

0012

梁山县第一区西城镇联保办公处关于报送一九四〇年五月十九日被炸情形及灾民姓名册致梁山县政府的呈（一九四〇年五月二十一日）

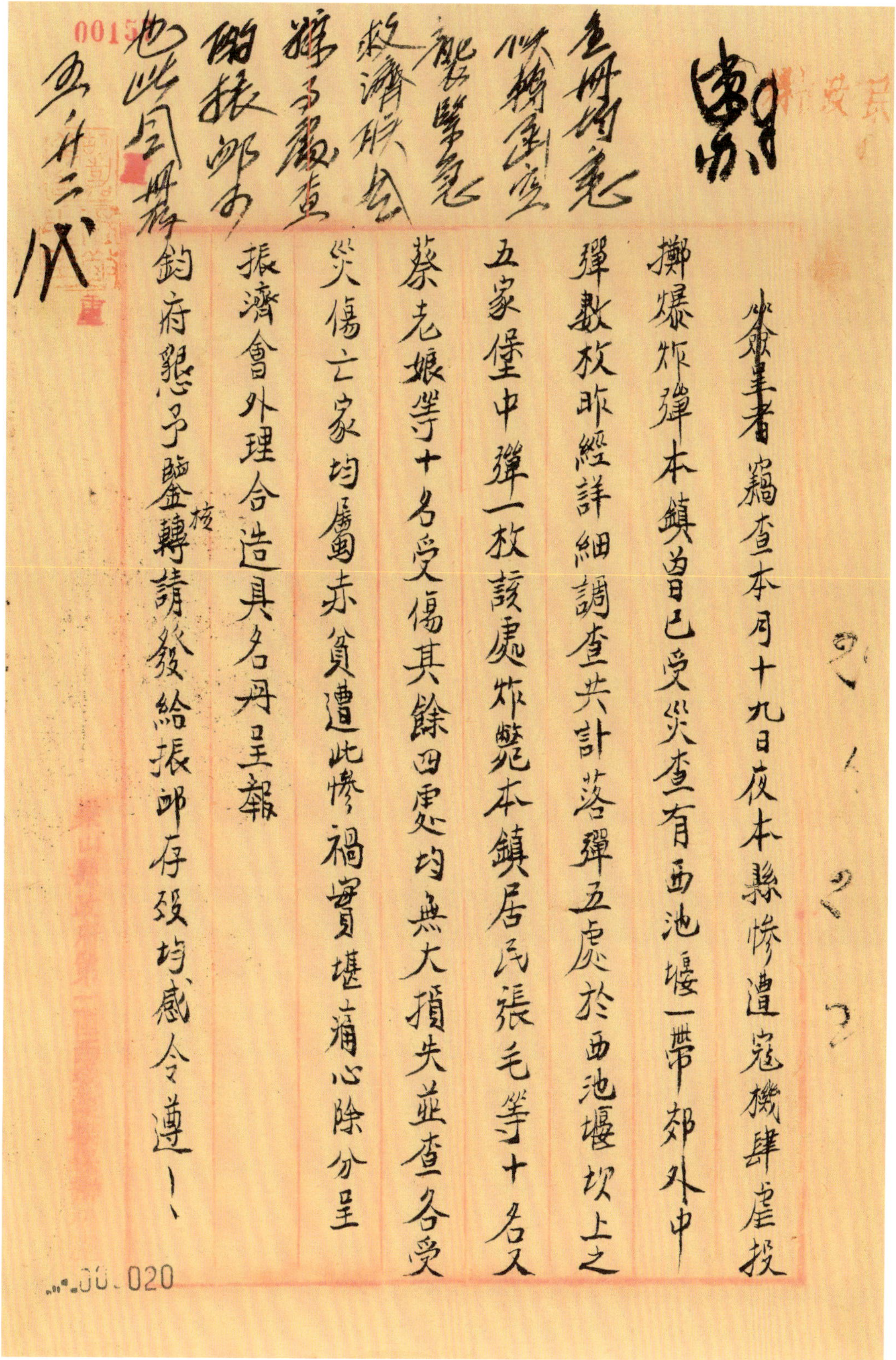

呈

案奉者竊查本月十九日夜本縣慘遭寇機肆虐投擲爆炸彈本鎮曾已受災查有西池塘一帶郊外中彈數枚昨經詳細調查共計落彈五處於西池塘坎上之五家堡中彈一枚該處炸斃本鎮居民張毛等十名又蔡老娘等十名受傷其餘四處均無大損失並查各受災傷亡家均屬赤貧遭此慘禍實堪痛心除分呈振濟會外理合造具名冊呈報

鈞府懇予核鑒轉請發給振卹存殁均感令遵

呈冊均悉以轉函省賑濟委員會救濟聯合會轉予審查辦振卹可也此回冊存

五月廿二

代

謹呈

縣長陳

附呈五一九被炸災民姓名冊一份

梁山縣第一區西城鎮聯保主任李秀靈

聯保兵役協會委員許克明

中華民國二十九年五月二十一日

附：梁山县第一区西城镇一九四〇年五月十九日被炸灾民姓名册（一九四〇年五月二十一日）

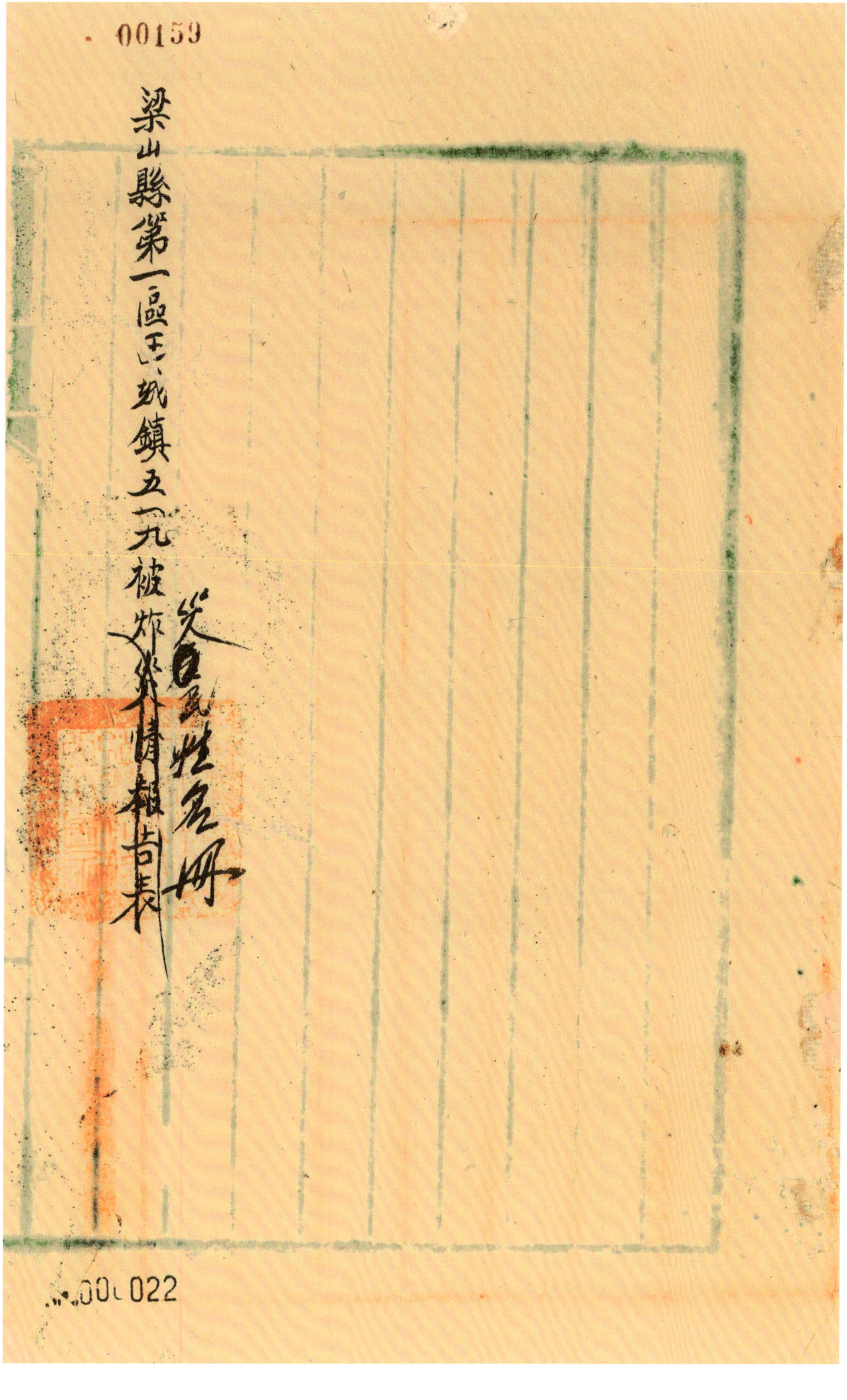
00159

梁山縣第一區西城鎮五一九被炸災情報告表

災民姓名冊

00L022

梁山縣第一區西城鎮五一九被炸~~情形報告表~~災民姓名册

保甲	姓名	人口	損失情形	經濟狀況	備攷
四七	蔡禹門	二	房屋半燬	赤貧	屋前中炸一枚死十人傷十人
八五	鄧永福	二	房屋稍燬	赤貧	四家共中小型炸彈一枚
	鄭興發	四	房屋稍燬	赤貧	
	劉永培	四	房屋稍燬	赤貧	
	郭玉興	五	房屋稍燬	貧	
合計		五、			

死亡

保甲	姓名	性別	備攷

四七 張毛 男 以下均於郊外五家西作死

七四 尹代鳳 男

六 劉殿揚 男

劉彭氏 女

雷楊氏 女

七 林玉香 女

李成德 男

無名氏 女

十八 劉祖炳 男

袁老娘 女

023-1

00161

保甲	姓名	性別	受傷輕重	備攷
四七	蔡老娘	女	重	以下十名均於郭外五家岡被炸受傷
十	唐老娘	女	重	
	朱玉發	男	輕	
七四	尹大毛	男	重	
七	熊玉貞	女	輕	
	鄭羣	女	重	
	江劉氏	女	重	

受傷

合計 拾名

00.024

十八陳樹山男輕

東謝氏女　重

袁二妹女　重

合計　十名

炸彈

五家巴炸彈一枚　死傷二十人

貧民工廠後炸彈一枚　無損失

西池滬炸彈一枚　無損失

謝家巷炸彈一枚　無損失

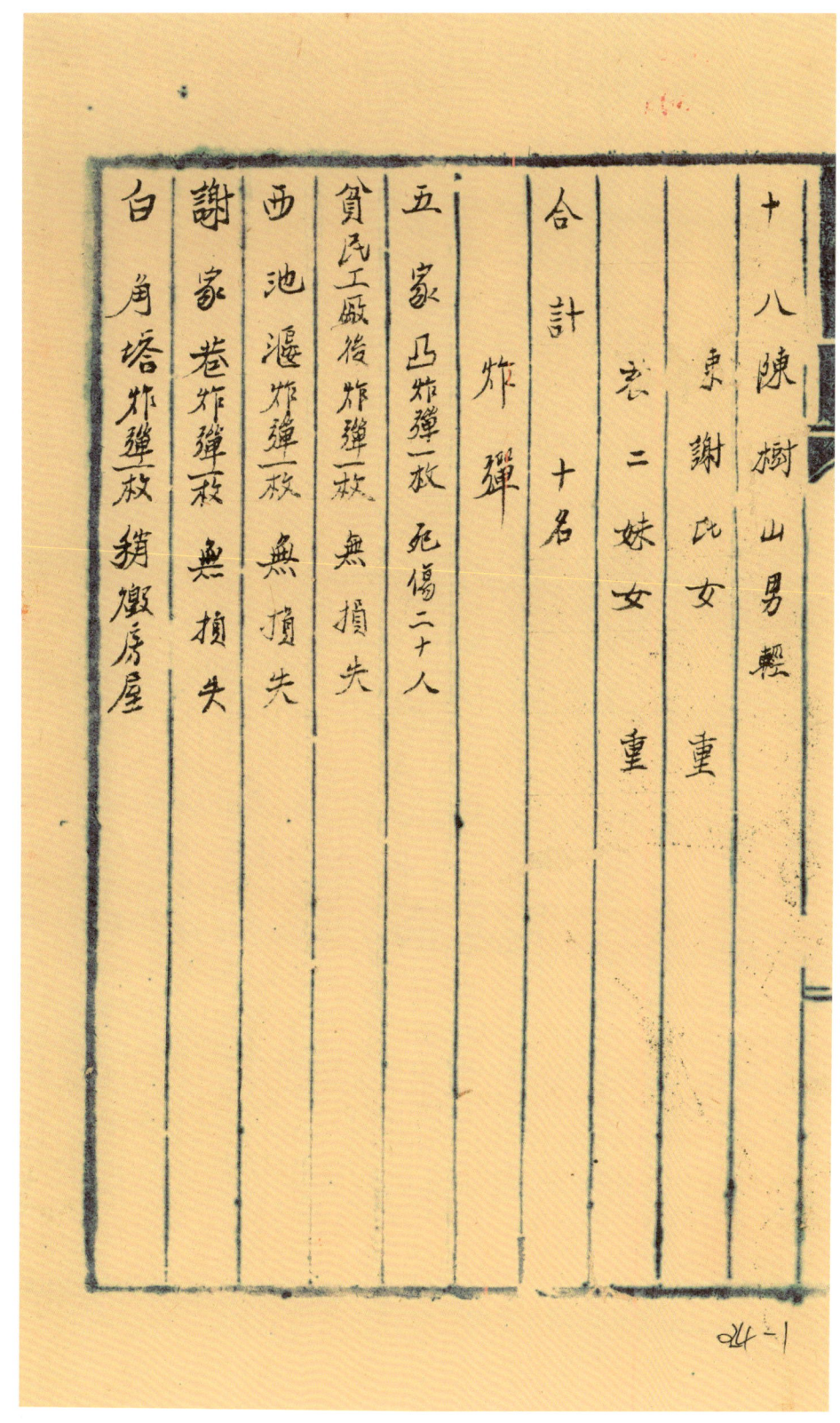

白角塔炸彈一枚　稍燬房屋

中華民國二十九年五月二十二日

西城主任李秀靈

兵役委員許克明代行

梁山县政府关于报送一九四〇年五月二十一日日机轰炸情形致四川省政府、川康绥靖主任公署、四川省第十区行政督察专员公署的代电（一九四〇年五月二十一日）

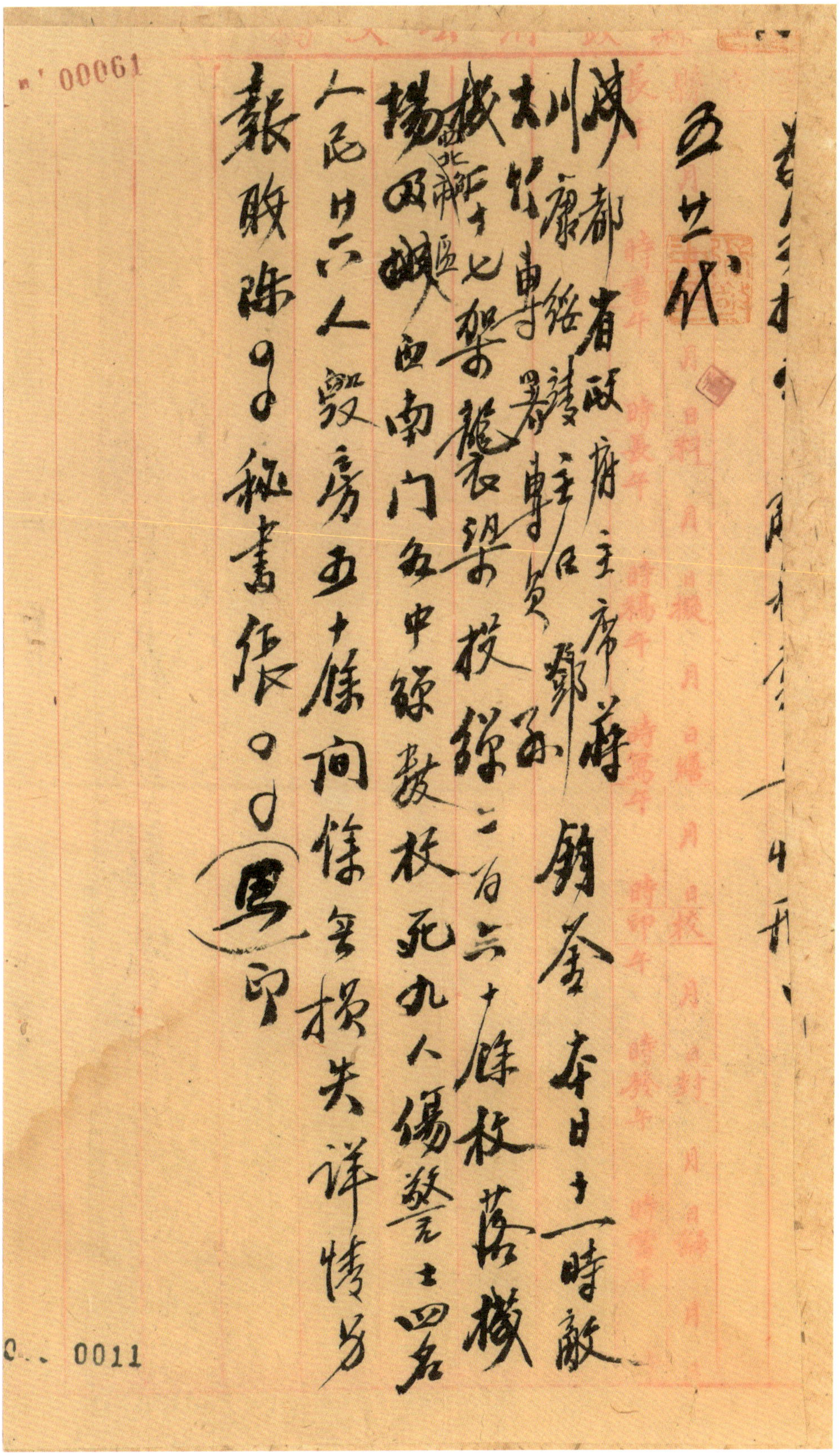

五廿代

成都省政府主席蔣、川康綏靖主任鄧、大竹專署專員 鈞鑒：本日十一時敵機十七架襲梁，投彈二百六十餘枚，落西北區機場及城區西南門外，中彈數枚，死九人，傷警士四名、人民廿六人，毀房五十餘間，詳情容後另報。縣長陳〇〇、秘書張〇〇叩。馬印

梁山县警察所关于请提前核发一九四〇年五月二十一日被炸伤亡警士埋葬、医药等费致梁山县政府的签呈（一九四〇年五月二十三日）

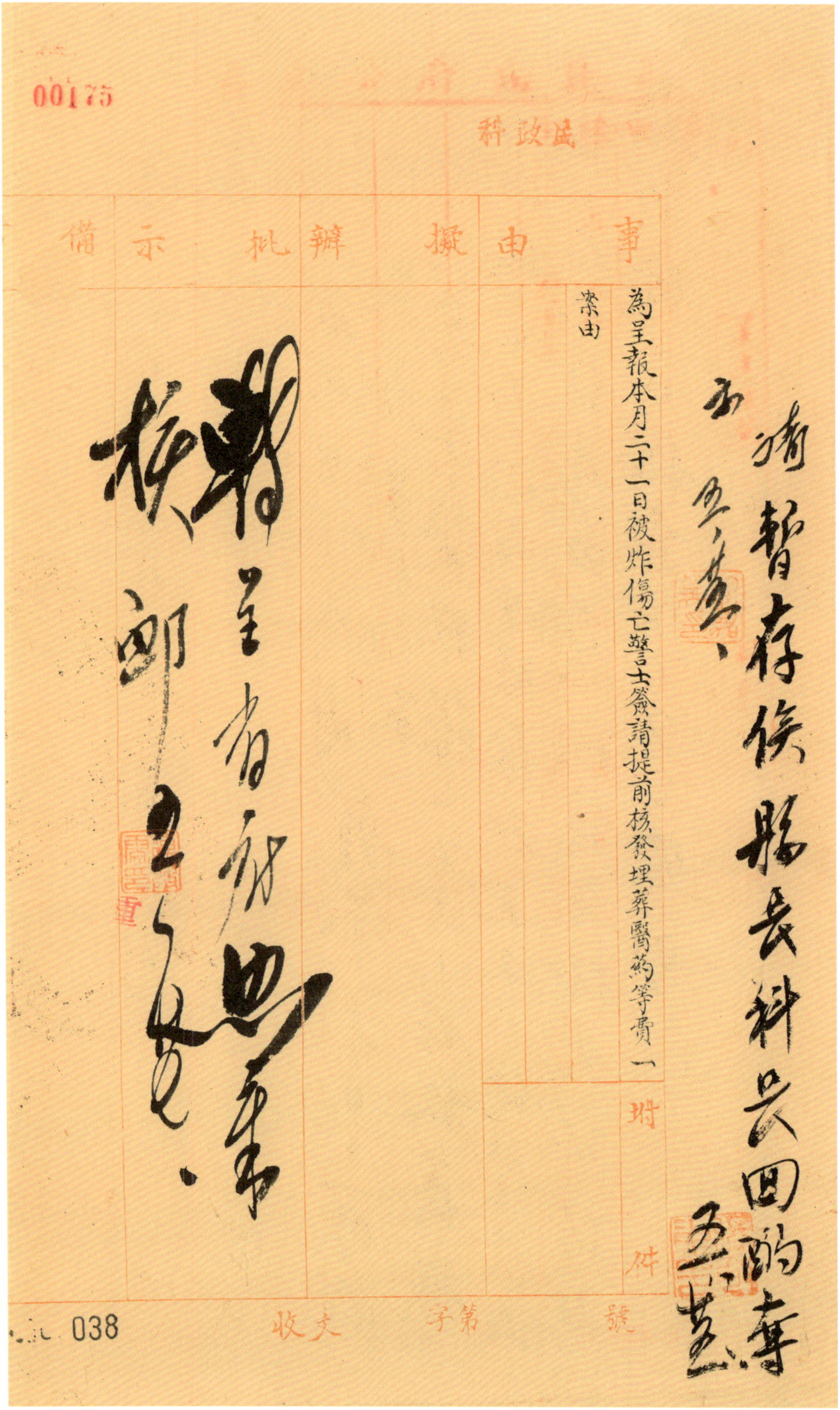

字第　號

簽呈　二十九年三月二十三日
於警察所

竊本月二十一日午前十一鐘許，飛來敵機二十六架，由城西侵入市空，向東飛行，中間城內外各街，南外體育場，暨北外新舊兩機場，並東外三洞橋，黃家壩，海椒溝一帶，投擲大小炸彈百餘枚，傷亡人民四十餘人，震毀房屋百餘間，除詳情另表查填外，惟同時本所集中巡邏警士唐永延·田青云·李茂清，於南街內外執行交通管制任務，不意緊急警報發出，而南外體育場人積如山，該警等正在此處强制疏散民衆之際，無如任務尚未告竣，敵機已臨市空，掩蔽未及，就地卧下，不幸彈落附近，僅隔丈許，致唐永延小腹左邊被受重傷，長約三寸，寬寸餘，右腿一傷，眼如杯大，左腿並脚杆均傷，田青雲背心右邊亦受重傷，眼約五分大，深寸餘，已傷肺部，現破片尚未取出，右邊數小傷，左手膀一傷，李茂清右眼上一重傷，尚不能睁，左眼上二小傷，左膀一傷

年　月　日　時到

038-1

00176

甚微，又派出所警士陳鵬因服衛兵任務，見敵機臨頭，距炸彈丈餘，小腹下側右腿[illegible][illegible]被破片重傷，眼似杯大，深寸許，破片尚未取出，左膀及頭部各受輕傷一處，現本所重傷警士唐永延因傷於本月二十三日晨刻斃命，田青雲因受傷過重，現已轉遂，血流不少，疼痛非常，亦有不治之勢，除依照奉頒章令填表另案請卹外，惟傷斃警士唐永延現需埋葬，並負傷各警亦需醫藥等費，毫無着落，且本所經費有限，挹注無方，爲此具文呈請

鈞府俯賜鑒原，懇予提前發給埋葬醫藥各費，以資分給安埋醫治，是否有當，指令祇遵。

謹呈

梁山縣縣政府

警佐陳連科

039

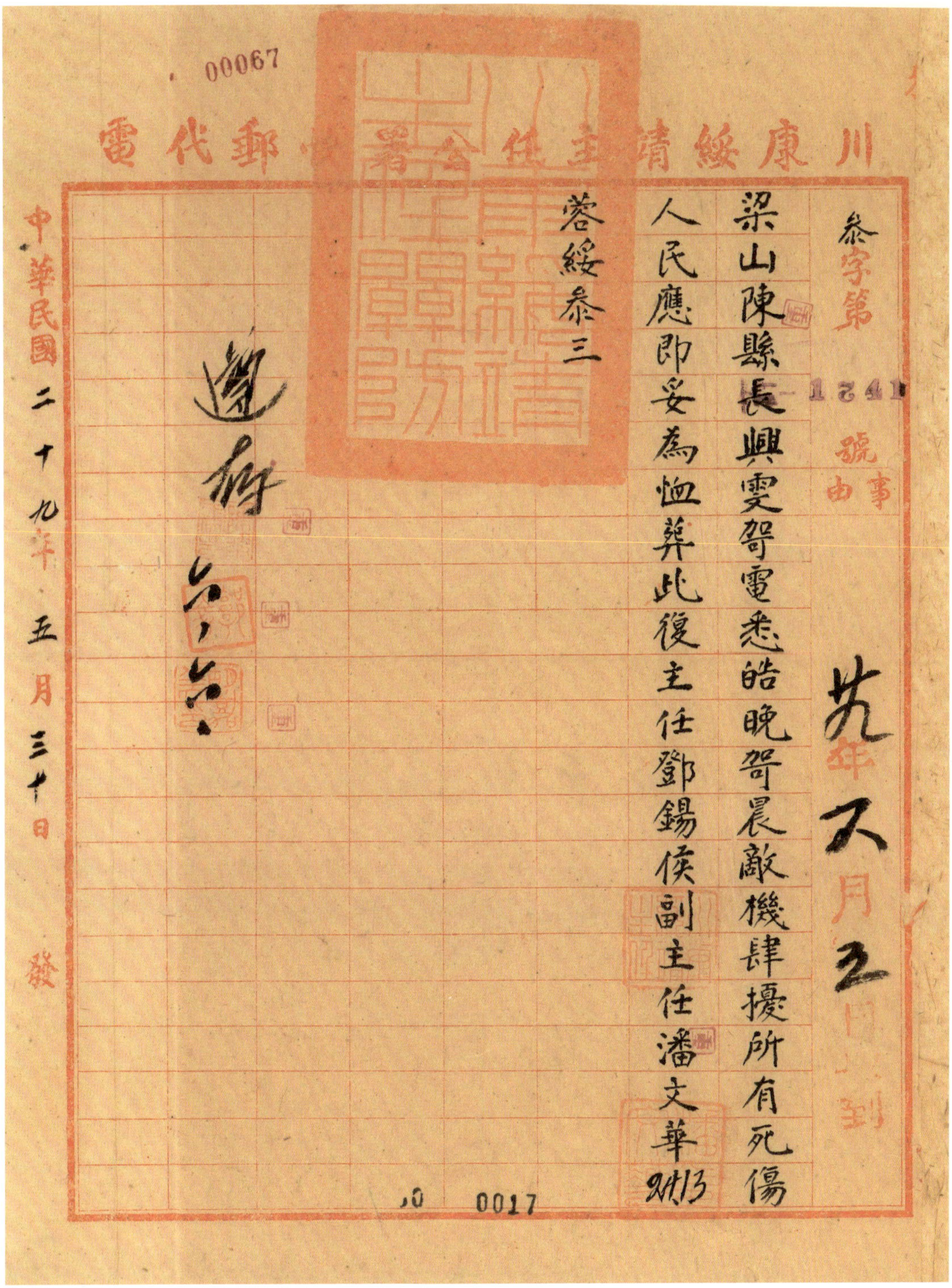

00067

川康綏靖主任公署郵代電

叅字第 1841 號

事由

梁山陳縣長興雯：哿電悉。皓晚哿晨敵機肆擾，所有死傷人民應即妥為恤葬。此復。主任鄧錫侯、副主任潘文華。

蓉綏叅三

中華民國二十九年五月三十日發

0017

川康绥靖主任公署关于妥善办理一九四〇年五月十九日、二十日被炸伤亡人员抚恤事宜致梁山县政府的代电（一九四〇年五月三十日）

梁山县政府、李荣光关于核办一九四〇年五月二十一日李荣光房屋被炸抚恤案的文书（一九四〇年五月至六月）

李荣光致梁山县政府的呈（一九四〇年五月二十五日）

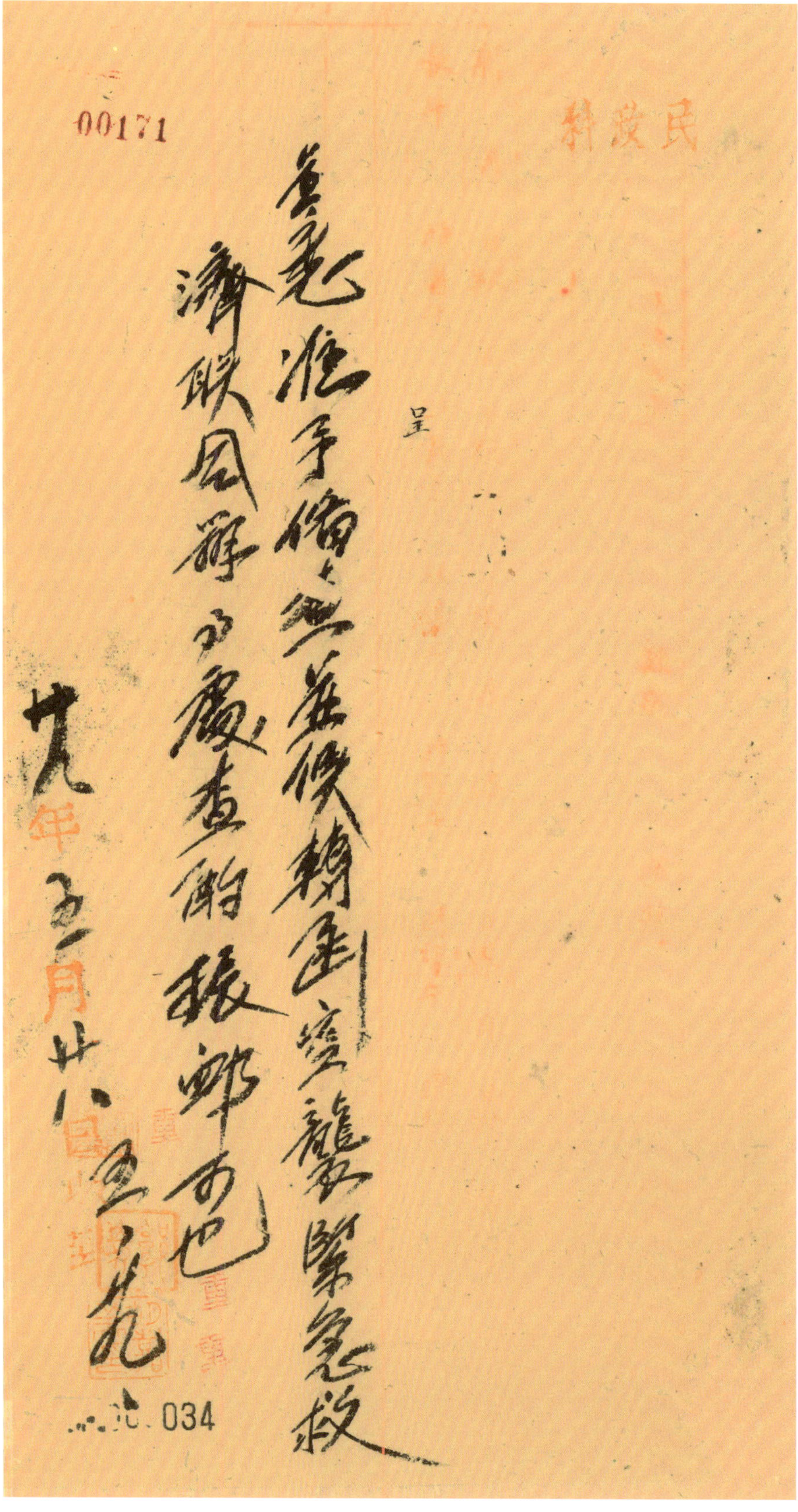

民政科

00171

呈

鉴核准予俯念无辜被轰倒塌空袭紧急救济联合办事处查明报部可也

廿九年五月廿八日

李荣光

034

呈為報請履勘破例指令祇遵事竊南城内石觀音背后坎上孔虎山乃號

房院一座計正屋柒間右邊横上倉厨等房伍間左邊會客廳兩間朝門壹間又客

屋叁間惟正宅后方防空石洞一所左右相通除自居外楊省三李炳離彭長興張惠延

劉宗先等先后同院佃居職去秋遵遷仁賢鎮無異忽今五二一午前日機狂我縣城内

外獨日機第三批將職倉厨各房直接投彈一顆炸毀片瓦無存已成焦土并破壞

034-1

正屋叁間半、繼適五二三午后驟雨連日、至五二四午后二時、正屋叁間一齊倒蹋、最可憫者當被炸時、有彭佃之工人周老漢卧在洞上面墻脚、被炸去手幹半邊、指拇六隻、又李佃之藝徒李才仲在洞門外手受瓦傷、尚輕、均就醫、幸本院暨臨時外界來者同入洞内叁拾餘人均告無恙、差堪欣慰、查職留儲各物及各佃損失外、不計房院、均屬奇重、經地方當事人會勘外、特乞

鈞府實地勘察、并請破例　指令祇遵。實沾德便。謹呈

梁山縣縣長陳

前縣立仁賢小學高級級任教員李埜光

中華民國二十九年五月二十五日

035-1

梁山县政府致梁山县空袭紧急救济联合办事处的公函（一九四〇年六月一日）

00170

县政府公文稿

公函　空袭救济办事处　由

据前仁里小学教员李荣光呈请赈助，恳予破例核办一案，函请查酌核办由

五卅　五卅　五卅　六一

全　衔公函　年南字第13998号

本年五月廿八日案据前仁里小学高级级任教员李荣光呈称：「……为恳请赈助」云云，谨呈」等情。据此，除以「呈悉，已准予饬查，并转函空袭紧急救济联合办事处查酌核办可也。此令」等语指令外，相应函请贵处查照，准予查酌核办，早赐见复为荷。此致

033

梁山县政府致李荣光的指令（一九四〇年六月一日）

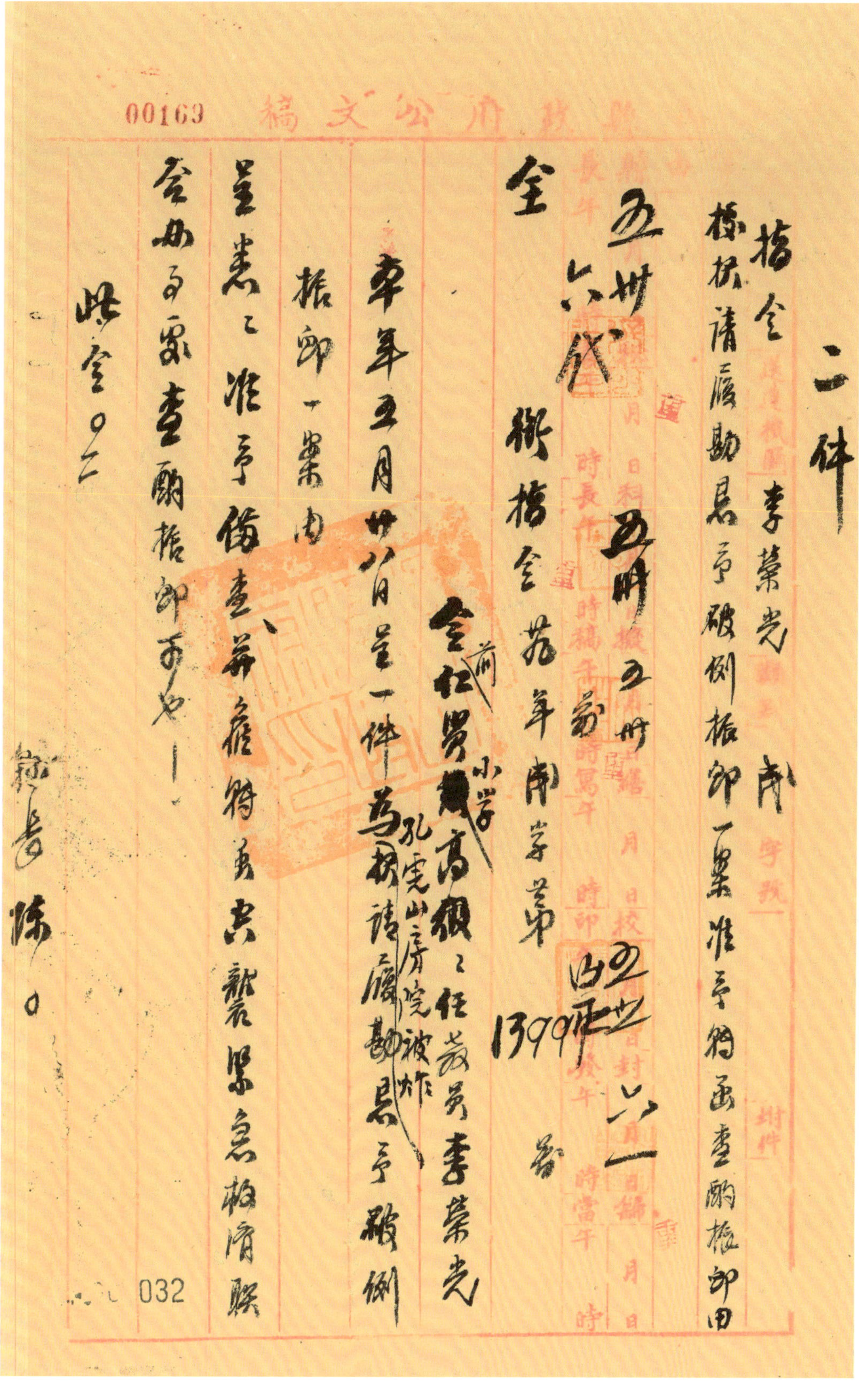

00169 政府公文稿

二件

指令 李荣光 由

据报请展勋县予破例振卸一案准予将函查酌振卸由

五卅 六代 五卅 五卅

全衔指令 字年字第1399号

令私贯小学高级级任教员李荣光

本年五月卅八日呈一件为孔宪山房院被炸据请展勋县予破例振卸一案由

呈悉。准予备查，并将具体数急报联合办事处查酌振卸可也。

此令。○六

县长 陈○

032

四川省政府、梁山县政府等关于核办一九四〇年五月二十一日被炸伤亡警士唐永延、田青云、李茂青、陈鹏等抚恤案的文书（一九四〇年五月至十二月）

梁山县警察所致梁山县政府的签呈（一九四〇年五月二十五日）

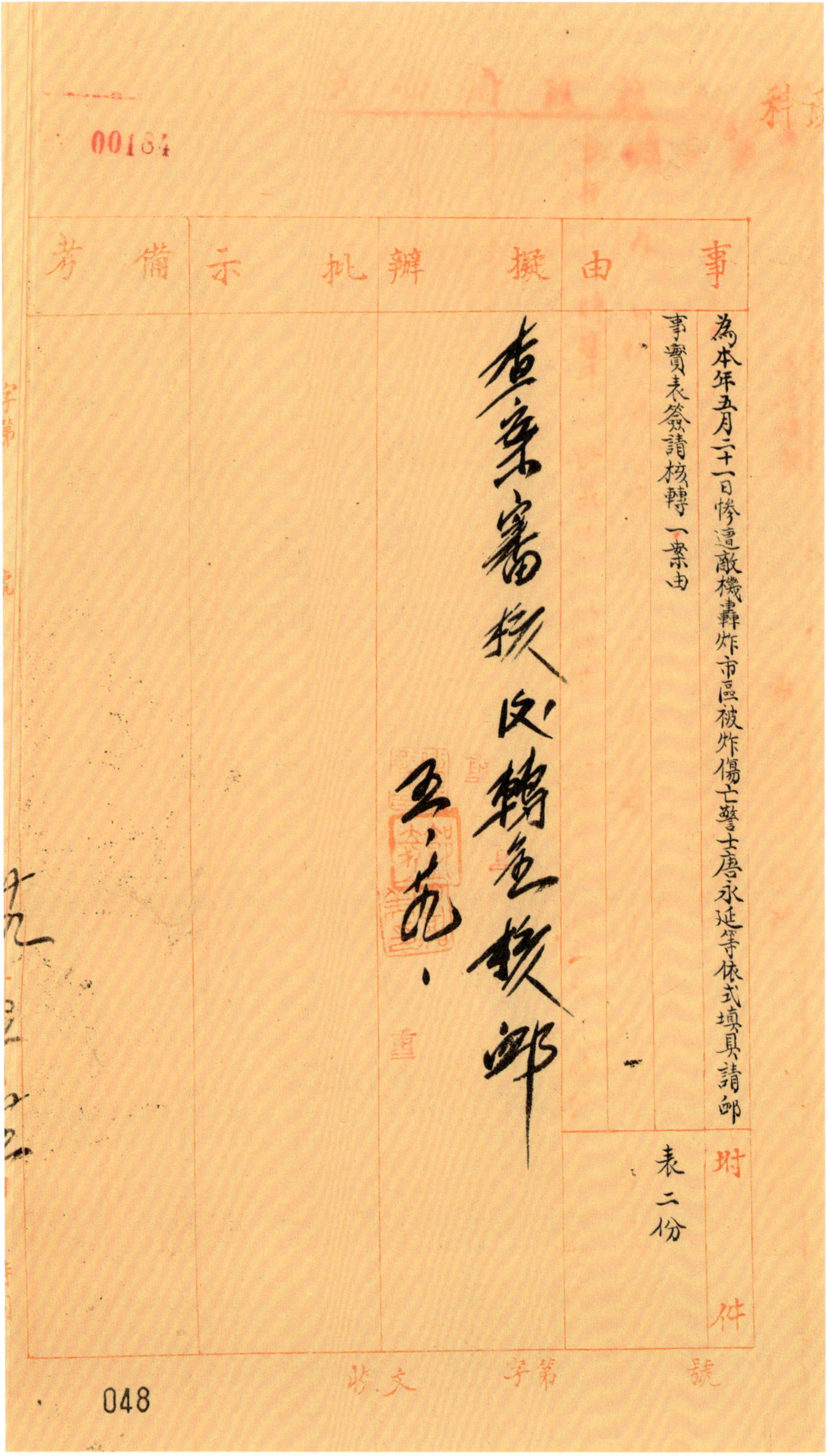
00184

事由：為本年五月二十一日慘遭敵機轟炸市區被炸傷亡警士唐永延等依式填具請卹事實表簽請核轉一案由

附件：表二份

擬辦：查案審核以轉省核卹。五、范。

批示：

備考：

048

收文　字第　號

簽呈　二十九年五月二十五日
於警察所

案查本月二十一日午前十一鐘許，倭遣敵機二十六架，由城西侵入市空，向東飛行，轟炸市區，暨北外新舊機場，南外體育場，東外八洞橋，黃家坎灣，海椒溝一帶，共投大小炸彈百餘枚，炸傷斃命本所警士唐永延，被受重傷田青云、李茂青，並負重傷外西派出所警士陳鵬等四名，當經呈請
鈞府提前核給燒埋醫藥各費在案。惟查本所警士唐永延於二十一日被炸負傷，二十三日因傷殞命，田青云繼於二十五日以傷轉遽殞命，適合非常時期獎卹警察暫行辦法第三條規定，得給壹百元至壹百五拾元之卹金，負傷警士李茂青、陳鵬二名，合於第五條規定，得給三十元至八十元之卹金，茲按照非常時期獎卹警察暫行辦法，分別填具請卹事實表，除照公務員卹金條例施行細則規定另案請卹外，理合備文連表賫請

048-1

鈞府，俯賜核轉，從優給卹，以慰幽魂，而勵來茲，是否有當，指令祗遵。//

謹呈

梁山縣縣政府

計呈請卹事實表二份

警佐陳連科

中華民國二十九年五月　日

049-1

附：梁山县警察所请恤事实表

梁山縣警察所請卹事實表

職別	姓名	事實	經過獎卹金額
二等警士	唐永延	二十九年五月二十一日被敵機二十六架轟炸市區服務南街集中巡邏於南外體育場執行疏散任務被炸負傷旋於二十三日殞命	曾按公務員卹金條例施行細則呈請給卹尚未奉核下縣
同	田青云	二十九年五月二十一日被敵機二十六架轟炸市區服務南街集中巡邏於南外體育場執行疏散任務被炸負傷傷口由背心穿入腹內旋於二十五日殞命	同
同	李茂青	二十九年五月二十一日被敵機二十六架轟炸市區服務南街集中巡邏於南外體育場執行疏散任務被炸負傷右眼被破片炸傷損壞視能頭部背心右腿炸傷	同
一等警士	陳鵬	二十九年五月二十一日被敵機二十六架轟炸市區服務派出所衛兵因敵機臨頭伏於所後距炸彈丈餘被破片由右腿横穿進二孔如杯大背腰被破片傷數處	同

梁山县警察所致梁山县政府的签呈（一九四〇年五月二十七日）

00167

簽致件

事由	為本月二十一日遭被敵機炸傷殞命警士田青云燒埋需款簽請提前核發一案由
附件	
擬辦	
批示	簽悉。查此案已於前簽內照白指示矣，仰即遵照。此令。五、廿八
備考	

收文 第030字 號

簽呈　二十九年五月二十七日
於警察所

案查本月二十一日，慘遭敵機轟炸市區，於南外體育場炸傷斃命本所警士唐永廷，被負重傷田青云、李茂清，暨受重傷外西派出所警士陳鵬等四名，曾經簽請

鈞府提前發給燒埋醫藥等費，並依照非常時期殉職警察暫行辦法，填具請卹事實表，懇予核轉從優議卹各在案。自應靜候，曷敢煩瀆，惟以是日被炸重傷警士田青云，現於二十五日因傷斃命，不但受傷後住院療治醫藥費用無着，且該警因公殞命，身後蕭條，所有喪葬各費，在在需款，兼以天氣亢陽，擱置亦未便過久，本所經費向屬有限，實苦無法以資挹注，為此具文簽請

鈞府，俯賜察核，懇予提前發給燒埋費，以憑轉給領屍安埋，而慰幽魂，臨辭迫切，

不勝屏營待命之至。

030-1

00168

謹呈

梁山縣縣政府

警佐陳　連　科

00031

中華民國二十九年五月　日

031-1

梁山县政府致梁山县警察所的指令（一九四〇年六月一日）

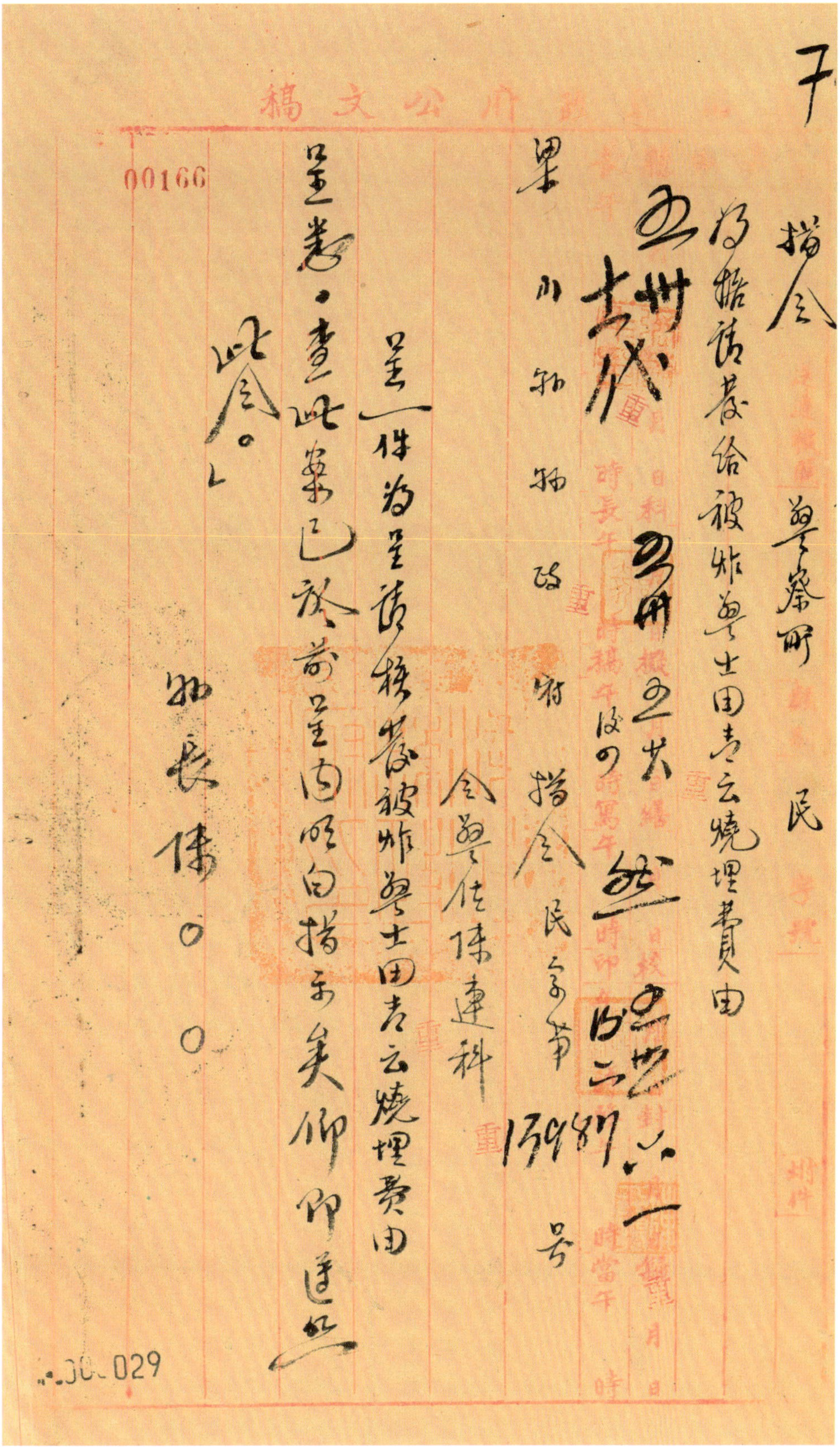

稿文公府

00166

指令 警察所 民

爲據請發給被炸無主尸骨者之燒埋費由

廿九年五月卅一日 擬
廿九年五月卅一日 繕
廿九年五月卅一日 校
六月一日

梁山縣政府指令 民字第15987號

令警佐陳達科

呈一件爲呈請核發被炸無主尸骨者之燒埋費由

呈悉。查此案已於前呈內明白指示矣，仰即遵照。

此令。

縣長 陳〇〇

梁山县政府致梁山县警察所的指令（一九四〇年六月二日）

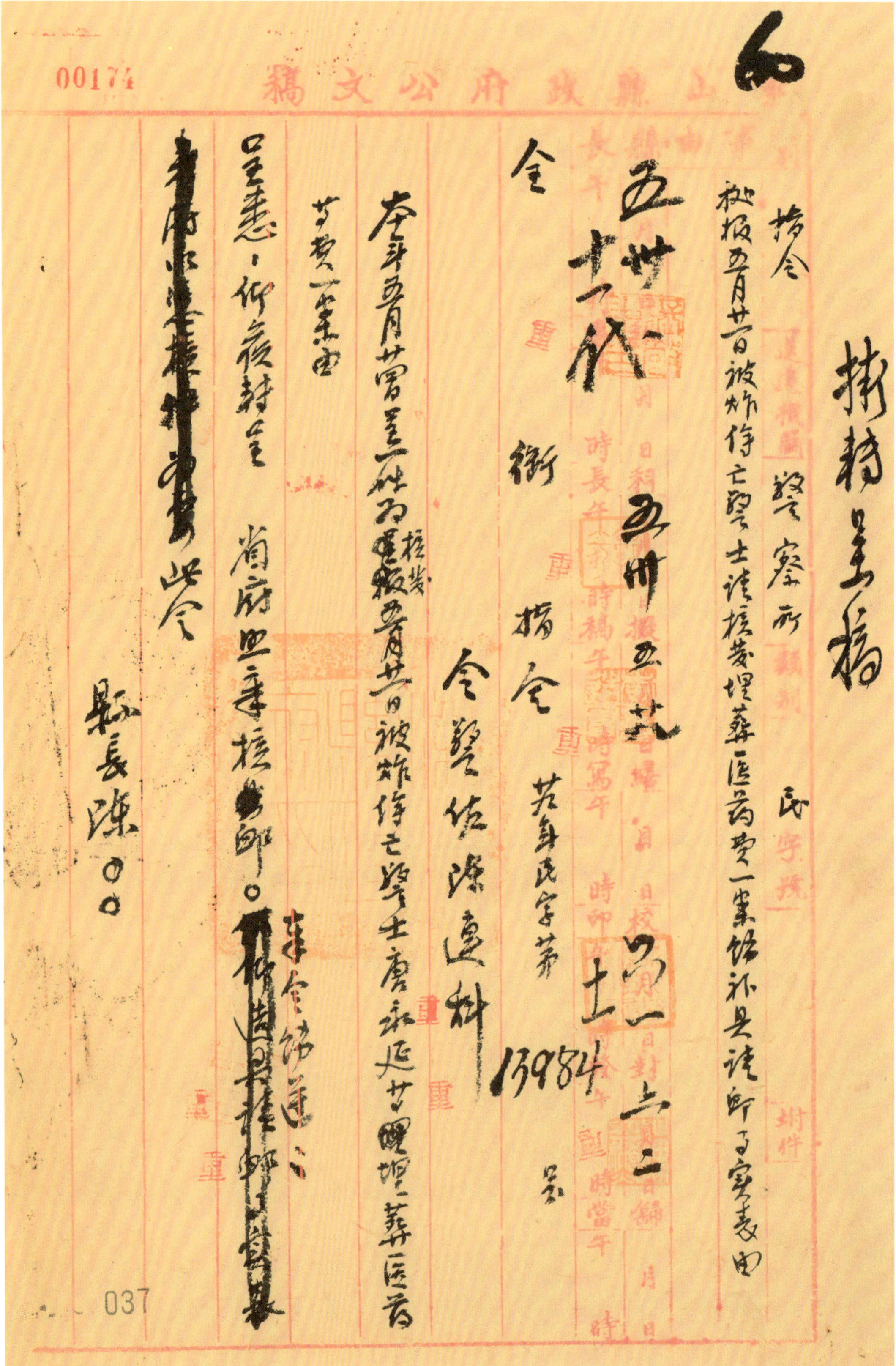

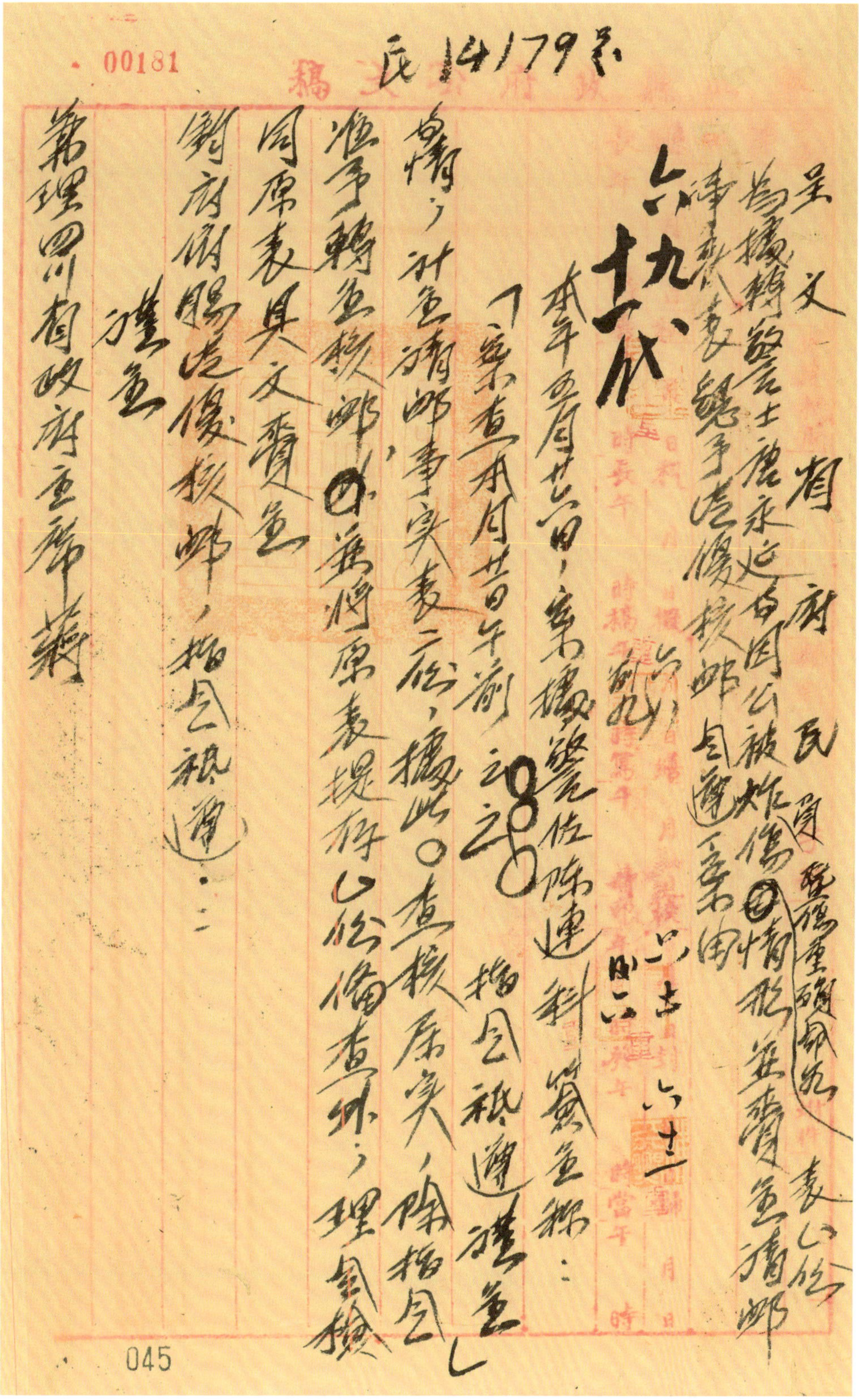

00181　民 14179号

呈文　省府　民

为据转警士唐永廷因公被炸伤情形，并赍请恤事实表二份，恳予从优核恤，令遵由

本年五月廿六日，案据警佐陈连科签呈称：「案查本月廿日午前……」等情，计呈请恤事实表二份。据此，查核属实，除指令准予转呈核恤外，理合检同原表具文赍呈

钧府俯赐从优核恤，指令祗遵。

谨呈

兼理四川省政府主席蒋

045

梁山县政府致四川省政府的呈（一九四〇年六月十二日）

计呈请卹事实表乙份

梁山县县长陈〇〇

梁山县政府致城西乡乡公所的指令（一九四〇年六月十五日）

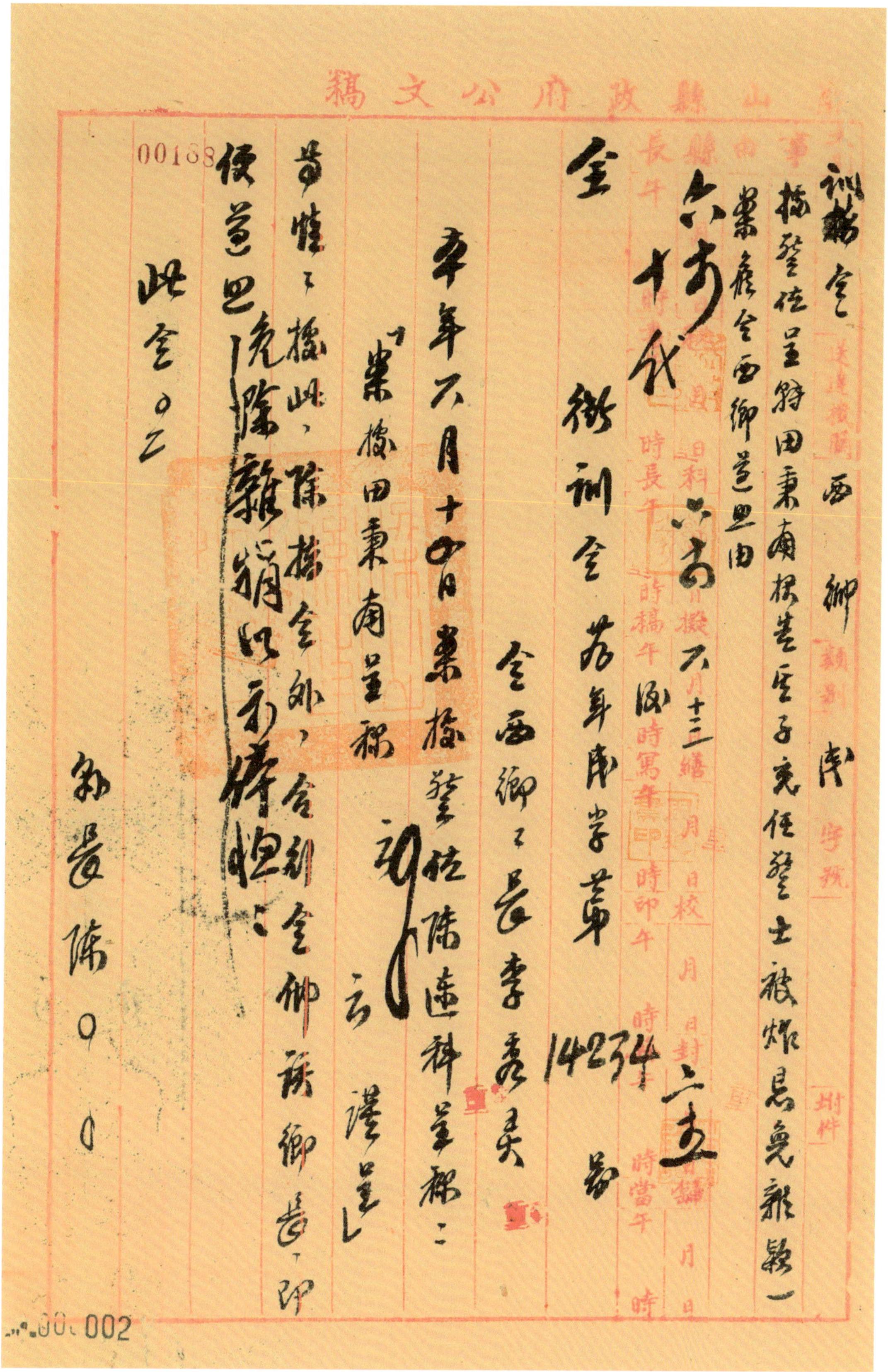

梁山縣政府公文稿

訓令 西鄉 字號

據警佐呈轉田秉南探悉王子克任警士被炸甚危難驗一案飭令西鄉遵照由

六月十五 代

六月十三 擬

六月十五

令城西鄉鄉長李彥昊

訓令 廿九年庚字第14234號

本年六月十四日案據警佐陳遠科呈稱：「案據田秉南呈稱『……』云云，謹呈」等情。據此，除指令外，合行令仰該鄉長即便遵照，免除雜捐，以示體恤。

此令。

縣長陳○○

00168

00002

梁山县警察所致梁山县政府的签呈（一九四〇年六月）

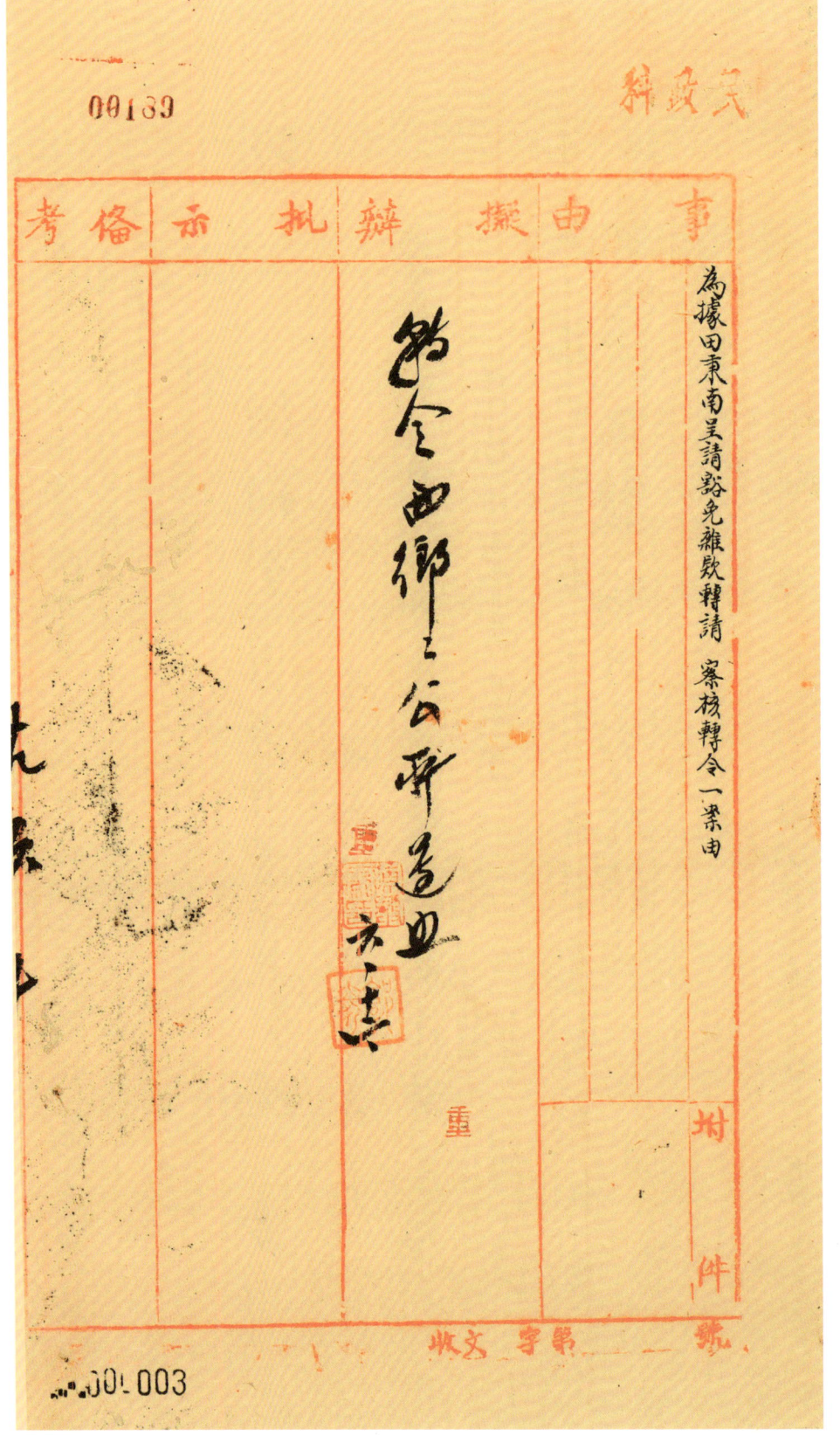

00139

民政科

事由	擬辦	批示	備考
為據田東南呈請豁免雜欵轉請 察核轉令一案由		飭令西鄉公所遵照 六、十六	

附件

收文 字第 號

001-003

簽呈 二十九年六月十 於警察所

案據田東南呈稱：

「呈為子被炸因公慘死懇予轉呈優待飭免雜款以示體恤事情民一子田青云現已成年充任警察所二等警士於昨古曆四月十五日被敵機轟炸斃命民已承領安埋情子死無人尋謀生活而本鄉所派雜款民實無力担負是以呈懇鈞所體恤苦衷准予轉請縣府飭令鄉公所優待免民雜款以示體恤

不勝沾感謹呈」

等情，據此。查該民子田青云充任本所二等警士，係於本年五月二十一日服務南城巡邏，正在體育場執行疏散民衆，遭敵機轟炸市區，投彈體育場，被炸身負重傷，適送往仁安醫院療治，忽是月二十三日，傷勢轉遽，因此殞命，業經簽請撫卹在案。茲據

003-1

00190

前情，查尚属实，理合具文呈请

钧府，俯赐察核，转令西乡所属安宁乡免除杂款，以示体恤，而励来兹，指令祗遵。//

谨呈

梁山县县政府

警佐陈　连　科

...00.004

中華民國二十九年六月　日

004-1

唐陈氏致梁山县政府的呈（一九四〇年七月二日收）

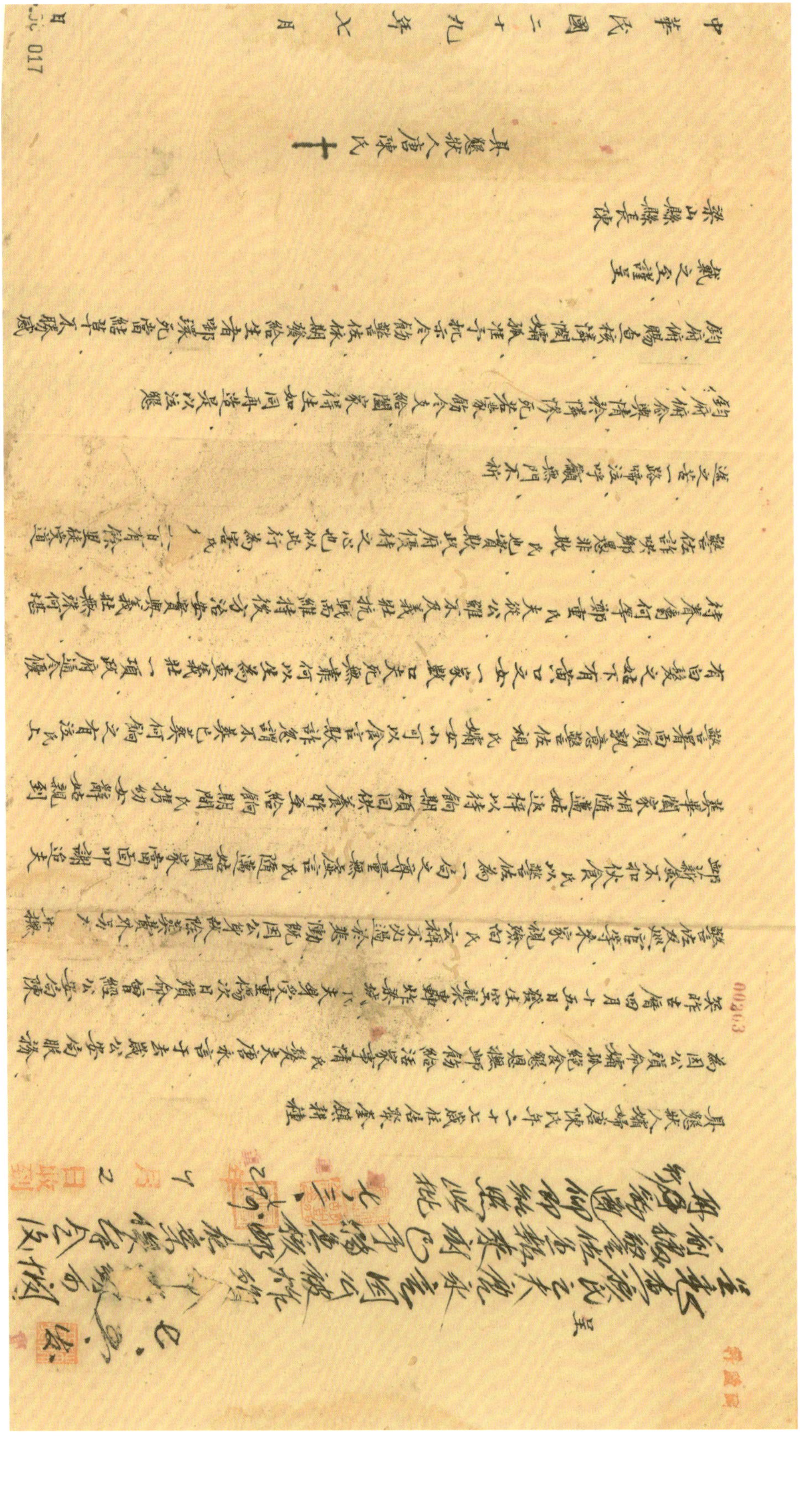

四川省政府致梁山县政府的指令（一九四〇年七月二十三日）

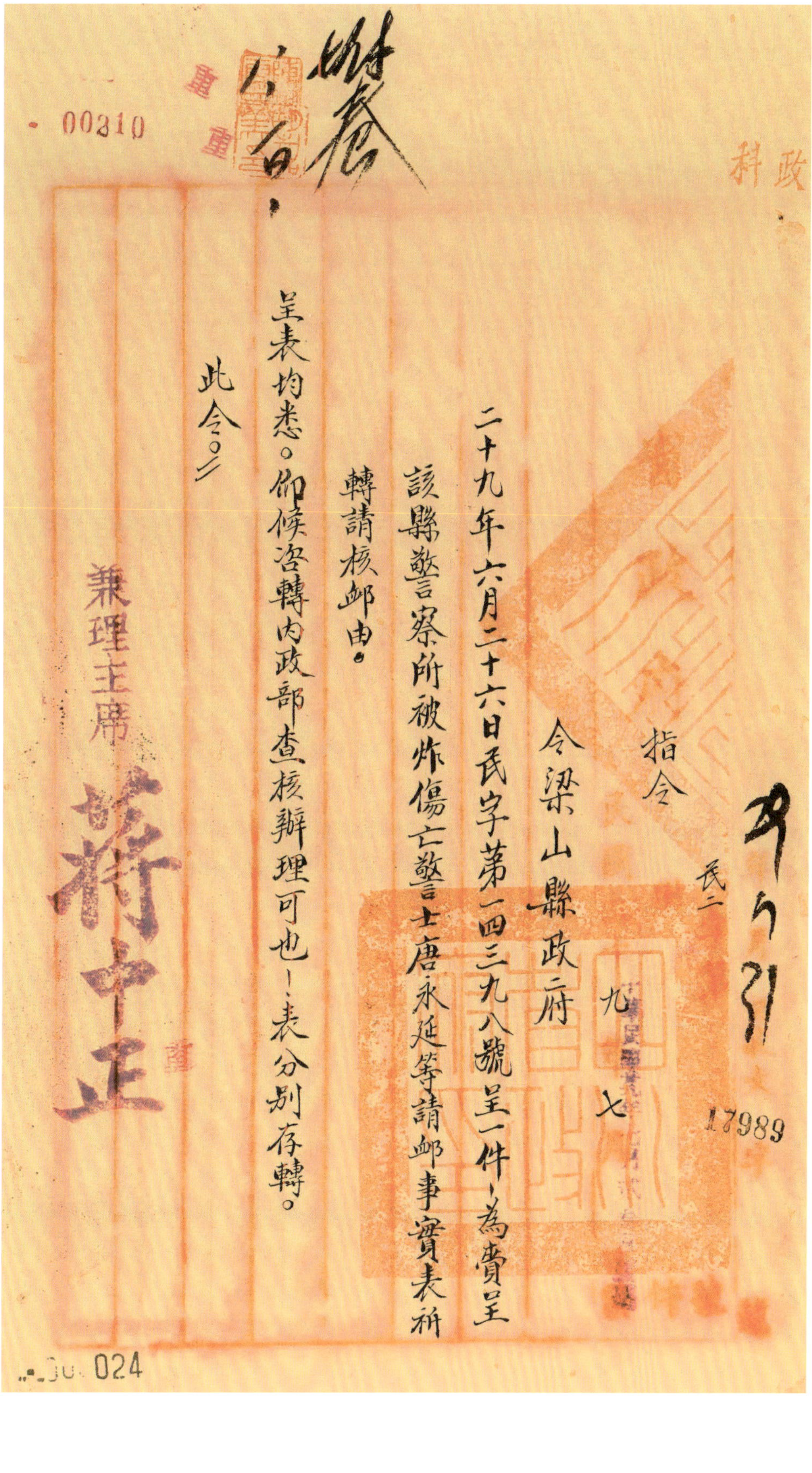
政科

指令 民二 九七

17989

令梁山縣政府

二十九年六月二十六日民字第一四三九八號呈一件，為賫呈該縣警察所被炸傷亡警士唐永廷等請卹事實表祈轉請核卹由。

呈表均悉。仰候咨轉內政部查核辦理可也！表分別存轉。

此令。

兼理主席 蔣中正

00310

024

00211

00211

民政廳長 胡次威

校對賈國權

蓋印關爾佳

025

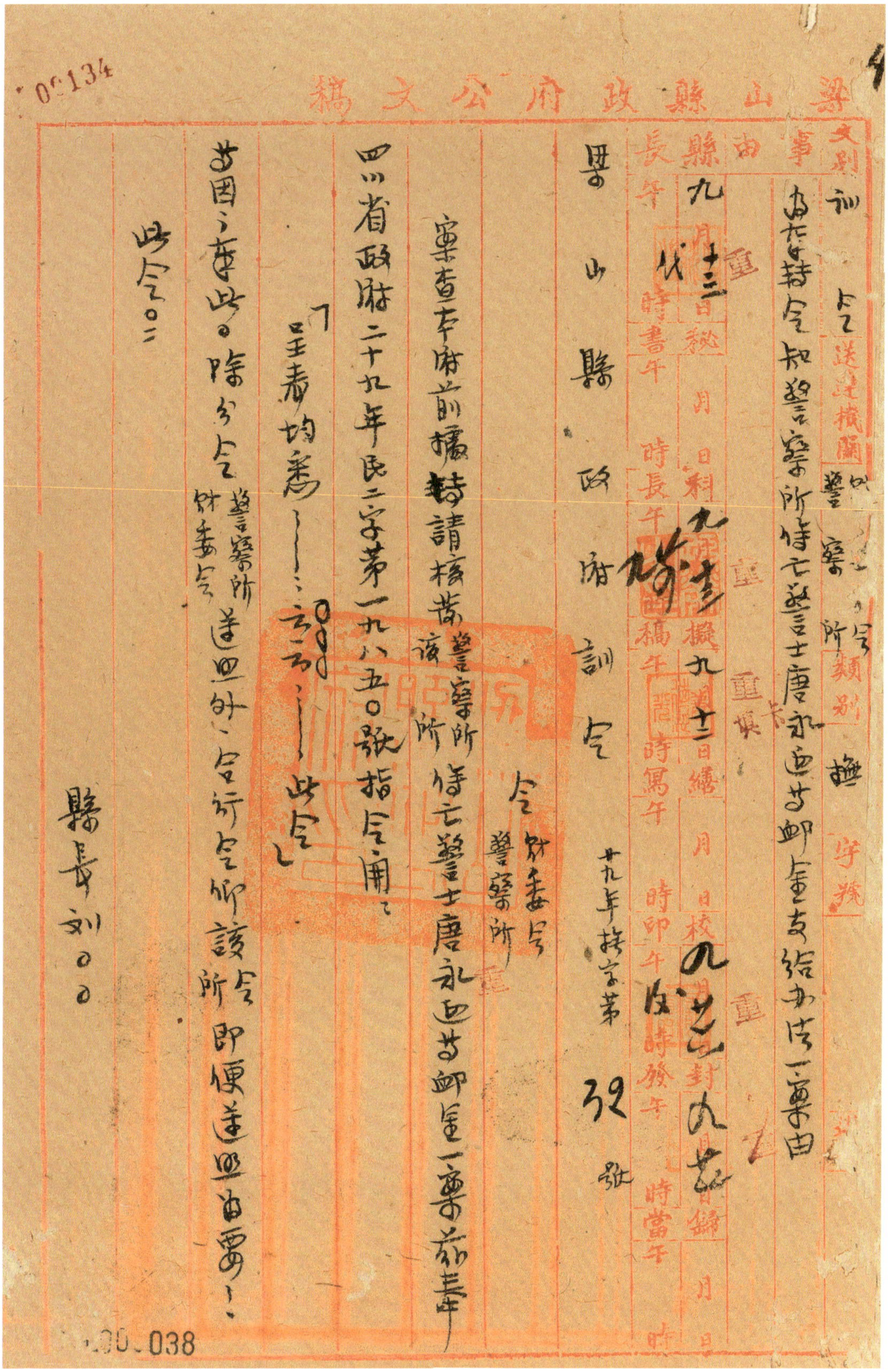

00134

梁山縣政府公文稿

文別：訓

送達機關：警察所、財委會

類別：撫字

事由：為奉指令知警察所轉請警士唐永迪等卹金支給辦法一案由

縣長：九月十三日代

梁山縣政府訓令　廿九年撫字第　號

令財委會、警察所

案查本府前據該警察所轉請核發警士唐永迪等卹金一案，前奉

四川省政府二十九年民二字第一九八五〇號指令開：「呈表均悉……」此令。等因。奉此，除分令警察所、財委會遵照外，合行令仰該所會即便遵照為要。

此令。

縣長　劉〇〇

00.038

梁山县政府致梁山县警察所、梁山县财委会的训令（一九四〇年九月二十七日）

梁山县警察所致梁山县政府的签呈（一九四〇年十月二十五日）

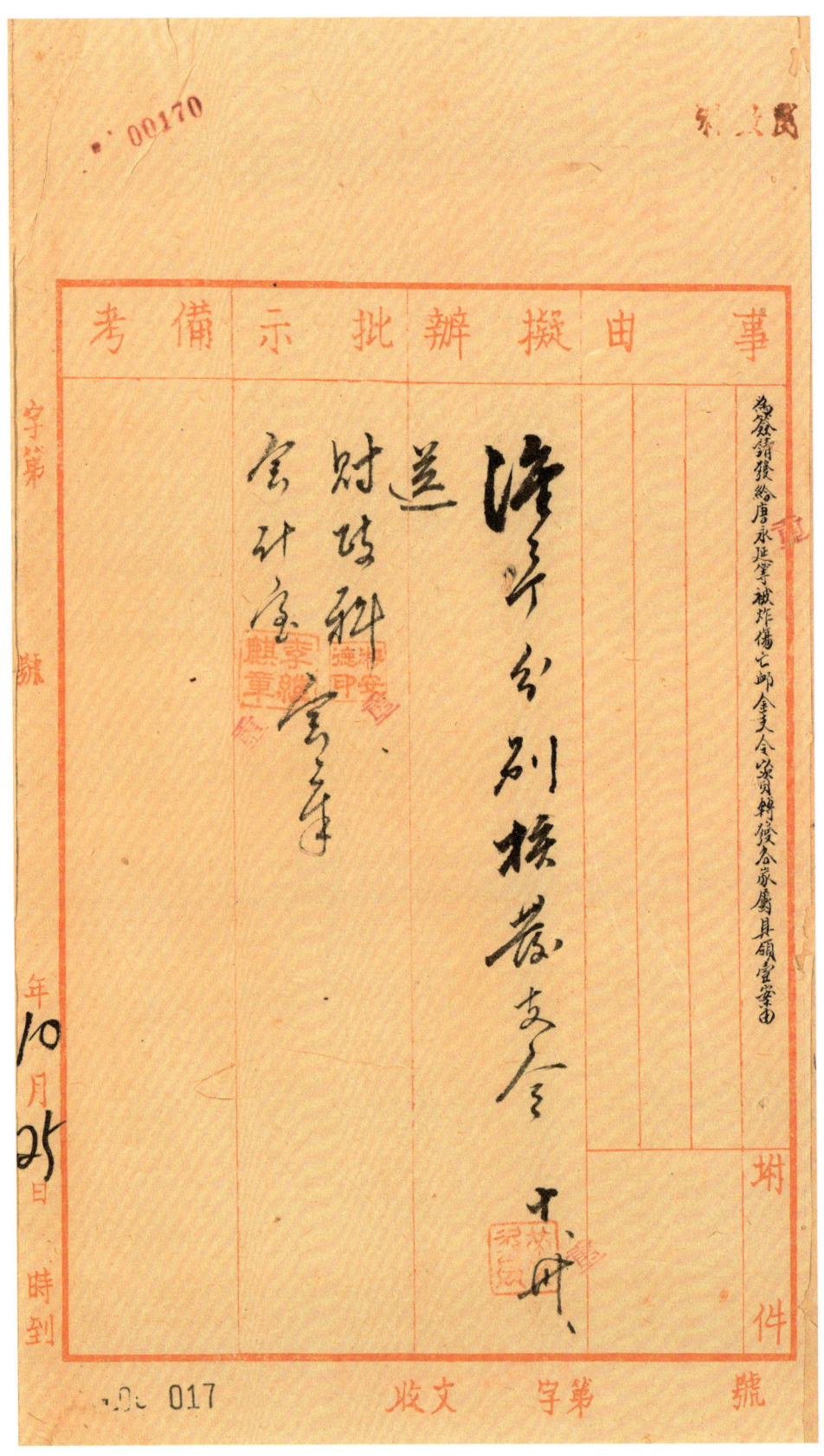

00170

事由	擬辦	批示	備考
為簽請發給唐永廷等被炸傷亡卹金又令發賞轉發各家屬具領壹案由	准予分別核發支令	送財政科、會計室	

字第　號　10月25日　時到

收文　字第　號　017

簽呈　廿九年十月廿五日　於警察所

本年九月九日，案奉

鈞府撫字第三二號訓令開；

「案查本府前據轉請核發該所傷亡警士唐永廷等卹金一案茲奉四川省政府廿九年民二字第一九八五零號指令開：『呈表均悉查警察人員遭受空襲損害轉行救濟辦法前由部頒到府業於廿八年以民二字第二八零一六號訓令飭遵在案該縣警士唐永廷田青雲二名被炸傷重致死應依上項辦法第四項之規定准各給殮埋費壹佰伍拾元至被炸受傷警士應照第三項之規定李茂青給醫藥費壹佰元陳鵬給醫藥費七十元其所需殮埋醫藥費並依照第十項之規定由該縣警察經費勻支如經費困難得由縣預備費項下動支列報仰即遵照此令』等因奉此除分令財委會遵照外合行令仰該所即便遵照為要此令」

等因；奉此。查本所經費困難，無從勻支，懇予仍在縣預備費項下撥支，除轉知各家屬遵照外，理合簽

請

鈞府，俯賜分別核發支令，以便向財委會承領轉發，指令祗遵！

謹呈

梁山縣縣長劉

代理警佐夏啟麟

中華民國二十九年十月　日

梁山县政府致梁山县警察所的指令（一九四〇年十一月十一日）

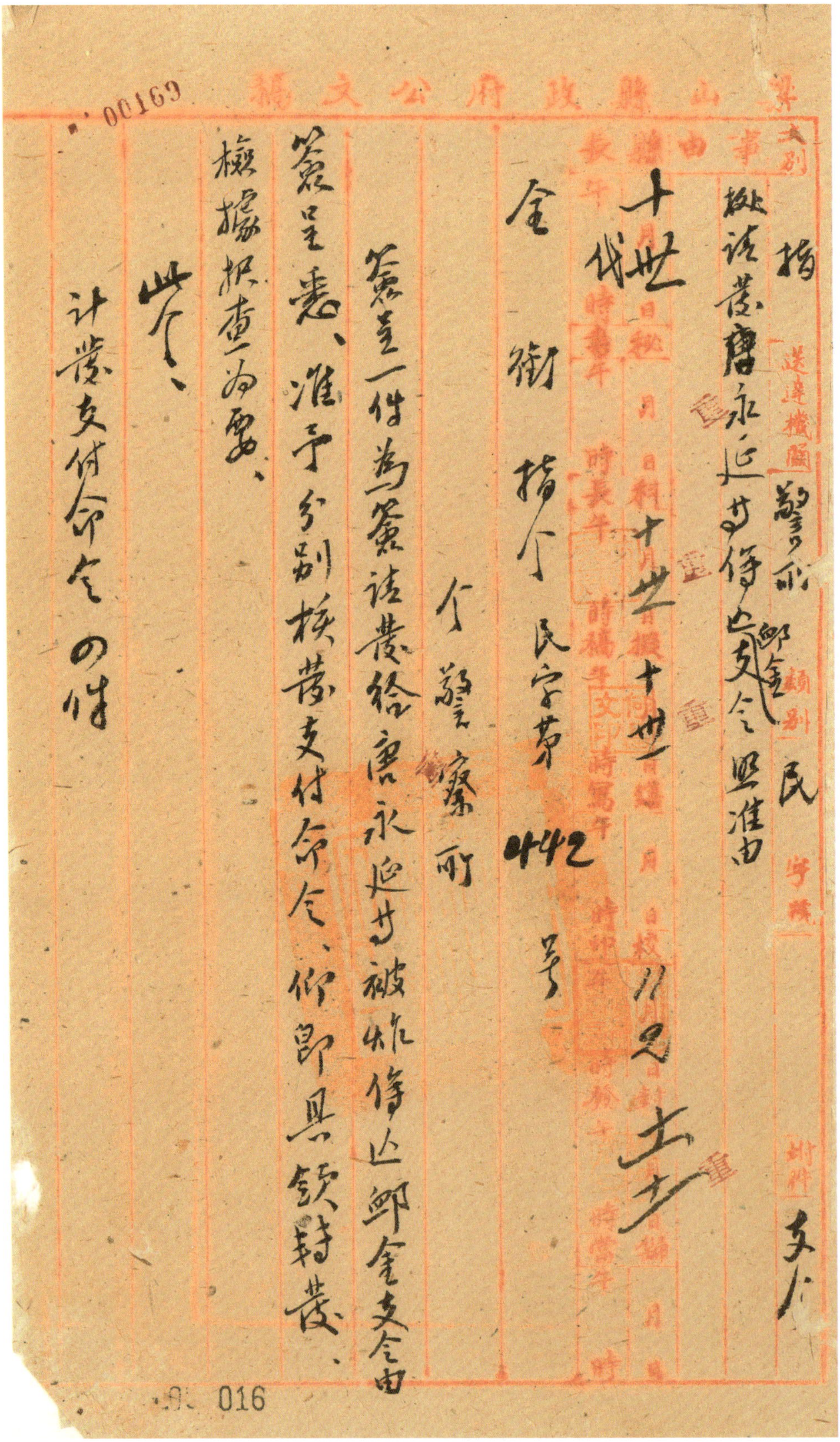
梁山縣政府公文稿

文别：指

事由：據請發唐永延母傷亡郵金支令照准由

送達機關：警察所

類別：民　字號

附件：支令

令　銜　指令　民字第442號

令警察所

簽呈一件爲簽請發給唐永延母被炸傷亡郵金支令由

簽呈悉。准予分别核發支付命令，仰即具領轉發，檢據報查爲要。

此令。

計發支付命令四件

00169

016

唐陈氏致梁山县政府的呈（一九四〇年十一月）

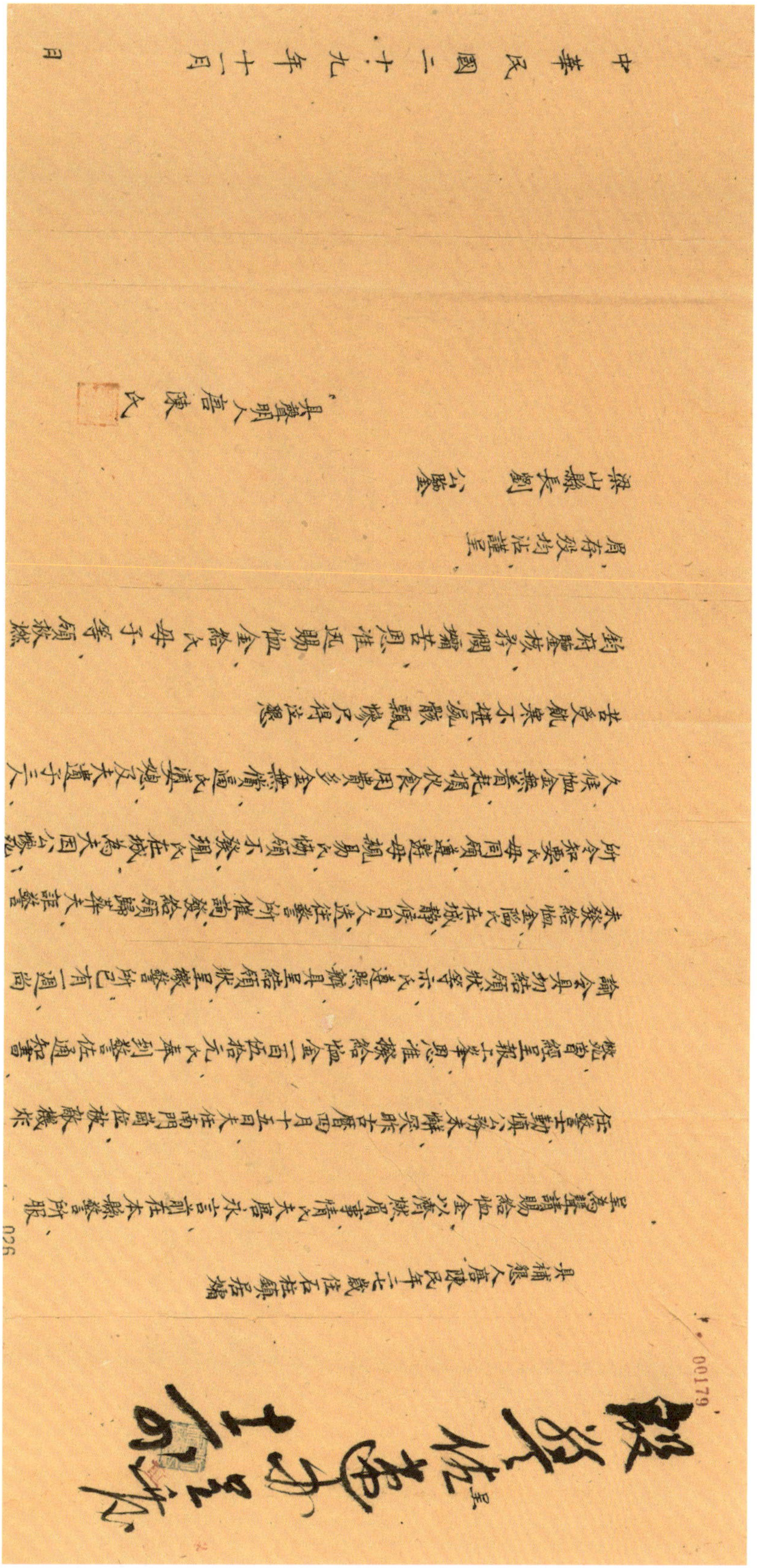

具補懇人唐陳氏年二七歲住石柱鎮居孀
呈為聲請賜給恤金以濟燃眉事情氏夫唐永言前在本縣警所服
任警士勤慎公務未懈奚昨古曆四月十五日夫任南門崗位被敵機炸
斃曾經呈報上峯恩准撥給恤金一百伍拾元氏奉到警佐通知書
諭令具切結領狀等示氏遵照辦具呈結領狀呈繳警所已有一週尚
未發給恤金隘氏在城靜候日久迭往警所催詢發給領歸葬夫詎警
所令知要氏母同領遵避母親易氏恸領不發現氏在城為夫因公慘死
久候恤金無着耗損伙食用費多金無償逼氏遺婆媳及夫遺子三人
苦受飢寒不堪屍骸飄慘只得泣懇
鈞府鑒核矜憫孀苦恩准迅賜恤金給氏母子等領救燃
眉存歿均沾謹呈
梁山縣長劉　公鑒
具聲明人唐陳氏
中華民國二十九年十一月　日

梁山县警察所致梁山县政府的签呈（一九四〇年十二月八日）

00178

民政科

事由	擬辦	批示	備考
為遵令呈明唐陳氏聲請賜給卹金現已轉知前代警佐敘法發給簽請查核一案由	簽呈悉唐永廷之卹金既由該所交与其妻唐陳氏領清應將該唐陳氏領結檢查為要此令 十二、八、		
附件：原呈一件			

字第 號 年 月 日 時到

收文 字第 號

001025

簽呈 廿九年十二月八日
於警察所

昨奉

鈞座交下唐陳氏為夫被炸殞命聲請賜給卹金原呈一件批飭職速辦呈覆等語一案。遵即轉知前代警佐夏啟麟查案辦理去訖。現准夏前代理警佐函開，前以警士伙食超出移墊，刻已設法挪借發給清楚，奉諭前因，理合備文呈請

鈞座，俯賜察核，謹呈

梁山縣縣長劉

計呈繳原呈一件

警佐殷德秀

梁山县政府致梁山县警察所的指令（一九四〇年十二月十三日）

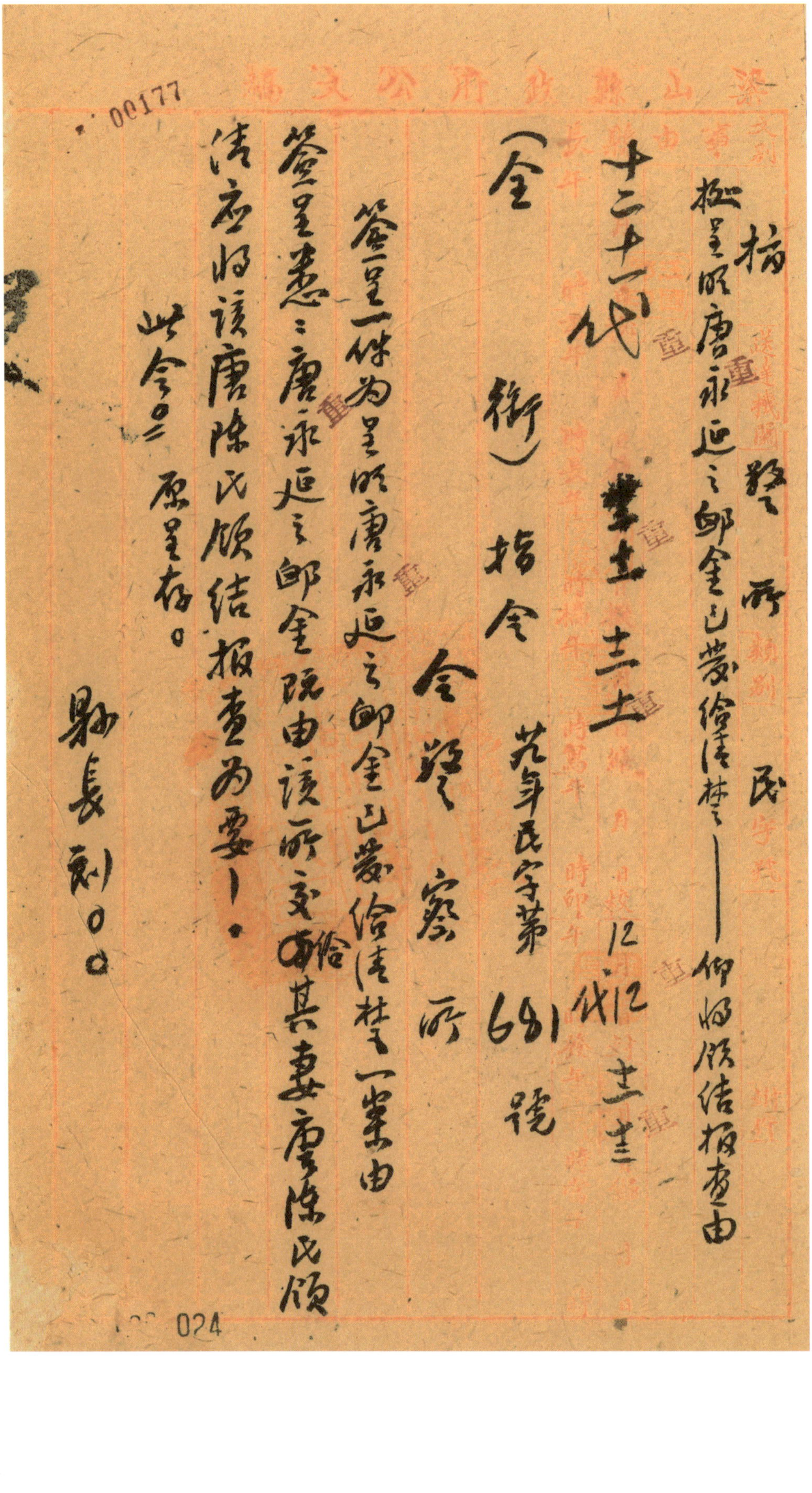

梁山縣政府公文稿

據警所民字

據呈明唐永延之卹金已蒙給清楚——仰將領結報查由

十二、十一、代

十二、十二

12 12代

十二 十三

（全銜）指令　廿九年民字第681號

令警察所

簽呈一件為呈明唐永延之卹金已蒙給清楚一案由

簽呈悉。唐永延之卹金既由該所交給其妻唐陳氏領清，應將該唐陳氏領結報查為要！

此令。原呈存。

縣長 副○○

梁山县政府关于报送一九四〇年六月六日日机轰炸情形致四川省政府、川康绥靖主任公署、四川省第十区行政督察专员公署的电（一九四〇年六月七日）

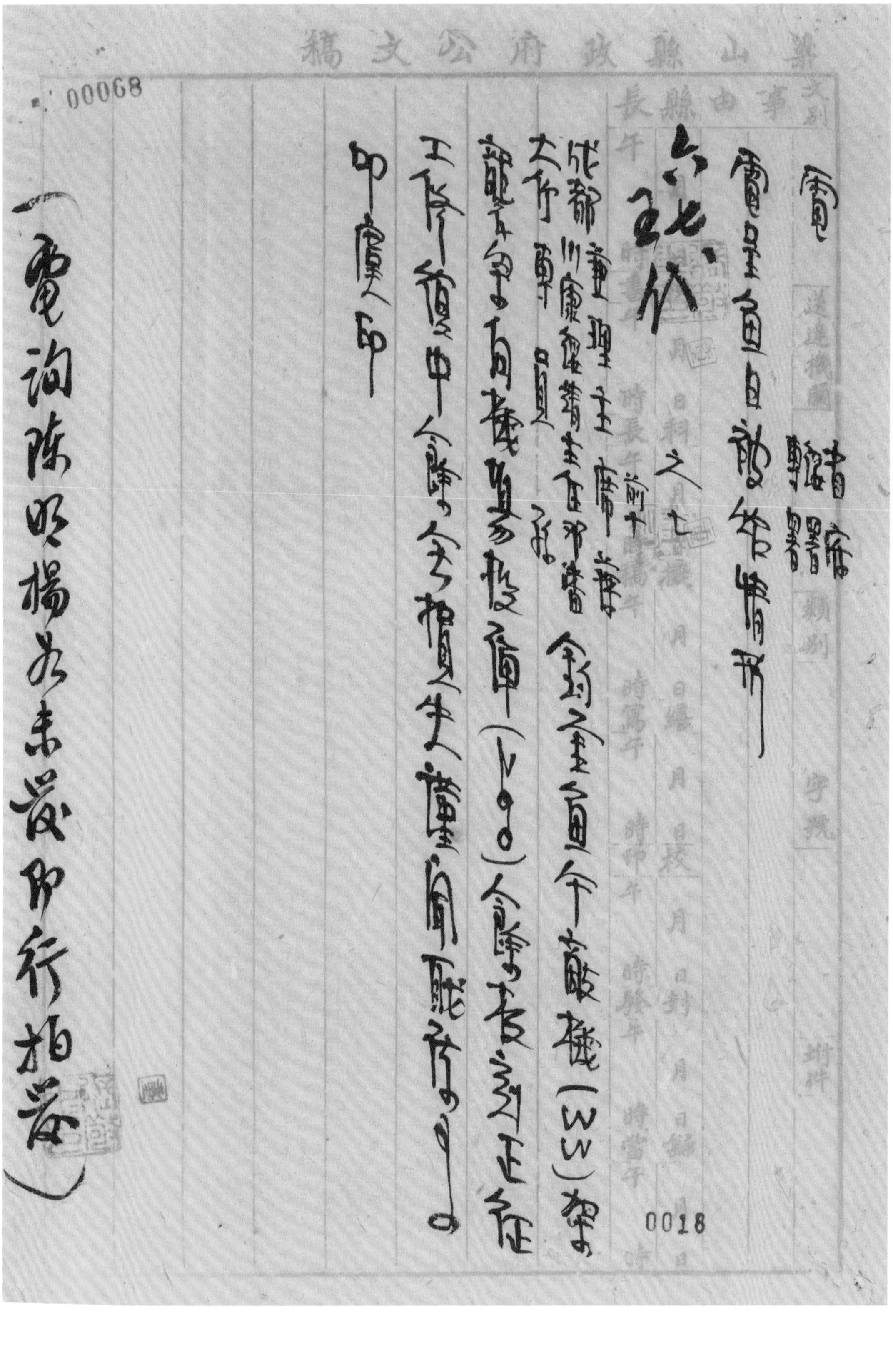
梁山縣政府公文稿

00068

文別：電

事由：電呈魚日敵機轟炸情形

六七、八

成都代理主席蔣、成都川康綏靖主任鄧、大竹專員[illegible]鈞鑒：魚日午前十一時敵機（WW）架[illegible]

[illegible]

叩虞印

0018

梁山县政府关于报送一九四〇年六月十日日机轰炸情形致四川省政府、川康绥靖主任公署、四川省第十区行政督察专员公署的电（一九四〇年六月十一日）

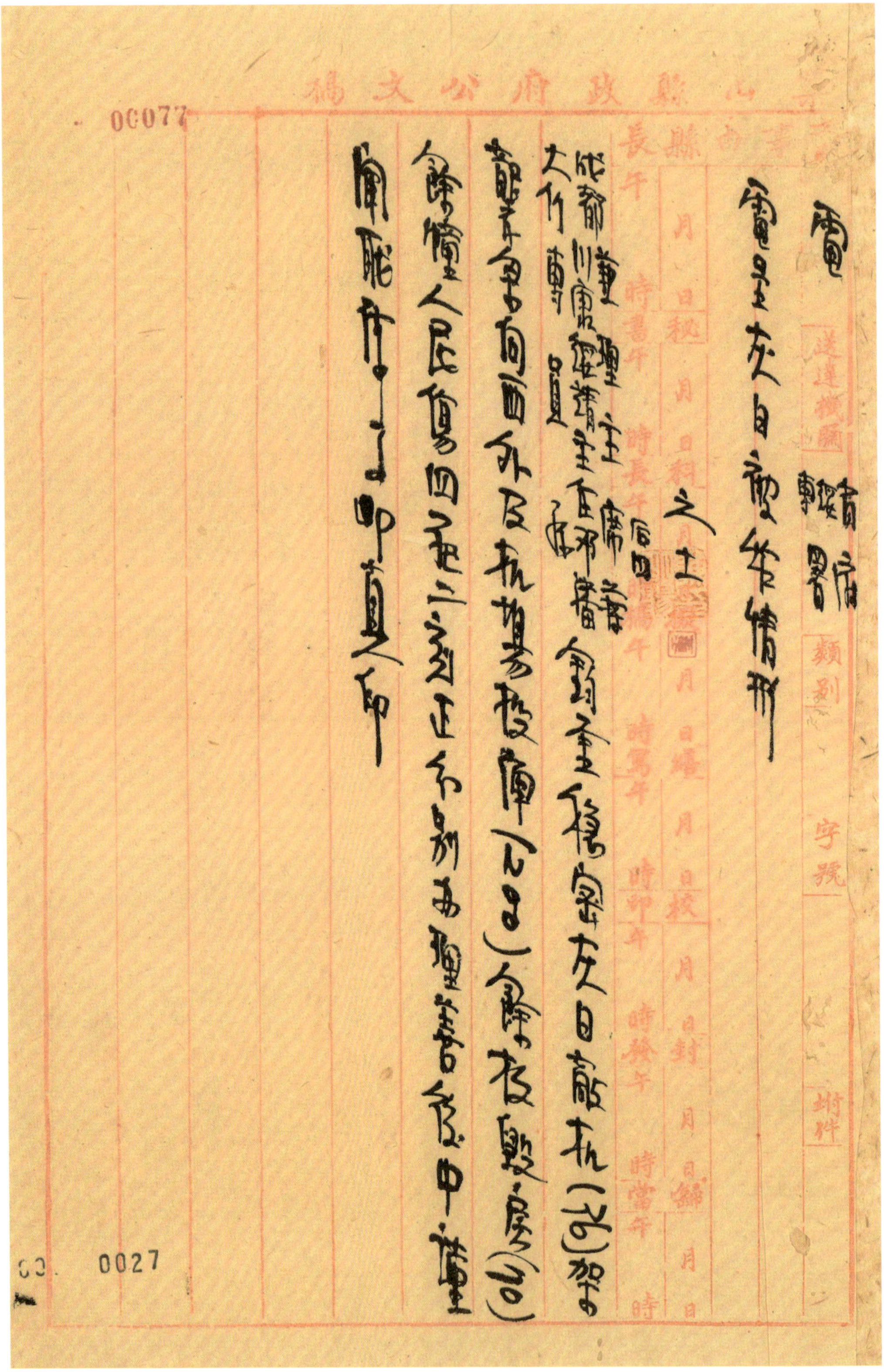

梁山縣政府公文稿

電

電呈蒸日敵機轟炸情形

成都省政府主席王、川康綏靖主任鄧、大竹專員鈞鑒：蒸日敵機（廿六）架襲本縣南面外及機場投彈（九五）枚，毀房（三）餘幢，人民傷四死二，并正分別妥理善後中，謹電聞。梁山縣長叩真印

梁山县政府关于报送一九四〇年六月二十五日日机轰炸情形致四川省政府、川康绥靖主任公署、四川省第十区行政督察专员公署的电（一九四〇年六月二十七日）

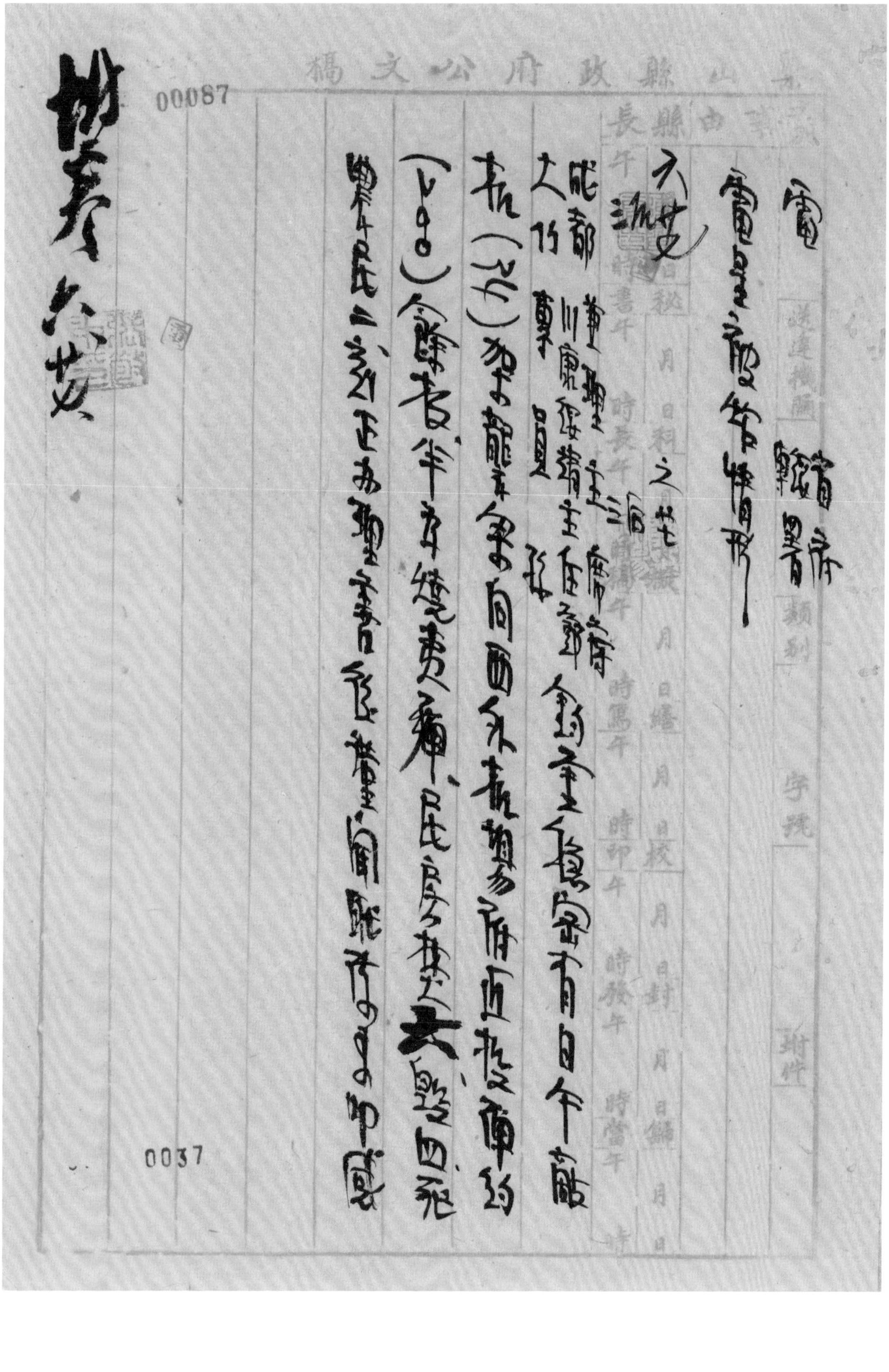

四川省政府、梁山县政府等关于办理一九四〇年五月二十一日四川全省防空司令部第六三监视队被炸房舍补修及损失物件添置案的文书（一九四〇年六月至九月）

万县市防空指挥部致梁山县政府的训令（一九四〇年六月一日）

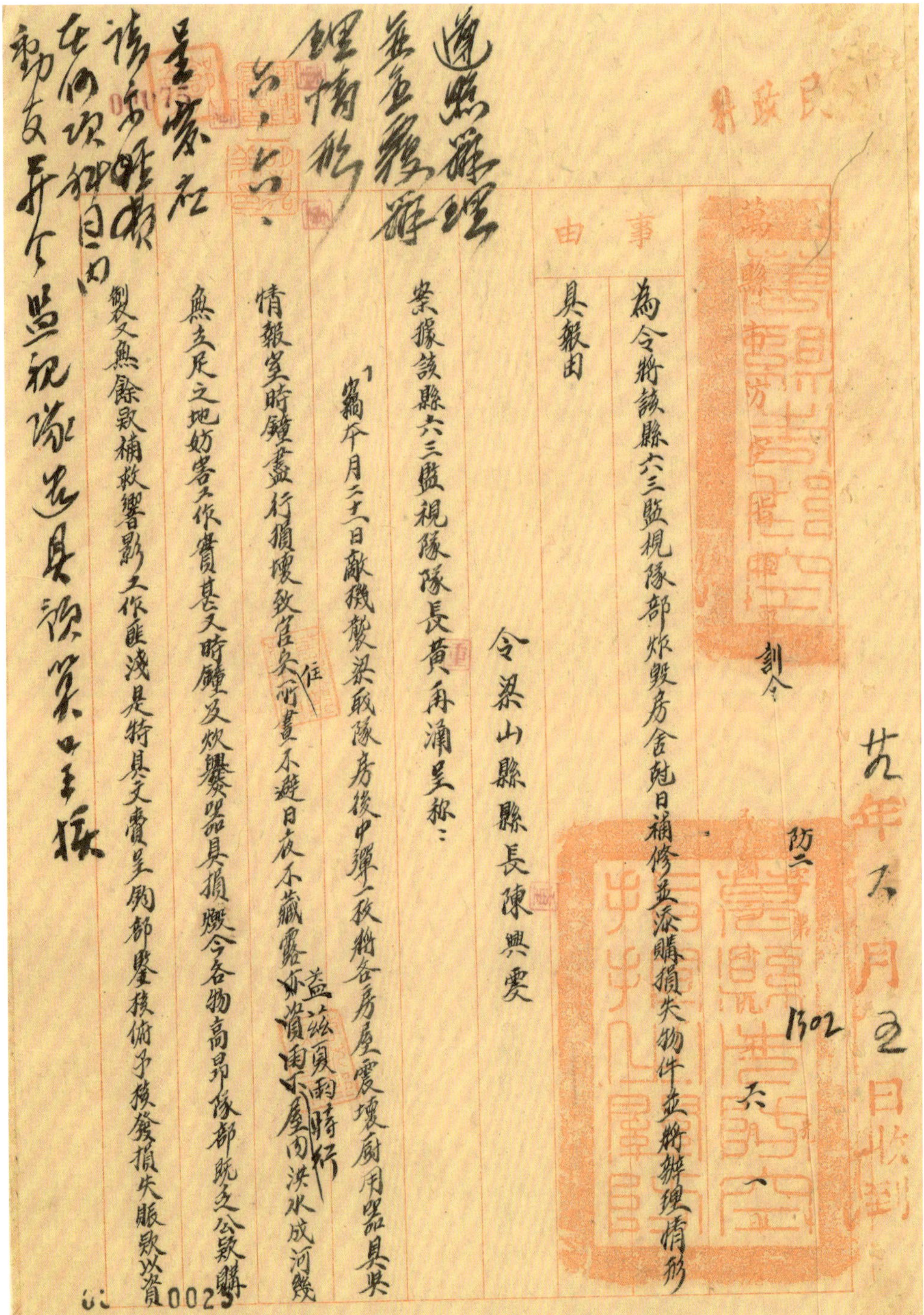

00076

補建俾利工作急詞迫切祈候鑒核示遵

等情。到部。查該隊隊部房舍既遭敵機炸燬，亟應從速補修，以利工作。合

行令仰該縣隊長尅日將該隊隊部損壞房舍補修完竣，並設法添購損失各物，

仍將辦理情形具報為要。

此令。

指揮官 劉光瑜

副指揮 閔永涵

監印 陽宗欽

00026

梁山县政府致万县市防空指挥部的呈（一九四〇年六月九日）

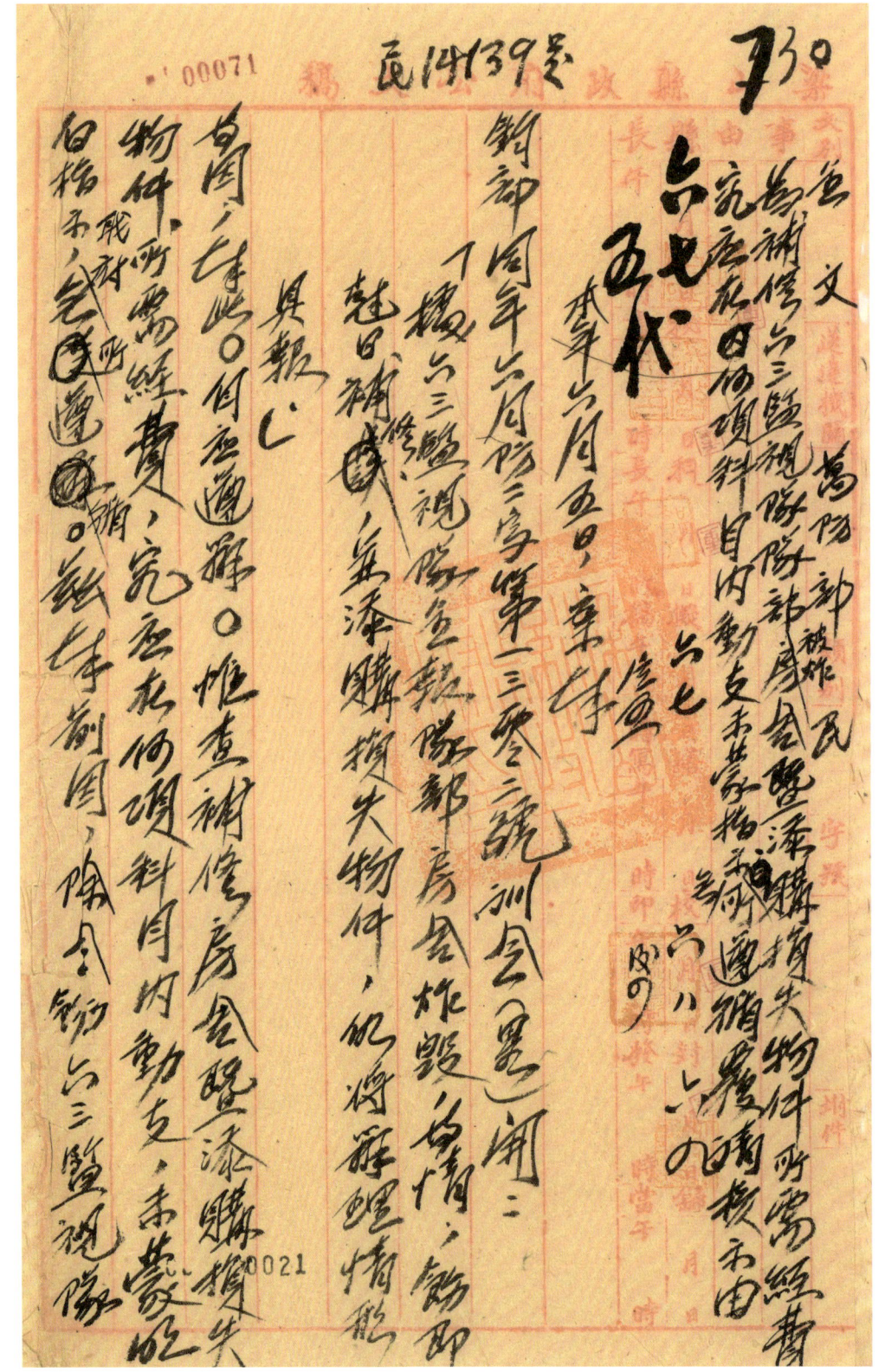

00071

民14139号

730

呈文　　萬防部　被炸民

事由：為補償六三監視隊隊部房舍暨添購損失物件所需經費究應在何項科目內動支未蒙指示無所遵辦請核示由

六七 五代

廿九年六月五日來字

六八

六九

鈞部同年六月防二字第一三〇二號訓令（略）開：「據六三監視隊呈報隊部房舍被炸毀各情，飭即造具補修及添購損失物件，以憑辦理情形具報」等因，准此。自應遵辦。惟查補修房舍暨添購損失物件所需經費，究應在何項科目內動支，未蒙明白指示，職府無所遵循。茲准前因，除令飭六三監視隊

00021

00072

飭即造具詳細呈核外，理合具文呈覆

鈞部俯賜查鑒核，指令祗遵。

謹呈

萬縣市防空指揮部

梁山縣縣長陳○○

0022

四川全省防空司令部第六三监视队致梁山县政府的呈（一九四〇年六月十四日）

00093

民政科

府核示
六、十五

四川全省防空司令部第六三監視隊 呈

防監 〇〇四七 九六四

廿九年六月十四日

事由：為遵令造具補修被震房舍預算懇撥給金額由

六月十日案奉

鈞府二十九年六月九日民字第一四一四零號訓令節開：

「……合行令仰該隊長即便遵照，尅日造具預算呈核為要，此令。」

等因；奉此。查職隊住地，原屬破壞，東前月中彈，愈加震倒，致將各物損壞，兩隙成河，員兵無法安於工作，經職呈請萬防部核示去訖；茲奉前因，理合造具實需預算表一份，隨文賫請

0043

00094

鈞府俯予撥發金額，以資補修，是否有當，伏乞

鑒核，指令祗遵！

謹呈

縣長陳

卅預算表一份

隊長黄　冉　涎

0044

附：四川全省防空司令部第六三监视队造具补修被震房屋炊器预算表

00095

四川全省防空司令部第六三監視隊造具補修被震房屋炊器預算表

科目	預算金額	備考
掛鐘一架	三〇〇	
木料	一二五〇	巔柱五根每根一元五角共合洋七元五角，角板弍十塊每塊三角共合六元總共合計預算如上數。
蓋瓦	六〇〇	應需一千零
工資	一二〇〇	木工六日泥工四日瓦工三日每工八個工資八角合計預算如上數。
鐵鍋	四〇〇	一口
水缸	四〇〇	一個
土碗	三〇〇	大小各弍十個
菜缽	二〇〇	四個
茶壺	二五〇	一個（銅質）
茶碗	三〇〇	四套（磁料）
合計	七九〇〇	

芳

0045

万县市防空指挥部致梁山县政府的指令（一九四〇年六月二十一日）

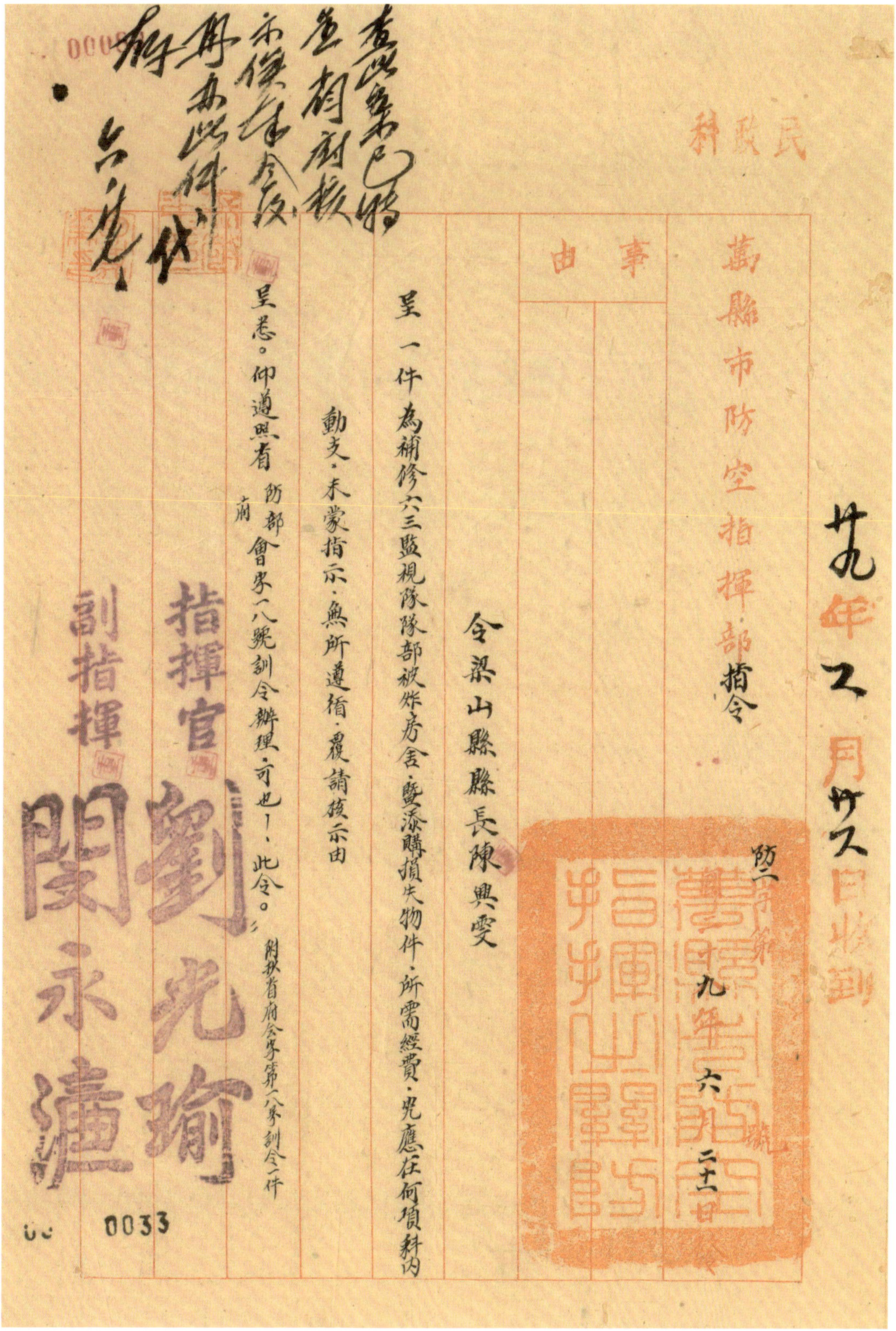
民政科

廿九年七月廿六日收到

萬縣市防空指揮部指令　防二字第　號

九年六月二十一日

令梁山縣縣長陳興斐

事由

呈一件為補修六三監視隊隊部被炸房舍，暨添購損失物件，所需經費，究應在何項科目內動支，未蒙指示，無所遵循，覆請核示由

呈悉。仰遵照省防部會字一八號訓令辦理可也！此令。

附抄省府令字第一八號訓令一件

指揮官　劉光瑜

副指揮　閔永澧

0033

梁山县政府致四川全省防空司令部第六三监视队的指令（一九四〇年六月二十六日）

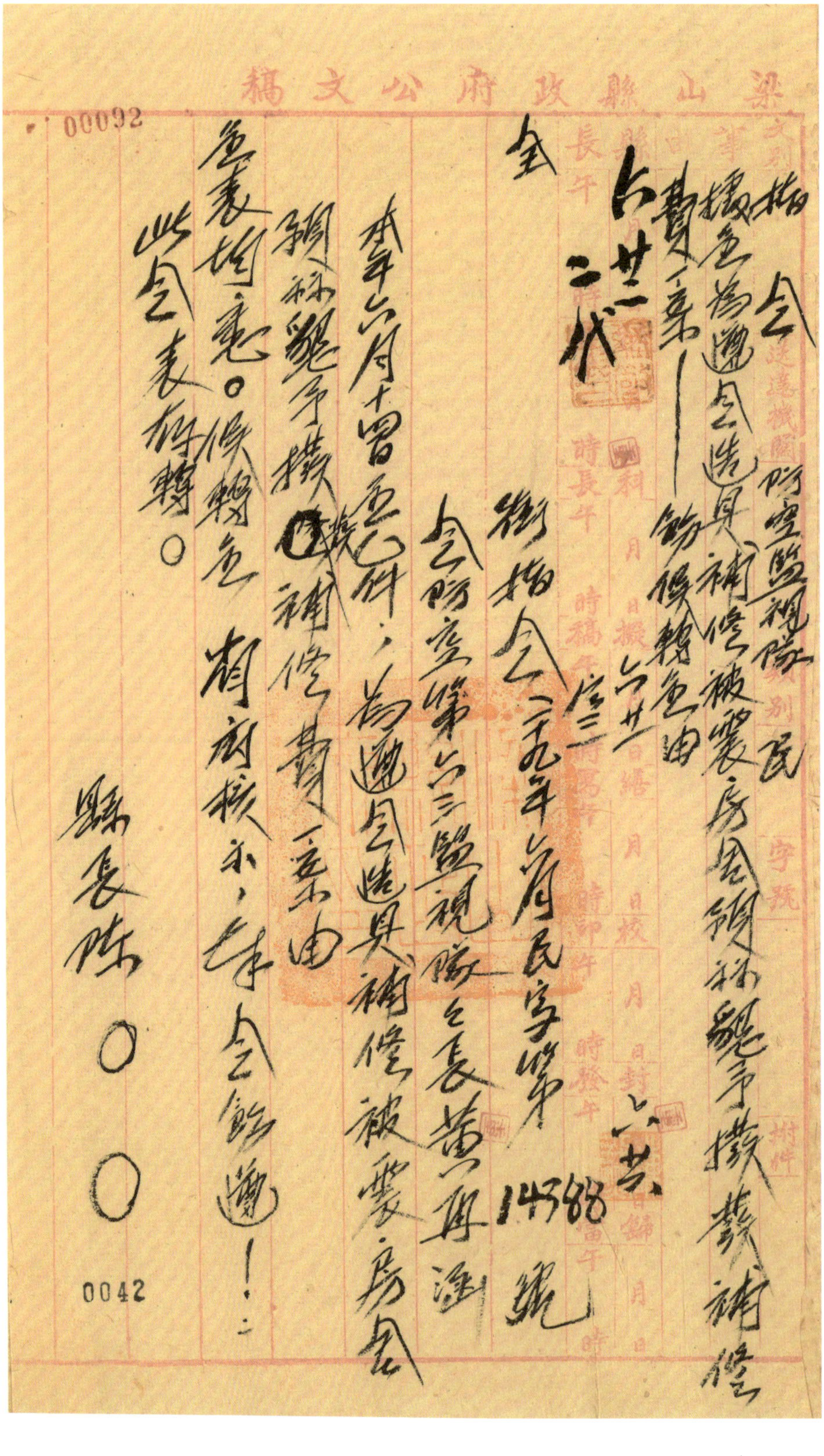
梁山縣政府公文稿

00092

指令 防空監視隊 民字號

據呈為遵令造具補償被震房屋獨孫驟等損燬補償費一案，飭候轉呈由

六廿二 代

六廿六

全

銜指令二九年六月民字第14588號

令防空第六三監視隊隊長黃再涵

本年六月十四日呈一件，為遵令造具補償被震房屋獨孫驟等損燬補償費一案由

呈表均悉。候轉呈

省府核示，仰即遵照！

此令表存轉。

縣長陳○○

0042

梁山县政府致四川省政府的呈（一九四〇年六月二十六日）

民14387號　1000

梁山縣政府公文稿　00090

呈文　省府（寫信稿）　類別：民

事由：為據防空第六三監視隊隊長黃再涵呈請撥款補償被炸房屋及添購損失物件經費，案轉請鑒核令遵由。

附件：預計表乙份

六廿二　六廿六代　六廿五　六廿六

案查職府前於本年六月五日，奉

萬縣市防空指揮部同年六月防二字第一三〇二號訓令開：

「案據該縣六三監視隊208具報為要此令」

等因。奉此。查以補償該六三監視隊被炸房屋及添購

損失物件所需經費，究應在地方何項科目內動支，

未蒙明白指示，無所遵循，當經簽請核示，並令飭

該六三監視隊造具預計表核去後。茲於本年六月十四日，

據防空第六三監視隊隊長黃再涵呈稱：

0040

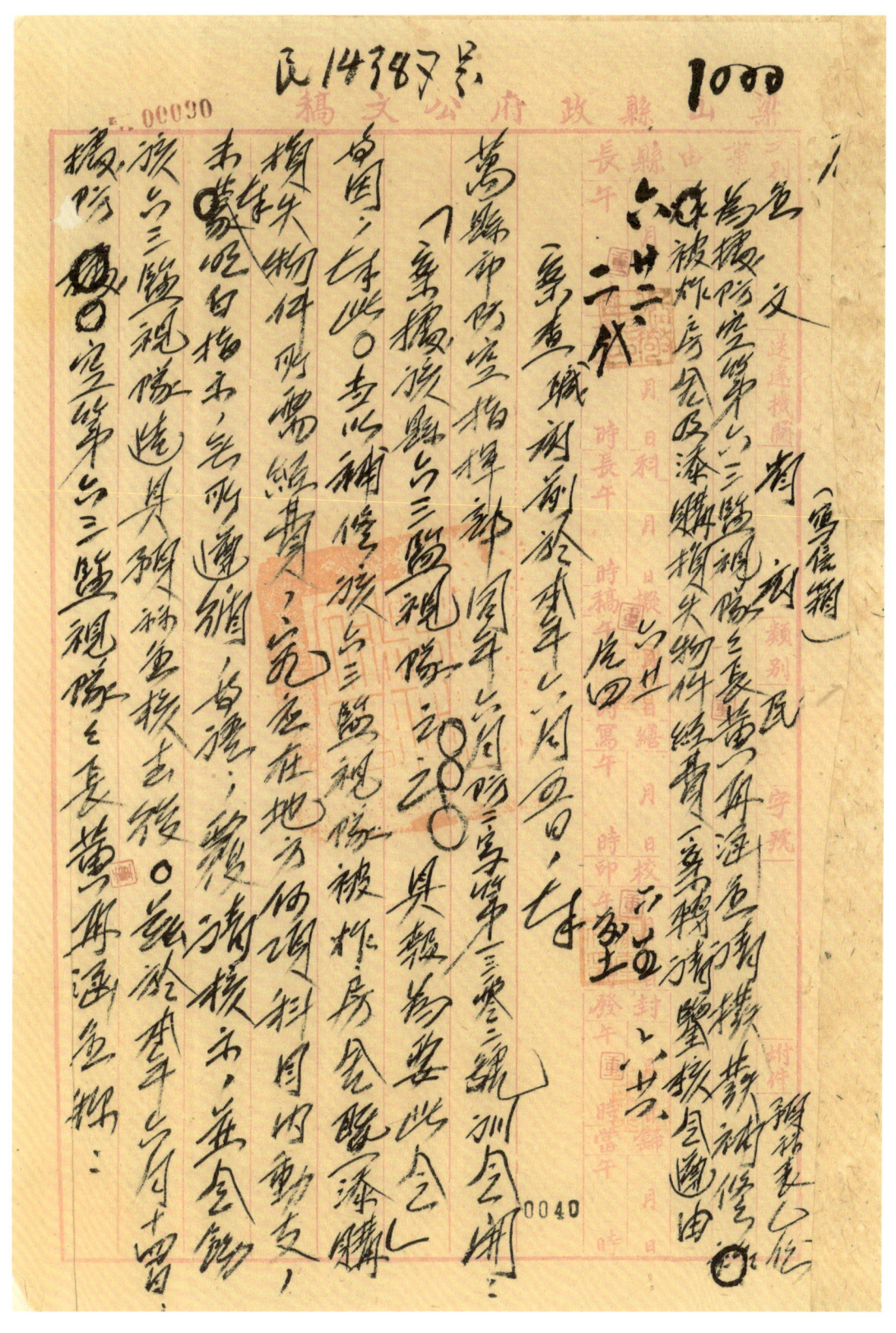

00091

案查职队位地点原之之 指令祗遵，准各
呈情，附钢补表公函，据此，查核原款，除指令饬候转
呈核示后，再予饬遵外，理合缮同原钢补表公函，具文
呈请 旅队
钧府俯赐鉴核备查；至补发旅队补给及添购物件所
需经费，究应在地方经费项目内动支，并恳
迅赐核示，俾资祗遵。
谨呈
兼理四川省政府主席蒋
计缮呈钢补表公函
梁山县县长 陈○○

0041

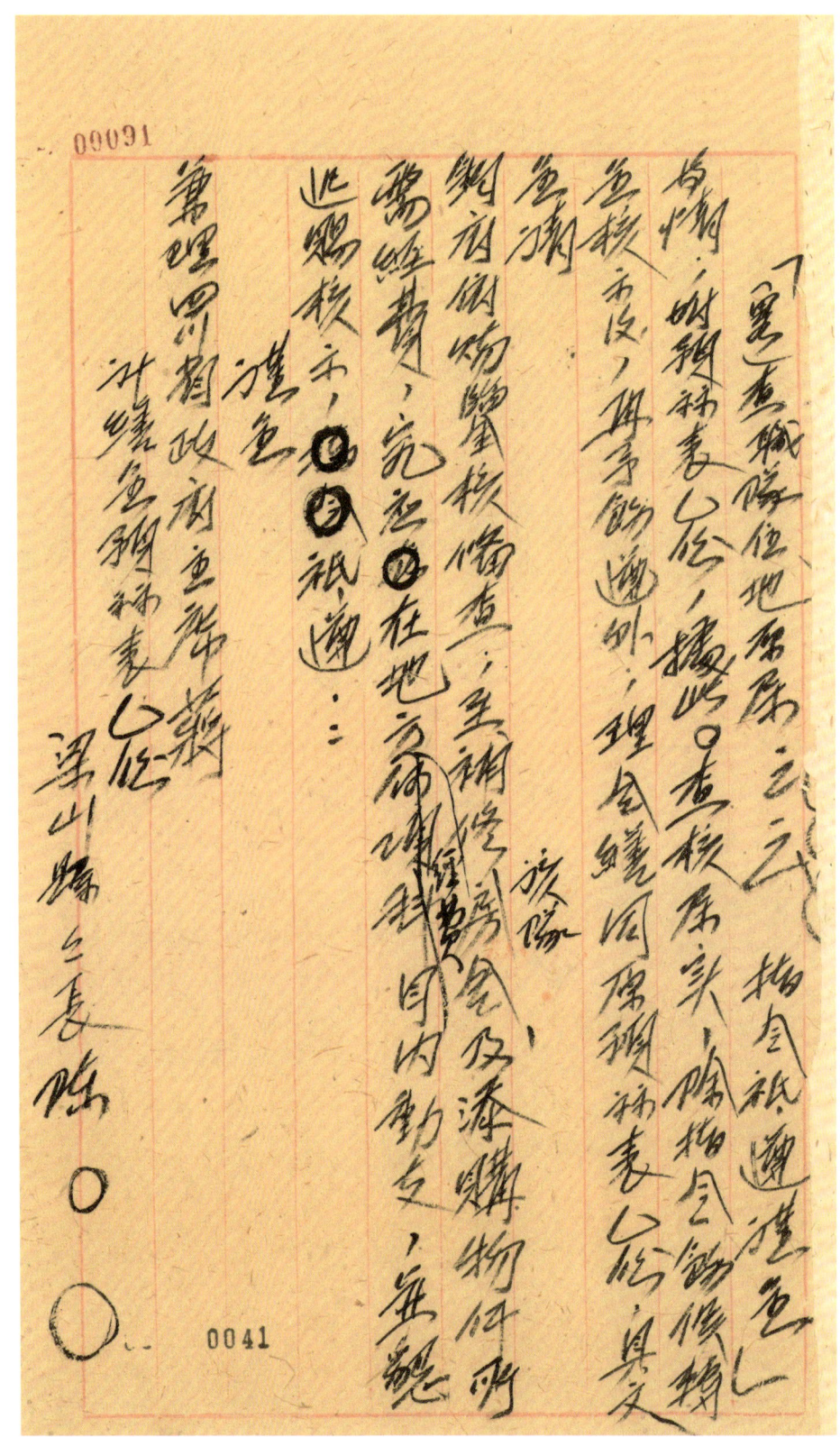

四川省政府致梁山县政府的指令（一九四〇年九月九日）

指令 三九九

令梁山县政府

二十九年八月廿七日呈一件。为遵令转饬大三区视察编列补修被炸房舍及添置损失物件经费预算书表请恳核示一案由

呈暨附件均悉。既据饬令分别注明，查核尚无不合，所需经费，准在县预备金项下动支，事后据报销。仰转遵照。附存。

此令。

转令财委会暨税捐处知照。九月廿日

十月一日代

梁山县警察所关于报送一九四〇年十月六日敌机轰炸损失恳予救济致梁山县政府的签呈（一九四〇年十月十三日）

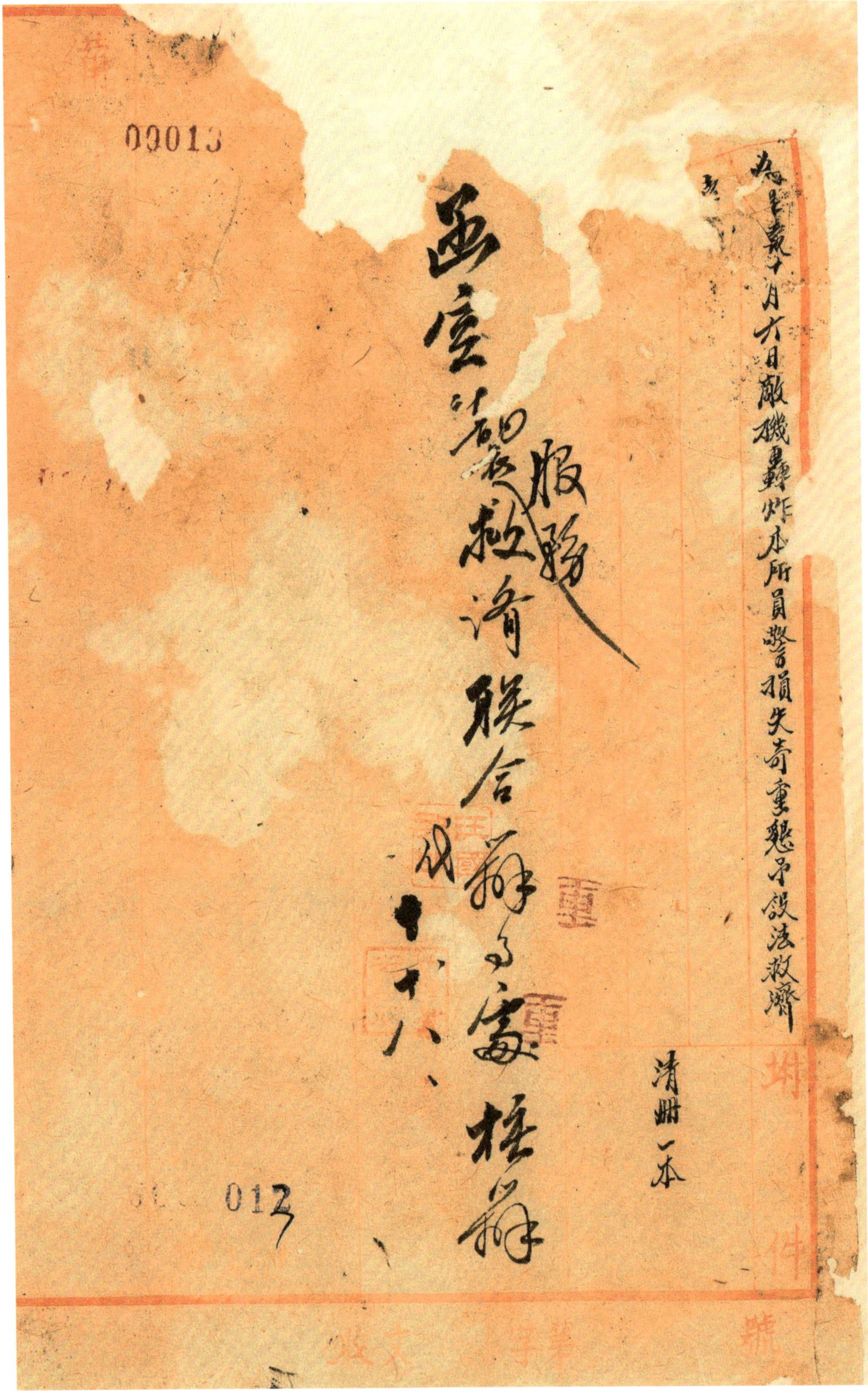
为呈赍本月六日敌机轰炸本所员警损失奇重恳予设法救济

清册一本

函空袭服务救济联合办事处核办

十、十六

字第　　號　　廿　年10月14日　時到

發　廿九年十月十三日

於　警察所

……十月六日，敵機轟炸梁城市區，本所屋後中彈一枚，公私各物，損失奇重，除公物……

令將員警私人損失，繕具清冊，呈請

……撥款振濟，以示撫恤。再查本所員警，多屬寒士，待遇菲薄，值此抗……

……飛漲，每月俸餉，日食三餐均難飽腹，被炸損失不能復置，擬懇

……允准，沾感之至，伏候示遵。

鈞座鑒……

謹呈

梁山縣……

附呈清冊一本

代理警佐夏敬麟

013-1

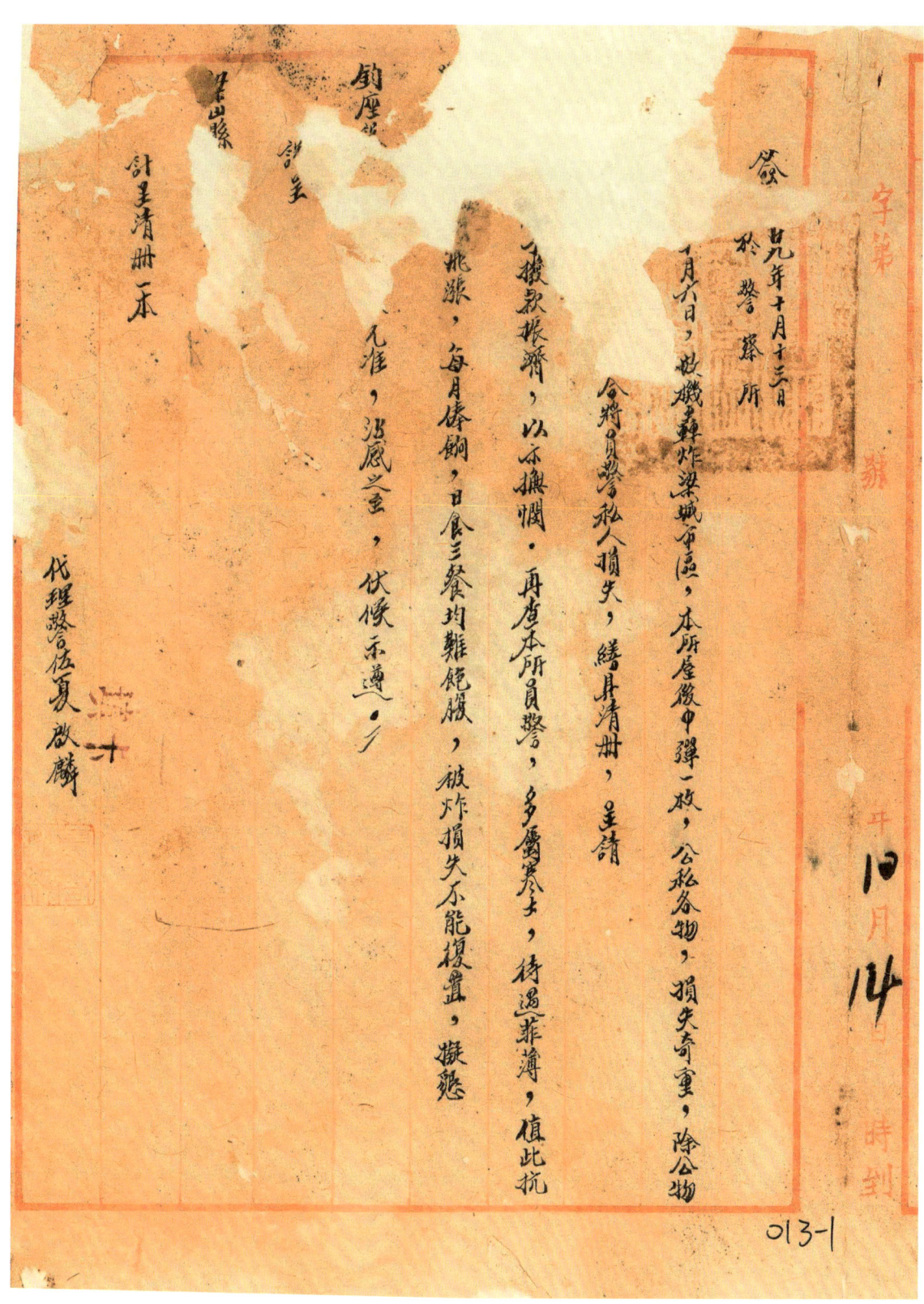

附：梁山县警察所造具被炸各种公物损失清册（一九四〇年十月十三日）

梁山縣警察所造具被炸各種公物損失清冊

類別	名稱	件數		備攷
鈴章類	火印	壹	個	係儲藏室內
武器類	馬刀	壹	把	係儲藏室內
	馬刀銷	十四	個	係儲藏室內
服裝類	青布舊棉軍服	七	套	係儲藏室內
	青布舊大衣	五	件	係儲藏室內
	黃色布新軍服	十四	套	儲藏室四套，其餘十套是日各警洗曬蕭曾廟後壩中彈損失
	黃色布綁腿	五	雙	是日各警洗曬蕭曾廟後壩中彈損失
	黃色布舊軍服	壹	套	是日洗濯蕭曾廟後壩中彈損失

器具類 大小房三間

講枱十張

板櫈十条

竹櫈四個

竹椅壹把

木椅壹把

巡邏箱六個

到

箱三個

警棍二十八根

值日牌壹塊

022-1

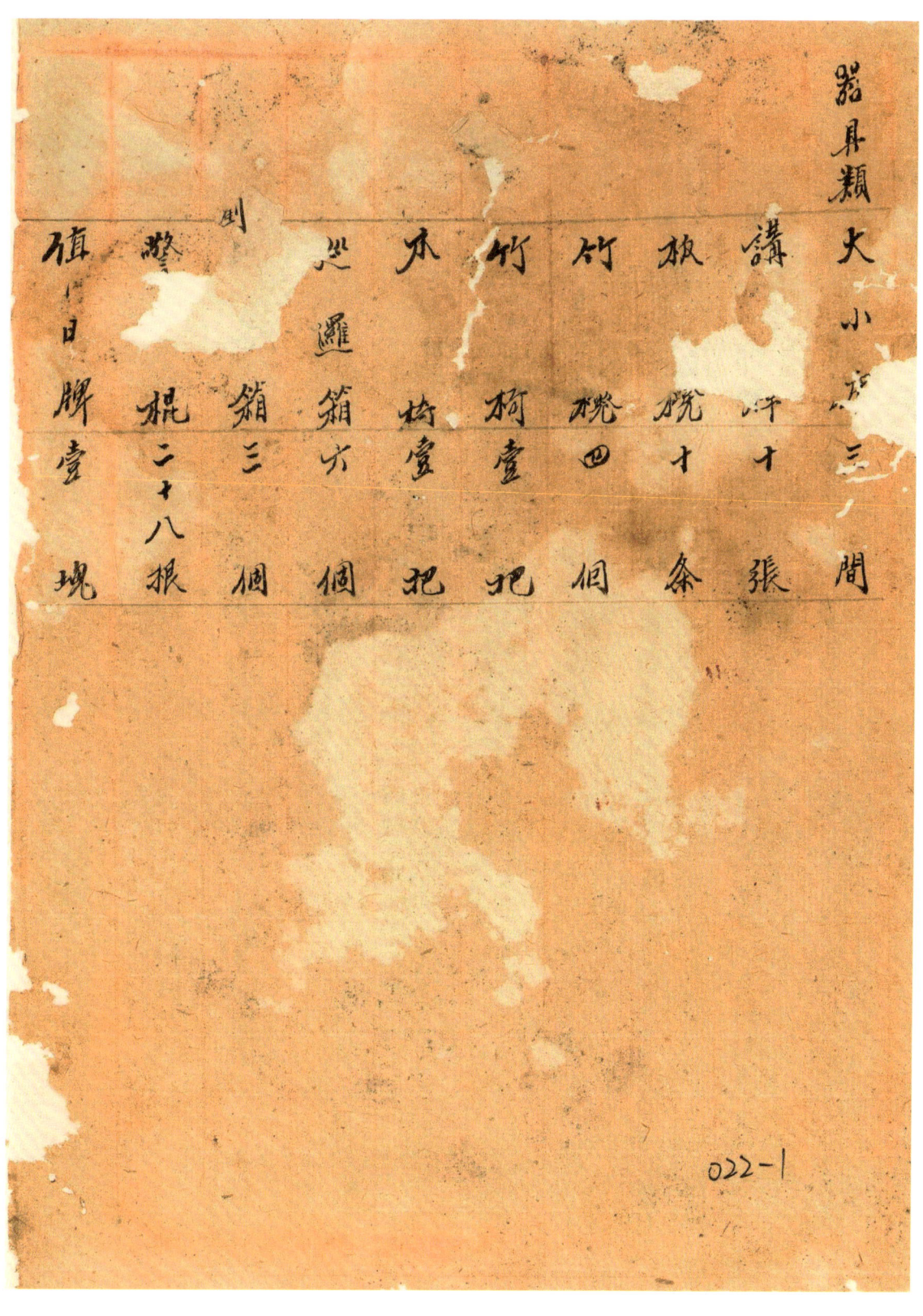

黑板	二塊	
對聯	全幅	係前本所辦理　劉故主席湘國葬大典紀念所有各機關送獻對聯存放儲藏室全部炸毀
祭屏	壹架	係空軍第四大隊敬獻　劉故主席存放儲藏室亦炸損

00026

023

中華民國二十九年十月十三日

00027

代理警佐夏啟麟

0024

梁山县防护团关于报送一九四〇年十月六日被炸毁消防器具清册及修理费预算书致梁山县政府的呈（一九四〇年十月二十三日）

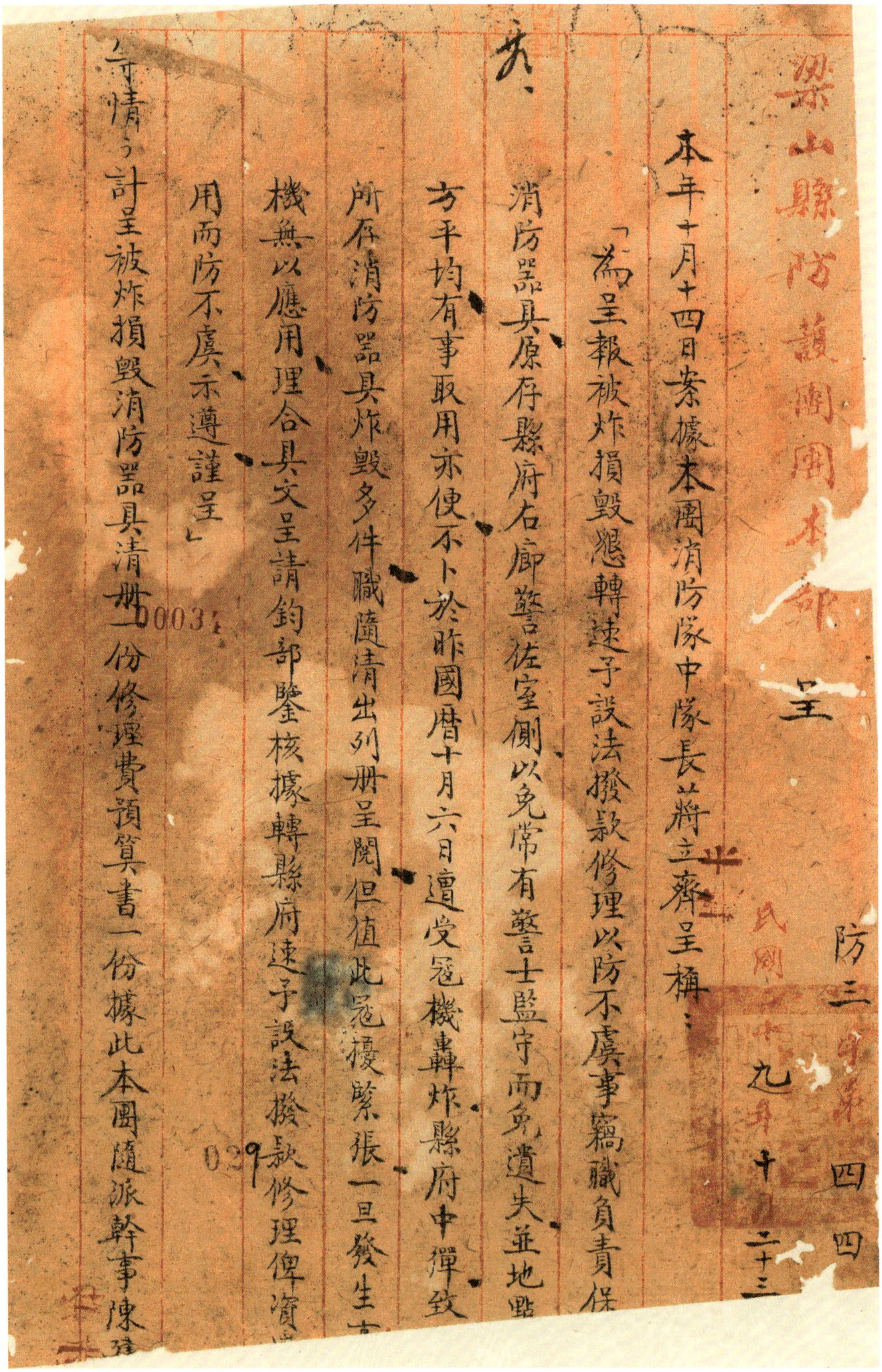

梁山縣防護團本部 呈　防三字第四四號

民國廿九年十月二十三日

本年十月十四日案據本團消防隊中隊長蔣立齊呈稱：

「為呈報被炸損毀懇轉速予設法撥款修理以防不虞事竊職負責保

消防器具原存縣府右廊警佐室側以免常有警士監守而免遺失並地點

方平均有事取用亦便不卜於昨國曆十月六日遭受寇機轟炸縣府中彈致

所存消防器具炸毀多件職隨清出列册呈閱但值此寇擾緊張一旦發生

機無以應用理合具文呈請鈞部鑒核據轉縣府速予設法撥款修理俾資

用而防不虞示遵謹呈」

等情，計呈被炸損毀消防器具清册一份修理費預算書一份據此本團隨派幹事陳建

業前往查勘所報各節尚屬實情[illegible]以、呈文仰候轉請縣府核示此令」等語指令

外理合具文轉呈

鈞府鑒核准予撥款修理俾資應用而免延誤指令祗遵！

謹呈。

梁山縣政府

計呈被炸損毀消防器具清册一份修理費預算書一份

兼團長劉慎旃

轉呈

右諮營明呈鄰核示 十、廿八

府

34-1

030

附一：梁山县防护团消防队呈报十月六日被炸损毁消防器具清册

梁山縣防護團消防隊呈報十月六日被炸損毀消防器具清冊

名稱	數量	備考
水龍	二部	因被震動零件過毀不能出水
吸水帶	二根	兩頭炸毀十間並毀洞十餘處
帆布帶	四根	全毀不能用
儲水木桶	二箇	全毀
洋油桶	三担	同
棕繩	拾叁付	同
扁担	八根	同

00035

039

附二：梁山县防护团消防队造报十月六日被敌炸毁消防器具各件修理费预算书

梁山縣防護團消防隊造報十月六日被敵炸毀消防器具各件修理費預算書

名稱	件數	預算金額	備考
水龍	貳部	八〇〇〇	因内部完全震毁不能吸水須全部修理備用每部需 〇、元共計如上數
吸水帶	貳根	一二〇〇	因用膠補洞十餘處共計如上數
帆布帶	肆根	四〇〇〇	共補洞十餘處故計如上數
蓄水桶	貳個	一〇〇〇	架子及滚子全毁共計如上數
洋鐵水桶	叁擔	六〇〇	補洞十餘處共計如上數
棕繩	拾叁付	三九〇	添購補充每付價三角共計如上數
扁擔	捌根	四〇〇	添購補充每根價五角共計如上數
合計		一五五九〇	

00036

032

一九四〇年五月二十一日日机轰炸仁慈医院财产损失直接汇报表（一九四〇年十一月十四日）

财産損失直接彙報表

機關名稱 仁慈醫院

事件 敵機炸毀

日期 二十九年五月二十一日

地點 袁家壩坎 塡送日期 二十九年十一月十四日

分類	價值
共計	壹千玖百元
建築物	壹千元
器具	捌百元
現款	
圖書	
儀器	
文卷	
醫藥用品	壹百元
其他	

附財産損失報告單三張

報告者 英人任永心

审计部关于核准一九四〇年补助梁山县被炸医药及防空洞费的通知（一九四二年六月）

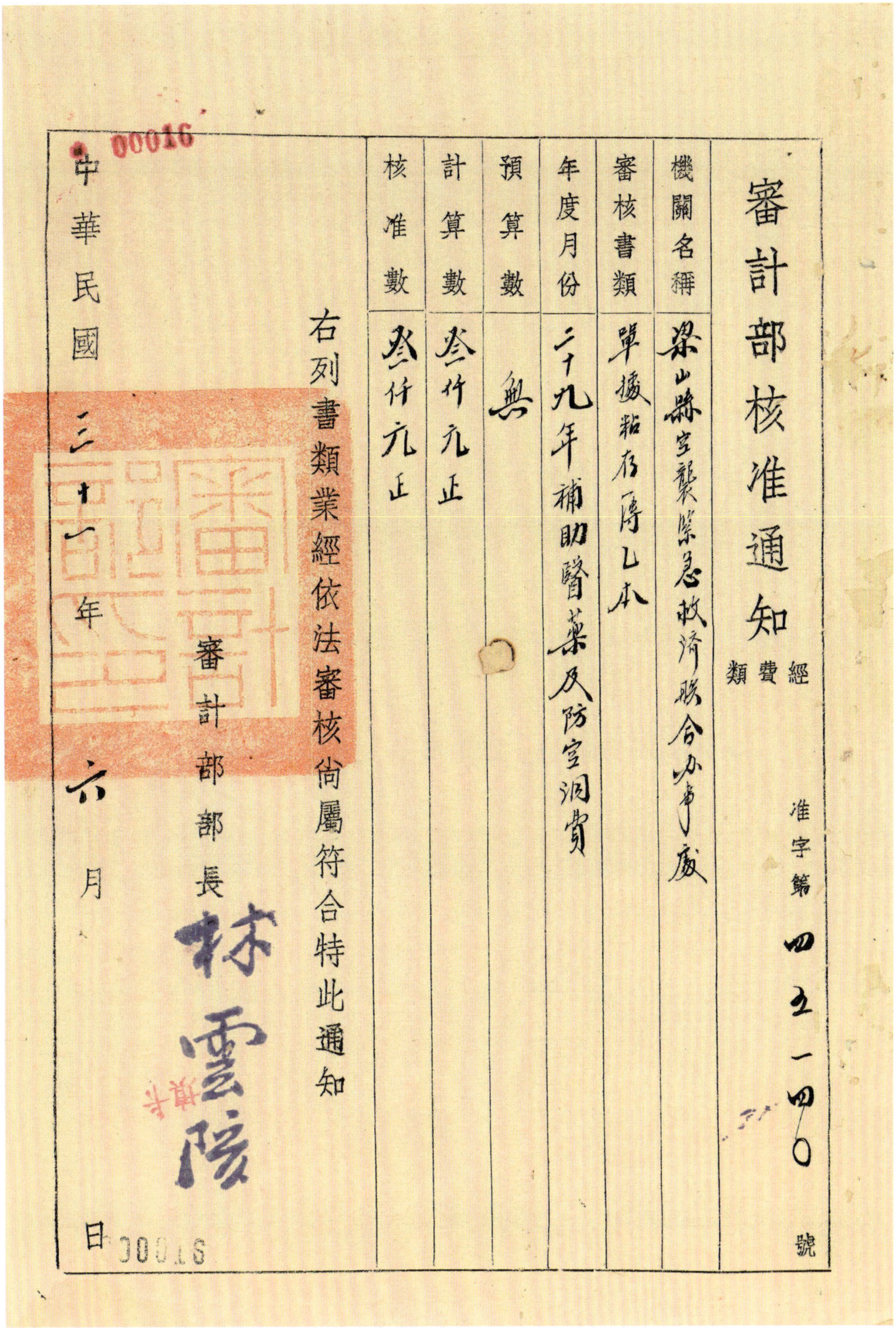

00016

審計部核准通知

經費類　准字第四五一四〇號

機關名稱	梁山縣空襲緊急救濟聯合辦事處
審核書類	單據粘存簿乙本
年度月份	二十九年補助醫藥及防空洞費
預算數	無
計算數	叁仟元正
核准數	叁仟元正

右列書類業經依法審核尚屬符合特此通知

審計部部長　林雲陔

中華民國三十一年六月　日

00016

抗战时期四川梁山地区日机空袭伤亡损失及善后抚恤救济档案汇编

2

重庆市梁平区档案馆　编

五洲传播出版社

四、一九四一年日军轰炸梁山地区史料

梁山县警察所造具一九四一年四月二十九日防空情况报告表（一九四一年四月二十九日）

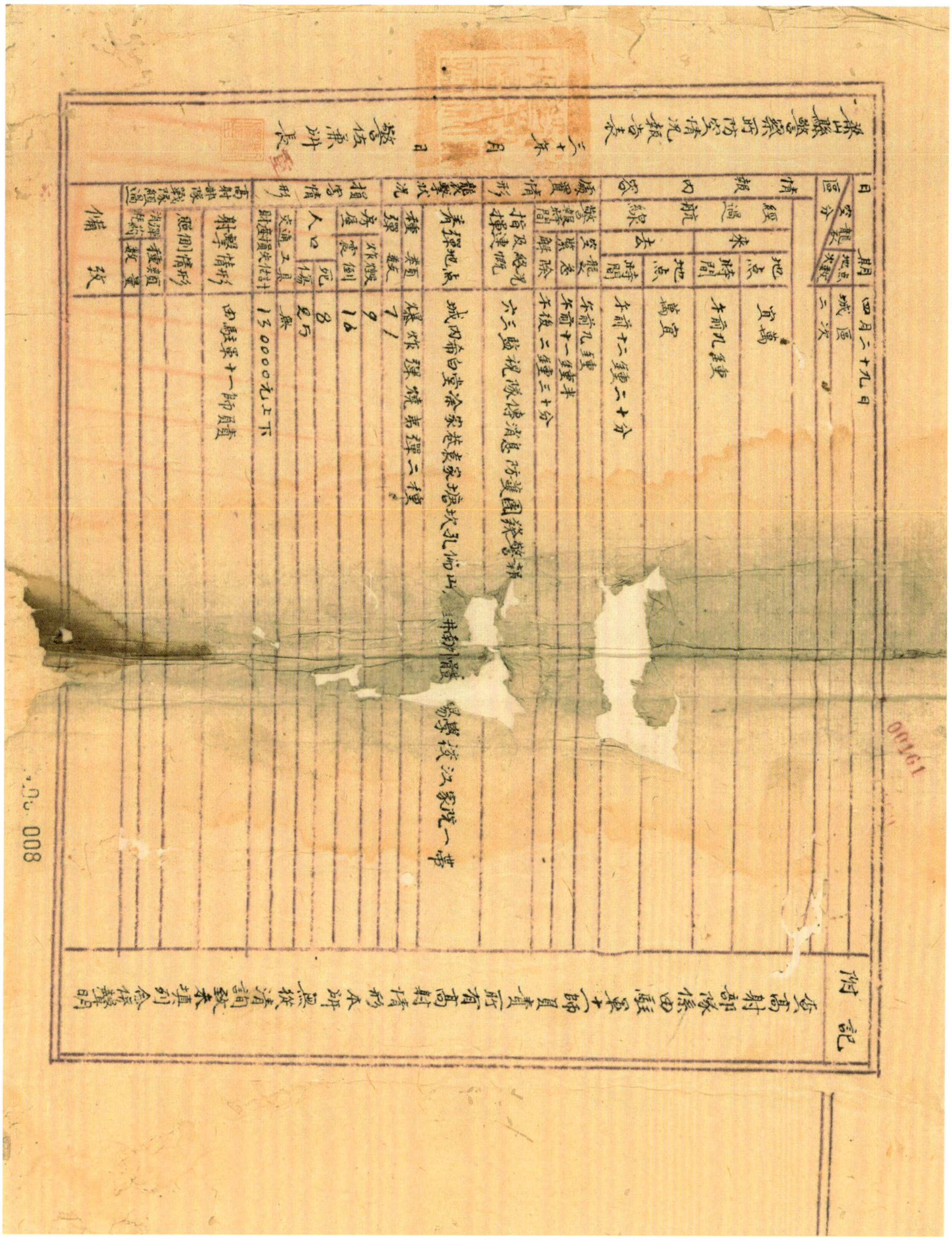
梁山縣警察所防空情況報告表

三十年 月 日

警佐兼所長

日期	四月二十九日
空襲區分	城區
空襲次數	二次
情報經過 地點	宜萬
情報經過 時間	午前九鍾
航線 來 地點	萬宜
航線 去 時間	午前十二鍾二十分
警報時間 空襲	午前九鍾
警報時間 緊急	午前十一鍾半
警報時間 解除	午後二鍾三十分
敵機實情形 指揮及機況	六三驗視隊傳消息 防護團發警報
敵機轟炸狀況 轟炸地點	城內帝白堂涂家巷袁家塘坎孔仰山……
敵機轟炸狀況 彈 種類	爆炸彈 燒夷彈二種
敵機轟炸狀況 彈 數	71
損害情形 房屋 炸燬	9
損害情形 房屋 震倒	16
損害情形 人口 死	8
損害情形 人口 傷	25
損害情形 交通工具	無
損害情形 財產損失估計	130000元以上下
高射部隊戰鬥經過 射擊情形	由駐軍十一師負責
高射部隊戰鬥經過 戰機種類	
高射部隊戰鬥經過 應戰情形	
高射部隊戰鬥經過 架數	
備考	

附記 查高射部隊係由駐軍十一師負責所有高射情形本所無從清詢致未填列合併聲明

梁山县防护团关于请予一九四一年四月二十九日被炸伤亡消防队员抚恤事致梁山县政府的签呈

（一九四一年五月二日）

案關被炸
振卹政交
民科核辦
五、六

梁山縣防護團團本部 簽呈

防二字第　號

民國三十年五月二日發

竊職縣於本年四月二十九日十二點十分遭敵機九架飛入市空兩次投彈轟炸，當即經職率領消防全隊隊員飛往被炸災區搶救，幸賴各個隊員奮勇工作，將火撲滅，未至蔓延。惟查隊員鍾貴德因一次炸後即出冒險工作，被二次轟襲炸斃；又隊員邱光儀、王澤志、蕭繼祿、熊長發、趙洪恩、龍樹臣、田文才、羅延枝、顏相齋、鄭仁才、王茂貴、歐廷貴、鄭海廷等十三名均皆奮不顧身，當先搶救，至各傷及頭顱、手足、胸背等處，業由職就近送往醫院治療。但已斃隊員鍾貴德不惟自身因公殞命，而家中老母逃外被碎片炸傷待斃，子被碎片炸亡，一門災禍，鞠此慘傷已極；至負傷隊員邱光儀等十三人亦屬忠誠搶救得力，因而負傷，實為難能可貴。理合具文呈懇鈞府鑒核，准予撥款從優分別撫卹獎勵，以慰忠魂而勸來茲，均沾德便，指令祗遵！

中華民國三十年五月三日收到

梁山县政府、梁山县城区警察所关于核办一九四一年四月二十九日被炸办事员李刚救济案的来往文书（一九四一年五月六日至九日）

梁山县城区警察所致梁山县政府的呈（一九四一年五月六日）

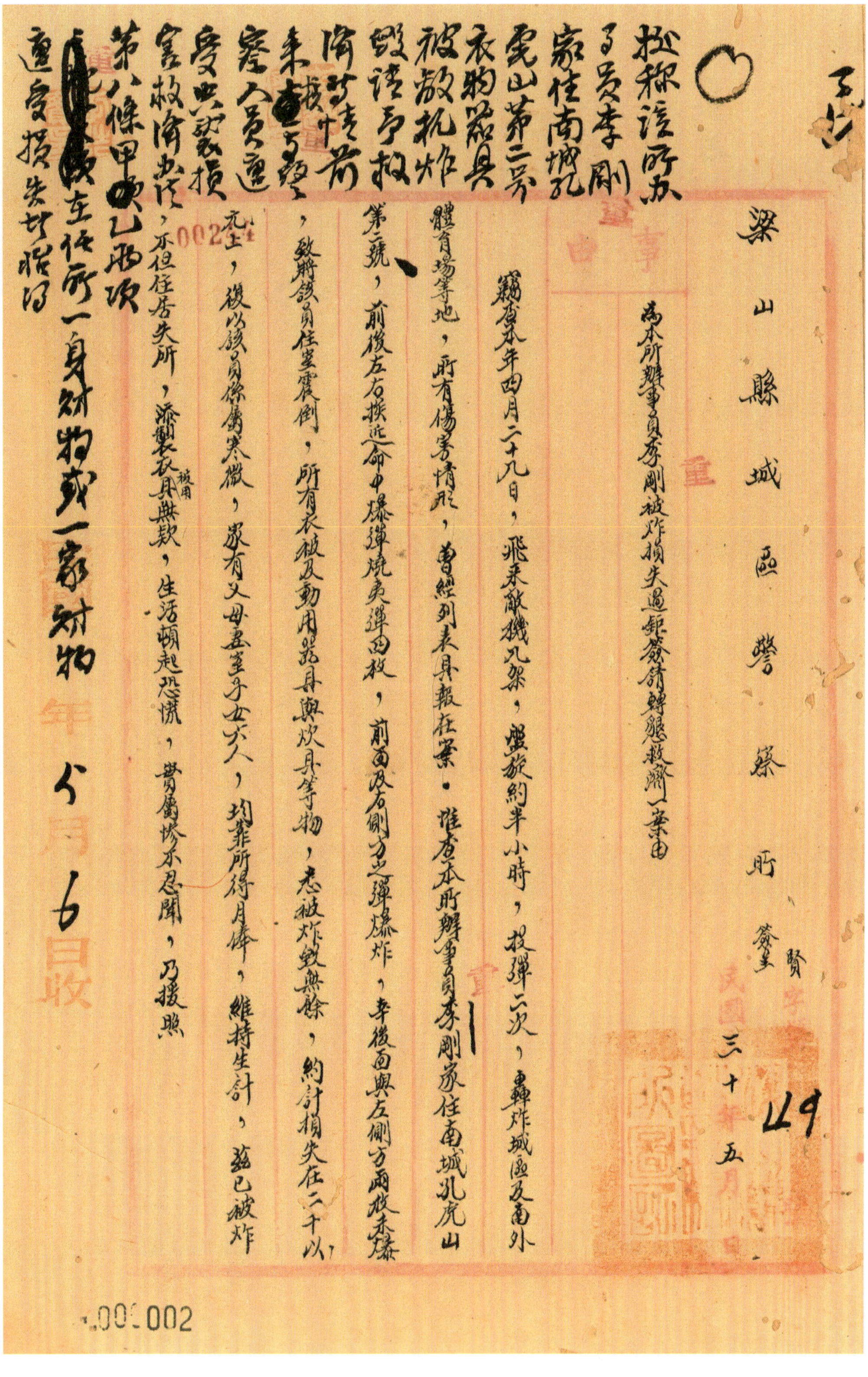

事由：為本所辦事員李剛被炸損失過鉅簽請轉懇救濟一案由

梁山縣城區警察所簽呈 民國三十年五月

竊查本年四月二十九日，飛來敵機九架，盤旋約半小時，投彈二次，轟炸城區及南外體育場等地，所有傷害情形，曾經列表具報在案。惟查本所辦事員李剛家住南城孔虎山第二號，前後左右挨近命中爆彈燒夷彈四枚，前面及右側方之彈爆炸，幸後面與左側方兩枚未爆，致將該員住室震倒，所有衣被及動用器具與炊具等物，悉被炸毀無餘，約計損失在二千以上，復以該員係屬寒微，家有父母妻室子女六人，均靠所得月俸，維持生計，茲已被炸，不但住居失所，添製被用衣具無款，生活頓起恐慌，實屬慘不忍聞，乃援照

發給救濟費之規定不符。如果該員寒微可憐，仰飭該員速向空襲服務救濟聯合辦事處請求救濟可也。此令
元、七

鈞府二十九年元月轉奉　四川省政府二十八年民二字第二八〇一七號訓令抄發警察人員遭受空襲損害暫行救濟辦法第八条規定，「警察人員私物被毀者，由本管機關查明情形，依左列規定酌給救濟費：「（一）月俸費支在二百元以內者，酌給五十元至二百元」」。現經查明該員被炸損失屬實，又係異微可憐，爲此具文呈請

鈞府，俯賜分轉從優救濟，以示體恤，而資維繫，指令祇遵。

謹呈

梁山縣縣政府

警佐兼所長劉賢澤

梁山县政府致梁山县城区警察所的指令（一九四一年五月九日）

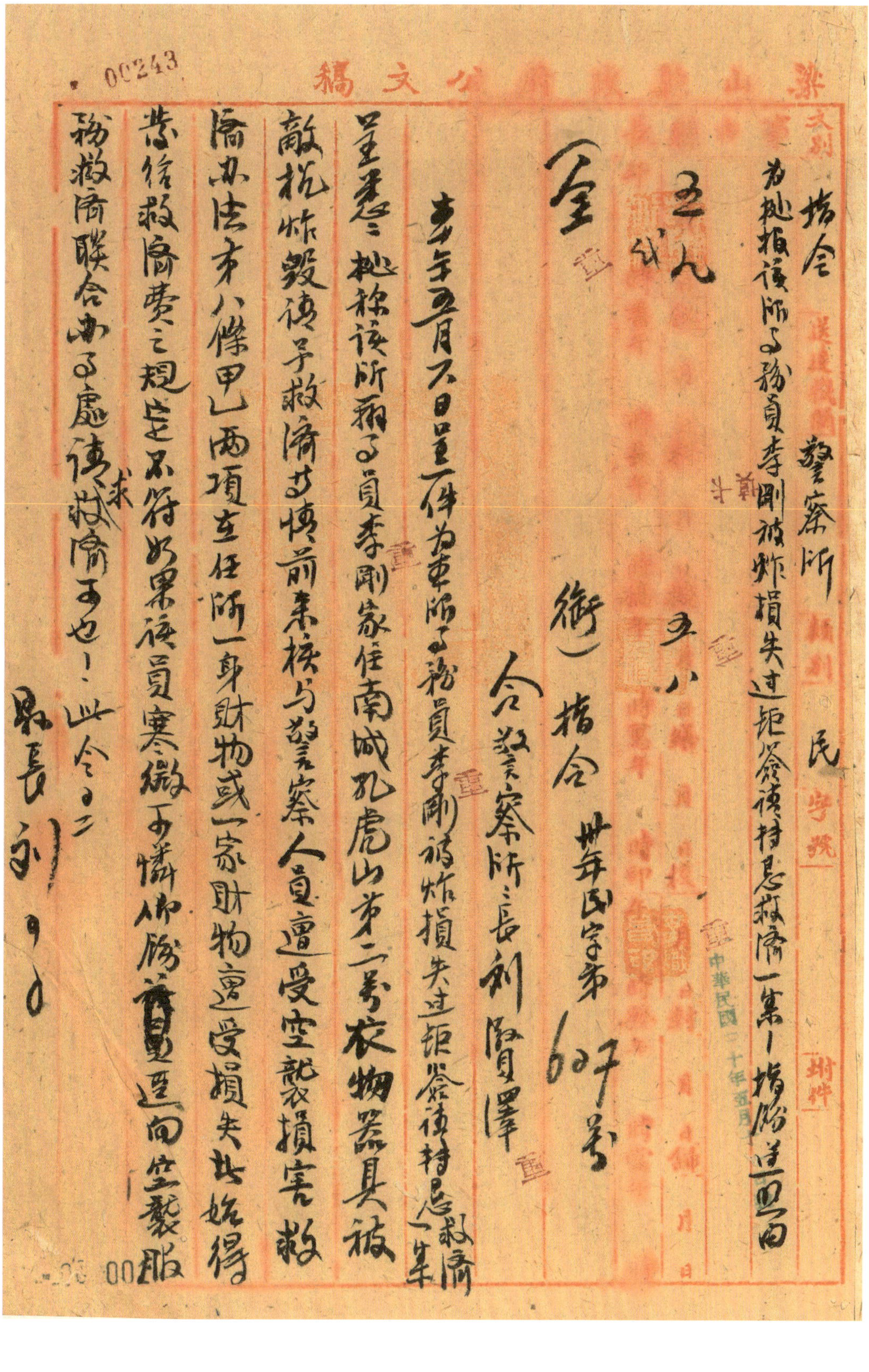

梁山县政府公文稿

文别：指令
送达机关：警察所
类别：民
字号
附件

事由：为批复该所公务员李刚被炸损失过钜签请转恳救济一案指仰遵照由

五八
五九

（全衔）指令 卅年民字第607号

令城区警察所所长刘贤泽

本年五月八日呈一件为本所公务员李刚被炸损失过钜签请转恳救济一案。呈悉。据称该所雇员李刚家住南城孔虎山第二号，衣物器具被敌机炸毁，请予救济等情。前来，核与警察人员遭受空袭损害救济办法第八条甲乙两项在任所一身财物或一家财物遭受损失始得发给救济费之规定不符，如果该员实寒微无措，仰饬备具证明，迳向空袭服务救济联合办事处请求救济可也！此令。

县长 刘○○

梁山县政府关于报送一九四一年五月二十日日机轰炸情形致四川省政府、川康绥靖主任公署等的电

（一九四一年五月二十一日）

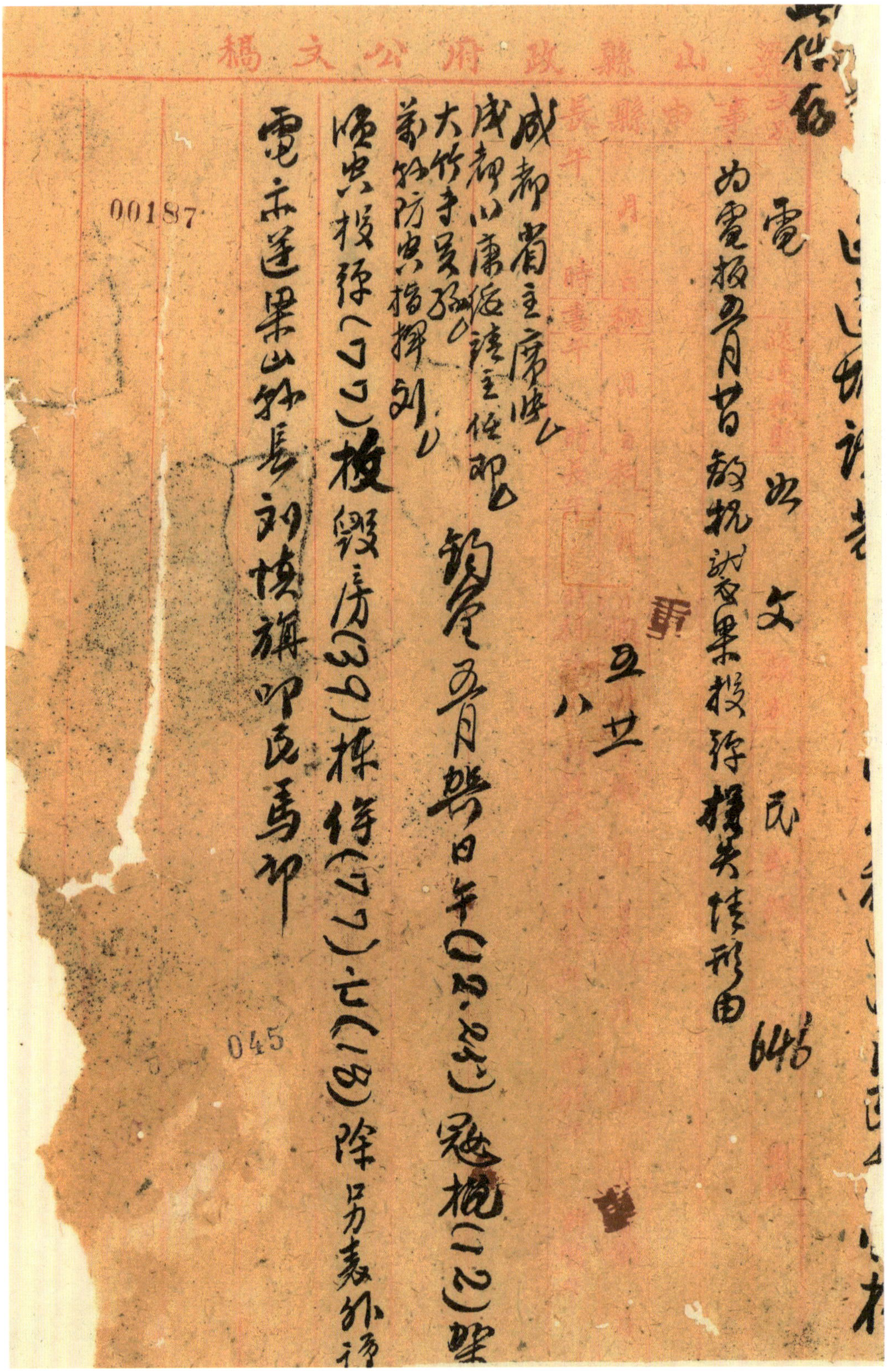
梁山縣政府公文稿

電 出文 民 號

為電報五月廿日敵機襲梁投彈損失情形由

五 廿 八

成都省主席張 成都川康綏靖主任鄧 大竹專員孫 萬縣防空指揮部 鈞鑒：五月廿日午（12.25）寇機（12）架侵市投彈（77）枚，毀房（39）棟，傷（77）、亡（18），除另表外……電示遵。梁山縣長劉振旗叩馬印

00187

045

梁山县一九四一年五月二十二日敌机投弹损害情况调查表（一九四一年五月二十二日）

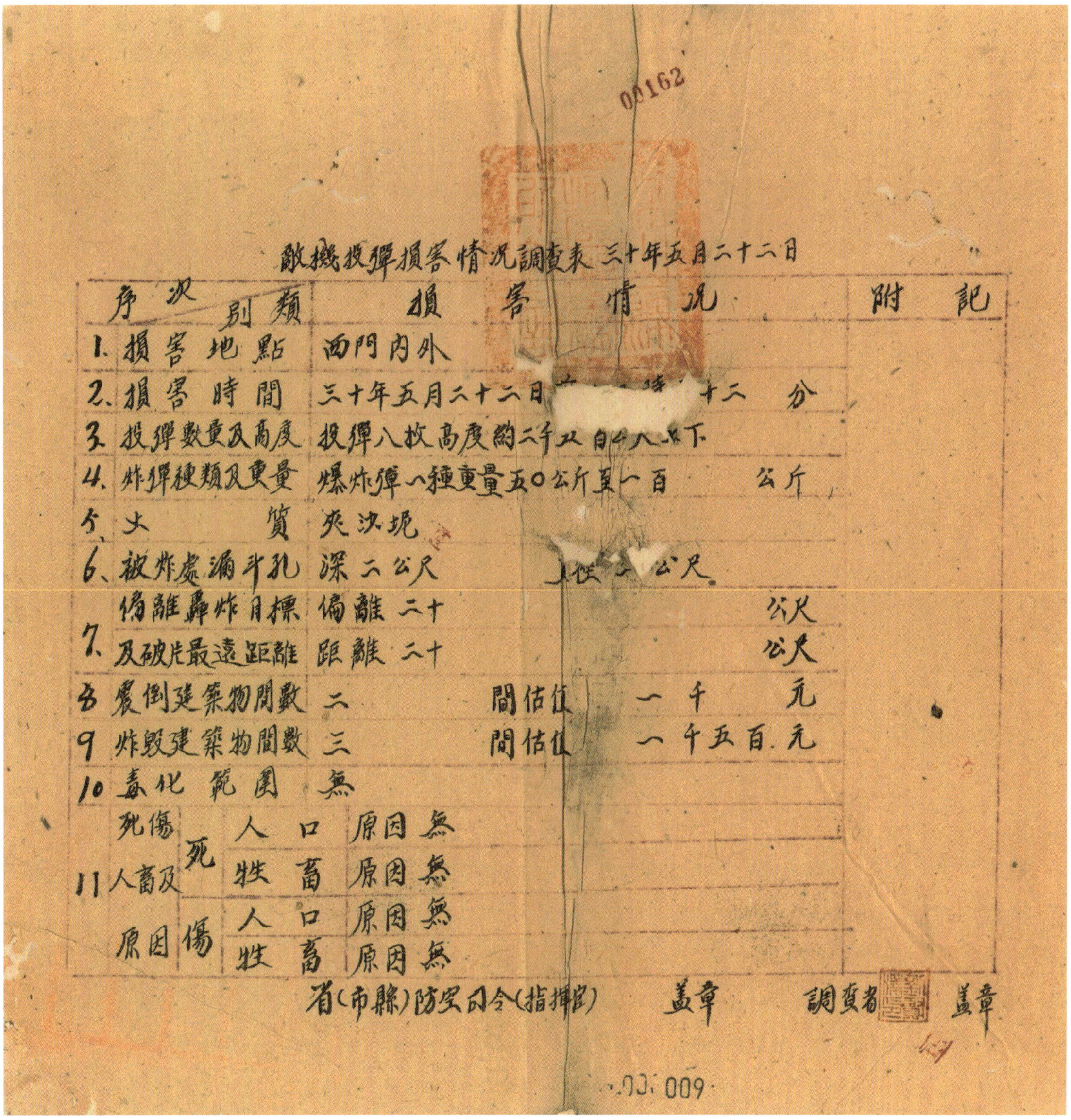

00162

敵機投彈損害情況調查表 三十年五月二十二日

序次	別類	損害情況		附記
1.	損害地點	西門內外		
2.	損害時間	三十年五月二十二日[illegible]時十二分		
3.	投彈數量及高度	投彈八枚高度約二千[illegible]百公尺以下		
4.	炸彈種類及重量	爆炸彈八種重量五〇公斤至一百公斤		
5.	土質	夾沙泥		
6.	被炸處漏斗孔	深二公尺	直徑二公尺	
7.	偏離轟炸目標	偏離二十公尺		
	及破片最遠距離	距離二十公尺		
8	震倒建築物間數	二間	估值一千元	
9	炸毀建築物間數	三間	估值一千五百元	
10	毒化範圍	無		
11	死傷人畜及原因	死 人口	原因無	
		死 牲畜	原因無	
		傷 人口	原因無	
		傷 牲畜	原因無	

省（市縣）防空司令（指揮官）　蓋章　　調查者　蓋章

00009

梁山县立民众教育馆关于报送一九四一年五月二十一日被炸损失致梁山县政府的呈（一九四一年五月二十五日）

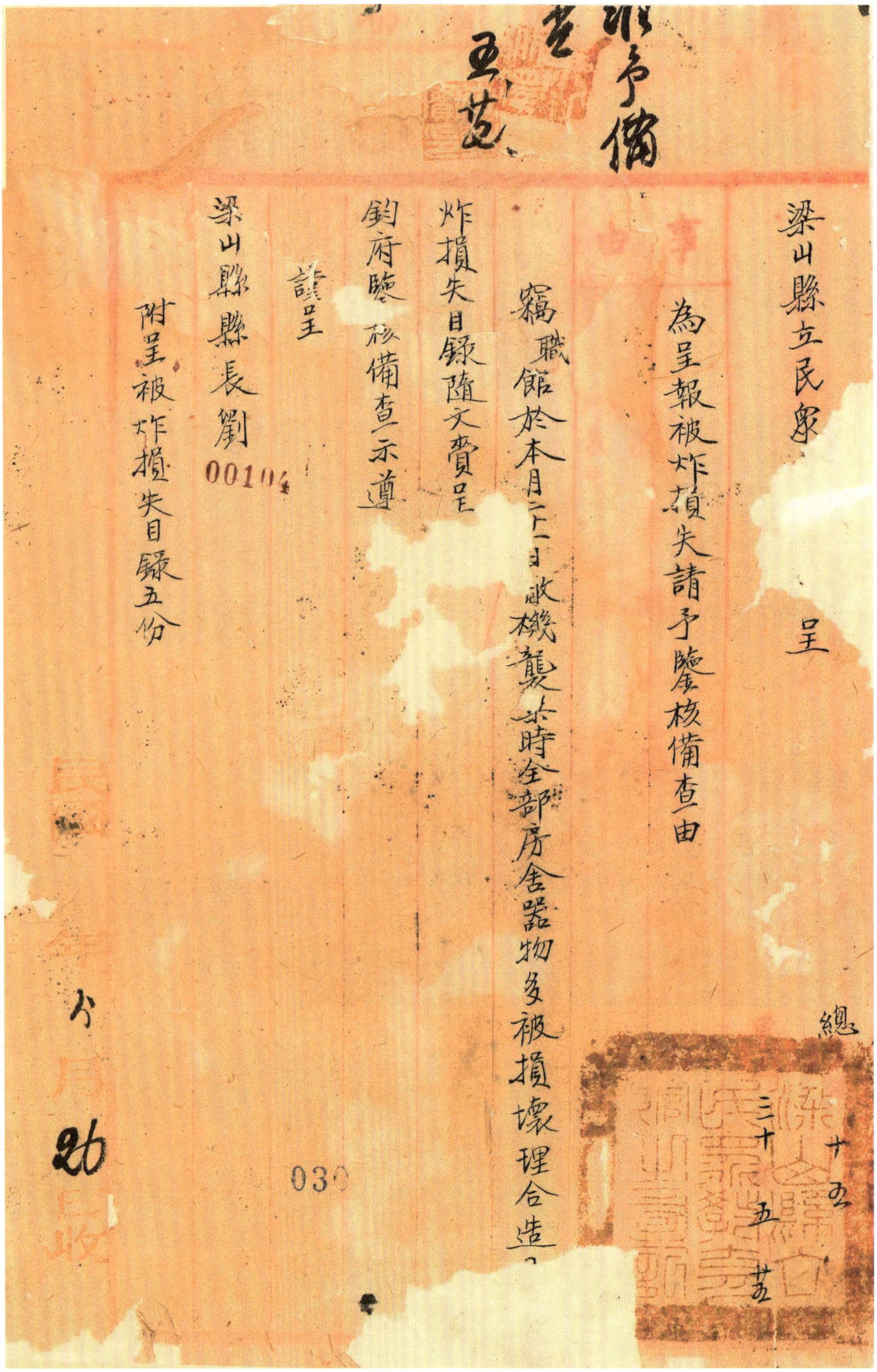
准予備查
五、廿五

梁山縣立民衆 呈

為呈報被炸損失請予鑒核備查由

竊職館於本月二十一日敵機襲擊時全部房舍器物多被損壞理合造

炸損失目錄隨文賫呈

鈞府鑒核備查示遵

謹呈

梁山縣縣長劉

附呈被炸損失目錄五份

00104

030

總 三十 五 廿五

年 月 26 日收

00105

梁山縣立民衆教育館館長梁忠國

031

附：梁山县立民众教育馆一九四一年五月二十一日被炸损失财产目录

梁山縣立民衆教育館

三十年五月二十一日被炸損失財產目錄

第一頁

類別	名稱	單位	財產編號 種類	財產編號 號數	數量	單位價格（元）	價值金額（元）	備考
房地	館舍	方丈	甲	1	41	100.00	4100.00	損壞大部份
	民校校舍	方丈	甲	2	120	80.00	9600.00	全部損壞
	公共體育場	方丈	甲	3	900	40.00	200.00	部份器械受損
	運動員休息室	方丈	甲	4	25	100.00	2500.00	全部炸毁
	中山紀念臺	方丈	甲	5	20	100.00	800.00	板壁窗子損壞
校具	黑板	塊	乙	[illegible]	3	10.00	30.00	損壞三塊
	書桌	張	乙	5—75	70	3.00	210.00	全部損失
	長凳	張	乙	76—126	50	1.50	75.00	全損
文具	油[illegible]機	架	丙	4	1	5.00	5.00	炸毁
	油印鋼板	塊	丙	5	1	5.00	5.00	損毁
體育用具	低欄	個	丁	2—29	28	1.00	28.00	全損
	高欄	個	丁	30—55	26	1.00	26.00	全損
一般用具	書櫃	個	戊	1—40	40	10.00	260.00	全部被瓦損壞并炸毁二十個
	閱書桌	張	戊	41—43	3	4.00	12.00	損失三張
	餐桌	張	戊	46—[illegible]	4	10.00	40.00	損失四張
	書案	張	戊	53	1	10.00	10.00	損壞
	凳子	個	戊	54—84	20	2.00	40.00	損失二十個
	靠背椅	張	戊	81—84	4	12.00	48.00	損失四張
	床舖	架	戊	89—92	4	5.00	20.00	損失四架
	文卷櫃	個	戊	94—95	2	10.00	10.00	損失一個
	抽屜	張	戊	96—97	2	8.00	16.00	全損
	閱報架	個	戊	100—102	3	1.50	1.50	損失一個
	長櫈	根	戊	103	1	3.00	3.00	損壞
	洗臉架	個	戊	104—107	4	.50	2.00	全損
	脚盆	個	戊	108	1	1.00	1.00	損失
	夜池	個	戊	109—112	4	.40	1.60	損失四個
	規則牌	塊	戊	115—121	7	.20	1.40	全損

梁山縣立民衆教育館

三十年五月二十一日被炸損失目錄

第二頁

類別	名稱	單位	財產編號 種類	財產編號 號數	數量	單位價格（元）	價值金額（元）	備考
一般用具類	報夾	個	戊	122-144	23	.10	1.50	損失十五個
	揭示牌	塊	戊	147-148	2	.50	1.00	全損
	書櫈	個	戊	156	1	6.00	6.00	全損
	涼椅	張	戊	157-228	72	3.00	189.00	損失六三張
	茶桌子	張	戊	229-268	40	3.00	96.00	損失三二張
	木灰盂	個	戊	269-271	3	.50	1.50	全損
	銅絲雜件	包	戊	311	1	125.00	125.00	全損
廚具類	小鍋	口	己	1	1	14.00	14.00	炸濫
	瓦缸	口	己	2	1	3.00	3.00	炸毀
	飯瓢	把	己	5	1	.40	.40	損失
	爐橋	付	己	6	1	3.20	3.20	損失
	菜刀	把	己	7	1	4.00	4.00	損失
	茶碗	個	己	8-12	5	.50	2.50	全損
	水桶	挑	己	15	1	4.50	4.50	全損
	米缸	口	己	16	1	3.40	3.40	炸濫
	火鉗	把	己	18	1	1.50	1.50	損失
音樂類	風琴	架	庚	1	[illegible]	22.00	22.00	新的炸毀
圖書類	雜書	册	辛	7326-7772	447	.60	268.00	全損
	小說	册	辛	7773-7860	88	.20	17.60	全損
	雜志刊物類	册	辛	7861-9126	1266	.10	25.10	損失二五一本
	圖表類	幅	辛	9127-9239	113	1.00	113.00	全損
	蔣中正書單條	幅	辛	9240-9242	3	2.50	7.50	全損
	畫報彙刊	册	辛	9253-9256	4	1.00	4.00	全損
	正中書局類	册	辛	9570-9624	55	2.10	31.50	損十五册
	雜志類（三十年）十三種	册	辛	9625-9702	78	.50	12.00	損廿四册
	民衆讀物類	册	辛	9703-10004	302	.40	15.60	損三九册
	平民小說類	册	辛	10075-10087	13	.20	2.60	全損
	圖表類	册	辛	10088-10138	51	2.00	62.00	損二

梁山縣立民眾教育館

三十年五月二十一日被炸損失財產目錄

第三頁

類別	名稱	單位	財產編號 種類	財產編號 號數	數量	單位價格(元)	價值金額(元)	備考
雜類	布畫中山像	幅	壬	1—2	2	2.00	2.00	損壞一幅
	[illegible]黨國旗	面	壬	3—8	4	5.00	20.00	損失四張
	錦標	張	壬	13—16	4	1.00	4.00	損失四張
	[illegible]	張	壬	20—21	2	2.50	5.00	全損
	蠶簾	張	壬	43—102	60	.50	30.00	全損
	繅絲車	架	壬	103	1	15.00	15.00	損壞
	檔子	塊	壬	104—116	13	8.00	104.00	全損
	燈盞	盞	壬		6	.50	3.00	全損
一般用具	壁報牌	塊	癸	1—2	2	6.00	12.00	以下係五月份新製 全損
	石爐子	個	癸	3	1	4.00	4.00	損壞
	竹椅凳	床	癸	4	70	.90	63.00	全損
	竹篷	[illegible]	癸	5	3	9.00	27.00	全損
	棕索子	[illegible]	癸	6	80	.20	16.00	損失
	竹[illegible]子	[illegible]	癸	7	3	5.00	15.00	全損
	杉樹	根	癸	8	10	2.00	20.00	損壞
	雞毛帚	把	癸	9	3	.80	2.40	全損
	大小掃帚	把	癸	10	5	.50	2.50	損毀
	瓦茶壺	把	癸	11	1	1.00	1.00	炸毀
消耗類	石灰	斤	子		250	.10	25.00	作環境佈置用 損失
	工匠工資	個	子		18	5.00	90.00	損失
	茶葉	斤	子		12	4.00	48.00	損失
職員衣物用具	被蓋	床	丑		1	80.00	80.00	係教育主任所有 被炸
	線毯	床	丑		1	30.00	30.00	係教育主任所有 被炸
	襯衣	件	丑		3	25.00	75.00	係唐一孝主任所有 被炸
	面具	套	丑		全套	10.00	10.00	係鄭頌清所有 被炸
合計							1,998.4[illegible]	

館長 梁忠國（印）

梁山县政府关于一九四一年四月二十九日轰炸损失代购谷款转知证明事致全国粮食管理局四川购运处第十区梁山督察办事处的公函（一九四一年五月）

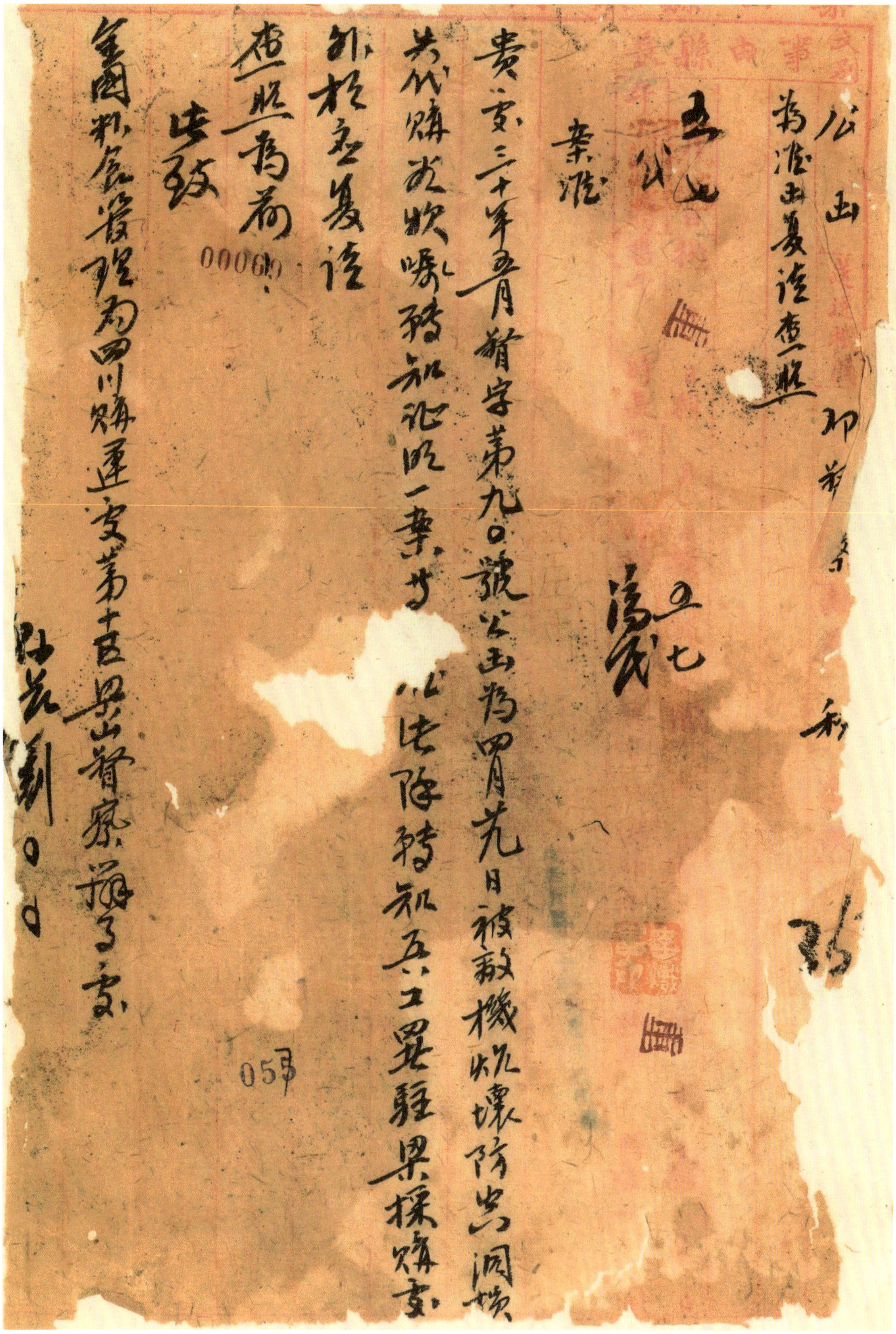
公函 印発 秘

為准函复請查照

案准

貴處三十年五月贅字第九〇號公函為四月廿九日被敵機炸壞防空洞損

失代購穀款囑轉知證明一案等由准此除轉知五〇二罗駐梁採購處

外相應函復請

查照為荷

此致

全國糧食管理局四川購運處第十區梁山督察辦事處

縣長 劉○○

梁山县政府、四川省营业税局万县分局等关于派员查勘梁山稽征所一九四一年五月二十一日被炸情形的文书（一九四一年五月至六月）

四川省营业税局万县分局致梁山县政府的公函（一九四一年五月二十八日）

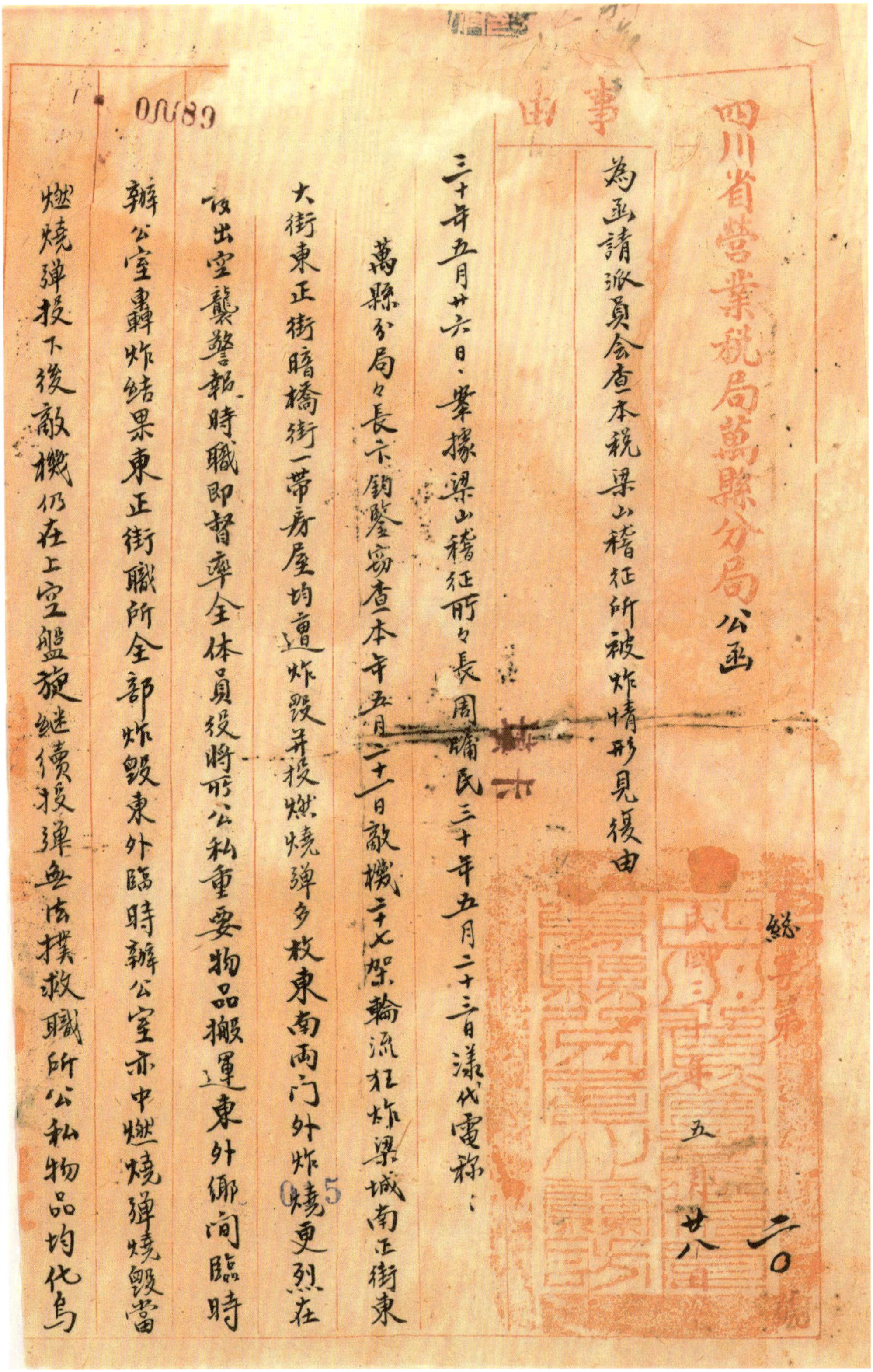
四川省營業稅局萬縣分局公函

事由　為函請派員会查本稅梁山稽征所被炸情形見復由

總字第　號　五　廿八

三十年五月廿六日，案據梁山稽征所所長周曙民三十年五月二十二日漾代電稱：萬縣分局局長卞鈞鑒：竊查本年五月二十一日敵機二十七架輪流狂炸梁城南正街東大街東正街暗橋街一帶房屋均遭炸毀，并投燃燒弾多枚，東南兩门外炸燒更烈。在發出空襲警報時，職即督率全體員役將所公私重要物品搬運東外鄉间臨時辦公室。轟炸結果，東正街職所全部炸毁，東外臨時辦公室亦中燃燒弾燒毁，當燃燒弾投下後，敵機仍在上空盤旋，继續投弾，無法撲救，職所公私物品均化烏

有副後督率員役搶救，搶出陳趙各任文卷數件，亦屬不全，所有未用稅票

及職任文卷、本年一至五月上比稅票、覈核聯同歸於盡，幸鈐記条戳猶存。除呈

報 省局外，理合電陳鑒核，并祈速發紅色稅票弍千張、綠色稅票叁千張、三聯

通知單壹千張，以救急需」。

等〃〃此。除已據情特呈 省局核示外，自應澈底勘查，以明真象。茲派本局督察員

郎以俊前往該所飭印查明被炸情形，并飭該員面謁

貴〃，煩為派員實地会查，以昭覈实，相應備文函請

查照，協助辦理，并希

見復為荷！

此致

015-1

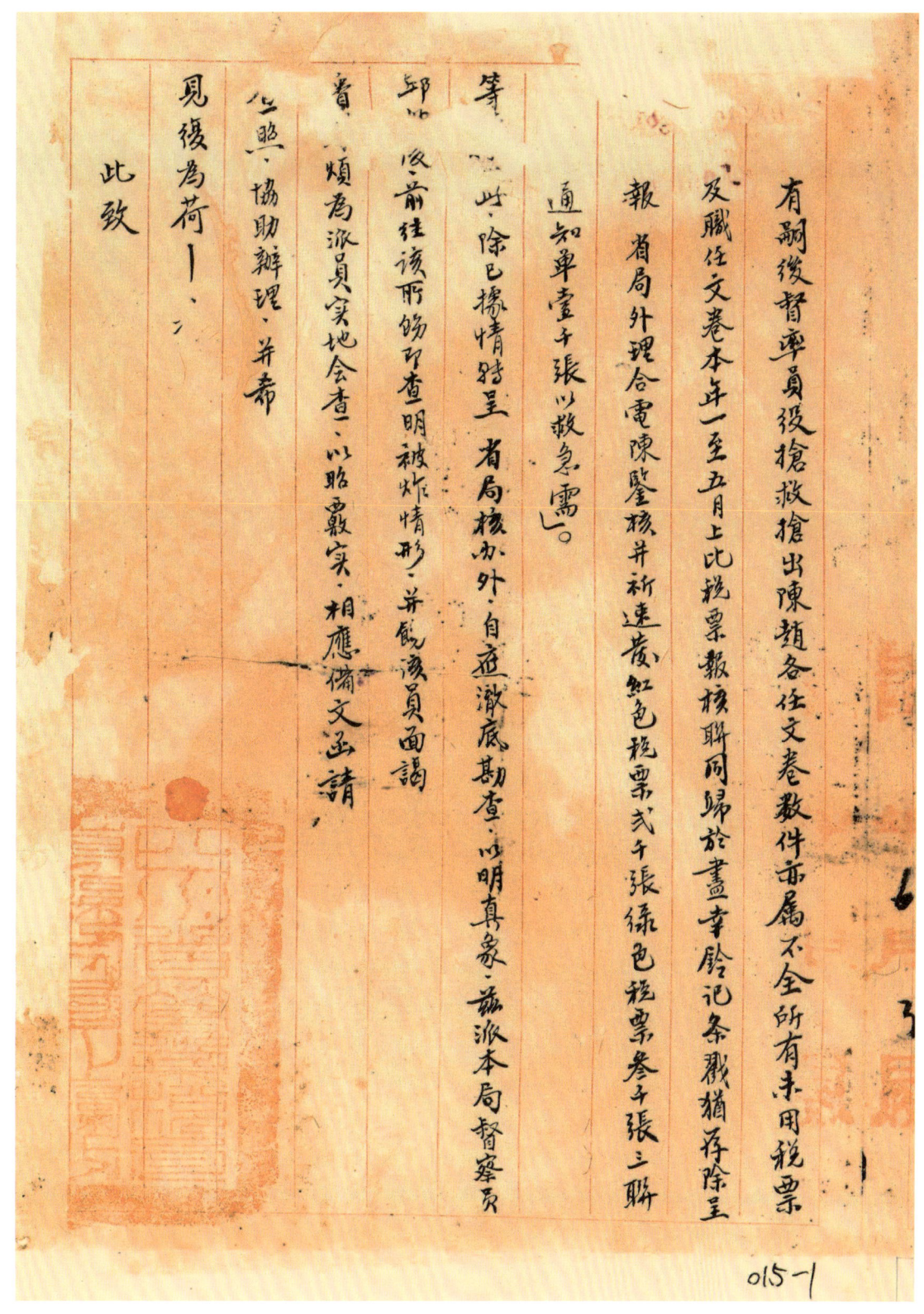

梁山縣縣政府

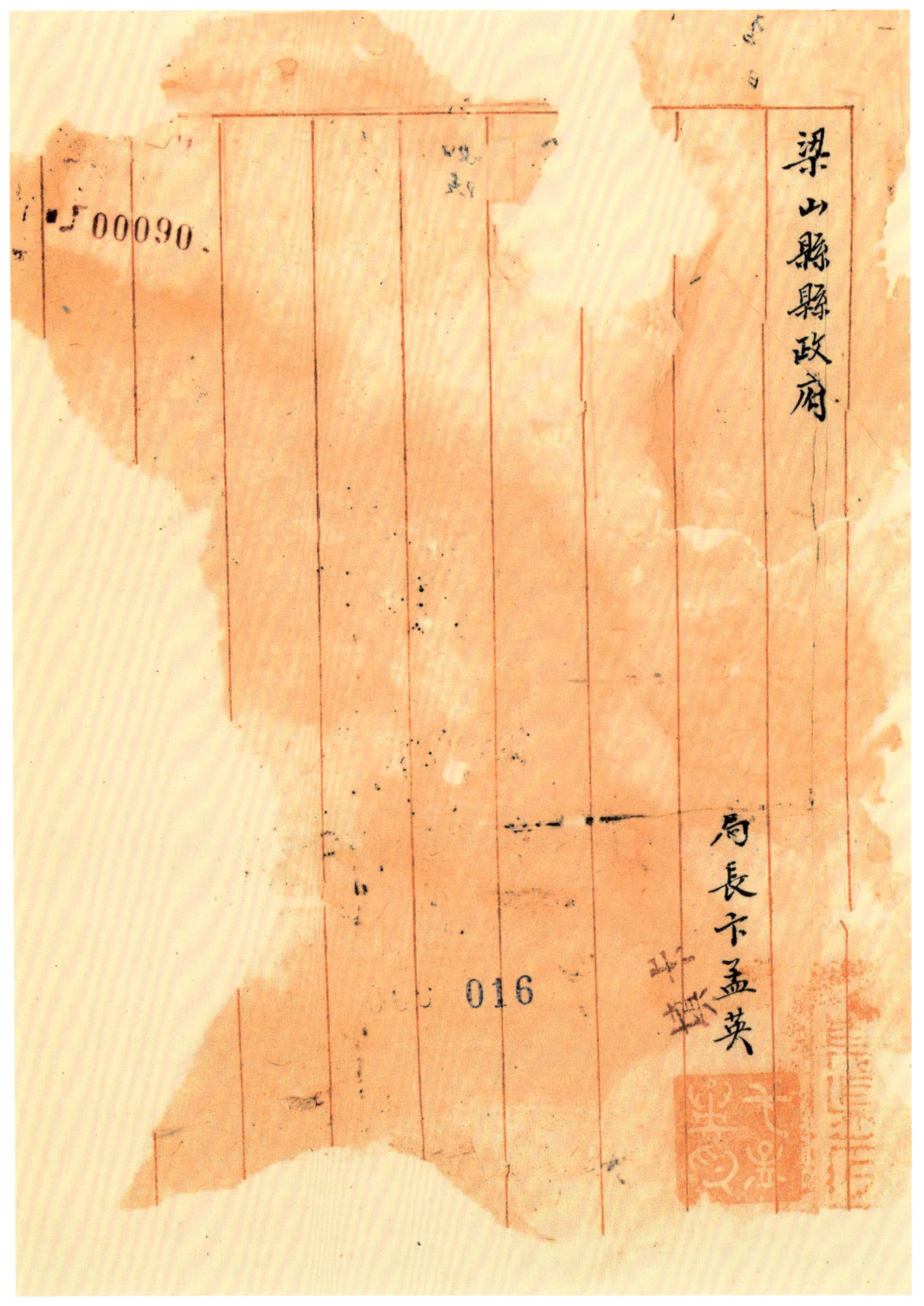

局長卞孟英

刘荣滋致梁山县政府的签呈（一九四一年六月三日）

□□签呈　六月三日　于本府

敬签呈者：窃职于五月廿一日奉派会查稽征所被炸情形，当二十一日梁山县城被灾经过，略告万局卿督察员、县即同刘专街稽征所地址，确见内外均中有爆炸弹，房屋震毁，用具坏至；于存放主要文件票据之临时办公处（东外曹家库楼房）则于是日正中燃烧弹一枚，延烧房屋数间，据称该所张会计、冯所员及公差一名，当敌机临空始仓忙避入附近防空洞内，所有主要文件票据均系锁置室内，毫未带及，见着弹起火，敌机尚盘旋市空，未敢离洞抢救，待敌机声（渐）甫离去，候（关）紧急，似致无法冒险急救，忽又传警报，□□延烧甚烈，馀□□可如何，□致公私物化為烏有，分别詢諸鄰居，所答均無稍異，足徵所稱是實。

當轟彈着之點，焚毁之區，攝成影片，俾資證明，復飭員工在

所餘殘灰中挖掘得訂載票據册之鐵絲圈數十枚，認定

足為票據被焚之證。所有奉派會查經過情形，理

核示。謹呈

縣長 劉

職 劉榮滋 謹呈

梁山县政府致四川省营业税局万县分局的公函（一九四一年六月四日）

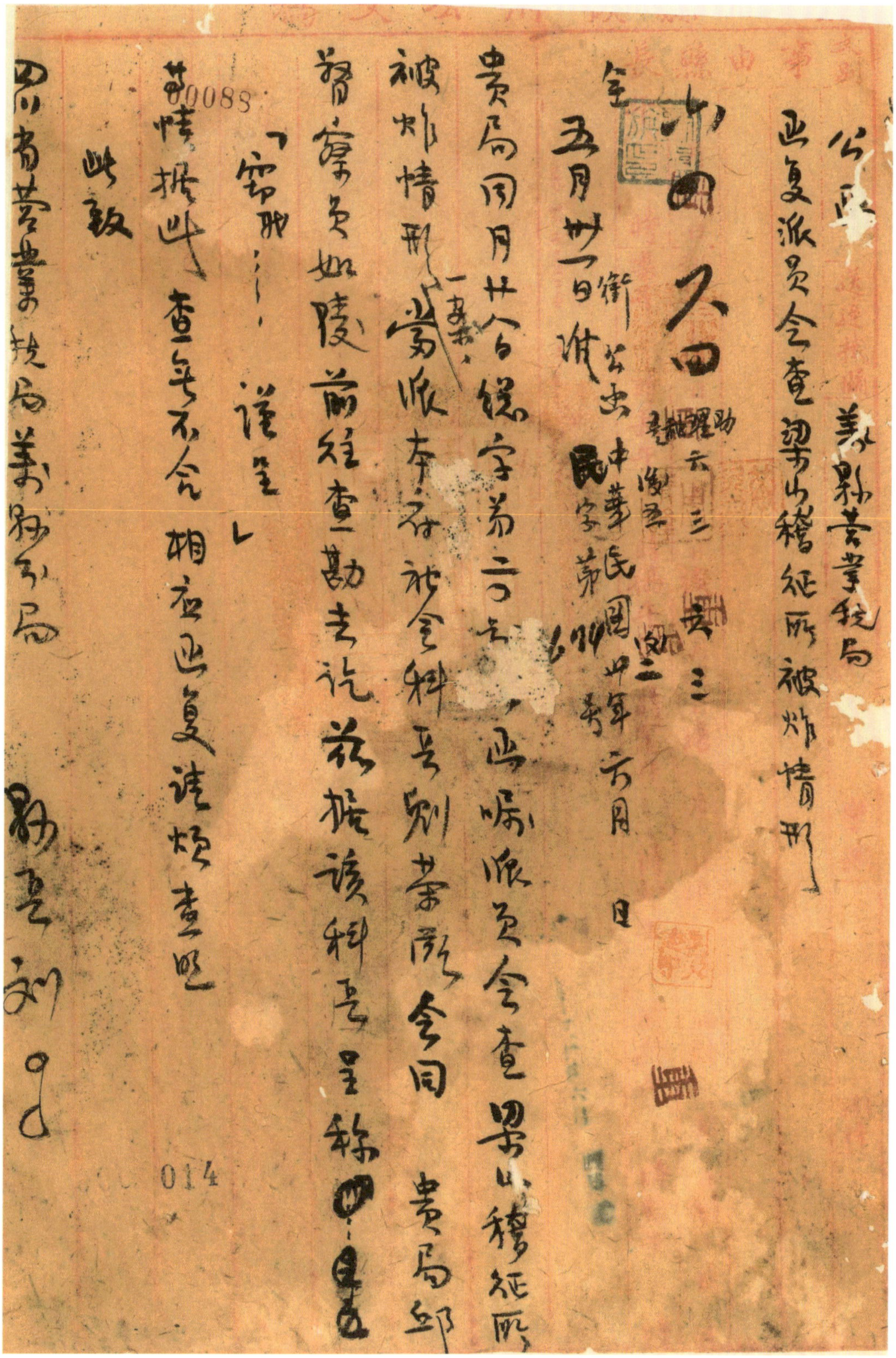
公函　万县营业税局
函复派员会查梁山稽征所被炸情形
衔　公函　中华民国卅年六月　日　民字第　号
贵局同月廿八日经字第二〇〇号函，嘱派员会查梁山稽征所被炸情形一案，当派本府科员刘荣钊会同贵局邹督察员如陵前往查勘去讫。兹据该科员呈称：「……」等情。据此，查无不合，相应函复，请烦查照。此致
四川省营业税局万县分局
县长　刘○○

梁山县政府、财政部川康区万县税务分局驻梁山税务员办公处关于证明一九四一年五月二十一日被炸受损情形的文书（一九四一年五月至六月）

财政部川康区万县税务分局驻梁山税务员办公处致梁山县政府的公函（一九四一年五月二十九日）

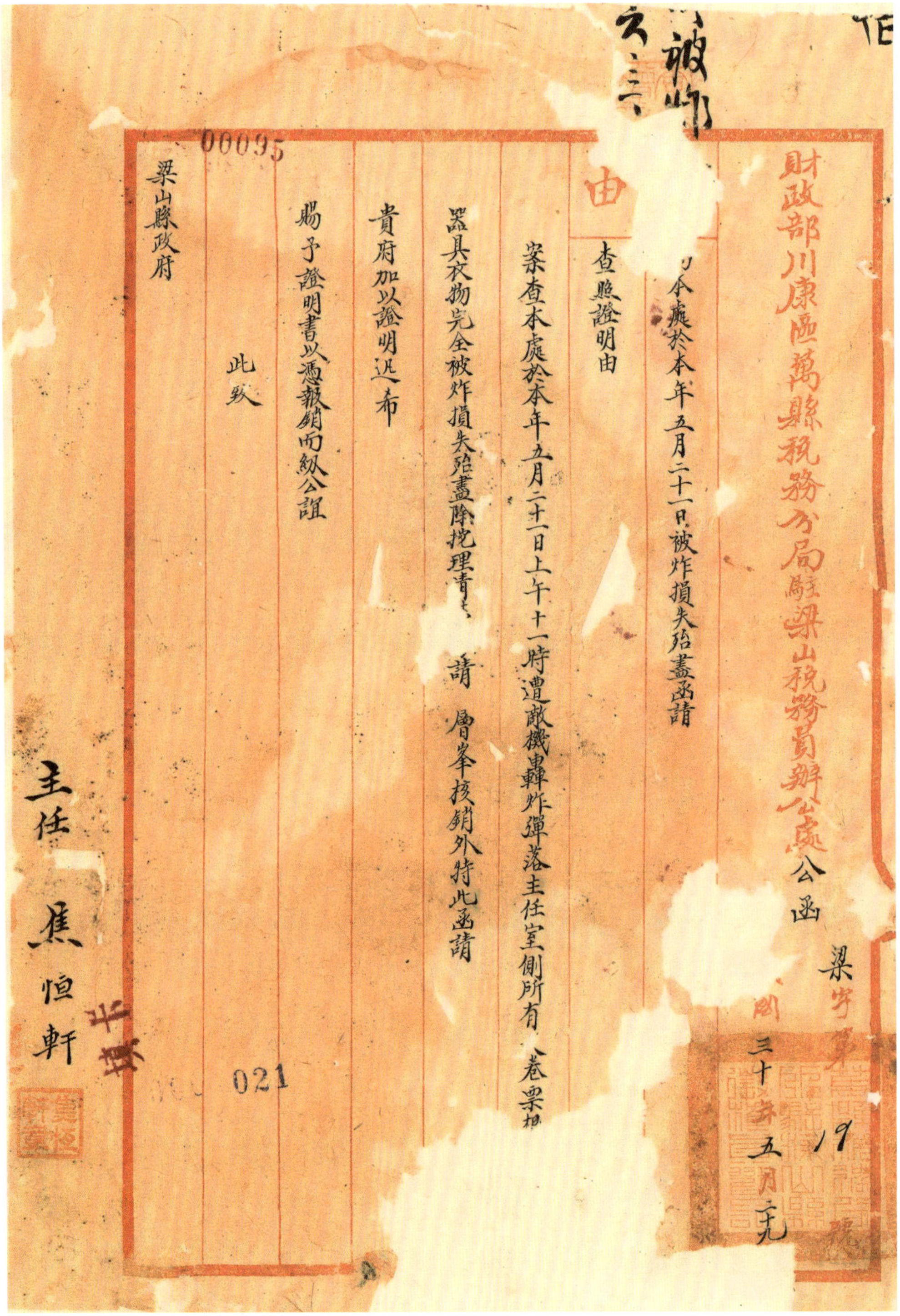
财政部川康區萬縣税務分局駐梁山税務員辦公處公函

梁字第19號

三十年五月二十九

由：查照證明由

為本處於本年五月二十一日被炸損失殆盡函請

查照證明由

案查本處於本年五月二十一日上午十一時遭敵機轟炸彈落主任室側所有卷票據器具衣物完全被炸損失殆盡除據理呈請

層峯核銷外特此函請

貴府加以證明迅布

賜予證明書以憑報銷而紉公誼

此致

梁山縣政府

主任 焦恒軒

00095

021

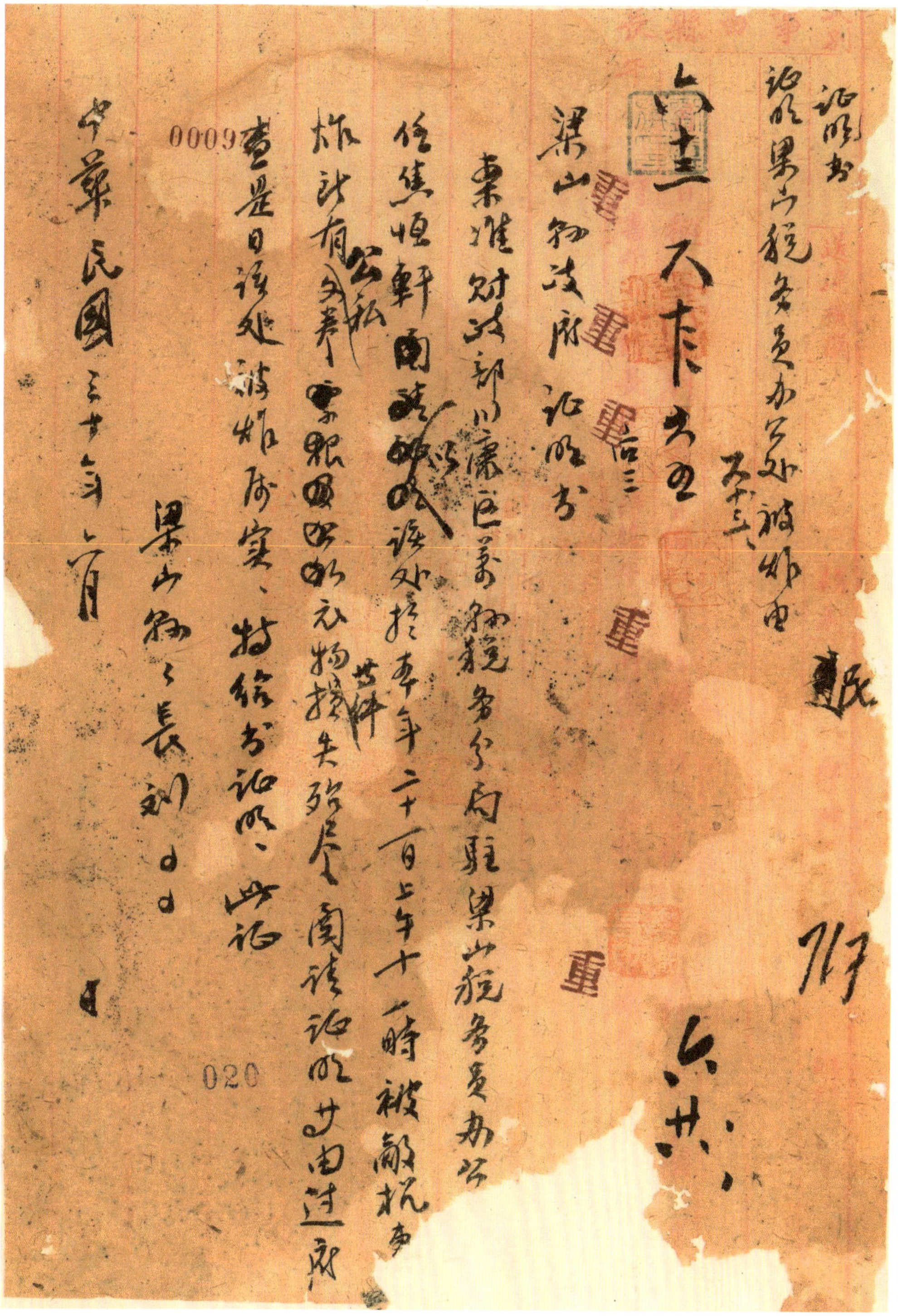

梁山物产所证明书

案准财政部川康区货物税务分局驻梁山税务员办公处借住集恒轩，该处于本年二十一日上午十一时被敌机轰炸，计有公私文卷、票据、图记及公私物件损失殆尽，函请证明，并由过所□。

查是日该处被炸属实，特给书证明。此证。

梁山物产所所长刘□□

中华民国三十年六月　日

梁山县政府的证明书（一九四一年六月）

梁山县政府、梁山县立初级农业职业学校关于一九四一年五月二十一日农职校文昌祠被炸损失各物查勘备案的来往文书（一九四一年六月五日至二十八日）

梁山县立初级农业职业学校致梁山县政府的呈（一九四一年六月五日）

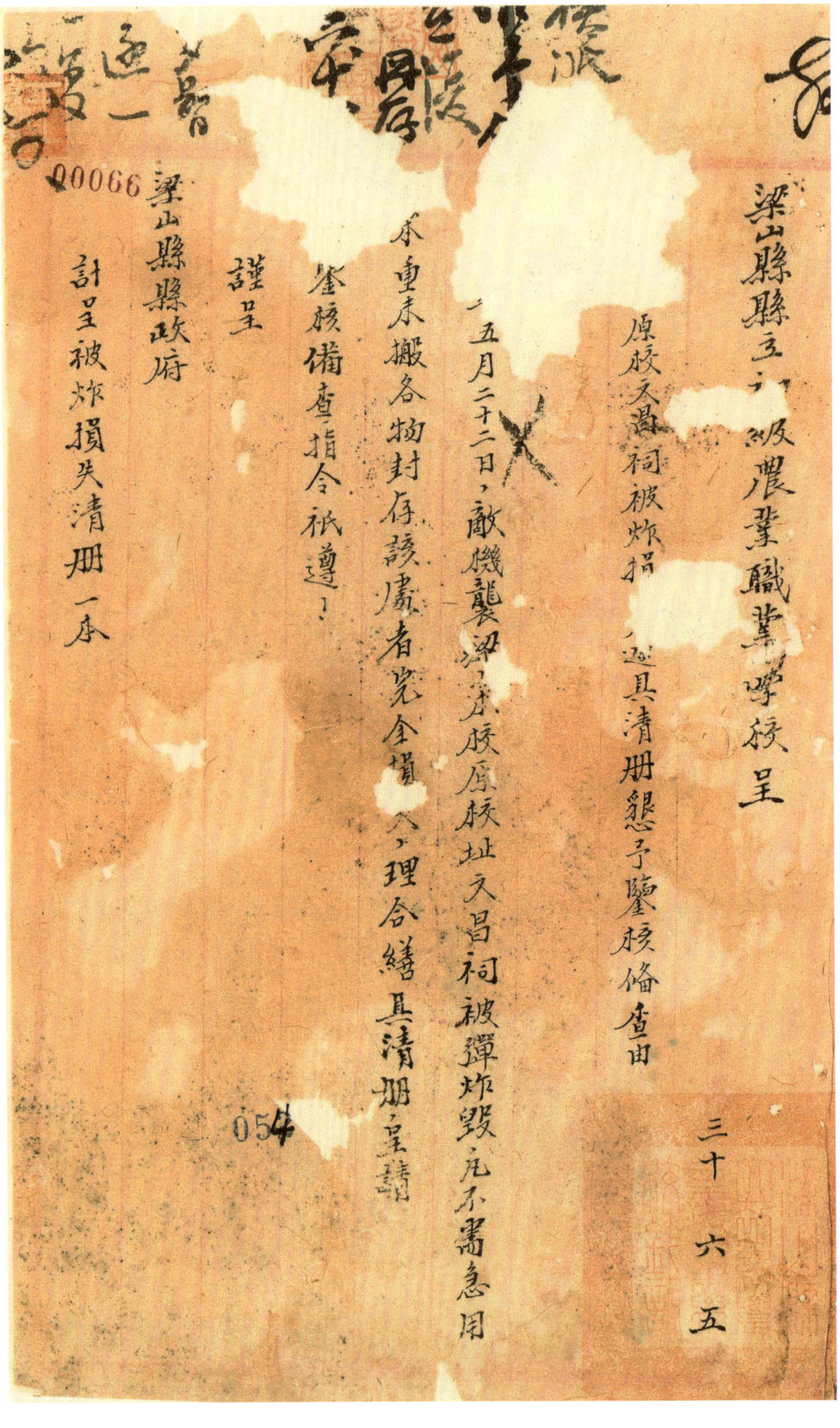

梁山縣縣立[illegible]級農業職業學校呈

原校文昌祠被炸損[illegible]造具清册懇予鑒核備查由

三十　六　五

[illegible]五月二十二日，敵機襲梁，[illegible]校原校址文昌祠被彈炸毀，凡不需急用[illegible]重未搬各物封存該處者，完全損[illegible]，理合繕具清册呈請鑒核備查，指令祇遵！

謹呈

梁山縣縣政府

計呈被炸損失清册一本

00066

054

代理梁山縣立初級農業職業學校校長蕭乜仙

附：梁山县立初级农业职业学校原校址文昌祠被炸器具清册

00134

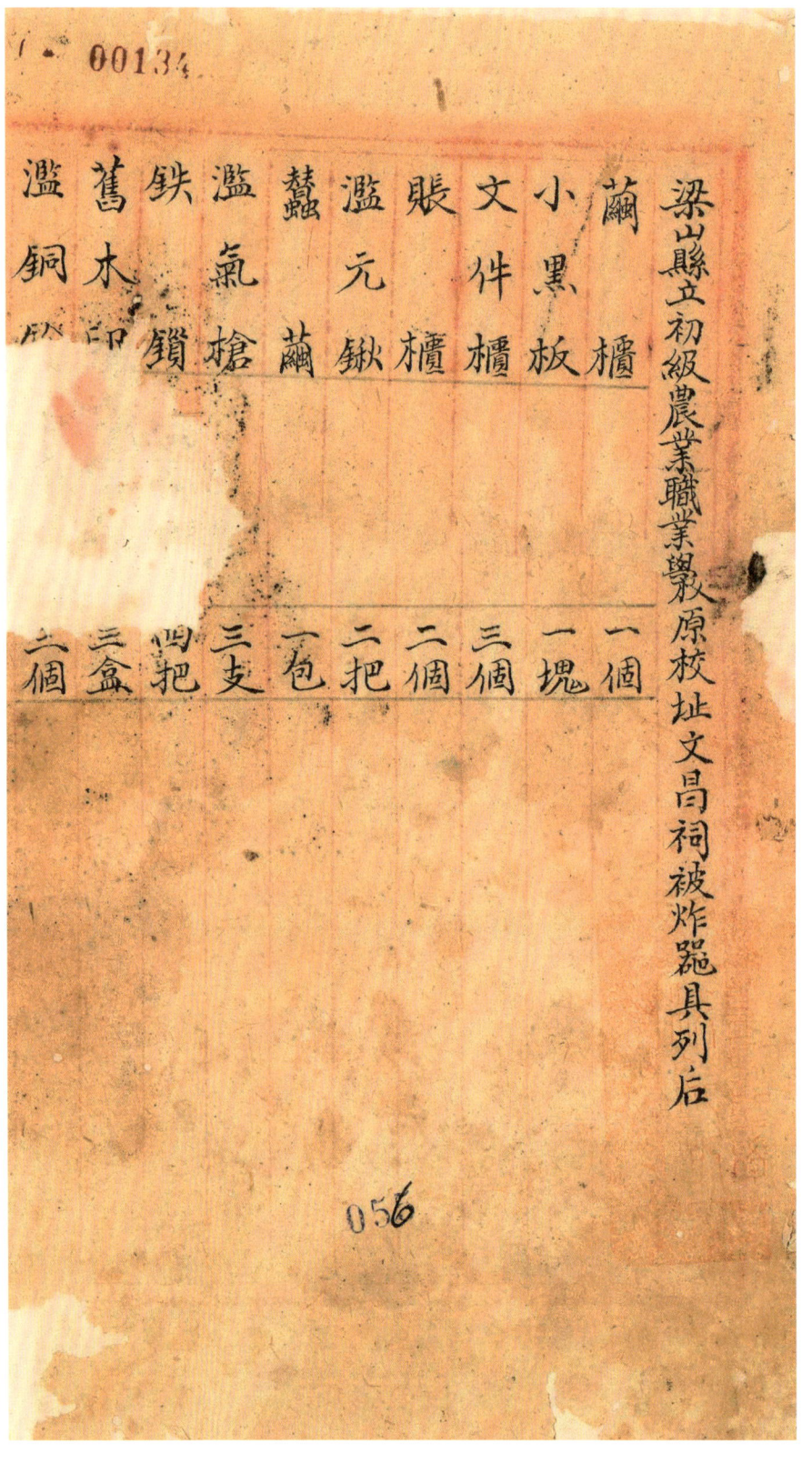

梁山縣立初級農業職業學校原校址文昌祠被炸器具列后

藺櫃	一個
小黑板	一塊
文件櫃	三個
賬櫃	二個
濫元鍬	二把
蠶藺	一包
濫氣槍	三支
鉄鎖	四把
舊木印	三盒
濫銅盆	二個

056

標籤	六盒
濫枝剪	一把
訓育表解	五張
油苔種子	一包
穀種	二包
濫玻片	七張
印油瓶	二個
墨水瓶	二個
長条桌	三張
木櫃	二個
蠶網	三〇九個

056-1

66 △

蠶架	兩個
木鍋蓋	一個
歷年賬簿	六四本
箴子	十八個
歷年學生像片	一包
畢業證書	二四卷
戰訓證書	六張
舊鋼板	一塊
蠶箔	五個
烘繭箔	五個
跳高架	一個

057

甌子	二個
瓦痰盂	二個
瓦水鉢	一個
黃桶	一個
紫板凳	三根
灰篩	一個
揭示架	一個
校訓牌	一塊
切菜板	一塊
木床	一架
講臺	四個

057-1

00135

飯盆	一個
菜桌	二張
碗櫃	一個
脚盆	一個
水缸	二口
水缸架	一個
連四椅子	二張
餐桌	一張
高欄	六個
門板	三塊
樓梯	一架

058

小黑板	一塊
貨架	二個
苗圃片	一塊
文卷	一堆
大椅子	八把
竹椅子	五把
木椅凳	五個
圖表架	八個
灤方桌	一張
灤洋鼓	二個
童軍凳	四個

058-1

竹椅凳	五個
洗面架	二個
木床	二架
瓦罈子	一個
小爐子	二個
米篩	一個
櫃臺	一個
磨粉機	一架

059

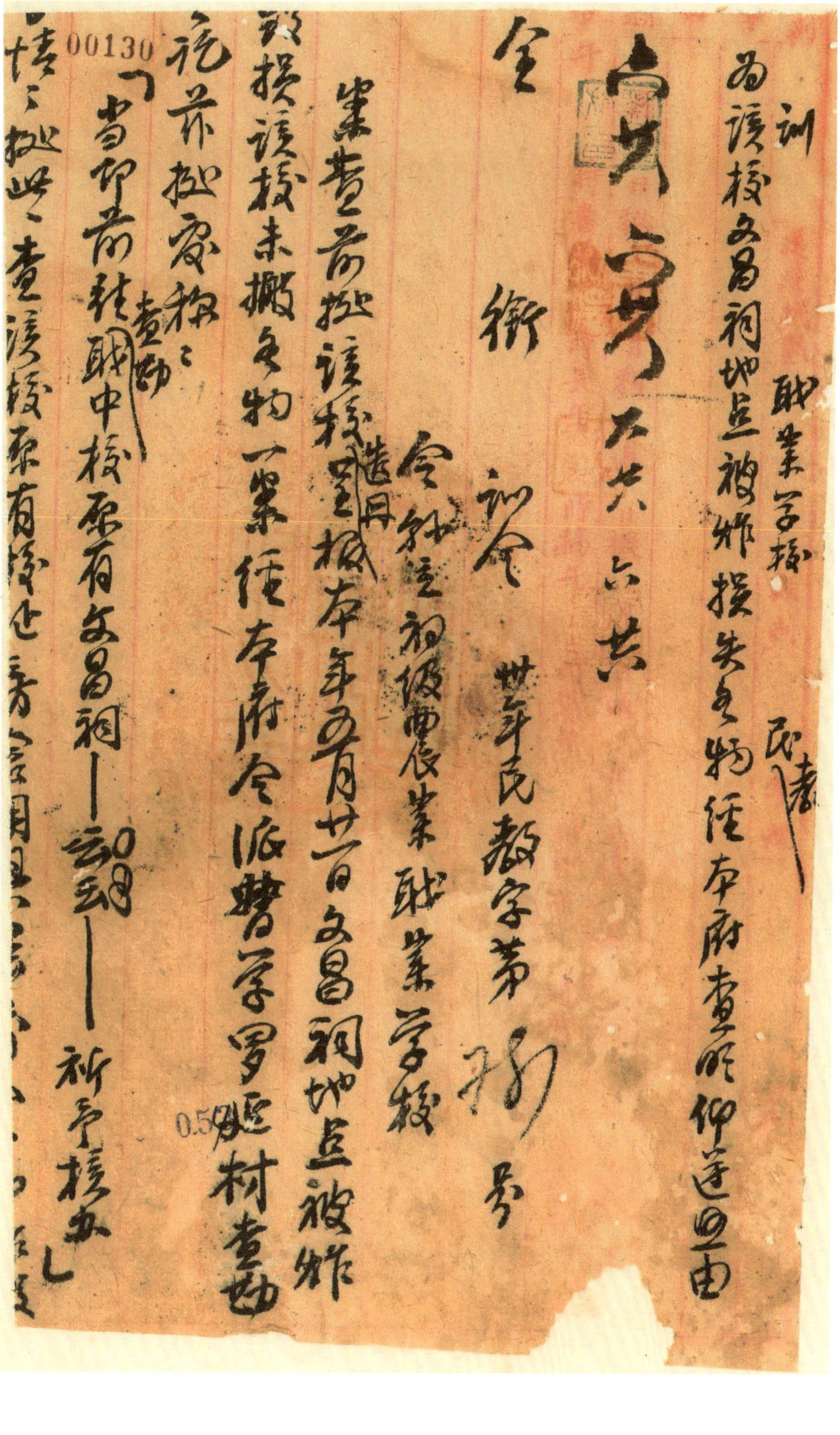
训 职业学校 民教
为该校文昌祠地点被炸损失之物件本府查明仰遵照由
全衔 训令 卅年民教字第 号
令县立初级农业职业学校
案查前据该校造具该校本年五月廿日文昌祠地点被炸
损失该校未搬之物一案经本府令派督学罗廷村查勘
在案兹据查勘察称：
「当即前往职中校原有文昌祠——训——祈予核办」
等情据此查该校原有

梁山县政府致梁山县立初级农业职业学校的训令（一九四一年六月二十八日）

失殊属荒诞，应予申斥。敌机如果发生空袭，应由该校负责将所有什物之损失据实备查。除指令外，合行令仰该校即便遵照！

此令。

县长 刘〇〇

教育科会章 六廿

00131

055

梁山县救济院关于报送一九四一年五月二十一日被炸财产损失致梁山县政府的呈（一九四一年六月七日）

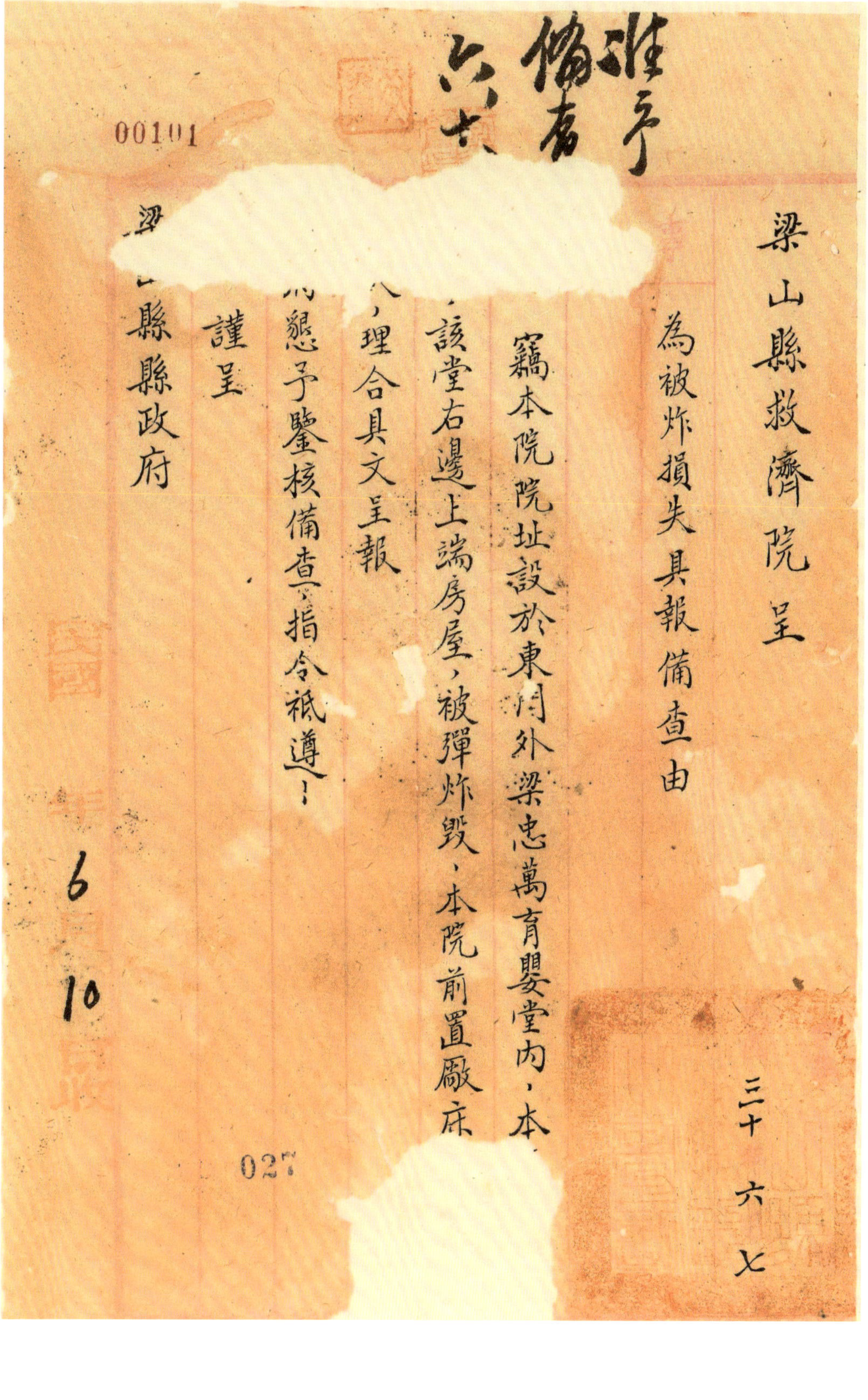
准予備查
六、十

00101

梁山縣救濟院呈

為被炸損失具報備查由

竊本院院址設於東門外梁忠萬育嬰堂內，本[illegible]該堂右邊上端房屋，被彈炸毀，本院前置廠床[illegible]入，理合具文呈報[illegible]懇予鑒核備查，指令祇遵！

謹呈

梁[illegible]縣縣政府

三十 六 七

6 10

027

00102

計開損失廠床一架

梁山縣救濟院院長龔鴻文

一日、

損[illegible]

約床

028

梁山县卫生院关于报送一九四一年五月二十一日被炸财产损失致梁山县政府的呈（一九四一年六月八日）

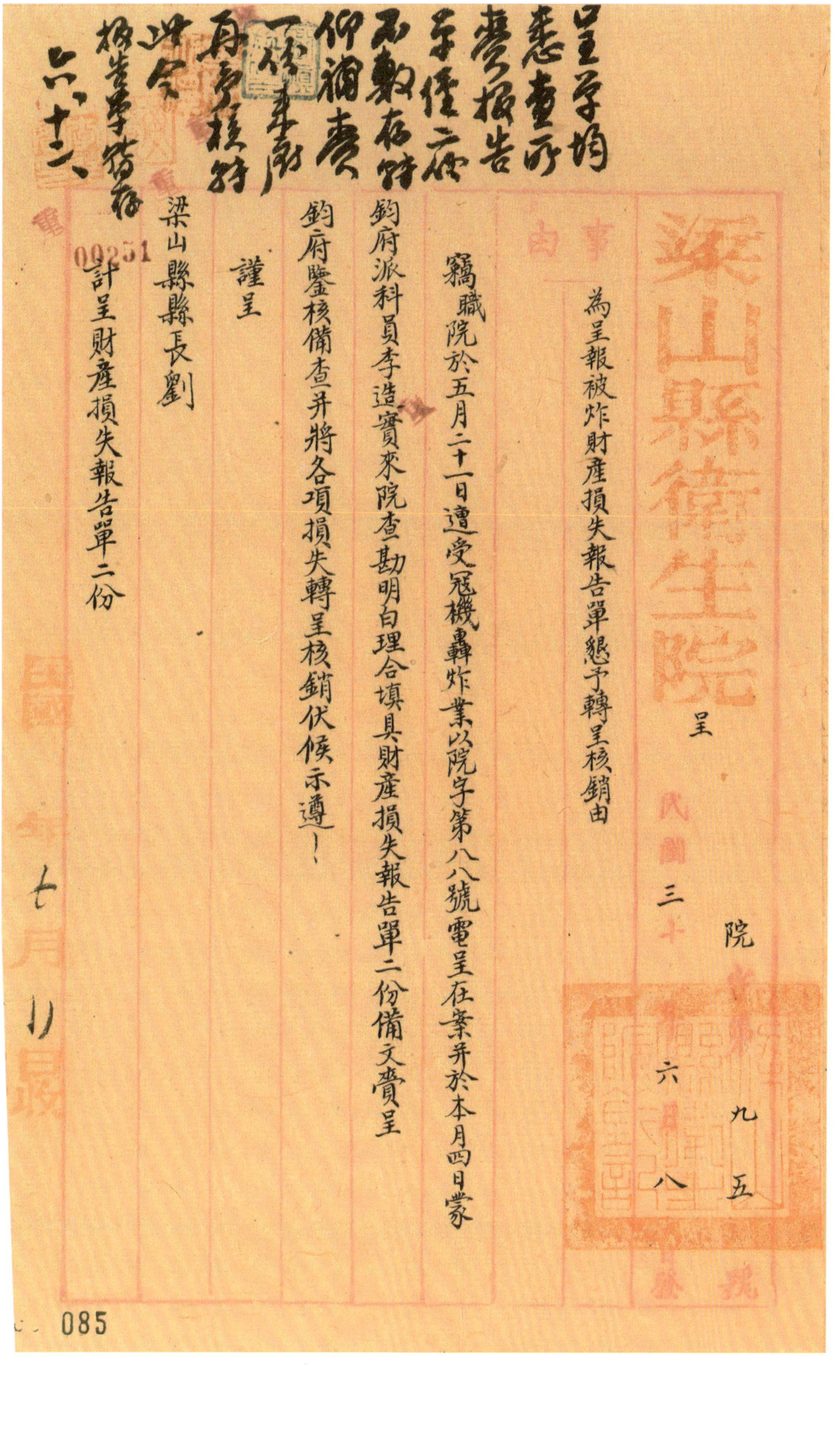

梁山縣衛生院 呈

民國三十年六月八日 院字第九五號

事由：為呈報被炸財產損失報告單懇予轉呈核銷由

竊職院於五月二十一日遭受寇機轟炸業以院字第八八號電呈在案并於本月四日蒙

鈞府派科員李造賓來院查勘明白理合填具財產損失報告單二份備文賫呈

鈞府鑒核備查并將各項損失轉呈核銷伏候示遵！

謹呈

梁山縣縣長劉

計呈財產損失報告單二份

呈件均悉。查所報損失單係屬實數，仰補費一份來府，再予核轉。此令。報告單存。六、十二

00251

國　年七月八日收

085

代理梁山縣衛生院院長吳顯拔

吳顯拔印

086

附：梁山县卫生院财产损失报告单（一九四一年六月八日）

00252

財產損失報告單

事件：遭受敵機轟炸
日期：三十年五月二十一日
地点：梁山縣城東門外雷家灣

填送日期三十年六月八日

損失項目	單位	數量	價值（國幣元）	備攷
方瓶代塞	只	13	1.04元	
玻璃杯	只	1	0.80元	
木床	架	2	3.87元	
篾席	張	1	0.37元	
棉被	床	1	7.93元	
方櫈	只	2	1.75元	
条櫈	根	5	2.75元	
方棹	張	1	1.37元	
黑漆辦公棹	張	1	24.08元	
臭水	ア	1	4.00元	
三磅玻璃鑵	只	1	0.40元	
空玻璃瓶		17		

受損者：梁山縣衛生院
代報者：代理梁山縣衛生院院長吴顯拔

088

梁山县卫生院关于报送整修一九四一年五月二十一日被炸损房舍经费预算书致梁山县政府的呈（一九四一年六月九日）

梁山縣衛生院 呈 院 九六
民國三十 六 九

事由：為造具整修炸損房舍經費支付預算書懇祈鑒核示遵由

竊職院於五月二十一日遭受寇機轟炸所有房舍三座均被炸損業以院字第八八號電呈在案并於本月四日蒙

鈞府派李科員造實來院查勘明白查職院別無房舍可住又無相當地點可遷所有炸損房舍亟應從速整修完善以便照常工作理合造具整修炸損房舍經費支付預算書二份備文呈請

鈞府鑒核至整修費五八四元擬在職院三十年度節餘經費項下支撥是否有當伏候令遵！

謹呈

00241

縣長劉

計呈整修炸損房舍經費支付預算書二份

代理梁山縣衛生院院長吳顯拔

轉請

市府核示

六、十四、

075

附：梁山县卫生院造具整修炸损房舍经费支付预算书（一九四一年六月九日）

00242

梁山縣衛生院造具整修炸損房舍經費支付預算書

支出門

科目	數量	單價	金額	備攷
第一款 修整費			五八四〇〇	
第一項 材料			三三四〇〇	
第一目 瓦	四〇〇〇尺		一二〇〇〇	
第二目 欀枋	一〇塊	六〇〇	六〇〇〇	係裝修壁板所用
第三目 竹子	一五〇〇斤	〇〇六	九〇〇〇	
第四目 石灰	四〇〇〇斤	〇一〇	四〇〇〇	
第五目 樓板	四塊	六〇〇	二四〇〇	係做門作用

三十年六月九日

000 076

第二項 工資			二五〇〇〇
第一目 木工	一〇个	一〇〇〇	一〇〇〇〇
第二目 泥工	一〇个	一五〇〇	一五〇〇〇

梁山县政府、梁山县防护团关于解决一九四一年五月二十日、二十一日防护团办公地点被炸修葺经费的文书（一九四一年六月十九日至二十八日）

梁山县防护团致梁山县政府的签呈（一九四一年六月十九日）

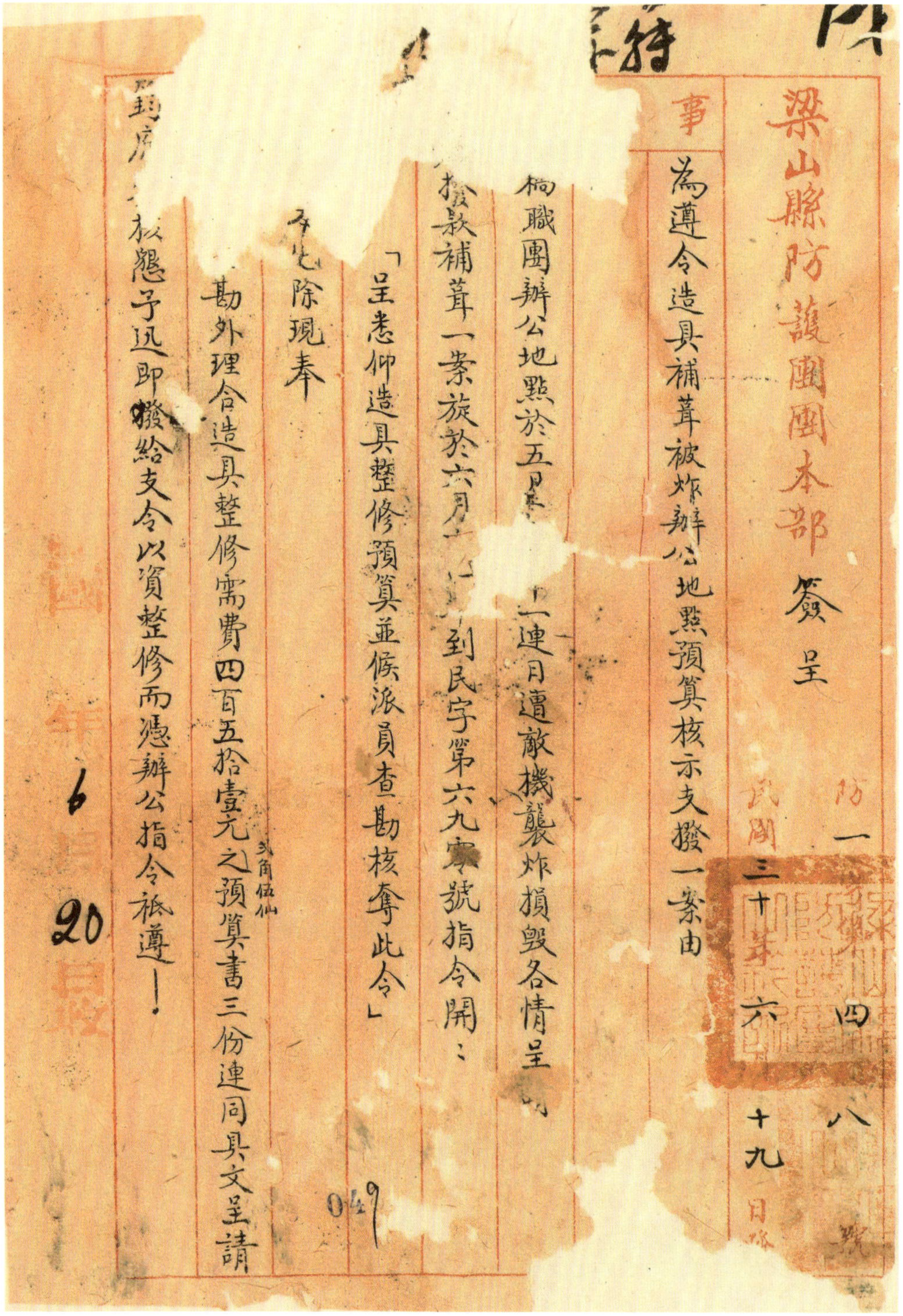
梁山縣防護團團本部　簽呈

防一四八號

民國三十年六月十九日

事由：為遵令造具補葺被炸辦公地點預算核示支撥一案由

竊職團辦公地點於五月[illegible]一連日遭敵機襲炸損毀各情呈[illegible]撥款補葺一案，旋於六月[illegible]到民字第六九[illegible]號指令開：「呈悉，仰造具整修預算，並候派員查勘核奪。此令」等因。奉此，除現奉[illegible]勘外，理合造具整修需費四百五拾壹元（弍角伍仙）之預算書三份，連同具文呈請鈞府[illegible]核，懇予迅即撥給支令，以資整修而憑辦公。指令祇遵！

年 6 月 20 日收

謹呈。二

縣長兼團長劉

計附預算書三份

總幹事錢振益

錢振益印

寫

鈞府

等因，奉

鈞府派員李

丁

鑒。

·00126

040

附：梁山县防护团造具整修被炸损坏办公地点器材工价数目预算书

梁山縣防護團造具整修被炸損坏辦公地點器材工價數目預算書

類別	數量	價格	金額	備考
樓板	二園	每園六〇〇	一二〇〇	
掛枋	五丈	每丈七〇〇	三五〇〇	
樘枋	五丈	每丈[illegible]〇〇	二五〇〇	
瓦	二千	每千二〇	四〇〇	
釘子	五觔	每觔二五〇	一二五〇	
石灰	一百觔	每觔一〇	一〇〇〇	
紙筋	二十五觔	每觔三伍	八七五	
木工	十五個	每個八〇〇	一二〇〇〇	

瓦	二十	個	每個八〇〇	八〇〇〇
合計				四五、一五

梁山县政府致四川省政府的呈（一九四一年六月二十八日）

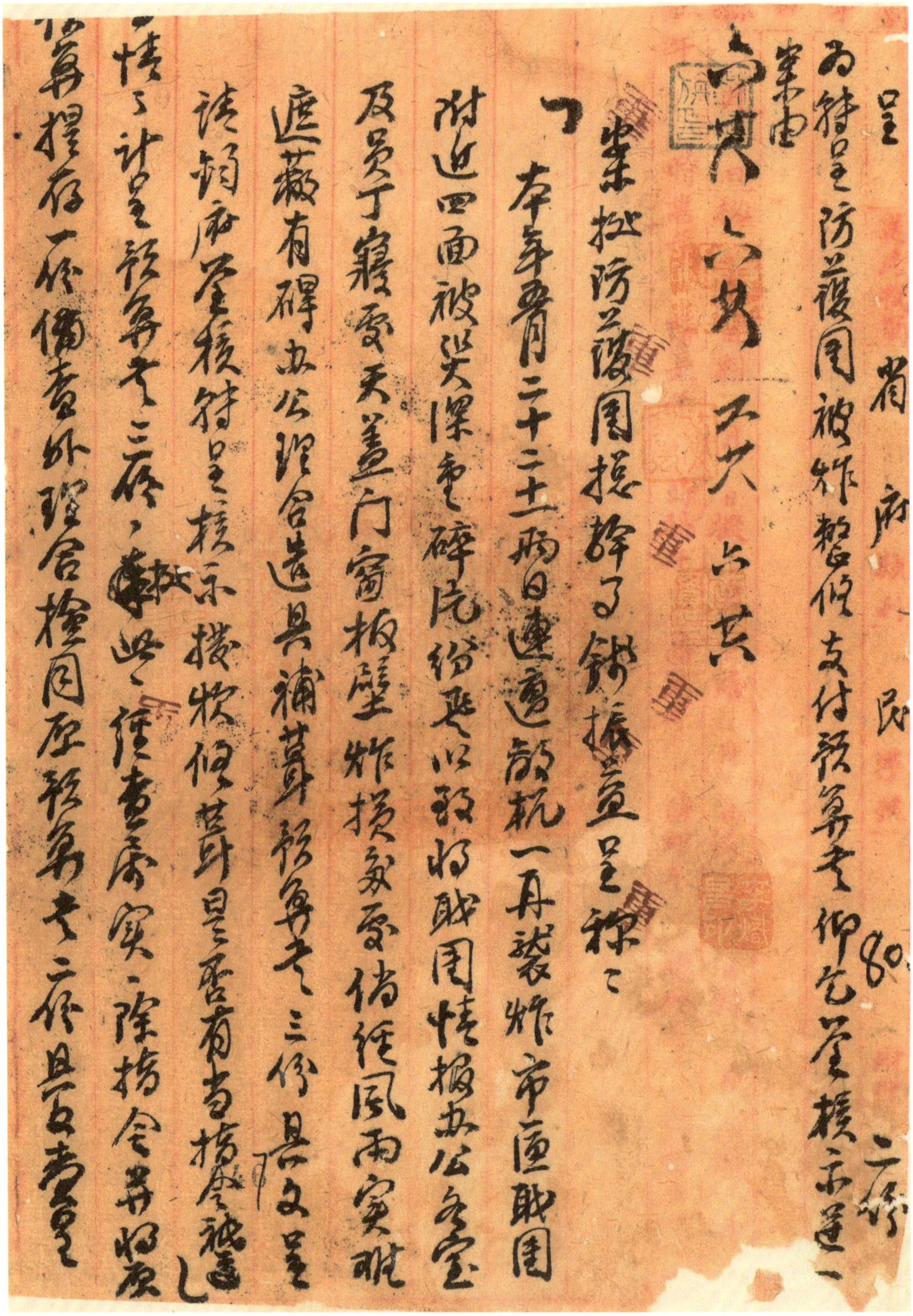
呈　省府　民二科

为转呈防护团被炸整修支付预算书仰乞鉴核示遵一案由

案据防护团提挈了钱振益呈称：

「本年五月二十二、二十三两日连遭敌机一再袭炸，市区防团附近四面被炸，深受震碎，瓦纷飞，以致将防团楼板办公室及员丁寝室天盖门窗板壁炸损，家具倍经风雨，实难遮蔽，有碍办公，理合造具补葺预算书三份，具文呈请钧府鉴核，转呈核示拨款，俾修葺，是否有当，指令祗遵」

等情，计呈预算书三份。奉此，经查属实，除指令并将原预算提存一份备查外，理合检同原预算书二份具文呈赍

00124

鈞府俯賜察核，對於該團損耗費用四百五十八元二角五仙，究在何款開支，指令祇遵。

謹呈○二

雲南省政府委員兼主席 龍

計呈原預算書二份

（全銜）劉子

048

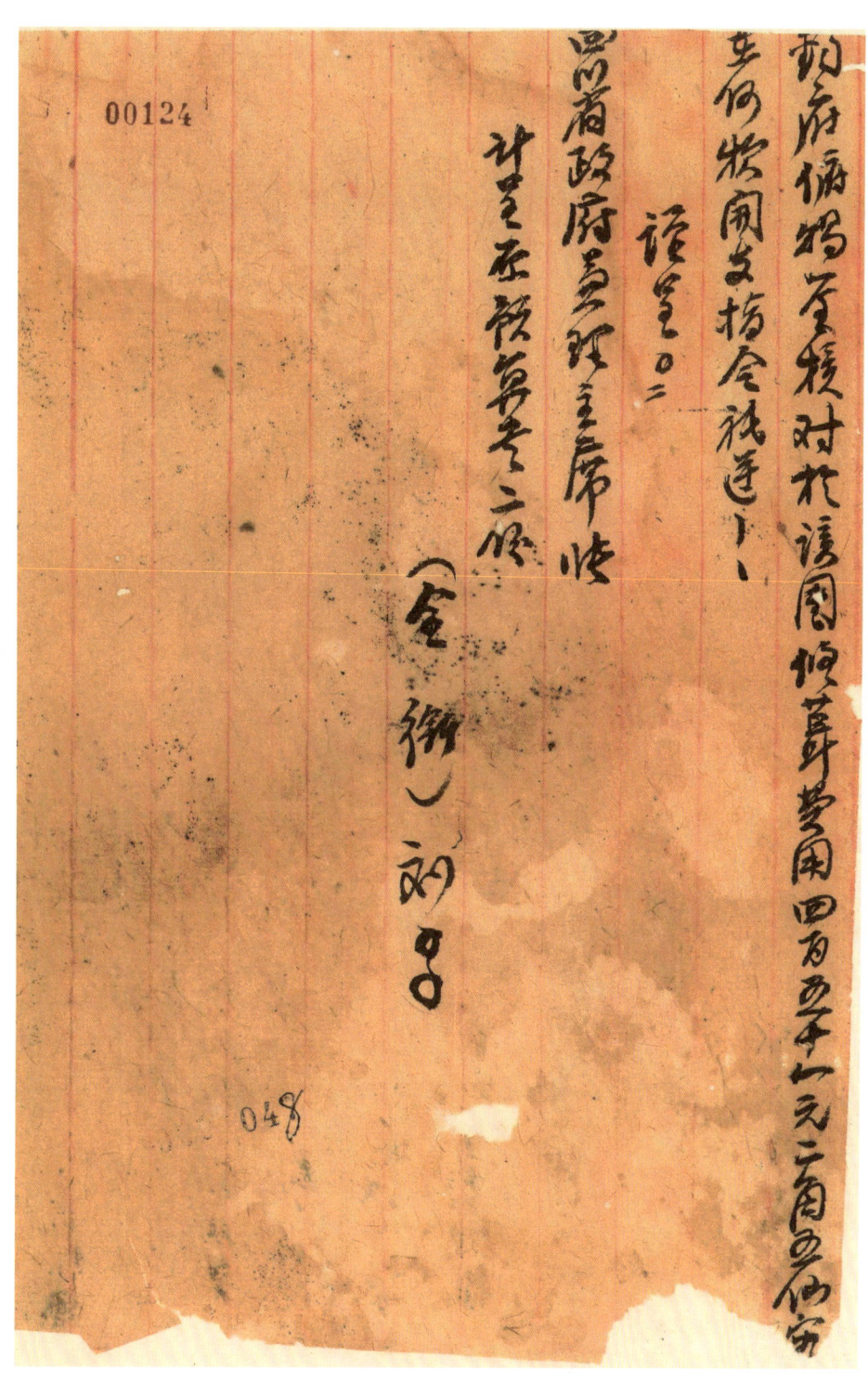

梁山县政府关于发放一九四一年五月二十日、二十一日被炸赈济费致梁山县赈济会的训令（一九四一年六月）

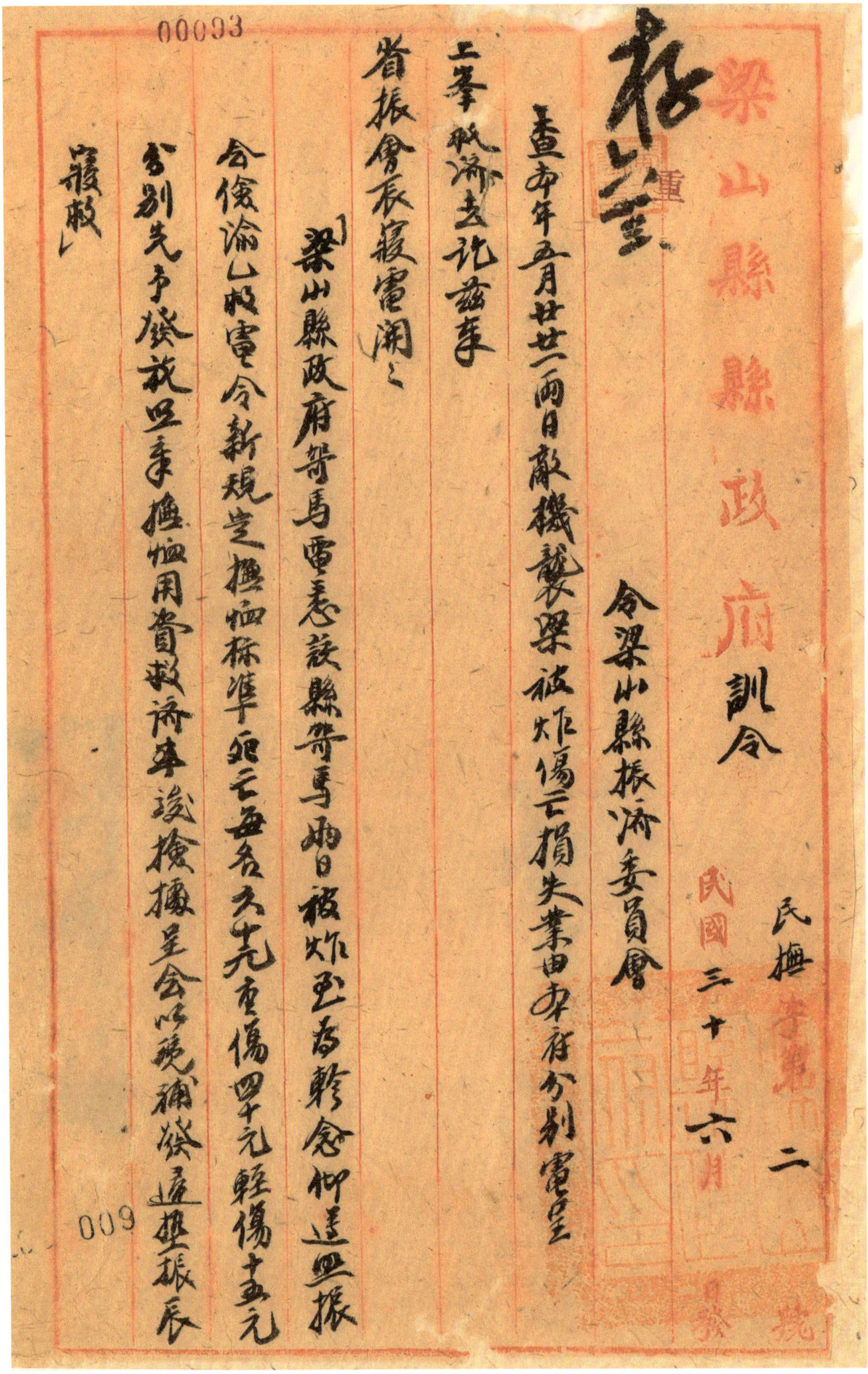

00093

存

梁山 重

梁山縣縣政府訓令 民撫字第二號

民國三十年六月　日

令梁山縣振濟委員會

查本年五月廿、廿一兩日敵機襲梁被炸傷亡損失業由本府分別電呈

上峯振濟去訖茲奉

省振會長寢電開：「

梁山縣政府哿馬電悉該縣哿馬兩日被炸至為軫念仰速照振

會儉渝山賑電令新規定撫卹標準死亡每名[illegible]元重傷四十元輕傷十五元

分別先予發放照章撫恤用費救濟事竣檢據呈會以憑補發遵照振長

寢賑」

009

等因，奉此，合行令仰該會即便遵照辦理，又該級須擬據呈請以憑轉請補發還遵為要！

此令。

縣長　劉□□

重

00094

010

梁山县第一区中城镇镇公所关于报告一九四一年五月二十一日遭受敌机轰炸及应接处临时办公处情形致梁山县政府的呈（一九四一年六月）

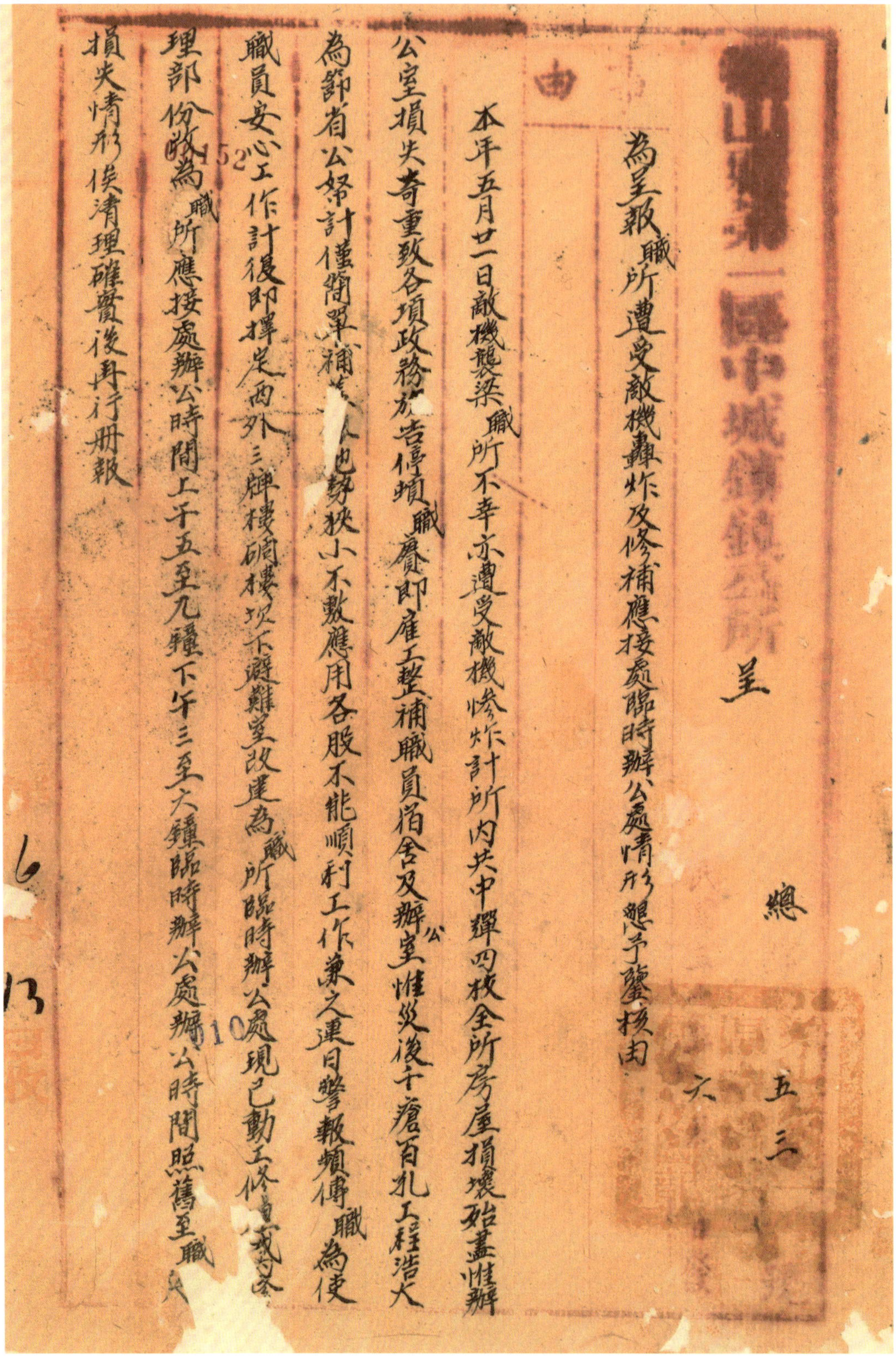

梁山縣第一區中城鎮鎮公所　呈

總　五三六

由　為呈報職所遭受敵機轟炸及修補應接處臨時辦公處情形懇予鑒核由

本年五月廿一日敵機襲梁，職所不幸亦遭受敵機慘炸，計所內共中彈四枚，全所房屋損壞殆盡，惟辦公室損失奇重，致各項政務旋告停頓。職處即雇工整補職員宿舍及辦公室，惟災後千瘡百孔，工程浩大，為節省公帑計，僅簡單補[illegible]地勢狹小，不敷應用，各股不能順利工作，兼之連日警報頻傳，職為使職員安心工作計，復即擇定西外三牌樓碉樓坎下避難室改建為職所臨時辦公處，現已動工修[illegible]理部份改為職所應接處，辦公時間上午五至九鐘，下午三至六鐘；臨時辦公處辦公時間照舊。至職所損失情形，俟清理確實後另行册報。

鈞府鑒核備查所有以上遭炸及補修應接處臨時辦公處各情形理合具文呈懇

鈞府鑒核備查

謹呈

梁山縣縣長劉

00153

中城鎮鎮長林聞聲

011

梁山县政府、梁山县电话管理所关于办理一九四一年六月十六日被炸受损救济事宜的文书（一九四一年六月至八月）

梁山县电话管理所致梁山县政府的呈（一九四一年六月十七日）

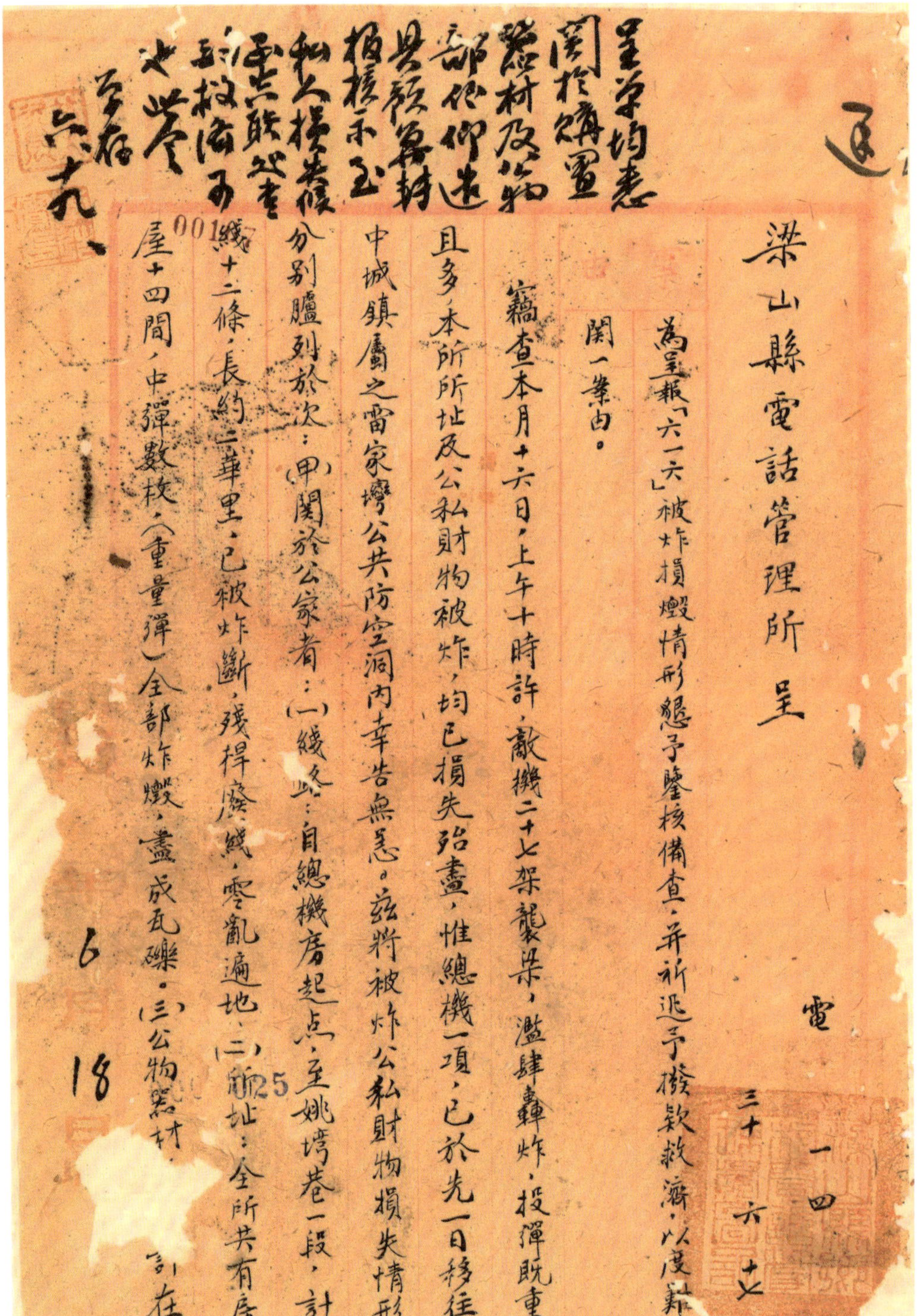

梁山縣電話管理所 呈 電一四 三十 六 十七

為呈報「六一六」被炸損燬情形，懇予鑒核備查，并祈迅予撥款救濟，以度難關一案由。

竊查本月十六日上午十時許，敵機二十七架襲梁，濫肆轟炸，投彈既重且多，本所所址及公私財物被炸，均已損失殆盡，惟總機一項，已於先一日移往中城鎮屬之雷家灣公共防空洞內，幸告無恙。茲將被炸公私財物損失情形分別臚列於次：(甲)關於公家者：(一)綫路：自總機房起點，至姚灣巷一段，計綫十二條，長約二華里，已被炸斷，殘桿廢綫，零亂遍地；(二)所址：全所共有房屋十四間，中彈數枚，(重量彈)全部炸燬，盡成瓦礫；(三)公物器材：計在

00168

一千四百元以內（因名目繁多另單附呈）乙、關於員工私有財物：（一）所有住所人員計共十七人之帳被枕毯竹席衣履及日常用具，被炸損失盡淨，計價約在五千元以內（損失財物花名冊附呈）至於炸燬綫路，經職多方安慰并予艱苦奮鬥之精神鼓勵員工，務期全縣人民之生命財產有所保障，飭其迅予修復通話，以利情報用盡職責。但此次被炸損失，倍於往昔，情形極為慘重，除將公家損失財物另單附呈懇請

鑒核備查！准予撥款購置備用外，所有員工私有財物之損失，應懇迅予撥款從優救濟，以資鼓勵，而度難關。伏乞

指令祇遵！

謹呈

000626

00169

梁山縣縣長劉

附呈公物器材損失單一紙、員工私有財物損失花名册一份。

梁山縣電話管理所主任許民安

027

附一：梁山县电话管理所缮具公物器材损失单

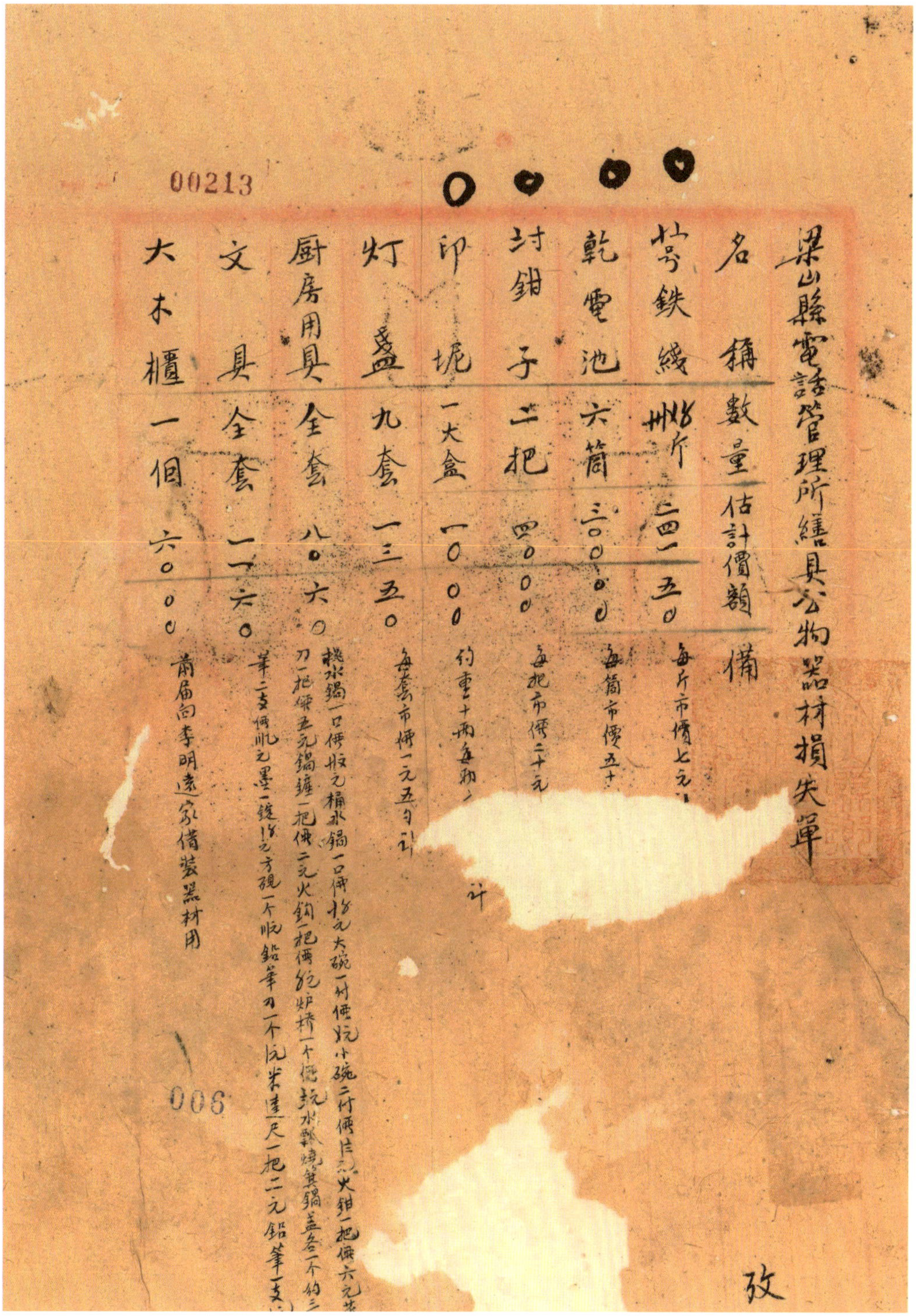

00213

梁山縣電話管理所繕具公物器材損失單

名稱	數量	估計價額	備
廿號鐵線	卌8斤	二四一五〇	每斤市價七元計
乾電池	六筒	三〇〇〇	每筒市價五十[illegible]
鉗子	二把	四〇〇	每把市價二十元
印泥	一大盒	一〇〇	約重十兩每兩[illegible]
灯盞	九套	一三五〇	每套市價一元五角計
廚房用具	全套	八〇六〇	挑水鍋一口價[illegible]元桶水鍋一口價[illegible]元大碗一付價[illegible]元小碗二付價[illegible]元火鉗一把價六元菜刀一把價五元鍋鏟一把價二元火鉤一把價[illegible]元炉椅一个價[illegible]元水瓢[illegible]蒸鍋蓋各一个約三[illegible]
文具	全套	一一六〇	筆二支價[illegible]元墨一錠[illegible]元方硯一个[illegible]鉛筆刀一个[illegible]米達尺一把二元鉛筆一支[illegible]
大木櫃	一個	六〇〇	前届向李明遠家借裝器材用

計

006

致

小木櫃	一個	三五〇〇	前屆向外借用
方桌	二張	六〇〇〇	同前
漆板凳	八根	三二〇〇	同前
籐椅	二把	四〇〇〇	向外借用
木床	九架	六〇〇〇	內一架係公有餘均向外借用
木浴盆	二個	一四〇〇	向外借用
大水缸	三口	三〇〇〇	同前
市秤	一把	八〇〇	秤錢用
茶葉	[illegible]斤	六〇〇	每斤〢〇元
食米	[illegible]斗	一八三七五	每斗市價按[illegible]計
合計		一三四五九五	

00215

梁山縣電話管理所繕具員工私有財物因公損失花名冊

職別	姓名	損失物品名稱	估計價額	備考
主任	許民安	帳、被、枕蓆、竹簾及日常用具如面盆、毛巾、牙刷、口盅、衣履	三〇〇〇〇	
辦事員兼書記	譚尚清	仝前	三〇〇〇〇	
機工兼助理工務員	陳正明	仝前	三〇〇〇〇	
話務員	陳筠一	仝前	五〇〇〇〇	因損失較前物品多
	田啟之	仝前	三〇〇〇〇	
	洪漢江	仝前	三〇〇〇〇	
	楊德軒	仝前	三〇〇〇〇	
	黃述之	仝前	三〇〇〇〇	

00

玫

00216

線工	曾彌相	仝	前	三〇〇.〇〇
	常聯捷	仝	前	三〇〇.〇〇
	龍文搏	仝	前	三〇〇.〇〇
	龍騰	仝	前	三〇〇.〇〇
	陳贊彬	仝	前	三〇〇.〇〇
	袁相甫	仝	前	三〇〇.〇〇
	倪先奎	仝	前	三〇〇.〇〇
公役	劉興順	仝	前	一五〇.〇〇
	羅華軒	仝	前	一五〇.〇〇
合計	十七員名			五〇〇〇.〇〇

009

梁山县政府致梁山县电话管理所的指令（一九四一年六月二十八日）

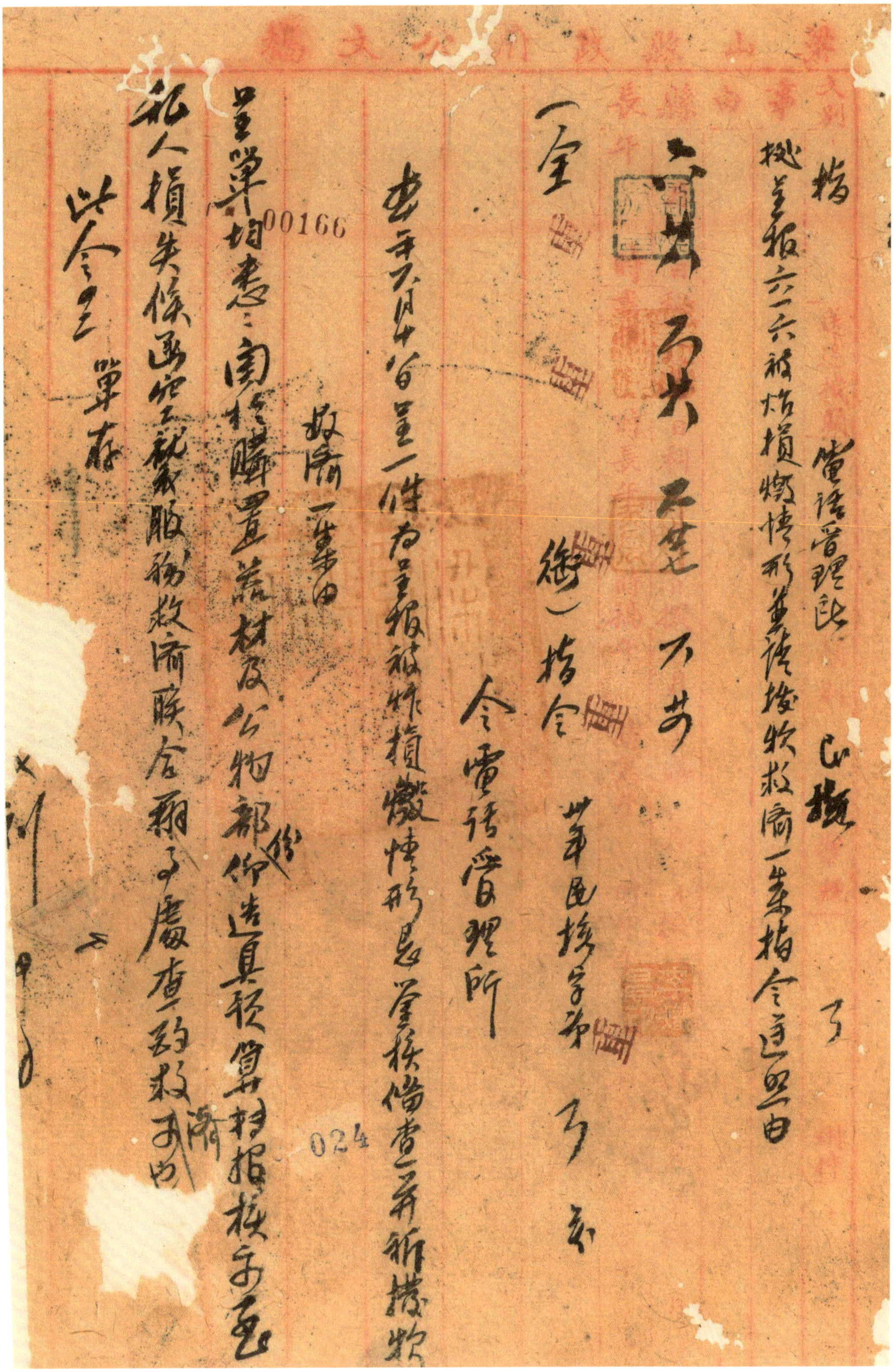
指令

電話管理所　正擬

據呈報六一六被炸損燬情形並請撥款救濟一案指令遵照由

六月廿八　發

仝縣長（銜）指令　建字第　號

令電話管理所

本年六月廿日呈一件，為呈報被炸損燬情形，懇予備查並祈撥款救濟一案由。

呈單均悉。關於購置器材及公物部份，仰造具預算呈核指示。至私人損失，係屬空襲服務救濟範圍，令飭予處查照救濟可也。

此令。呈單存。

梁山县政府致梁山县动员委员会的公函（一九四一年八月十一日）

公函　動委会　民採

为據電話管理處呈報六一八被炸情形函請查照辦由

八月四日　八二　田園　八月

（全銜）公函　梁民禮字第　4　號

案據電話管理所主任薛氏安呈稱「竊查六月十八日上午十時許，敵機廿七架襲梁濫肆轟炸投彈既重且多，本所之址及公私財物被炸均已損失殆盡，除關於公家損失另案呈報核辦外，所有員工私有財物共計十七人之帳被枕毯衣襪鞋履及日常用具被炸損失盡淨，計價值四千元以內（損失財產花名附呈），但此次被炸損失倍於往昔，情形極為慘重，懇請鈞府撥款借資鼓勵而度難關」等情，附呈員工私有財物損失花名冊一份。據此，

復

查該武任以上各節尚屬實在，除以口呈單均悉……已另請

指令印發外，相應函請

貴會查照，酌量救濟，以示體恤（資救勵）！

此致

璧山縣動員委員會

附送私有財物損失花名冊份

縣長　劉〇〇

00165

000023

梁山县政府、梁山县农业推广所关于派员查勘一九四一年六月十六日被炸受损情形的来往文书（一九四一年六月至七月）

梁山县农业推广所致梁山县政府的呈（一九四一年六月十七日）

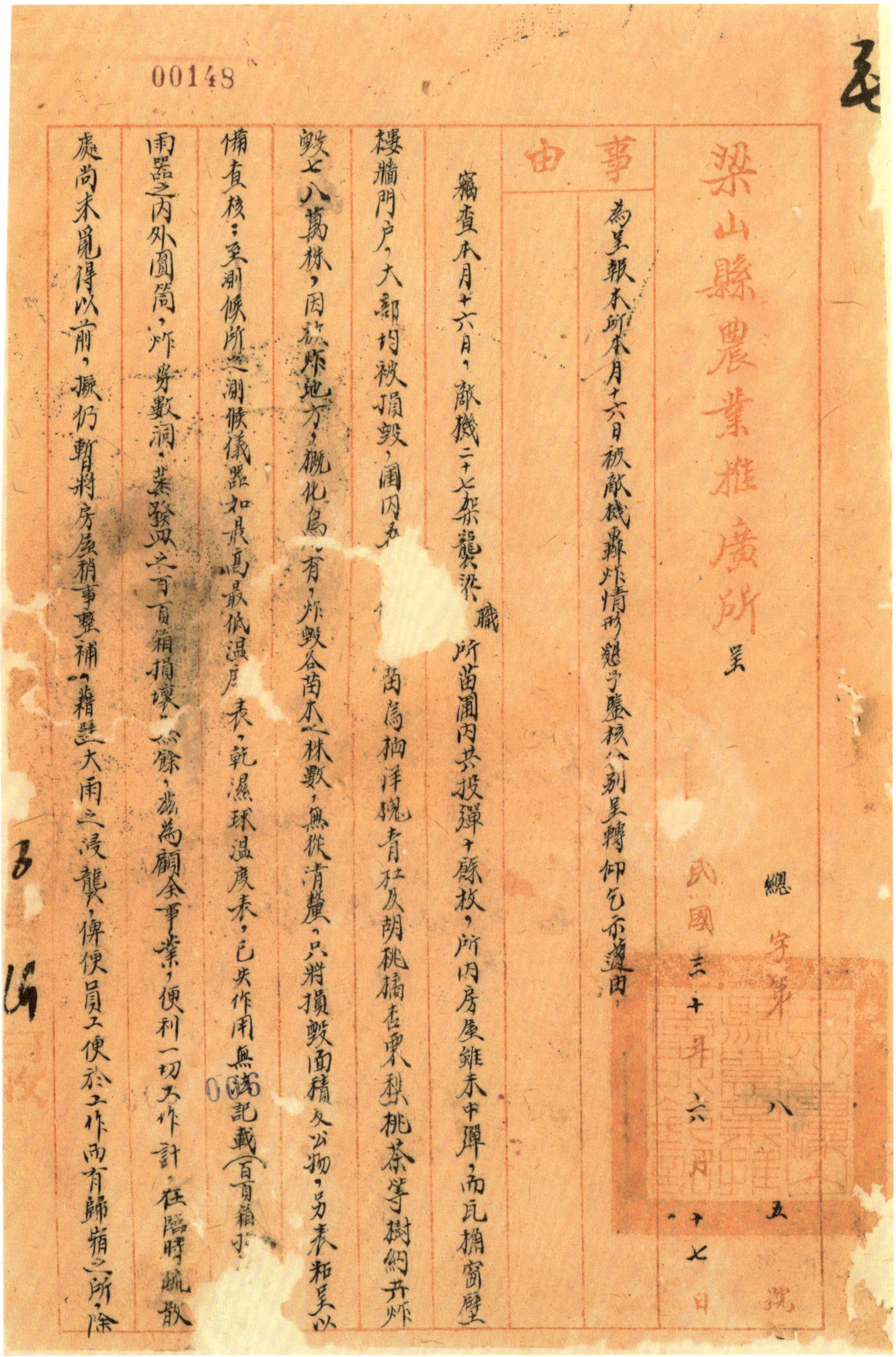
00148

梁山縣農業推廣所 呈

總字第八五號

民國三十年六月十七日

事由：為呈報本所本月十六日被敵機轟炸情形懇予鑒核分別呈轉仰乞示遵由

竊查本月十六日，敵機二十七架襲梁，職所苗圃内共投彈十餘枚，所内房屋雖未中彈，而瓦桷窗壁樓牆門户，大部均被損毀，圃内各[illegible]苗爲梧洋槐青杠及胡桃橘杏栗梨桃茶等樹約共炸毀七八萬株，因被炸地方，概化爲烏有，炸毀各苗木之株數，無從清釐，只將損毀面積及公物，另表粘呈以備查核；至測候所之測候儀器如最高最低温度表，乾濕球温度表，已失作用，無法記載（百頁箱亦[illegible]雨器之内外圓筒，炸穿數洞，蒸發皿之百頁箱損壞[illegible]餘，兹爲顧全事業，便利一切工作計，在臨時疏散處尚未覓得以前，擬仍暫將房屋稍事整補，藉蔽大雨之浸襲，俾便員工便於工作而有歸宿之所，除量雨器及百頁箱當即趕工整補，乾濕球溫度表向外覓借以資應用，并分別報查外，所有職所被炸情形，及測候儀器損毀無從觀測記載緣由，理合具文呈報

鈞府請予鑒核派員查勘，轉報備案，并懇配發測候儀器，以便觀測，而資填報，是否有當，伏乞

示遵！

謹呈

梁山縣縣長劉

附炸毀各項苗木面積及公物簡表一份

主任劉劭茀

准派李科員查勘核奪

生實

六、十九

007

00149

附：梁山县农业推广所被炸苗木种类面积及公物简表（一九四一年六月十七日）

00150

梁山縣農業推廣所被炸苗木種類面積及公物簡表

卅年六月十七日報

種類	面積	件數	備考
桑苗	五畝		
桐苗	六畝		苗圃桐苗二畝半雷家灣油桐合作苗圃三畝半
烏桕	一畝		
洋槐	四分		
青杠	一畝		
柚苗	半畝		
橘、柚、秋、胡桃、栗、桃、杏、茶、松、柏等	共一畝半		

008

梁山县政府致梁山县农业推广所的指令（一九四一年七月四日）

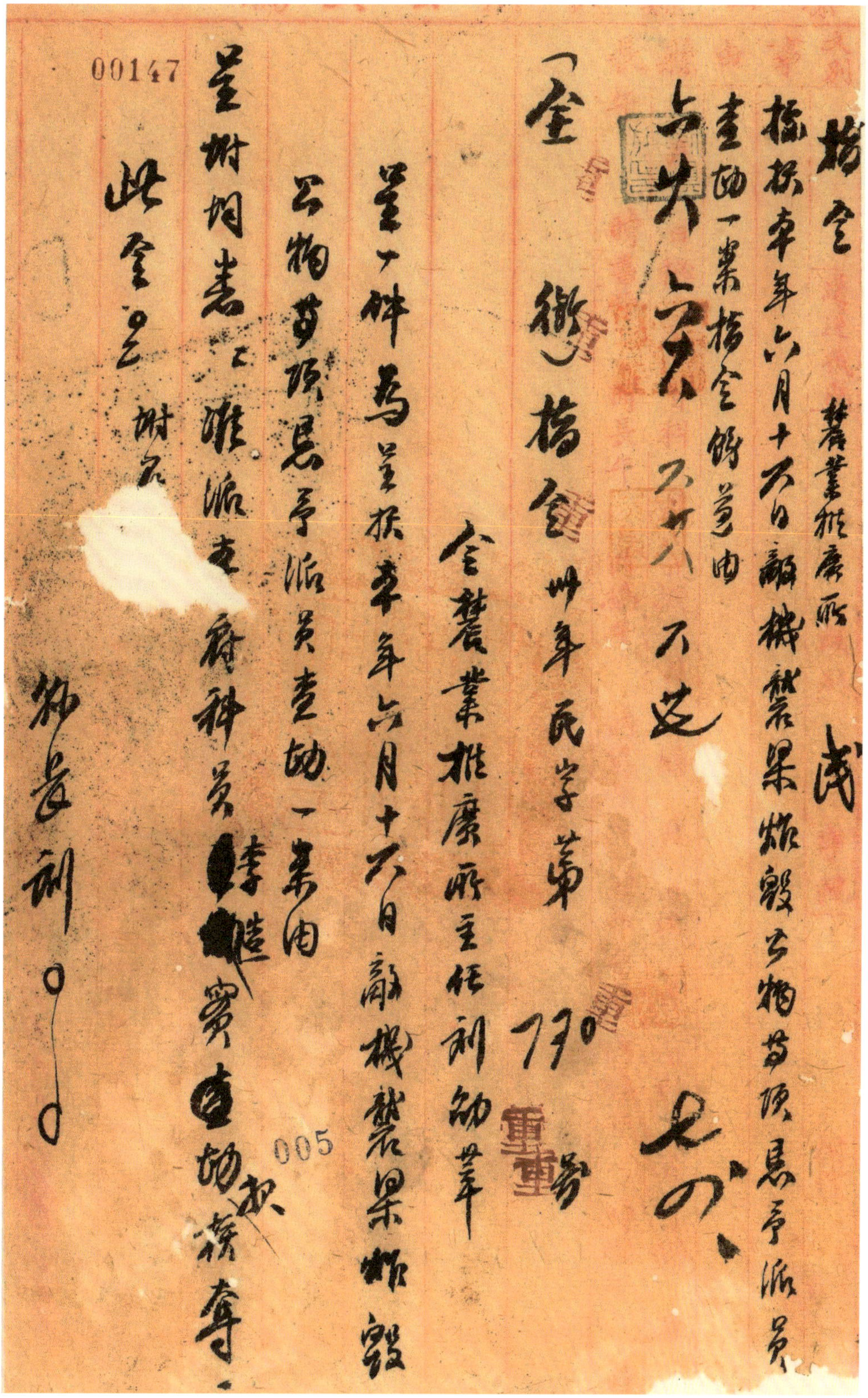
00147

指令　農業推廣所　民

據狀本年六月十六日敵機襲梁炸毀公物等項，恳予派员查勘一案，據令飭遵由

六、廿八　不送　七、四

（全銜）指令　卅年民字第730號

令農業推廣所主任劉勉華

呈一件為呈报本年六月十六日敵機襲梁炸毀公物等項，恳予派員查勘一案由

呈附均悉。已派縣府科員李賓查勘核奪。

此令。附存。

縣長　劉〇〇

005

梁山县政府、梁山县动员委员会关于在梁山县财委会借拨两千元赈济一九四一年六月十六日被炸受损民众的文书（一九四一年六月至七月）

梁山县动员委员会致梁山县政府的公函（一九四一年六月二十四日）

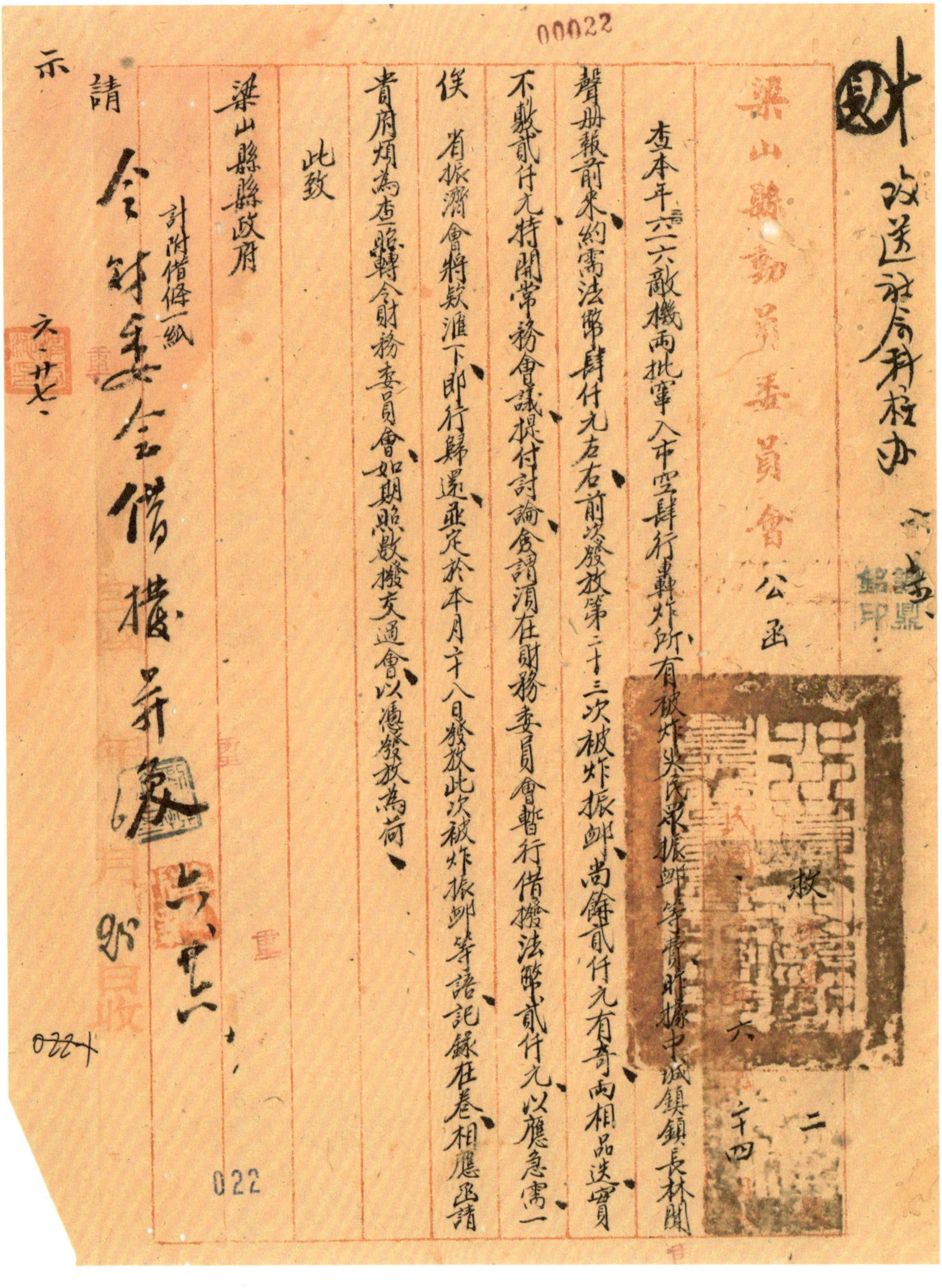
00022

財

政 送社會科核辦

梁山縣動員委員會 公函

救 六 二十四

查本年六、一六敵機兩批竄入市空肆行轟炸，所有被炸災民救振、卹等費，昨據中城鎮鎮長林開聲冊報前來，約需法幣肆仟元左右，前次發放第二十三次被炸振卹，尚餘貳仟元有奇，兩相品迭，實不敷貳仟元。特開常務會議提付討論，僉謂須在財務委員會暫行借撥法幣貳仟元，以應急需，一俟省振濟會將款匯下，即行歸還，並定於本月廿八日發放此次被炸振卹等語，記錄在卷，相應函請

貴府煩為查照，轉令財務委員會如期照數撥交過會，以憑發放為荷。

此致

梁山縣縣政府

計附借條一紙

請

令財委會借撥，并復。

六、廿六

示

六、廿七

0224

022

00024

兼主任委員 劉鳴[illegible]

023

附：梁山县动员委员会借条（一九四一年六月二十二日）

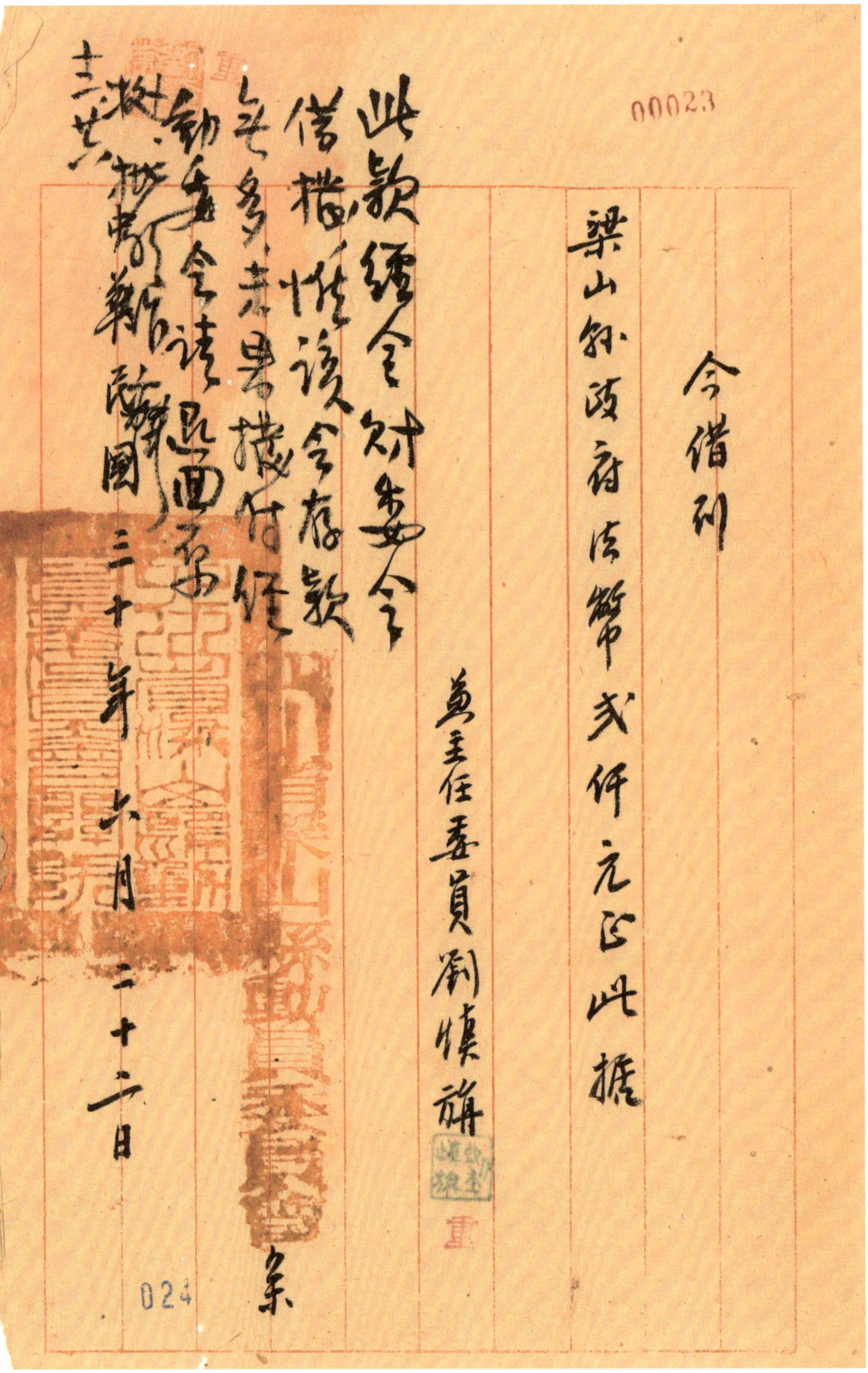

梁山县政府致梁山县财委会的训令（一九四一年七月三日）

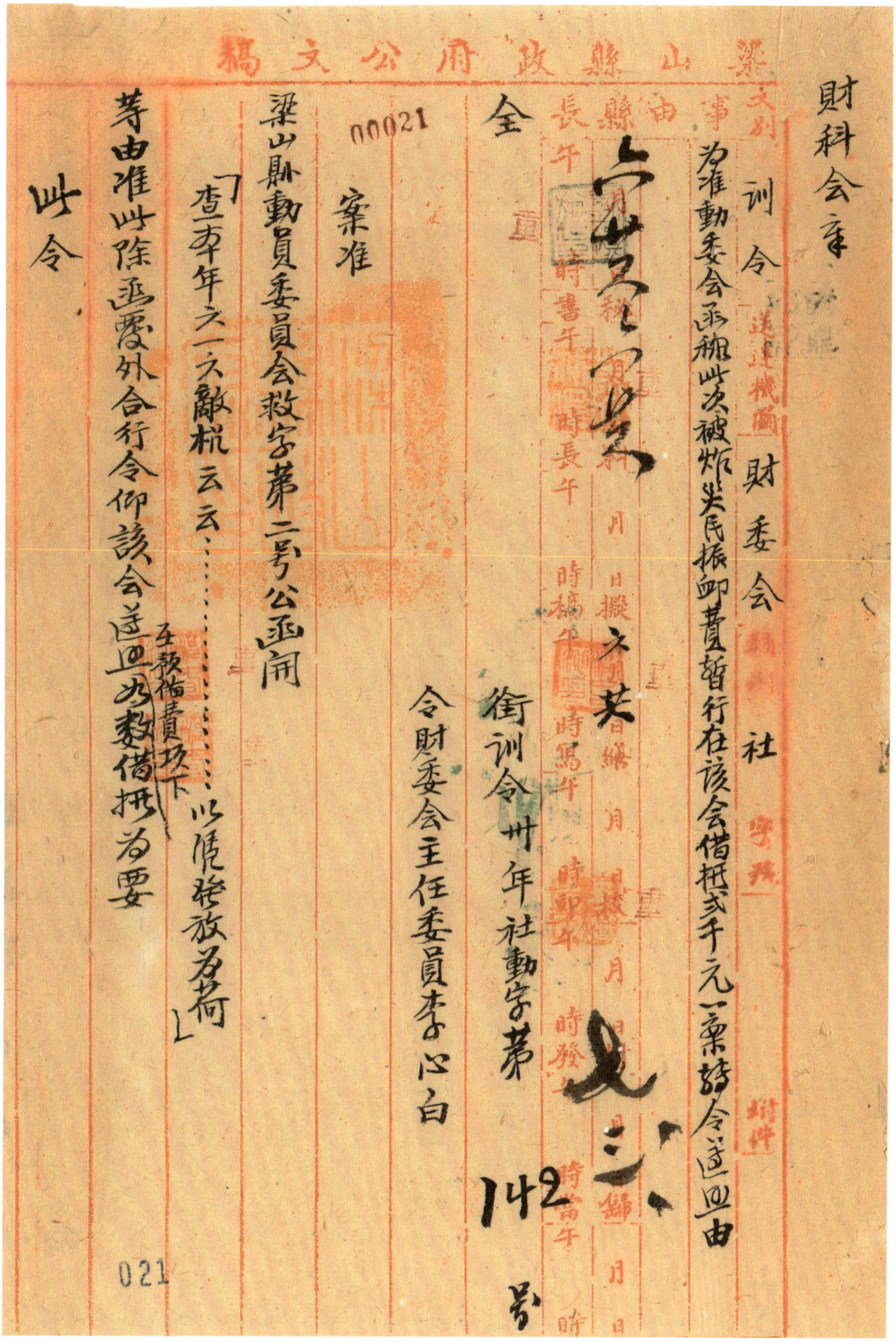
梁山縣政府公文稿

財科会章

文別：訓令

送達機關：財委会

社 字號

事由：為准動委会函稱此次被炸災民振卹費暫行在該会借撥貳千元一案請令送迴由

00021

全

銜訓令卅年社動字第　號

令財委会主任委員李心白

案准

梁山縣動員委員会救字第二號公函開

「查本年六一六敵机云云……以凭發放為荷」

等由准此除函覆外合行令仰該会送迴此數借撥為要

此令

142

021

梁山县政府关于报送一九四一年五月二十一日、六月十六日日机轰炸情形致四川省防空司令部的代电（一九四一年七月二日）

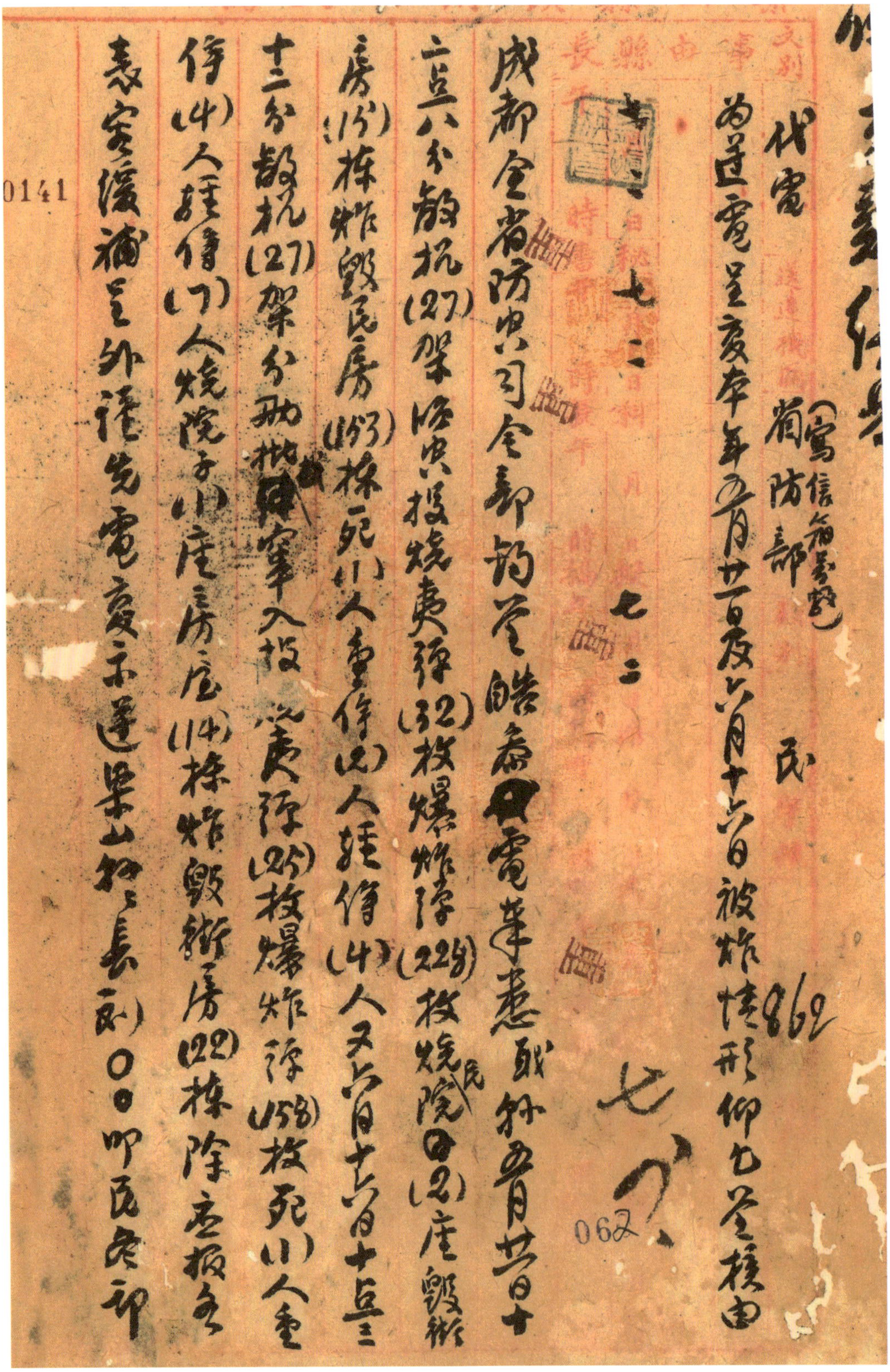

梁山县政府关于报送一九四一年七月四日日机轰炸情形致四川省防空司令部、四川省政府等的电（一九四一年七月四日）

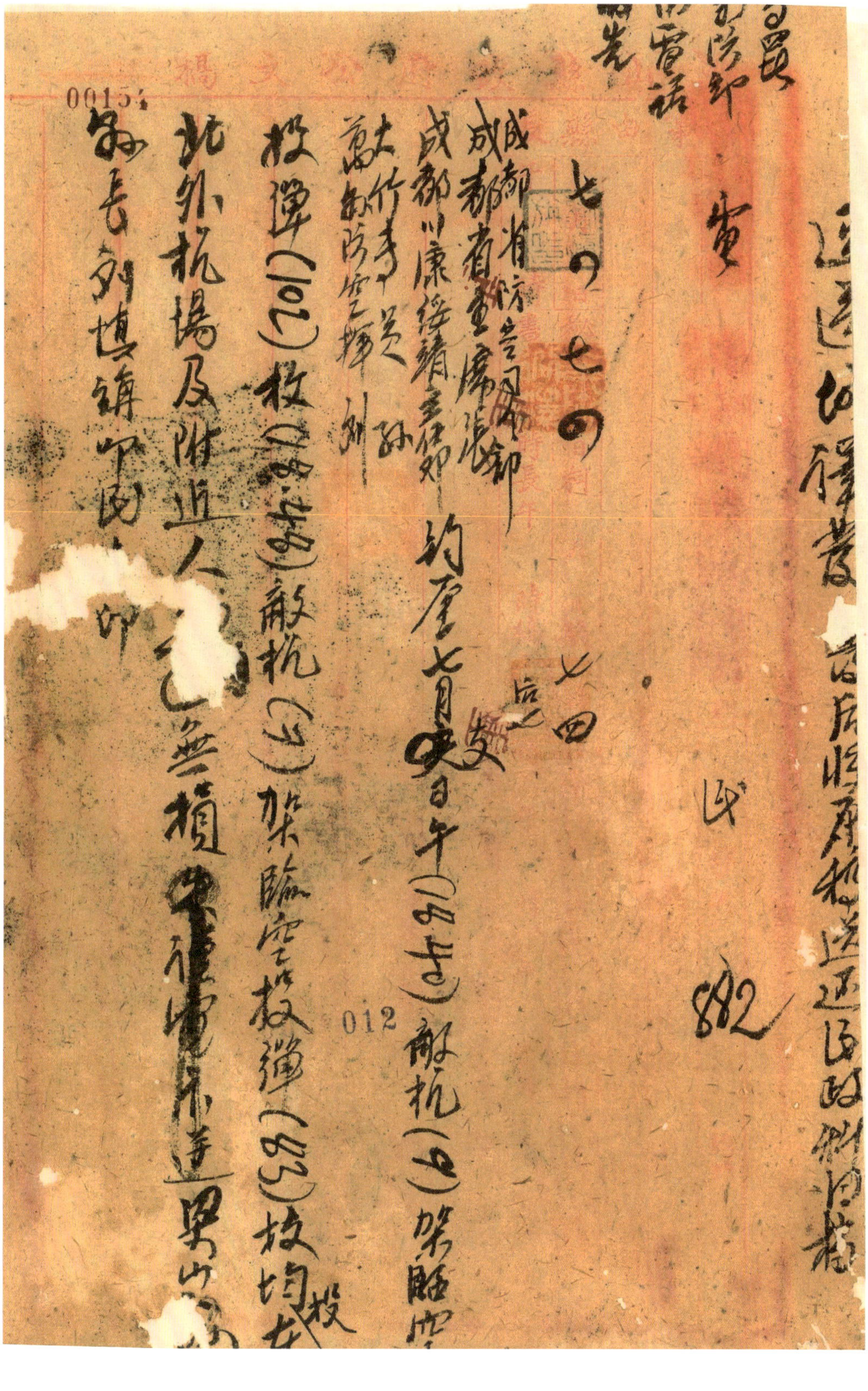
七〇七〇

成都省防空司令部、成都省主席张、成都川康绥靖主任邓钧鉴：大竹专员、万县防空指挥部：

钧座七月支日午（18时）敌机（9）架临空投弹（102）枚，（18时）敌机（27）架临空投弹（85）枚，均投北外机场及附近，人畜无损。梁山县长刘倬镇叩支印

四川省赈济会关于详查具报一九四一年五月二十日、六月十六日被炸赈款列支情况致梁山县政府的训令

（一九四一年七月四日）

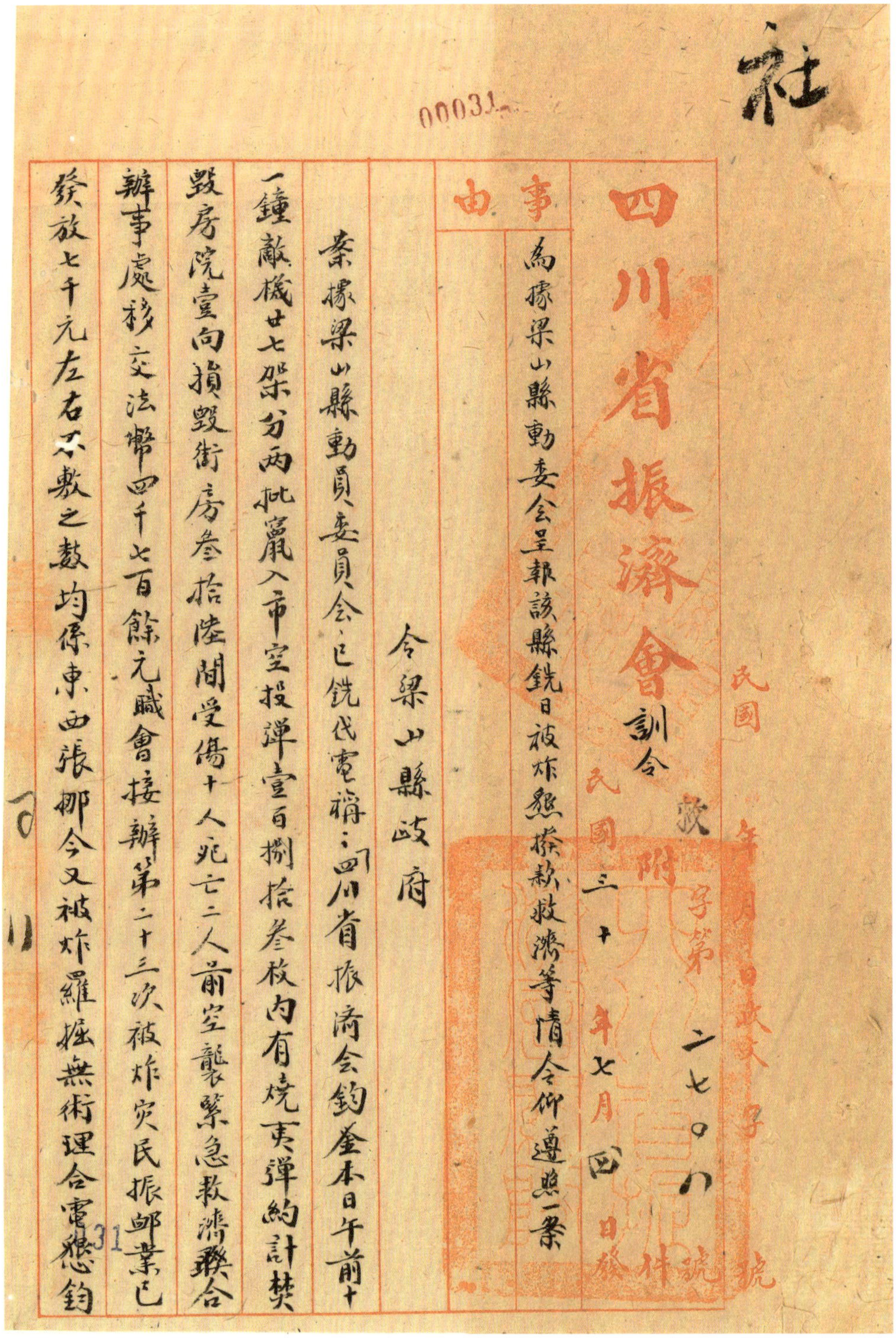

社

00031

四川省振濟會訓令

振附字第二七〇八號

民國三十年七月四日發

事由：為據梁山縣動委会呈報該縣銑日被炸懇撥款救濟等情令仰遵照一案

令梁山縣政府

案據梁山縣動員委員会巳銑代電稱：「四川省振濟会鈞鑒：本日午前十一鐘敵機廿七架分兩批竄入市空，投彈壹百捌拾叁枚，內有燒夷彈約計焚毀房院壹向，損毀街房叁拾陸間，受傷十人，死亡二人。前空襲緊急救濟聯合辦事處移交法幣四千七百餘元，職會接辦第二十三次被炸災民振卹，業已發放七千元左右，不敷之數均係東西張挪。今又被炸，羅掘無術，理合電懇鈞

會鑒核，迅予撥款振卹，以活灾黎，伏候電示祇遵。梁山縣動員委員會兼主任委員劉慎旃巳銑印等情到會。查該縣本月銑日及五月哿、馬兩日被炸，前據該府電呈，業經令飭遵照中振會新規定之撫卹標準，照章救濟在案。現經該會呈稱，接收前救聯處移交法幣四千七百餘元，此款究係何款，實在數目究為若干。又該会接辦第二十三次被炸撫卹費，係辦理何日炸灾，並發救振卹款七千元左右，其实發數為若干，不敷數又為若干，来文均未明白叙明。合行令仰該府，即便遵照，詳查具報，以憑核辦，並轉知照。

此令。

兼主任委員 張羣

七、十一

待動委会查覆再凭具報

梁山县政府关于先行发给一九四一年六月十六日被炸伤亡抚恤致梁山县赈济会的训令并致梁山县动员委员会的公函（一九四一年七月十四日）

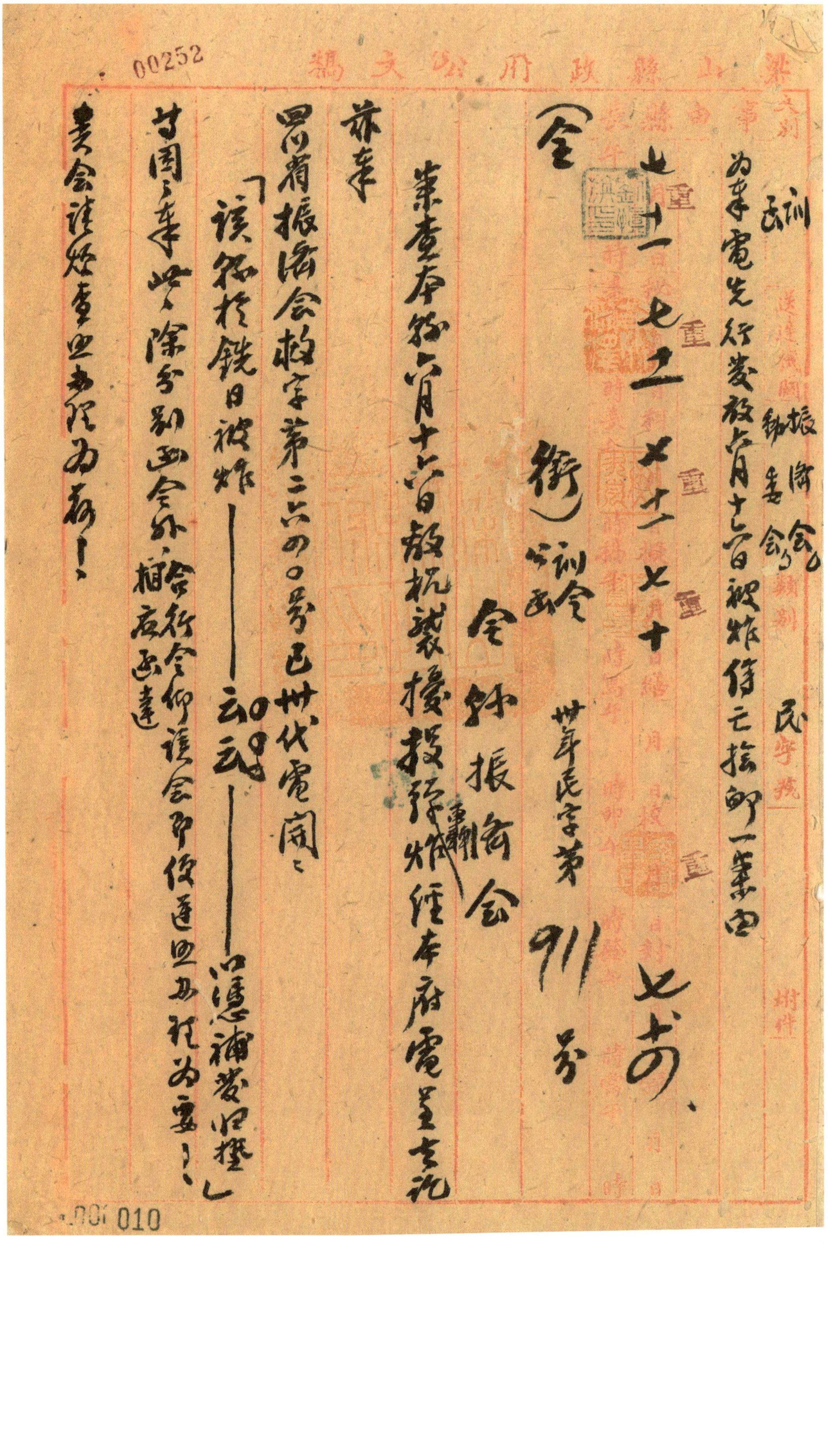

梁山縣政府公文稿

事由：为奉电先行发放六月十六日被炸伤亡抚恤一案由

训 振济会

函 动委会

民字號

卅 七十一 七十二 七十二 七十

（令 衔）训令 公函

卅年民字第911號

七月十四

令 县振济会

案查本县六月十六日被炸抚恤费援拨标准经本府电呈专员

兹奉

四川省振济会救字第二六〇〇号巳卅代电开：

「该县于铣日被炸——云云——以凭补发归垫」

等因，奉此，除分别函令外，合行令仰该会即便遵照办理为要！

相应函达

贵会请烦查照办理为荷！

00252

001 010

00253

此令。

梁山縣動員委員會

縣長 郭〇〇

00011

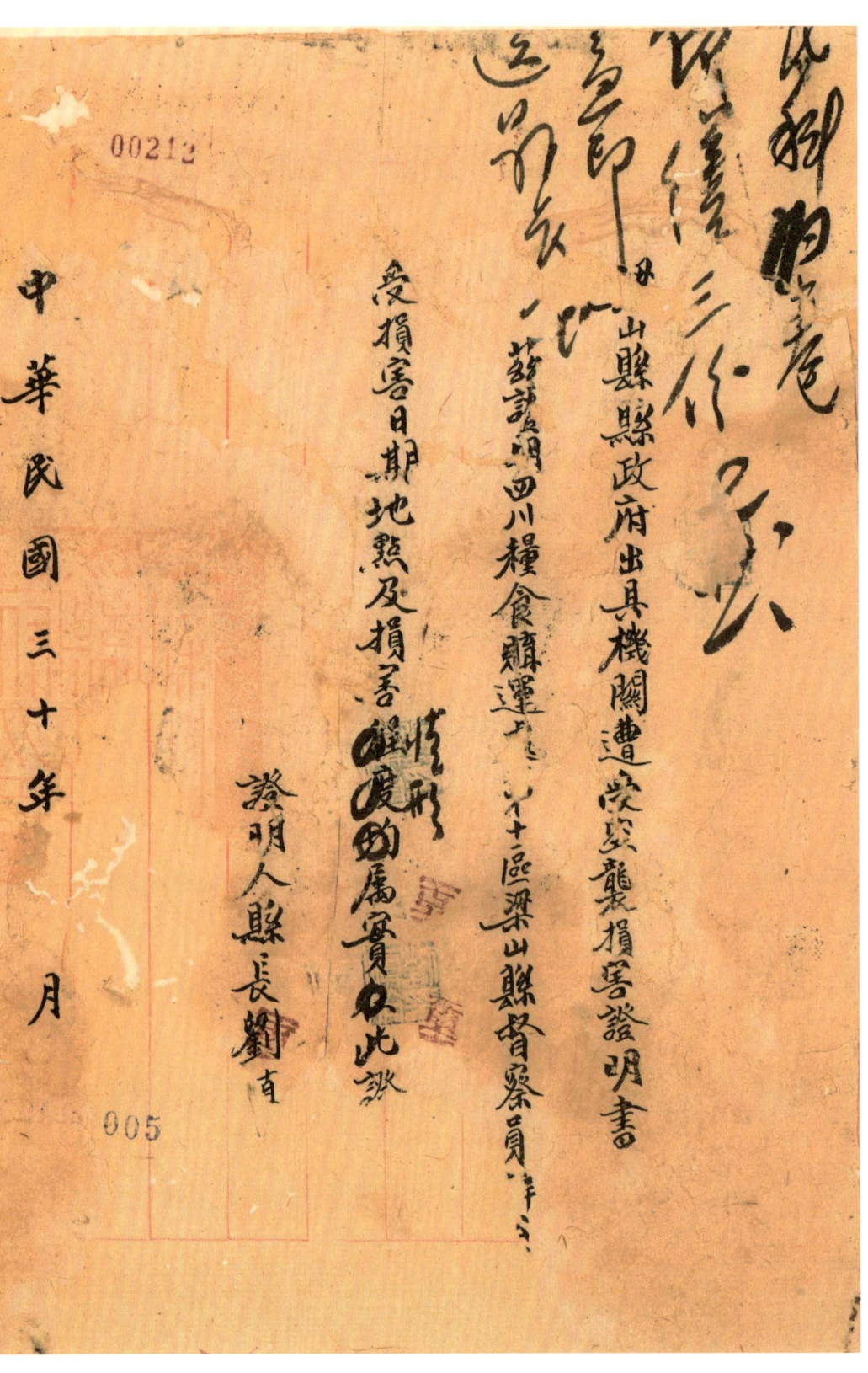

梁山县政府出具四川粮食购运处第十区梁山县督察员办公处遭受空袭损害证明书（一九四一年七月二十一日）

00212

梁山縣縣政府出具機關遭受空襲損害證明書

茲證明四川糧食購運處第十區梁山縣督察員辦公處

受損害日期地點及損害情形確屬實在此證

證明人縣長劉直

中華民國三十年 月

005

梁山县政府关于报送一九四一年七月三十日日机轰炸情形致四川省政府、四川省赈济会等的电（一九四一年七月三十日）

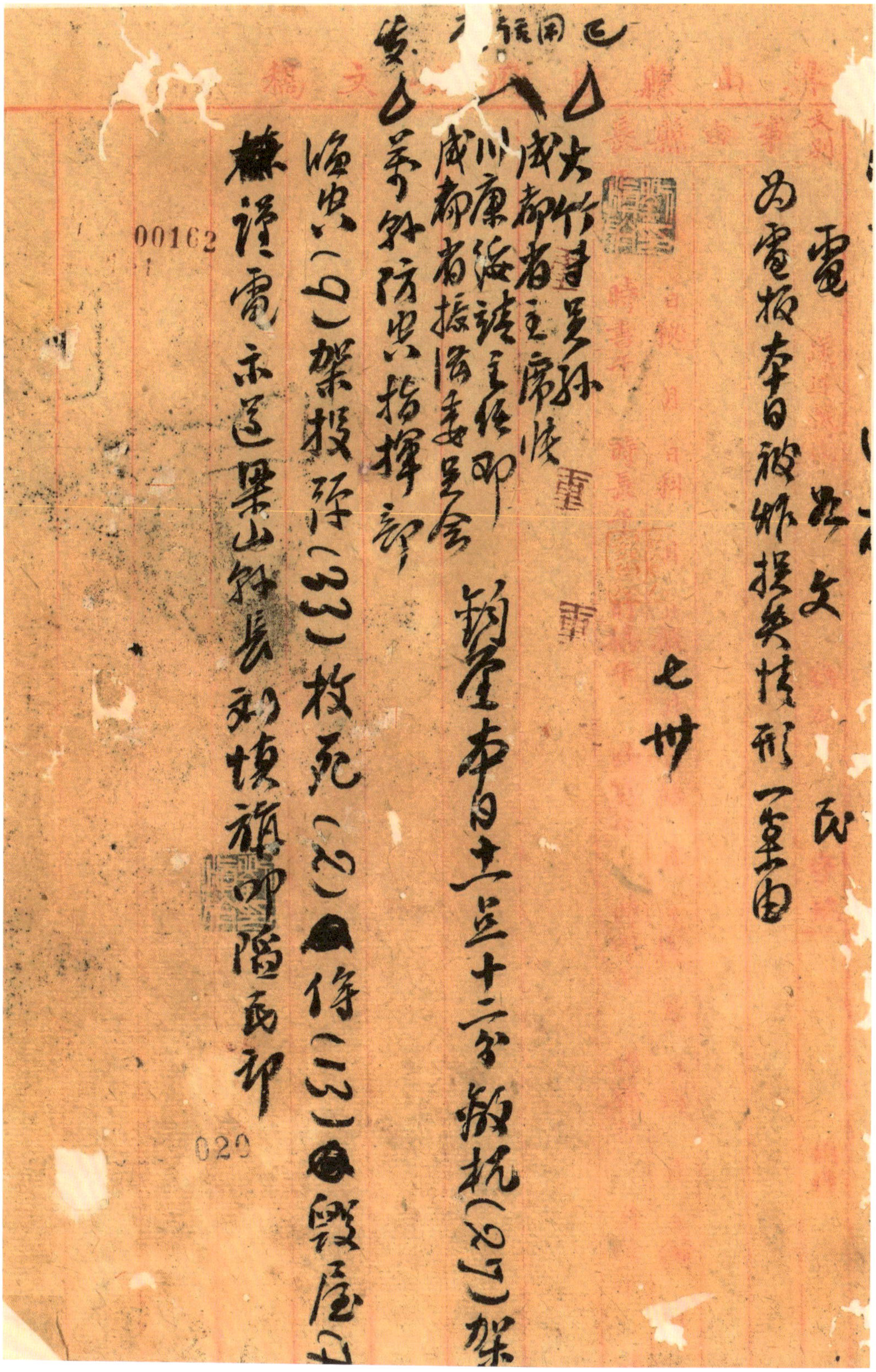

電

為電報本日被炸損失情形一案由

發文 七卅

大竹專員孫

成都省主席侯

川康綏靖主任鄧

成都省振濟委員會

萬縣防空指揮部

鈞鑒本日上午十二時敵機(27)架

臨空(9)架投彈(33)枚死(2)人傷(3)人毀屋(？

謹電示遵梁山縣長劉楨旗叩陷酉印

梁山县政府关于按规定标准发放一九四一年六月十六日被炸抚恤费致梁山县赈济会的训令（一九四一年七月）

梁山縣政府訓令

民 字第九一一號

民國三十年七月 日發

令縣振濟會

案查本縣六月十六日敵機襲擾投彈轟炸，經本府電呈去訖。茲奉

省振濟會救字第二一四四號巳艷代電開：

「該縣於銑日被炸，並為轉飭仰遵中振會儉渝乚救電令新規定撫卹標準：死亡每名六十元，重傷四十元，輕傷十五元，分別先予發放，並予撫卹，用資救濟，另後檢據呈會以憑補發，遵照。」

等因，奉此。除分別函令外，合行令仰該會即便遵照辦理為要！此令。

縣長 劉[signature]

00090

006

梁山县政府、梁山县卫生院关于发放一九四一年六月、七月空袭救护费的来往文书（一九四一年七月至八月）

梁山县卫生院致梁山县政府的呈（一九四一年七月十四日）

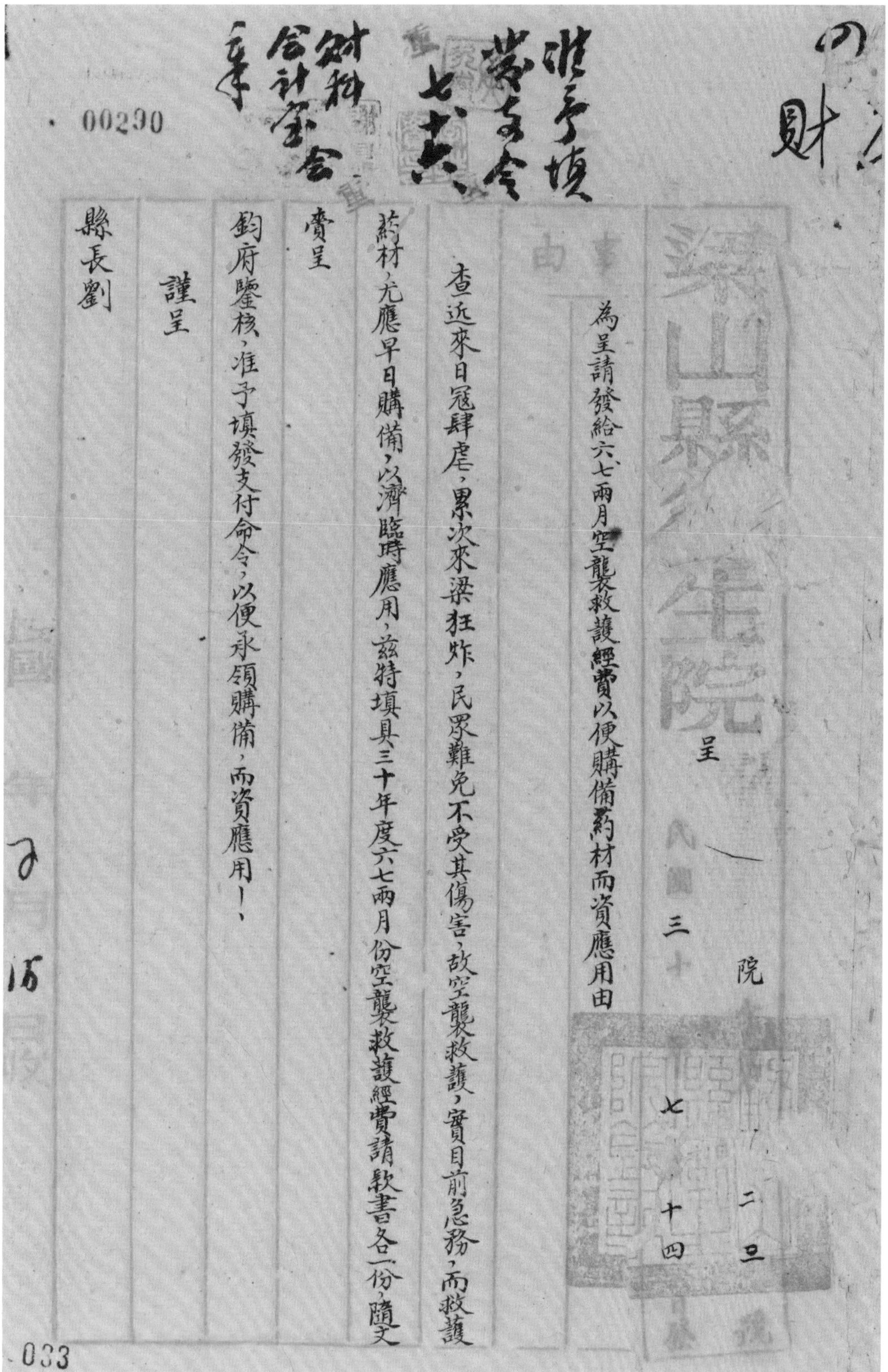

梁山縣衛生院 呈 院 二〇

中華民國三十年七月十四日

事由：為呈請發給六七兩月空襲救護經費以便購備藥材而資應用由

查近來日寇肆虐，累次來梁狂炸，民眾難免不受其傷害，故空襲救護，實目前急務，而救護藥材，尤應早日購備，以濟臨時應用，茲特填具三十年度六七兩月份空襲救護經費請款書各一份，隨文賫呈

鈞府鑒核，准予填發支付命令，以便承領購備，而資應用！

謹呈

縣長劉

准予填發支付命令 七.十六

財科 會計室 會

00290

033

計呈三十年度六七兩月份空襲救護經費請款書各一份

代理梁山縣衛生院院長吳□波

附：请款书（一九四一年七月十四日）

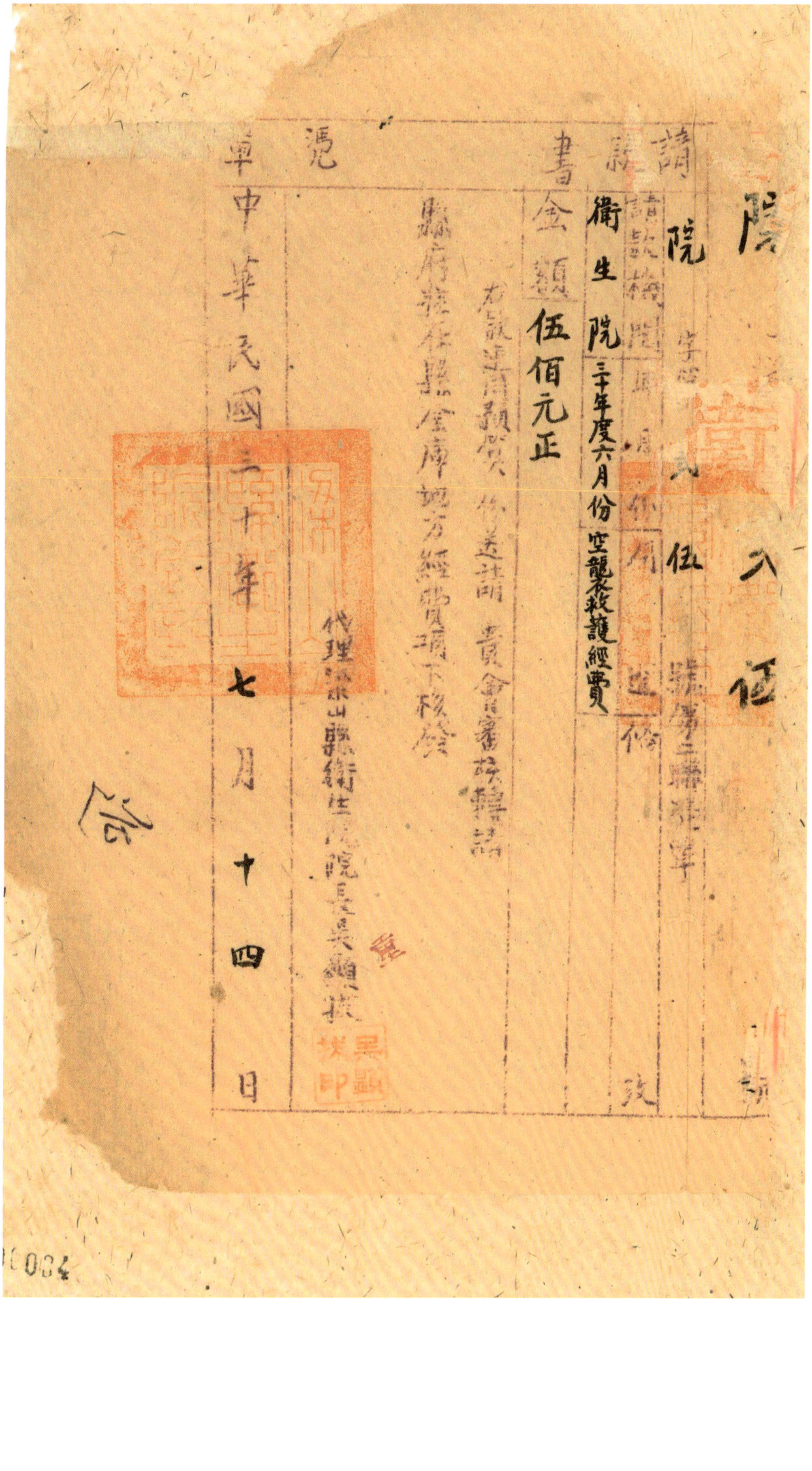

院字第八伍號 第二聯 [illegible]

請款書

請款機關：衛生院

用途：三十年度六月份空襲救護經費

金額：伍佰元正

右款業經呈准 備文送請 貴會審核轉請
縣府發給縣金庫地方經費項下核發

致

憑單

代理保山縣衛生院院長吳鼎拔（吳鼎拔印）

中華民國三十年七月十四日

00291

請款憑書單

院字第弍捌號　存第二聯備查

請款機關	年月份	用途
衛生院	三十年度七月份	空襲救護經費

金額　伍佰元正

右款連同預算　俾送請　貴會審核轉請

縣府准在縣金庫地方經費項下核發

致

代理梁山縣衛生院院長吴顯拔（印：吴顯拔印）

中華民國三十年七月十四日

035

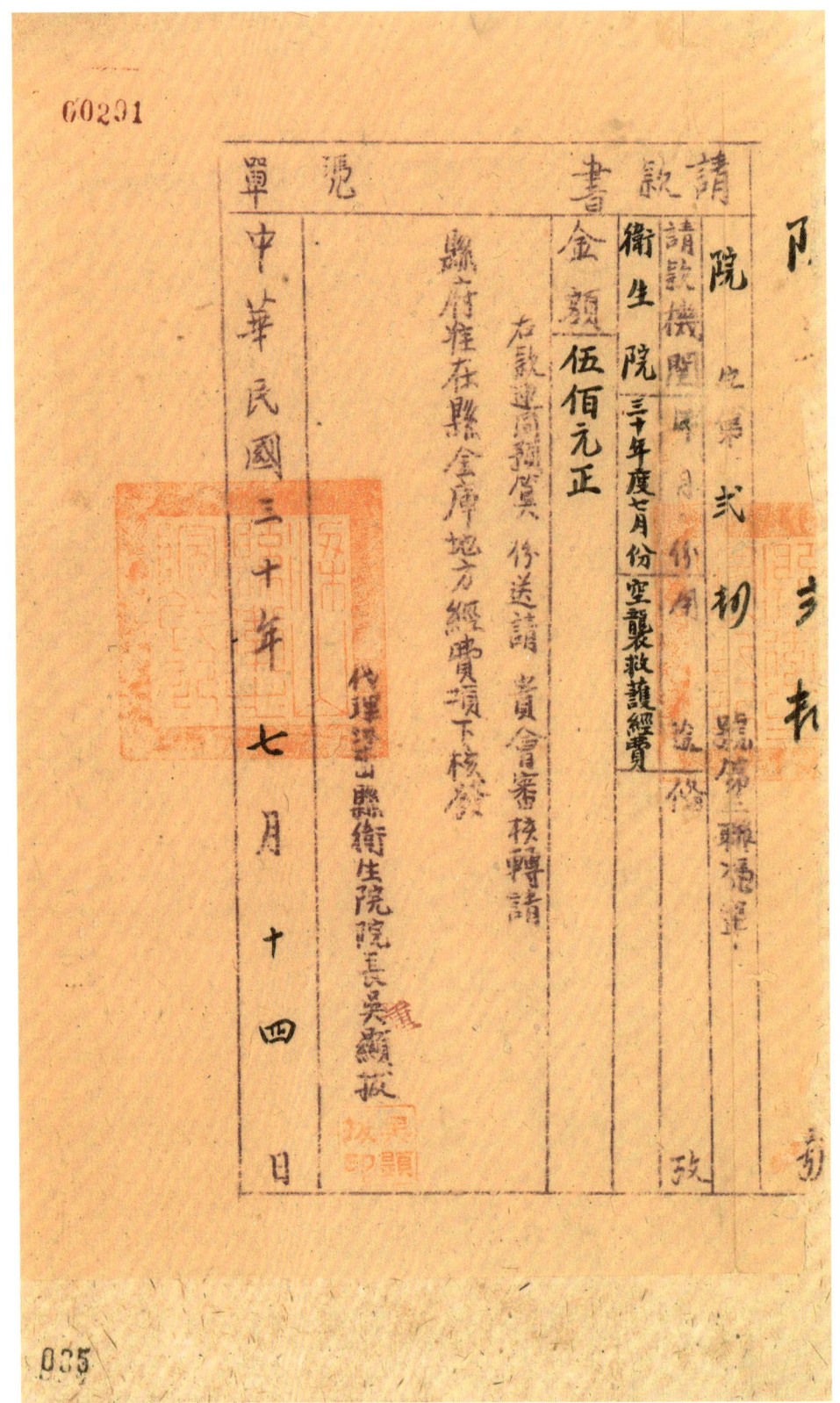

梁山县政府致梁山县卫生院的指令（一九四一年八月十六日）

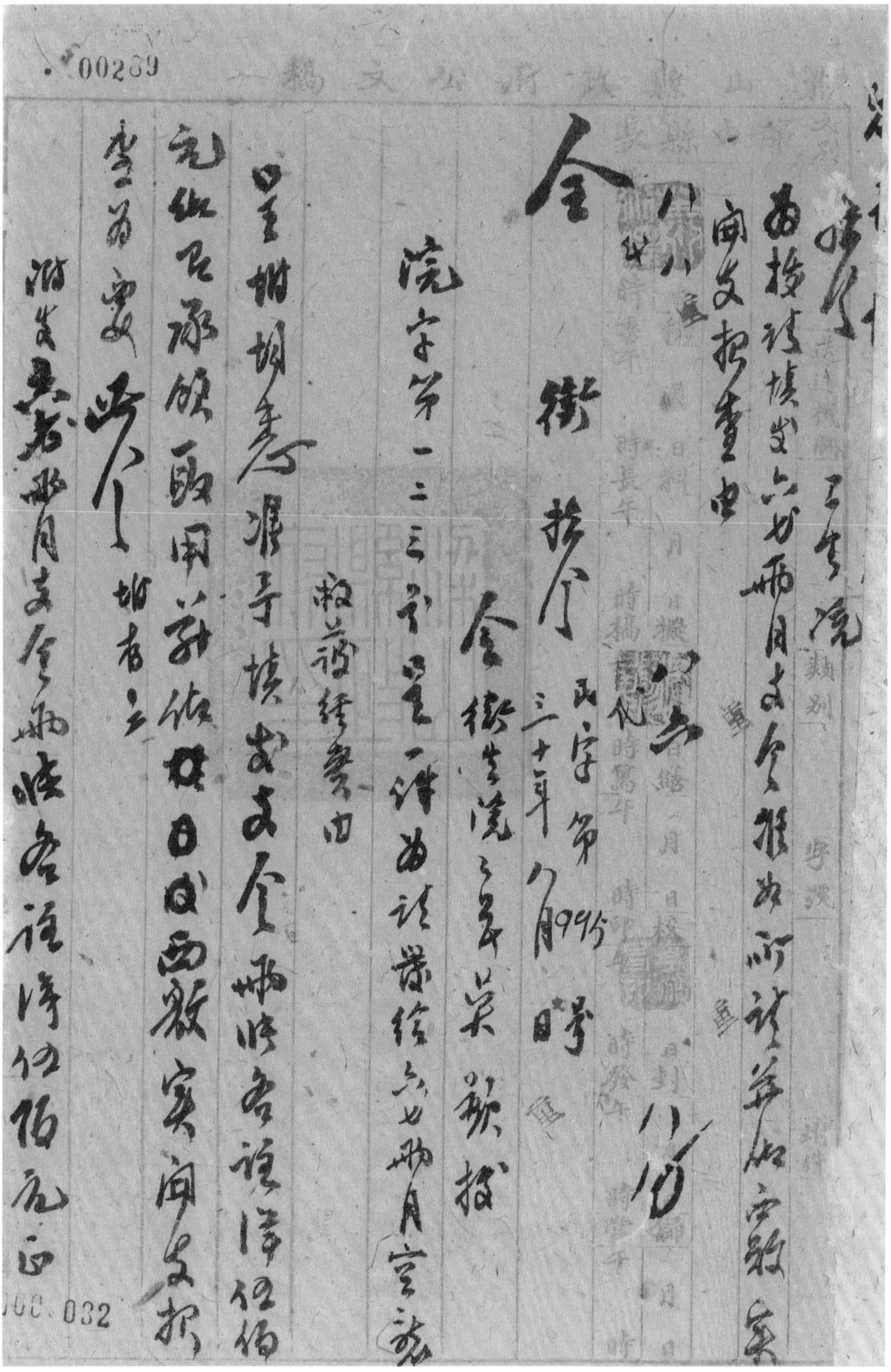
梁山縣政府公文稿

梁山县政府关于切实办理一九四一年五月、六月抚恤发放事宜致梁山县赈济会的训令（一九四一年八月十三日）

00091

梁山縣政府訓令

社振字第170號

民國三十年八月13日發

令縣振濟會

案奉

四川省振濟会午尤救一代電開：「查該縣五月哿馬兩日及六月銑日迭被轟炸，曾經令飭遵照中振会新規定照章撫䘏在案。惟應發之振䘏費，恐該縣一時不能措墊，致失急救意義，茲由會預撥振䘏費弍千元，除款另令呈發外，仰將款依照新規定散發數目，遵照本会二十八年總字第一、二、三号訓令附發之被炸振䘏登記表規定辦理，賫呈本会備核。所發預撥之款，如有剩餘，仍應繳会為要。」又奉省財代電開：「查該縣五

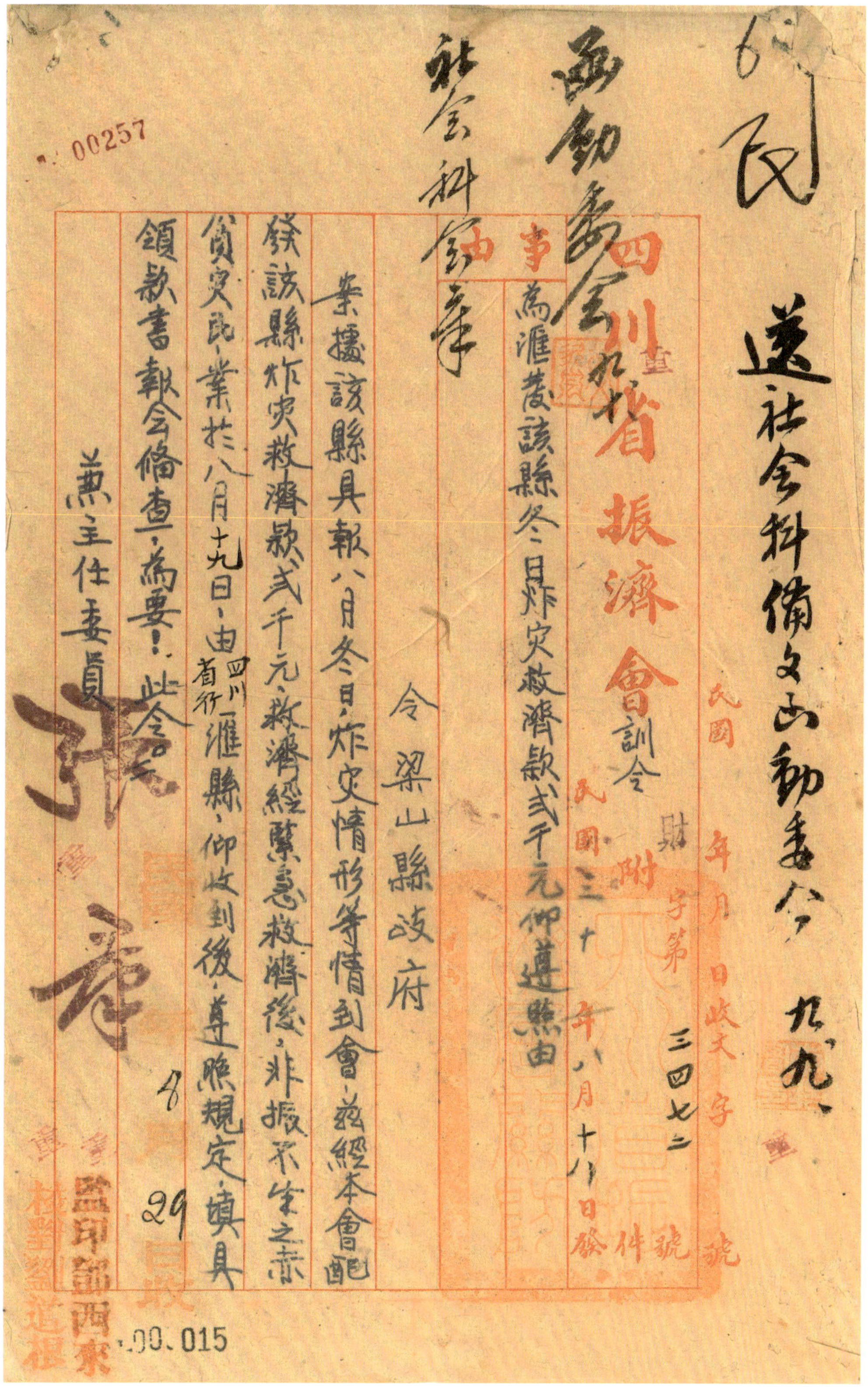
四川省振濟會訓令
財字第三四七二號
民國三十年八月十八日發
事由：為滙發該縣冬二日炸災救濟款式千元仰遵照由
令梁山縣政府
案據該縣具報八月冬日炸災情形等情到會，茲經本會配發該縣炸災救濟款式千元，救濟經緊急救濟後，非振不生之赤貧災民，業於八月十九日由四川省行滙縣，仰收到後，遵照規定，填具領款書報會備查，為要！此令。
兼主任委員 張群

四川省赈济会关于汇发一九四一年八月二日被炸救济款致梁山县政府的训令（一九四一年八月十八日）

月歌馬日炸災振䘏費兹經本会暫發二千元於七月八日由四川省行滙縣

仰收到後遵照規定填具領款書報会備查為要！

各等因奉此合行併令仰該会遵照办理為要！

此令。

縣長劉慎旃

秘書蕭道澤代行

梁山县政府关于报送一九四一年八月二十三日日机轰炸情形致四川省政府、四川省赈济会等的电（一九四一年八月二十三日）

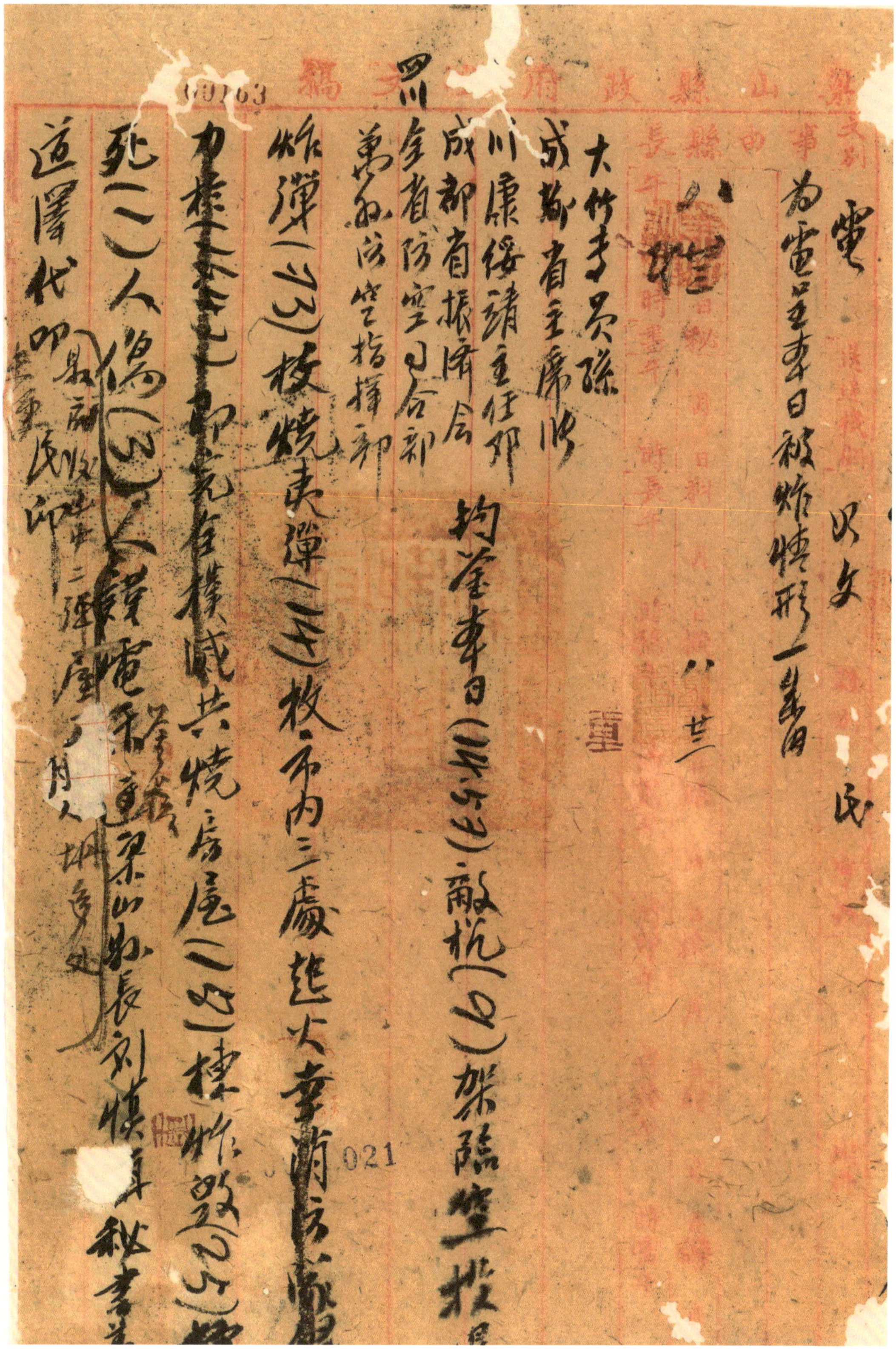
为电呈本日被炸情形一案由
大竹专员孙
成都省主席
川康绥靖主任邓
成都省振济会
四川全省防空司令部
万县防空指挥部

梁山县政府关于报送一九四一年八月三十一日日机轰炸情形致四川省政府、四川省防空司令部等的电

（一九四一年八月三十一日）

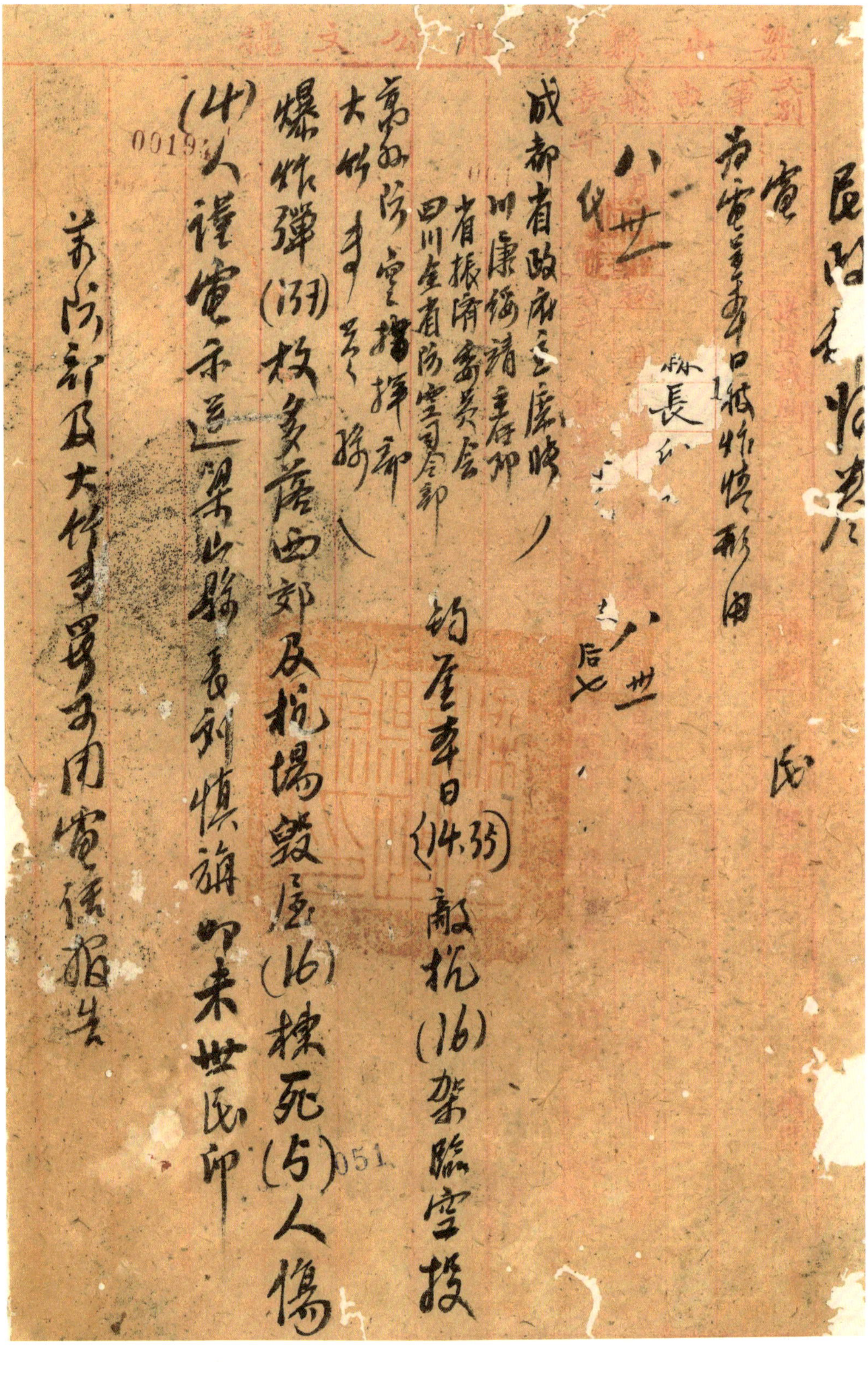
成都省政府主席张
川康绥靖主任邓
省振济委员会
四川全省防空司令部
万县防空指挥部
大竹专员公署
钧鉴：本月卅日（14:35）敌机（16）架临空投爆炸弹（37）枚，多落西郊及机场，毁屋（16）栋，死（5）人，伤（4）人。谨电示遵。梁山县长刘慎旗叩世民印

梁山县政府关于报送一九四一年八月二十三日被炸损失情形致梁山县动员委员会的公函（一九四一年九月十五日）

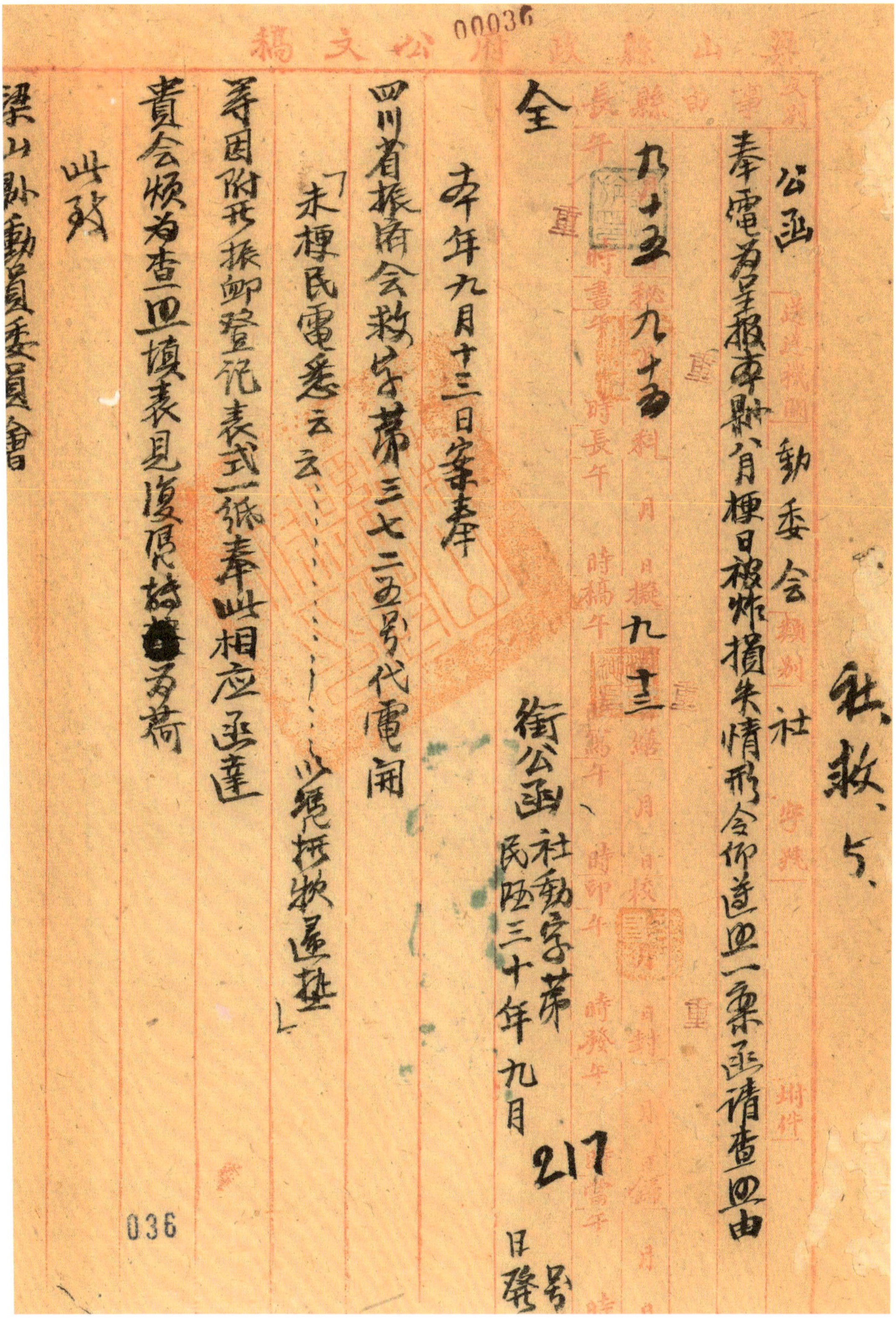
梁山縣政府公文稿

00036

文別：公函

送達機關：動委会

類別：社

字號：社救、5、

事由：奉電為呈報本縣八月梗日被炸損失情形令仰遵照一案函請查照由

縣長 九、十五

秘書 九、十五

科長

擬稿 九、十三

全

本年九月十三日案奉

四川省振濟会救字第三七二五號代電開

「未梗民電悉，云云……此凭撫卹遵照」

等因，附發振卹登記表式一張。奉此，相應函達

貴会，煩為查照填表見復為荷！

此致

梁山縣動員委員會

衛公函 社動字第 號

民國三十年九月 日發

217

036

梁山县政府、梁山县卫生院关于补发一九四一年八月中央补助办理空袭救护药料费的来往文书（一九四一年十一月至一九四二年五月）

梁山县卫生院致梁山县政府的呈（一九四一年十一月二日）

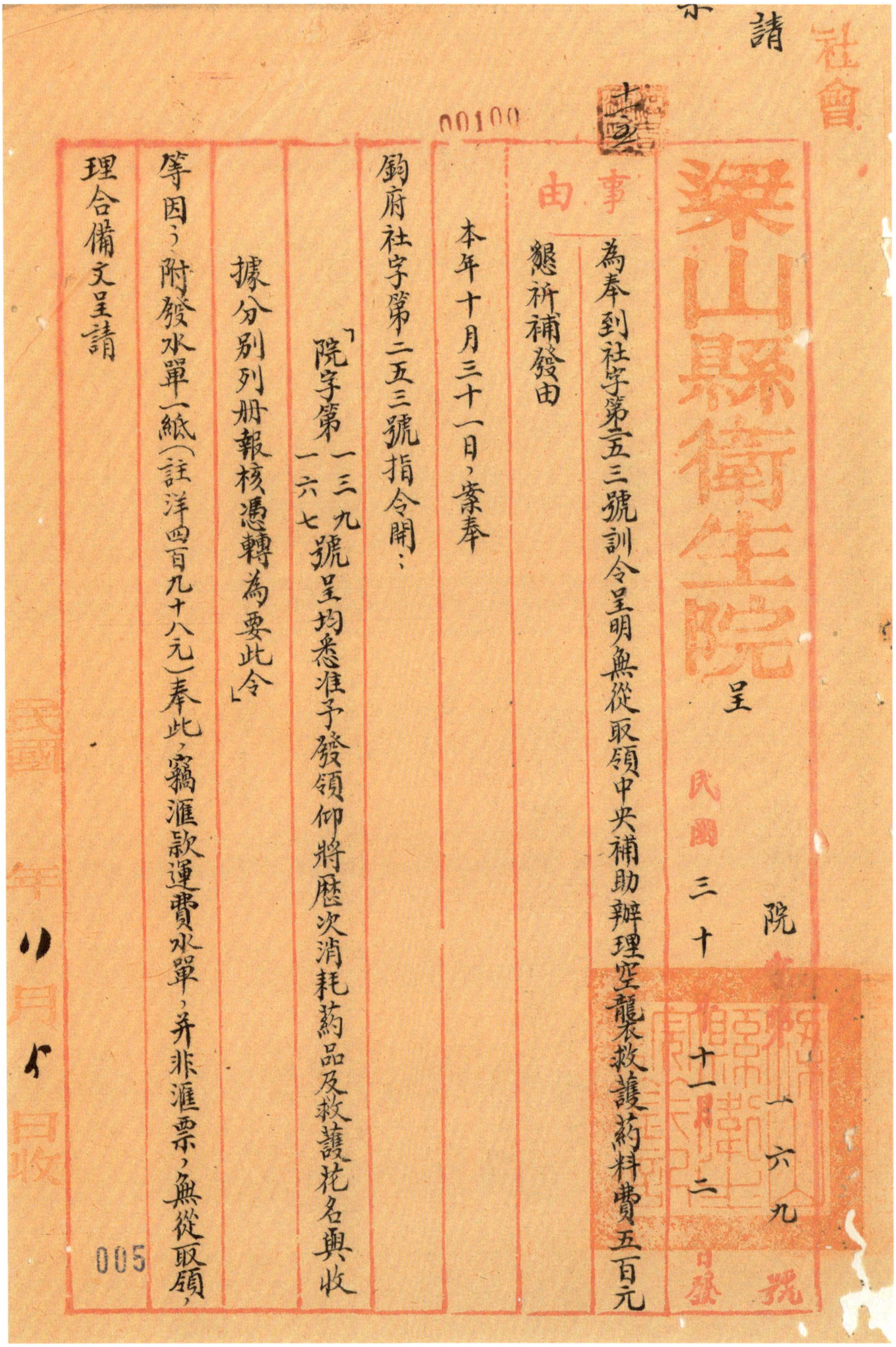
社會
請示
00100
梁山縣衛生院　呈　院字第一六九號
民國三十年十一月二日發
事由：為奉到社字第二五三號訓令呈明無從取領中央補助辦理空襲救護藥料費五百元懇祈補發由
本年十月三十一日，案奉
鈞府社字第二五三號指令開：
「院字第一三九、一六七號呈均悉，准予發領，仰將歷次消耗藥品及救護花名與收據分別列冊報核，憑轉為要。此令」
等因，附發水單一紙（註洋四百九十八元）。奉此，竊滙款運費水單，并非滙票，無從取領，
理合備文呈請
民國　年11月5日收
005

00101

鈞府鑒核，將是項葯料費五百元補發下院，并候令遵！

謹呈

梁山縣縣長劉

代理梁山縣衛生院院長吴顯拔

呈悉。准予補發取領。

十二、十七、

008

附：请款书（一九四一年九月十八日）

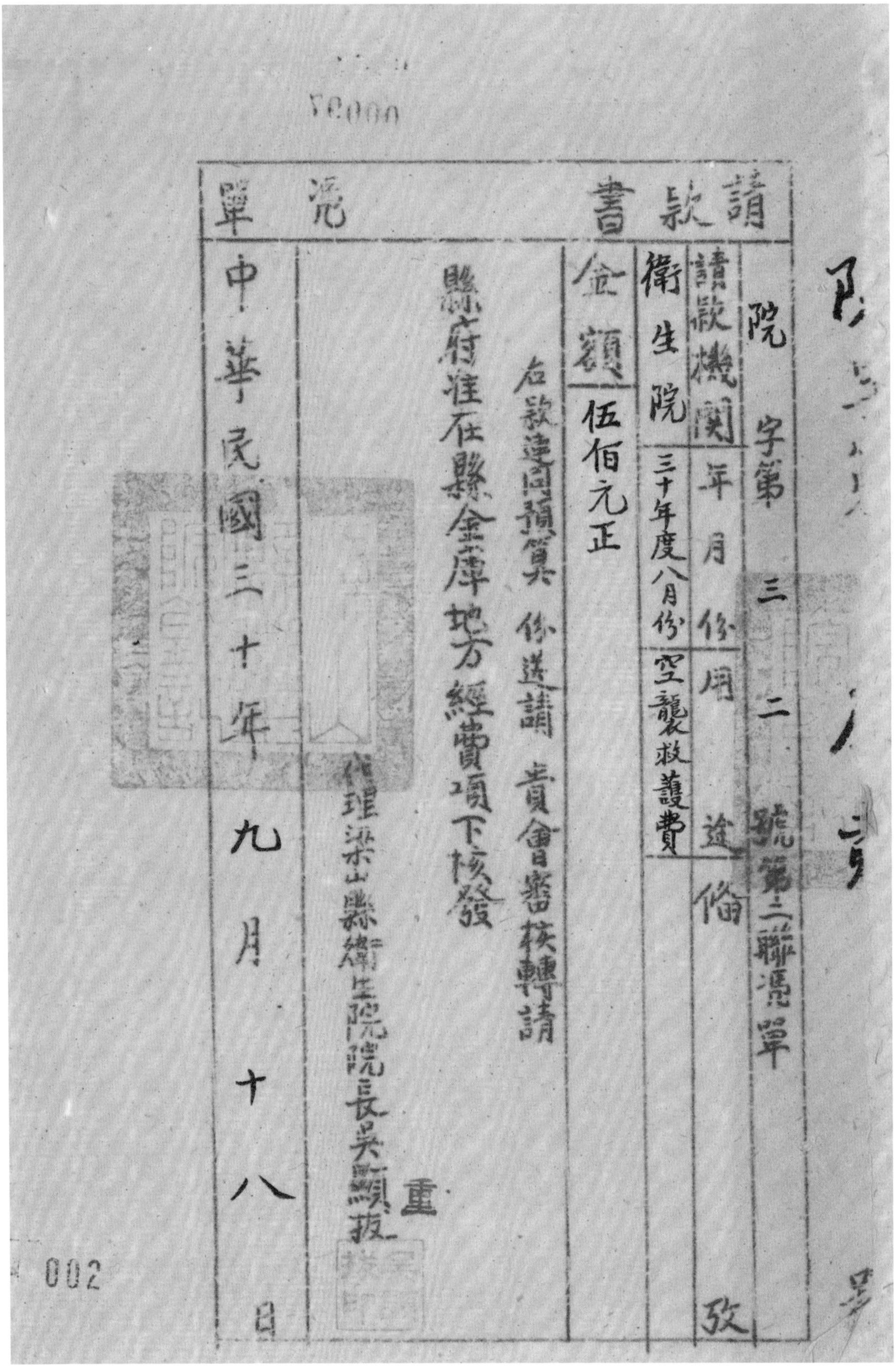

請款書 憑單

院　字第　三　二　號第二聯憑單

請款機關	年月份	用途
衛生院	三十年度八月份	空襲救護費

金額　伍佰元正

右款連同預算　份送請　貴會審核轉請

縣府准在縣金庫地方經費項下核發

倫

致

代理梁山縣衛生院院長吳顯拔　重

中華民國三十年九月十八日

應發密會章

指令 衛生院 社

為據呈請補發中央補助辦理空襲救護葯料費五百元一案令仰遵照由

全

士文

衛指令 社救字第 号

民國三十年十一月 日

十七

令衛生院之長吳顯拔

呈一件為呈明無從取領中央補助辦理空襲救護葯料費五百

元恳祈補發由

呈悉准予補發取領

此令

縣長刘○○

00036

001

归京卷

救5

梁山县卫生院致梁山县政府的呈（一九四二年一月三十日）

00120

梁山縣衛生院 呈 院字第一九五號

民國三十一年元月三十日發

事由：為前具領中央補助本院一月之空襲救護葯材費伍百元除已領四百元另扣滙水弍元，計共四百零弍元其尚有九十八元懇予補發俾便結清年度由

竊查中央補助職院一月之空襲救護葯材費伍百元曾于三十年十二月二日以院字第一七六號呈附印領在案迄未蒙

批示嗣於三十年十二月二十三日由

鈞府科員洪春墀交下法幣四百元另扣滙水弍元共四百零弍元其餘之九十八元意請發

下以清年度理合具文呈請

鈞府鑒核補發俾便結清年度可否敬祈

示遵！、

025

謹呈

縣長劉

代理梁山縣衛生院院長吳顯拔

醫師王國藩代

呈悉。其餘所欠之款九十八元，仰即向該合作社負結束為要！

二、六

梁山县卫生院致梁山县政府的呈（一九四二年五月七日）

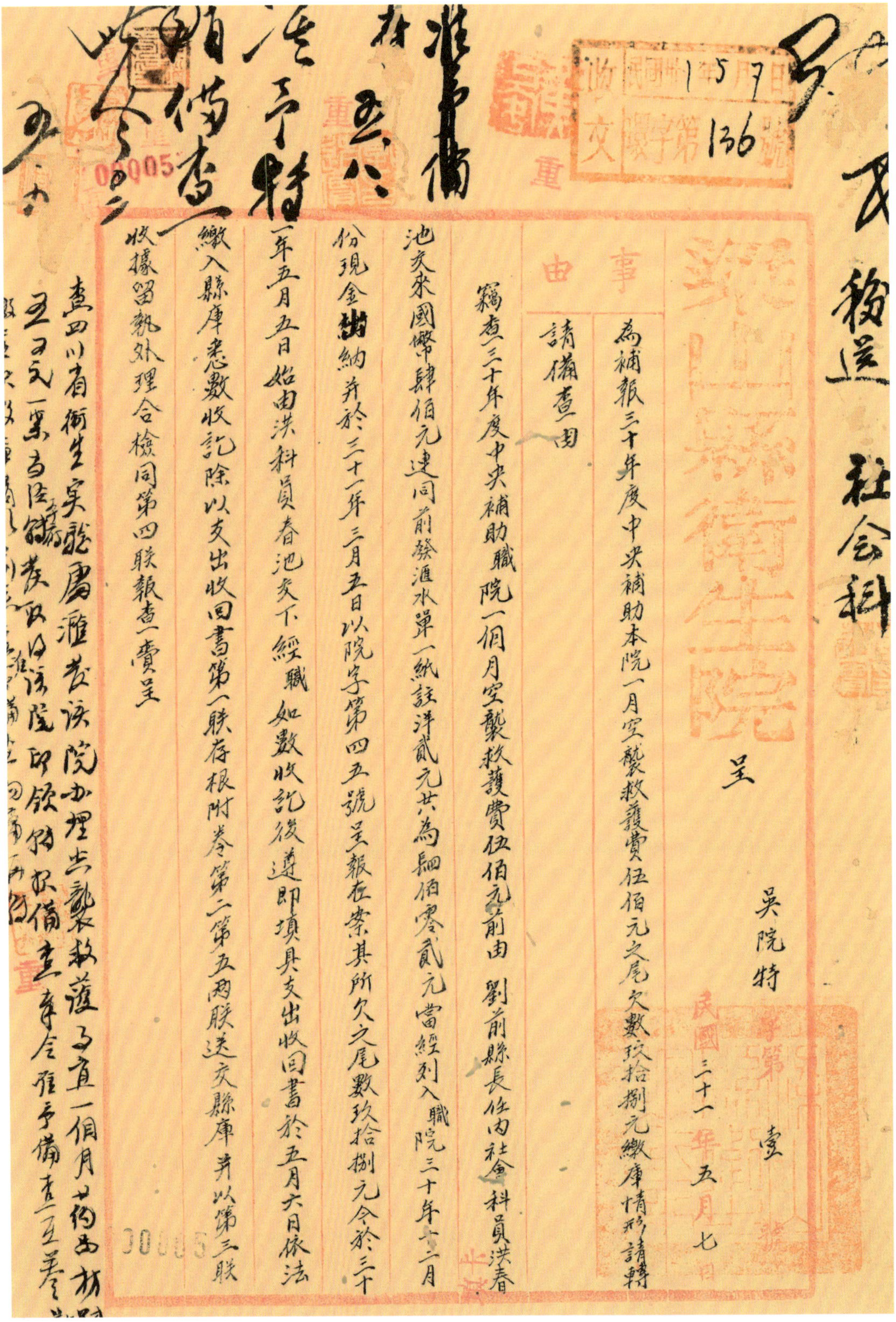

梁山縣衛生院　呈

為補報三十年度中央補助本院一月空襲救護費伍佰元之尾欠數玖拾捌元繳庫情形請轉

事由　請備查由

竊查三十年度中央補助職院一個月空襲救護費伍佰元前由　劉前縣長任內社會科員洪春池交來國幣肆佰元連同前發匯水單一紙註洋貳元共為肆佰零貳元當經列入職院三十年十二月份現金出納并於三十一年三月五日以院字第四五號呈報在案其所欠之尾數玖拾捌元今於三十一年五月五日始由洪科員春池交下經職如數收訖後遵即填具支出收回書於五月六日依法繳入縣庫悉數收訖除以支出收回書第一聯存根附卷第二第五兩聯送交縣庫并以第三聯收據留執外理合檢同第四聯報查一賓呈

吳院特

民國三十一年五月七日

鈞府俯賜備查，指令祇遵

謹呈

縣長 黄

附呈衛經字第五號支出收回書第四聯報查一聯

卸任梁山縣衛生院院長吳顯拔

00007

00006

附一：梁山县卫生院收条（一九四二年五月五日）

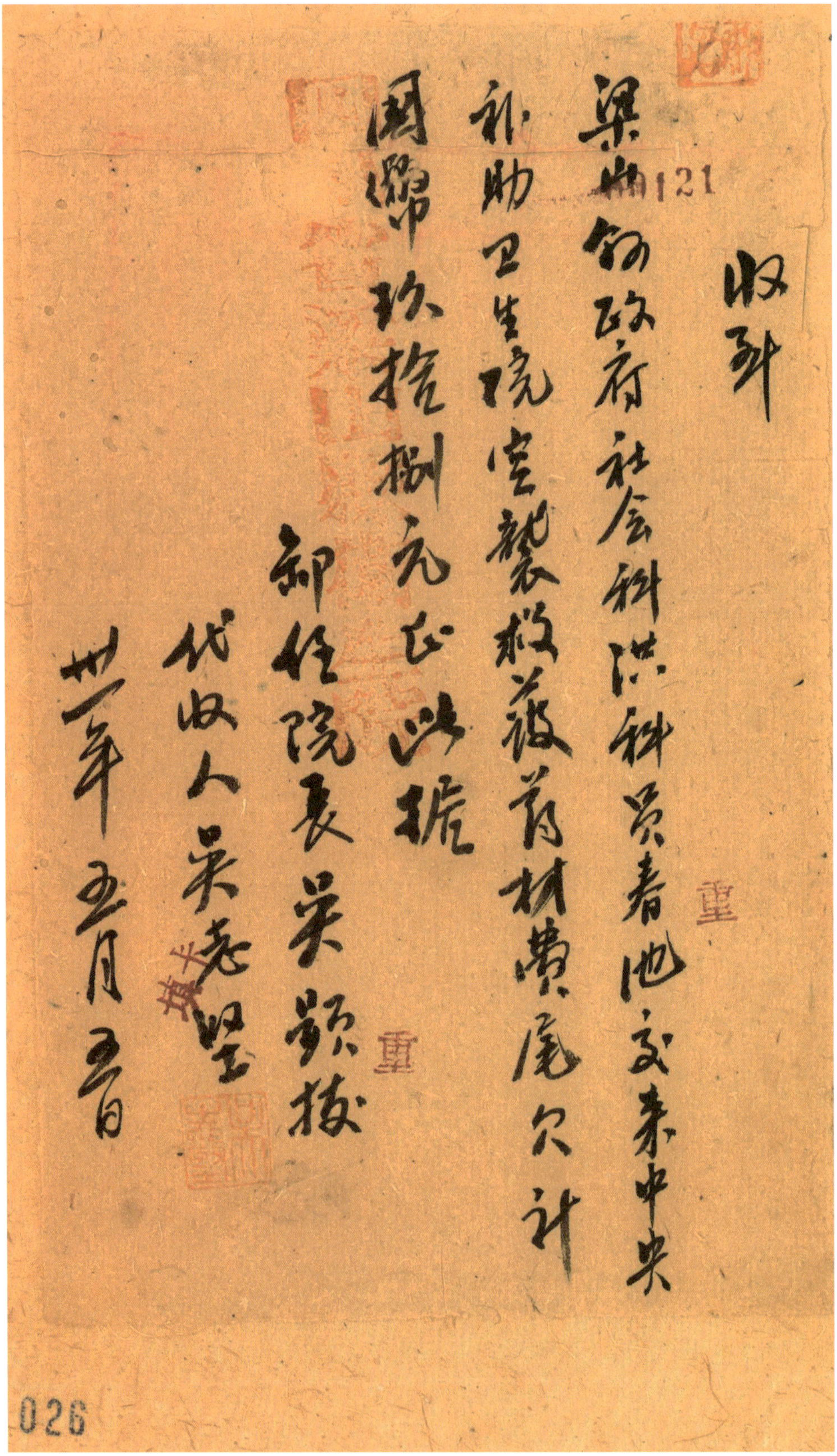
收到
梁山县政府社会科洪科员春池交来中央
补助卫生院空袭救护药材费尾欠计
国币玖拾捌元正此据
卸任院长吴显拔
代收人吴尧望
卅一年五月五日

第四聯 **支出收回書** 報查

原支用機關：梁山縣衛生院

原收款人：吳顯拔

所在地：

原支出

科目：款 項 目

用途：中央補助一個月空襲救護費伍佰元之尾欠數

金額：國幣玖拾捌元正

種類字號：

支出年月日：三十年度

應收回金額：共計國幣玖拾捌圓整

收回理由及說明：為三十年度中央補助一個月空襲救護費伍佰元之尾欠數玖拾捌元於三十一年五月五日始由縣府社會科員洪春池交下今依法繳庫

右開收回支出款業已如數收訖

應請核收特此證明

查照

梁山縣庫 主辦會計人員 主辦出納人員

梁山縣庫 收訖

中華民國三十一年五月六日

衛經字第伍號

此聯送回原支出機關 併交原收款人送縣庫加蓋章後由縣庫

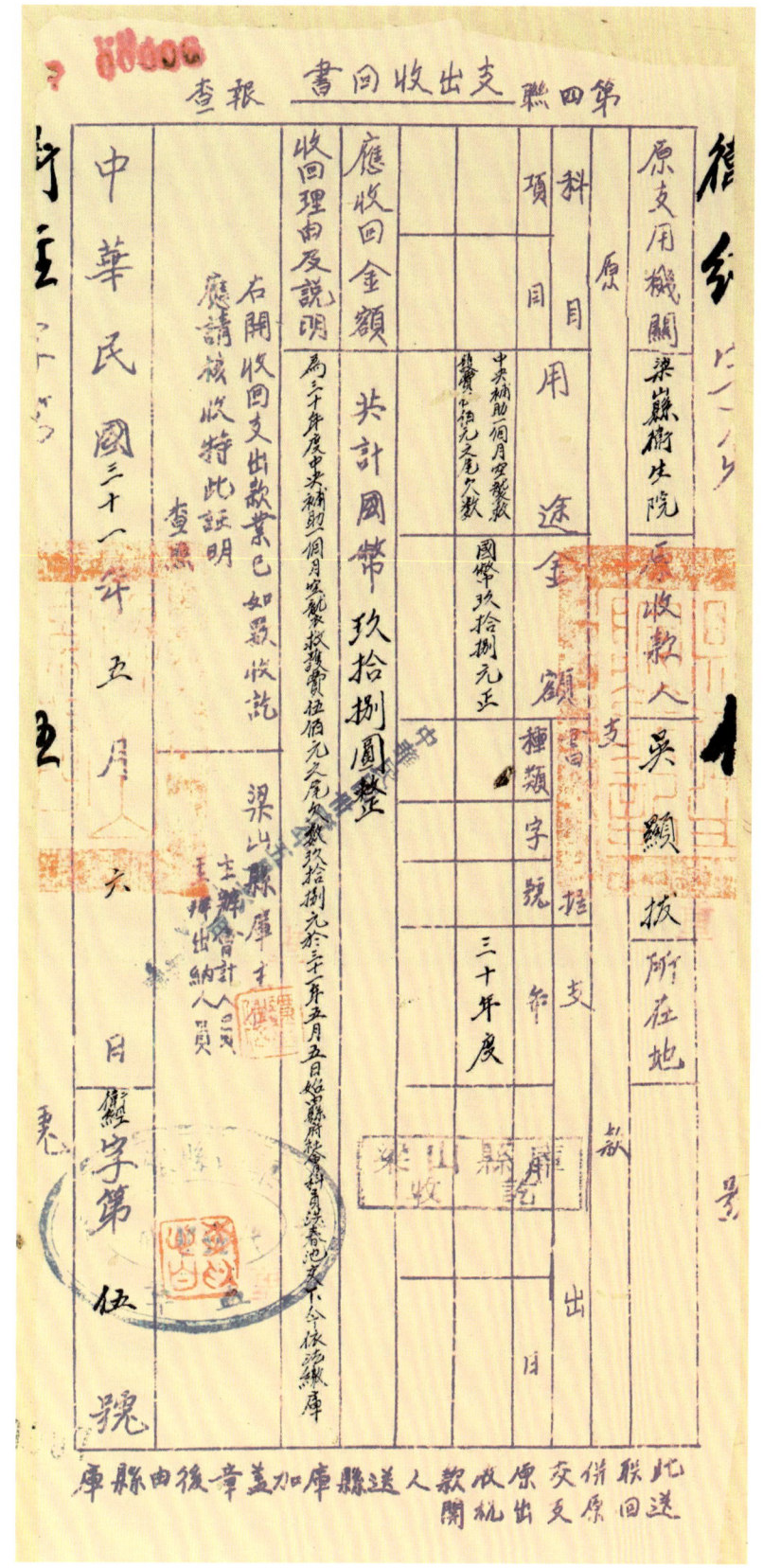

附二：支出收回书（一九四二年五月六日）

梁山县政府关于报送一九四一年五月二十日、五月二十一日、八月二日救济款四千元领款书致四川省赈济会的呈（一九四一年十二月五日）

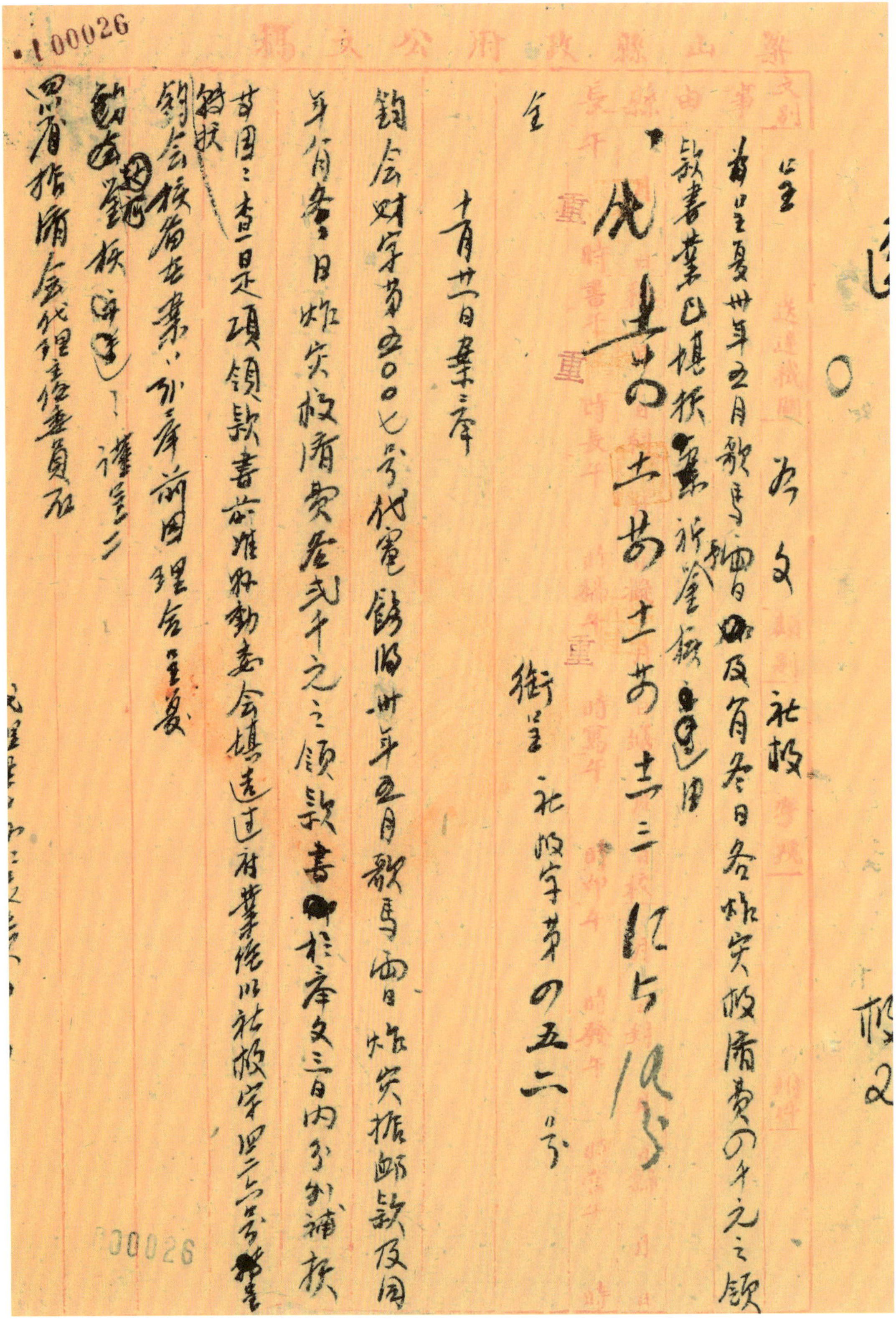
梁山縣政府公文稿

呈 社救 字

為呈送卅年五月歌馬兩日及肖冬日各炸災救濟費四千元之領款書業已填妥齎祈鑒核由

全銜呈 社救字第〇五二號

十二月廿一日案奉

鈞會財字第五〇〇七號代電飭將卅年五月歌馬兩日炸災振卹款及同年肖冬日炸災救濟費各貳千元之領款書於奉文三日內分別補校等因，查是項領款書前准縣動委會填送，業經以社救字四二六號齎

鈞會核備在案，茲奉前因，理合呈復

鈞會鑒核，謹呈

四川省振濟會代理主任委員 石

审计部关于核准梁山县一九四一年四月二十九日被炸急赈抚恤医药等费的通知（一九四二年六月）

00017

審計部核准通知

經費類　准字第四五一〇一號

機關名稱	梁山縣空襲緊急救濟聯合辦事處
審核書類	單據粘存簿貳本　清冊貳份
年度月份	發放三十年四月廿九日被炸急振撫卹醫藥等費
預算數	無
計算數	壹仟陸百玖拾元正
核准數	壹仟陸百玖拾元正

右列書類業經依法審核尚屬符合特此通知

審計部部長　林雲陔

中華民國三十一年六月　日

00017

梁山县政府关于及时办理一九四一年被炸灾民赈济款备报核销事宜致梁山县赈济会的训令（一九四二年九月）

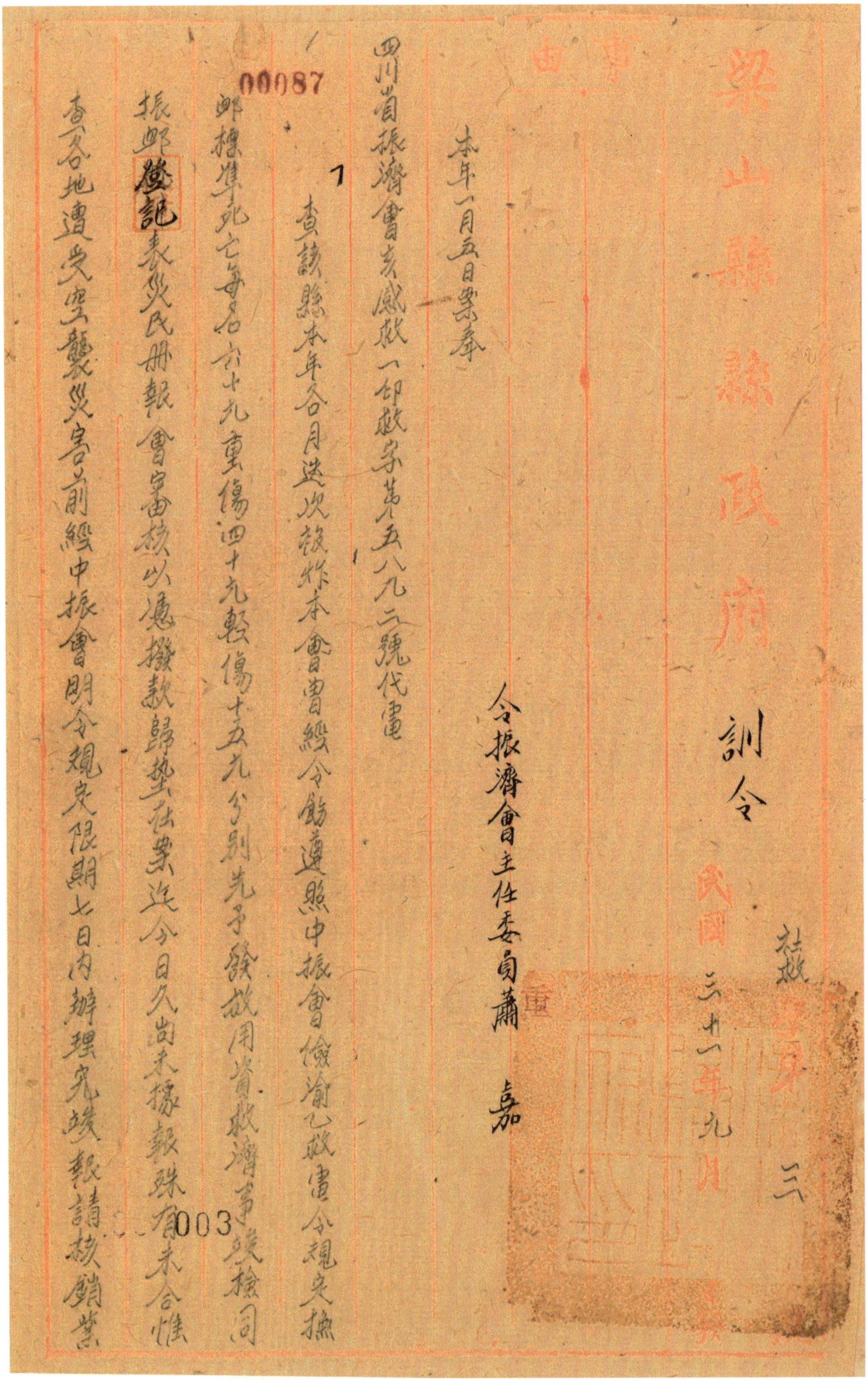

梁山縣縣政府 訓令

事由

社救字第三號

民國三十一年九月 日

令振濟會主任委員蕭嘉

本年一月五日案奉

四川省振濟會亥感救一卯救字第五八九二號代電

查該縣本年各月迭次被炸本會曾經令飭遵照中振會儉渝乙救電令規定撫邮標準死亡每名六十九重傷四十九輕傷十五九分別先予發放用資救濟事後檢同振邮發記表災民冊報會審核以憑撥款歸墊在案迄今日久尚未據報殊有未合惟查各地遭受空襲災害前經中振會明令規定限期七日內辦理完竣報請核銷業

00088

由會先後以救一字第二八八六號午銑及救一字第三九四〇號申銑代電轉飭遵照各在案現因本年度行將終了亟應彙報核銷特電飭仰於文到三日內檢齊各關冊據報會考核事関灣政毋再玩延為要

等因附發（敵）被炸未報銷表一份奉此合行抄發原表令仰該會遵照辦理為要！

此令。

附發被炸未報銷表一份

縣長　劉暢游

監印　余紹源
校對　李熾昌

004

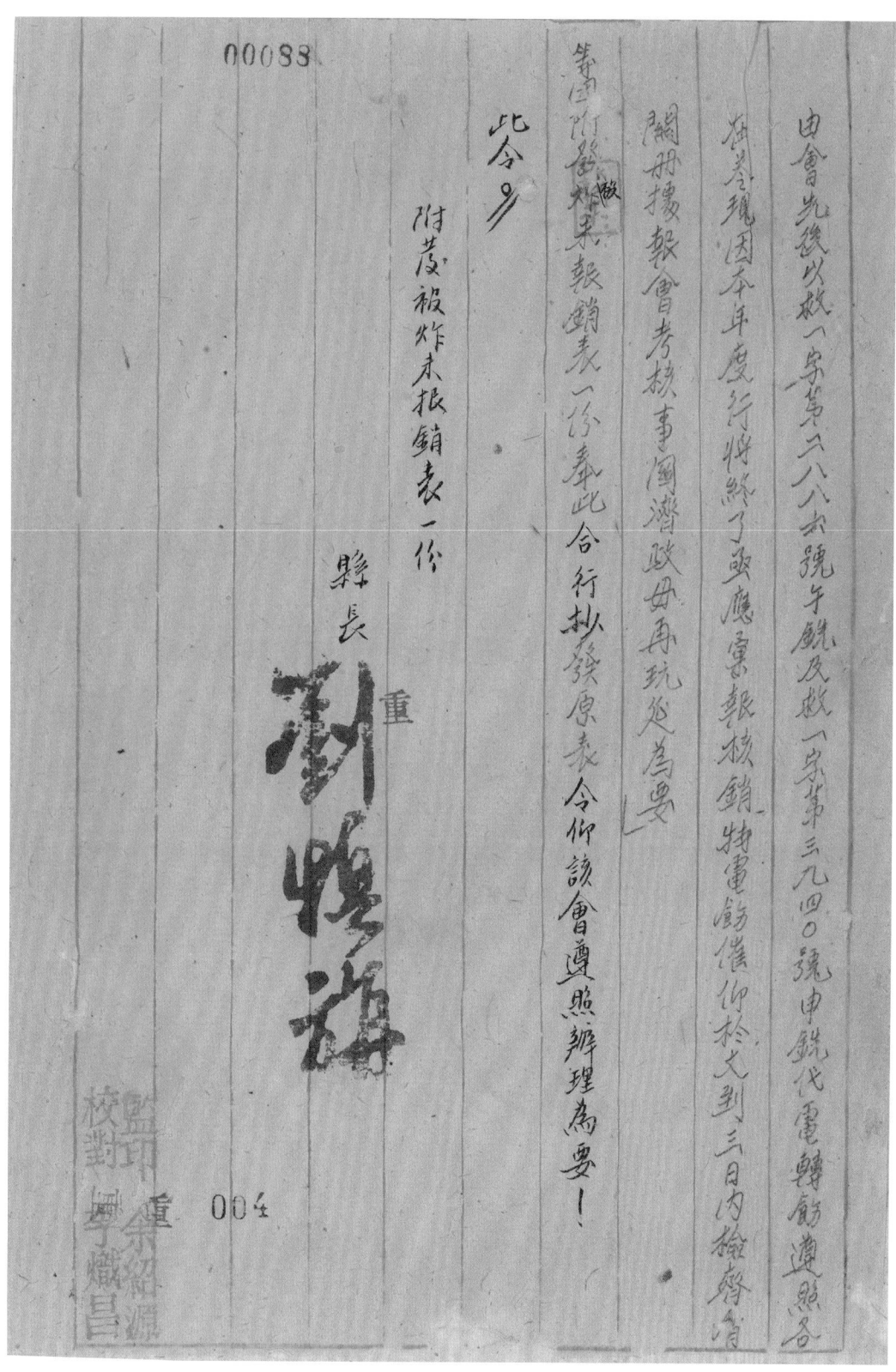

附：一九四一年度各县市未报销表

—00039

三十年度各縣市未報銷表

縣別	被炸月日	已否報銷	備攷
梁山	五、二〇	未報	
	五、二二	仝	
	六、一五	仝	
	七、三〇	仝	
	八、二二	仝	
	八、二三	仝	
	八、二四	仝	

005

張

五、一九四三年日军轰炸梁山地区史料

梁山县西大街协和商店关于一九四三年三月十六日躲避空袭遗失账簿声明作废事致梁山县商会的呈
（一九四三年三月十八日）

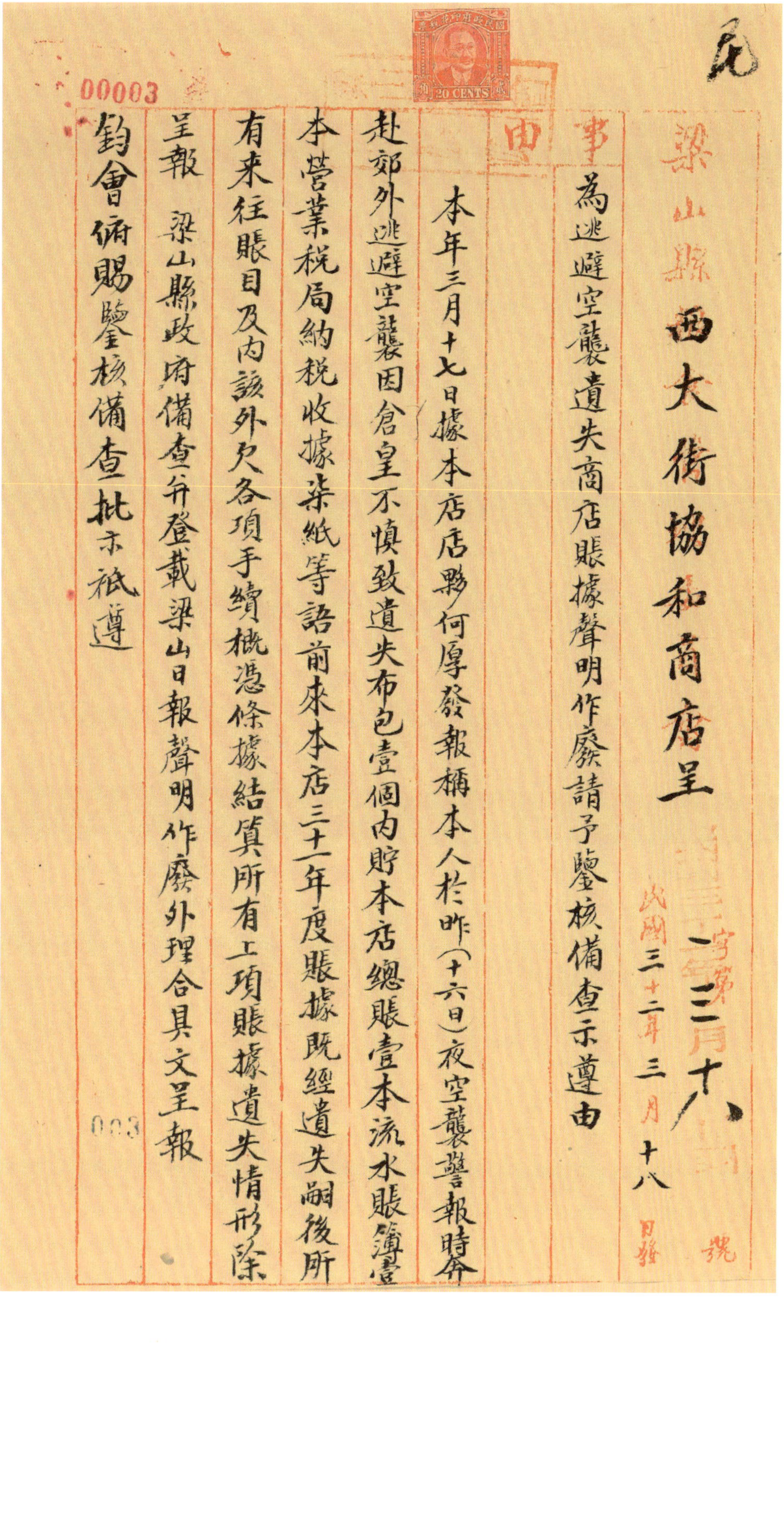
元

梁山縣西大街協和商店呈

民國三十二年三月十八日發　字第　號

三月十八

事由　為逃避空襲遺失商店賬據聲明作廢請予鑒核備查示遵由

本年三月十七日據本店店夥何厚發報稱本人於昨（十六日）夜空襲警報時奔赴郊外逃避空襲因倉皇不慎致遺失布包壹個內貯本店總賬壹本流水賬簿壹本營業稅局納稅收據菜紙等語前來本店三十一年度賬據既經遺失嗣後所有來往賬目及內該外欠各項手續概憑條據結算所有上項賬據遺失情形除呈報梁山縣政府備查并登載梁山日報聲明作廢外理合具文呈報

鈞會俯賜鑒核備查批示祗遵

00003

谨呈

梁山縣商會

梁山西大街協和商店經理黄俊德

梁山县中城镇镇公所关于查报一九四三年五月二十日被炸损失情形致梁山县政府的呈（一九四三年五月二十一日）

00037

梁山縣中城鎮鎮公所 呈

賑字第　　號

民國三十二年五月二十一日

社救 民

事由：為查報本年五月二十日被炸損失情形請予鑒核發給急賑由

召集有關機關同会審核并着炸區保長参加 五廿二

竊查本年五月二十日上午七時大批敵機襲梁彈中市區損失奇重當即派員前往被炸災區會同有關保甲長查勘災情督促各保長調查竣事繕造災民冊前來茲已彙齊備文呈請

鈞府鑒核准予發給急賑以濟待哺災黎當否令遵！

謹呈

梁山縣縣長黃

00037

00038

計呈五月二十日被炸災民册一份

中城鎮鎮長謝道懷

00038

附：梁山县中城镇造具一九四三年五月二十日被炸灾民调查册（一九四三年五月二十一日）

00039

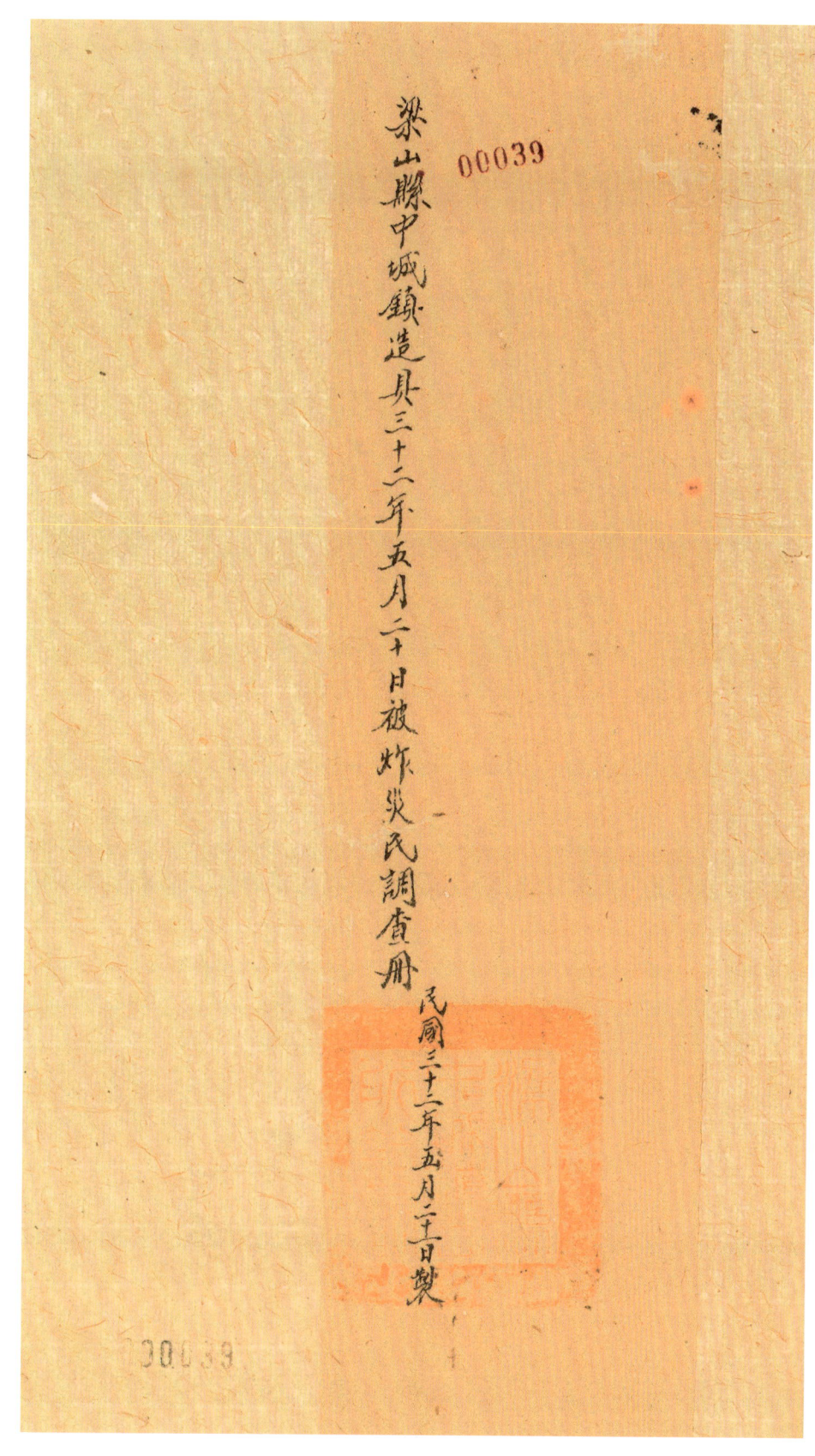

梁山縣中城鎮造具三十二年五月二十日被炸災民調查册

民國三十二年五月二十一日製

00039

梁山縣中城鎮造具三十二年五月二十日被炸災民調查冊

民國三十二年五月二十一日製

保別	甲別	姓名	年齡	籍貫	住址	人口 大	人口 小	損燬 全	損燬 半	生活狀況	傷亡	備攷
第保	第甲	駱先吉	四六	本	中正街					貧		重繕
	六	何清荣	四五		南街畢家巷	二	二		半	小康		
		鄧子中	四八			二	二		半	同		
		吴明截	五〇			二	一		半	赤貧		
		嚴家泰	四六			二	二	全		貧		
		陳李氏	六四	河北		一			半	貧		
		龍述清	四二	本		三	一		半	貧		
		華容武	五〇			二	一	全		貧		

再查　再查　再查　再查　再查　過　對

对	案係	案由	陳文平	五二	本	南街畢家巷	三	一		半	貧	半
再查			毛崇貴	三一			二			半	貧	半
再查			文大才	五一			二			半	亦貧	半
再查			李永來	四八			二	一		半	貧	半
		直五	張陳氏	四五		順城街			全		貧	重繕
			趙崇成	三七		太徧巷				半	貧	重繕
对		三	李代勛	三六		桂溪橋	二	二		半	同	
对			李代猷	二八			三	一	全		小康	
对			楊玄安	五八			二	二			同	
再查			唐子騫	三六		公會茶社			全		同	

对　查震　震查　震查　对　对　对　查

040-1

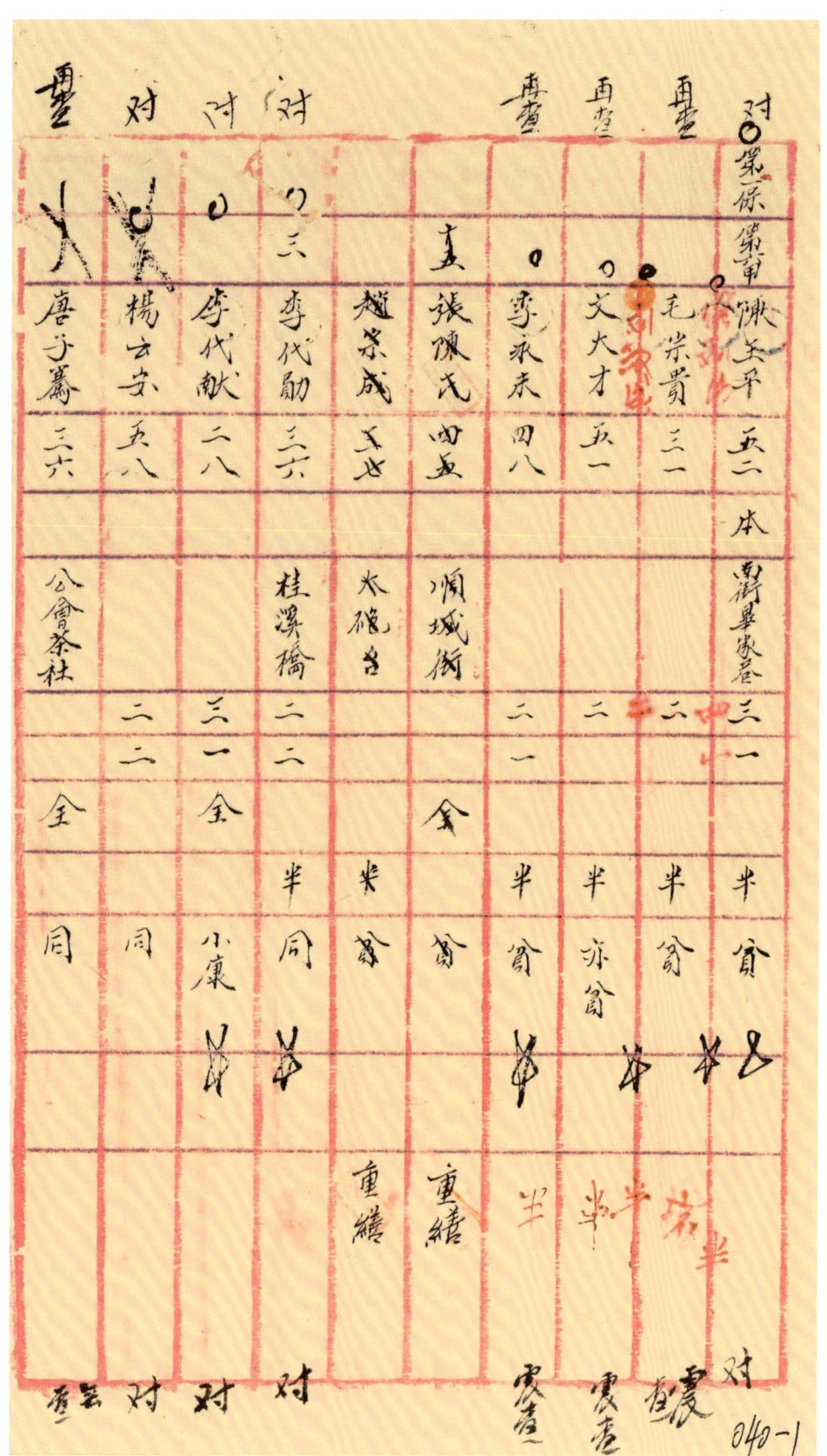

過	○劉寿弟	五○	本		四	二	全	貧	著	無產
過	○蔣文氏	四○			一			半	貧	著	無產
對	○閔亩云	四一			二		全		同	✓	對
對	○龍林氏	三五			一	一	全		亦貧	✓	對
對	○二 鄧子周	三五		南正街安全旅館	四			半	小康	✗	對
[illegible]	第四保第甲 朱學貴	二九	忠縣	西正街	三	一		半	貧		無產
過	鄢本義	三五	本		一	一		半	貧		無產
過	廖安洪	四二			三			半	貧		無產
過	樊克有	四一			四	六		半	小康		無產
過	李鴻鈞	五一			四	二		半	貧		無產

批注	標記	編號	姓名	年齡	住址					等級	末批
再查 第四保第二甲			李典發	五〇	梁山德門坎	四			半	赤貧	[illegible]查
再查			徐楷	三〇		二	一		半	同	同
少			曾鄧氏	五〇		三			同	同	另查
对	〇	三	余仁德	三〇	西正街	一	三		同	小康	对
再查折毀			羅富德	三五		二	二		同	貧	折查
查	〇		鄭榮吉	四〇		三		全		貧	当查
再查			熊炳清	三六		二	一		半	同	震查
少			蘇溫竹	五二		五			半	小康	另查
对	〇	四	合作金庫					全			对
对	〇		盧炳興	五三		五	四	全		貧	对

0414

主		縣商會			八子殿				半		查
再查	二	劉源厚	三八		西正街	三	一		半	貧	查
对	○	袁叔芹	四九			四	六		半	貧	对
主		黃希珪	二九	湖北		二			半	貧	查
对		蒲金城	四六	本		五		全		貧	对
对		謝伙珊	三八			五		全		小康	对
对		田煥章	三七			二	三	全		赤貧	对
对		熊紹卿	三五			三	一	全		同	对
再查		方典貴	五九		德門坎	三	一		半	同	查
再查		王李氏	四〇			二	一		同	同	同

3

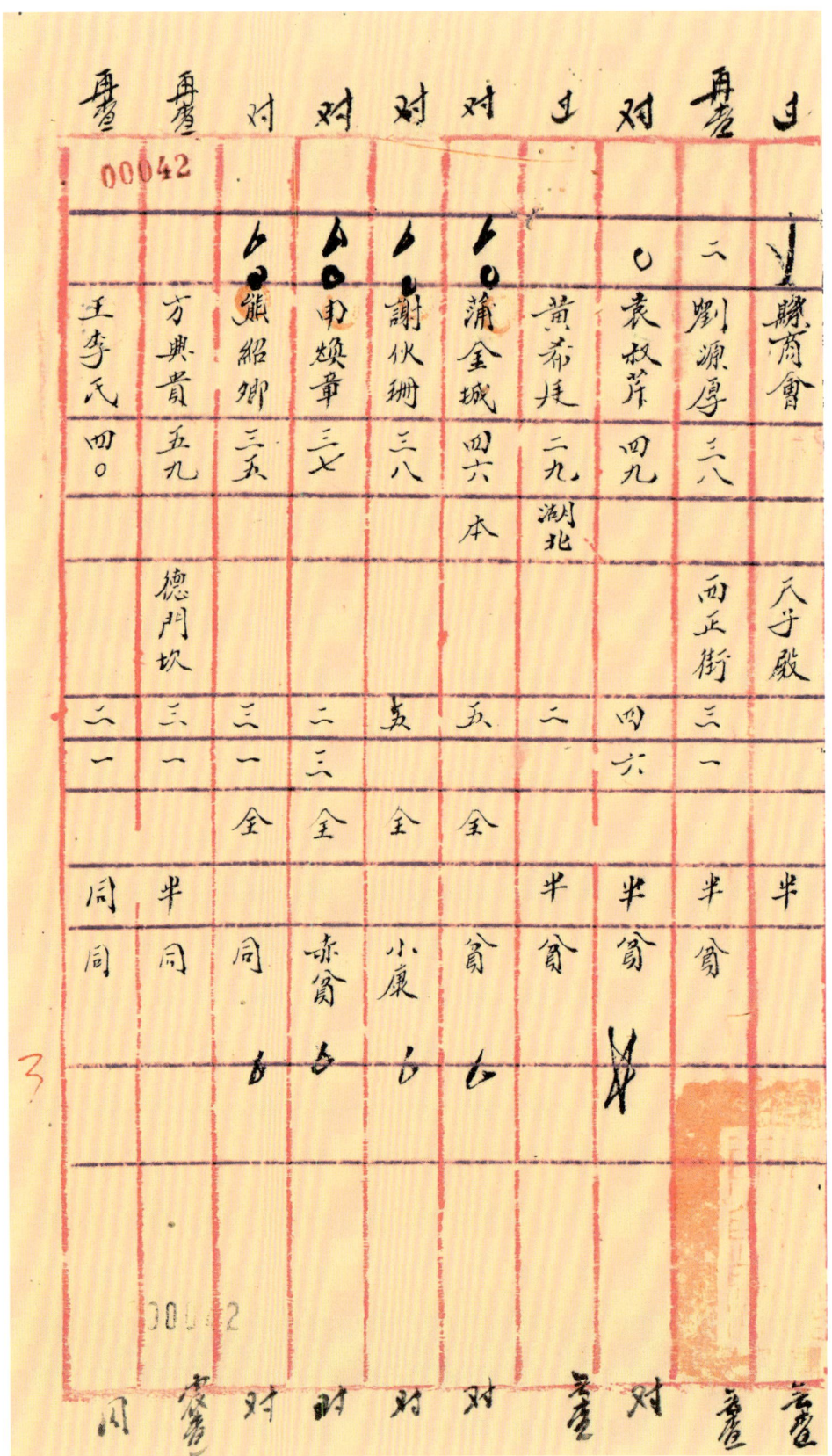

对	6		張邱氏	四〇			二		全		赤貧	6	对
对	6		游朗奇	三三			二	一	全		貧	6	对
对	1		李繼潘	五二			三	四	全		貧	6	对
对	四	四	陸世光	五三	本	西正街二九号	四	三		半	赤貧		对
再查			王興裕	五〇	同	同	三	三		同	貧		震查
达		六	李桐華	三二	同	同 五五号	三	二		震燬	同		震查
再查			伍元興	四八	同	三九号	三	[illegible]		半	同		震查
达			周榮隆	五二	同	三九号	三	〇		震燬	小康		
再查			劉陳孔喜	六四	同	六三号	五	三		半	富裕		震查
再查		七	王鴻榮	六〇	同	九八号	四	一		半	赤貧		同

00043

4.

00043

查			但榮臣	四二	同	九八号	二〇	半	赤貧
过			扈子粟	三九	同	九七号	四二	震燬	小康
过			浉子俊	四四	同	九六号	三四	同	同
过			唐游氏	三九	同	同	三一	同	貧
过		八	周百風	四二	同	八七号	二二	同	小康
查	〇、	〇	倪祖才	二七	同	八九号	二〇	全燬	貧△
对		〇	楊漢東	三九	同	九五号	三三	同	小康△
对		〇	王代清	五一	同	九五号	二〇	同	貧△
过		九	李全安	四二	同	順城街一号	四一	震燬	赤貧
过			彭吉山	五三	同	同	二〇	同	同

043

震查 [illegible] 同 查 对 对

00044

过	熊禮臣	五五	同	同	三〇	同	同
过	方炳臣	五六	同	号	二二	同	同
过	鄧直中	四二	同	同	二〇	同	同
过	龍國富	四七	同	順城街号	二一	震燬	同
过 十	吴鄧氏	六二	同	春泉巷一号	二〇	半	同
过	周熊氏	六二	同	同	二〇	同	同
查 建	龔明星	五九	同	同	三一	震燬	同
过	張華武	四二	同	同 八	二〇	同	同
过	楊華提	五八	同	同 同	三一	同	同
过	龔樹清	四三	同	同 二二	二〇	同	同

00044

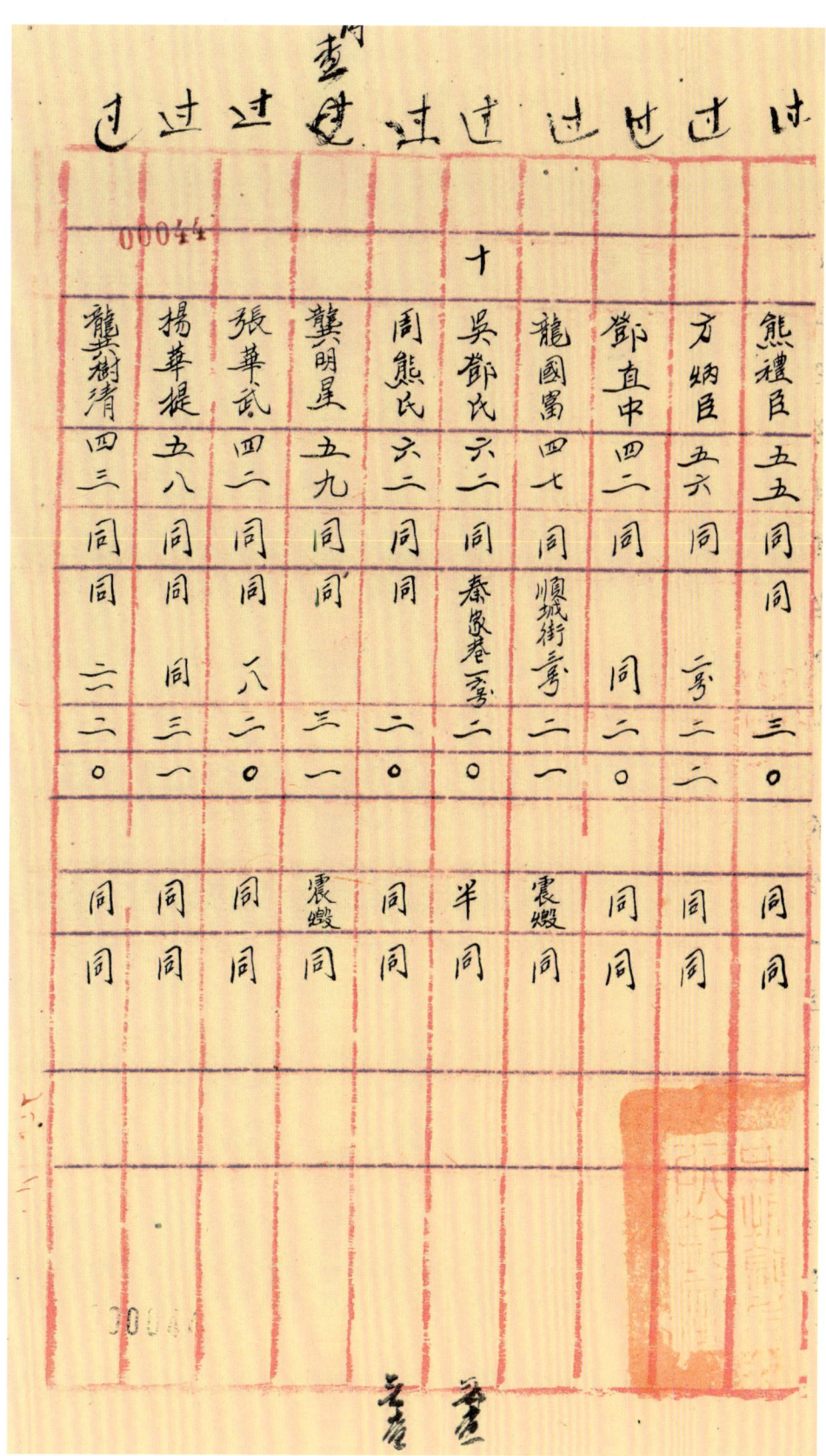

过			何洪儒	五二	同	同	二	二	震擞	同	
过			何盛益	四九	同	同	一	〇	同	同	
过			庞焕福	四八	同	同	二	一	同	同	
过			王少卿	五〇	同	同	二	二	震擞	同	
过			易发举	四八	同	同	二	一	同	同	
对		三	邓君元	五九	同	五道朝门	二	二	同	同	
对			苏益寿	四五	同	同	二	〇	同	同	
对		〇	曾志禄	四七	同	同	二	〇	半	同	
再查			莫乾发	六〇	同	同	四	一	同	同	
完			龚绍甫	一六	同	同				贫	亡

044-1

对 震查 对

00045

过		七	陳樹清	四八	同	同	三	二		震燬	同		
过			周象乾	五六	同	西正街	四	三		同	同		
查	五保	一	呂順才	五九	同	北正街	三	二		半	貧	渐本	震查
过			鮑朝忠	四六	同	同	二	五		同	同	全	文查
过			江莪之	四八	同	同	三	二	全		同	渐全	全查
过			張克明	四二	同	同	一	一	同		同	渐本	全
过			李鴻春	五六	同	同	二	一	同		同	全	全
过			許云程	五〇	同	同	二	二	同		同	全	全
过			王煥章	五二	同	同	二	二	同		同	全	全
查			熊心田	五一	同	同	二	一	同		同	全	全

00045

查	唐廷富	三六	同	同	二三	全		同		仝唐
	蕭嵩山	三二	同	同	一	同		同		仝
查	余貴学	四五	同	同	二二	同		同		仝
查	王澤沛	四五	同	同	二三	同		同		仝
查	胡有鑫	五四	同	同	三四		半	同		仝
	張蜀俊	二八	同	同	二二		同	同		仝
	吳開玉	三九	同	同	二一		同	同		仝
查	蔡成之	四八	同	同	二二		同	同		仝
查	楊志祿	三〇	同	同	二一	全		同		仝
查	范柱文	三八	同	同	二二	同		同		仝

045-1

00046

查	三	黃啟學	三四	同	同	二二	全		同			善
查		龍龔謝玲	五一	同	同	八一		半	小康			仝
查	十三	謝永培	三八	同	同	二		半	貧		半	仝
查		唐能仲	五三	同	同	二一		同	同		全	仝
查		鄧盛氏	六五	同	同	一一		同	同		[illegible]	仝
		李漢三	四九	同	同	二三		同	同		全	仝
查		同孔抱	三二	同	同	三二		同	同		半	仝
		何永連	五一	同	同	一一		同	同		半	仝
		王桂君	三八	同	同	二一		同	同		全	仝
		莫云昌	三八	同	同	三一		同	同		半	仝

00046

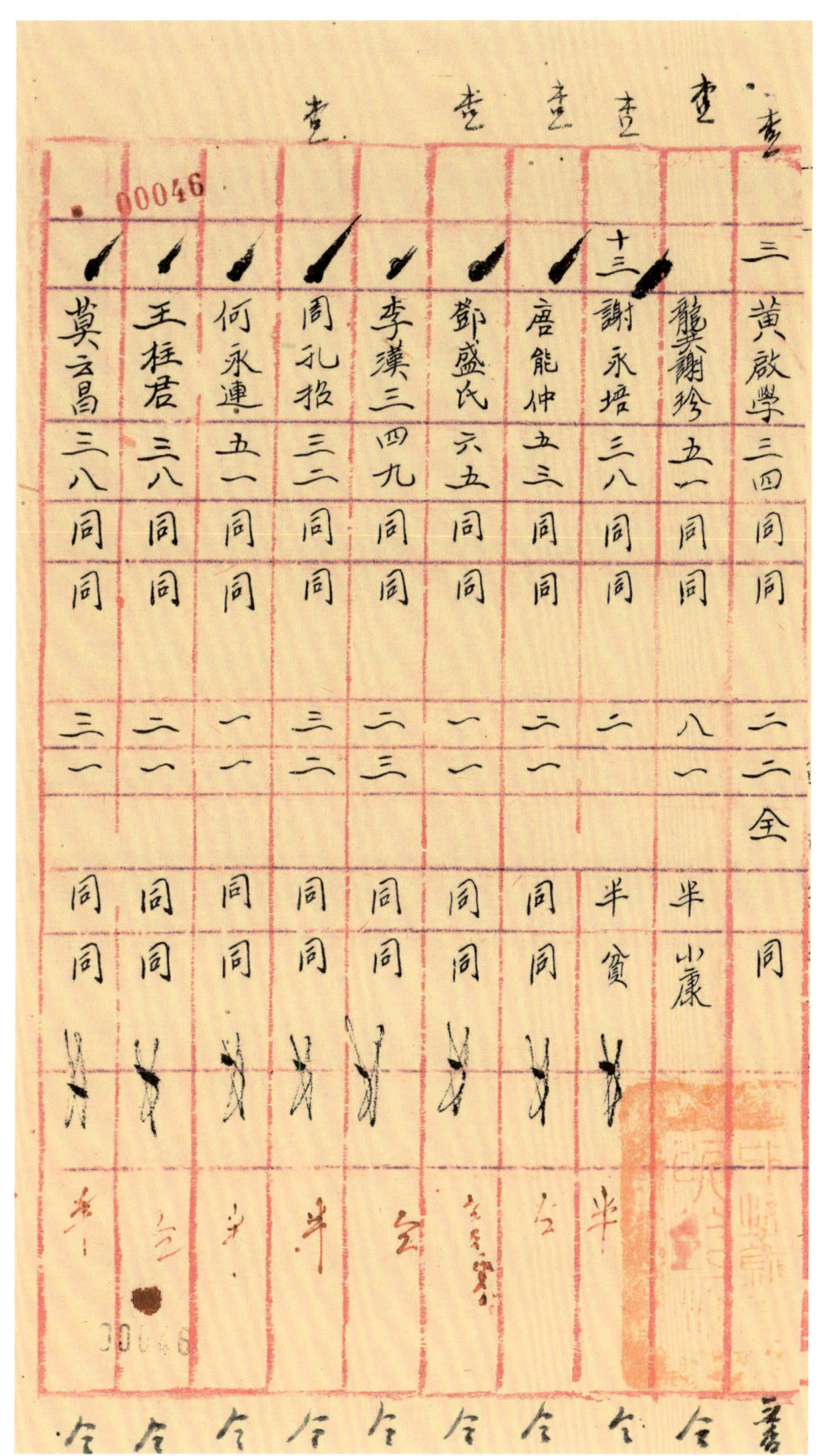

046-1

壹	游永康	四五	同	同	二			半	同	半	仝書
过	蔣錫堂	五〇	同	同	二	二		同	同	[illegible]	仝
过	陳云華	五六	同	同	四	三	全		同	[illegible]	仝
过	余承瑞	三〇	同	同	二	一	同		同	[illegible]	仝
过	何伯尊	五二	同	同	二	二	同		同	[illegible]	仝
过	杜德元	五四	同	同	二	二	同		同	[illegible]	仝
过	劉王氏	六二	同	同	二		同		同	全	仝
过	何鼎新	六九	同	同	六	五	〃	半	同	半	仝
过	王澤民	六二	同	同	三	三	全		同	全	仝
过	鄧炳文	五八	同	同	三	二	同		同	全	仝

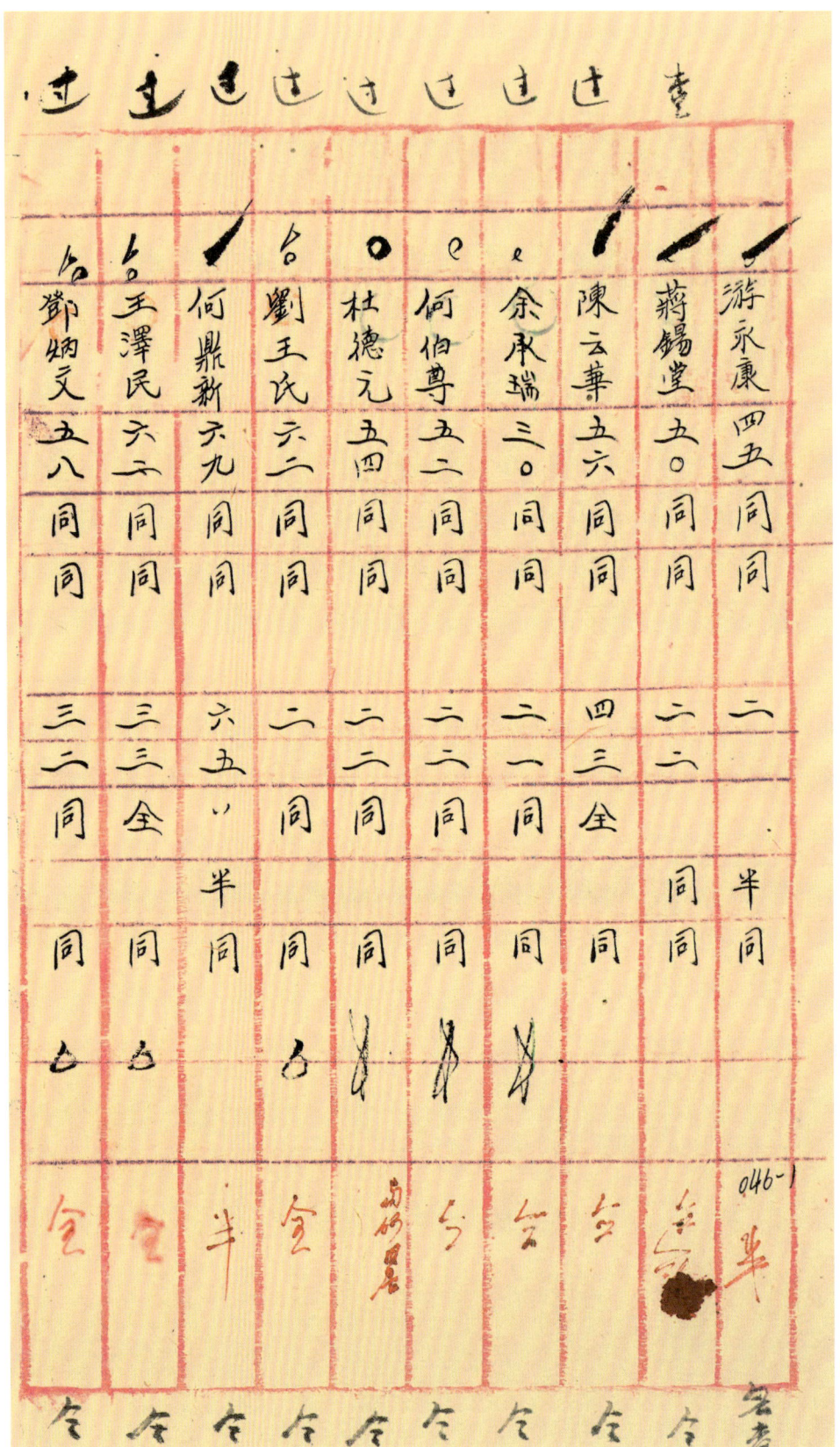

	鄧正安	五〇	同	同	二	一		半	同		仝
过	胡承國	四六	同	同	二	二		同	同	半	仝
过	賴吉五	四二	同	同	二	一	全		同	半	仝
	秦玉山	四一	同	同	二	二	同		同	亡一 傷二	对
过	謝成洽	五七	同	同	三	四		半	同	半	查
过	鄧正安	四六	同	同	二	一		同	同	仝	仝
过	熊澤三	五四	同	同	二	一	全		同	仝	仝
过	鄧少清	四二	同	同	二		同		同	半	仝
过	徐愷	四七	同	同	二		同		同	半	仝
过	李定楷	四七	同	同	二	一	同		同	仝	仝

过	五保		颜相斉	四一	本	同	二	一	全		同		[illegible]	[illegible]
对	六保		徐作之	四八	梁山	中正街	二			半	貧			对
过			李張氏	三六	同	同	二			半	貧		半	[illegible]
查			周在華	七六	同	同	二			半	貧		震	[illegible]
查			張世豪	四四	同	同	二			同	同		仝	[illegible]
查			張世鈞	四九	同	同	二			同	同		仝	仝
查		三	王國鈞	三二	同	同	四	三		同	同		仝	[illegible]
查		二	駱先告	五四	同	同	二		全	ノ	同	[illegible]	仝	仝
过			向正國	四八	同	同	三		同		同	[illegible]	[illegible]	仝
查		四	錢從基	四八	同	同	五	十二	同		同			[illegible]

047-1

00048

六保四甲		彭運煊	三五	重慶	中正街	五	四	半	小康			对
〇二		蕭福堂	三七	梁山	仝	二	一	同	貧			对
		余貴錢	四〇	仝	仝	二		同	同			对
		李仁民	三七	仝	仝	三	三	同	小康		農	云虔
		盧興武	五五	仝	仝	三	一	同	貧		仝	仝
	V	周具忠	二六	仝	仝	一				重傷		对
	V	何明安	二六	湖北	仝	一				六	夫 四六團七連二排伙夫	对
	文	李長遠	二六	梁山	仝	一		半	貧		裹	云虔
		石云臣	四八	仝	仝	二	三	同	同		仝	仝
		彭成林	四六	仝	仝	二	三	同	同		仝	仝

	甘義興	五五	湖北	仝	三	二		半	同	半	[illegible]
	陳楊朝鳳	三八	梁山	仝	一	五		仝	同	仝	仝
	袁紹江	四乂	同	仝	二	四		同	同	[illegible]	[illegible]
	劉樹伯	三八	同	仝	五、	二	仝		同		对
○	張[illegible]生	三二	同	仝		二	同		同	仝	[illegible]
	王子彝	三○	大竹	仝	五		同			[illegible]	仝
	楊田氏	六四	梁山	仝	一	四		半		半	仝
	王天喜	五六	同	仝	三	三		同	小康	[illegible]	仝
	劉倫全	四八	同	仝	二			同	貧	仝	仝
六	屈雨文	三六	同	仝	四			同	同	仝	仝

0481

六保	六甲	王具五	五五	湖北	中正街	八		半	貧	表
		李海清	二八	梁山	同	二		同	同	半
	七	彭長興	三一	同	同	五三		同	同	折半
		羅國棟	五六	同	同	六二		同	小康	折半
	一	蕭世均	四九	同	同	二		同	貧	半
七保	六甲	曾克清	三八	同	康正街	三三	全		平	
	七	熊修武	三五	同	同	二三	同		同	太
		陳孔信	三五	同	同	二一	同		貧	支
		周鑾	五〇	同	同	二四		半	小康	表
		肖文英	二二	仝	仝	一	仝		平	
	九	蔣羅氏	四〇	同	暗橋街	二一		仝	小康	

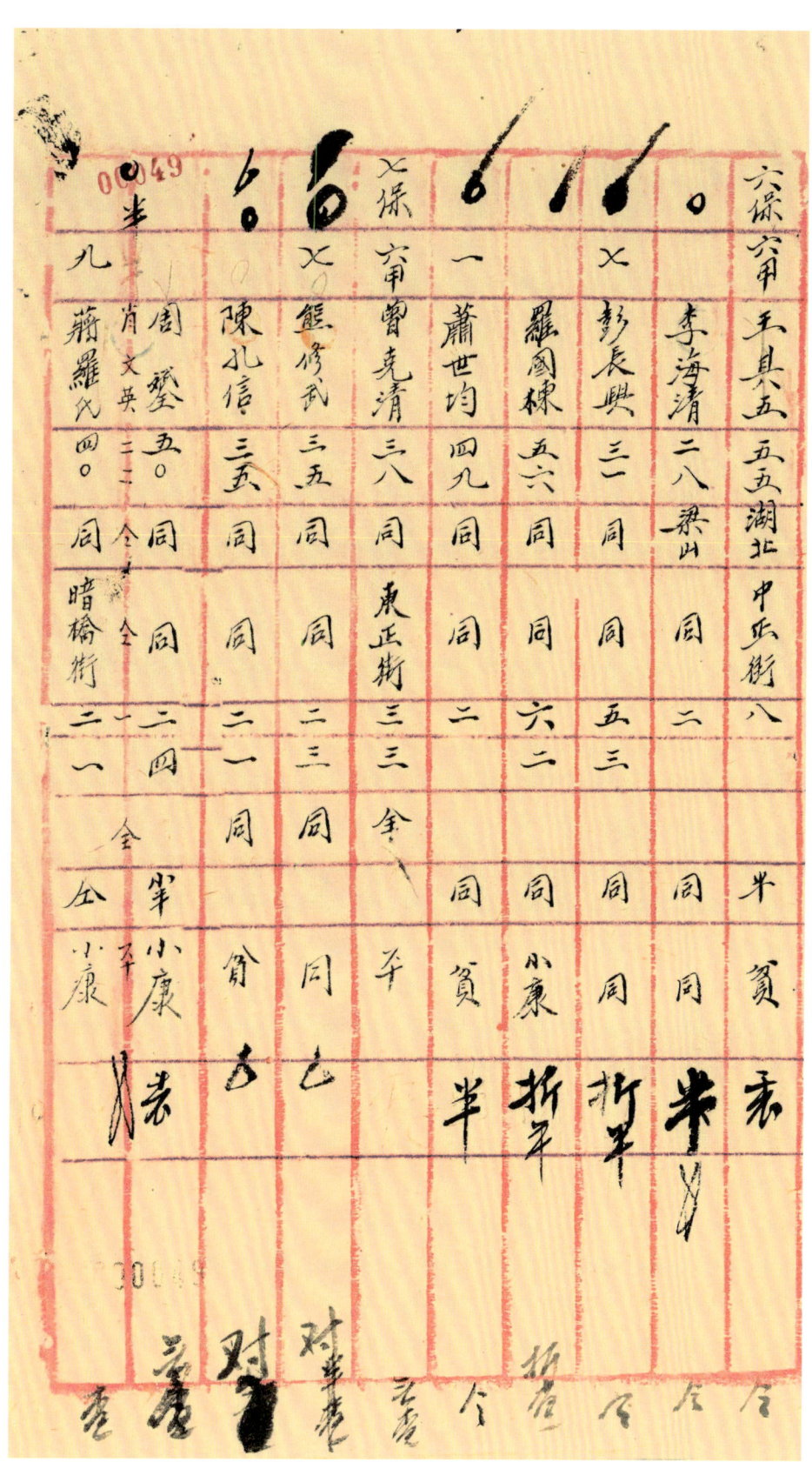

	鄧炎模	三五	綦山	暗橋街	二	二		小半	小康		壹
	鄭子臧	三〇	仝	仝	一	二		仝	小康		仝
十甲	陳如之	四〇	仝	監巷子	二	二		仝	仝		仝
	謝承治	三五	仝	仝	一			半	貧		仝
	宋大之	三五	仝	仝	二	一		仝	仝		仝
	徐承清	三五	仝	仝	二	三		仝	仝	△	仝
	劉國才	四〇	仝	仝	二	二		仝	仝		仝
二一	曾治清	五〇	仝	仝	二	一	仝		仝	[illegible]	壹
	聶章碧	二〇	仝	仝	二		仝		仝	[illegible]	仝
	陳昭容	五〇	仝	仝	二		仝		仝	[illegible]	仝

049-1

00050

十一	楊祖南	四六	仝	仝	二		全		仝	出
	樊天君	四二		仝	二		全		仝	半
	鄭道三	六十		仝			全		小康	半
	胡長久	三四		仝	二	二		半	貧	
十二	高順清	三二		暗橋街	二	一		半	仝	
	張藝竹	二九		仝	二	二	全		仝	全
	劉益洲	四八		仝	二	二	全		仝	全
	吳光烈	四九		仝	二	二		半	仝	
	陳治國	仝		仝	二	三		全	平	
西	羅穆五	三六		仝	三	三		全	貧	半

00050

6	廖達祥	三六	梁山	暗橋街	二			半	卒	
6o	張樹臣	五五		仝	二	一	全	亾	貧	亾
X	警察所			東正街			全			
	羅曉東	三二		仝	四	不		半	卒	
70	楊唐氏	四一		仝	二	三	全		貧	亾
60	余孫氏	六五		仝	二	二	仝		仝	半
第八保第四甲	宋漢成	五一	本	東大街	二	二		半	貧	
	蔡玉良	五二			二	三		小半	貧	
	陳鄭氏	四七			三	三		小半	貧	
	宋中全	四四			二	二		小半	貧	

震唐

040
044-1
050-1

甲	姓名	年齡	籍貫	住址						
第八保第八甲	龍順福	二八	本	東大街	三	三	全		貧	全乙
	藍明甫	三〇	湖北		三	三	全		同	全乙
	高全松	四八	本		二	三	全		赤貧	全乙
	王國青	四八			二	一	全		同	全乙
	唐猷桃	四二			二	二	全		小康	全
	余永黄	二七			二	一	全		同	全乙
	源宗舉	四九			二	一	同		貧	全乙
	劉大坤	七二			二			半	貧	
	曹少周	三二			四	二		半	同	
六	徐國恒	四八			四	四	全		小康	乙

完

東街

東大街

		鄧吉三	四八			一	一		半	貧
		楊青云	四〇			二	一	全		貧
		張譚氏	六〇			二		全		貧
		張劉氏	五六		南街畢家巷	三	一	全		貧
		劉漢成	六〇			二		全		貧
第一保第甲		趙宗臣	三二		水料巷	三	三		半	貧
	九	賀吳氏	三四		大城門	一			半	貧
	一五	田秉全	六二		木料廠	五	三		半	貧
		向化南	五三			二	一		小半	小康
		尹炳元	四五			二	三		同	貧

賀吳氏：輕傷

0511

第二保	第一番	張陳氏	五八	本	木料廠	二	三	全		貧
		張昌福	五三			二	二		半	貧
		鍾康祥	二七		水洞門	四	一		半	貧
十二保	一	肖桃瑚	四二		順城街	三	四		半	貧
		劉光仁	六二			三	一		半	同
	三	杜輔臣	三九		北大街	二			同	貧
		羅俊	三一			二			半	貧
		鄧子寬	五九			二	三		半	貧
		柳慶元	四八		軟塌街	二	三		同	同
第十三保	一	徐彬然	三二		西大街	七	一	全		小康

00052

对

关

	徐明軒	四〇	本	三三		半	小康	对
五	鄧家富	四六		二二		半	同	对
	沈朝富	三六		二二	全		同	重傷 对
	楊國正			二一	全			对
	楊維紀			二一	全			对
	楊陳氏			二一	全			查
	肖信忠			二二		半		查
八	許英武			二四	全			对
	陳長順			二四	全			对
十	許子恒			三三	全			查

052-1

00053

十三保 十甲 許之彬 五 全 令
十三 謝元全 一一 全 震虔
謝元明 一一 全 对
十三保 一甲 柏先臣 五九 本 烈女碑 四二 半 小康 震虔
何隆光 五二 同 同 二二 全 貧 对
二甲 黃蔣氏 五〇 同 同 一一 半 同 云虔
三甲 余羅氏 三〇 同 同 一一 同 同 对
雷蔣氏 五八 同 同 二一 同 同 震虔
杜漢章 二五 同 同 二 全 中貧 对
萬廷蕆 五八 同 同 二一 同 同 半查

00053

西保		陳南州	四二	萬縣	同	四			半	中貧
		何秉發	三八	本	同	二	二		同	貧
○	四甲	吳子林	四九	同	烈女碑	三	一	全		同
○		譚聘之	五八	同	同	四	一		半	中貧
○		余俊揚	三一	同	同	二	二	全		貧
		文述盛	二八	同	同	二			半	中貧
	三	劉天珍	四八	同	同	二	二		震燬	同
	四	李代意	五三	同	同	二	四		半	貧
		羅平波	四七	同	同	四	一		同	中貧
		賴代臣	二〇	同	同	三	二	全		同

0531

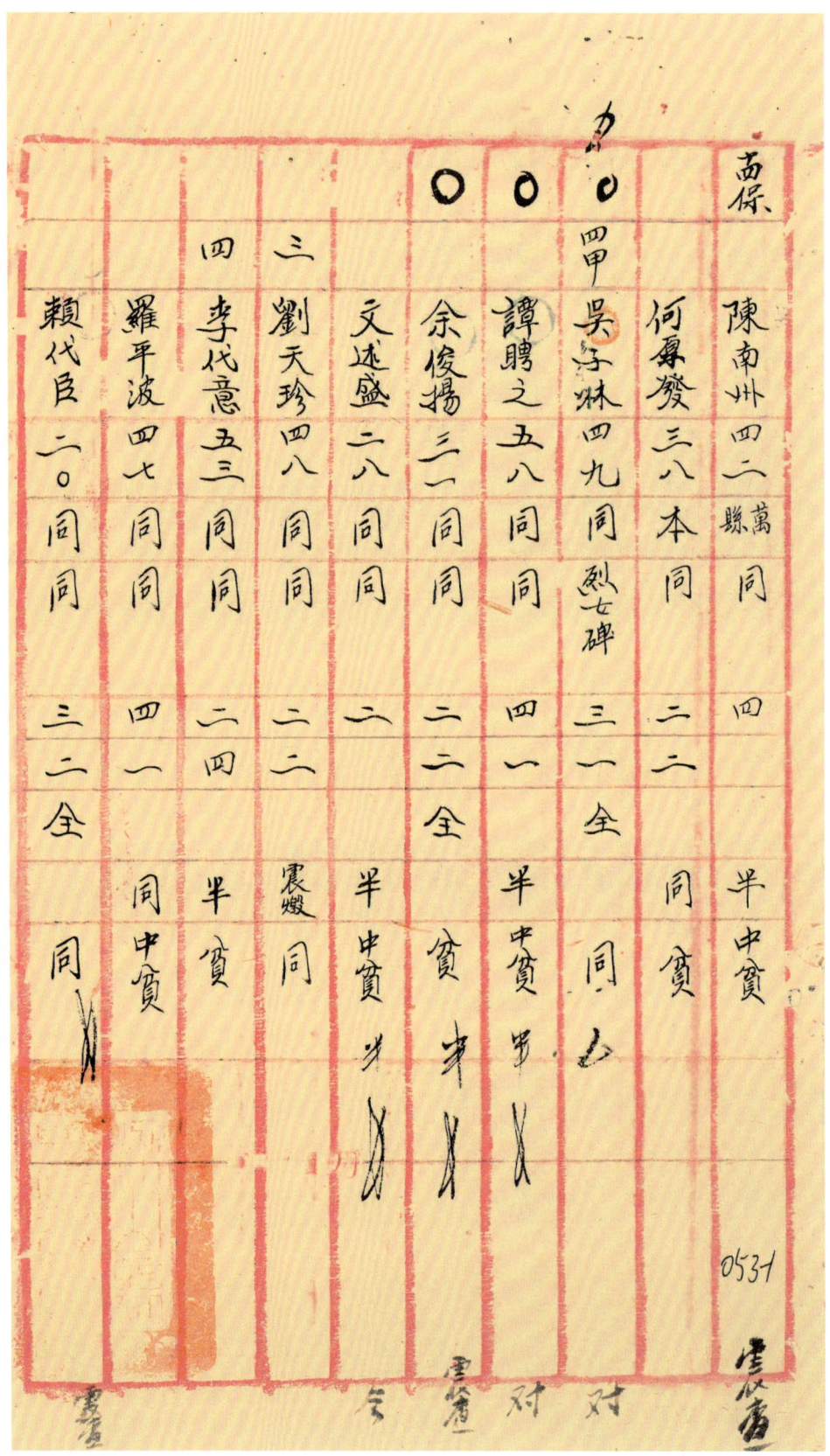

00054

9、

六	劉昱松	三三	本	同	二一	全		貧
	李唐氏	六五	同	同	三一		半	同
	賀裕全	四四	同	同	四五	全		中貧農
	張道全	一五	同	同	二一	同		貧
	李云	三〇	同	同	二一	同		同
	張子云	五二	同	同	二		半	同
	雷朝德	三二	同	同	二		震燬	同
七	張海清	六〇	同	同	三二		同	同
	呂世宗	五一	同	同	二三		同	同
	李興發	五〇	同	工廠	二四		同	同

对 对

		李興順	五四	本	同	四			震燬	貧	震查
		羅成之	五〇	同	同	二			半	中貧	震查
		林谷棠	三五	同	同	六	五	全		中貧 半	仝
		張云峯	四〇	同	同	二	一	同		貧 半	仝
		王劉氏	七一	同	同	一		同		同 半	震查
	八	王廷柱	四一	同	同	二			半	同	易南
		王厚才	三七	同	同	三	一		半	同	震查
	九	王方氏	五三	同	同	一	一		同	同	仝
〇	八	陸鄭氏	五五	同	同	一	一		同	同	仝
多	十	陳林山	六二	同	同	一	一	全	同	同 〇	仝

054-1

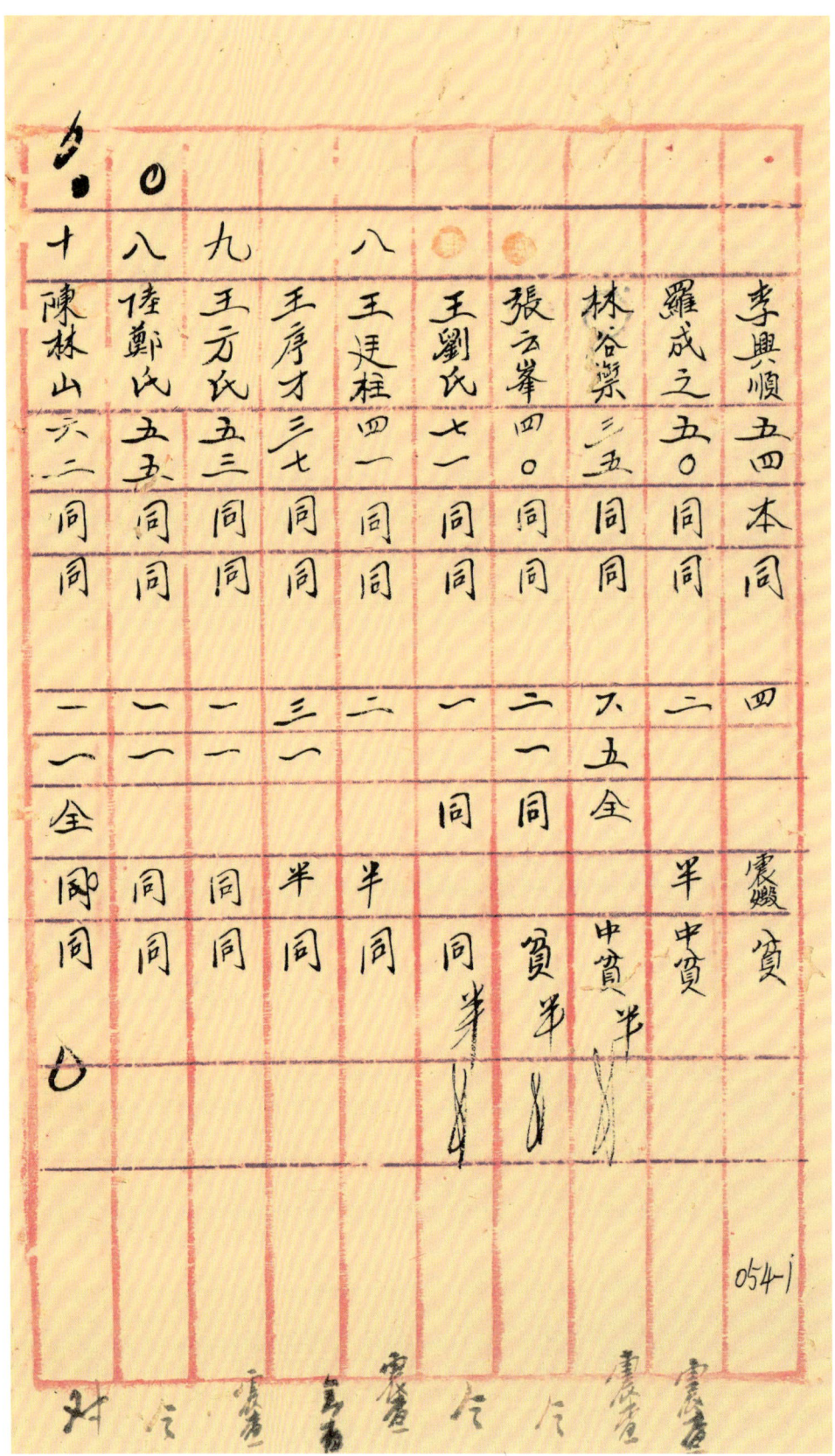

2、九

00055

李張氏	五二	同	同	一		全		貧
譚顯銘	三七	同	同	五	九	同		富紳
蒋一發	六二	同	同	二			農[illegible]	貧
謝永慶	五四	同	同	二	三		同	同
任澤礼	三八	同	同	一	一		同	同
石忠富	三八	同	同	二	一		同	同
張蔭如	五九	同	同	二	二		[illegible]	同
黎[illegible]戌	五三	同	同	二	二		[illegible]	同
王道恒	三二	同	同	二	二		同	中貧
謝云生	五八	同	同	六	四		同	富

6

16

係孫雨空屋排林

00053

附

	陳萬平	五四	同	七星半月	二二	同	貧	
	譚定元	四八	同	同	五六	同	同	
上	蔣洪根	四九	本	貧民公廠	二一	半	同	重傷 該户夫婦受傷
合	陳代氏				十八	〇		
〃〇	周治清				二二	西大街		
	七保九甲刘朝揚							

0551

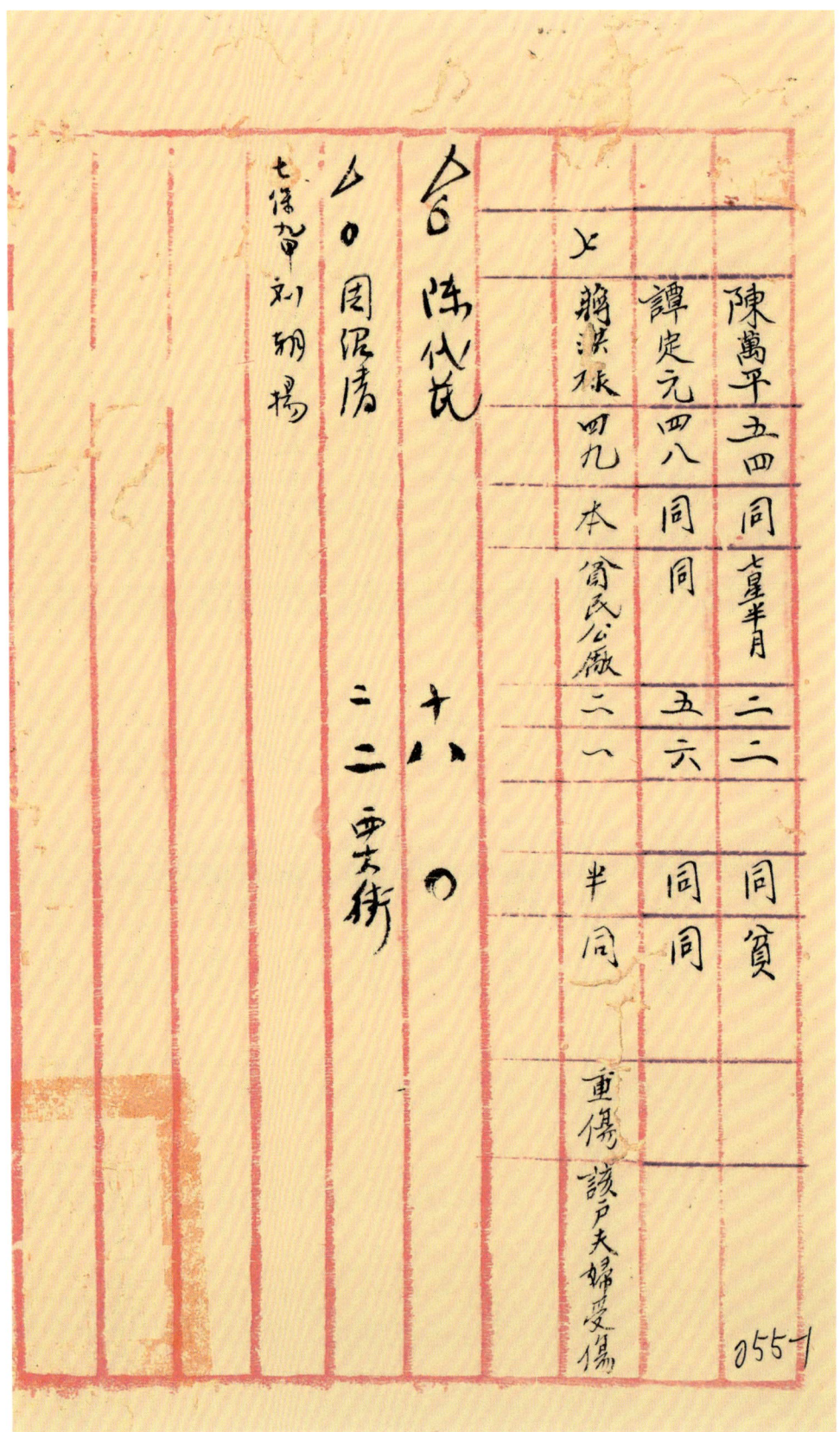

熊子达关于一九四三年五月二十日商铺被炸申请免捐事致梁山县商会的呈（一九四三年五月二十一日）

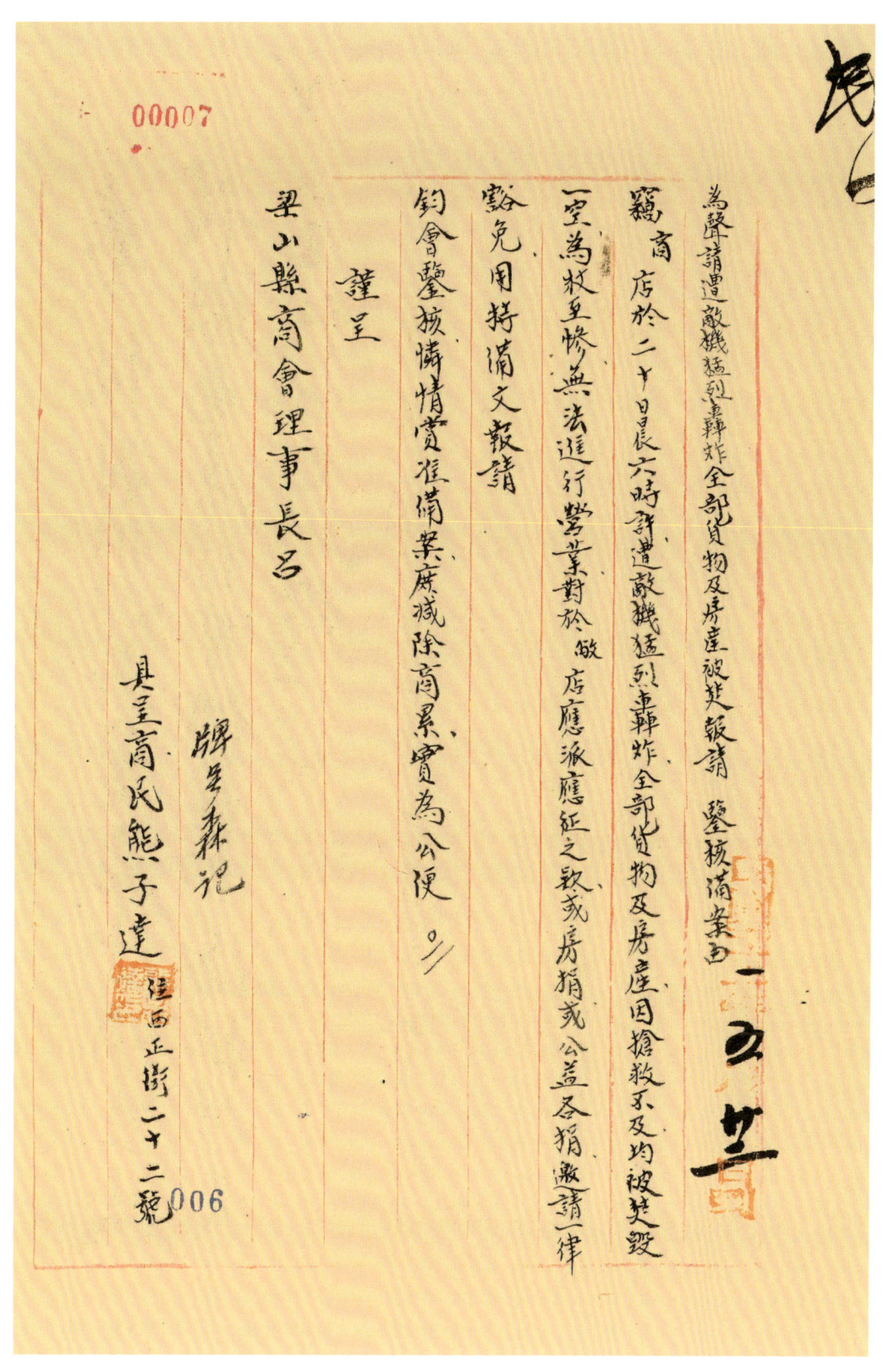

為舉請遭敵機猛烈轟炸全部貨物及房產被焚報請　鑒核備案由

竊商　店於二十日晨六時許遭敵機猛烈轟炸，全部貨物及房產因搶救不及，均被焚毀一空，為狀至慘，無法進行營業，對於　敝　店應派應征之款，或房捐或公益各捐，邀請一律豁免，用特備文報請

鈞會鑒核，憐情賞准備案，庶減除商累，實為公便。

謹呈

梁山縣商會理事長呂

牌名森記

具呈商民熊子達

住西正街二十二號

奉。該省被炸房屋應予備查，致
請就急房稍安，仰匯向派征稿閱
呈請均悉。此批
五、廿三

中華民國三十二年五月二十一日

006-1

梁山县赈济会关于报送一九四三年五月二十日空袭损害灾民抚恤办法致梁山县政府的呈
（一九四三年五月二十一日）

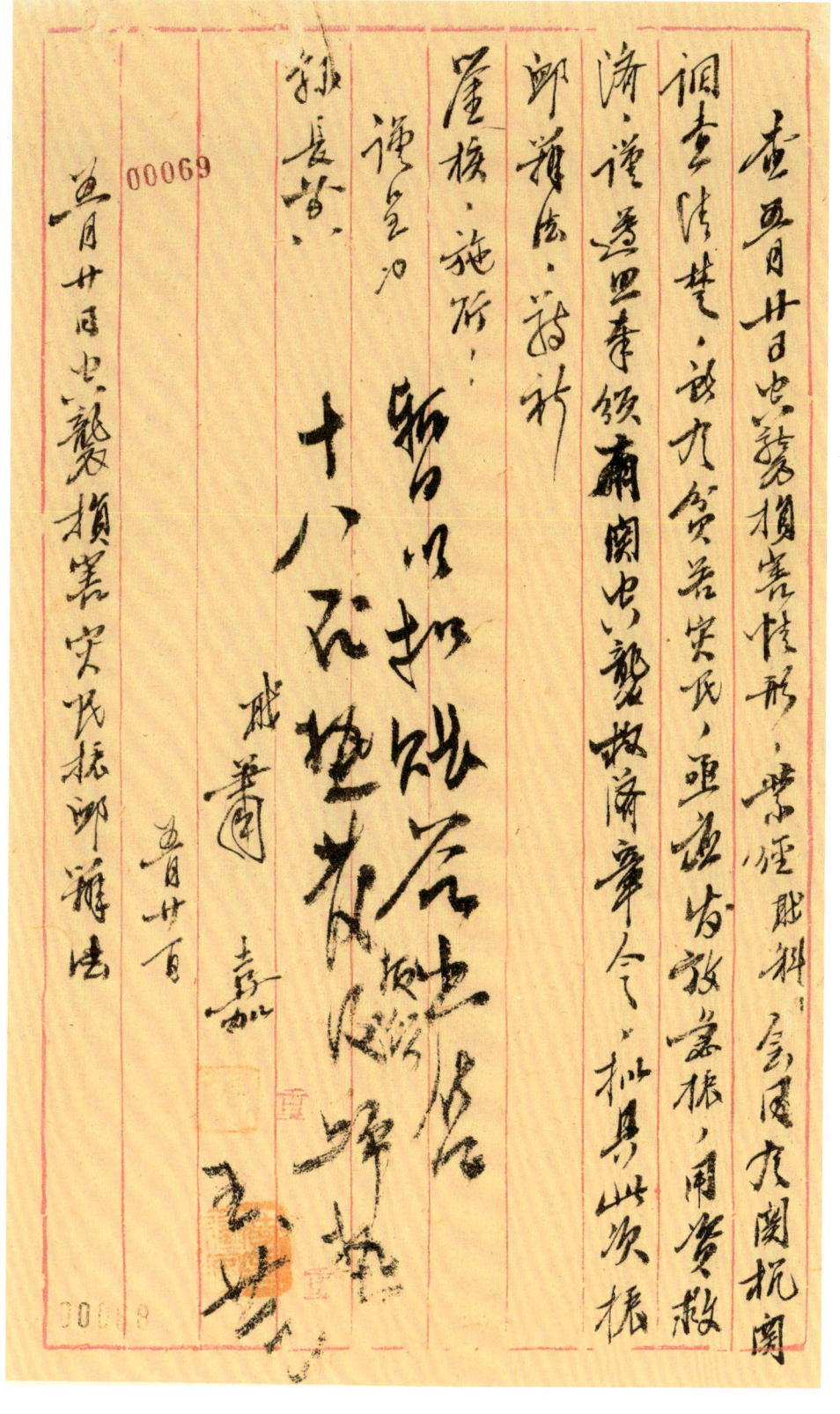

查五月廿日空袭损害情形，業經派科會同有關機關调查清楚，該次貧苦災民，亟應分發撫卹，用資救濟。謹遵照奉頒有關空襲救濟章令，擬具此次救卹辦法，敬祈鑒核施行！

謹呈

縣長黄

[illegible]

職 蕭[illegible] 嘉[illegible]

五月廿一日

五月廿日空襲損害災民撫卹辦法

00070

（一）伤亡振恤　遵照中振会规定振恤标准死亡者每名发给六十元重伤者每名四十元轻伤者每名廿五元

（二）房屋被炸　查中振会规定遭受空袭损害房屋被毁无家可归之灾民应予收容救济以一月为限大口日给食米新量八合小口折半但折给价款新拟房屋全毁者救济五日半毁者救济二日仍照规定折米量按市价折合现金大口每日四元小口每日二元五角全毁者皆给五日大口共计廿元小口共计十二元半毁者皆给二日大口共计八元小口共计五元

（三）以上伤亡振恤及房被毁救济均由[illegible]垫款皆给皆给了疏散

00069

同振卹登记表、灾民人数调查表、收支对照表,拟请四川省振济会转呈中振会核销,借拨归垫。

(四)此次死亡者二人,重伤者二人,轻伤者四人,房屋全燬者五十一家,共大口159人,小口84人,房屋半燬者六十三家,共大口181人,小口106人,依照第二第三两项振卹振卹标准,共约需款七千二元,未请即指拨以便发给。

(五)发振日期拟定五月廿四、二十五、二十六日,并将省振地点拟假中城振公所。

(六)省放之前,拟将调查结果公开,并审核以昭核实,并以释疑窦,其余之调查作为审核之参考。

（七）審核時間定於五月廿三日上午九時，地點仍假縣黨部。

審核、撫卹及監發機關，如定縣政府、振濟會、參議會、縣黨部、稽查處、憲兵隊、防護團、警察所、中城鎮公所七個單位。

由本府通報周知。

（八）領收災民由中城鎮通知，並由本府登報公告。

梁山县赈济会关于报送一九四三年五月二十日日机轰炸情形致四川省赈济会的代电（一九四三年五月二十一日）

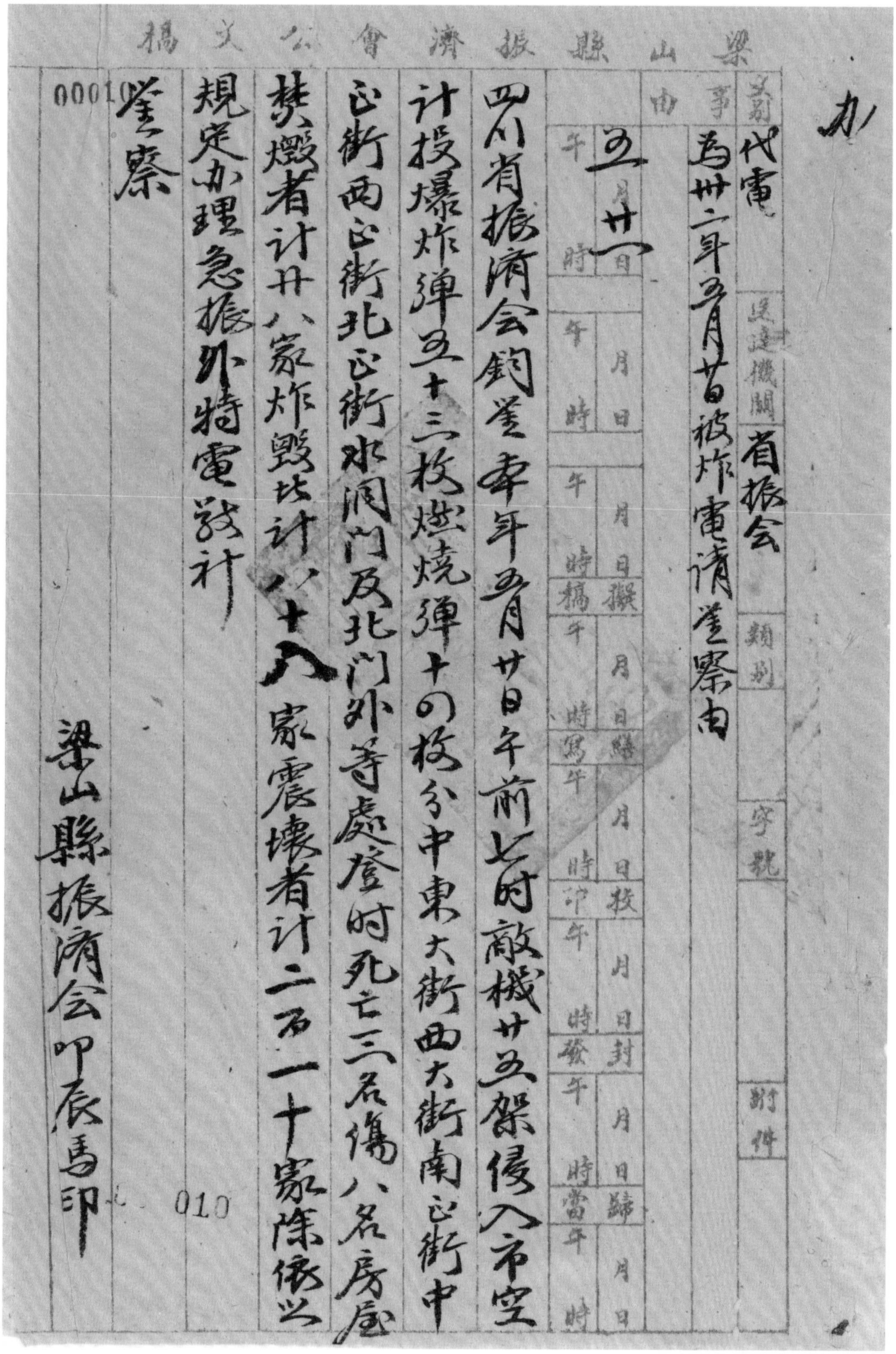

办

梁山縣振濟會公文稿

文别：代電

事由：為卅二年五月廿日被炸電請鑒察由

送達機關：省振会

五月廿一日

四川省振濟会鈞鑒：本年五月廿日午前七时敵機廿五架侵入市空，計投爆炸彈五十三枚，燃燒彈十四枚，分中東大街、西大街、南正街、中正街、西正街、北正街、水阁门及北门外等處，當时死亡三名，傷八名，房屋焚燬者計廿八家，炸毁者計八十八家，震壞者計二百一十家，除依規定办理急振外，特電敬祈鑒察。

梁山縣振濟会卯辰馬印

00010

010

附：四川省梁山县一九四三年五月二十日敌机轰炸情形报告表（一九四三年五月二十一日）

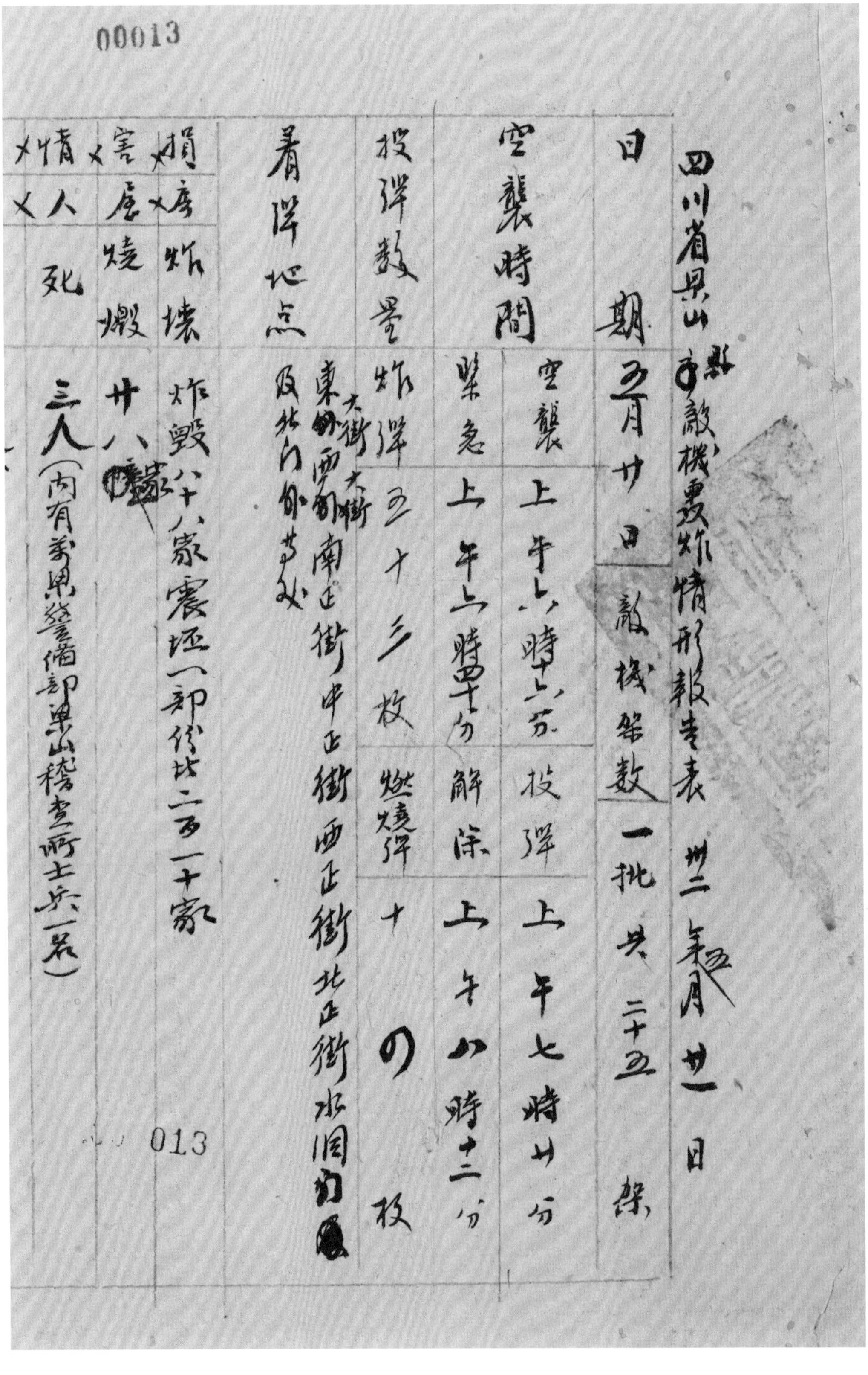
00013

四川省梁山縣敵機轟炸情形報告表 卅二年五月廿一日

日期	五月廿日
敵機架數	一批共二十五架
空襲時間	空襲 上午六時十六分　緊急 上午六時四十分　投彈 上午七時廿分　解除 上午八時十二分
投彈數量	炸彈五十三枚　燃燒彈十の枚
着彈地點	東門外大街、西門外大街、南正街、中正街、西正街、北正街、水洞溝[illegible]及北門外等處
損害情形 房屋炸壞	炸毀八十八家，震壞一部約計二百一十家
損害情形 房屋燒燬	廿八家
人 死	三人（內有萬縣警備部梁山稽查所士兵一名）

013

梁山县政府关于告知一九四三年五月二十日被炸灾民抚恤救济款发放时间及地点的通知（一九四三年五月二十二日）

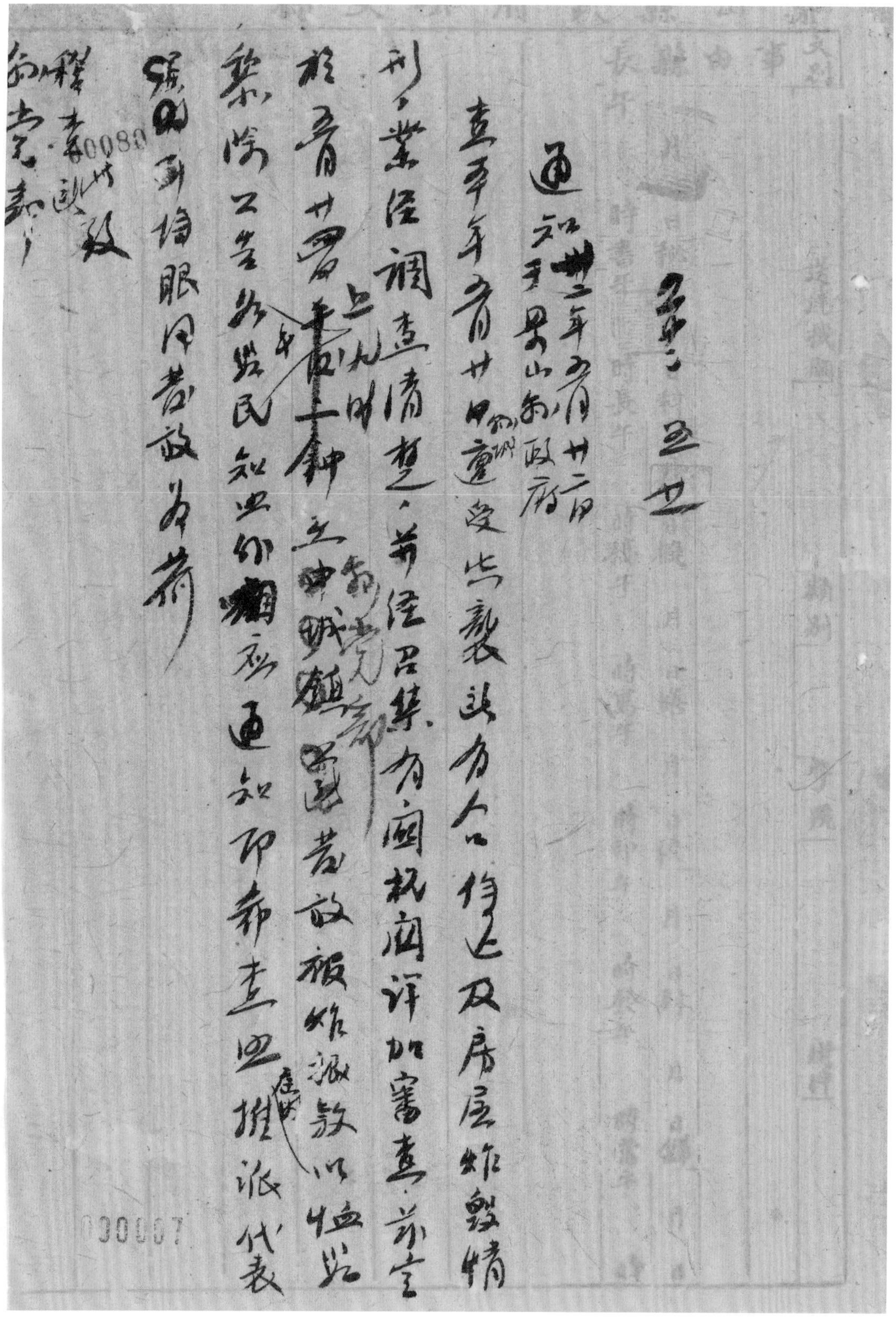

通知 卅二年五月廿二日

梁山县政府

查本年五月廿日城区遭受敌袭，该方人口伤亡及房屋炸毁情形，业经调查清楚，并经召集有关机关详加审查，兹定于五月廿四日上午十钟在中城镇县党部发放被炸振款以恤灾黎，除公告各灾民知照外，相应通知，即希查照推派代表届时到场监督发放为荷

梁山县政府关于召开一九四三年五月二十日被炸灾民损失调查审查会议的通知（一九四三年五月二十二日）

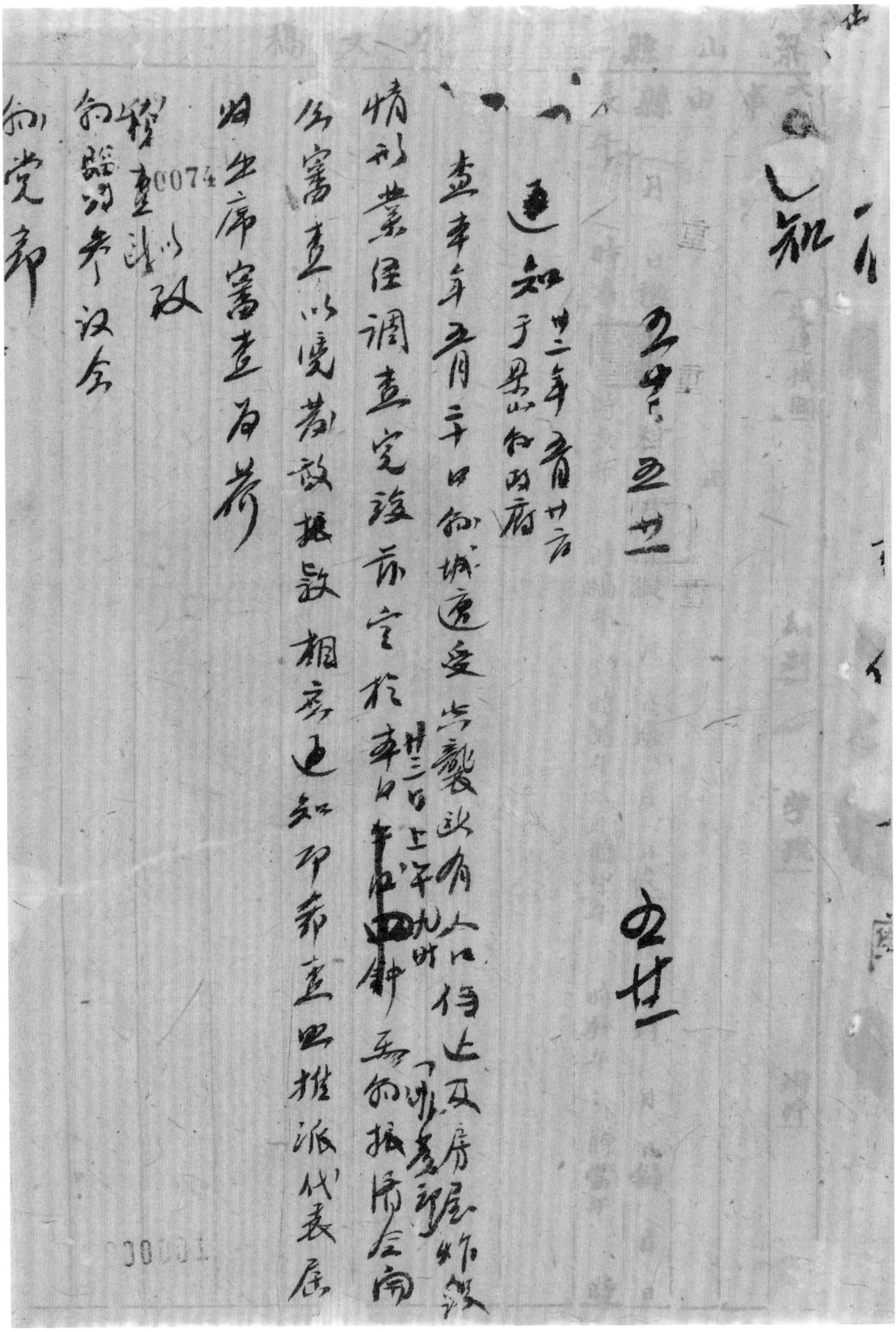

通知 卅二年五月廿二日 于梁山县政府

查本年五月二十日县城遭受空袭，敌机炸毁人口伤亡及房屋炸毁情形业经调查完竣，兹定于本月廿三日上午九时在本府礼堂召开公审查，以凭分别救济，相应通知，即希查照推派代表届时出席审查为荷

此致

县临时参议会

党部

00075

和城協会

憲兵隊

警察所

中城鎮公所

（随带報紙選民調查表
並約有關保長参加）

000002

梁山县政府审查一九四三年五月二十日被炸灾民调查册报会议记录（一九四三年五月二十三日）

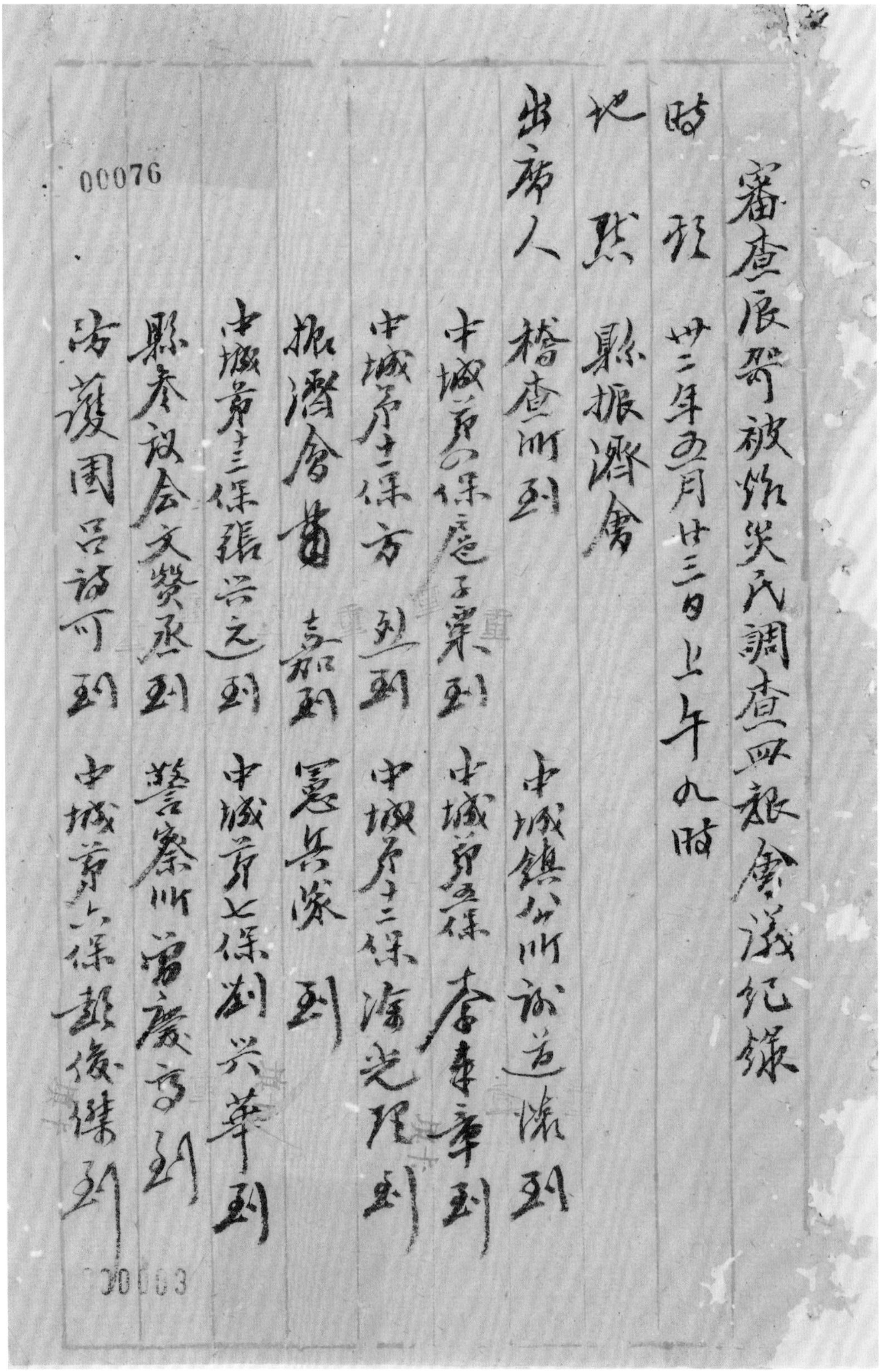

審查被炸災民調查冊報會議紀錄

時間 卅二年五月廿三日上午九時

地點 縣振濟會

出席人 稽查所 到 中城鎮公所 談道源 到

中城第四保 應子棠 到 中城第五保 李華章 到

中城第十一保 方廷 到 中城第十二保 潘先理 到

振濟會 黄嘉 到 憲兵隊 到

中城第十三保 張岩之 到 中城第七保 劉興華 到

縣參議会 文贊丞 到 警察所 甯慶高 到

防護團 呂諫可 到 中城第六保 彭俊傑 到

中城前保陳致福到 縣黨部黄 帝到

縣政府黄有安到

紀錄呂佐才

主席 黄有安

甲、主席報告（畧）

縣府社會科長兼振濟會主任委員蕭士碧報告調查經過

及上峯規定之振䘏標準

乙、討論事項

1.關於被炸傷亡人口撫䘏標準可否增加案

議決 照上峯頒佈修正辦法死亡每名一百元 成撥之重

傷八十元之輕傷三十元之（機關部隊公務員不在此限）

00077

00004

又、關於房屋炸毀無家可归之貧民如何救濟案

議決(一)依照規定收容救濟日數及合米數量折合以金計算大口每人每日四元小口每人每日弍元全毁者救濟五日半毁者救濟二日

(二)房屋震毁或被片損不予救濟

(三)殷實商戶富紳或機關團體公所無論是全毁半毁一律不予救濟

十、發放急振日數及地點如何決定案

議決 決於本月廿四日午前九時在縣党部大禮堂發放

00079

4、關於發放急振方式如何決定案

議決　先行調查災民列榜周知屆時由該管保甲長率領放振地點飲取

5、災民名册如何審查案

議決　按照議定標準審查並由社會科振濟會救濟院負責辦理

梁山县一九四三年五月二十日敌机轰炸情形调查表（二）（一九四三年五月）

00129

梁山縣三十二年五月二十日被炸房屋調查表（敌机轰炸情形调查表(二)）

受害人 户長姓名	住址	家庭人口 大	家庭人口 小	損失情形 住房被燬情形	損失情形 財產損失估計	備攷
王代勛	桂溪鄉第16保（中城第一保）（原鄉市街）	二	二	半毀	約壹仟餘元	房屋係自有 小康 对
李[illegible]甫	仝	三	一	全毀	約三千元	房屋自有 小康 对
楊榮安	仝 10号	三	二	半毀	約千餘元	（房屋自有）（貳间）（[illegible]）（極貧困） 对
龍林氏	仝	一	一	全毀	約二千元	房主彭德富（[illegible]） 对
閻安之	仝	二	0	全毀	約二千元	仝右 对
鄭子周	南正街（安全旅館）	四	0	半毀	約一千元	房主趙楚璧（小康） 对
陳劉氏	畢家巷（廿）（院内）	二	一	被震毀	約一千元	（房主李雨村）（打草鞋） 对

045

批注	姓名	住址	大口	小口	损失情形	损失价值	备考
中城镇呈报中级重查	吴鸣高	粤岭巷（卄）馆内	二	一	房屋震毁	约五百元	房屋全毁 子浦村（富）
中城镇报告中级重查	邓里坤	仝	二	二	房屋稍震	约贰百元	仝 小康
中城镇报告中级重查	何青云	仝	二	一	房屋稍震	约五百元	仝 小贸
	谢何氏	仝	二	一	房屋稍震	约五百元	（仝）贫
〇x	刘汉邑	仝	一	〇	全毁	约六百元	（仝）贫
拟大口三查 小口二	赖玉平	仝	二	一	半毁	约一千元	（仝）劳工
报全 再查	严家太	仝	一	一	半毁	约一千元	（仝）劳工
报半 再查	陈李氏	仝	一	〇	房屋稍震	约三百元	（仝）贫
免	华银玉	仝	二	一	全毁	约一千元	（仝）（财务局工役）贫
报半 再查	潘毛氏	仝 何岸告	一	一	房屋震	约三百元	（仝）贫

045-1

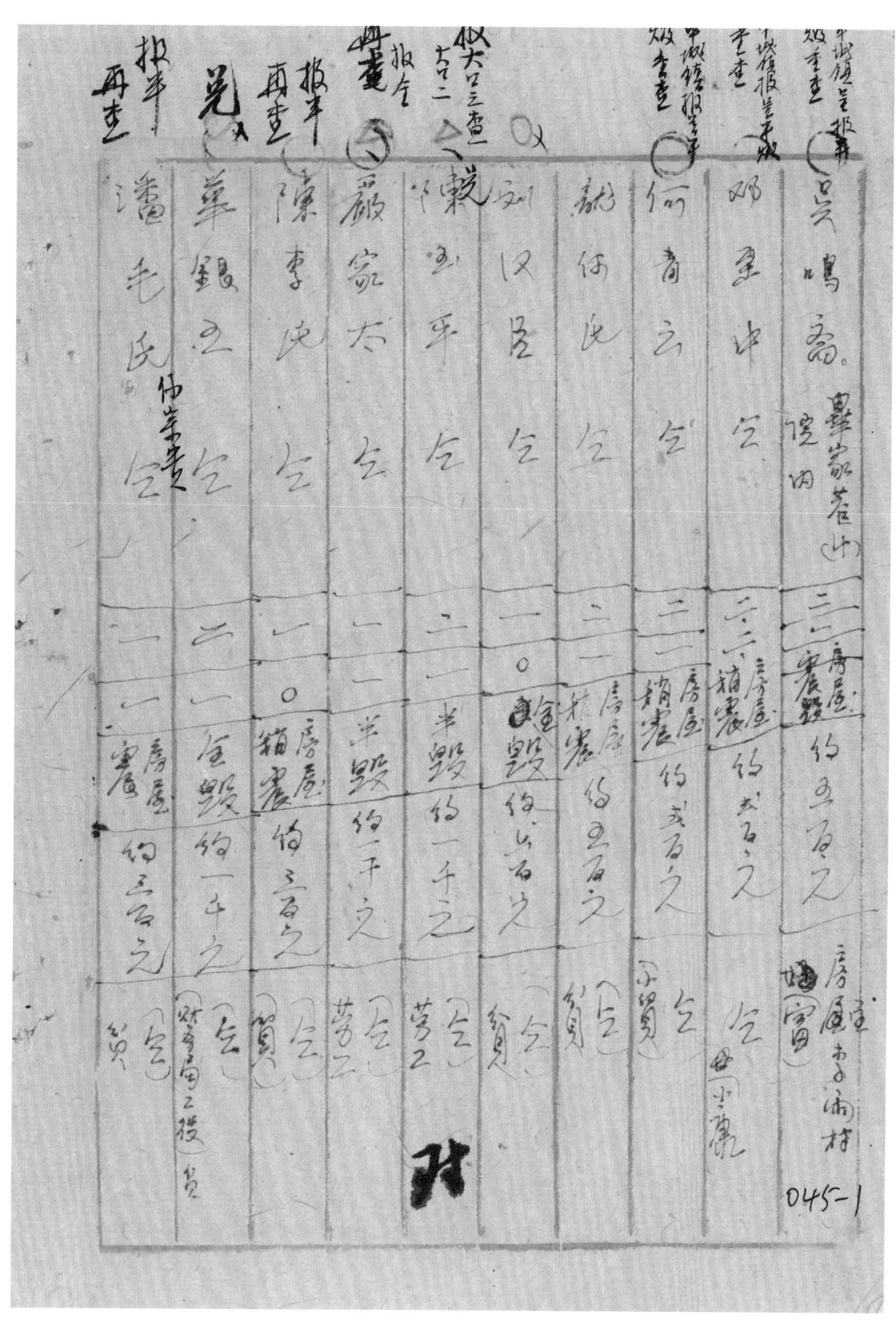

00130

救半 再查

救半 再查

文大才	仝	一	一	破法 震	約百元	（貧） 仝
李永增	仝	二	一	破法 震	約一万元	（貧） 仝
劉政衍	聯合佐室仝 毀				約伍千元	
陳孔信	東正街13	二	一	全毀	約五千元	屋主陳緒華 積鋪
涂緣氏	仝11	二	二	半毀	約一千元	房主唐天泉（鹹菜鋪）
熊修之	仝15	三	二	半毀	約弍千餘元	房主陳緒華（紙鋪）
毛清和	東大街12	二	三	房屋震毀	約一千元	房屋自有（富田）
陳華軒	東大街[illegible]	四	四	震毀（全毀）	約一千元	房主[illegible]徐[illegible] 清貧
劉宗方	東大街24	三	四	震毀	約三百元	房屋自有（赤貧）
劉大昆	東大街24背後院	二	0	震毀	約二百元	房主劉炳煌（貧）

046

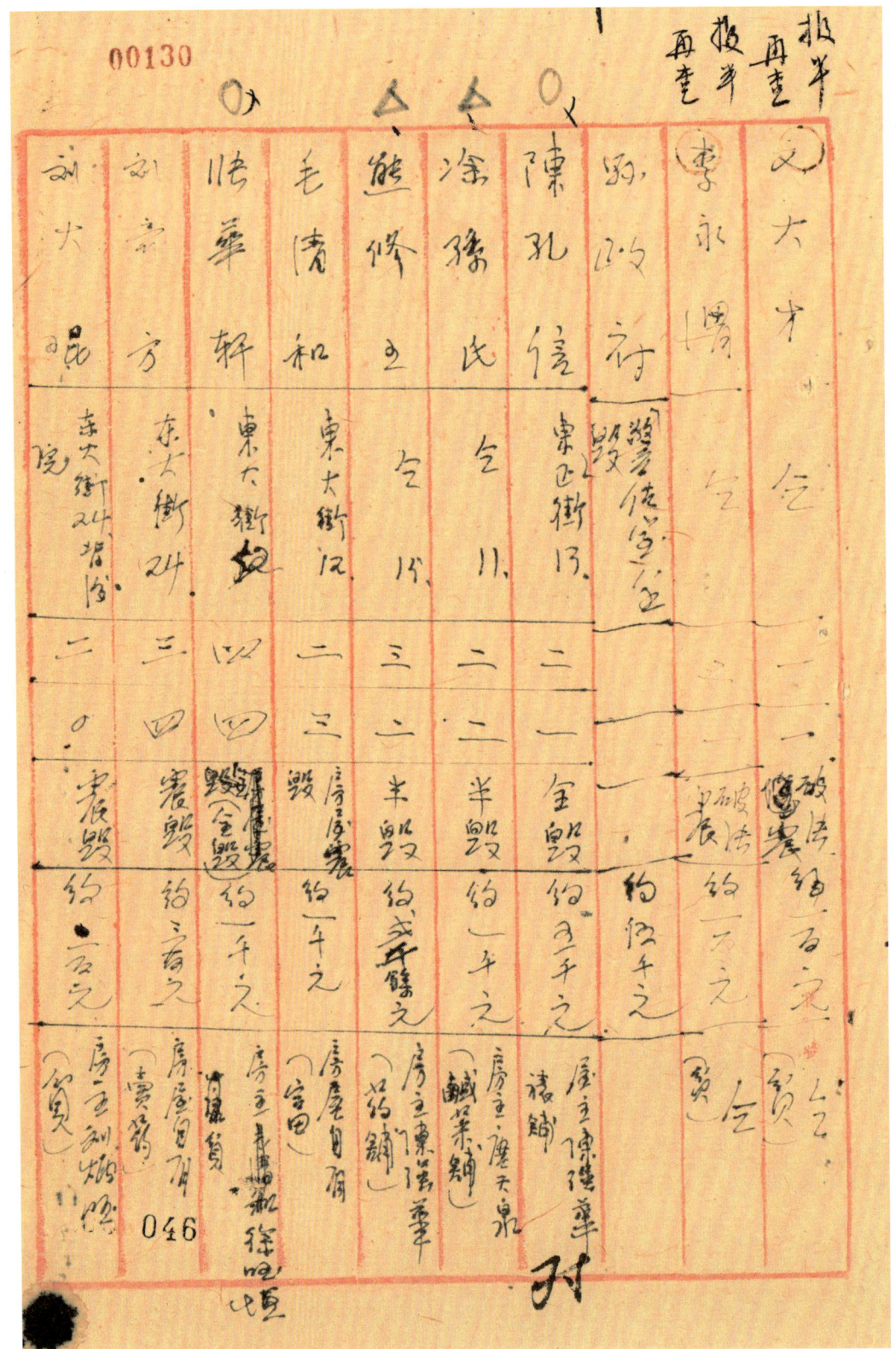

对

钟志元	东大街30号	二	〇	炸毁	约五百元	房主钟世[illegible]（炎）
龙顺福	东大街36号钟家院	三	三	半毁	约千元	房主（钟袁氏）（小贸）
唐云亮	仝	二	二	全毁	约万元	仝（军用） 村
陈忠举	仝	二	一	全毁	约数千元	仝（政） 村
余鼎煌	仝	二	一	全毁	约贰千元	仝（政） 村
万昭普	仝	三	三	全毁	约贰千元	仝（政） 村
高金松	仝	二	三	半毁	约一千元	仝（普力）
王经清	仝	二	一	半毁	约千元	仝（普力）
钟袁氏	仝（徐钟家院房主）			全毁	损失约千余元	
邓吉三	东大街52钟家院	一	一	炸毁	约一百元	房主徐明恒 工人

046-1

00131

杨吉云	仝	二	二	全毁	约一千元	损毁仝
徐世恒	仝	四	四	全毁五分之	约五千元	房屋自有 小孩杜
李汉臣	东大街山尖市	二	二	震毁	约五百元	房屋邱子厚 十康
陈世禄	东门城墙李家老屋	二	一	半毁	约一百元	房主李刘氏 公方
刘朝阳	铁炉门袁家院子	二	二	全毁	约二千元	房主袁伯高 (留)
毛俊	仝	二	二	震毁	约三百元	仝 (留)
陈陈氏	木料街张云	二	一	全毁	约八千元	房屋自有 十康
熊泽之	水闸门二巷尹家院子	二	0	半毁	约千元	房主尹乐 小(留)
徐楷	仝	二	0	仝	约千元	仝
邓永清	仝	二	0	震毁	约三百元	仝

047

顾相斋	水阁子余家院	二	一	震毁	约三百元	房主尹东升（继租）
李宝桃	仝	二	一	仝	仝	仝
刘克仁	水阁子院行	三	一	全毁	约五百元	房自有 院行
邓子寅	北大街公器	二	三	震毁	约三百元	房屋自有 市房
邓炳文	北正街城门内	二	三	全毁	约二千元	房主代顺伦（小贝）
王泽民	仝	四	二	半毁	约一千余元	仝
刘廷臣	北门城门外	一	一	半毁	约五百元	仝
何伯珍	北门城门内	二	二	半毁	约五百元	房屋自有（空回）
杜树之	仝	二	三	仝	约五百元	房主何伯珍（公负）
金仲衡	仝	二	二	半毁	约一千元	房主余金生（小康）

047-1

梁山县一九四三年五月二十日敌机轰炸情形调查表（三）（一九四三年五月）

00132

梁山縣三十二年五月二十日敵機轟炸情形調查表（三）

着彈地点	種類	枚數
桂溪磅12街坊	爆炸彈	壹枚
梁安巷（十）號内	仝	壹枚
縣政府	仝	四枚
東正街13号	殺傷彈	壹枚
東大街14號	爆炸彈	叁枚
東大街鍾家院内	爆炸彈	貳枚
東大街52號徐家院	爆炸彈	乙枚
東大街某炭市	爆炸彈	乙枚

後山三枚（警察佐室一枚）

048

蒋府院门口	燃性弹	壹枚
木料街路口	爆炸弹	壹发贰枚
	燃烧弹	乙枚
衙门後口院子家	爆炸弹	乙枚
木料街路口	爆炸弹	乙枚
水洞门口王家院	爆炸弹	贰枚
仝	燃烧弹	贰枚
仝	杀伤弹	乙枚
水洞门院外	燃烧弹	乙枚
北顺城街城墙上	爆炸弹	乙枚

048-1

北门城门外	爆炸弹	乙枚
北门城门以内	杀伤弹	乙枚
北门炭市	爆炸弹	乙枚
北门城外大米市街段	仝	乙枚
中正街什字背后	燃烧弹	乙枚
中正街福音堂内	杀伤弹	贰枚
中学堂内操场	爆炸弹	乙枚
花生市什字	燃烧弹	乙枚
北门杨家店	仝	乙枚
盐巷子内	杀伤弹	乙枚

臨安街分会内　燒夷弾七枚

西正街の保二甲　燃燒弾七枚

儀川坊　教傳弾一枚

西正街　燒夷弾一枚

崇恩坊　燒夷弾一枚

西順城街　燒夷弾一枚

西内口　燒夷弾一枚　楊漢忠府内

西正街　仝　翁誠

同　仝　大道生門前

新蔦館　仝

049-1

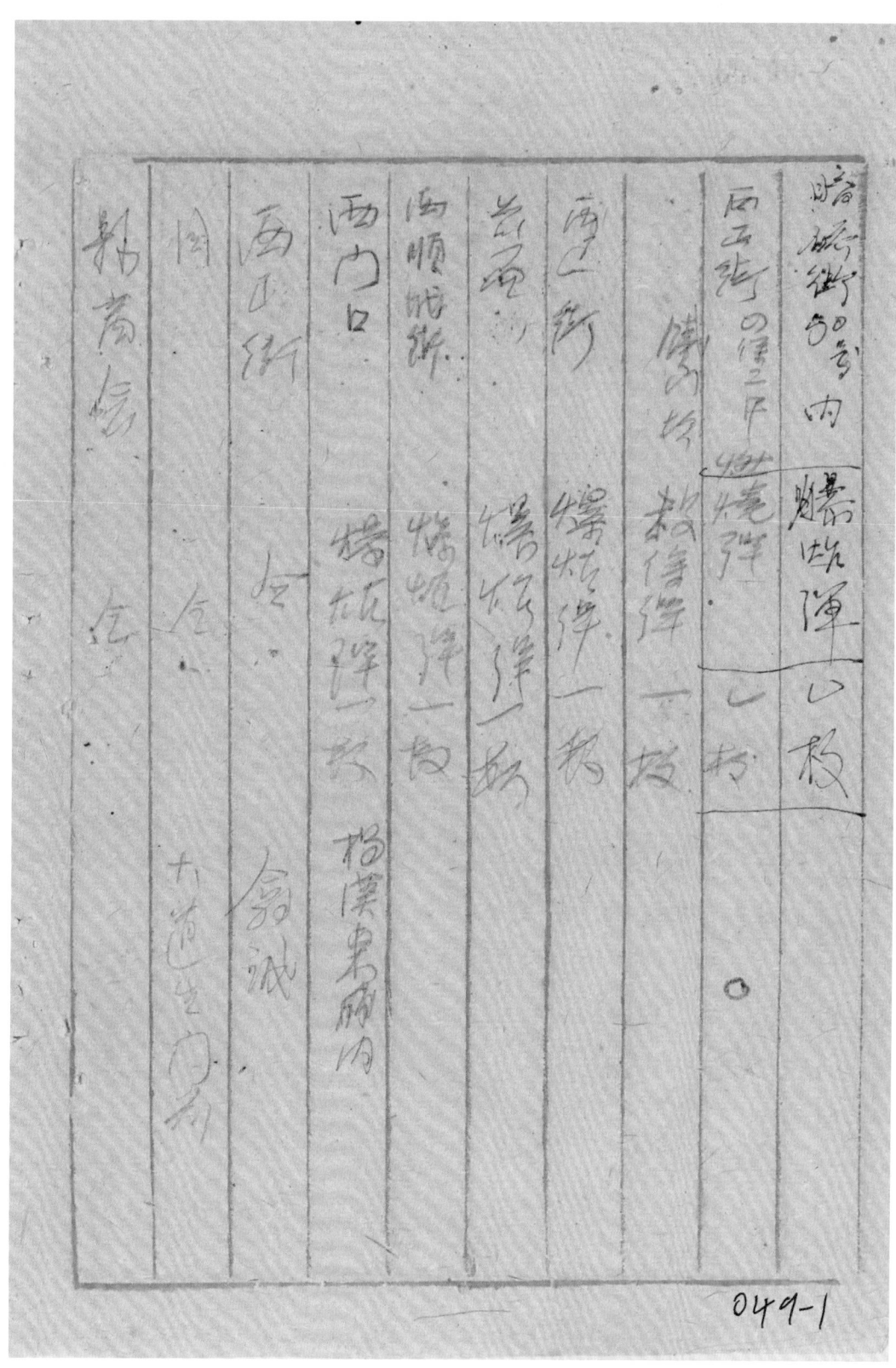

西正街 燃烧弹一枚 熊子廷○

〃 仝 谢作珊○

五道楼门 爆炸弹一枚

杜家楼背后 爆炸弹一枚

十三保西大街朱衣楼下 杀伤弹一枚

朱衣楼 爆炸弹一枚

高家巷 杀伤弹一枚

许子恒院坝 杀伤弹一枚

〃 爆炸弹一枚

许家巷 燃烧弹一枚○

共六十枚

又　　　　爆炸弹　〇枚

邓四英院　杀伤弹　弍枚

杜焕章　爆炸弹　乙枚

刘女基　燃烧弹　乙枚　〇

贺玉全　爆炸弹　乙枚

陈代茂　燃烧弹　乙枚　〇

找麦成　前　燃烧弹　乙枚　〇

北门外　爆炸弹　乙枚

中城镇门前　爆炸弹　乙枚

燃烧　廿斤　爆炸　四十斤　共六十枚

050-1

梁山县赈济会关于报送一九四三年五月二十九日被炸情形致四川省赈济会的代电（一九四三年六月一日）

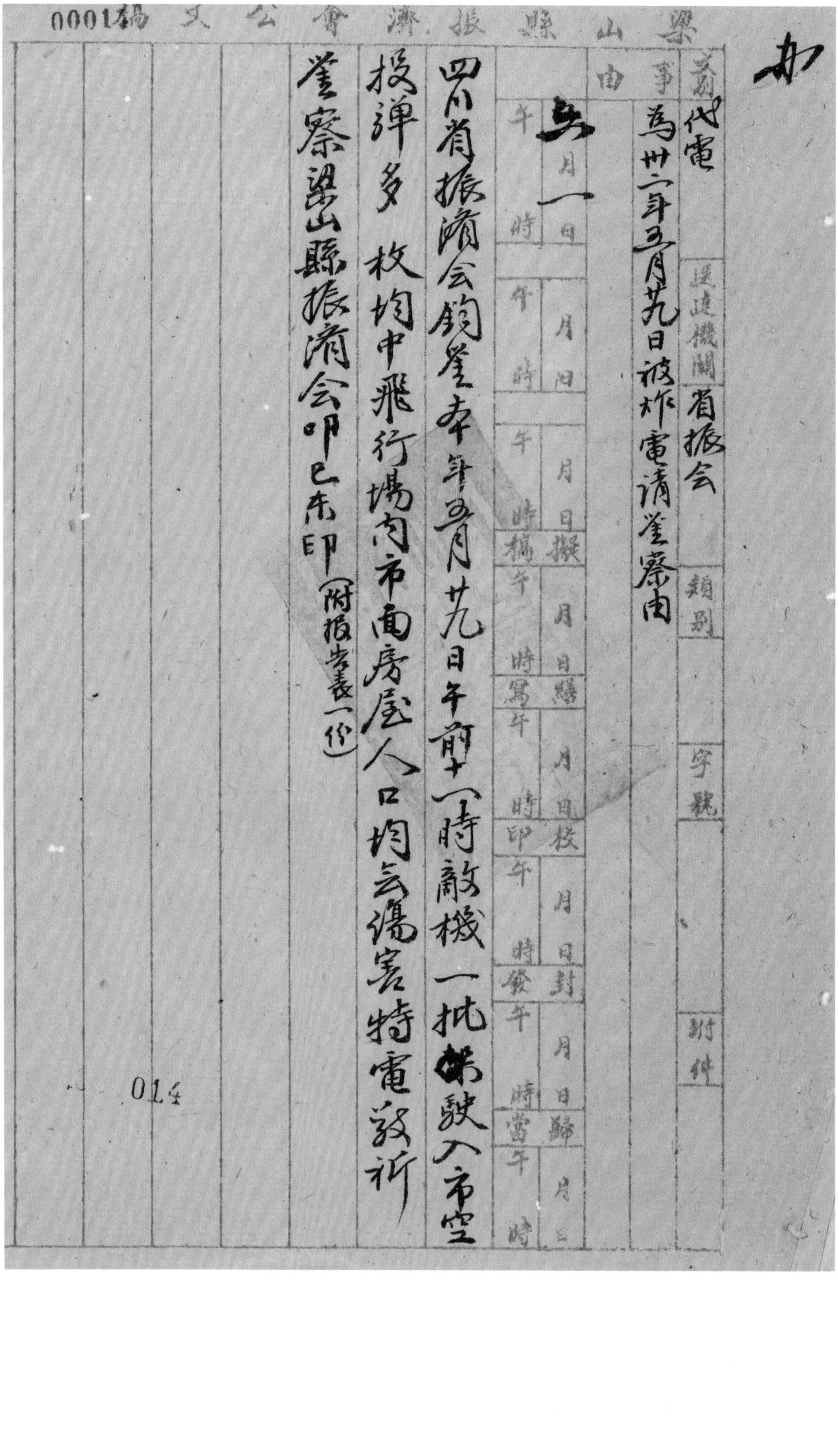
梁山縣振濟會公文稿 0001

文別：代電

事由：為卅二年五月廿九日被炸電請鑒察由

送達機關：省振会

四川省振濟会鈞鑒：本年五月廿九日午前十一時敵機一批[illegible]駛入市空投彈多枚，均中飛行場內，市面房屋人口均無傷害，特電敬祈鑒察。梁山縣振濟会叩巳東印（附報告表一份）

014

附：四川省梁山县一九四三年五月二十九日敌机轰炸情形报告表（一九四三年五月二十九日）

四川省梁山县敌机轰炸情形报告表　卅二年五月廿九日

日期	空袭时间		投弹数量	着弹地点	损害情形：房屋：炸坏	房屋：烧毁	人口：死	人口：伤	其他	事后处置情形：已办理者	正在办理者	拟办理者	困难情形	备考
五月廿九日	空袭 午前十时廿分	警报 午前十时五十分	炸弹	飞机场										
敌机架数	投弹 午前十一时	解除 午前十二时	燃烧弹											
一批														

梁山县振济会填

015

梁山县城西乡乡公所关于报送一九四三年六月六日被炸情形请予核发抚恤致梁山县政府的呈
（一九四三年六月七日）

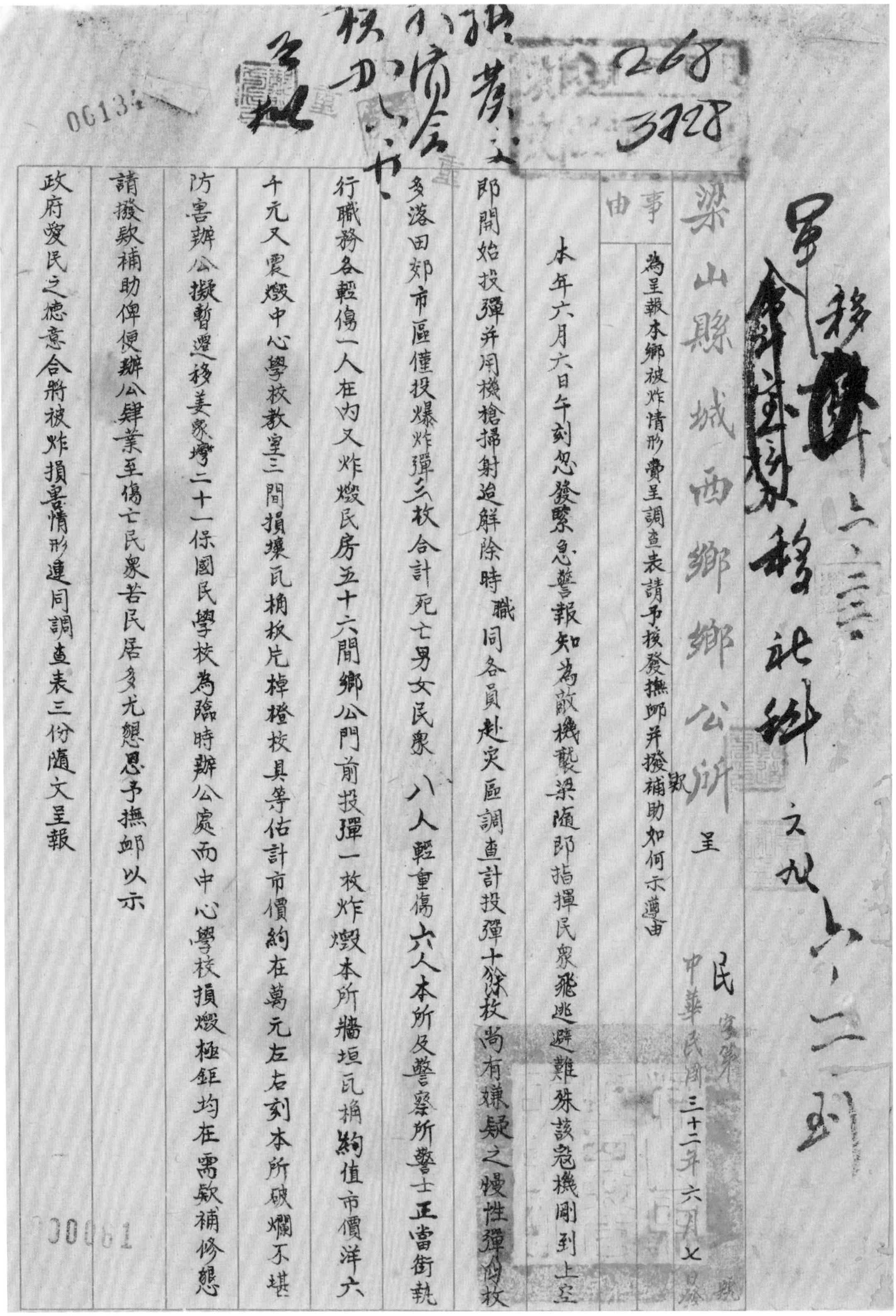

梁山縣城西鄉鄉公所 呈

事由：為呈報本鄉被炸情形賫呈調查表請予核發撫卹并撥補助款如何示遵由

中華民國三十二年六月七日 民字第 號

本年六月六日午刻忽發緊急警報知為敵機襲梁隨即指揮民衆飛逃避難殊該寇機剛到上空即開始投彈并用機槍掃射迨解除時 職同各員赴災區調查計投彈十餘枚尚有嫌疑之慢性彈仍枚多落田郊市區僅投爆炸彈三枚合計死亡男女民衆八人輕重傷六人本所及警察所警士正當街執行職務各輕傷一人在內又炸燬民房五十六間鄉公門前投彈一枚炸燬本所牆垣瓦桷約值市價洋六千元又震燬中心學校教室三間損壞瓦桷板片桌櫈校具等估計市價約在萬元左右刻本所破爛不堪防害辦公擬暫遷移姜家灣二十一保國民學校為臨時辦公處而中心學校損燬極鉅均在需款補修懇請撥款補助俾便辦公肄業至傷亡民衆若民居多尤懇恩予撫卹以示政府愛民之德意合將被炸損害情形連同調查表三份隨文呈報

鈞府鑒核備查請予核發撫卹并撥款補助如何俯候示遵！

謹呈

梁山縣縣長黃

計呈核調查表二份

城西鄉鄉長李秀璽

00135

00082

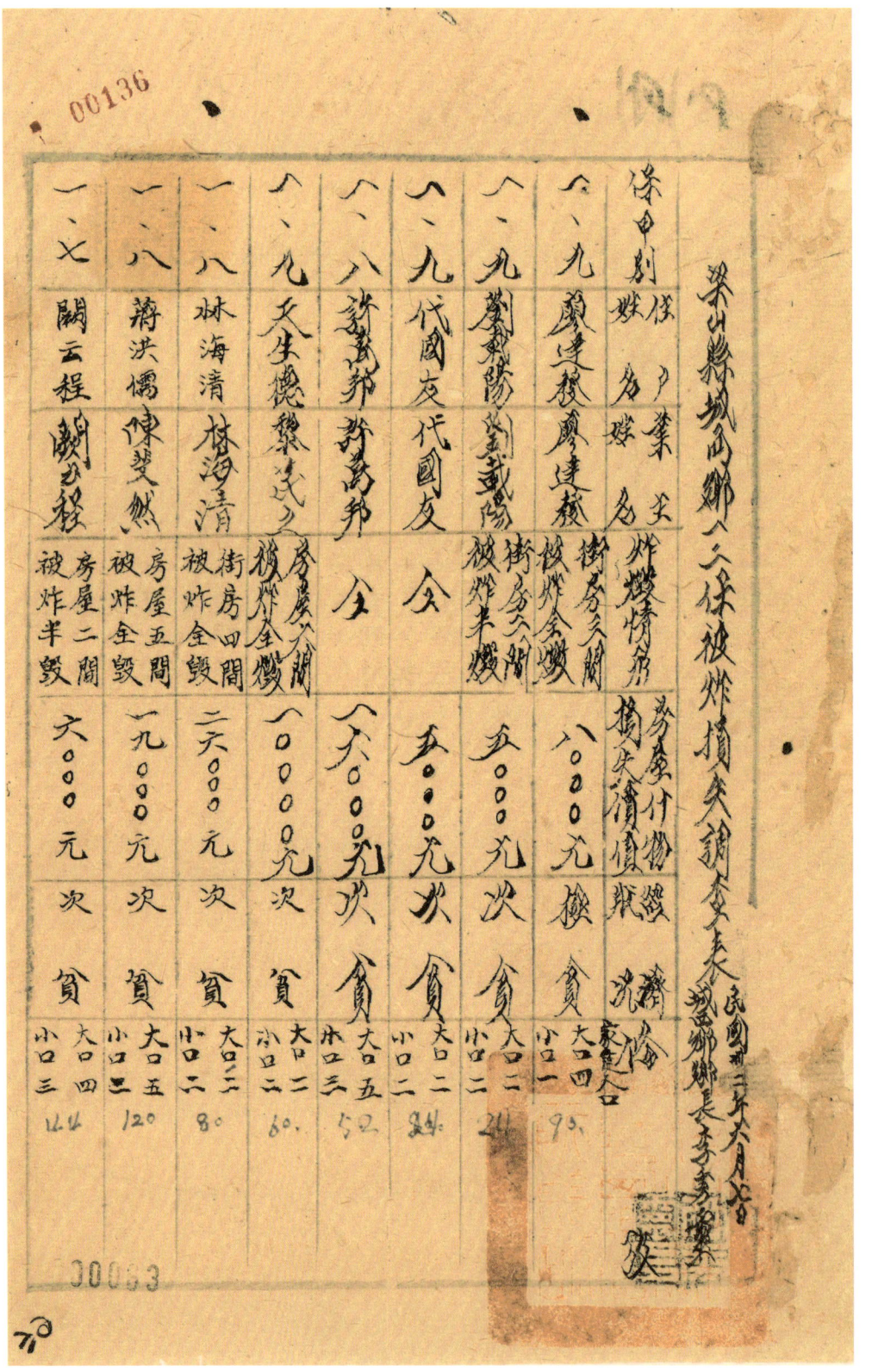

附一：梁山县城西乡一、二保被炸损失调查表（一九四三年六月七日）

梁山縣城西鄉八、九保被炸損失調查表

保甲別	保户姓名	業主姓名	炸燬情形	房屋什物損失價值	經濟狀況	家庭人口	
八、九	廖建發	廖建發	街房三間被炸全燬	八000元	極貧	大口四 小口一	95
八、九	劉載陽	劉載陽	街房三間被炸半燬	五000元	次貧	大口二 小口二	21
八、九	代國友	代國友	仝	五000元	次貧	大口二 小口二	24
八、八	許萬邦	許萬邦	仝	八六000元	次貧	大口五 小口三	52
八、九	文生德	黎文之	房屋八間被炸全燬	八000元	次貧	大口二 小口二	60
一、八	林海清	林海清	街房四間被炸全燬	二六000元	次貧	大口二 小口二	80
一、八	蒋洪儒	陳斐然	房屋五間被炸全毀	一九000元	次貧	大口五 小口三	120
一、七	關云程	關云程	房屋二間被炸半毀	六000元	次貧	大口四 小口三	44

民國卅二年六月七日

城西鄉鄉長李秀[illegible]

710

刪	一、九	陳 文	劉大富	房屋全部被震壞	二〇〇〇元	小康	大口二 小口三
刪	一、九	劉大富	仝	房屋全部被震輕毀	一八〇〇元	次貧	大口四 小口二
刪	一、八	永順和	庾懷之	房屋全部被震輕毀	四〇〇〇元	次貧	大口二
刪	一、八	庾懷之	仝	房屋全部被震輕毀	二〇〇〇元	次貧	大口三 小口四
刪	一、九	羅良臣	仝	房屋全部被震輕毀	二五〇〇元	次貧	大口二 小口一
刪	一、九	許俊修	許俊修	房屋全部被震輕毀	二三〇〇元	次貧	大口二 小口一
刪	一、八	許楊氏	仝	房屋全部被震輕毀	一〇〇〇元	次貧	大口一 小口一
刪	一、九	卜何氏	卜何氏	房屋全部被震輕毀	二〇五〇元	次貧	大口二 小口三
刪	一、十	曾樹森	張正洪	房屋全部被震輕毀	三〇〇〇元	次貧	大口二
刪	一、十	張正洪	仝	房屋全部被震輕毀	五〇〇〇元	小康	大口二 小口三

063-1

P O

刪刪刪刪刪刪刪刪刪刪

00137

一、十	唐道芝	吳學志	房屋全部被震輕毀	二〇〇〇元	小康	大口二 小口三
一、九	戴新臣	戴炎成	房屋全部被震輕毀	四〇〇〇元	次貧	大口二 小口二
一、九	龐錫五	仝	房屋被震輕毀	一四〇〇元	極貧	大口三
一、九	吳云成	吳劉氏	房屋被震輕毀	二五〇〇元	極貧	大口三 小口一
一、九	李世忠	李世忠	房屋被震輕毀	一〇〇〇元	小康	大口五 小口一
一、十	孫伯村	龐成全	房屋被震輕毀	二〇〇〇元	次貧	大口二 小口二
一、十	龐成全	仝	房屋被震輕毀	一〇〇〇元	次貧	大口三 小口一
一、十	萬海云	仝	房屋被震輕毀	八〇〇元	次貧	大口三 小口一
一、九	龐先樹	龐先樹	房屋被震輕毀	一〇〇〇元	次貧	大口三
一、十	劉心	劉心	房屋被震輕毀	五〇〇元	次貧	大口二

26 28

00084

一、二十	王柱文	王柱文	房屋被震輕毀	五〇〇元	次貧	大口二 小口一
一、二十	李鄧氏	李郊氏	房屋被震輕毀	一〇〇〇元	次貧	大一
一、十	廖洪儒	廖洪儒	房屋被震輕毀	一二〇〇元	次貧	大三
一、十	沈朝貴	沈朝貴	房屋被震輕毀	二〇〇〇元	次貧	大口三 小口二
一、十	高青云	仝	房屋被震輕毀	五〇〇元	次貧	大口二 小口二
二、一	張正奎	張正奎	房屋被震輕毀	三五〇〇元	小康	大口六 小口三
二、二	葉在之	[illegible]	房屋被震輕毀	一〇〇〇元	赤貧	大口三 小口二
二、三	李征壽	李征壽	房屋被震輕毀	一〇〇〇元	赤貧	大口三 小口二
一、三	李征五	李征五	房屋被震輕毀	八〇〇元	小康	大口二 小口二
八、八	西鄉鄉公所		房屋被震輕毀	六〇〇〇元		

八、九 西鄉中心校 房屋被震毀 輕 一〇〇〇〇元

八、十 李德成掩埋所 房屋被震毀 輕 五〇〇元 赤貧 大口三 小口三

八、十 彭道福鄰李氏 房屋被震毀 輕 六〇〇元 小康 大口三 小口三

36

58.2

二

[illegible]	120
姚	120
李	120
洪	80
[illegible]	120
陈	30
邓	30
简	30
沈	30
彭	30
[illegible]	90
天	60
洪	80
黄	120
何	120
周	44
~~[illegible]~~	~~120~~
~~宋~~	~~120~~
许	52
代	24
刘	24
李	30
李	36
户	24
吴	28
刘	120

065-1

附二：梁山县城西乡第一、二保被炸伤亡调查表（一九四三年六月七日）

00139

梁山縣城西鄉第一二保被炸傷亡調查表

保甲別	姓名	性別	死亡輕重傷	傷亡地點	家屬姓名	經濟狀況		備考
二、七	何德福	男	死亡	西鄉公所營門口	何氏	貧	120	
一、八	廖老娘	女	死亡	西鄉公所營門口	廖遠發	貧	120.	
二、八	曾王氏	女	死亡	西鄉公所營門口	曾昭玉	小康	120	
一、八	林吳氏	女	死亡	西鄉一保	林海清	貧	120.	
一、一	李永華	男	死亡	西鄉公所營門口	李氏	貧	120	
一、八	林海清	男	重傷	西鄉一保	林海清	貧	80.	
	無名氏	男	死亡	仝		貧	120	挑錢[illegible] 即劉名氏 宋代領
	[illegible]	男	死亡	仝	羅刘氏	貧	120.	修機場

民國卅二年六月七日 城西鄉鄉長李秀實

00066

陳盛興	男	重傷	合鄉公所門口	陳盛興	貧	[redacted]	30.
鄧朗英	男	重傷	仝	鄧朗英	貧	[redacted]	30.
龍海清	男	重傷	合鄉公所	龍海清	貧	[redacted]	30.
沈國玉	女	重傷	仝	沈國玉	貧	30.	
彭小毛	女	重傷	仝	彭全氏	貧	30.	
李嘉泰	男	輕傷	仝	保	貧	30.	

066-1

共
1680

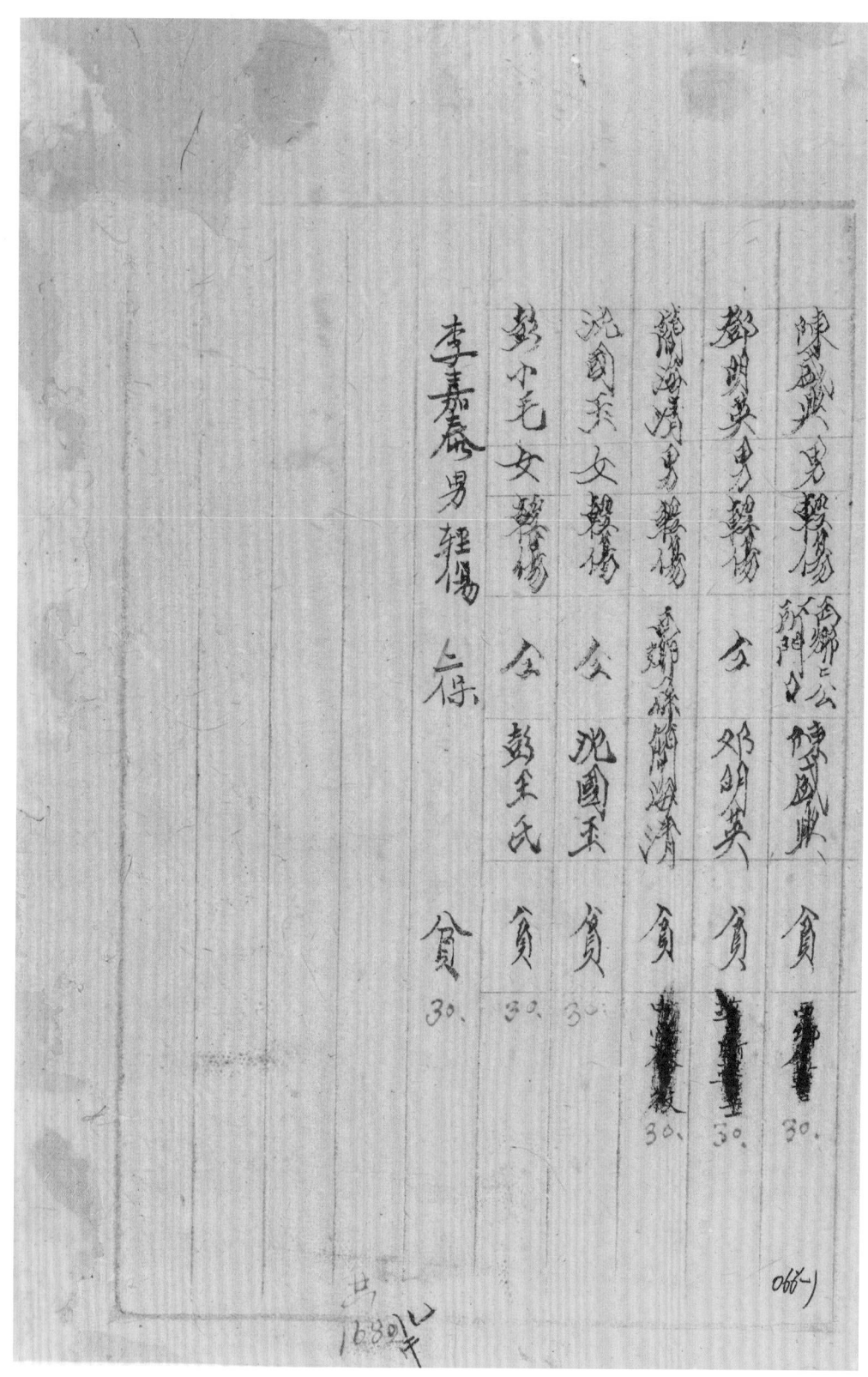

梁山县城西乡区警察所关于报送一九四三年六月六日城西乡兴隆街被炸情形致梁山县政府的呈（一九四三年六月七日）

梁山縣城西鄉區警察所 呈 西警字第拾肆號

民國三十二年六月七日

事由：為呈報城西鄉興隆街被炸情形請予鑒核備查由

竊查職所所屬、城西鄉興隆街，于本月六日午後、被轟炸、情形、理合查明造册、呈報、

鈞府鑒核備查。祗遵！

謹呈

縣長 黄

計傷亡財產及財產損失表各一份

00141

所長　黄石橋

000068

附一：梁山县城西乡区警察所造报损失财产调查表（一九四三年六月）

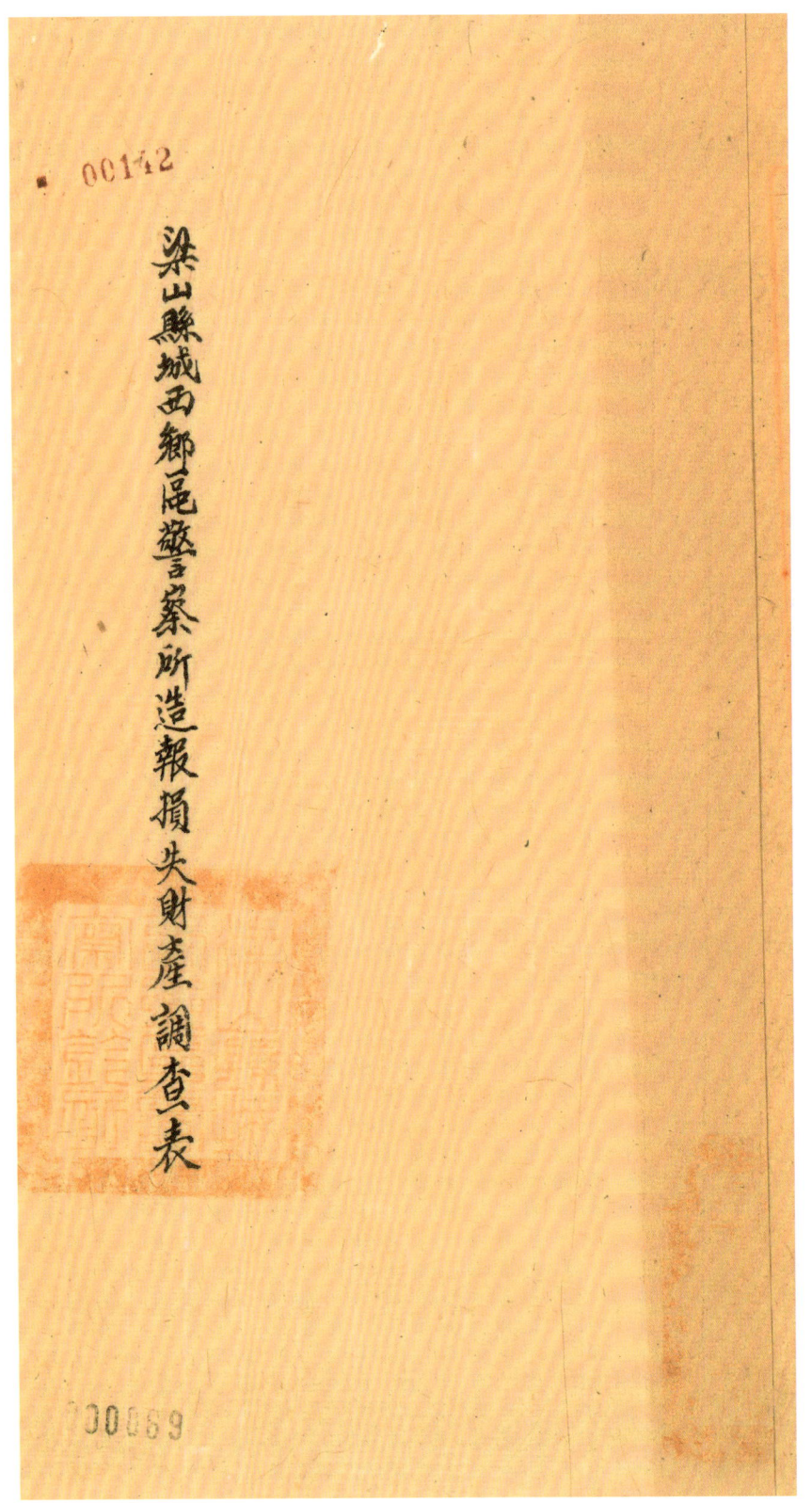

梁山縣城西鄉區警察所造報損失財產調查表

		被震輕毀		
一、九	羅良臣	房屋全部被震輕毀	二五〇〇元	次貧
一、九	許俊修	房屋全部被震輕毀	二三〇〇元	次貧
一、八	許楊氏	房屋全部被震輕毀	一〇〇〇元	次貧
一、九	卜何氏	房屋全部被震輕毀	二〇五〇元	次貧
一、十	曾樹森	房屋全部被震輕毀	三〇〇〇元	次貧
一、十	張正洪	房屋全部被震輕毀	五〇〇〇元	小康

一、十	王桂文	房屋被震毁 輕	五〇〇元	次貧
一、十	李鄧氏	房屋被震毁 輕	一〇〇〇元	次貧
一、十	廖洪儒	房屋被震毁 輕	一二〇〇元	次貧
一、十	沈朝貴	房屋被震毁 輕	二〇〇〇元	次貧
一、十	高青云	房屋被震毁 輕	五〇〇元	次貧
二、一	張正奎	房屋被震毁 輕	三五〇〇元	小康
二、二	葉在之	房屋被震毁 輕	一〇〇〇元	赤貧
二、三	李征壽	房屋被震毁 輕	一〇〇〇元	赤貧
一、三	李征五	房屋被震毁 輕	八〇〇元	小康
	西鄉鄉公所	房屋被震毁 輕	六〇〇〇元	

070-1

一、	十	唐道芝	房屋全部被震輕毀	二〇〇〇〇元	小康
一、	九	戴新臣	房屋全部被震輕毀	四〇〇〇〇元	次貧
一、	九	庵錫五	房屋被震輕毀	一〇〇〇〇元	次貧
一、	九	吳云成	房屋被震輕毀	二五〇〇〇元	次貧
一、	九	李世忠	房屋被震輕毀	一〇〇〇〇元	次貧
一、	十	孫伯村	房屋被震輕毀	二〇〇〇〇元	次貧
一、	十	庚成全	房屋被震輕毀	一〇〇〇〇元	次貧
一、	十	萬海云	房屋被震輕毀	八〇〇〇元	次貧
一、	九	庵先樹	房屋被震輕毀	一〇〇〇〇元	次貧
一、	十	劉心	房屋被震輕毀	五〇〇元	次貧

西乡中心校		房屋被震毁轻	一〇〇〇〇元

00146

所長 黃石橋

中華民國三十二年六月 日

00073

附二：梁山县城西乡区警察所造报第一、二保被炸伤亡调查表（一九四三年六月）

00147

梁山縣城西鄉區警察所造報第一二保被炸傷亡調查表

000074

梁山縣城西鄉區警察所造報第一二保被炸傷亡調查表

保甲別	姓名	性別	死亡/重傷	傷亡地點	家屬姓名	經濟狀況	備攷
二、七	何德富	男	死亡	西鄉公所營門口	何氏	貧	
一、八	廖老娘	女	死亡	西鄉公所營門口	廖達發	貧	
二、八	首王氏	女	死亡	西鄉公所營門口	首貽玉	小康	
一、八	林吳氏	女	死亡	西鄉一保	林海清	貧	
一、	李永華	男	死亡	西鄉公所營門口	李氏	貧	
一、八	林海清	男	重傷	西鄉一保		貧	
	無名氏	男	死亡	仝			挑錢紙
	無名氏	男	死亡	仝			修機場

陳發興	男	輕傷	西鄉七公所門口
鄧民英	男	輕傷	仝
簡海清	男	輕傷	西鄉一保
沈國玉	女	輕傷	仝
彭小毛	女	輕傷	仝

075-1

00149

中華民國三十二年六月　日

所長黃石橋

000076

梁山县赈济会关于报送一九四三年六月六日被炸情形致四川省赈济会的代电（一九四三年六月九日）

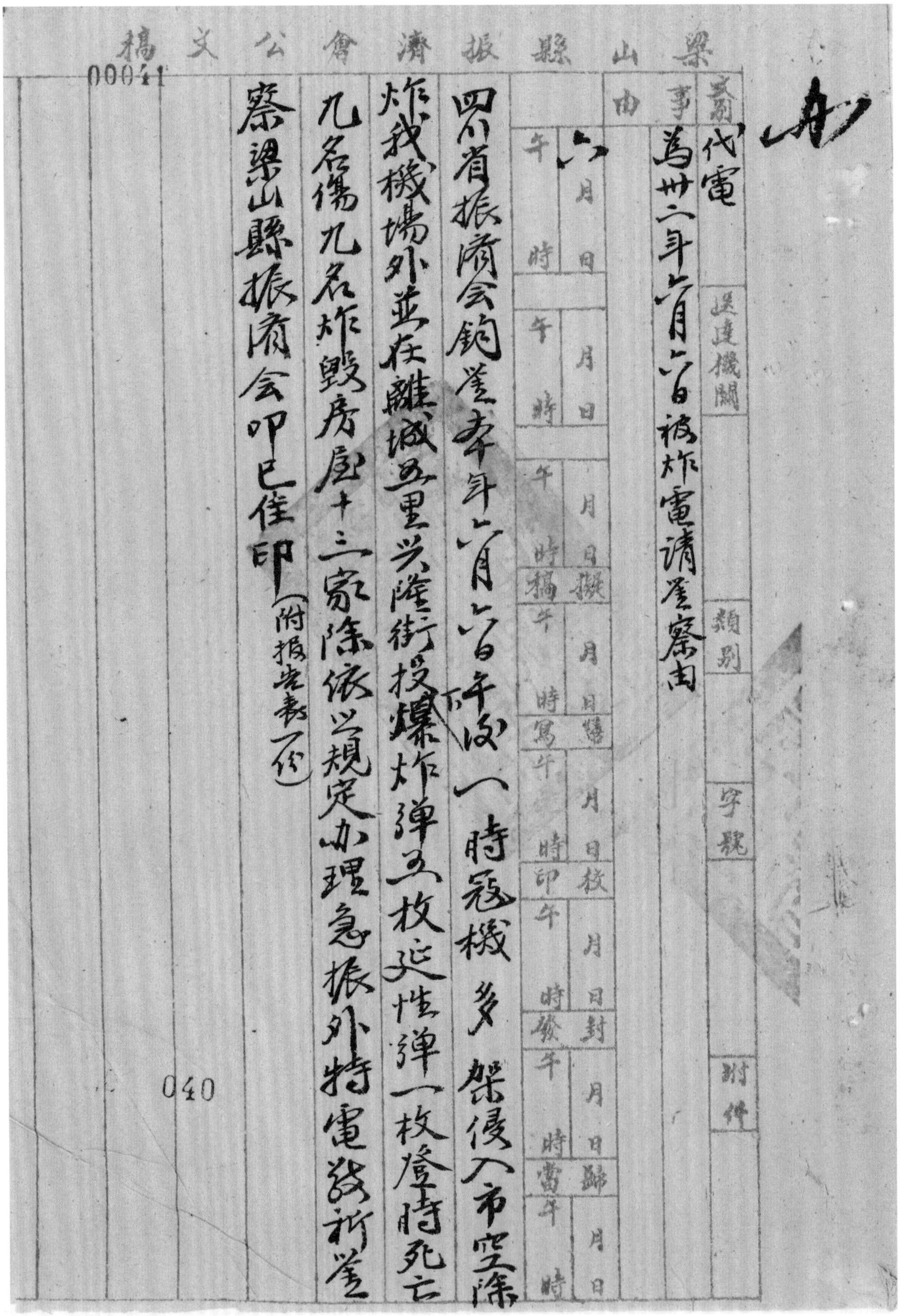
梁山縣振濟會公文稿

00041

文別：代電

事由：為卅二年六月六日被炸電請鑒察由

四川省振濟会鈞鑒：本年六月六日午后一時寇機多架侵入市空，除炸我機場外，並在離城五里興隆街投爆炸弾五枚、延性弾一枚，當時死亡九名，傷九名，炸毀房屋十三家，除依照規定办理急振外，特電敬祈鑒察。梁山縣振濟会叩巳佳印（附報告表一份）

040

附：四川省梁山县一九四三年六月六日敌机轰炸情形报告表（一九四三年六月六日）

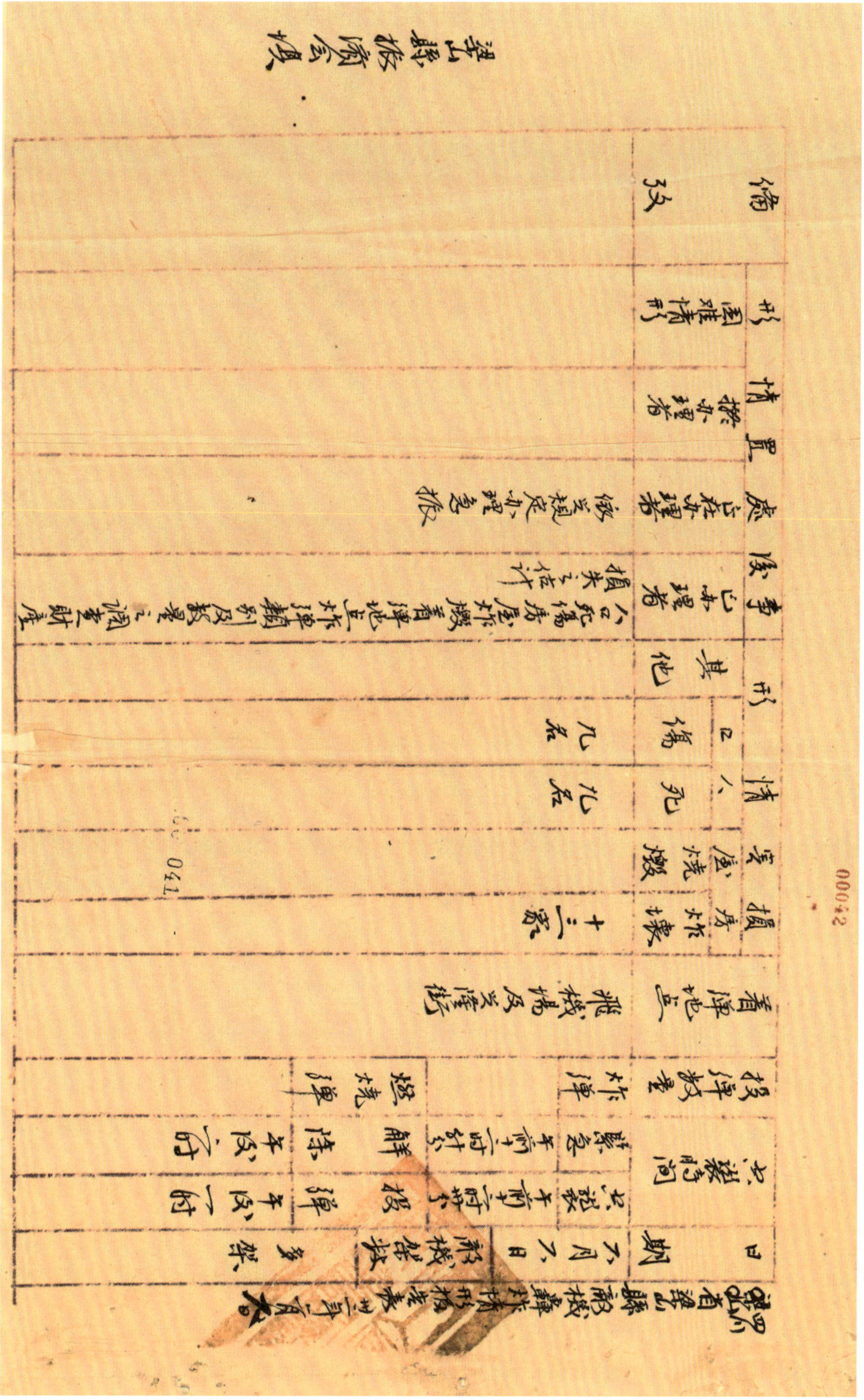

00042

四川省梁山縣敵機轟炸情形報告表 卅二年六月六日

日期	六月六日	敵機架數	多架
空襲時間	空襲 午前十一時卅分	投彈	午後一時
	緊急 午前十二時廿分	解除	午後二時
投彈數量	炸彈	燃燒彈	
着彈地點	飛機場及興隆街		
損害情形	房屋	炸壞	十三家
		燒燬	
	人口	死	九名
		傷	九名
	其他		
善後事宜處置情形	已辦理者	人口死傷房屋炸燬着彈地點炸彈類別及數量之調查財產損失之估計	
	正在辦理者	依照規定辦理急振	
	擬辦理者		
	困難情形		
備攷			

梁山縣振濟会填

041

梁山县政府关于核销垫发一九四三年五月二十日被炸灾民赈款致四川省赈济会的呈（一九四三年六月三十日）

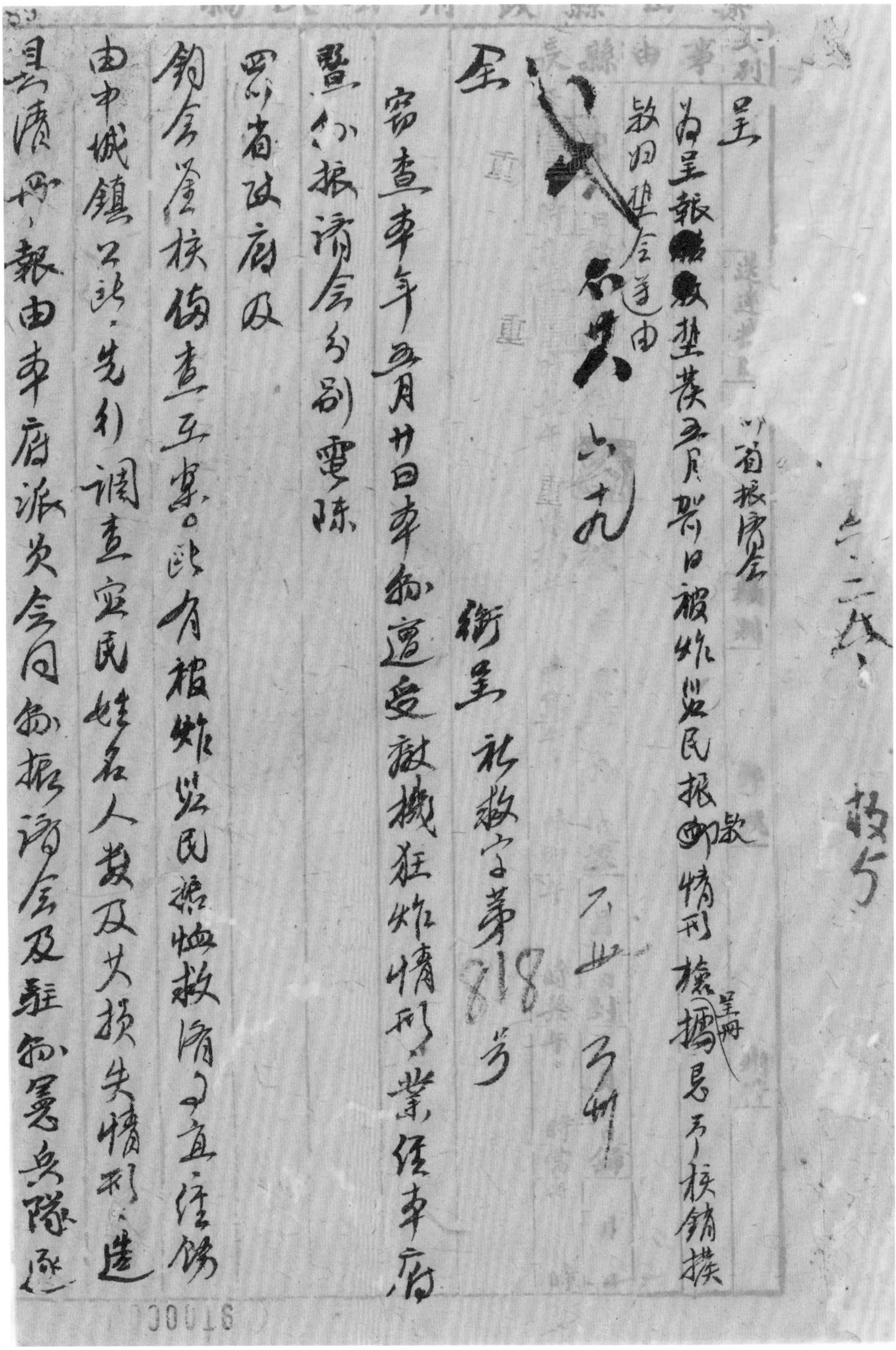

呈

为呈报垫发五月廿日被炸灾民振款情形，检同呈册，恳予核销拨款由

川省振济会

全衔呈 社救字第818号

窃查本年五月廿日本县遭受敌机狂炸情形，业经本府

暨分振济会分别电陈

四川省政府及

钧会鉴核在案。此次被炸灾民抚恤救济，自应直接饬

由中城镇公所先行调查灾民姓名人数及其损失情形，造

具清册，报由本府派员会同本分振济会及驻本宪兵队逐

经决议：(一)关于伤亡人口之振恤，依照本省修正振恤标准办理，即死亡者每名发给一百二十元，重伤者每名发给八十元，轻伤者每名发给三十元。(二)关于能振生不出灾民之救济，依照本省修正被炸灾民收容办法办理，即被炸无家可归之灾民，房屋全毁者收容救济者，房屋半毁者收容救济者，按照规定之大小人口每发食米数量，折价发款，大口每人日发四元，小口每人日发二元。其清况录至卷。本府广即指派，邀请有关机关到场眼同发放，该项综计发去死亡之灾民秦应某某名振款贰百肆拾元，重伤灾民秦姓氏某某三名振款贰百肆拾元，轻伤灾民邓继阊某某四名振款壹百贰拾元又棠去房屋全毁贫民严家太等六十户共大口壹百伍拾壹名食米代金叁仟零弍拾元正小口玖拾壹名食米代金玖百壹拾元正又房屋半毁贫民陈玉平等伍拾叁户共大口壹百弍拾叁名食米代金玖百捌拾肆元正小口柒拾壹名食米代金弍百捌拾肆元總共棠去伍千柒百玖拾捌元正，該有垫款棠給本年五月卅日被炸贫民振款情形，理合具文檢同振恤登記表收支对照表各二份，呈請

鈞会俯赐核销，撥款歸垫，并候令遵。

謹呈

四川省振济会

00092

计呈振卹登记表收支对照表各二份

呈分会长黄○○

000019

附：梁山县一九四三年五月二十日被炸灾民赈恤救济款收支对照表（一九四三年五月）

梁山县~~政府~~卅二年五月廿日

被炸灾民振恤救济振款收支对照表

中华民国三十二年五月 梁山县政府造

项目	收入小计	收入合计	支出小计	支出合计	备考
甲、收方					
一、借垫		$5798.00			
1.县府借垫	5798.00				
乙、付方					
一、伤亡振恤				$600.00	
1.死亡振恤			$240.00		每名发给120元死二人
2.重伤振恤			$240.00		每名发给80元共三人
3.轻伤振恤			$120.00		每名发给30元共四人
二、收容救济				$5198.00	~~大口151人每人日发4元~~
1.房屋全毁			$3930.00		大口151人每人日发4元 小口91人每日发2元 各发五日
2.房屋半毁			$1268.00		大口123人每人日发4元 小口71人每人日发2元 各发二日
合计		$5798.00		$5798.00	

00120

梁山縣城西鄉民國三十二年六月六日敵機轟炸鄉屬興隆街傷亡姓名表

姓名	年齡	傷情	
何德福	三二	死	
廖老娘	六四	死	
肖王氏	三五	死	
林吳氏	三六	死	
李永華	三七	死	
無名氏		死	挑米路過
無名氏		死	挑機場
林海清	四八	重傷	

036

劉明氏	四二	重傷
羅興松	五六	重傷
蔣洪儒	五一	重傷
陳盛興	四二	輕傷
鄧明英	二八	輕傷
簡海清	四四	輕傷
沈國玉	三八	輕傷
彭小毛	一	輕傷
廖達蘇	五二	輕傷
黎蔭之	七八	輕傷

036

關雲程	六八	輕傷
劉載揚	四七	輕傷
戴國文	三四	輕傷
許萬邦	二八	輕傷
李嘉森	二一	輕傷
李德成	五六	輕傷
扈先樹	三〇	輕傷
吳玄成	四八	輕傷

宋级云关于一九四三年六月六日吴云程等三家房屋被炸的证明（一九四三年七月二十日）

具证明人城西乡第一保宋级云兹证明本保第九甲居民庞先树、吴云程、李清成等三家确于本年六月六日被炸房屋半毁属实，是特证明。如有虚伪，甘受制裁。谨呈

梁山县振济会

查证属实，准照半毁发给七成。

具证明人　宋级云（印）

第一保保长

中华民国卅二年七月廿日

梁山县政府关于更正一九四三年五月二十日被炸死伤恤金金额并请核销垫款致四川省赈济会的呈
（一九四三年九月二十三日）

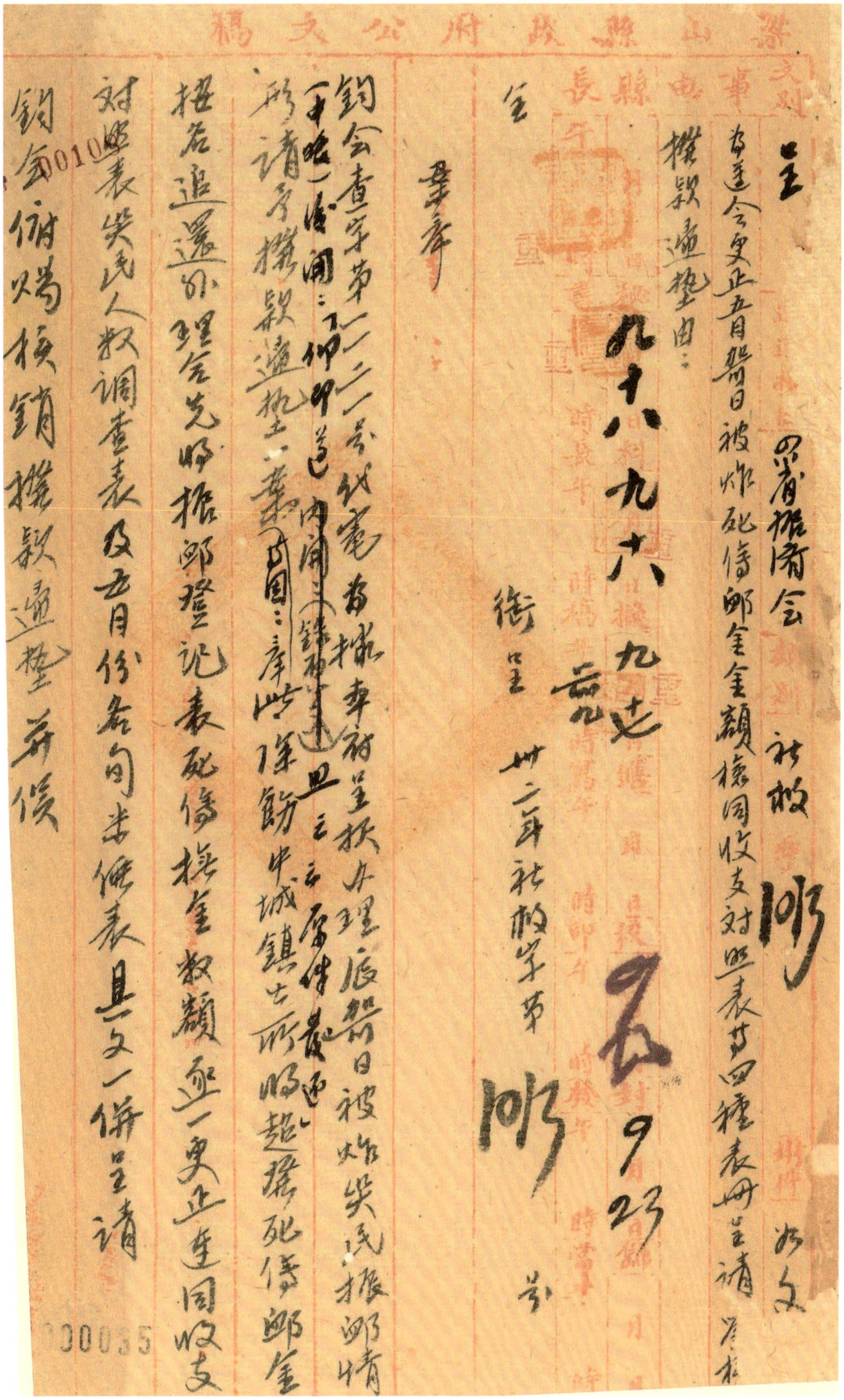

梁山縣政府公文稿

文别：呈

呈四川省振济会　社救　例　收文

为造会更正五月廿日被炸死伤邮金金额核同收支对照表共四种表册呈请拨款遂垫由：

[illegible]

衔呈　卅二年社救字第　例　号

9　23

案奉

钧会查字第一二一号代电，为据本府呈报办理五月廿日被炸灾民振邮情形，请予拨款遂垫一案，（中略）等因，内开：……等因；奉此，除饬中城镇公所将超拨死伤邮金拨名追还外，理合先将振邮登记表、死伤核查数额，更正造同收支对照表、灾民人数调查表及五月份各旬步作表具文一并呈请

钧会俯赐核销拨款遂垫，并候

谨呈

四川省振济会

计呈振卹登记表灾民人数调查表米价表收支对照表各二份

梁山县县长 黄○

本件表照抄於档科

附一：梁山县一九四三年五月二十日被炸灾民赈恤救济赈款收支对照表

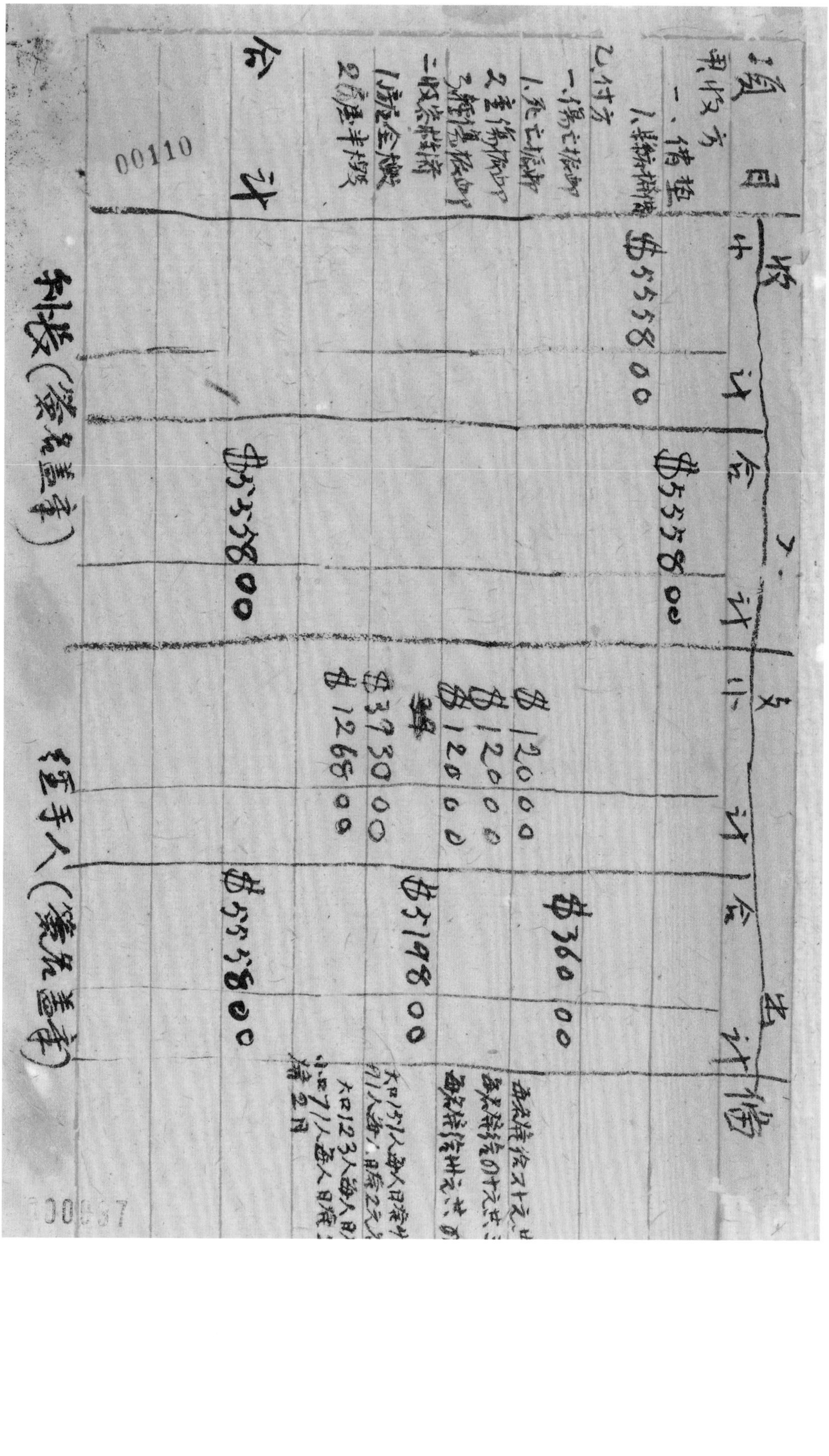

项目	收入 小计	收入 合计	支出 小计	支出 合计	备
甲收方					
一、借垫		$5558 00			
1.县府挪借	$5558 00				
乙付方					
一、伤亡振卹				$360 00	
1.死亡振卹			$120 00		每名发给六十元共[illegible]
2.重伤振卹			$120 00		每名发给四十元共[illegible]
3.轻伤振卹			$120 00		每名发给卅元共[illegible]
二、收容救济				$5198 00	
1.房屋全毁			$3930 00		大口151人每人日发[illegible] 71人每人日发2元[illegible]
2.房屋半毁			$1268 00		大口123人每人日[illegible] 小口71人每人日发[illegible] 备2月
合计		$5558 00		$5558 00	

科长（签名盖章）　　经手人（签名盖章）

00110

附二：梁山县一九四三年五月二十日被炸灾民人数调查表

城西乡

00111

梁山县卅二年五月廿日被炸灾民人数调查表

姓名	性别	年龄	住址	损失情形（死亡、重伤、轻伤、住所被炸间数、财产损失估计）	备考
秦宝山	男	四一	中城镇第一保五甲	亡	
秦张氏	女	四〇	同	重伤	
龚少甫	男	二六	第四保三甲	亡	
蒋陈氏	女	三九	第十四保七甲	重伤	
蒋鸿禄	男	五〇	同	同	
郑继润	男	五十	西正街	轻伤	
贺吴氏	女	三四	第十一保九甲	同	
秦大焌	男	五〇	第五保十五甲	同	

000038

吳國才 男 四三
吳國良 三八

沈朝富	男	五四	第十三保五甲	輕徒	
嚴有泰	男	四六	中城鎮十一保六甲		仝繳一向 壹仟元
嚴鄒氏	女	四〇	仝		仝 〃
嚴華國	男	九	仝		仝 〃
華容武	男	五〇	中城鎮		仝繳一向 壹仟元
華李氏	女	四三			仝 〃
華光明	男	八			仝
吳峄英	男	五二	第四保三甲		仝繳一向 貳仟元
蒲金城	男	四六	仝		仝 仝
蒲陳氏	女	四一	仝		仝

038-1

038-1

李炳荣	男	五五		全乡一六	大洋之	保长保工
刘显庭	男	二五		仝	仝	同
蒋立品	男	三六		仝	仝	
谢仇湖	男	三八	第四保三甲	全乡二向	壹万元	
谢香安	男	二五	仝	仝	仝	
谢进楷	男	三〇	仝	仝	仝	
谢香全	男	三二	仝	仝	仝	
香柏成	男	二〇	仝	仝	仝	
申焕章	男	三七	同	全乡一向	五千元	
申素氏	女	二九	仝	仝	仝	

申進才	男	五、			
申進玉	女	二			
申進芽	女	一			
熊絡卿	男	三五一	第四保三甲	全繳之	貳仟之
熊董氏	女	三八、	仝	仝	仝
熊世如	男	八二	仝	仝	仝
熊永昌	男	一〇	仝	仝	仝
唐炳興	男	五三	第四保三甲	全繳參仟之	
唐唐氏	女	五九	仝	仝	
唐李氏	女	六三			

039-1

039-1

唐邓氏	女	四八		仝	仝
唐楠	男	一八			
唐术卯	男	八			
唐木成	男	六			
唐本相	男	三			
唐见凤	女	一			
张郑氏	女	四〇	第〇保〇甲	全毁一间	壹千元
张大毛	男	二三	仝	仝	仝
游朝贤	男	三二	中城镇第〇保〇甲	全毁一间	贰千元
游刘氏	女	三五	仝	仝	仝

潘小毛	男	一四		仝	々
李继潘	男	五二	弟の保の甲	仝坳一 向	弐十元
李邓氏	女	四六	仝		
李代敏	男	二十	々		
李代僅	男	五			
李代禎	女	二			
李代年	女	二			
李代華	女	一			
倪祖才	男	六七	弟の保之甲	仝坳一 向	弐十元
倪光学	男	六八	仝	仝	人

040-1

040-1

王氏 女 五三
大福 楊 男

姓名	性别	年龄	保甲			损失	金额
楊漢東	男	三九	第四保之甲			全毁二间	伍千元
楊李氏	女	六六				仝	仝
楊鄭氏	女	五九					
楊治氏	女	八					
楊治祥	女	七					
楊清毛	男	二					
王代清	男	五一	第四保之甲			全毁一间	三千元
王李氏	男	五三	仝			仝	仝
王澤民	男	六九	第五保之甲			全毁一间	伍千元
王[illegible]氏	男	四〇					

王境程	男	三八			
王新玉	女	九			
王新贞	女	六			
王辛屯	男	三			
邓炳文	男	五八	第五保六 甲	全数 一间	伍千元
邓李氏	女	五〇			
邓祥辉	男	三〇			
邓碧贞	女	九			
邓瑞玉	女	六			
骆先吉	男	四〇	第五保七 甲	全数 一间	捌仟元

041-1

041-1

00115

蔣方氏	女	四六			
熊田國（熊修五）	男	四八	第六保三甲	全燬一间	貳千元
熊壽元	女	四九			
熊仁	男	一〇			
熊萬	男	八			
熊翠玉	女	七			
陳先信	男	三五	第六保三甲	全燬一间	叁千
陳王氏	女	三二	六	大	
陳柏林	男	九			
張藝竹	男	二九	第六保三甲	全燬一间	貳千元

00042

張燕氏	女	六八			
張大毛	男	六			
張小毛	男	四			
劉益洲	男	四八	弟之侄 三甲	全燬一 房	萬千元
劉翁氏	男	四三			
劉華祥	男	一二			
劉華珍	男	九			
張樹臣	男	五五	中城鎮悟榜街	全燬 一百	萬千
張鄭氏	女	四四	仝	仝	
張曉雲	男	九	仝	仝	

00116

龍順福	男	二八	第八保八甲	全燬一间	叁千元
龍李氏	女	三〇	仝	仝	
龍順禄	男	二六			
龍天良	男	一〇			
龍芍妹	女	八			
龍小娃	男	〇			
藍明甫	男	三〇	第八保八甲	全燬二间	四千元
藍黄氏	女	三三			
藍明輝	男	二八			
藍清云	男	九			

000043

藍光云 男 七

藍菊英 女 三

高金松 男 四八 全繳一向 山千元

高郭氏 女 四六

高毛毛 男 二

高玉英 女 六

高玉翠 女 九

王國青 男 四八 茅八保 全繳一向 弍千元

王胡氏 女 四三

王正福 男 八

043-1

~~044-1~~ 043-1

余永茂	男	二七		全毁一间	叁千元
余高氏	女	二九			
余尚治	男	七			
陈宗舉	男	四九	第八保甲	全毁一间	叁千元
陈刘氏	女	三七			
陈厚裕	男	八			
杨青云	男	四〇	第八保二甲	全毁一间	贰千元
杨陈氏	女	三八			
杨治荣	男	八			
張谭氏	女	六〇		全毁一间	[illegible]千元

張先揮	男	三三			
張陳氏	女	五八	第十一保十五甲	生煙一兩	四千元
張星明	男	三三			
張小明	男	九			
張桂芳	男	七			
張秋香	女	二			
徐彬然	男	七二	第十三保一甲	生煙二兩	八千元
徐彬璇	男	六〇			
徐彬瑾	男	六一			
徐彬理	男	五二			

徐書凡	女	六三	
徐榮氏	女	五八	
徐明哲	男	三九	
徐大志	男	二	
沈朝富	男	三六	第十三保二甲
沈書凡	女	三三	
沈朝陽	男	一〇	
沈朝芳	男	七	
楊國正	男	三九	十三保五甲
楊劉氏	女	三七	

全缴一向

武千之

杨兴君	男	二三		
杨维纪	男	四〇	十三保五甲	金数一百 四千元
杨钱氏	女	三六		
杨连明	男	九		
谢之金	男	三八	第十三保六甲	金数一百 弍千元
谢良明	男	一三		
谢之明	男	二九	同	金数一百 五又元
谢元兆	男	一二		
杜洪章	男	二五	第十六保三甲	金数一座 壹万元
杜越	男	七		

045-1

045-1

杜浩	男	七					
吴子林	男	四九	第十六保四甲			全烬一间	三千五百元
吴孝氏	女	四七					
吴天良	男	六					
吴正明	男	一二					
周绍卿	男	四四	第十六保六甲			全烬一间	四千元
周黄氏	女	三八					
周志袁	男	八					
周志遥	男	七					
张道金	男	一岁	第十六保七甲			全烬一间	贰千元

張鄧氏	女	一九		
張明理	男	一		
陳林三	男	六二	第十四保十甲	全繳一同 弍千文
陳家治	男	九		
李張氏	女	五二	第十四保十甲	全繳一同 四千文
楊唐氏	女	四一	第七保十四甲	全繳一同 七千文
楊家田	男	三〇		
楊 毛	男	四		
徐國恒	男	四八		全繳二同 弍千文
徐李氏	女	四七		

0461　　0461

00120

徐明堃	男	三八	
徐明宣	男	三三	
徐~~葉氏~~明金	~~女~~男	~~七十~~一〇	
徐明泉	男	七	
徐星楊	男	五	
徐小菊	女	三	
陳代茂	男	五八	第八保七甲 全毁二间 叁千元
陳代才	男	四三	
陳劉氏	女	四一	
陳楊氏	女	五七	

00647

陈祖德	男	二九
陈祖泽	男	二七
陈萧氏	女	二六
陈李氏	女	二四
陈代良	男	三八
陈王氏	女	二三
陈远煌	男	二
陈远凤	男	九
陈远礼	男	八
陈远然	男	六

047-1

047-1

陳桂香	女	七						
陳秋香	女	四						
陳菊香	女	二						
陳蘭芙	女	九						
[illegible]				[illegible]				
閔步云	男	四一	第一保六甲				全燬一间	捌千元
閔静氏	女	三九	仝				仝	
龍林氏	女	三五	仝				仝	仝
龍山毛	女	二					仝	仝
曾洪清	男	五〇	第七保十甲				全燬一间	八千元

曾黃氏	女	六一			
曾小妹	女	三			
陳昭容	男	五〇	第七保十甲	屋燬一間	[illegible]千元
陳先義	男	四六			
陳玉平	男	五二	第一保六甲	半燬一間	[illegible]元
陳利氏	女	五〇		仝	仝
陳鉄之	男	二〇		仝	仝
陳見毛	男	五		仝	仝
陳利氏	女	五四	第二保六甲	半燬一間	[illegible]元
張李氏	女	二二		仝	[illegible]元

048-1

048-1

00122

张平贵	男	一二				
刘汉臣	男	四八	仝	全毁	一间	以千元
刘郭氏	女	三九	仝			
李永来	男	四九	仝	半毁	二间	[illegible]
李周氏	女	四四	仝	仝		仝
李妹	女	一		仝		
李代勋	男	三六	仝	仝		陆千元
李裕化	女	六六	仝	仝		
李玉瑶	女	七	仝	仝		
李玉遥	女	三				
李代猷	男	二八	弟保甫	全毁	一间	叁千元

00049

李田氏	女	六八	第一保六甲				全燬 一日	
李江氏	女	五九	仝				仝	
李葉青	男	三	仝				仝	
劉孝弟	男	五〇	第一保五甲				半燬 一间	八日之
刘芹氏	女	四五	仝				仝	
刘德堂（伦）	男	五二	仝				仝	
刘有金	男	六四	仝				仝	
刘有富	男	一五	仝				仝	
刘德毛	男	一三	仝				仝	
蒋文氏	女	四〇					半燬 一间	叁日之

049-1

049-1

邓子固	男	三五	第一保六甲	半毁二间	贰千元
邓龙氏	女	三四			
邓祥垣	男	一九			
邓祥民	男	六〇			
鄧世彬	男	七四	第四保一甲	半毁二间	贰千元
鄧杨氏	女	六七		仝	仝
袁南荣	男	四九	第四保一甲	半毁二间	叁千元
袁钱氏	女	四五			
袁陈氏	女	四〇			
袁崇中	男	五一			

袁樹宣	男	二一		
袁樹炳	男	九		
袁照閏	男	二		
袁秀清	女	一四		
袁樹辛	女	四		
袁樹由	男	三		
余仁德	男	三〇	弟の孫一甲	年数 百弐十元
余德義	男	一三	々	々
余德智	男	九		
余德信	男	七		

050-1

050-1

鄭業吉	男	四〇	本の保一甲	半数一百	壹千元
鄭仁氏	女	三五			
鄭萬氏	女	六八			
陸世光	男	三三	本の保の甲	半数二百	贰千元
陸徐氏	女	四〇			
陸唐氏	女	六五			
陸刘氏	女	二一			
陸德元	男	四			
陸德鳳	女	七			
陸德全	男	一			

文大才	男	五一	第一保六甲	半燃	弍千元
文黄氏	女	三三	仝	仝白	
曹治標	男	四七	第五保一甲	仝	捌百元
李钊氏	女	四二			
徐永瑞	男	三〇	同	仝	山千元
余素氏	女	三一			
余衛	男	九			
何伯華	男	五二	同	仝	六
何新氏	女	四八			
何桂貞	女	一二			
何茂之	男	九			

051-1

051-1

00125

杜德之	男	五〇	第五保一甲	中毁	百	七千元
杜廖氏	女	五四				
杜之良	男	一三				
杜元才	男	九				
赖幸五	男	四七	第五保二甲	仝		七千元
赖叶氏	女	三八				
赖良轩	男	一〇				
徐竹之	男	四八	第七保一甲	半毁	一间	贰千元
徐李氏	女	四〇	仝	仝		仝
李陈氏	女	三六	仝	仝		贰千元
李伴先	男	三八	仝	仝		

000052

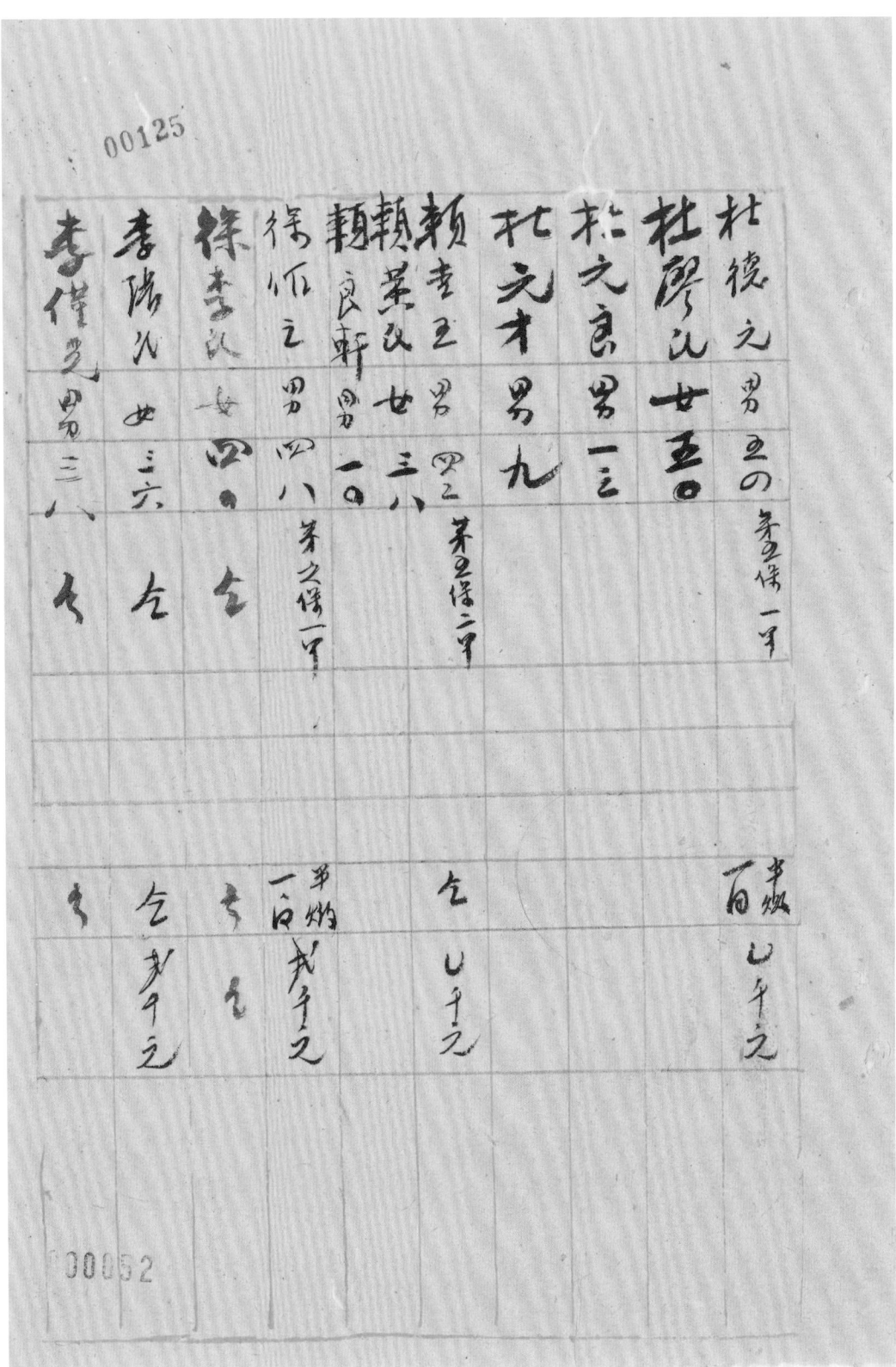

蒋福喜	男	三九	第六保九甲		平烟一两	八千元
孙荣氏	女	三八			仝	
孙尧树	男	一				
李海清	男	二八	第六保九甲		仝	仝
李刘氏	女	二九	仝		仝	
李郭氏	女	六〇	仝			
肖文英	女	三三	仝		仝	四元
聂章璐	男	六	第六保十甲		全烟一两	八千元
聂荣福	男	三二				
杨祖翔	男	四六	第七保十一甲		平烟一两	伍千元

052-1

052-1

00126

楊唐氏	女	四〇				
樊天君	男	四七	第七保十一甲	半焚	一百	四百元
葉陳氏	女	四一				
涂姚氏	女	七五	第七保第十四甲	全		七千元
涂文美	女	三〇				
涂家禎	女	九				
涂家玉	女	六				
刘大坤	男	七二	第八保甲	半焚	一百	八百元
刘張氏	女	五九				
曾少周	男	三二	第八保甲	半焚	一百	[illegible]百元

000053

曾成達	男	四九			
曾茂廷	男	六二			
曾[illegible]氏	妻	五四			
曾月蓮	女	一〇			
曾明	男	七			
鄧吉三	男	四八	第八保八甲	半燃 一角	五百元
邓浩欽	男	一二			
古刘氏	女	五六	第八保八甲	半燃 一口	加百五十元
張先前	男	三八			
張先[illegible]	男	三[illegible]			

053-1

053-1

張金双						
朱漢成	男	六〇		半数	一月	八百元
朱劉氏	女	五八				
趙宗臣	男	三二	第十一保一甲	仝		七千元
趙姜氏	女	三八				
趙宗輝	男	二九				
趙子明	男	一〇				
趙子先	男	九				
趙翠香	女	六				
田秉金	男	六二	第十一保一甲	半数	一月	七千元

田李氏	女	六六
田昌台	男	四二
田昌尧	男	四〇
田刘氏	女	三九
田明楼	男	一二
田明樑	男	九
田明材	男	七
刘光仁	男	六二
刘段氏	女	三七
刘志隆	男	三二

第十二保一甲

第卅
一户
七十之

054-1

054-1

刘子恒	男	七		
徐明轩	男	四〇	第十三保三甲	房一 半毁 贰千元
徐黄氏	女	四二		
徐光明	男	二三		
徐太枭	男	九		
徐太白	男	七		
徐润文	男	〇		
邓家富	男	四六	第十三保六甲	房一 半毁 贰千元
邓洪氏	女	六		
邓远珍	女	十五		

郭远新 男 二五

楊洪氏	女	四八	第十二保二甲	半数 一丙 贰千之
楊先祥	男	五四		
~~楊罗氏~~	~~女~~	~~二十~~	~~第十六保一甲~~	
楊明富	女	九		
宋罗氏	女	三〇	第十〇保一甲	半数 一百 四千之
余洪章	男	九		
譚聘之	男	五八	第十五保二甲	半数 一丙 叁千之
譚黄氏	女	五〇		
譚昌明	男	三四		
譚刘氏	女	二六		

055-1

055-1

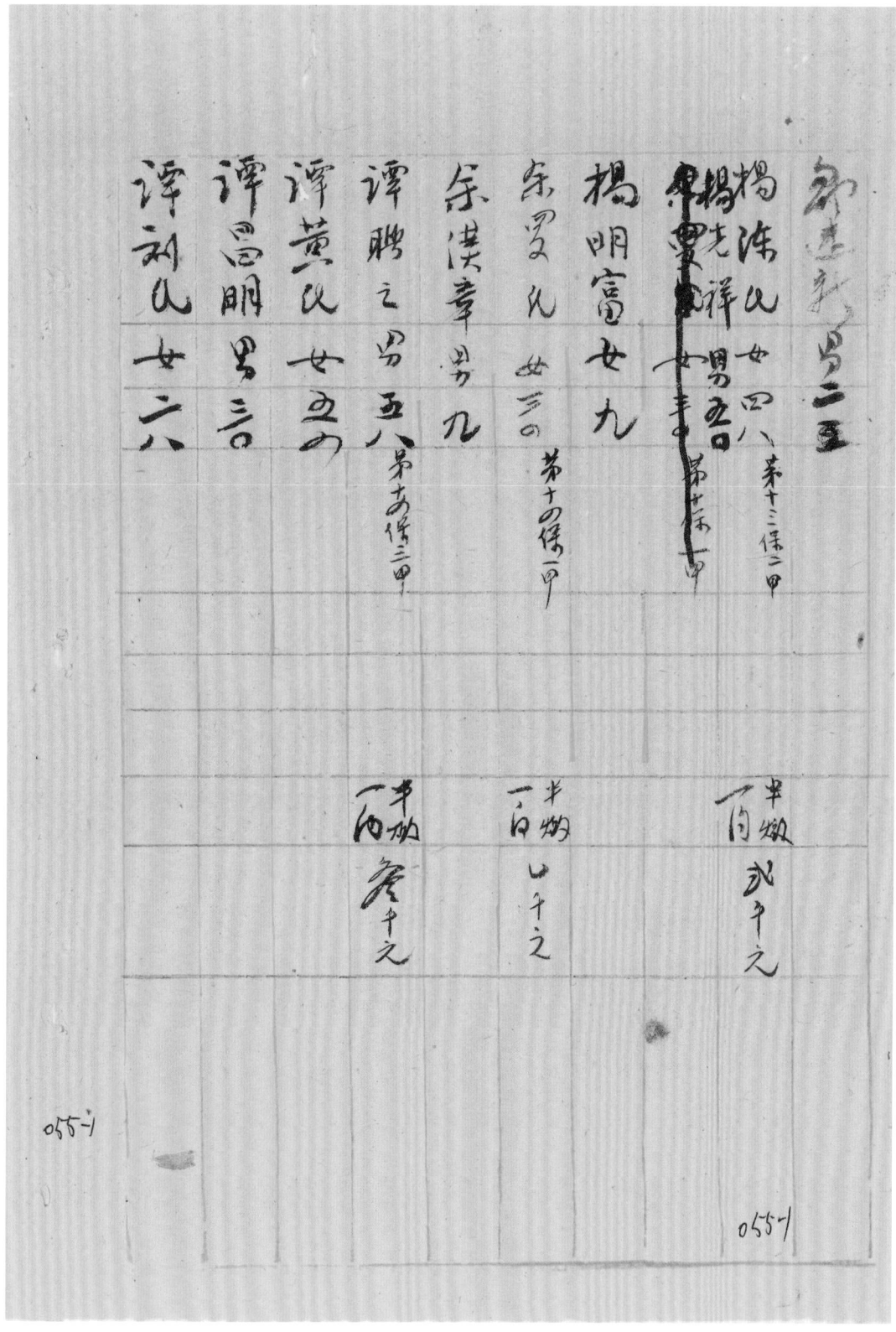

谭小康	男	五					
余俊扬	男	三〇				半奶一百	贰千元
余俊德	男	六					
余刘氏	女	六〇					
余正德	男	三					
余荟兰	女	五					
谢永之	男	三五	第七保甲			半奶一百	八千元
张郑氏	女	五五	同			仝	仝
陈春毛	男	三					
王李氏	女	四〇	第四保三甲			仝	[illegible]元

王大祥	男	三八			
王穗全	男	四			
徐楷	男	三〇	仝	仝	仝
徐潘氏	女	二三			
徐小毛	男	三			
蘇芝壽	男	四三	仝	半烟一两	如又之
蘇李氏	女	四六			
余贵钱	男	四〇	第六保二甲	仝	如又之
余何氏	女	三九	仝	ㄑ	ㄑ
楊田氏	女	六四	第六保四甲	仝	如又之

056-1

056-1

杨志远	男	九			
杨志华	男	十八			
杨惠芳	女	七			
杨炳远	男	六			
徐承清	男	三五	第七保八甲	全数一百	刘中之
徐周氏	女	二九			
徐明	男	二			
徐二童	男	一			
徐二毛	男	六			
刘朝阳	男	三二	第七保八甲	全数一百	刘中之

刘谭氏	女	四八			
刘重贵	男	二九			
刘荣兴	男	一三			
刘荣裕	男	五			
蓝陈氏	女	三〇	第保九甲	半数 一户	伍百元
张方東	男	四八	第十六保二甲	全数 一同	八十元
张赖氏	女	四〇			
张法尔	男	一〇			
王刘氏	女	四八	第十六保三甲	全数 一户	八十元
王運毛	男	九			
赖武臣	男	六〇	同	半数 一户	五百元

057-1

057-1

赖邹氏	女	二〇			
赖武文	男	一九			
赖延瑞	男	八			
赖玉贞	女	七			
李云	男	三〇	第十六保四甲	全炸一口	四千元
李菊氏	女	三三			
李云臣	男	九			
贺玉全	男	四四	第十六保五甲	全炸六口	拾千元
贺方氏	女	四六			
贺玉白	男	三九			

賀刘氏	女	六
賀成美	男	九
賀成然	男	七
賀成芳	男	四
賀月明	女	六
賀辛貞	女	三
林谷德	男	三九
林钱氏	女	三六
林闻声	男	三六
林陈氏	女	四〇

一百 半数 七千之

058-1

.058-1

林大志	男	五〇		
林廖氏	女	三三		
林正祥	男	八		
林正揚	男	六		
林正煌	男	四		
林桂芳	女	七		
林桂芝	女	三		
萬友氏	男	五八	第十四保五甲	串级一百 八百元
萬趙氏	女	四三		
萬瑞祥	男	十三		
高順清	男	三二	第七保三甲	串级一百 八十元

高陳氏 女 三八

高文彬 男 二

張蓉如 男 三七 第十六保八甲 第一〇六號 安之

張彭氏 女 三二

張先哲 男 一三

張光先 男 九

謝永慶 男 三四 第十四保六甲 第一〇五號 写之

謝羊氏 女 四八

謝菊英 女 一四

謝明德 男 一二

謝蔚蓉 男 一五

059-1

059-1

00133

合

計死亡二名重傷三名輕傷四名大口二百七十七名小口一百六十一名共計四百四十七名

000080

梁山县政府关于核销垫付一九四三年六月六日被炸灾民赈恤款致四川省赈济会的呈（一九四三年九月二十三日）

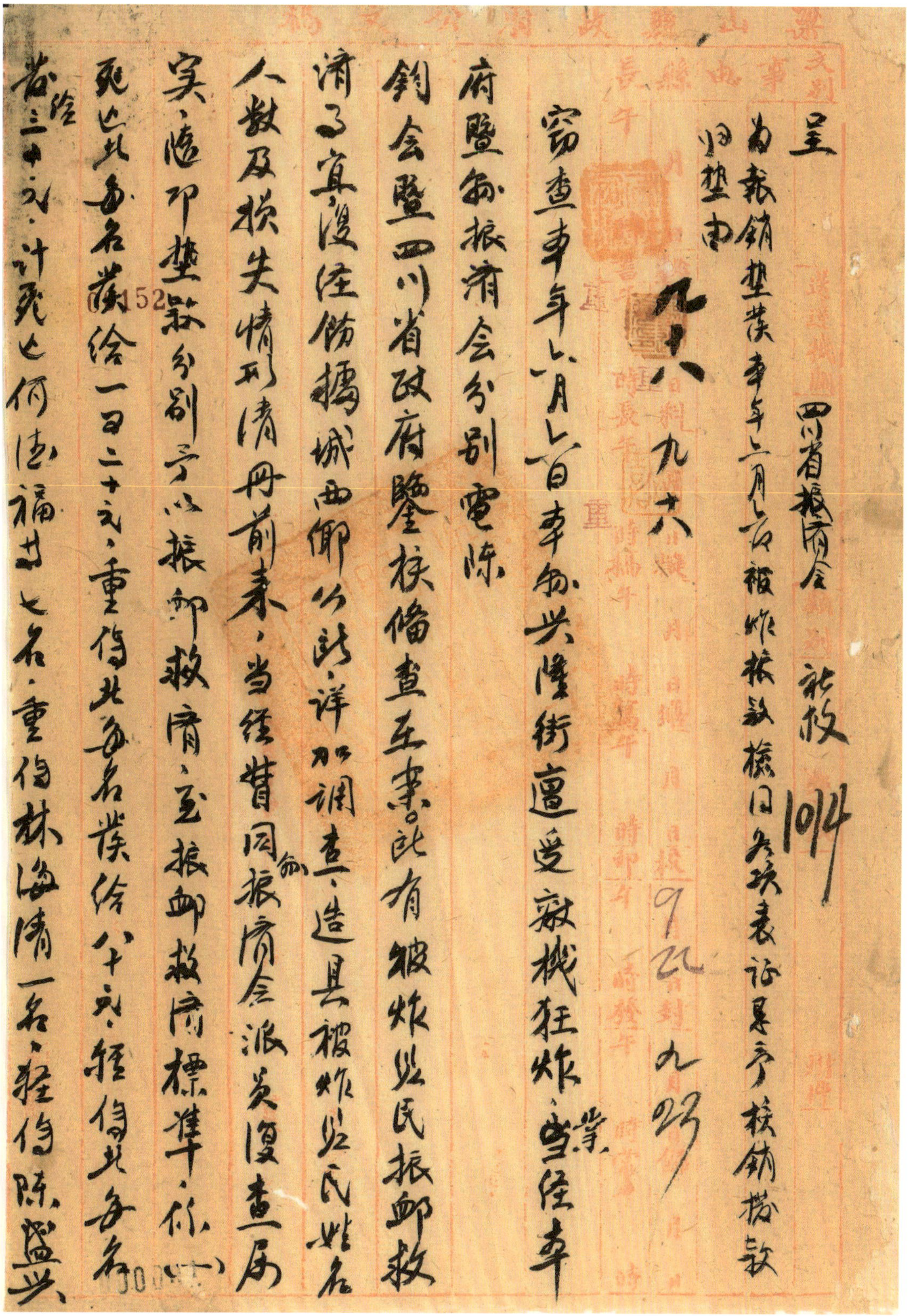

呈

为报销垫发本年六月六日被炸振款检同名册表证呈予核销拨款归垫由

四川省振济会

窃查本年六月六日本县兴隆街遭受敌机狂炸，当经本府暨县振济会分别电陈钧会暨四川省政府鉴核备查在案。所有被炸灾民振恤救济事宜，复经饬据城西乡公所详加调查，造具被炸灾民姓名人数及损失情形清册前来，当经督同县振济会派员复查属实，随即垫款分别予以振恤救济。至振恤救济标准，依（一）死亡者每名发给一百二十元，重伤者每名发给八十元，轻伤者每名发给三十元。计死亡何德福等七名，重伤林海清一名，轻伤陈盛兴、共六名，共發去振款壹千壹百元正。(二)房屋被炸，全燬共收容晋大口日發食米代金四元，小口日發食米代金二元；房屋半燬收容户，大口仍日發食米代金四元，小口日食二元。計廖達燊共四户房屋全燬，共大口拾捌名，小口七名，共發伙食代金三百五十六元；又劉之程共七户房屋半燬，共大口二十二名，小口十四名，共發食米代金二百三十二元，當同有關機關團体眼同發放，諸手正擬檢據呈報，適奉

鈞會查字第1121號代電，以據本府報銷本年五月[illegible]日被炸振款一案，因於傳達振卹部份，飭由振濟委員會俟渝以救代電飭示及標準辦理。查本案死傷撫卹金款，

前准依巴马渝山救代电获给，比较偿渝山救代电数字，超出四百八千元，自应分别追回。至报领，除饬该西乡公所收款备案，移恤金按名追还外，理合先将赈恤登记表内死伤恤金之数，逐一更正，连同收支对照表、战民人数调查表及六月份各旬米价表具文一併呈请

钧会俯赐核销，拨款归垫，并候令遵！

谨呈

四川省赈济会

计呈 赈恤登记表、战民人数调查表、收支对照表、六月份各旬米价表各一份

全衔 [illegible]长 黄○○

本件书立抄於档科

附一：梁山县一九四三年六月六日被炸灾民赈恤救济赈款收支对照表（一九四三年八月）

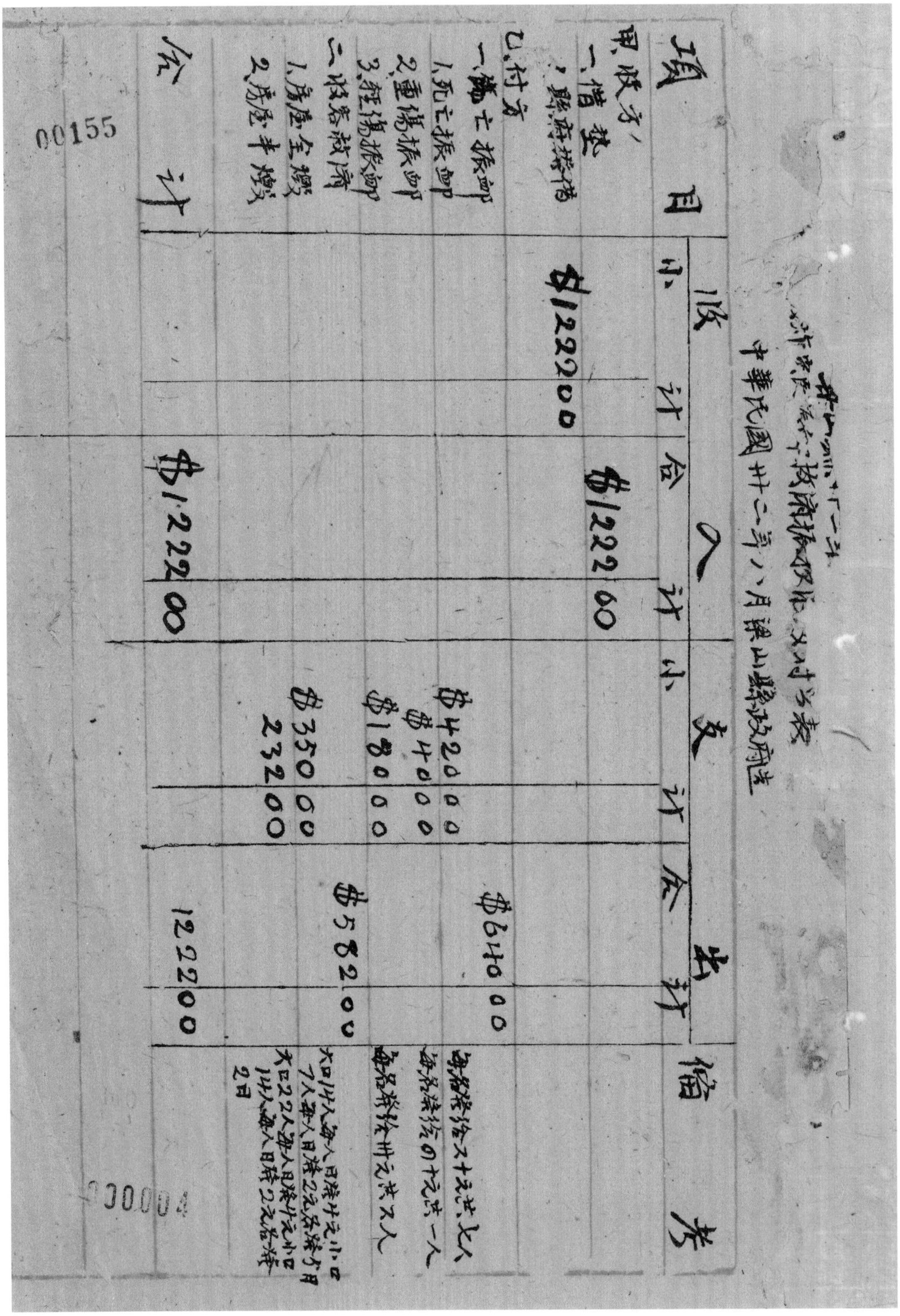

[illegible]救濟振款收支對照表

中華民國卅二年八月梁山縣政府造

項目	收入 小計	收入 合計	支出 小計	支出 合計	備考
甲.收方：					
一.借墊					
1.縣府墊借	$1222.00	$1222.00			
乙.付方					
一.傷亡振卹				$640.00	
1.死亡振卹			$420.00		每名發給二十元共廿一人
2.重傷振卹			$40.00		每名發給四十元共一人
3.輕傷振卹			$180.00		每名發給卅元共六人
二.收容救濟				$582.00	
1.房屋全燬			$350.00		大口卅人每人日給廿元小口7人每人日給2元各給5日
2.房屋半燬			232.00		大口22人每人日給廿元小口14人每人日給2元各給2日
合計		$1222.00		1222.00	

00155

000004

梁山縣卅二年六月六日被炸災民人數調查表

姓名	性别	年〇	住址	損失情形：死	重傷	輕傷	住所被燬間數	財產損失估計	備考
何澍福	男	三六	西卿二保七甲	亡					
廖老娘	女	七九	〃一保〃甲	〃					
首王氏	女	三〇	〃二保〃甲	〃					
林吴氏	女	〇五	〃一保〃甲	〃					
李永華	男	三六	〃一保	〃					
林海清	男	〇八	〃一保〃甲		重傷				
刘名氏	男	〇五	〃	〃					
罗兴知	男	〇二	〃	〃					
陈盛兴	男	三二	〃			輕傷			

勇 三女

00157

邓明英	男	三二	〃	〃		
简海清	男	四二	〃一保	〃		
况昭玉	女	三〇	〃	〃		
彭小毛	女	三	〃	〃		
廖达发	男	四〇	〃一保九甲		全毁三间	八〇〇〇元
妻 石氏	女	三〇	〃		〃	〃
子 光国	男	一二	〃		〃	〃
母 刘氏	女	八一	〃		〃	〃
兄 达泼	男	五四	〃		〃	〃
黎茂之	男	三六	〃		全毁六间	一〇〇〇〇元

000006

妻 謝氏	女	三二	〃		〃	〃
子 小毛	男	三歳	〃		〃	〃
女 春蘭	女	八歳	〃		〃	〃
林海清	男	四五	〃 一保 甲		全燬の間	二六〇〇元
妻 呉氏	女	四〇	〃		全爆の間 〃	一五〇〇〇元 〃
男 和鶚	男	三歳	〃		〃	〃
女 丁妹	女	二	〃		〃	〃
小妹	女	二歳	〃		〃	〃
蔡鴻伝	男	五四	〃		全燬 五間	一九〇〇〇元
妻 徐氏	女	四八	〃		〃	〃

六安の男

000007

子福安	男	三一	〃	〃	〃
福康	男	二一	〃	〃	〃
祝云	男	二二	〃	〃	〃
女福玉	女	二[illegible]	〃	〃	〃
媳胡氏	女	三五	〃	〃	〃
阚云程	男	五六	〃一保七甲	半毁二间	五〇〇元
妻邓氏	女	四〇	〃	〃	〃
嫂王氏	女	六七	〃	〃	〃
侄媳姜氏	女	三〇	〃	〃	〃
孙女太秀	女	一〇	〃	〃	〃

四男
六女

00160

太春	女	一岁	〃				〃	〃
侄 杨太发	男	一四	〃				〃	〃
刘义阳	男	四五	〃一保九甲				半燉二间	五〇〇元
妻 郑氏	女	二八	〃				〃	〃
子 敦厚	男	一三	〃				〃	〃
小林	女	一岁	〃				〃	〃
代四友	男	四〇	〃一保九甲				〃	〃
妻 刘氏	女	三八	〃				〃	〃
女 光珍	女	八岁	〃				〃	〃
子 小毛	男	一岁	〃				〃	〃

五男
五女

000009

许荣邦	男	三八	〃一保八甲		〃	一六〇〇元
妻李氏	女	二一	〃		〃	〃
女代玉	女	一岁	〃		〃	〃
母田氏	女	四八	〃		〃	〃
伯父亚娃	男	五六	〃		〃	〃
婶母李氏	女	四五	〃		〃	〃
弟影全	男	二二	〃		〃	〃
侄女李芳	女	二岁	〃		〃	〃
李嘉森	男	五五	〃二保	轻伤		
吴云程	男	四四	〃一保九甲		半毁二间	二五〇〇元

五男
五男

000010

00162

妻刘氏	女	三〇	〃				〃	〃
女桂兰	女	八岁	〃				〃	〃
母于氏	女	七三	〃				〃	〃
扈先树	男	二九	〃				〃	一〇〇〇元
妻刘氏	女	二九	〃				〃	〃
嫂姜氏	女	三三	〃				〃	〃
李洪成	男	五〇	〃一保甲				〃	五〇〇元
妻刘氏	女	三九	〃				〃	〃
子喜祥	男	一二	〃				〃	〃
毛儿	男	八岁	〃				〃	〃

同男
安

000011

00163

廿小妹　男　二歲

母賀氏　女　六七

[illegible]

〃　〃

[illegible]

〃　〃

〃　〃

合計　死亡七名重傷一名輕傷六名大口卅六名小口卅一名共計七十一名

000012

垫发卅二年五月廿日、六月六日两次空袭伤亡振恤款四柱账目表

旧管

无

新收

一、贷借 七〇〇〇元 用社会科长名义向县银行借

开除

一、垫发五月廿日空袭伤亡振恤款 五五五八元

二、垫发六月六日空袭伤亡振恤款 一二二二元

合计 六七八〇

实存 二二〇元

一、实存

自振济会全[illegible]

卅二年十一月一日记

梁山县防护团关于查复一九三八年十月四日至一九四三年六月六日梁山县被炸受灾情形致梁山县政府的呈（一九四三年十二月十七日）

梁山縣防護團呈

防情 一三二 號

民國三十二年十二月十七日

事由：為遵令查復本縣被炸受災情形請予核轉備查由

本年十二月十二日案奉

鈞府社救字第一二五四號訓令：「飭查復本縣被炸公私建築損失情形具報憑轉為要」等因。奉此，遵即卷查本縣自二十七年十月四日被炸起，至本年六月六日止，共計四十九次，人民死亡共計六三三人，負傷共計九三〇人，公私財產損失共計一七六二，三〇〇元，房屋被毀二四七七棟。所有本縣被炸公私損失情形，理合具文呈復

鈞府，俯賜核轉備查示遵！

謹呈

梁山縣長黃

兼團長黃乃安

梁山县烟业同业公会造具一九三九年至一九四三年敌机袭梁被炸会员损失表（一九四四年三月）

00076

梁山縣菸業同業公會造具敵機襲梁被炸會員損失表

姓别	住址	備考
謝子泉	東大正街四二號	廿九年八月廿三日菸業全被燃燒，要損失洋本幣貳仟餘元，街房三間
張世和	東大街二三號	卅年三月擇火跳損失貨物洋貳仟，卅年七月五日燃燒本街受損失貨物貳萬伍仟，街房一間，業主陳漢佐
姜學海	東正街衔門口	廿九年八月廿三日被炸損失菸葉貨物洋貳仟元，卅年七月廿六日全炸鋪房一間連貨物損失洋壹萬貳仟元，七月五日被炸毁鋪面貨物洋叁仟元
謝伏珊	西正街十一號	廿八年六月六日炸毁鋪面損失貨物洋一萬元，六月十四日炸毁鋪面貨物損失洋六仟元，卅年七月五日炸毁鋪面貨物損失洋壹萬貳仟元，卅一年四月廿一日燃燒鋪面貨物洋三萬六仟，建築鋪房費用洋陸萬伍仟元
姜學富	西大街一〇一號	廿九年五月廿五日炸毁鋪面六間房屋貳間貨物全損計洋貳萬伍仟，卅年五月廿三日燃燒鋪面六間貨物全損計洋一萬柒仟元
蔣平全	西大街一九二號	卅年五月廿三日炸毁鋪面貳間貨物全炸損失洋本幣叁仟元

謹呈

梁山縣商會

005

藥業公會理事長　胡仕珊

中華民國三十三年　三月　日

005-1

六、一九四四年日军轰炸梁山地区史料

梁山县赈济会关于报送一九四四年五月十日日机轰炸情形致四川省赈济会的代电
（一九四四年五月十一日）

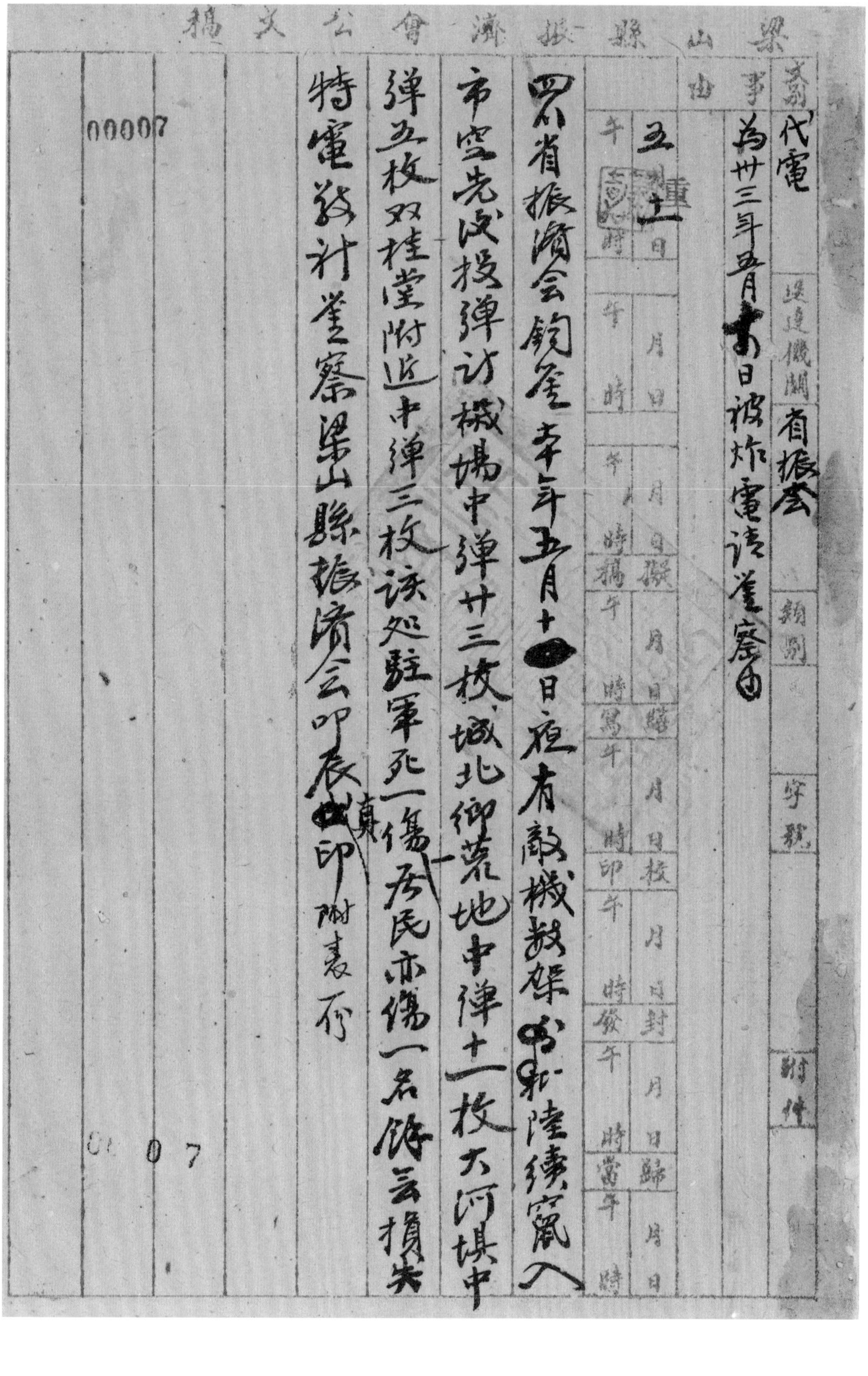
梁山縣振濟會公文稿

別：代電

事由：為卅三年五月十日被炸電請鑒察由

送達機關：省振会

五月十一

四川省振濟会鈞鑒：本年五月十日夜有敵機數架分批陸續竄入市空，先後投彈，計機場中彈廿三枚，城北御菜地中彈十一枚，大河壩中彈五枚，双桂堂附近中彈三枚，該处駐軍死一傷一，居民亦傷一名，餘無損失。特電鑒察。梁山縣振濟会叩辰真印 附表存

00007

附：四川省梁山县一九四四年五月十日敌机轰炸情形报告表（一九四四年五月十一日）

四川省梁山縣敵機轟炸情形報告表

卅三年五月十一日

日期		五月十日
敵機架數		約五架
空襲時間	空襲	午后九时四十分
	紧急	午后十时
	投彈	午后十时卅分
	解除	午后十一时卅分
投彈數量	炸彈	四十二枚
	燃燒彈	
着彈地点		飛機場城北御大河垻及双桂堂附近
損害情形	房屋 炸毁	
	房屋 燒燬	
	人口 死	駐軍一名
	人口 傷	駐軍一名居民一名

梁山县赈济会关于报送一九四四年五月三十日日机轰炸情形致四川省赈济会的代电（一九四四年六月一日）

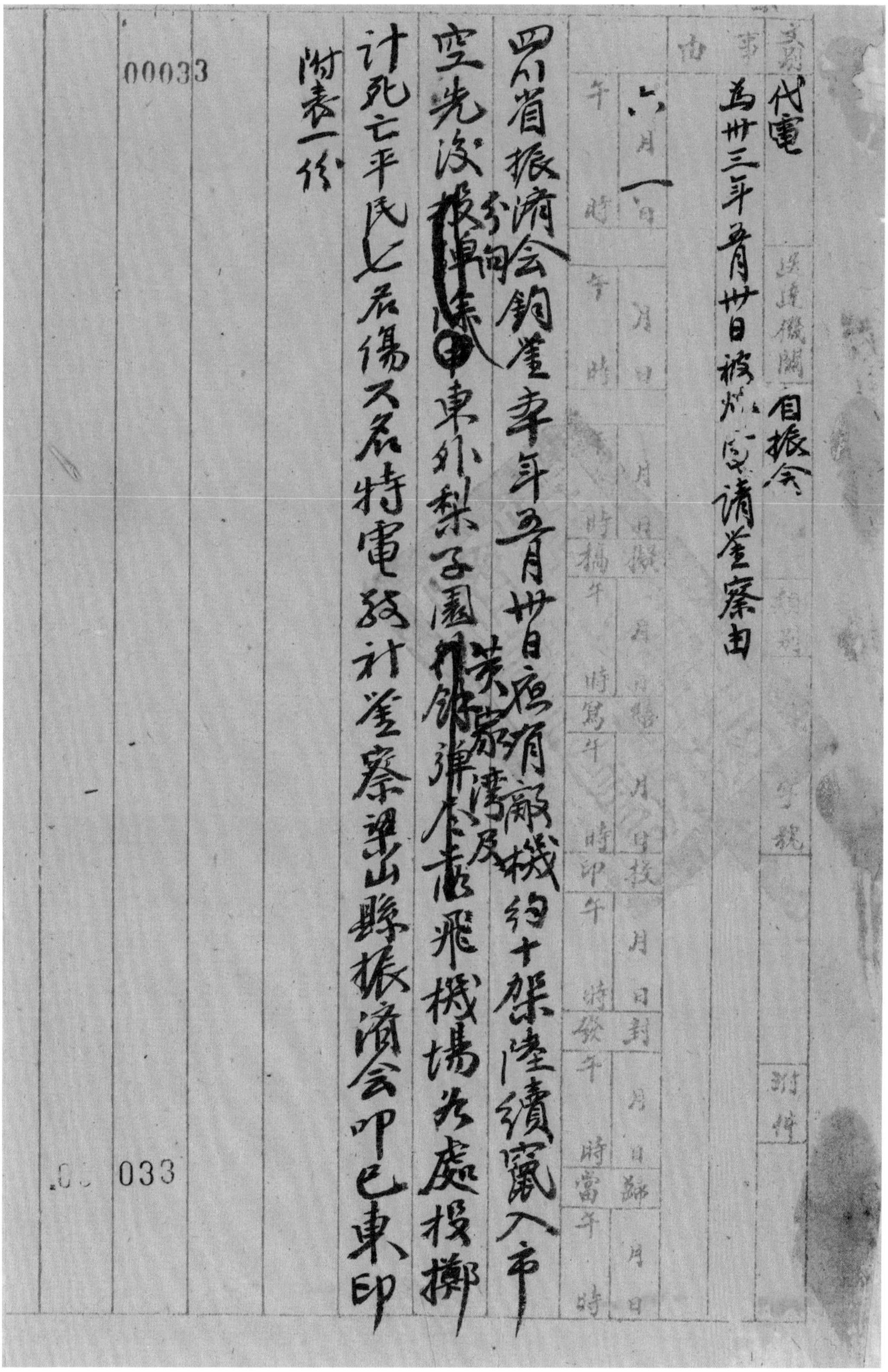

文別：代電
事由：為卅三年五月卅日被炸情形請鑒察由
受文機關：省振会
六月一日

四川省振濟会鈞鑒：本年五月卅日晨有敵機約十架陸續竄入市空，先後分向城東外梨子園蔣家灣及飛機場各處投擲，計死亡平民七名，傷[illegible]名，特電敬祈鑒察。梁山縣振濟会叩巳東印

附表一份

附：四川省梁山县一九四四年五月三十日敌机轰炸情形报告表（一九四四年六月一日）

00034

四川省梁山县敌机轰炸情形报告表　卅三年六月一日

日期	五月三十日	敌机架数	约十架
空袭时间	空袭 午后八时零二分	投弹 午后八时廿七分	
	紧急 午后八时十七分	解除 午后十时廿三分	
投弹数量	炸弹 大小约贰多枚	燃烧弹	
着弹地点	飞机场黄家湾一带及东外梨子园一带		
损害情形	房屋	炸坏	
		烧毁	
	人口	死	七名
		伤	六名
	其他		
事后处理情形	已办理者		
	正在办理者		
	拟办理者		
	困难情形		
备考	表列死伤人数全系平民		

梁山县振济会填

034　034-1

梁山县天竺乡乡公所关于报送一九四四年五月三十日游世兴、谢兴顺被炸情形请予抚恤事致梁山县赈济会的呈（一九四四年六月九日）

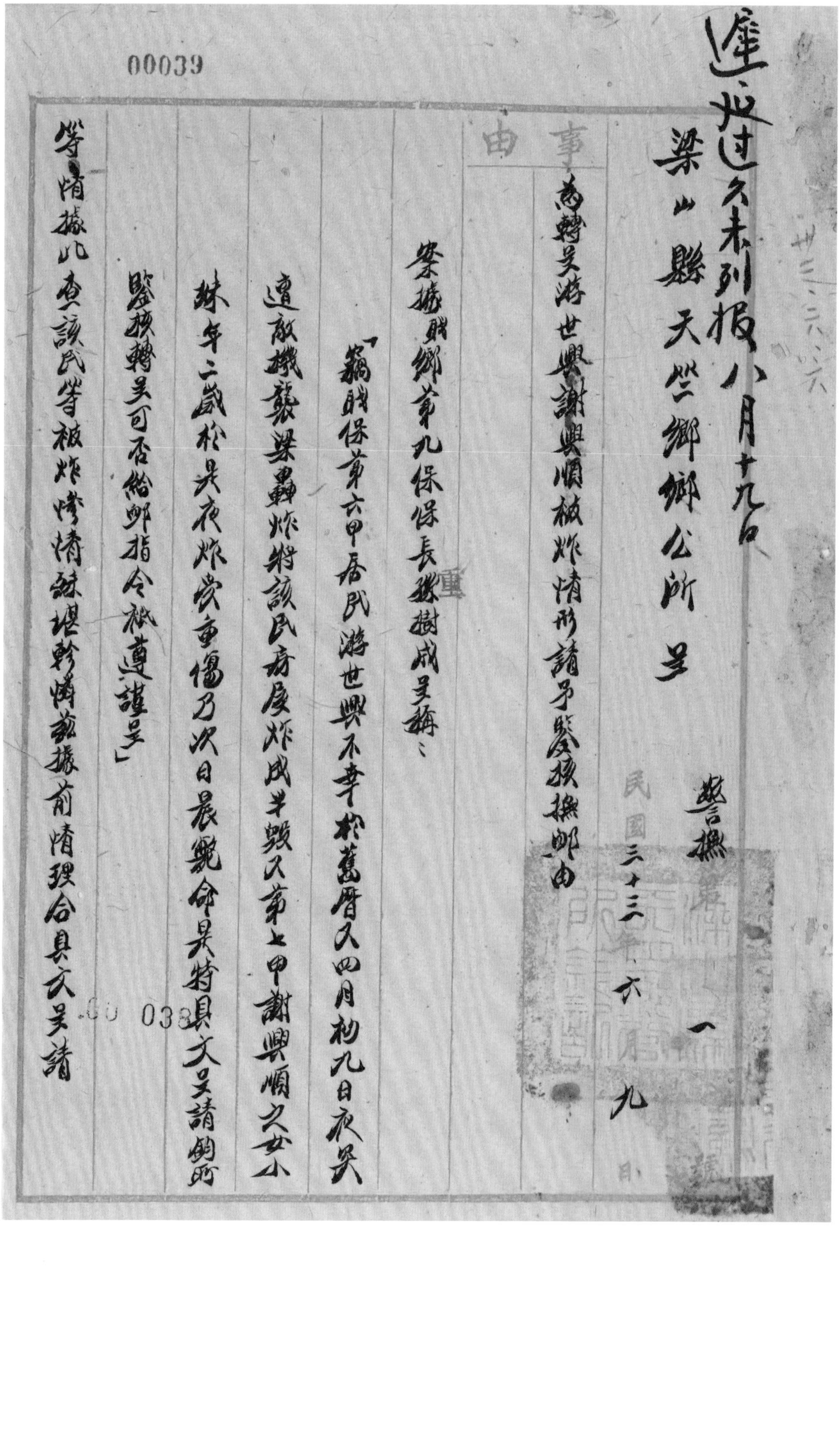

00039

遲延過久未列報 八月十九日

梁山縣天竺鄉鄉公所 呈

賑撫字第一號

民國三十三年六月九日

事由：為轉呈游世興謝興順被炸情形請予賑撫卹由

案據職鄉第九保保長孫樹成呈稱：

「竊職保第六甲居民游世興不幸於舊曆又四月初九日夜突遭敵機襲梁轟炸，將該民房屋炸成半毀，又第七甲謝興順之女小妹年二歲，於是夜炸受重傷，乃次日晨斃命。是特具文呈請鈞所鑒核轉呈，可否給卹，指令祇遵。謹呈」

等情。據此，查該民等被炸情形，殊堪矜憫，茲據前情，理合具文呈請

00038

00040

鈞會鑒核請予撫卹以示體恤當否示遵！

謹呈

梁山縣振濟委員會

鄉長邱玉成

039

梁山县赈济会关于报送一九四四年六月十二日日机轰炸情形致四川省赈济会的代电（一九四四年六月十四日）

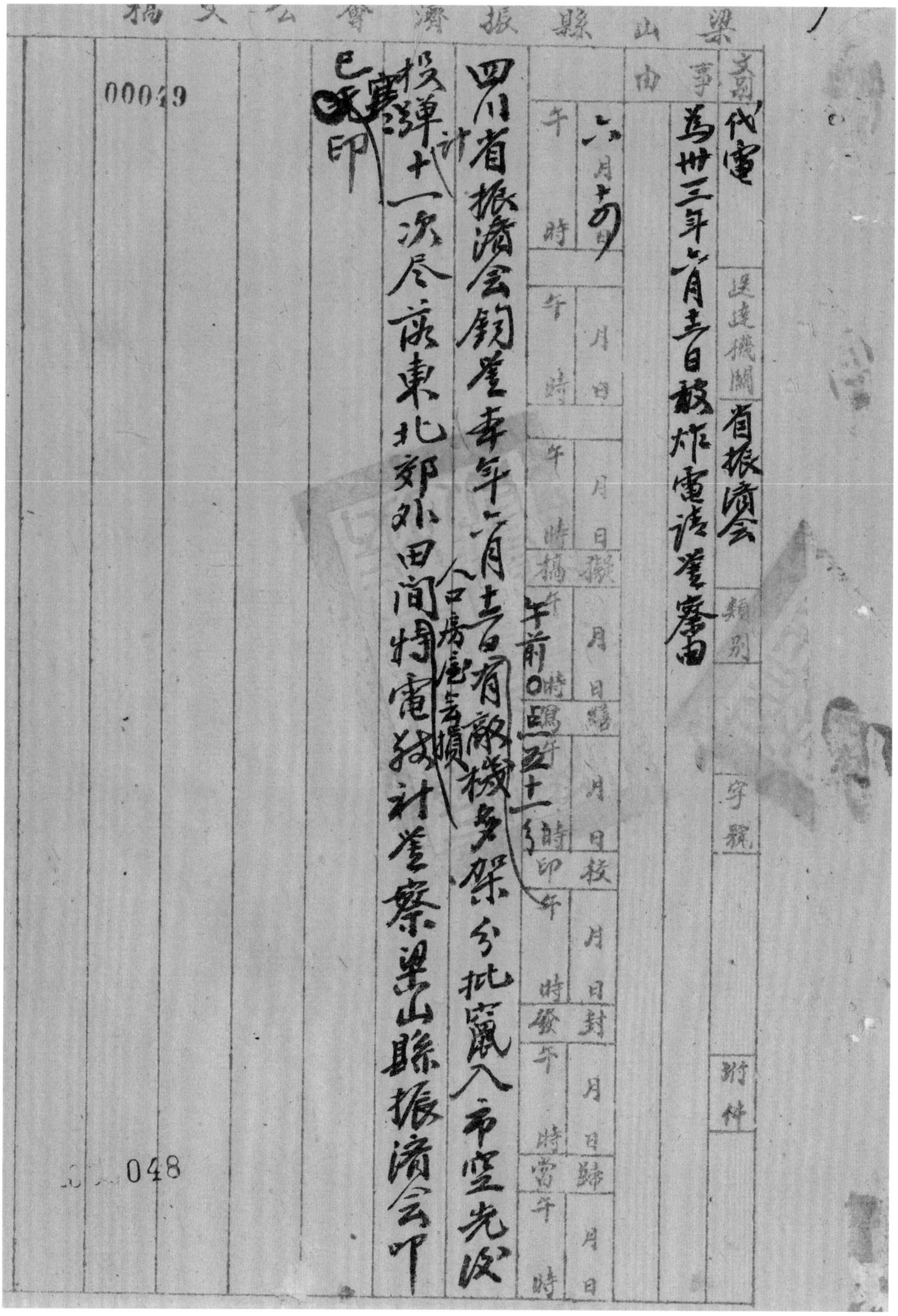

梁山縣振濟會公文稿

文別：代電

事由：為卅三年六月十二日被炸電請鑒察由

送達機關：省振濟会

六月十四

00049

四川省振濟会鈞鑒：本年六月十二日午前〇時五十一分有敵機多架分批竄入市空，先后投彈計十一次，尽落東北郊外田間，人口房屋無損，特電祈鑒察。梁山縣振濟会叩。巳寒印

048

附：四川省梁山县一九四四年六月十二日敌机轰炸情形报告表（一九四四年六月）

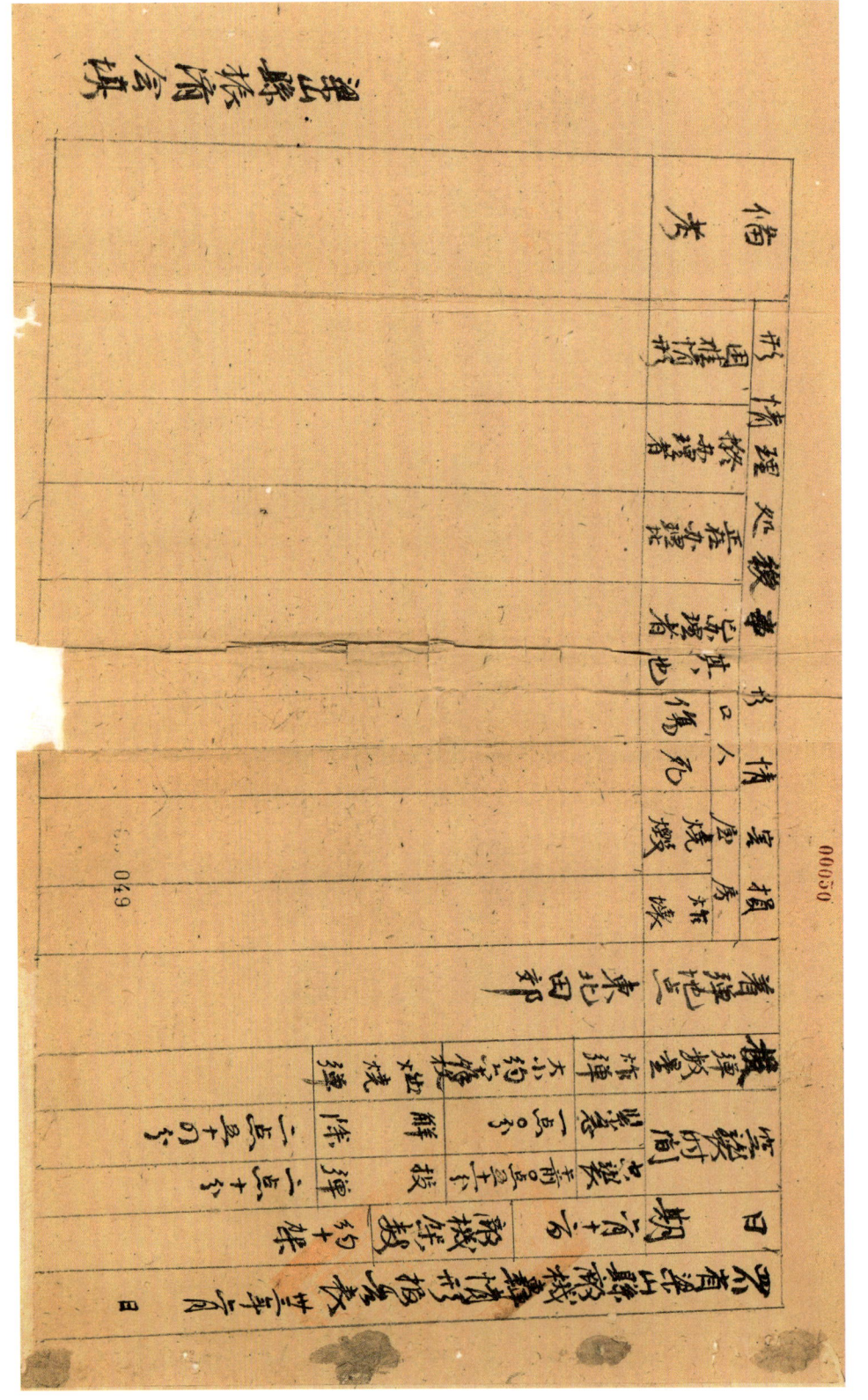

00050

四川省梁山縣敵機轟炸情形報告表　卅三年六月　日

日期	六月十二日	
敵機架數	約十架	
空襲時間	空襲	午前〇点五十分
	緊急	一点〇分
	投彈	二点十分
	解除	二点五十四分
投彈數量	炸彈	大小約六十枚
	燃燒彈	
着彈地点	東北田鄉	
損害情形	房屋 炸壞	
	房屋 焚燬	
	人口 死	
	人口 傷	
	其他	
善後處理情形	已處理者	
	正在處理	
	擬辦理者	
	困難情形	
備考		

梁山縣振濟会填

049

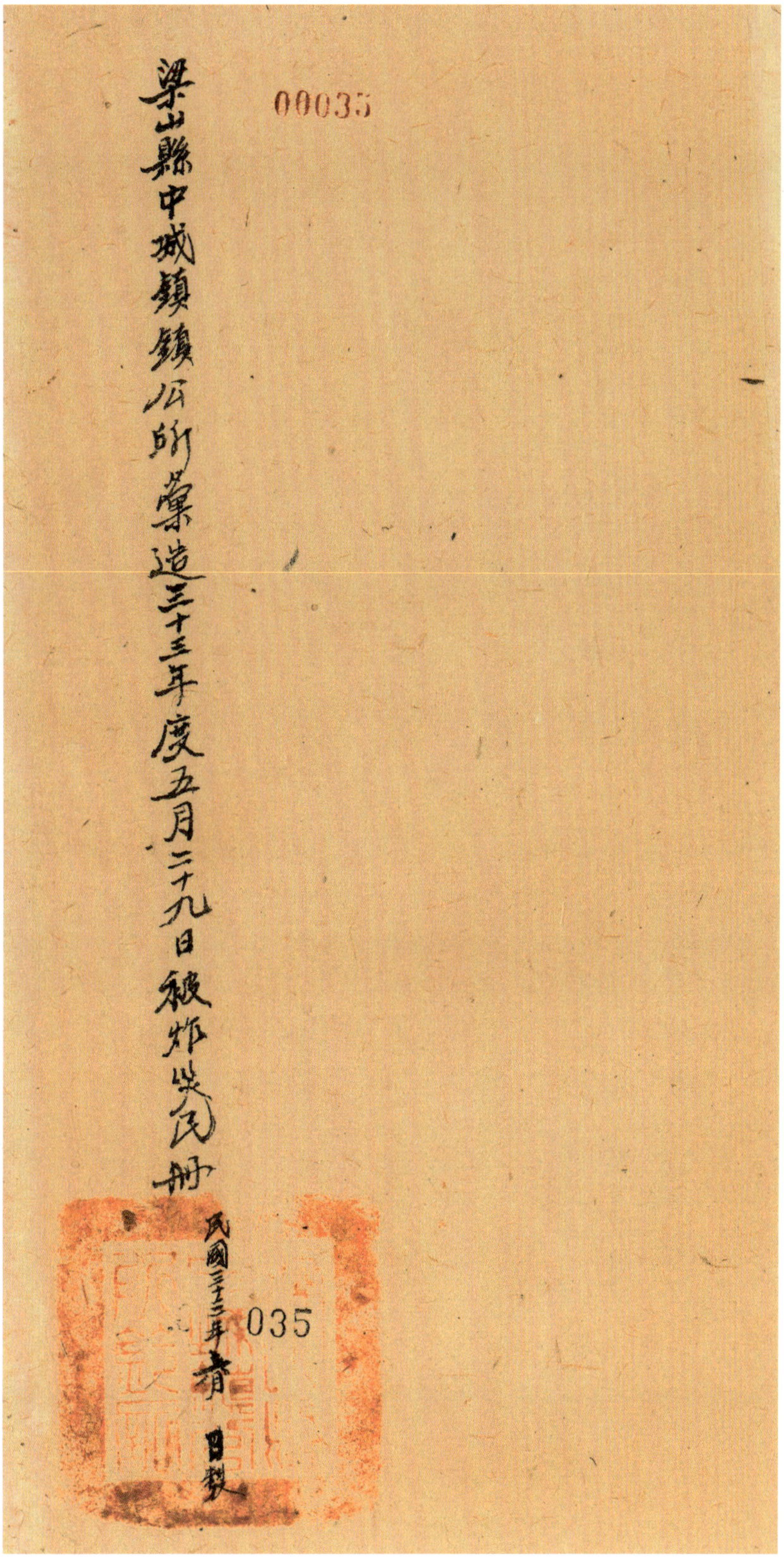
00035

梁山縣中城鎮鎮公所彙造三十三年度五月二十九日被炸災民册

民國三十三年六月　日製

035

梁山县中城镇镇公所汇造一九四四年五月二十九日被炸灾民册（一九四四年六月）

梁縣中城鎮鎮公所彙造三十三年五月二十九日被炸災民冊

保別	甲別	姓名	年齡	籍貫	住址	人口 大口	人口 小口	被炸情形	生活狀況	備考
六	一	鄭自國	一六	梁山	關廟巷			亡	貧	
九	十	謝子才	元	梁山	東大街			亡	赤貧	
		謝鍾氏	六六	梁山	東大街			傷	赤貧	右臂受傷
		周唐氏	四八	梁山	東大街			亡	赤貧	
	九	朱天海	四八	梁山	東大街			重傷	赤貧	右腿受二傷右臂受二傷腦膛受一傷
十一	九	方鍾氏	二〇	梁山	林家花園			傷	小康	小腹
二十五		馬安炎	五〇	梁山	飛行場側	三	二	半毀	貧	

民國三十三年六月　日製

中城鎮鎮長　謝道懷　謝道懷印

036-1

梁山县赈济会关于报送一九四四年七月八日日机轰炸情形致四川省赈济会的代电（一九四四年七月九日）

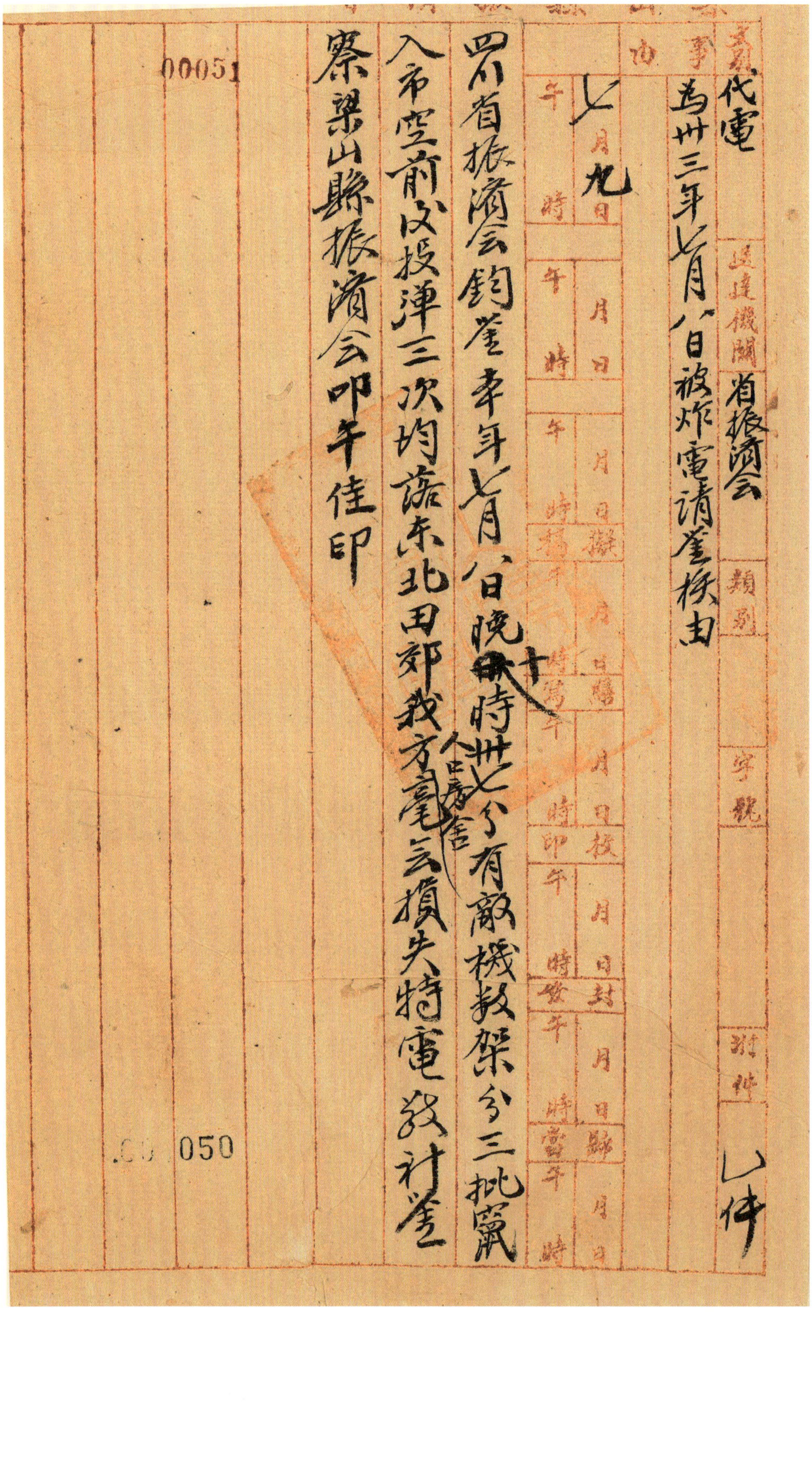
00051

文別：代電

事由：為卅三年七月八日被炸電請鑒核由

送達機關：省振濟会

類別

字號

附件：一件

七月九日

四川省振濟会鈞鑒：本年七月八日晚十時卅七分有敵機數架分三批竄入市空，前後投彈三次，均落东北田郊，我方人口房舍毫無損失，特電敬祈鑒察。梁山縣振濟会叩午佳印

00050

四川省梁山縣敵機轟炸情形報告表　卅三年七月九日

項目		內容
日		[illegible]
敵機架數		數架
空襲時間	空襲	十时十七分
	緊急	十时廿三分
	投彈	十时廿七分
	解除	九日零时十六分
投彈數量	炸彈	廿餘枚
	燃燒彈	
着彈地点		機場東北田郊
損害情形	房屋炸壞	
	房屋燒燬	
	人死	
	人傷	

梁山县赈济会关于报送一九四四年八月十三日日机轰炸情形致四川省赈济会的代电（一九四四年八月十五日）

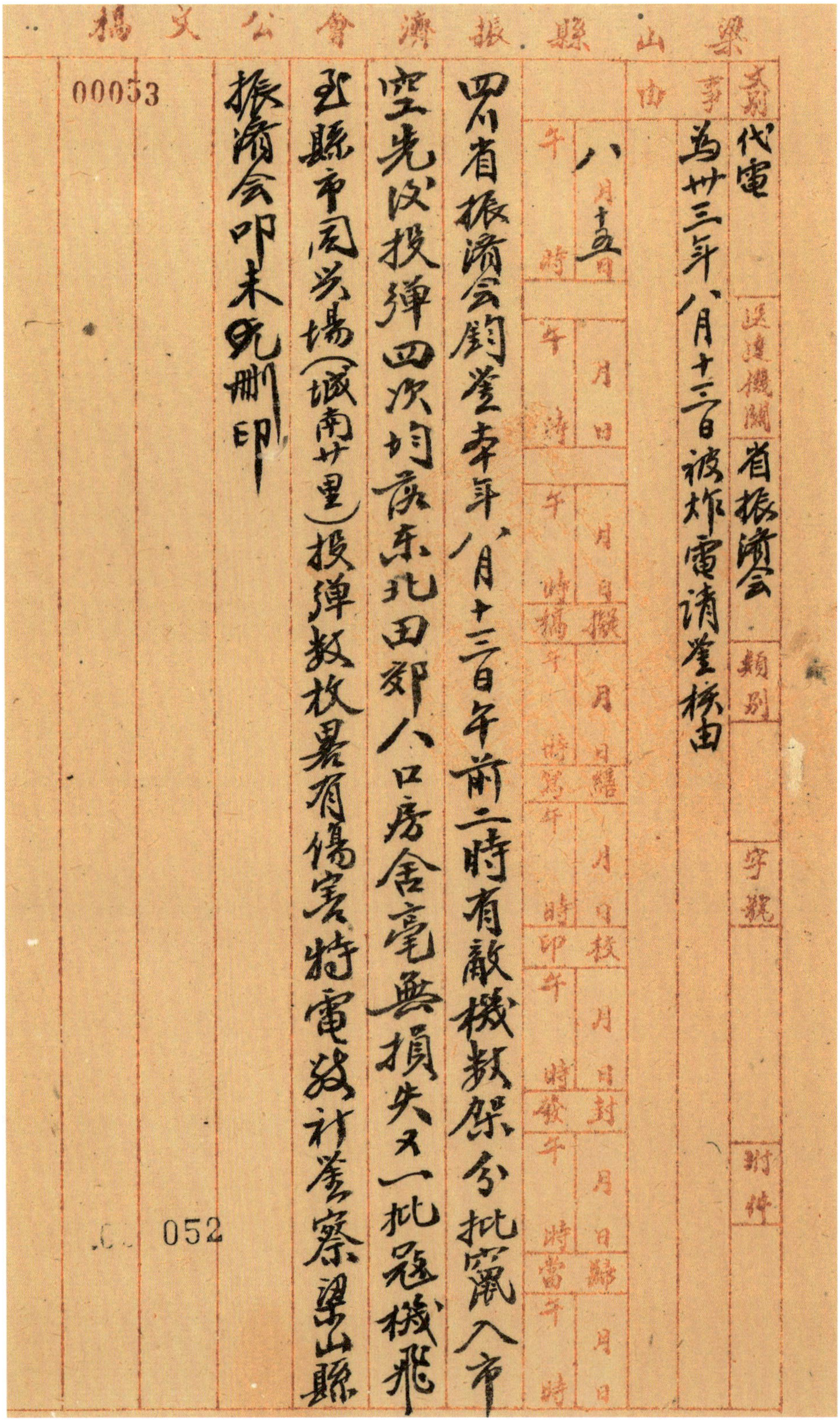

梁山縣振濟會公文稿

00053

文別：代電

事由：為卅三年八月十三日被炸電請鑒核由

送達機關：省振濟会

八月十五日

四川省振濟会鈞鑒：本年八月十三日午前二時有敵機數架分批竄入市空，先後投彈四次，均落東北田郊，人口房舍毫無損失。又一批敵機飛至縣市飛機場（城南廿里）投彈數枚，畧有傷害。特電敬祈鑒察。梁山縣振濟会叩未刪印

052

附：四川省梁山县一九四四年八月十三日敌机轰炸情形报告表（一九四四年八月）

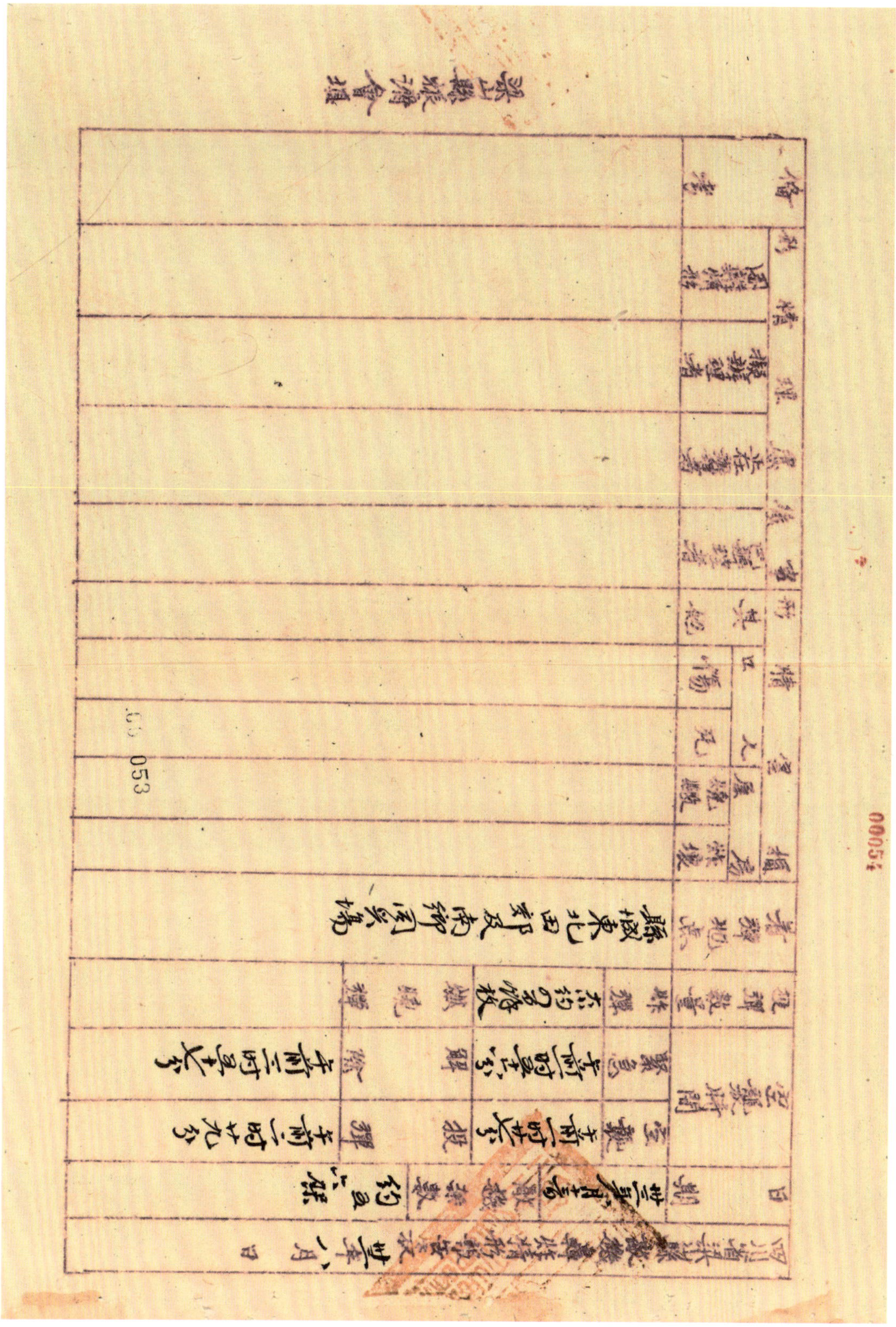

梁山县政府关于核销垫发一九四四年五月三十日被炸赈款致四川省赈济会的呈（一九四四年八月十九日）

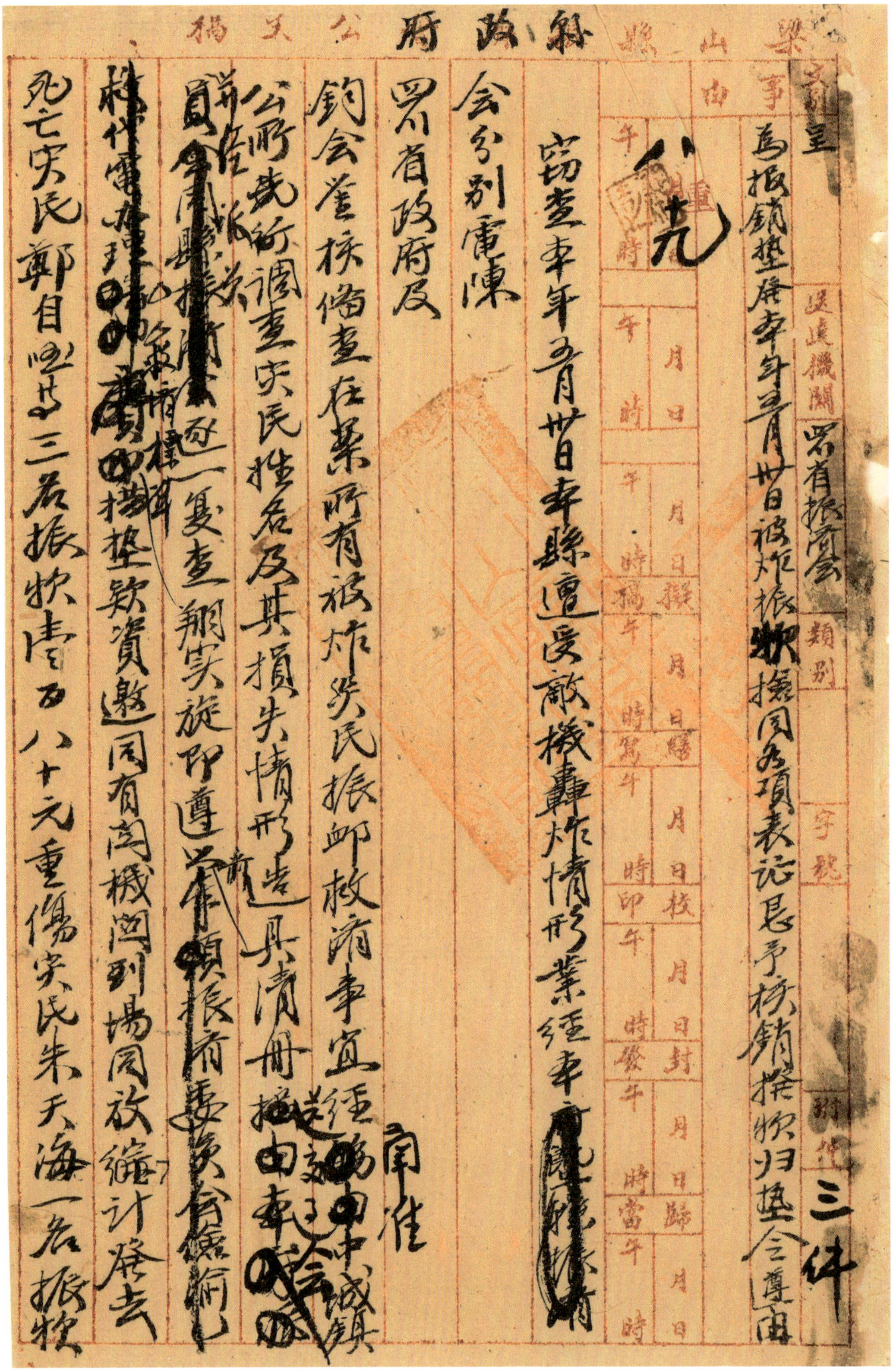
梁山縣政府公文稿

文別：呈

事由：為振銷墊發本年五月卅日被炸振欵擬同各項表冊懇予核銷撥欵歸墊令遵由

送達機關：四川省振濟會

附件：三件

八九

竊查本年五月卅日本縣遭受敵機轟炸情形業經[illegible]

會分別電陳

四川省政府及

鈞會暨核備查在案府有被炸災民振卹救濟事宜[illegible]

[illegible]

死亡災民鄭自[illegible]等三名振欵[illegible]八十元重傷災民朱天海一名振欵

四十元，轻伤灾民谢锺氏等三名振款玖拾元，總共發去三百壹拾元。所有垫款發放情形，理合具文检同振卹登记表、灾民人数调查表及收支对照表各二份，呈请

钧会俯赐核销，拨款归垫，并候令遵。

谨呈

四川省振济会

计呈：振卹登记表、灾民人数调查表及收支对照表各二份

全衔 主任委员萧〇〇

附一：梁山县一九四四年五月三十日被炸灾民人数调查表

用大十行此式 送二份 报省振济会

梁山縣卅三年五月卅日被炸災民人數調查表

姓名	性别	年龄	住址	损失情形：死亡	损失情形：重傷	损失情形：輕傷	损失情形：住房被燬間數	损失情形：財產估計	備考
鄭自旺	男	一六	中城鎮六保一甲	亡					
謝子才	〃	一九	〃九保十甲	亡					
周唐氏	女	〇八	〃	亡					
朱天海	男	〇八	〃九保九甲		重傷				
謝鍾氏	女	六六	〃九保十甲			輕傷			
方鍾氏	〃	二〇	〃十保九甲			〃			
馬安定	男	五〇	〃廿五保九甲			〃			

0 029

梁山縣三十三年五月三十日被炸振卹登記表

受害人姓名	性别	年龄	住址	損失情形：死	重傷	輕傷	住所被燬間數	財產損失估計（元）	振卹款額（元）	領款人姓名	住址	與受害人之關係	証明人簽章或指印	領款人簽章或指印	備攷
鄭自國	男	一六	中城鎮六保一甲	亡					六〇	鄭立登	六保一甲	父子			
謝丙才	男	二九	九保十甲	亡					六〇	謝鍾氏	九保十甲	母子			
周唐氏	女	四八	仝	亡					六〇	周光發	同	夫室			
朱天海	男	四八	九保九甲		重				四〇	朱鍾氏	九保九甲	夫室			
謝鍾氏	女	六六	九保十甲			輕			三〇	謝鍾氏	九保十甲	本人			
方鍾氏	女	二〇	十一保九甲			輕			三〇	方[illegible]	十一保九甲	夫室			
馬安定	男	五〇	十五保九甲			輕			三〇	馬安定	十五保九甲	自領			

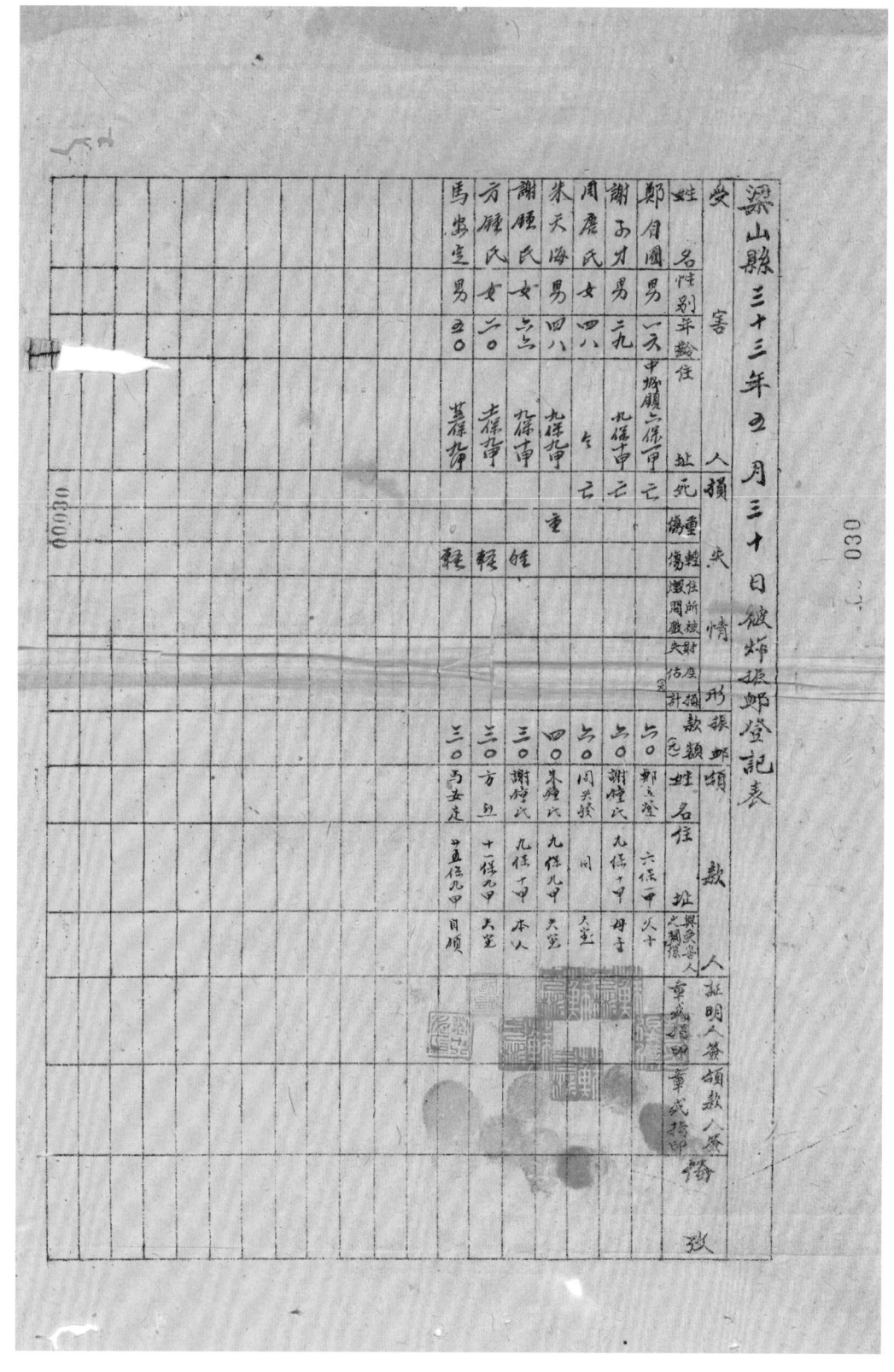

附三：梁山县一九四四年五月三十日被炸灾民赈恤救济赈款收支对照表

梁山縣三十三年五月卅日
被炸災民振卹救濟振款收支对照表　　00031
中華民國三十三年　月梁山縣振濟会造

項目	收入 小計	收入 合計	支出 小計	支出 合計	備攷
甲、收方 一 借垫		$310 00			
1 縣振濟会借垫	$310 00				
乙 付方 一 傷亡振卹				$310 00	
1.死亡振卹			$180 00		共死三人每人發給六十元
2.重傷振卹			$40 00		重傷一人發給四十元
3.輕傷振卹			$90 00		輕傷三人每人發給卅元
合計		$310 00		$310 00	

031

主任委員蕭　森

梁山县赈济会关于报送一九四四年八月二十八日日机轰炸情形致四川省赈济会的代电（一九四四年八月三十日）

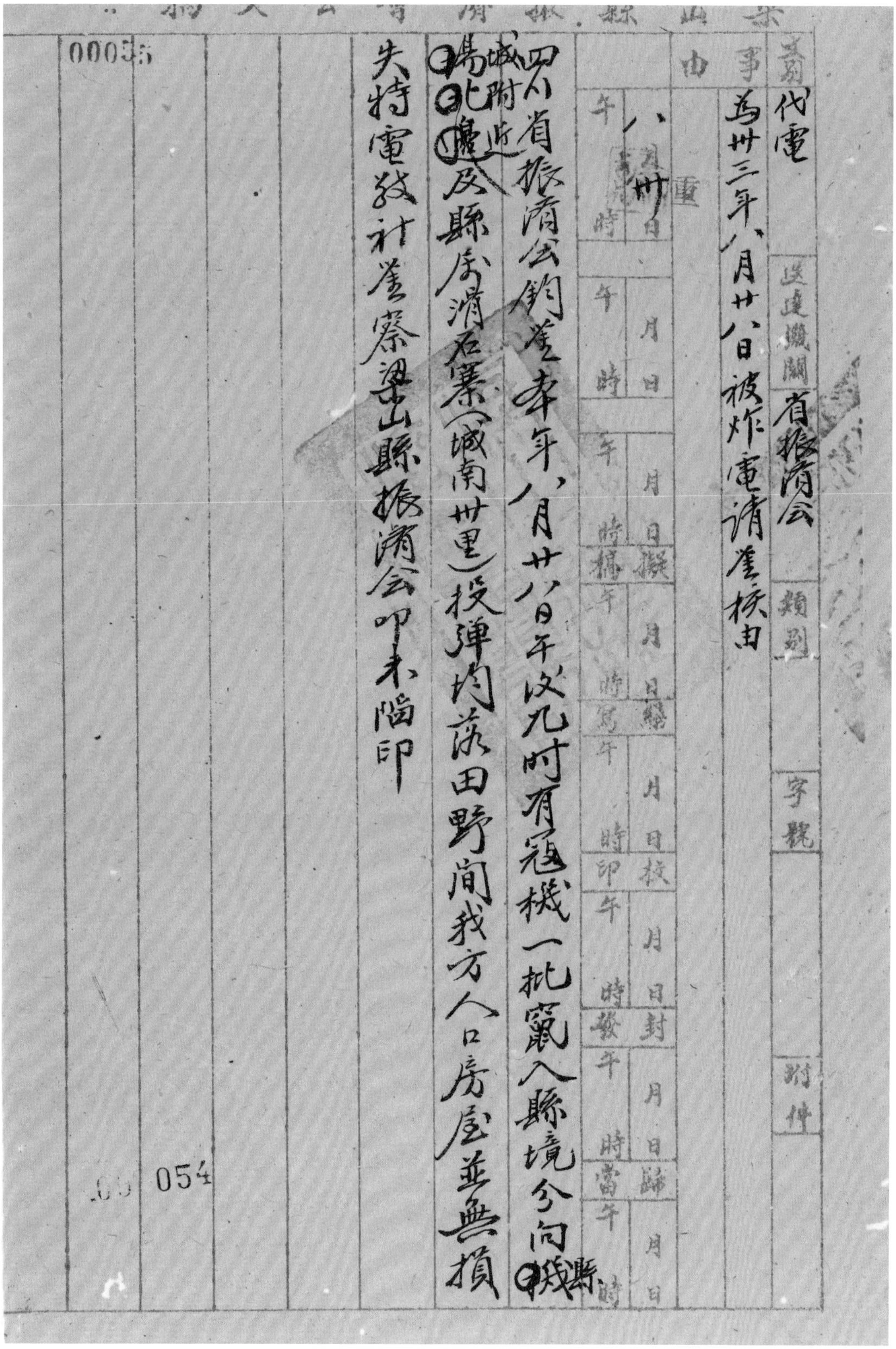

00055

代電

送達機關：省振濟会

事由：為卅三年八月廿八日被炸電請查核由

八月卅日

四川省振濟会鈞鑒：本年八月廿八日午後九时有寇機一批竄入縣境，分向機場北邊、城附近及縣属滑石寨（城南廿里）投彈，均落田野間，我方人口房屋並無損失。特電敬祈鑒察。梁山縣振濟会叩未陷印

054

附：四川省梁山县一九四四年八月二十八日敌机轰炸情形报告表（一九四四年八月三十日）

四川省梁山縣敵機空襲情形報告表　卅三年八月卅日

項目		內容
日期		卅三年八月廿八日午后九时
敵機架數		一批約二架
空襲時間	空襲	午后七时
	緊急	午后八时廿五分
	解除	午后九时五十分
投彈		午后八时五十分
投彈數量	炸彈	大小約數十枚
	燒燃彈	
着彈地點		縣城北郊及滑石寨
損害情形	房屋炸壞	
	房屋燒燬	
	人口死	
	人口傷	

梁山县赈济会关于报送一九四四年八月二十九日日机轰炸情形致四川省赈济会的代电（一九四四年八月三十一日）

00058

文别：代電

事由：為卅三年八月艳日被炸電請鑒察由

送達機關：省振濟会

八月卅一

四川省振濟会鈞鑒：本年八月艳日午後七時許有寇機十餘架分批竄入市空，先後分向縣城四週狂施轟炸，計死亡平民七名，傷九名，特電敬祈鑒察。

梁山縣振濟会叩未卅印

057

附：四川省梁山县一九四四年八月二十九日敌机轰炸情形报告表（一九四四年八月三十一日）

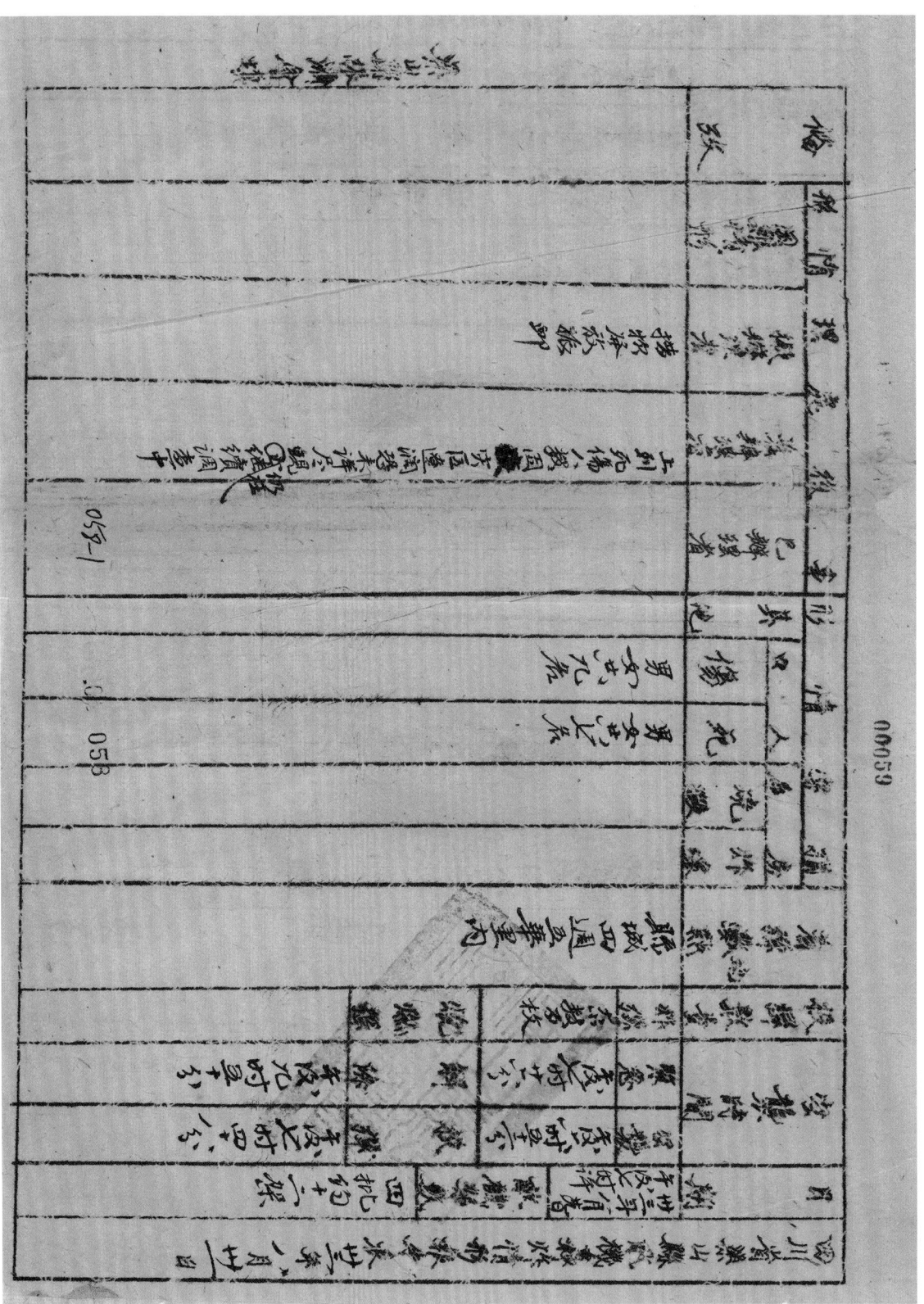

00059

四川省梁山县敌机轰炸情形报告表　卅三年八月卅一日

月日	卅三年八月廿九日午后七时许
敌机架数	四批约十二架
空袭时间：空袭	午后六时五十三分
空袭时间：紧急	午后七时廿六分
空袭时间：投弹	午后七时四十八分
空袭时间：解除	午后九时五十分
投弹数量：炸弹	未悉数目枚
投弹数量：烧夷弹	
轰炸地点	县城四周五华里内
损害情形：房屋：炸毁	
损害情形：房屋：烧毁	
损害情形：人口：死	男女共七名
损害情形：人口：伤	男女共九名
损害情形：其他	
事后处理情形：已办理者	
事后处理情形：在办理中	上列死伤人数因灾区辽阔恐未详尽现仍继续调查中
事后处理情形：拟办理者	拟将呈请振恤
事后处理情形：困难情形	
备考	

梁山县振济会填

058-1

058

梁山县赈济会关于报送一九四四年九月二十五日日机轰炸情形致四川省赈济会的代电（一九四四年九月二十七日）

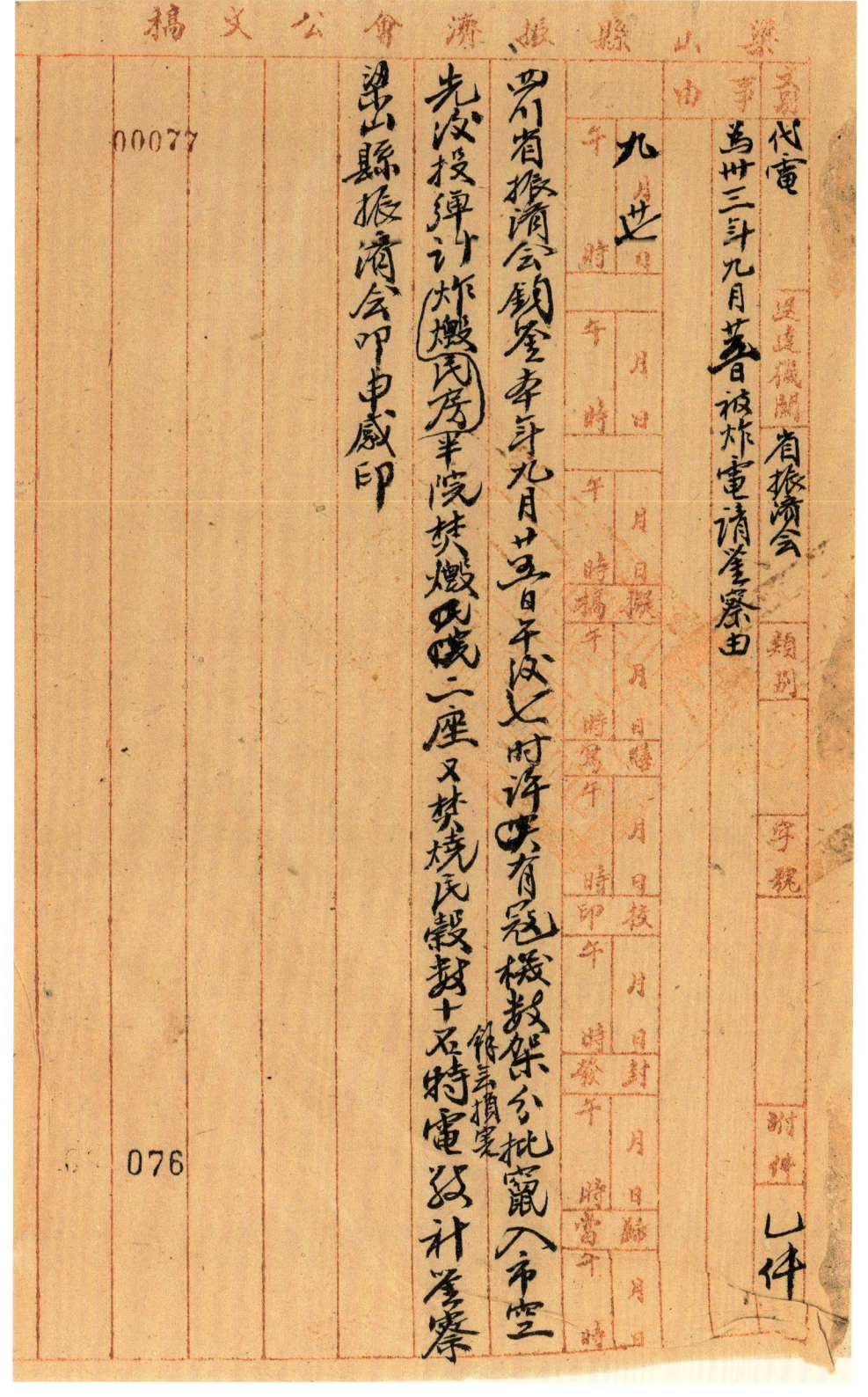

梁山縣振濟會公文稿

文別：代電

受文機關：省振濟會

事由：為卅三年九月廿五日被炸電請鑒察由

附件：乙件

九月廿日

四川省振濟會鈞鑒：本年九月廿五日午後七時許，有寇機數架分批竄入市空，先後投彈計炸燬民房半院，焚燬民房二座，又焚燒民穀數十石（餘無損害），特電敬祈鑒察。

梁山縣振濟會叩申感印

附：四川省梁山县一九四四年九月二十五日敌机轰炸情形报告表（一九四四年九月）

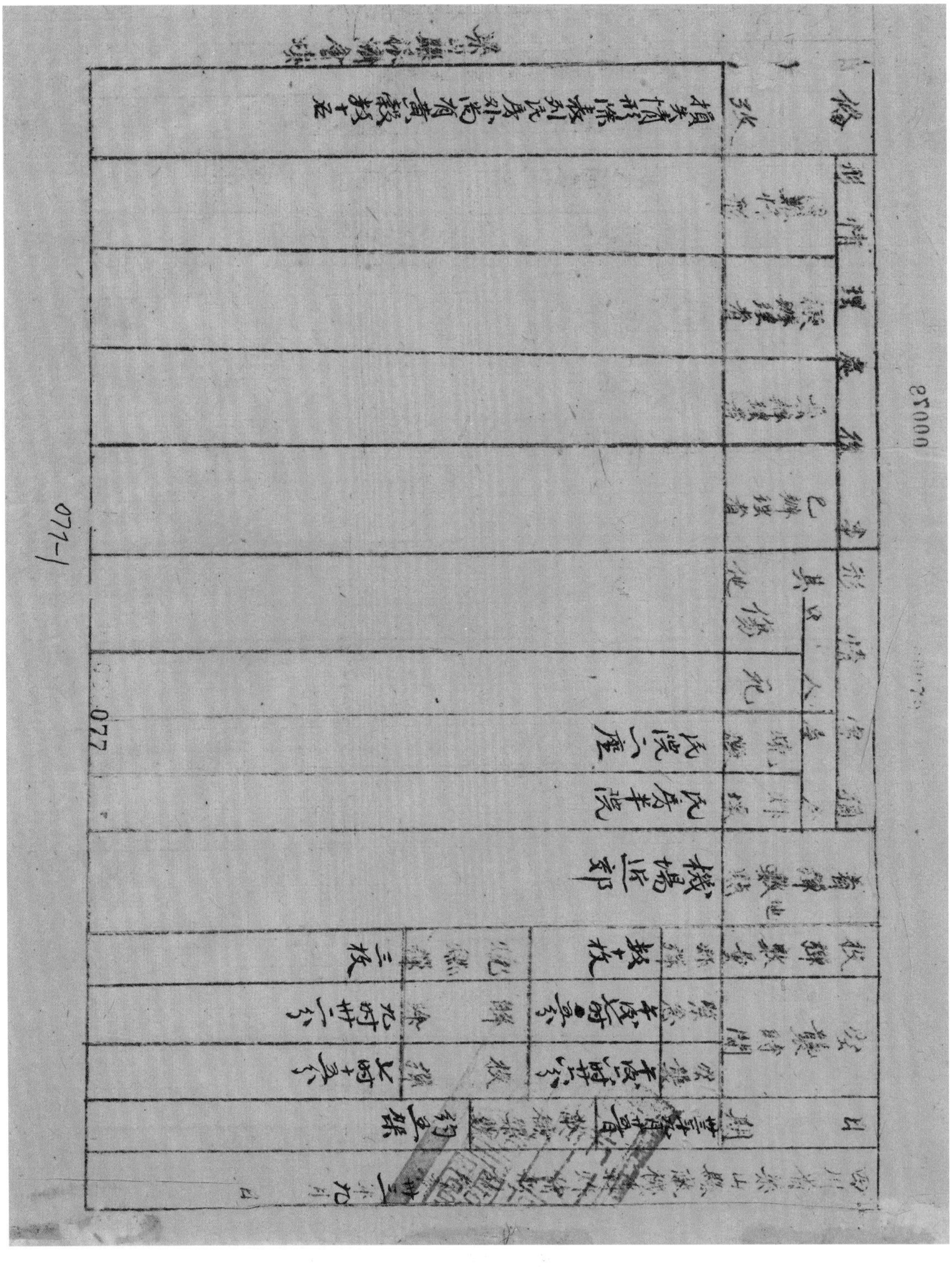

四川省梁山縣[illegible]被敵機轟炸情形報告表　卅三年九月　日

日期	空襲時間		投彈數量		轟炸地點	損害情形					善後處理情形				備考
						公共場所	燒燬	人口			已辦理者	未辦理者	須辦理者	特殊情形	
								死	傷	其他					
卅三年九月廿五日	發襲 午後六時廿六分	緊急 午後八時五分	炸彈 數十枚		機場近郊	民房半院	民院二座								損失情形除表列民房外尚有黄穀數十石
敵機架數 約五架	投彈 七時十五分	解除 九時廿二分	燒夷彈 三枚												

梁山縣救濟會填

梁山县赈济会关于报送一九四四年九月二十六日日机轰炸情形致四川省赈济会的代电（一九四四年九月二十七日）

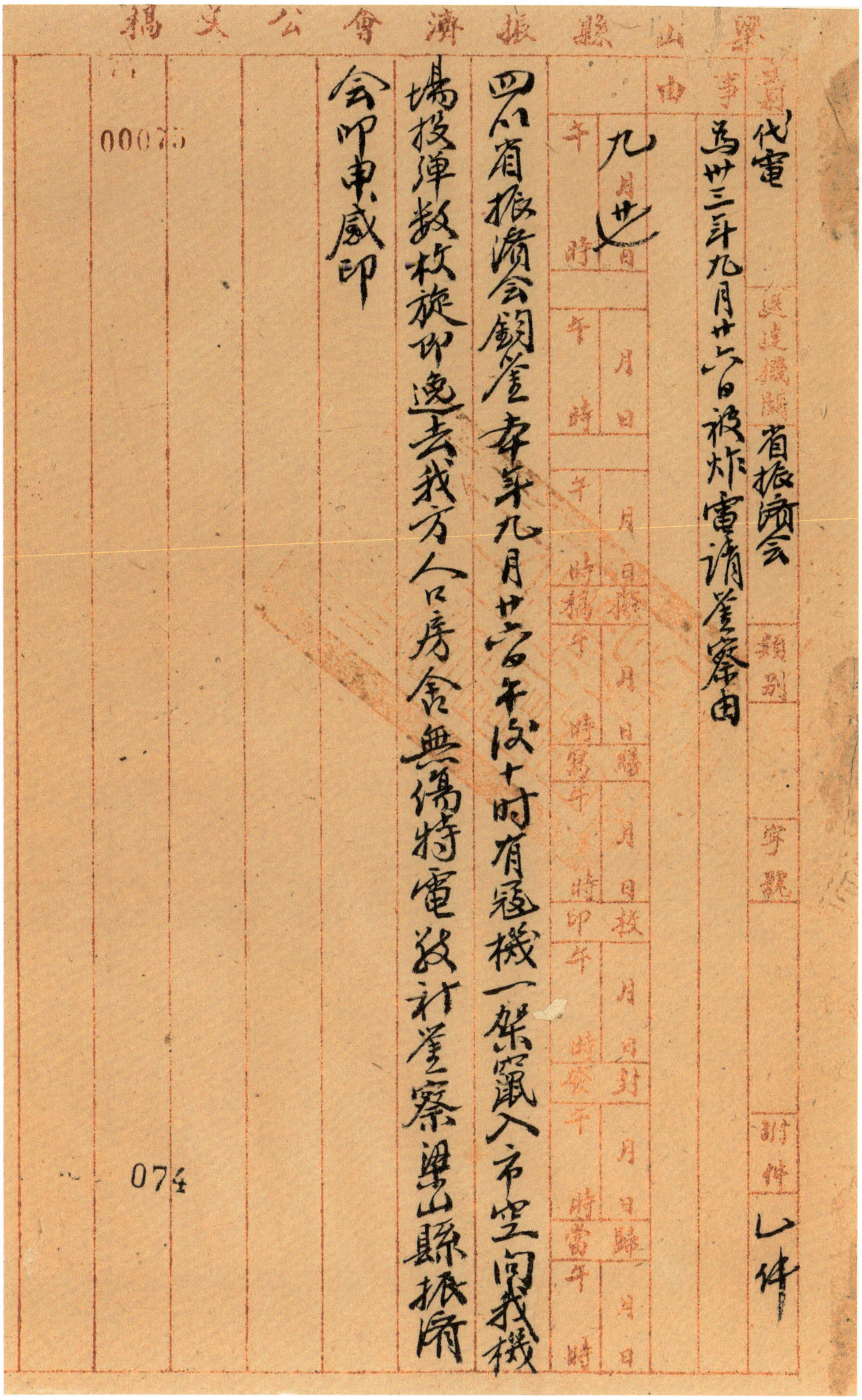
梁山縣振濟會公文稿

別：代電

事由：為卅三年九月廿六日被炸電請鑒察由

送達機關：省振濟會

附件：一件

九月廿七

四川省振濟會鈞鑒：本年九月廿六日午後十时有寇機一架窜入市空向我機場投弹數枚，旋即逸去，我方人口房舍無傷。特電敬祈鑒察。梁山縣振濟會叩申感印

00075

074

附：四川省梁山县一九四四年九月二十六日敌机轰炸情形报告表（一九四四年九月）

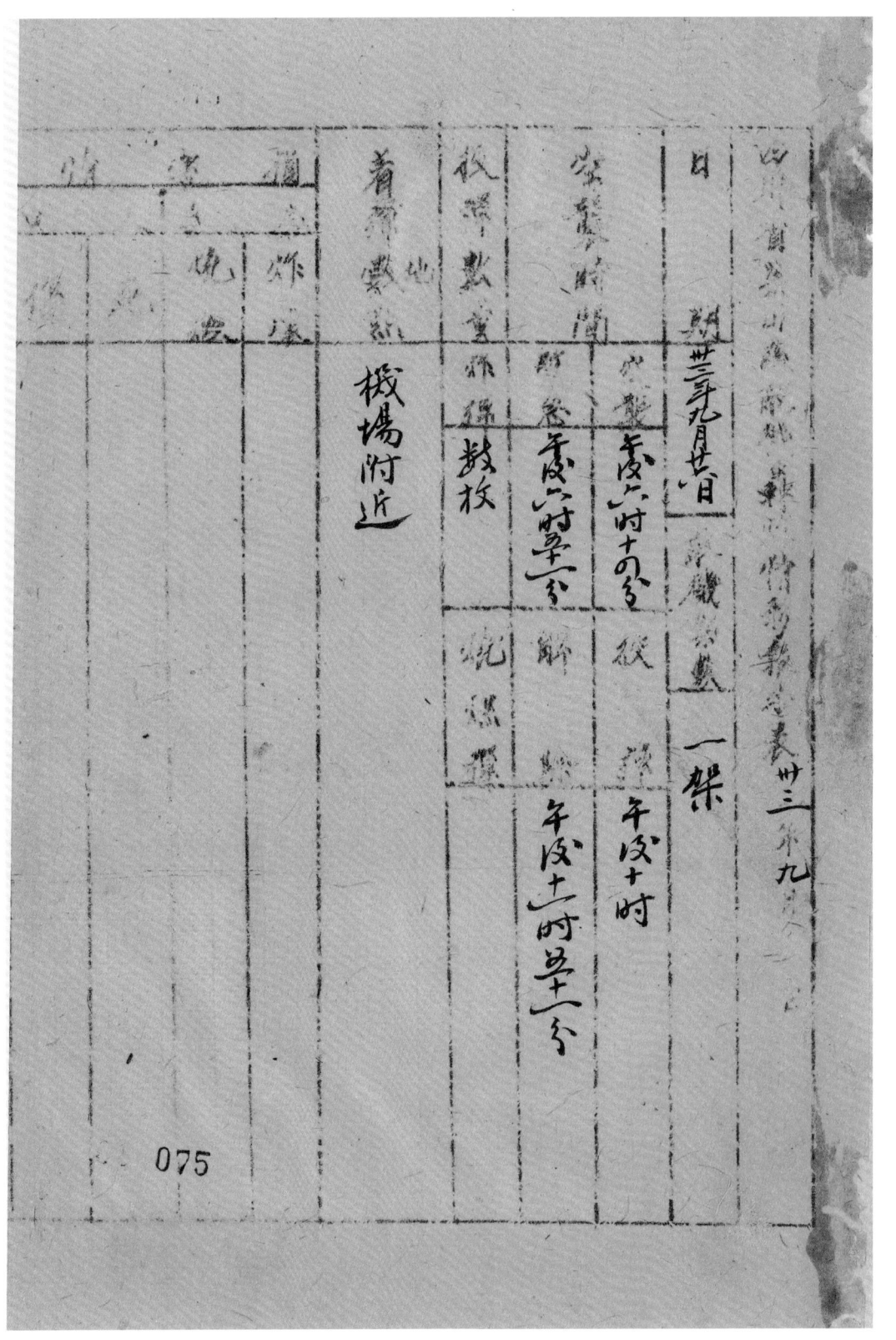

四川省梁山縣敵機轟炸情形報告表 卅三 第九

日期	卅三年九月廿六日	
敵機架數	一架	
空襲時間	空襲 午後六時十四分	緊急 午後六時五十一分
	[illegible] 午後十時	解除 午後十一時五十一分
投彈數量	爆炸彈 數枚	燃燒彈
着彈地點	機場附近	
[illegible]	爆炸	燒毀

075

梁山县中城镇镇公所关于请发给一九四四年九月二十五日被炸赈款致梁山县赈济会的公函
（一九四四年十月十一日）

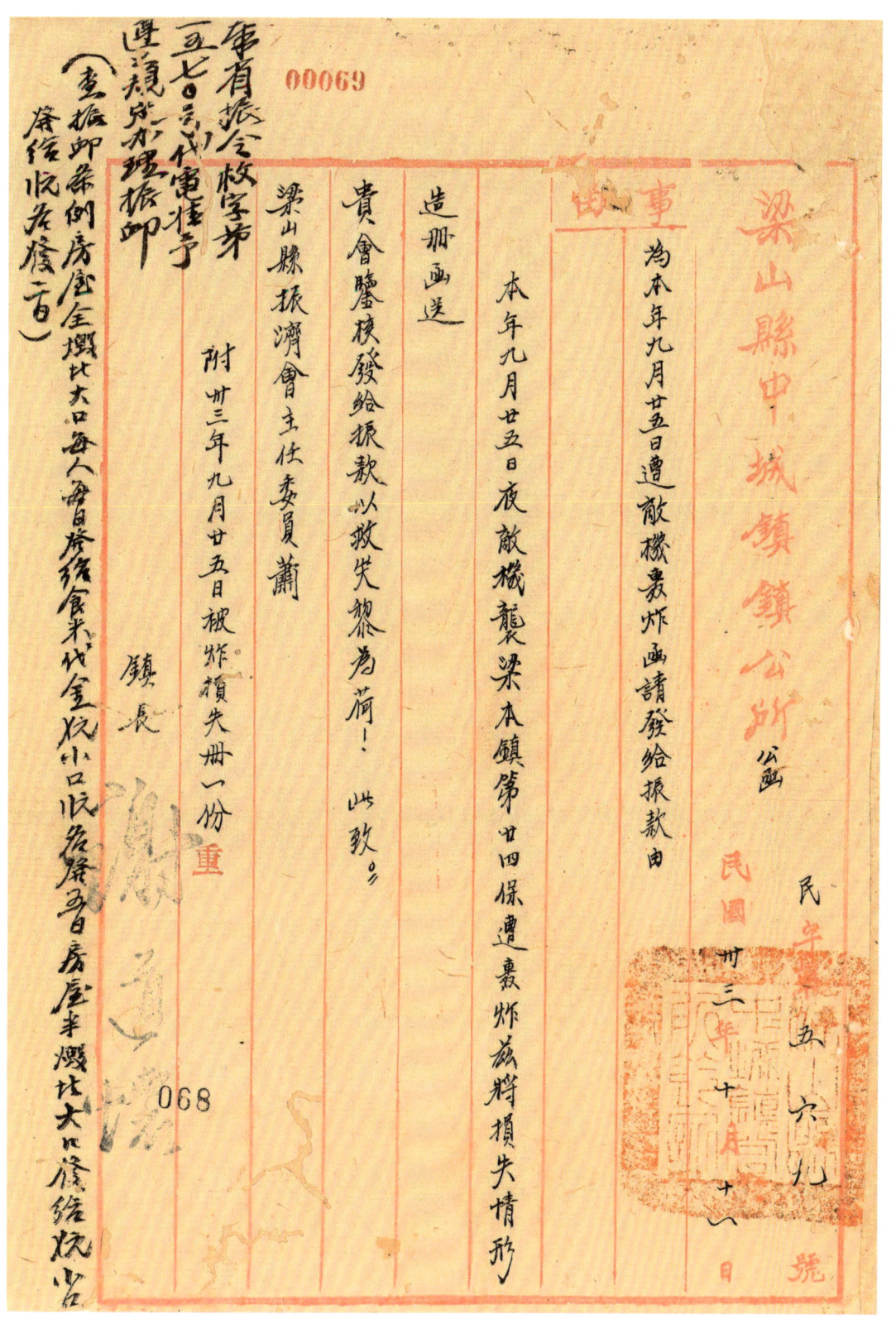

00069

梁山縣中城鎮鎮公所公函

民字第五六九號

民國卅三年十月十一日

事由：為本年九月廿五日遭敵機轟炸函請發給振款由

本年九月廿五日夜敵機襲梁本鎮第廿四保遭轟炸茲將損失情形造册函送

貴會鑒核發給振款以救失黎為荷！此致

梁山縣振濟會主任委員蕭

附卅三年九月廿五日被炸損失册一份 重

鎮長 [signature]

068

奉省振会校字第一五七〇号代電准予遵照規定辦理振卹

（查振卹條例房屋全燬比大口每人每日發給食米代金依小口八名發五日房屋半燬比大口發給依小口發給依名發二日）

附：梁山县中城镇第二、四保造报被炸情形姓名册（一九四四年九月）

00070

梁山縣中城鎮第二四保造報被炸情形姓名冊

民國三十三年九月　日

甲別	姓名	年齡	籍貫	住址	人口	損失情形	生活狀況	傷亡	備攷
八	陶益興	五〇	梁山	萬家堡第一號	男二女四 大二小四	全燒	貧	無	查上列被炸純係燃燒彈燒燬
八	周貴良	三〇	梁山	同	男二女三 大二小三	同	同	無	
十	吳敬芝	五二	梁山	龔家嶺第五號	男二女四 大二小四	同	同	無	
一	唐在智	三九	梁山	同	男六女五 大六小五	半毀	同	無	

00.069

四川省政府、梁山县政府等关于核办一九四四年九月二十九日被炸灾民谢伯思恳请豁免粮税案的文书（一九四四年十月至十二月）

梁山县政府致四川省政府的呈（一九四四年十月四日）

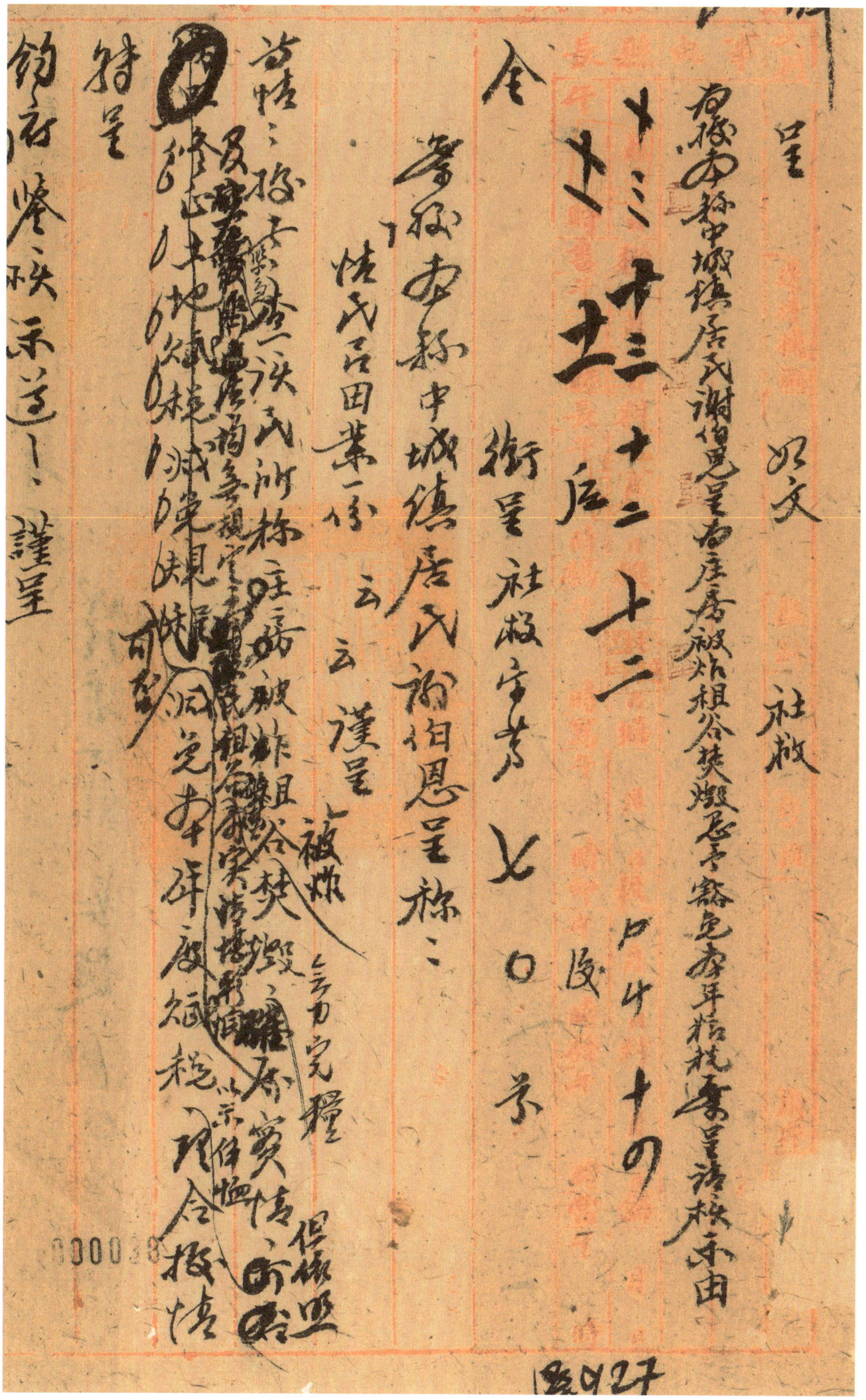

梁山县中城镇镇公所致梁山县政府的呈（一九四四年十月十三日）

3/10/14 1006

梁山縣中城鎮鎮公所 呈 民字第五六八號 民國三十三年十月十三日

為本鎮第二四保業户謝伯恩房屋租穀被炸燃燒轉請豁免糧稅令遵由

本年十月八日案據本鎮第二四保保長孫樹德呈稱：

「本年九月二九日保屬業户謝伯恩報告稱『為庄房租谷被炸燃燒無法完糧懇予轉請豁免事竊民有田業一份計租貳拾貳石在中城鎮所屬第二四保第八甲地名高板橋擔廠垻佃户陶益興本月廿五日夜敵機襲梁民庄房被中燃燒彈所有該庄房院及本年所收租谷概行燒燼顆粒無存民全家人口賴此租谷為生慘遭焚燬生活無法維繫并佃户亦受

查本案前據該鎮業户謝伯恩具呈到府，當以所請豁免糧稅於法無據，已予批示在案。辦印知。十一、二十九

00192

其炸本年粮税無法完納，是特報請轉呈上峯豁免粮税」等情，據此，

查該業主謝伯恳所稱各節屬實，理合具文呈請鈞座鑒核轉請豁

免完納粮税並設法救濟，謹呈」

等情，據此，所呈各節尚屬不虛，理合備文呈請

鈞府鑒核本年粮税可否原情豁免，指令祇遵！

謹呈

梁山縣縣長趙

中城鎮鎮長謝道懷

000041

梁山县政府致梁山县中城镇镇公所的指令（一九四四年十月二十四日）

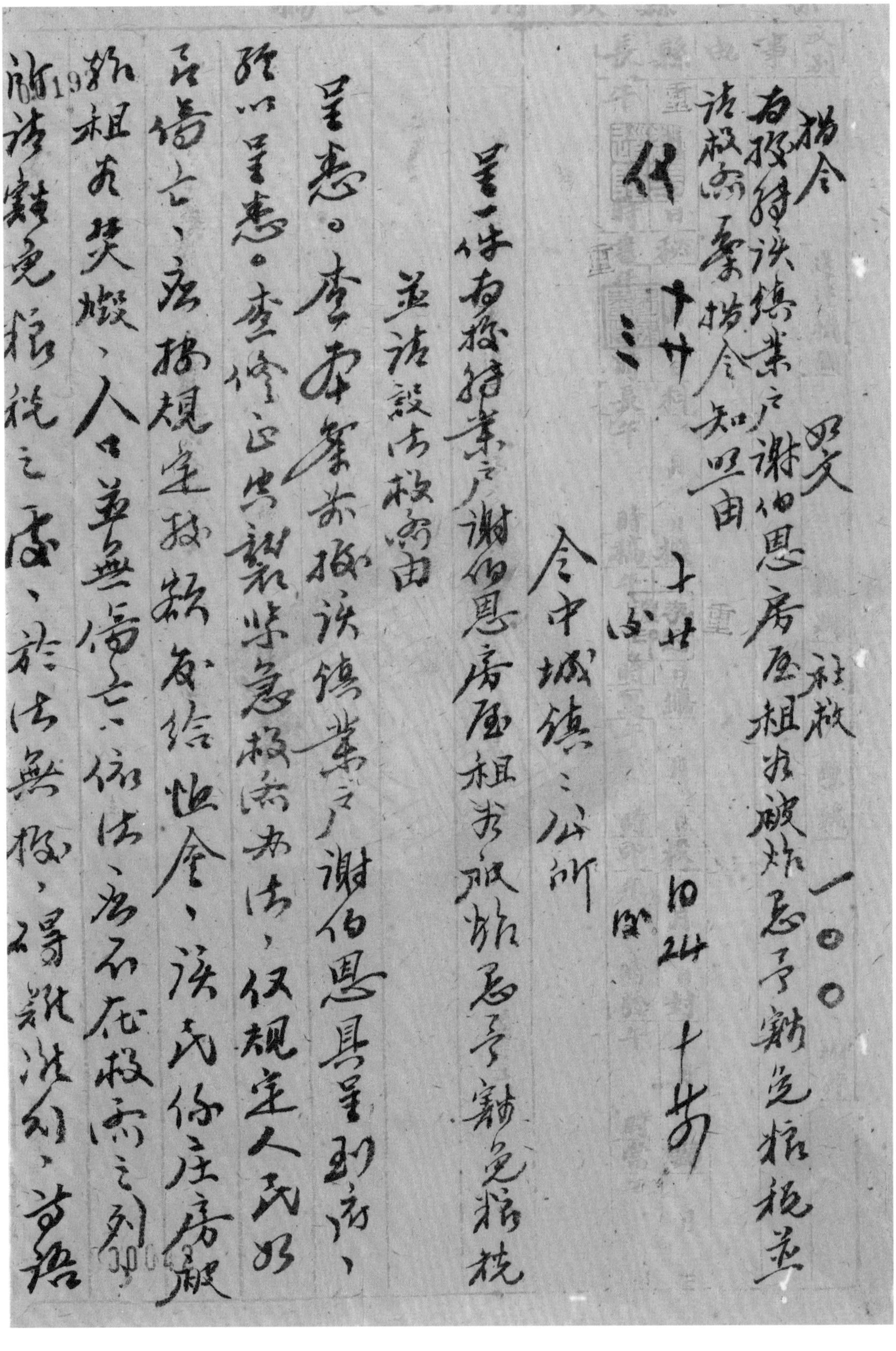
指令 社救 一○○
为据转该镇业户谢伯恩房屋租谷被炸恳予豁免粮税并
请救济案指令知照由
令中城镇镇公所
呈一件为据转业户谢伯恩房屋租谷被炸恳予豁免粮税
并请设法救济由
呈悉。查本案前据该镇业户谢伯恩具呈到府，
经以呈悉。查修正非常时期紧急救济办法，仅规定人民如
因伤亡，应按规定按额发给恤金，该民系房屋被
炸租谷焚毁，人口并无伤亡，依法应不在救济之列，
所请豁免粮税之处，于法无据，碍难照准，并仰

批示存案，仰转知照！此令。

秘书长赵○○公出

秘书魏○○代行

四川省政府致梁山县政府的指令（一九四四年十一月）

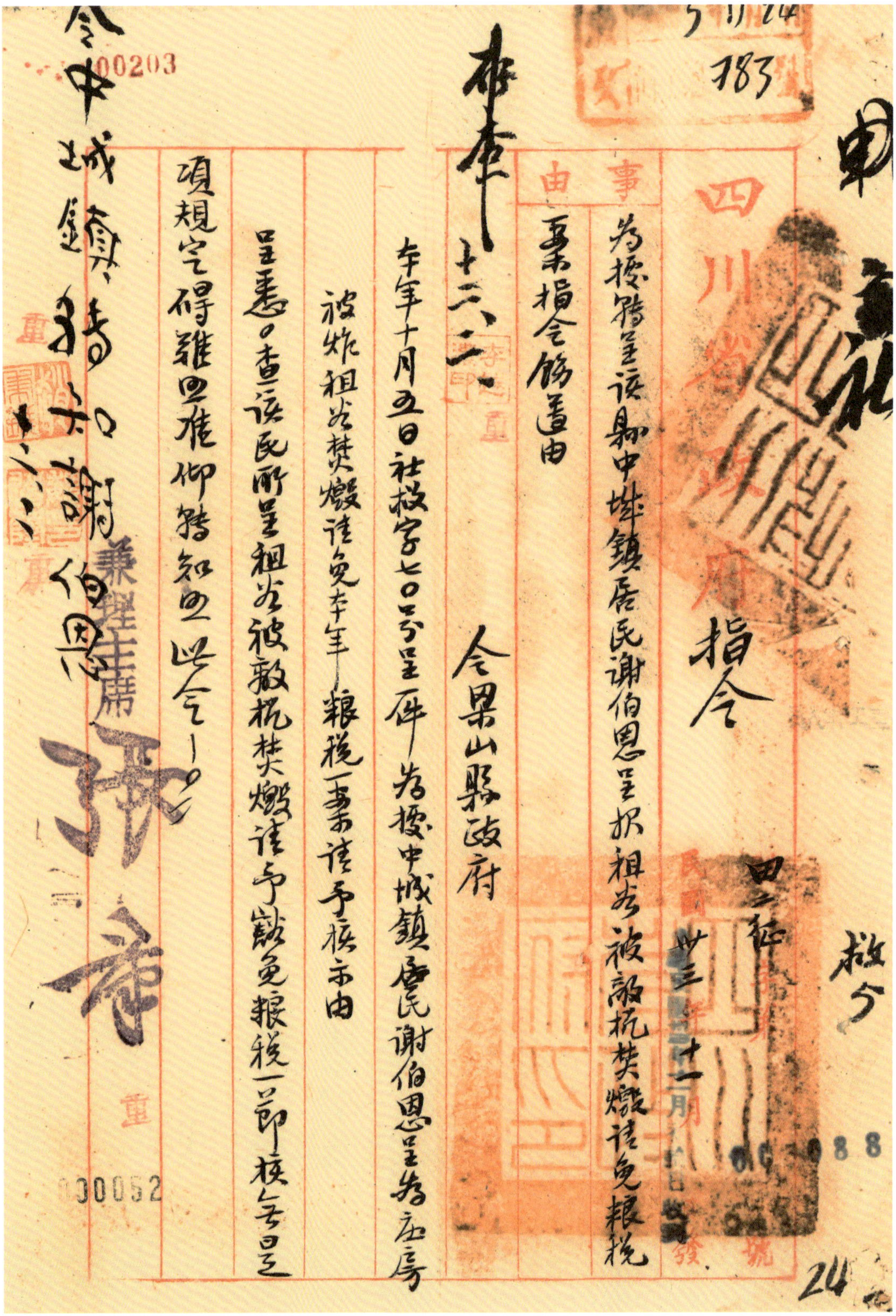
四川省政府指令

救分

卅三年十一月 日

事由：为据转呈该县中城镇居民谢伯恩呈报租房被敌机焚毁请免粮税一案指令饬遵由

令梁山县政府

本年十月五日社救字七〇三号呈件，为据中城镇居民谢伯恩呈为佃房被炸租房焚毁请免本年粮税一案请予核示由。

呈悉。查该民所呈租房被敌机焚毁请予豁免粮税一节，核与各项规定不符，碍难照准，仰转知照。此令。

兼主席 张群

令中城镇转知谢伯恩

梁山县政府致梁山县中城镇镇公所的训令（一九四四年十二月十六日）

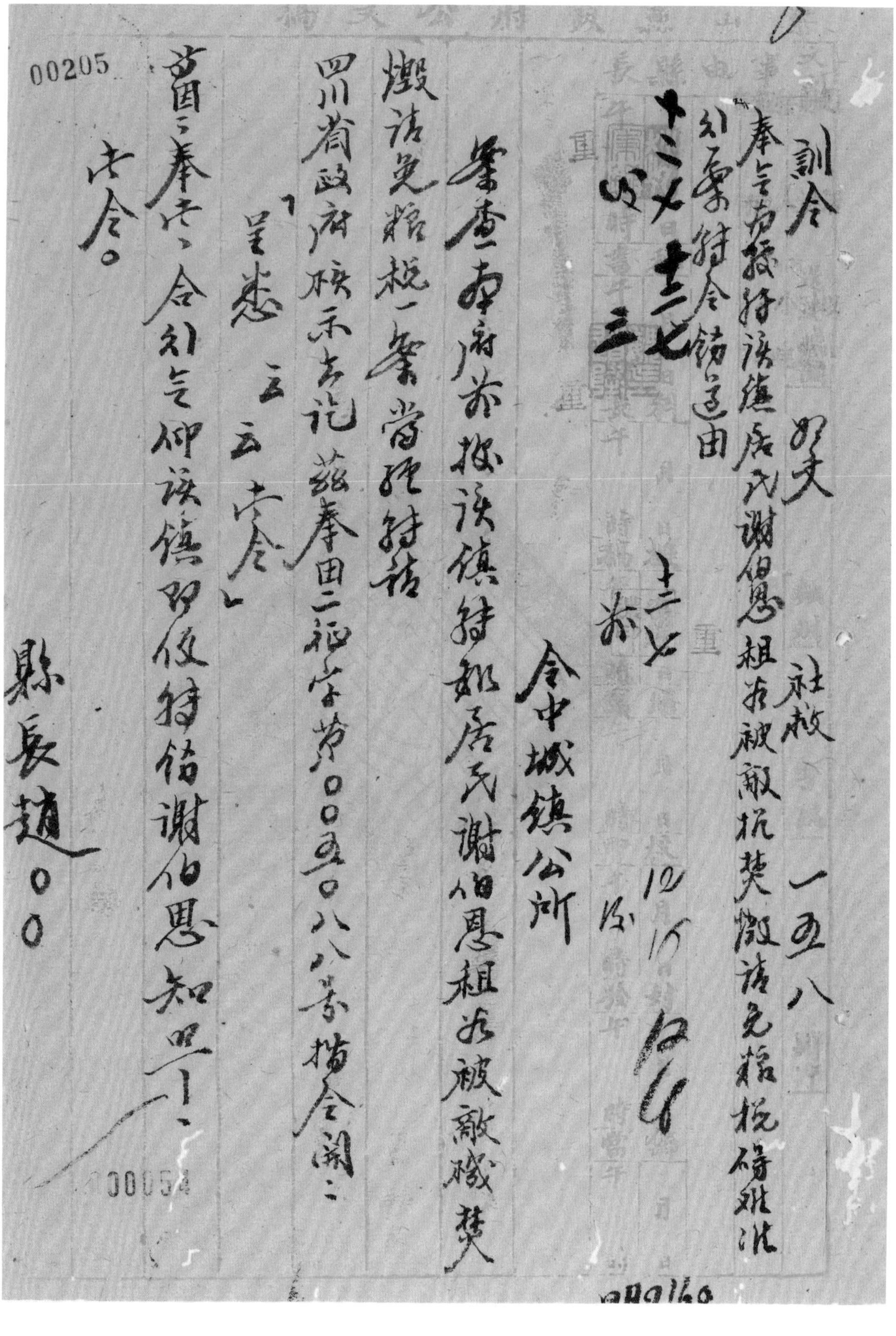

训令 社救字第一五八号

事由：奉令为据报该镇居民谢伯恩祖业被敌机焚毁请免粮税饬知由

令中城镇公所

案查前奉府广并据该镇转报居民谢伯恩祖业被敌机焚毁请免粮税一案，当经转请四川省政府广核示去讫。兹奉田二福字第〇〇五〇八八号指令开：

"呈悉。"云云。等因，奉此，合行令仰该镇即便转饬谢伯恩知照。

此令。

县长 赵〇〇

梁山县赈济会关于核销垫发一九四四年九月二十五日被炸恤金致四川省赈济会的呈（一九四四年十一月二十二日）

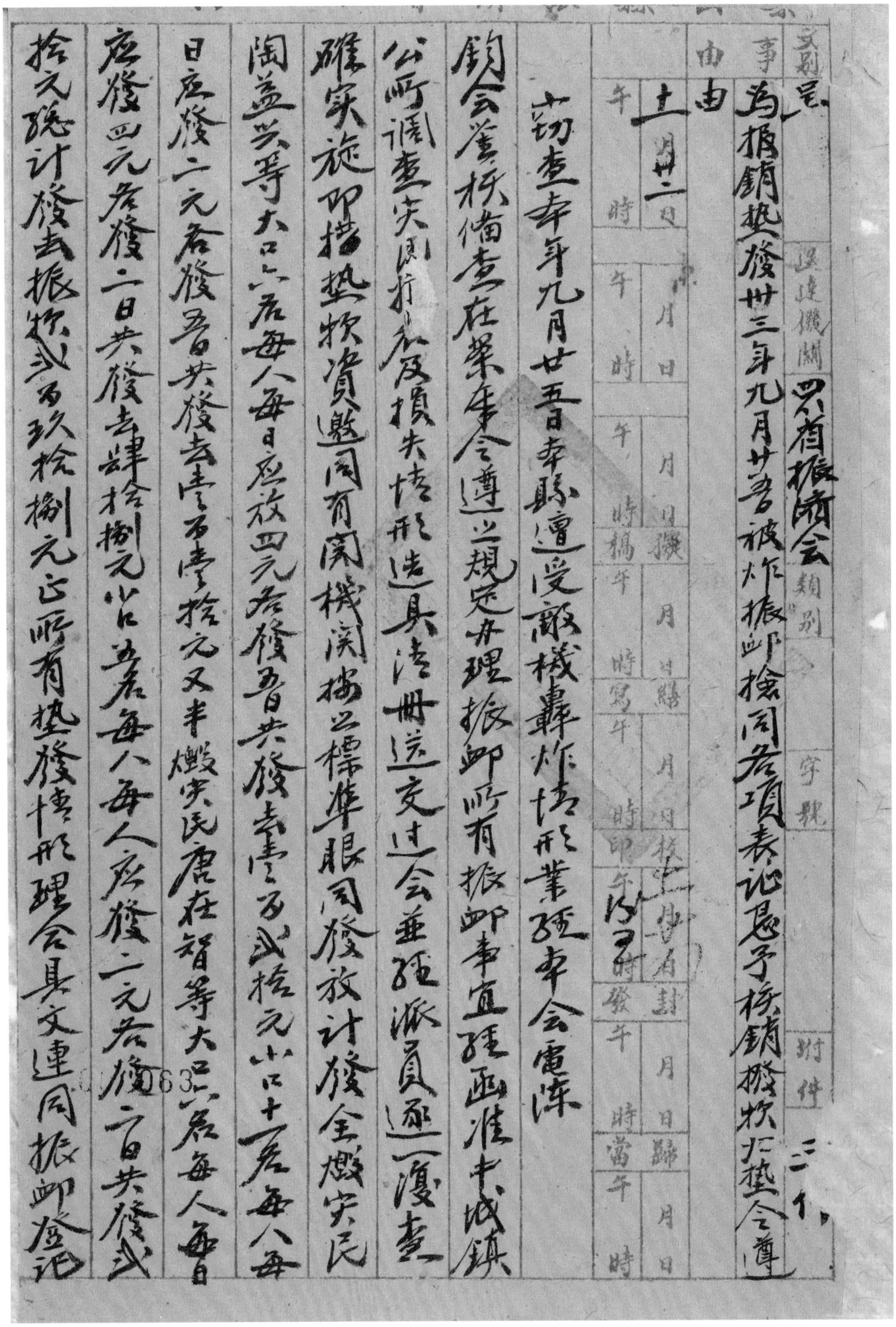

文别：呈

事由：为报销垫发卅三年九月廿五日被炸振卹[illegible]同各项表记恳予核销拨款归垫令遵

十一月廿二日

受达机关：四川省振济会

附件：二件

窃查本年九月廿五日本县遭受敌机轰炸情形业经本会电陈钧会鉴核备查在案，本会遵照规定办理振卹，所有振卹事宜经函准本城镇公所派查实因被炸及损失情形造具清册送交过会，并经派员逐一复查确实，旋即措垫款资邀同有关机关按照标准眼同发放，计发全毁灾民阎益兴等大口六名，每人每日应放四元，各发五日共发壹佰贰拾元，小口十名每人每日应发二元，各发五日共发壹佰元，又半毁灾民唐在智等大口六名每人每日应发四元，各发二日共发肆拾捌元，小口五名每人每人应发二元，各发二日共发贰拾元，总计发出振款贰百玖拾捌元正，所有垫发情形理合具文连同振卹发记

00065

表灾民人数调查表及收支对照表各二份呈请

钧会俯赐核销拨款归垫并候令遵

谨呈

四省振济会

附呈振卹登记表灾民人数调查表及收支对照表各二份

全衔

主任委员萧嘉 病假

股员唐耀宇 代行

00064

附一：梁山县一九四四年九月二十五日被炸灾民人数调查表

梁山縣卅三年九月廿五日被炸灾民人数調查表

姓名	性别	年龄	住址	損失情形：死傷人數	損失情形：住房被燬間數	損失情形：財產估計	備考
陶益谷	男	五五	東城鎮六保甲		全燬		
周景良	〃	三〇	中城鎮六保甲		〃		
吳敦元	〃	五二	中城鎮四保甲		〃		
唐在智	〃	三九	東城鎮二保甲		半燬		

附二：梁山县一九四四年九月二十五日被炸赈恤登记表

梁山縣卅三年九月廿五日被炸振卹登記表

00067

受害人：姓名	性別	年齡	住址	損失情形：死	重傷	輕傷	住所被燬間數	財產損失估計（元）	振卹款額（元）	領款人：姓名	住址	與受害人之關係	證明人簽章或指印	領款人簽章
閻益興	男	五〇	中城鎮二〇保甲				全燬		3十元	閻蕭氏	中城二〇保甲	夫妻		
周貴良	〃	三〇	〃				〃		3十元	周貴良	〃	本人		
吳毅之	〃	五二	中城鎮二〇保十甲				〃		3十元	吳毅之	〃甲	本人		
唐在習	〃	三九	中城鎮二〇保甲				半燬		〤十	唐昌炳	〃甲	父子		

066

附三：梁山县一九四四年九月二十五日被炸灾民赈恤救济赈款收支对照表

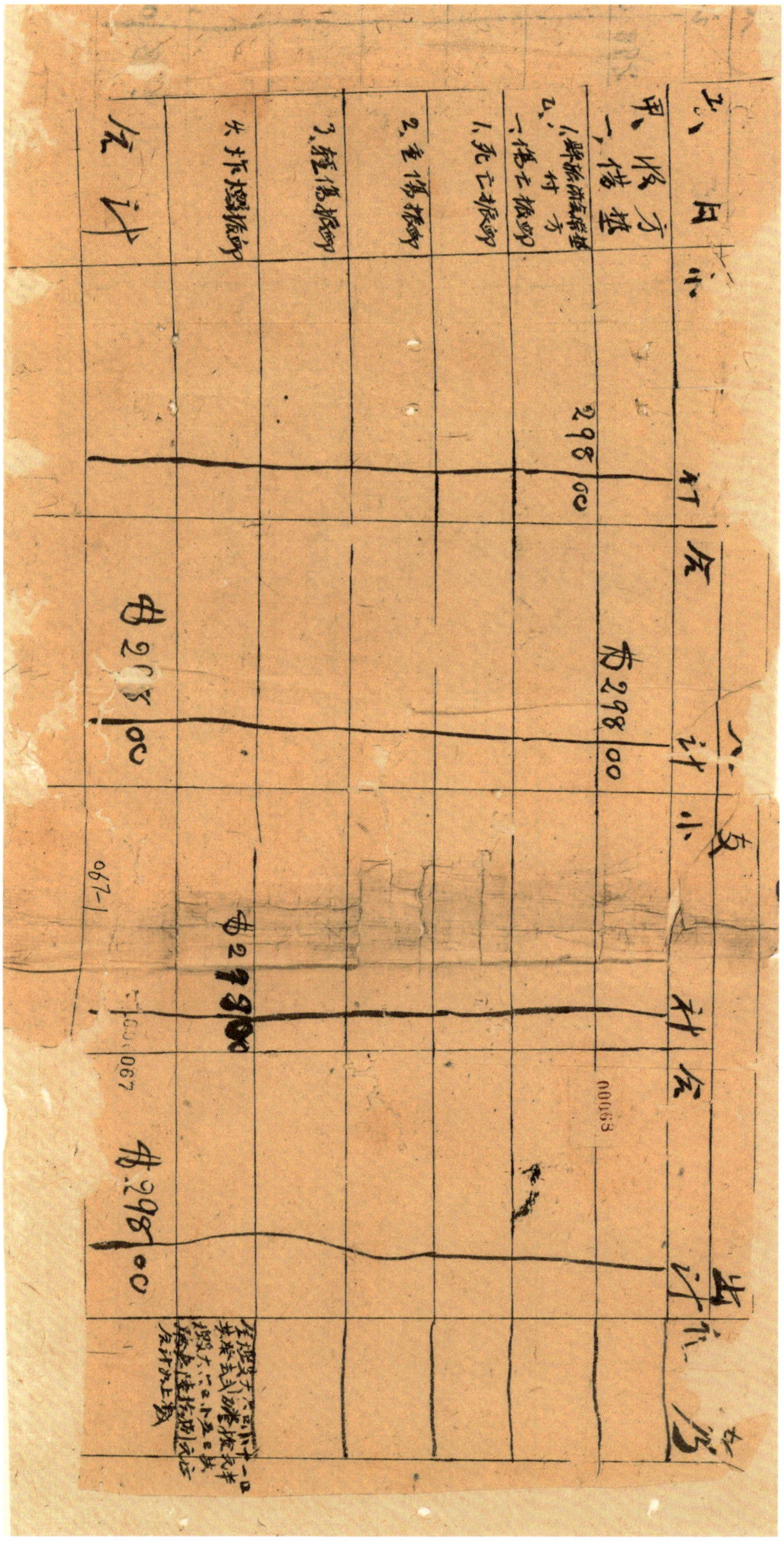

项目	收入小计	收入合计	支出小计	支出合计	备考
甲、收方 一、借垫		$298.00			
1、县临时救济会借垫	298.00				
乙、付方 一、伤亡振卹					
1、死亡振卹					
2、重伤振卹					
3、轻伤振卹					
4、炸燬振卹			$298.00		[illegible]
合计		$298.00		$298.00	

梁山县赈济会关于报送一九四四年十一月二十三日日机轰炸情形致四川省赈济会的代电（一九四四年十一月二十四日）

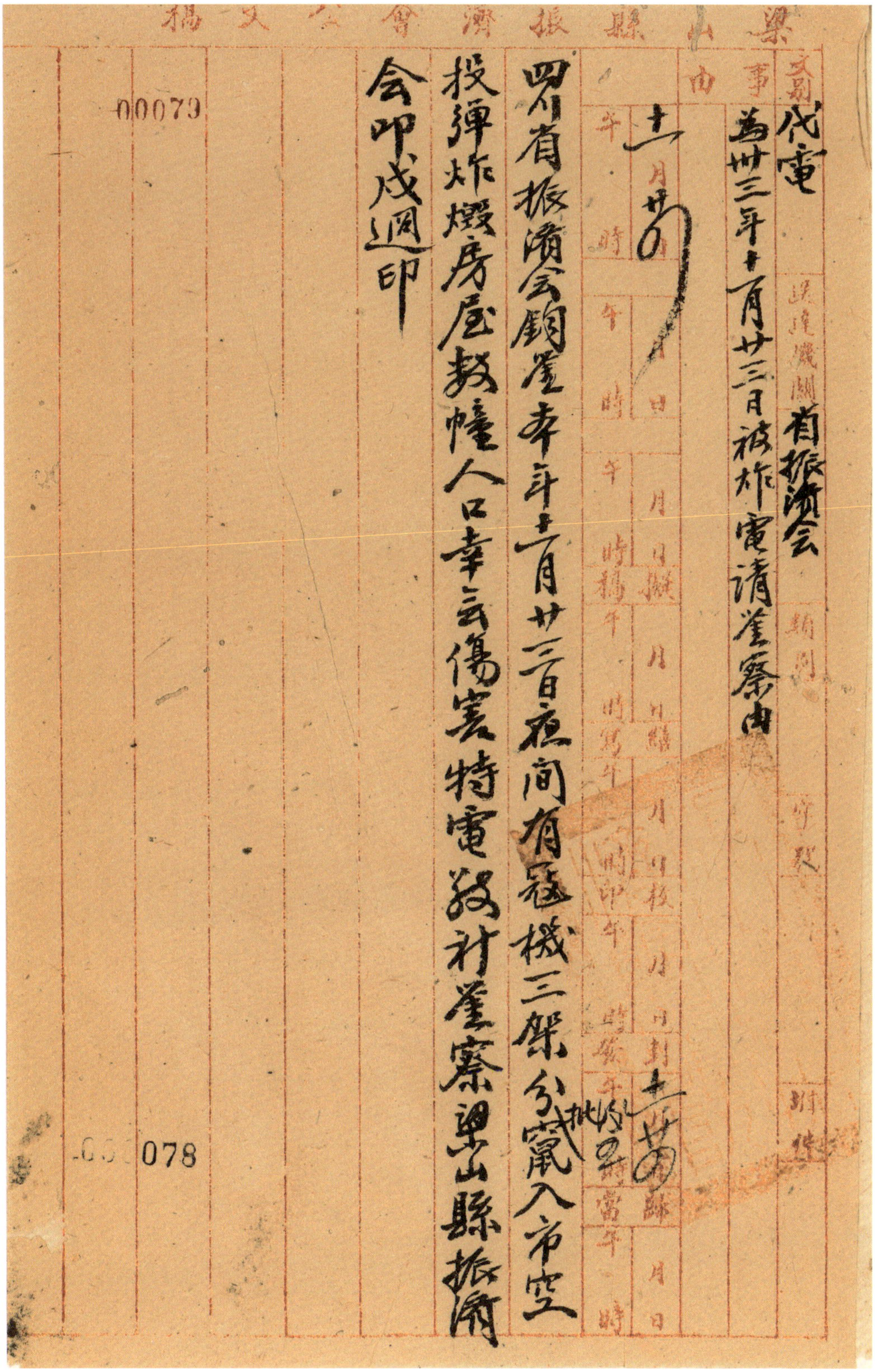
梁山縣振濟會公文稿

文別：代電

受文機關：省振濟会

事由：為卅三年十一月廿三日被炸電請鑒察由

十一月廿四

四川省振濟会鈞鑒本年十一月廿三日夜間有寇機三架分竄入市空投彈炸燬房屋數幢人口幸無傷害特電敬祈鑒察梁山縣振濟会叩戌迥印

附：四川省梁山县一九四四年十一月二十三日敌机轰炸情形报告表（一九四四年十一月二十四日）

00080

四川省梁山县敌机轰炸情形报告表 卅三年十一月廿四日

日期	敌机架数	空袭时间：空袭	空袭时间：紧急	空袭时间：解除	空袭时间：投弹	投弹数量：炸弹	投弹数量：燃烧弹	着弹地点	损害情形：房屋炸坏	损害情形：房屋烧毁	损害情形：人口死	损害情形：人口伤	损害情形：其他	善后处理情形：已办理者	善后处理情形：正在办理者	善后处理情形：拟办理者	善后处理情形：困难情形	备考
卅三年十一月廿三日	敌机三架	午后六时	午后六时廿分	八时卅分	午后七时	约三十枚（轻小炸弹）		北门外猪市街及米市一带	民房数幢						房屋间数及炸坏损失正在调查中			

梁山县振济会填

079

079-1

梁山县赈济会关于报送一九四四年十二月十九日日机轰炸情形致四川省赈济会的代电
（一九四四年十二月二十一日）

梁山縣振濟會公文稿

文別：代電

事由：為呈报卅三年十二月十九日被炸情形代電祈鉴察由

送達機關：省振济会

十二月廿一日

四川省振济会钧鉴：本年十二月十九日午后九时突有敌机一架窜入市空，在城北附近投弹，炸死平民一人，伤一人，毁坏房数间，特电敬祈鉴察。梁山縣振济会叩亥马印

082

附：四川省梁山县一九四四年十二月十九日敌机轰炸情形报告表（一九四四年十二月二十一日）

00083

四川省梁山县敌机轰炸情形报告表 卅三年十二月廿一日

项目		内容
日期		卅三年十二月十九日
敌机架数		一架
空袭时间	空袭	午后七时
	紧急	午后九时
	投弹	午后九时卅分
	解除	午后十一时十分
投弹数量	炸弹	大小数十枚
	烧燃弹	
着弹地点		县城北外附城一带
损害情形	房屋炸毁	数间
	房屋烧毁	
	人口死	一名
	人口伤	一名
	其他	

083

梁山县赈济会关于一九四四年九月二十五日被炸恤金领款书加盖印章事致梁山县政府的呈
（一九四五年八月十八日）

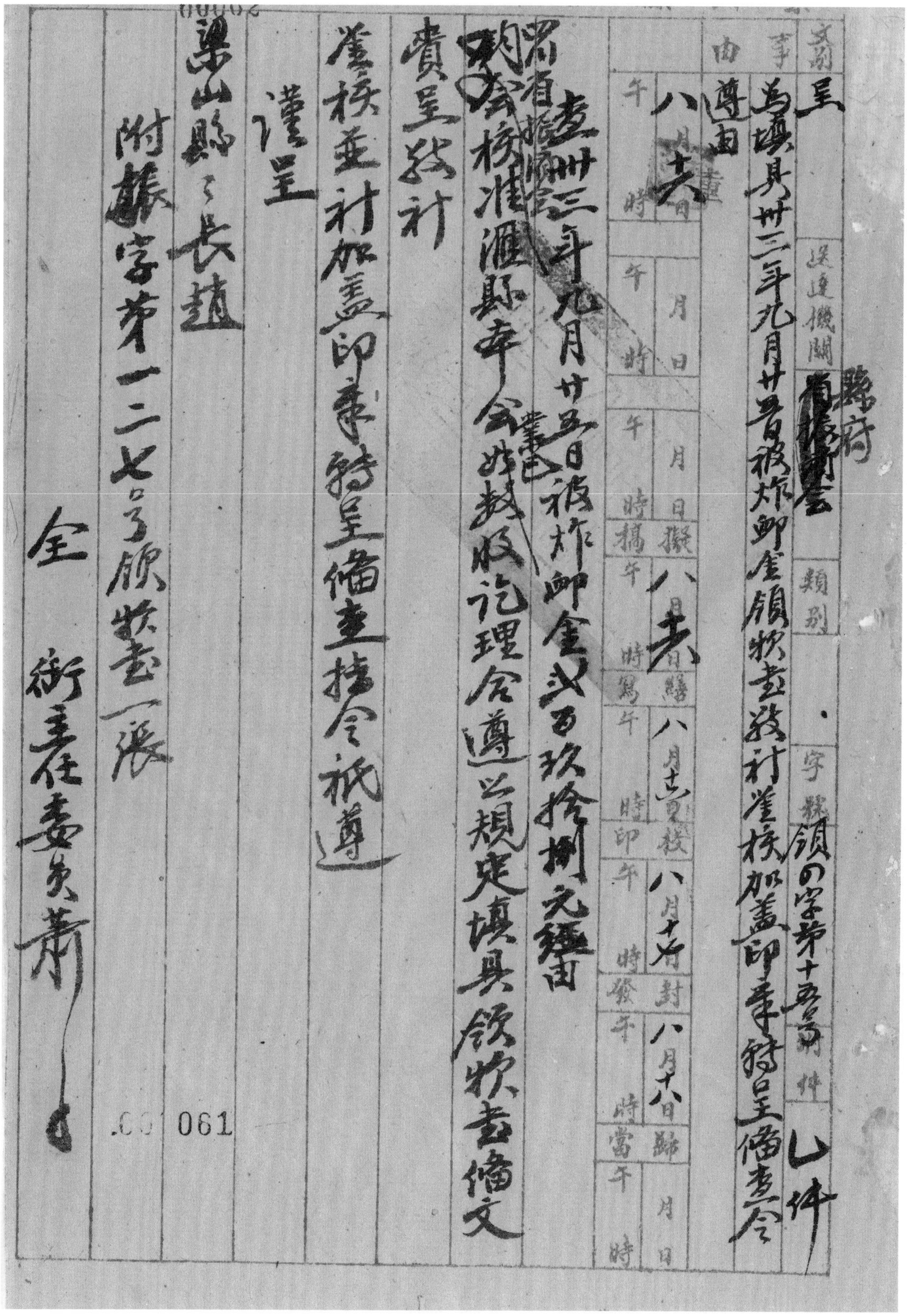

附：领款书（一九四五年八月）

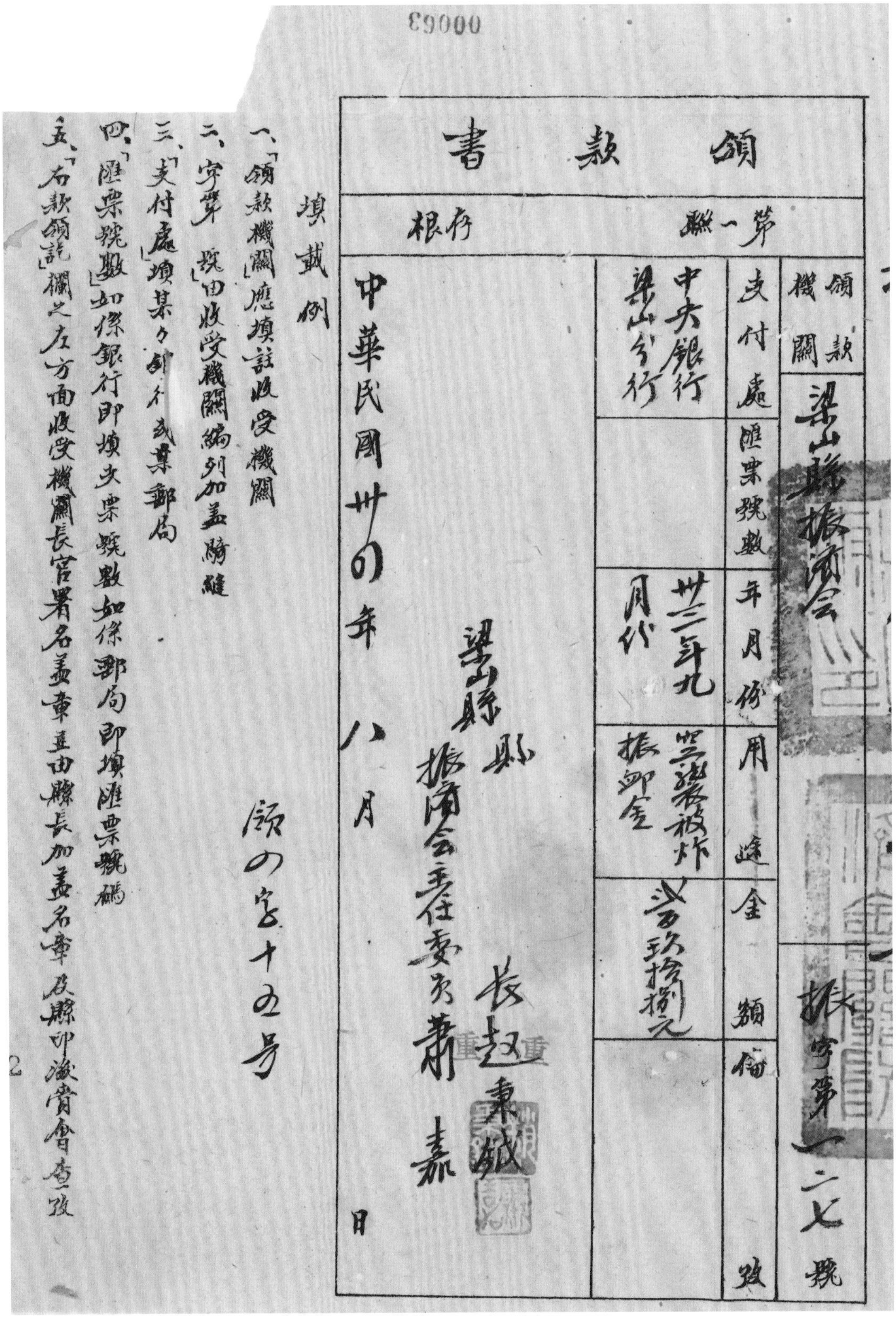

00063

領款書

第一聯 存根

領款機關	梁山縣振濟会
支付處	中央銀行梁山分行
匯票號數	
年月份	卅三年九月份
用途	卅三年梁被炸振卹金
金額	¥[illegible]玖拾捌元
備攷	

振字第一二七號

中華民國卅四年八月 日

梁山縣縣長 趙東城

振濟会主任委员 萧嘉

領の字十五号

填載例

一、「領款機關」應填註收受機關

二、字號 就由收受機關編列加蓋騎縫

三、「支付處」填某々銀行或某郵局

四、「匯票號數」如係銀行即填支票號數如係郵局即填匯票號碼

五、「右款領訖」欄之左方由收受機關長官署名蓋章並由縣長加蓋名章及縣印徵貲會查攷

2

梁山县政府关于催报战事损害情形致梁山县商会的训令（一九四五年十月六日）

梁山縣縣政府訓令 （卅）社救 五九五 號

民國卅四年十月

事由：爲奉電催報战事損害資料憑擬善後社会救濟要点一案令仰会同办理由

令縣商會

案奉

四川省政府電催查報戰事損害資料以憑擬定善後社會救濟要點送部核辦等因查本縣遭受敵機轟炸次數極多損害極大所有公私直接間接損失之查報僅及人口傷亡及房屋損毀大概情形至財產直接損失如房屋

器具衣物现款向按损失如折还费防空费以及可获纯利之减少等虽迭经令饬各机关团体学校迄未按获现值抗战胜利复员在即亟应查补报以凭汇案请救济或要求敌寇赔偿兹将是项工作责成该会会同办理并由振济会总其成限于本年十月廿五日以前办理完竣除分令并佈告外合行令仰该会即便遵照如限完成是为至要！

此令。

附填报抗战损失报告表办法一份

专令兼理 县长 十月廿日

00151

0000?2

計開填報抗战損失報告表办法

一、人口傷亡調查表：由賑濟会查案代填其無案可稽者交保長代填

二、財產損失報告表：（1）機関团体学校逕交各单位填報（2）住户由各保長指導填報（3）每被炸一次每次填報二份

三、機関学校財產间接損失報告表：發各機関团体学校填報每年填報一次每次二份

四、民营事業间接損失報告表：交由縣商會轉發各商店填報每年填報一次每次報填二份

五、各项损失报告表限本年十月十五日以前送交振济会
彙转逾限不收
六、各项损失报告表填报方法均于表内附有说明，如
仍有不明瞭之处，可到振济会询问
七、住户财产损失报告单及民营事业财产向损失
报告单为整齐以便转报起见，已交文化服务社
印制，各住户可迳向该社购用

0351-1

00105

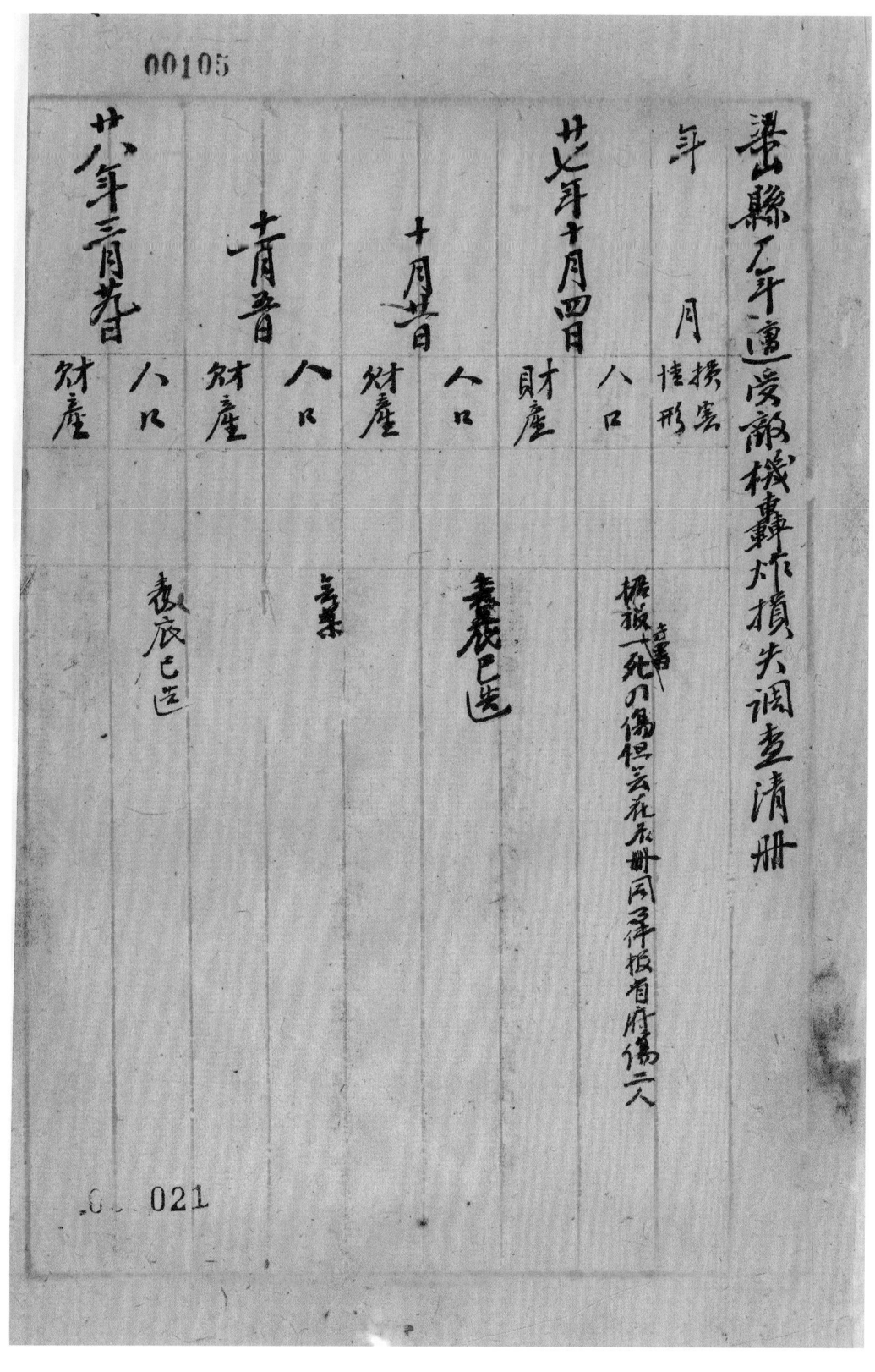

梁山縣歷年遭受敵機轟炸損失調查清冊

年月	損害情形	
廿七年十月四日	人口	據報一死乃傷但無花名冊同年併報省府傷二人
	財產	
十月廿日	人口	表底已送
	財產	
十二月十二日	人口	無案
	財產	
廿八年三月廿二日	人口	表底已送
	財產	

…021

日期	项目	情况
六月廿日（有卷）	人口	有表册已送 [illegible]财产损失表册已送
	财产	
九月一日	人口	无异
	财产	
九月廿八日	人口	据报死廿七人，重伤九人，轻伤五人，稍伤卅余人，无花名册
	财产	
十月十三日	人口	据报死卅余，重伤十四人，轻伤十余，但无花名册
	财产	
十二月十八日	人口	仅伤二人
	财产	

021-1

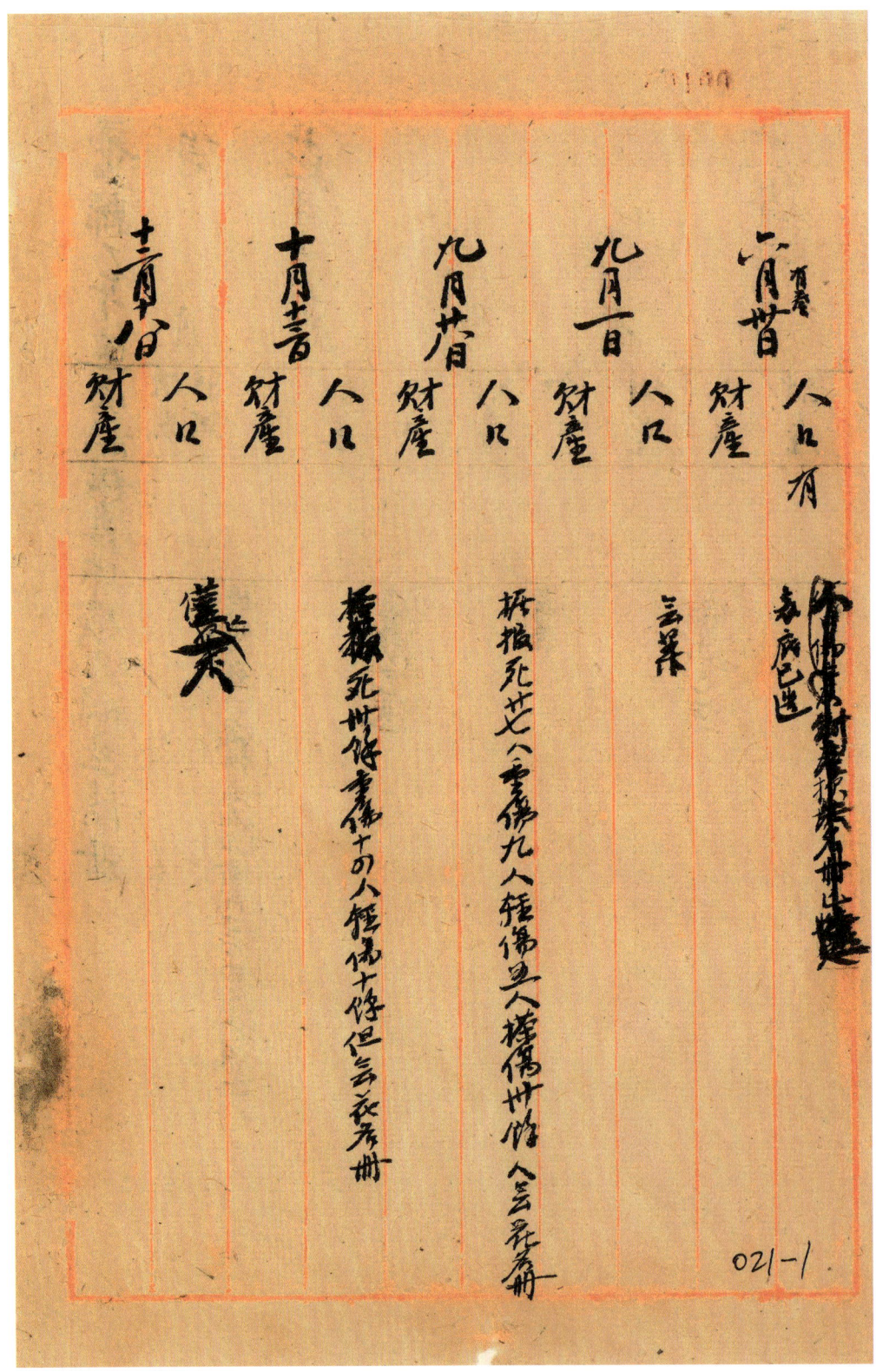

00106

日期	人口	财産	
十二月廿九日			已畢
卅九年四月卅日			表底已送
五月廿九日			表底已送
五月廿日			表底已送
五月廿一日			表底已送

00 022

日期	人口	财产	备注
六月六日			
六月十日	無		表底已送
七月廿五日	有		表底已送
九月六日			
十月六日	有		表底已送但與原表數字不合

022-1

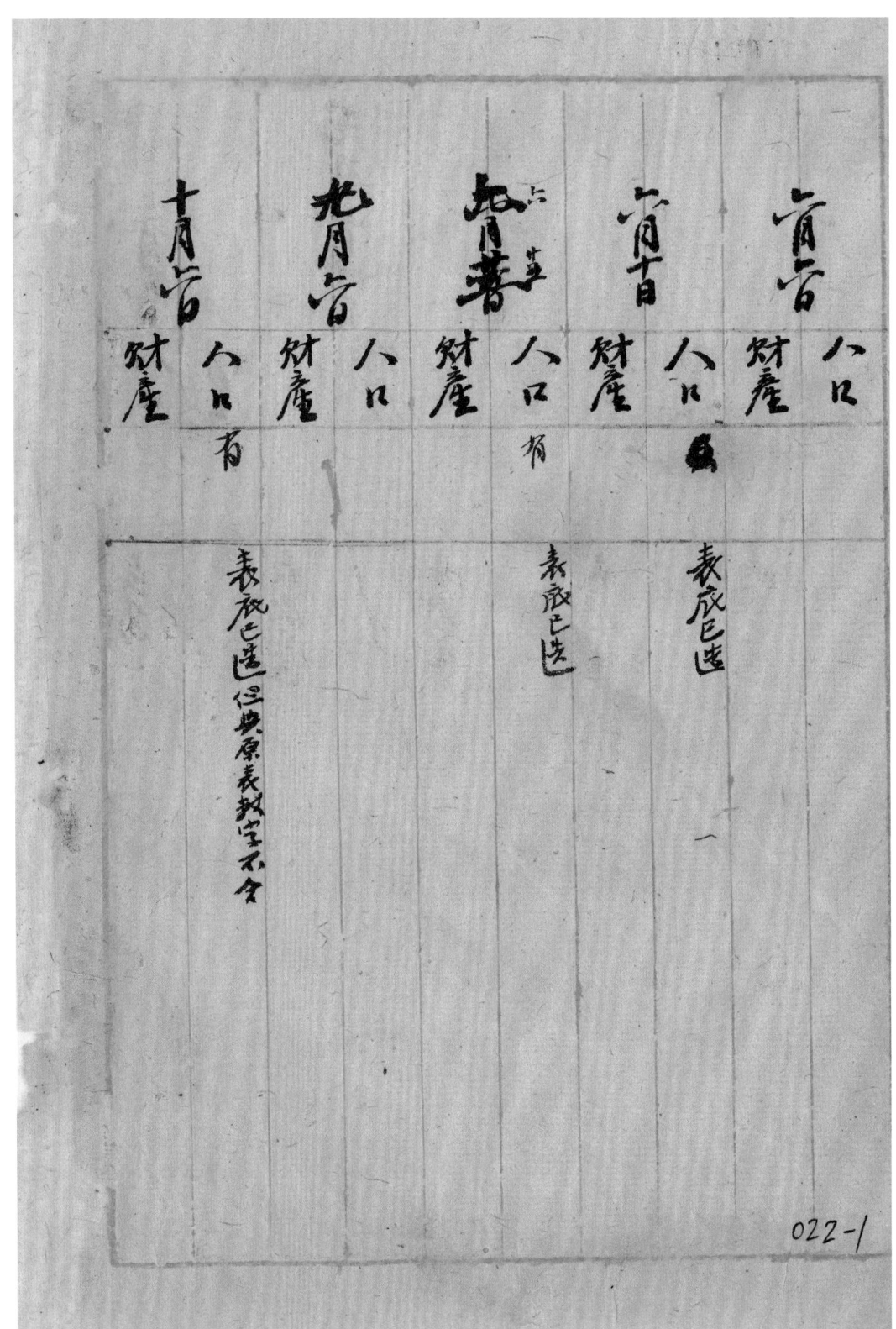

日期	項目		備註
十二月十六	人口		
	財產		
卅年二月廿日	人口		
	財產		
四月廿九日	人口	有	表底已造
	財產		
五月廿日	人口	有	表底已造
	財產		今准備此表各處糧食底冊已擬定
五月廿日	人口	有	表底已造
	財產		

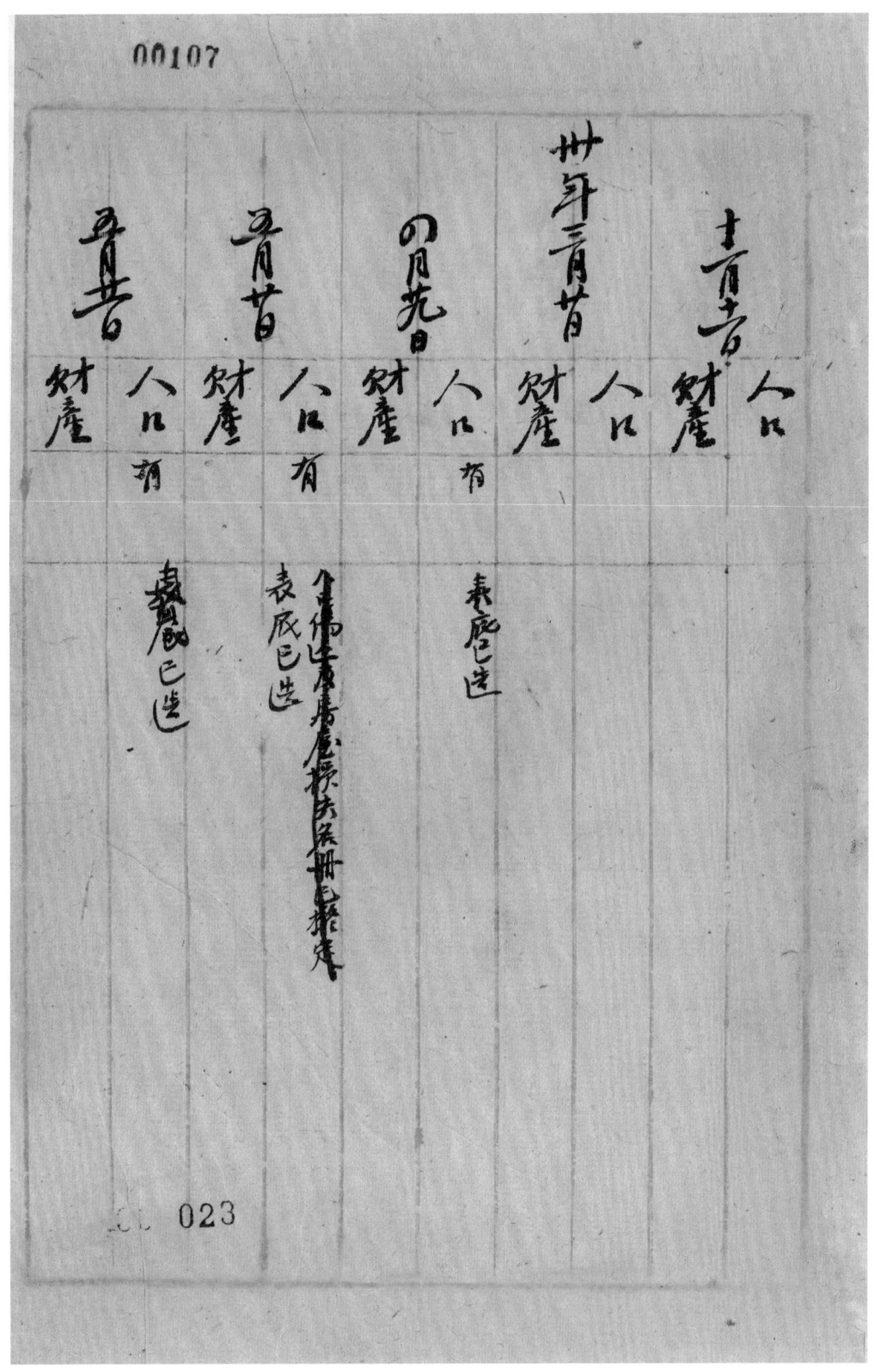

日期	項目	有無	備考
五月廿三日	人口 財產	有	表底已造
六月十二日	人口 財產	有	表底已造
七月四日	人口 財產	無	~~財產損失表冊已造~~
七月廿日	人口 財產	有	表底已造 ~~傷亡[illegible]財產損失表冊已造~~
八月廿三日	人口 財產	有	表底已造

023-1

00108

八月卅一日
八口　布　表底已造
财产

卅二年一月廿四日
人口
财产

五月廿日
八口　北二八挂三　八金五八　表底已造
财产

五月廿九日
人口　三卷　弹中机场
财产　云

六月七日
人口　北六九名挂（田附撤退）六名重三名
财产

00024

00109

日期	项目	损失	备注
卅三年六月十日	人口	無	秦[illegible]山連
	財產		
六月廿日	人口	死二人 重傷一人 輕傷三人	袁底已迷
	財產		
[illegible]月十二日	人口	無恙	彈落东北田郊
	財產	無恙	
七月八日	人口	無恙	彈落东北田郊
	財產	無恙	
八月十二日	人口	無恙	彈落东北田郊
	財產	無恙	

.0. 025

八月廿八日	人口	無恙	彈落滑石寨兩間
	財産	無恙	
八月廿九日	人口	死亡人傷九名未確具損未發振卿(可出四週御間)	
	財産		
九月廿五日	人口	無恙	[illegible]
	財産	房屋	
九月廿六日	人口	無恙	彈落機場附近廿の係
	財産	房屋燒去	彈落中城
十月廿七日	人口		
	財産		

日期	项目	损失	备注
十一月廿三日	人口	无恙	弹落猪市及米市
	财产	房屋	
十一月廿九日	人口	死一名伤一名	乃出城北附近未强县损未烧毁即
	财产		

敌机历年轰炸梁山县年度时间表（时间不详）

敵機轟炸年月

二十七年十月四日　十月廿三日　十一月五日

二十八年三月廿九日　八月卅日　九月一日　九月廿八日

十月十三日　十二月十八日　十二月十九日

二十九年四月卅日　五月九日　五月廿日　五月廿一日

六月六日、六月十日　九月六日、十月六日

十二月十一日、六月廿四日

三十年三月廿日　四月廿九日　五月廿日　五月廿二日

五月廿二日、六月十六日、七月四日　七月卅日

0.0113

八月廿三日　八月卅一日

三十二年二月廿三日　五月廿日　五月廿九日（八三五）　六月六日

三十三年五月十日　五月卅日　六月十二日　七月八日

八月廿八日　八月廿九日　八月十三日

九月廿五日　九月廿六日　十一月廿三日

~~九月廿七日~~　十月廿七日　十二月廿九日

029

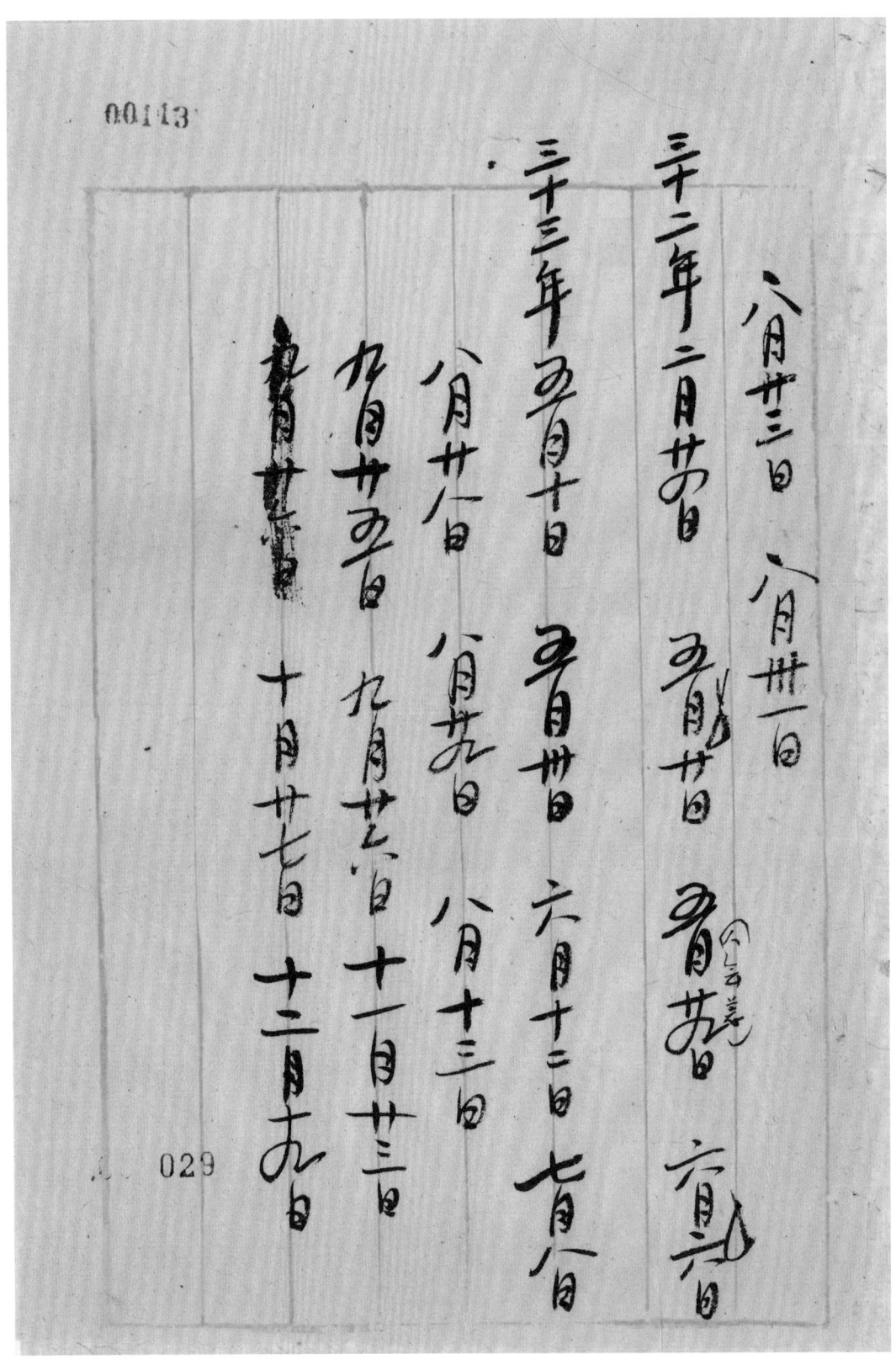

七、梁山地区人民要求赔偿日军轰炸损失史料

江超福关于报送一九三九年三月二十九日被炸损失申请备案赔偿致梁山县司法处的呈（一九四五年九月十日）

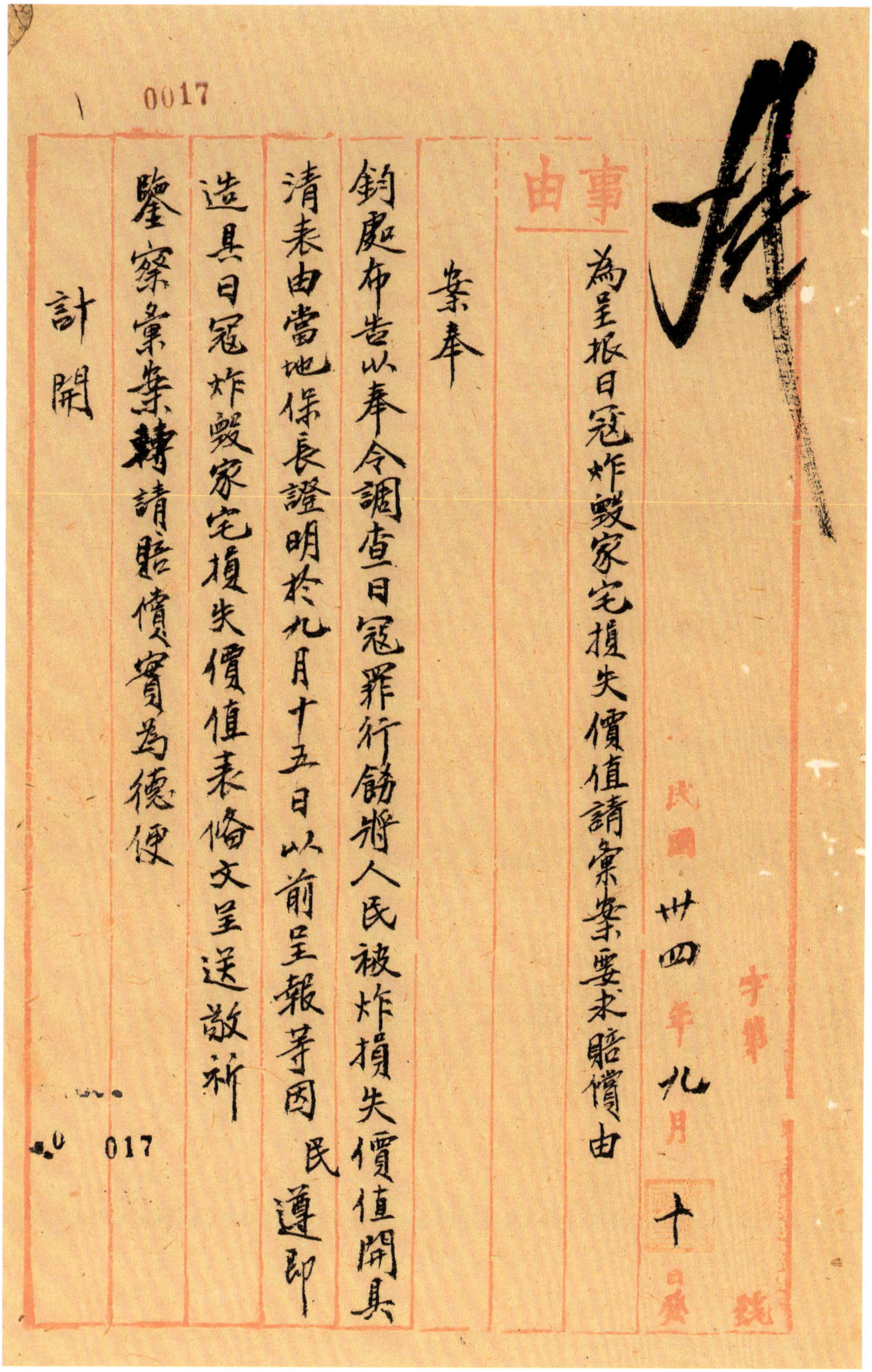

0017

事由

為呈報日寇炸毀家宅損失價值請備案要求賠償由

民國卅四年九月十日發

字第　號

案奉

鈞處布告以奉令調查日寇罪行飭將人民被炸損失價值開具清表由當地保長證明於九月十五日以前呈報等因　民遵即造具日寇炸毀家宅損失價值表備文呈送敬祈

鑒察備案轉請賠償實為德便

計開

017

0018

(一)被害人姓名江旭福現年四十八歲梁山城內北街人現任縣政府英文秘書

(二)被炸家宅地址：梁山北城內豆芽巷鴿子市坎下

(三)被炸年月日：民國廿八年國曆三月廿九日

(四)被炸家宅損失價值：

(甲)周圍磚牆油漆雕花兩層房院石堪雕欄倉廒水井猪圈俱全 現值國幣陸百萬元正

(乙)兩堂全副木器床櫃椅桌大小總共約壹百餘件 現值國幣弍百萬元正

(丙)書籍字畫古玩衣箱十餘口及兩桶瓷器碗盞大小共

018

0019

約二百肆件　現值國幣　叁百萬元正

以上共計家宅損失總值壹仟壹百萬元正

(五)保甲證明人中城鎮第五保保長陳廷治

謹呈　中城鎮　鎮長謝道懷

梁山縣司法處

居民　江超福　呈

現住望平巷拾弍號

019

袁疏九关于报送一九三九年三月二十九日、六月三十日被炸损失申请备案赔偿致梁山县司法处的呈

（一九四五年九月十三日）

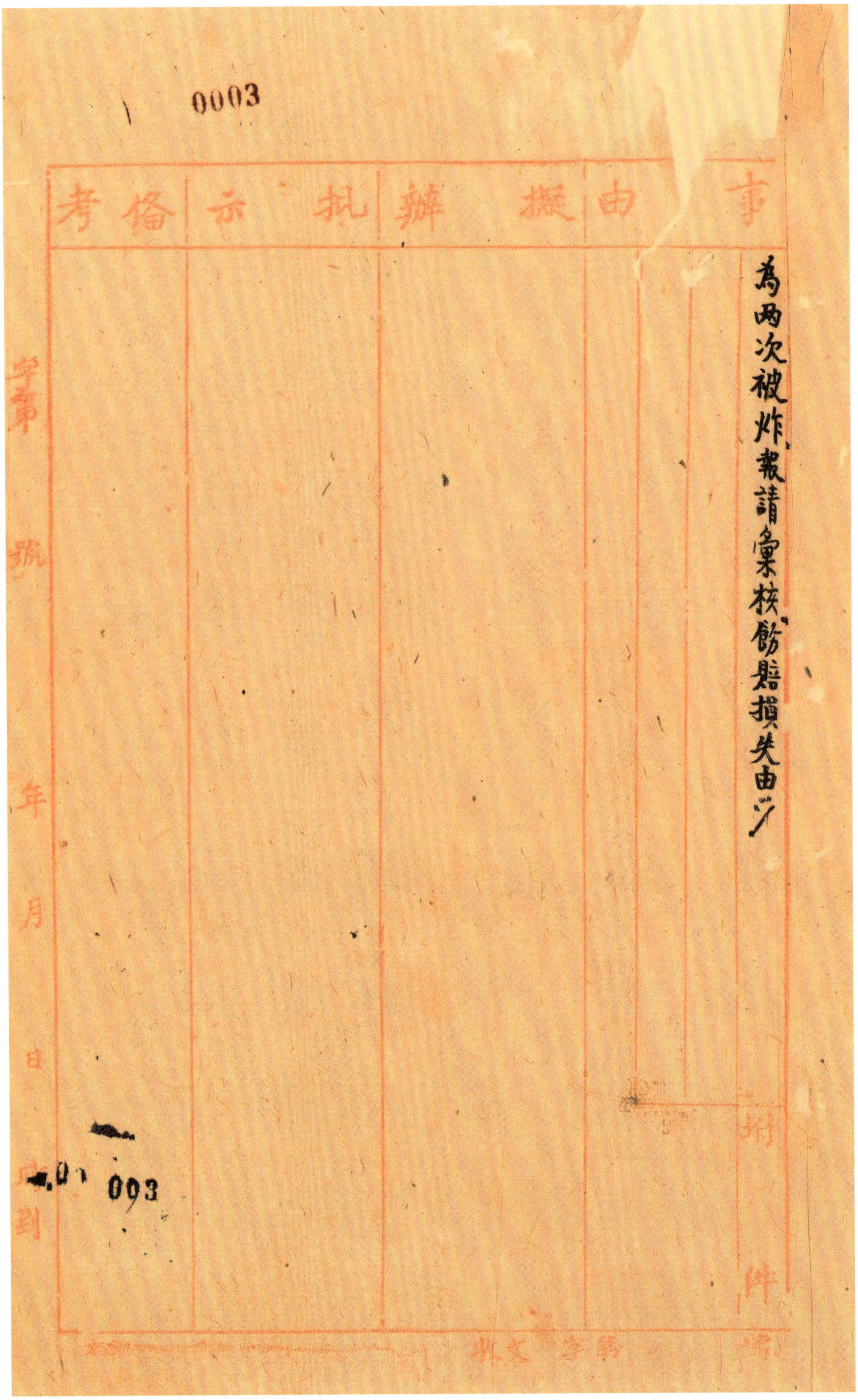

竊民佃住梁山中城第七保十二甲區内暗橋街一號圖書館後院，於中華民國廿八年三二九被日寇炸毁什物，估計能值時價洋一百五十萬元，又於同年六三十，民有住宅五間，在中城鎮第四保十三甲區内，估計能值時價洋一百三十萬元正，又被日寇完全炸毁，民見　鈞處佈告，故將上述實情，報請

彙核，飭賠損失，感戴大德，謹呈

四川梁山縣司法處　公鑒

具陳報梁山西門内袁家塘坎高朝門袁琬

証明人梁山中城第七保保長黄遠志

十二甲甲長廖燗明

第四保保長扈子稟

0004

十二甲甲長李廷才（李廷才印）

006

中華民國三十四年九月拾叁日

李占恒关于报送一九三九年六月三十日被炸损失申请备案赔偿致梁山县司法处的呈
（一九四五年九月十三日）

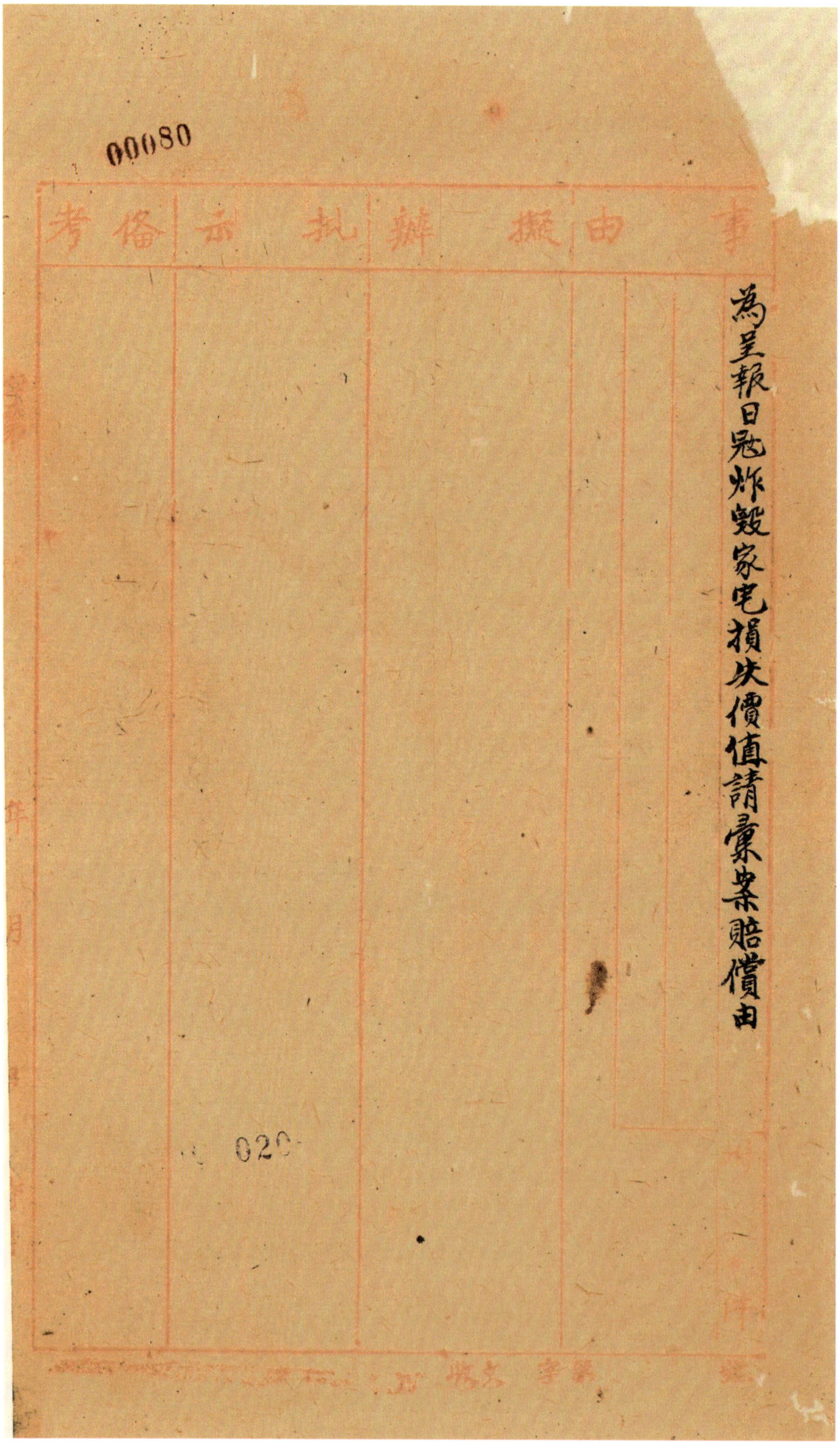

00080

事由	拟办	批示	备考
為呈報日寇炸毁家宅損失價值請彙案賠償由			

020

業奉

鈞處佈告以奉令調查日敵罪行飭將人民被炸損失價值開具清表由當地保長證明於九月十五日以前呈報等因民遵即造具日敵炸毁家宅損失價值表備文呈送敬祈

鈞處鑒核彙案特請賠償實為德便

計開

1.被害人姓名　李古恒

2.被炸地點　東門外土城門

3.被炸年月日　二十八年五月十四日

4.被炸家宅損失價值　坐屋三間衣物動用值洋叁拾萬元正

020-1

梁甲登月　城廂第十一保保長

謹呈

梁山縣司法處

被害居民李占恒　現住土城門

保長柳天才

甲長夏開福

隣居胡成禄

三十四　十三

中華民國三十四年九月十三日

021-1

李正福关于报送一九三九年九月一日被炸损失申请备案赔偿致梁山县司法处的呈（一九四五年九月十三日）

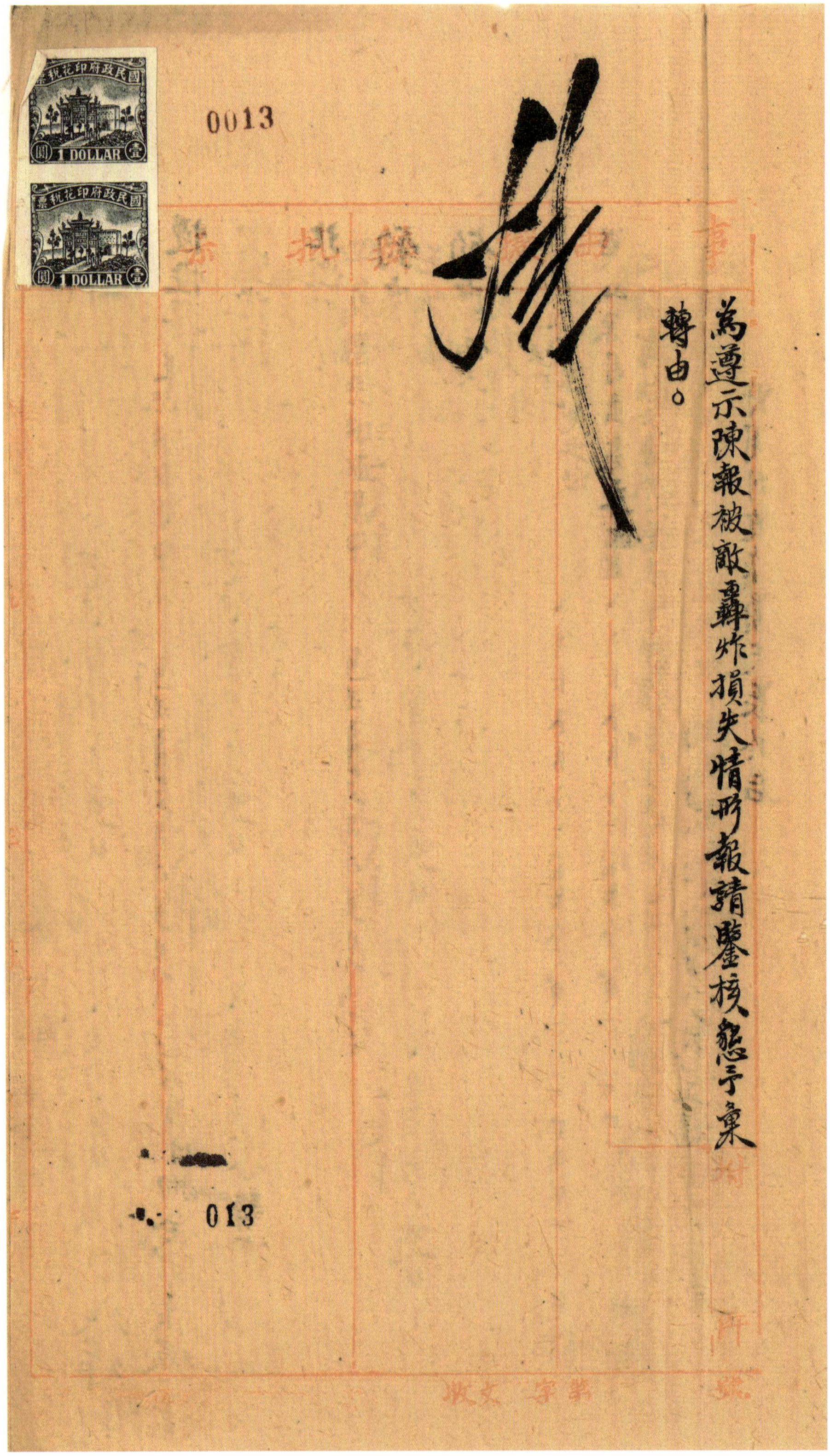
0013

國民政府印花稅票 壹圓 1 DOLLAR

國民政府印花稅票 壹圓 1 DOLLAR

事由

為遵示陳報被敵轟炸損失情形報請鑒核懇予轉由。

013

收文 字第 號

竊民於民國二十八年九月一日被敵機三十六架襲梁投擲燃燒爆炸慢性等彈將民原住自有北城外神農街房院一座家用什物全部炸燬一空當將被炸損失情形曾蒙梁山縣空襲緊急救濟聯合辦事處暨北城鎮聯保辦公處會同審查登記註冊在卷茲遵

鈞處佈告理合將民被敵轟炸損失照式開列具文報請

鈞處俯予鑒核彙轉不勝沾感

謹呈

梁山縣司法處主任審判官蔣

具申請報告損失人李正福

附開列被炸損失表於后

013-1

0014

一、被轟炸損失人李正福（年三十八歲）現住中城鎮第五保地名北正街第四號職業小貿

二、被轟炸之房院一座共計九間時值現在建修市價計洋壹仟萬元被轟炸所損失之家用器俱衣被什物值現在物價貳百萬元總共計損失計壹仟貳百萬元正

三、被轟炸地點於北城外神農街時間於民國二十八月古曆九月初一日

四、具證明切結保甲人　現住第五保保長陳建治
現任被炸住址第　保保長李世芳
鄰居　劉光耀
王澤沛
郭祖昆

014

中華民國三十四年九月十三日

梁山縣第一區中城鎮第廿五保辦公處圖記

0144

余贵伦关于报送一九三九年三月二十九日被炸损失申请备案赔偿致梁山县司法处的呈（一九四五年九月十四日）

国民政府印花税票 1 DOLLAR 壹圆
国民政府印花税票 1 DOLLAR 壹圆
0029

事由	擬辦	批示	備考
為民國二十八年三月二十九日被日寇炸毀民之商店計貨物等項由			

字第　號　年　月　日收到

029

案奉

鈞處佈告奉令調查日寇罪行飭人民被炸損失價值開具清表由當地保甲証明於九月十五日以前呈報本處以憑彙轉等因民遵即將日寇被炸各情表列於隨後

文呈請

鈞處彙報并飭賠償實為德便謹呈

梁山司法處

計開

1 被害人姓名余貴倫

2 被炸地点北正街

3 被炸損失

027-1

0030

商店貨物約計國幣貳拾伍餘萬元正

具證明人第五保保長陳廷治

具報炸人　余貴倫　現住五保一甲

030

中華民國三十四年九月十四日

030-1

常德成关于报送一九三九年三月二十九日被炸损失申请备案赔偿致梁山县司法处的呈（一九四五年九月十四日）

0053

事由　爲民國二十八年三月二九日被日寇炸毀民之商店計貨物等項由

擬辦

批示

備考

案奉

鈞處佈告奉令調查日寇罪行飭人民被炸損失價值詳具清表由當地保甲証明於九月十五日以前呈報來處以憑彙轉等因 遵即將日寇被炸各情表列於後隨文

呈請

鈞處彙報并飭賠償 是為德便謹呈

梁山司法處

計開

1 被害人姓名常德成

2 被炸地点北正街

3 被炸損人

053-1

0054

商店货物约计国币壹佰伍拾余万元正

具证明人第五保保长陈廷治

具报炸人　常法成

054

中華民國三十四年九月十四日

054-1

袁女尧关于报送一九四三年五月二十日被炸损失申请备案赔偿致梁山县司法处的呈（一九四五年九月十四日）

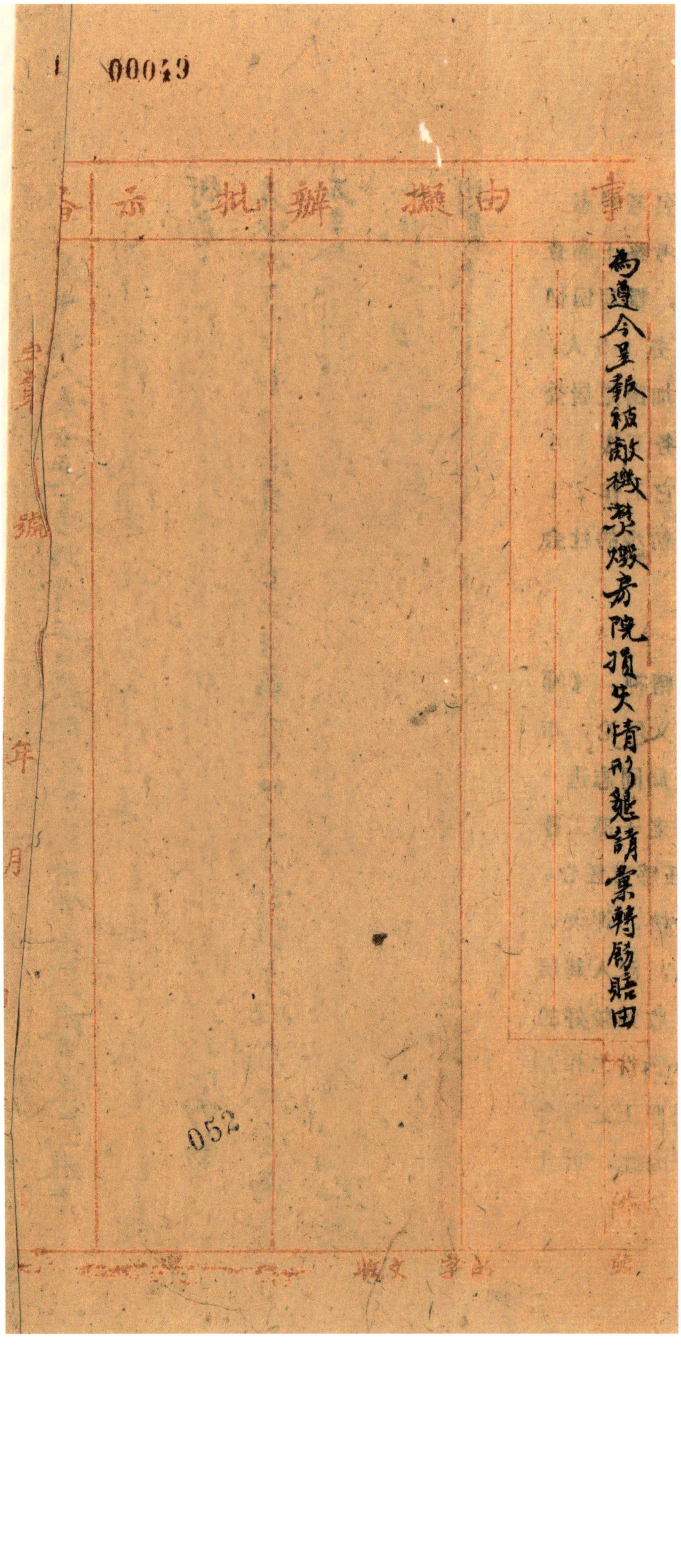
00049

事由：為遵令呈報被敵機焚燬房院損失情形懇請彙轉飭賠由

擬辦

批示

字第 號

年 月

052

具申請人袁女尭等現年五〇歲現住南門外何家濟隐處職業教界

竊民自置有中城鎮第八保八甲(即東大街三十六號)上下廳房院一座及街房三向計大小房間四十三間計值洋壹伯玖拾伍萬元正及院内動用器具衣物等件計值洋壹佰貳拾陸萬元正總共合計洋叁佰貳拾壹萬元正不幸於民國三十二年五月二十日遭受敵機燃燒彈完全焚燬其損失狀況已為一片焦土理合具報申請

鈞府鑒核懇予登記以資彙轉為感

謹呈

梁山縣司法處

附證明書一件

052-1

00050

証明書

茲証明本保第八甲住户袁女尭等確於民國叁拾弍年國曆五月二十日遭受敵機將房院及動用器具衣物等件焚燬淨盡成為焦土損失屬實特具証明此証

保証人

姓名盖章	服務機關及職務	住址
趙世明	中城鎮第八保保長	中城鎮第八保

05

00051

具申請人袁女堯

腫蔭溥

054

梁[illegible]第一[illegible]鎮第六[illegible]保辦公處[illegible]記

中華民國三十四年九月十四日

054-1

钟逢春关于报送一九四三年五月二十日被炸损失申请备案赔偿致梁山县司法处的呈（一九四五年九月十四日）

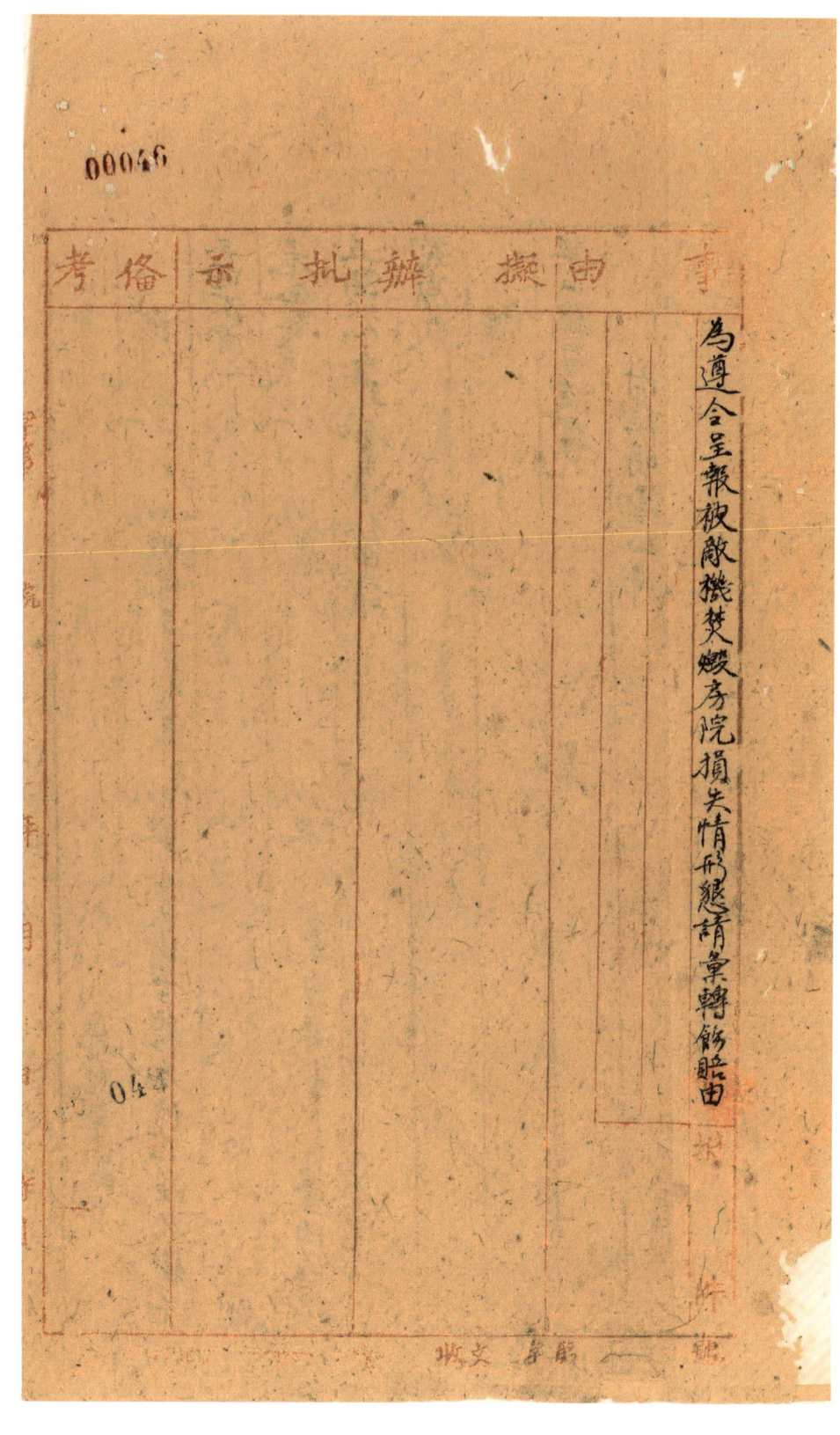

00046

事由	拟办	批示	备考
為遵令呈報被敵機焚燬房院損失情形懇請彙轉飭賠由			

044

收文 第 號

具申請人鍾逢春年四〇歲現住南門内畢家巷劉家公館職業政界

竊民祖遺有中城鎮第八保第八甲（即東大街三〇號）房院乙座及街房三向不幸於民國三十二年五月廿日遭受敵機燃燒彈將街房三向及房院上廳完全焚燬片瓦無存其損失房屋動用器具衣物等件計值洋壹佰陸拾五萬元正理合具報申請

鈞處鑒核懇予登記以資彙轉為感

謹呈

梁山縣司法處

附証明書乙件

具申請人 鍾逢春

049-1

中華民國三十四年九月十四日

051-1

證明書

茲證明本保第八甲住户鍾逢春確於民國三十二年五月廿日遭受敵機將房院及動用器具衣物等件焚燬净盡成為焦土損失屬實特具證明此證

保證人	
姓名	趙世明
盖章	
服務機關及職務	中城鎮第八保保長
住址	中城鎮第八保

填卡

钟云帆关于报送一九三九年三月二十九日被炸损失申请备案赔偿致梁山县司法处的呈
（一九四五年九月十五日）

0057

為遵令呈報炸燬情形懇予轉詳由

057

竊民等世居中城鎮菜市街第五保　甲，於前民國二十八年三月二十九日，被日寇炸燬全院四分之三，計十一間，所有傢具、衣物、銅瓷古器、名人字畫，概遭燬滅，毫無片存，時價估值，約六百萬元。讵斯時曾被政府同保甲長查驗，稍給撫恤，有案可查。茲值奉令呈報被炸情形，是特據實呈報，懇請鑒核，准予轉詳，不勝沾感。

謹呈

梁山縣司法官蔣

具證明保長陳廷治

甲長

具被炸懇請人鍾雲帆

057-1

仙遊住鍾貽才

鍾貽仁十

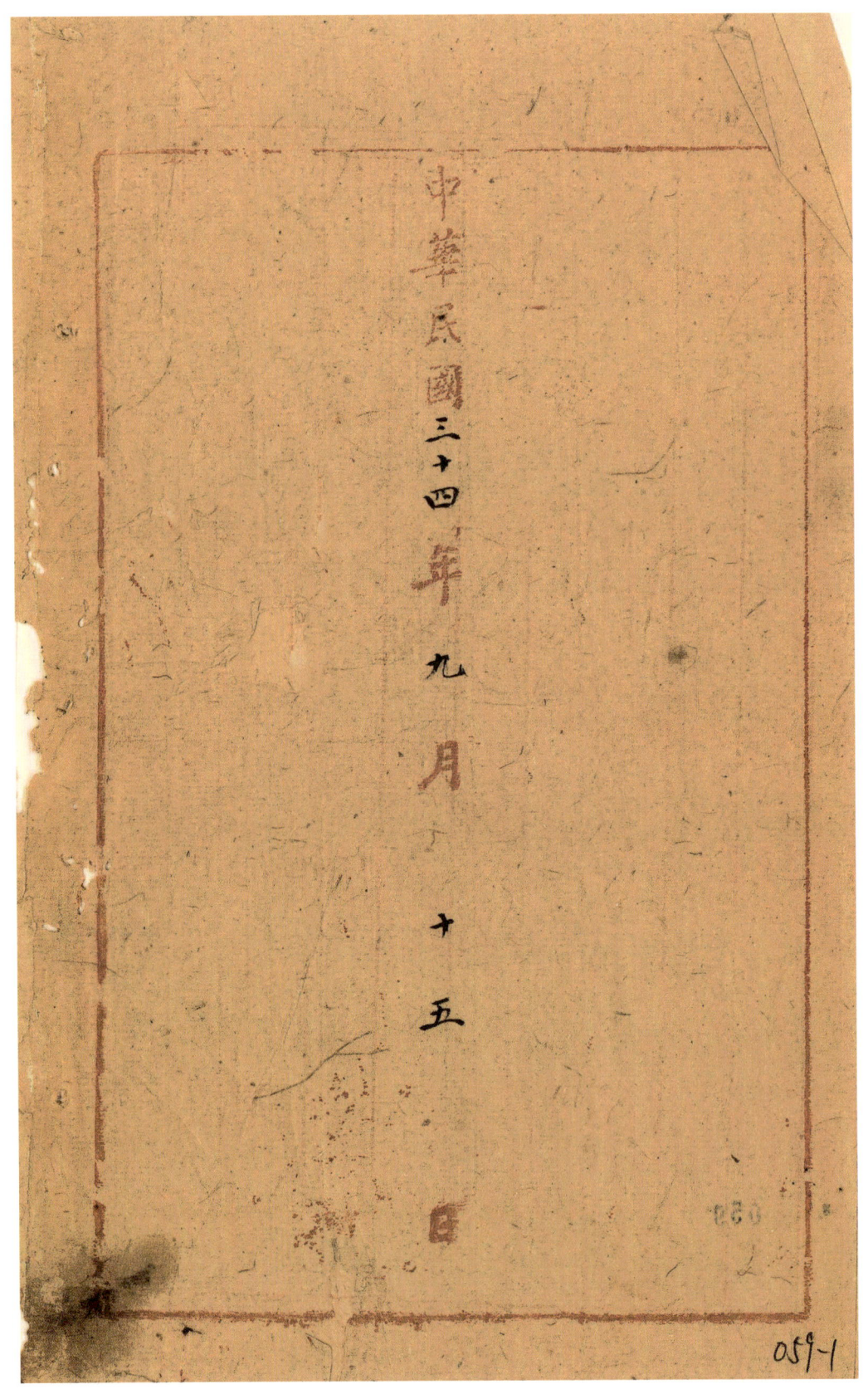

中華民國三十四年九月十五日

0 3 0

059-1

谢之繁关于报送一九三九年三月二十九日被炸损失申请备案赔偿致梁山县司法处的呈（一九四五年九月十五日）

0031

事由	擬辦	批示	備考
為遵令呈報被炸及保甲証明懇請核辦由			

國民政府印花稅票 20 CENTS 貳角（四枚）

字第　號　年　月　日　時到

031

收文　第　字　號

情民原厝居梁山縣中城镇北正街豆葉巷鴿子市坎下祖遺房院一向大小房屋共拾捌間於民國二十八年農曆六月初九日國曆三月二十九日不幸被敵機轟炸將民房院動用家俱一概炸燬並無絲毫存在而被炸損失約計四壹佰捌拾餘萬元具有保甲証明是特呈報懇請

鈞處依賜鑒核懇請彙報飭賠實沾德便

謹呈

梁山縣司法處審判官蔣

031-1

0032

現住中城鎮第八保

具呈報人謝之繁

證明五保保長陳建治

八甲甲長龍興富

0032

中華民國三十四年九月十五日

梁山縣第一區中興鎮第五保辦公處圖記

032-1

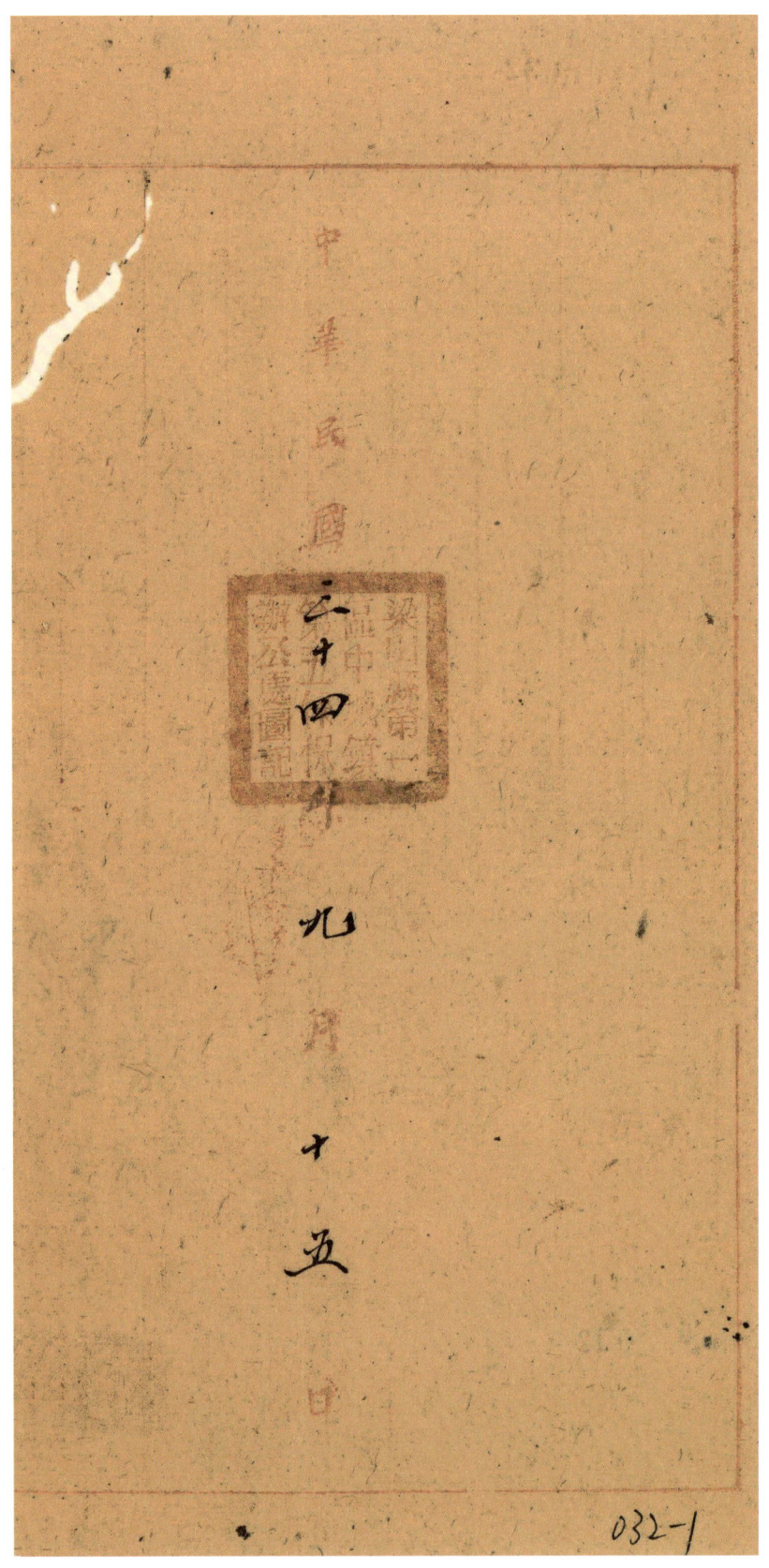

陈谭氏关于报送一九三九年三月二十九日被炸损失申请备案赔偿致梁山县司法处的呈（一九四五年九月十五日）

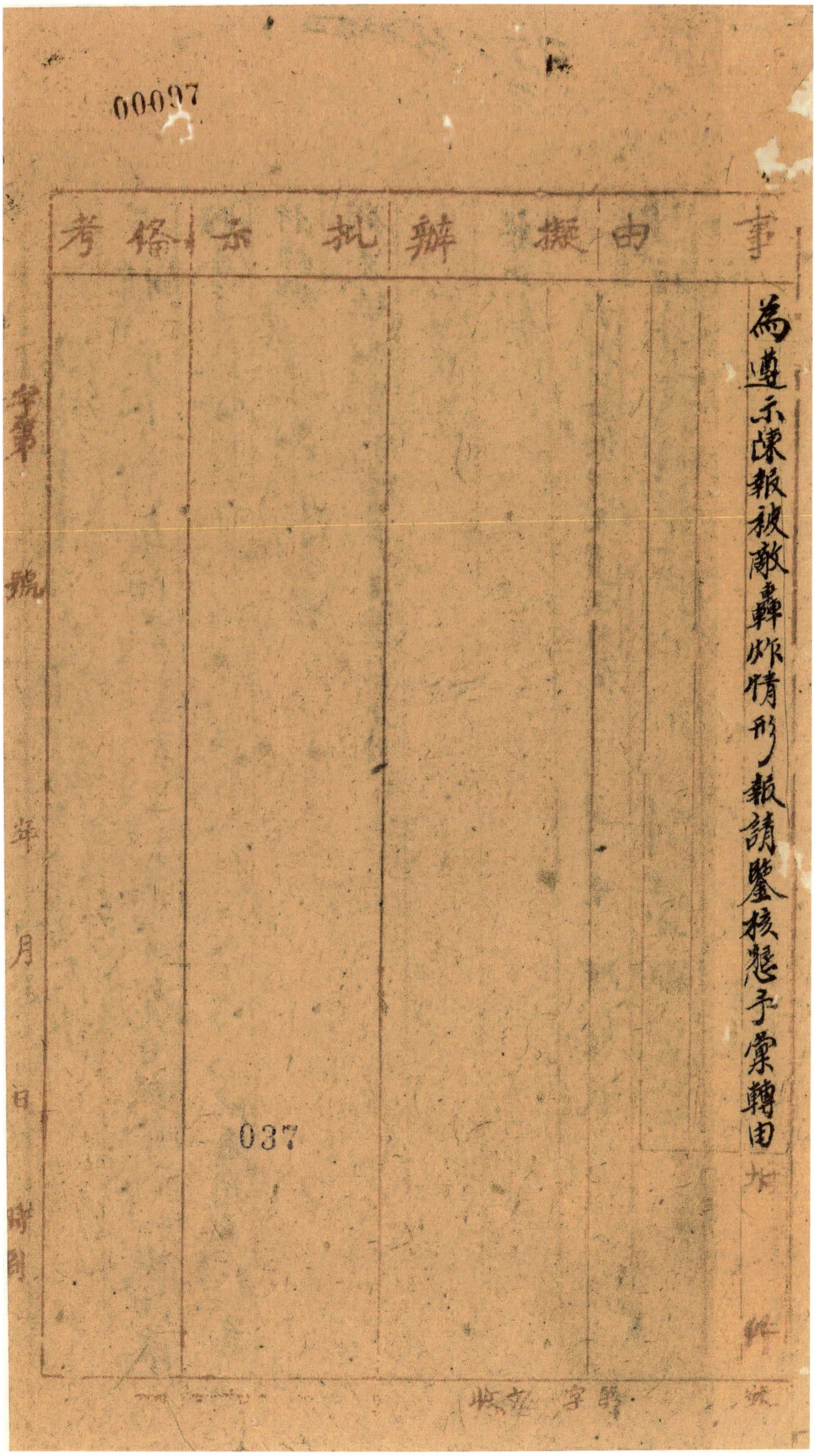
00097

事由：為遵示陳報被敵轟炸情形報請鑒核懇予彙轉由

擬辦

批示

備考

字第 號 年 月 日 時到

收文 字第 號

037

25025000
2

具呈人陳譚氏年五三歲現住中城鎮十一保

情氏原住水洞門開設木料舖于二八年二月初九日被敵機炸燬油漆

棺木二十八合值洋弍伯五十萬元金匣十四合值洋弍十萬元所有用具符悉

行炸燬氏遵令具報懇請

鈞處俯予鑒核彙轉不勝沾感！

謹呈

梁山縣司法處

計開炸燬物件及價欵列右

油漆棺木二十八合值洋弍伯五十萬元

金匣十四合值洋弍十萬元

具申請人陳譚氏

証明保長柳天才

甲長吳興亮

037-1

鄰居林火賢

中华民国三十四年九月十五日

天才

038-1

袁永贞关于报送一九三八年十月四日、一九三九年三月二十九日被炸损失申请备案赔偿致梁山县司法处的呈（一九四五年九月）

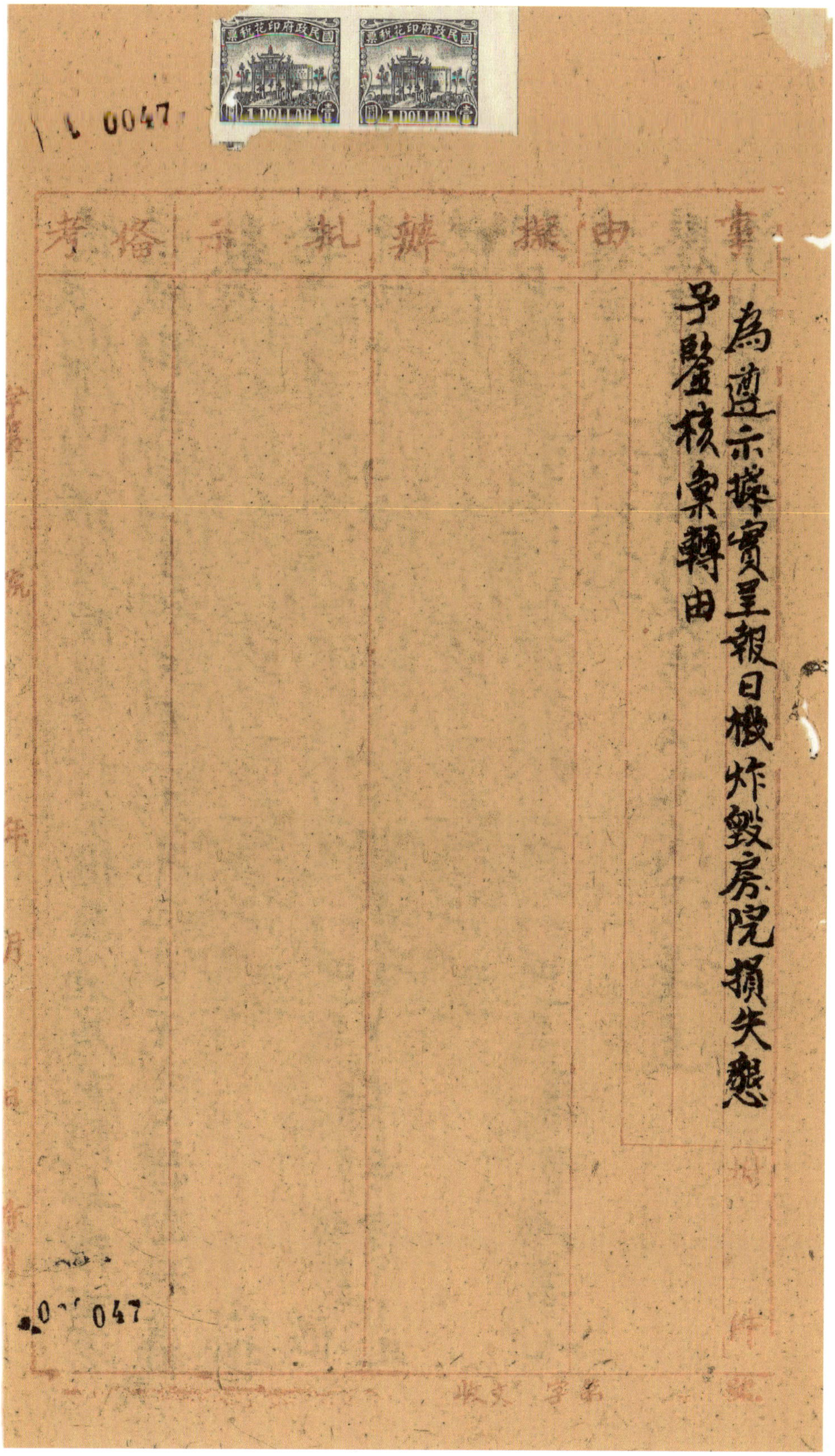
0047

事由	擬辦	批示	備考
為遵示據實呈報日機炸毁房院損失懇予鑒核彙轉由			

收文 字第 號

0047

情民所有北正街房院上下三層橫屋箱房花廳平院右有
順城街連院一座於民國二十八年三月二十九日被敵機轟炸
數彈炸毀一片焦土損失甚重計現時值法幣壹佰捌
拾萬元傢具指木器特值法幣洋三拾四萬元衣被
什物計洋四拾六萬磁器古董字畫計洋柒拾萬元
總共計法幣三百三拾萬元茲特謹遵
鈞處轉示司法行政部參字第四一〇三號訓令部告
據實呈報懇予
鑒核彙轉以利交涉公私兩便謹呈
梁山司法處

047-1

証明人第五保長陳廷治

第十甲長陳朝華

具呈人　袁永貞　年五八現住南城外

中華民國三十四年九月　日

0484

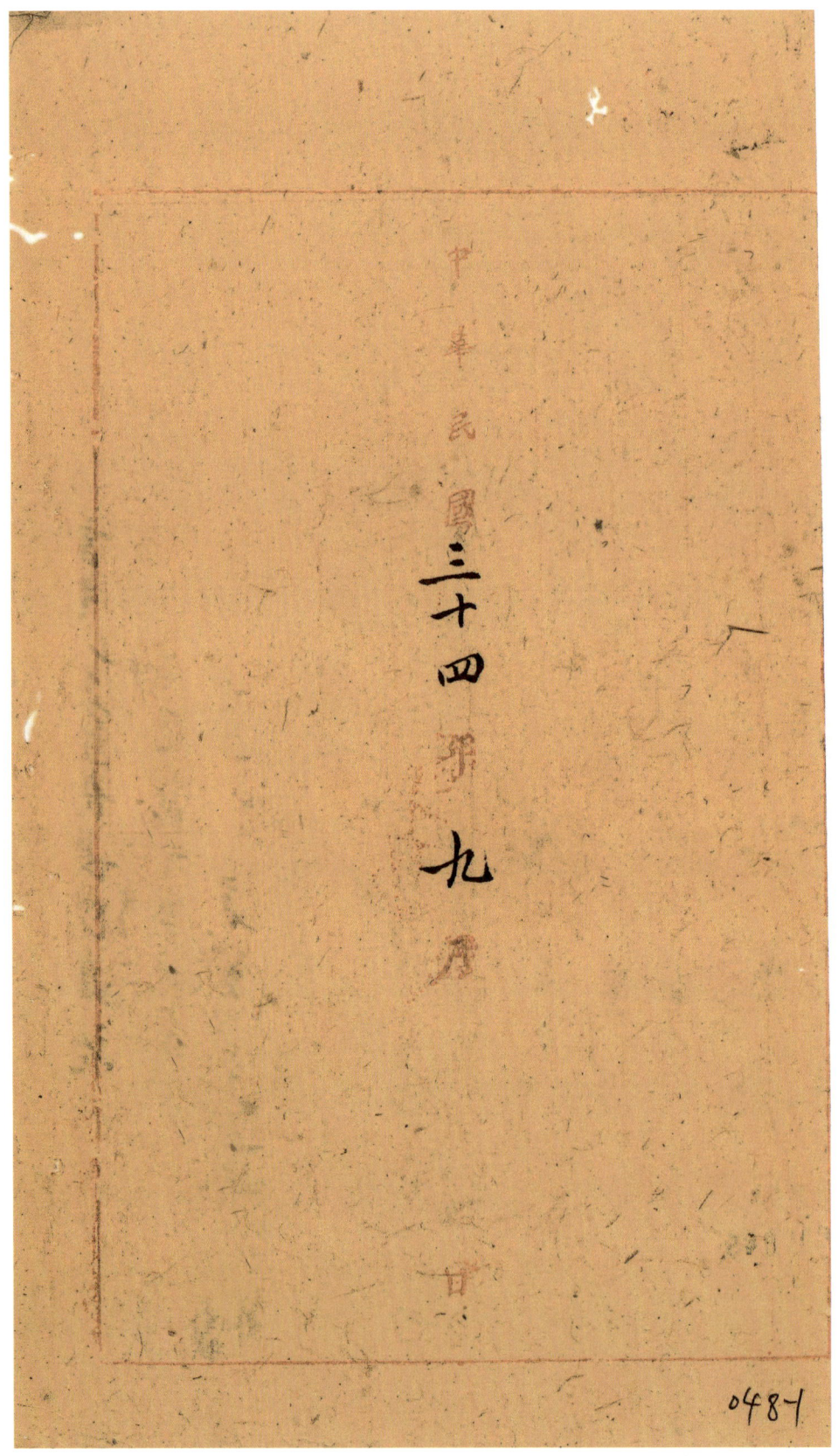

周建中、周世远、周勖光关于报送一九三九年三月二十九日被炸损失申请备案赔偿致梁山县司法处的呈（一九四五年九月）

八

00056

登記書

具報人周建中 世遠 勗光 年六二 五八 三二 歲住龍門鄉八保業農

為房廊被炸報請登記特詳候日賠償由

竊民先年所居本城東門外平街四水歸池房廊一

座計共大小十六間突於民國二十八年古曆二月初九日遭日機

炸燬片瓦無全除衣物動用不計外照現價估計該洋壹佰

058

貳拾萬圓而今日寇投降上峯追日賠償之際是以報請

鈞座准予登計特詳候日賠償

不勝沾感！

謹呈。。

司法處

具報人周建中
世远
勗光

中華民國三十四年九月　日

058-1

證明書

證明書

查本保先年所居本城東門外平街四水歸池房廊一座共計大小十六間於民國二十八年古曆二月初九日被日機炸燬片瓦無全屬實照現價估計實該洋壹佰零伍萬圓正此證

證明人 城鎮十一保保長 柳夫才

甲長 謝世宴

鄰居 丁覺和

中華民國三十四年九月七日

钱节轩关于报送一九三九年三月二十九日被炸损失申请备案赔偿致梁山县司法处的呈（一九四五年九月）

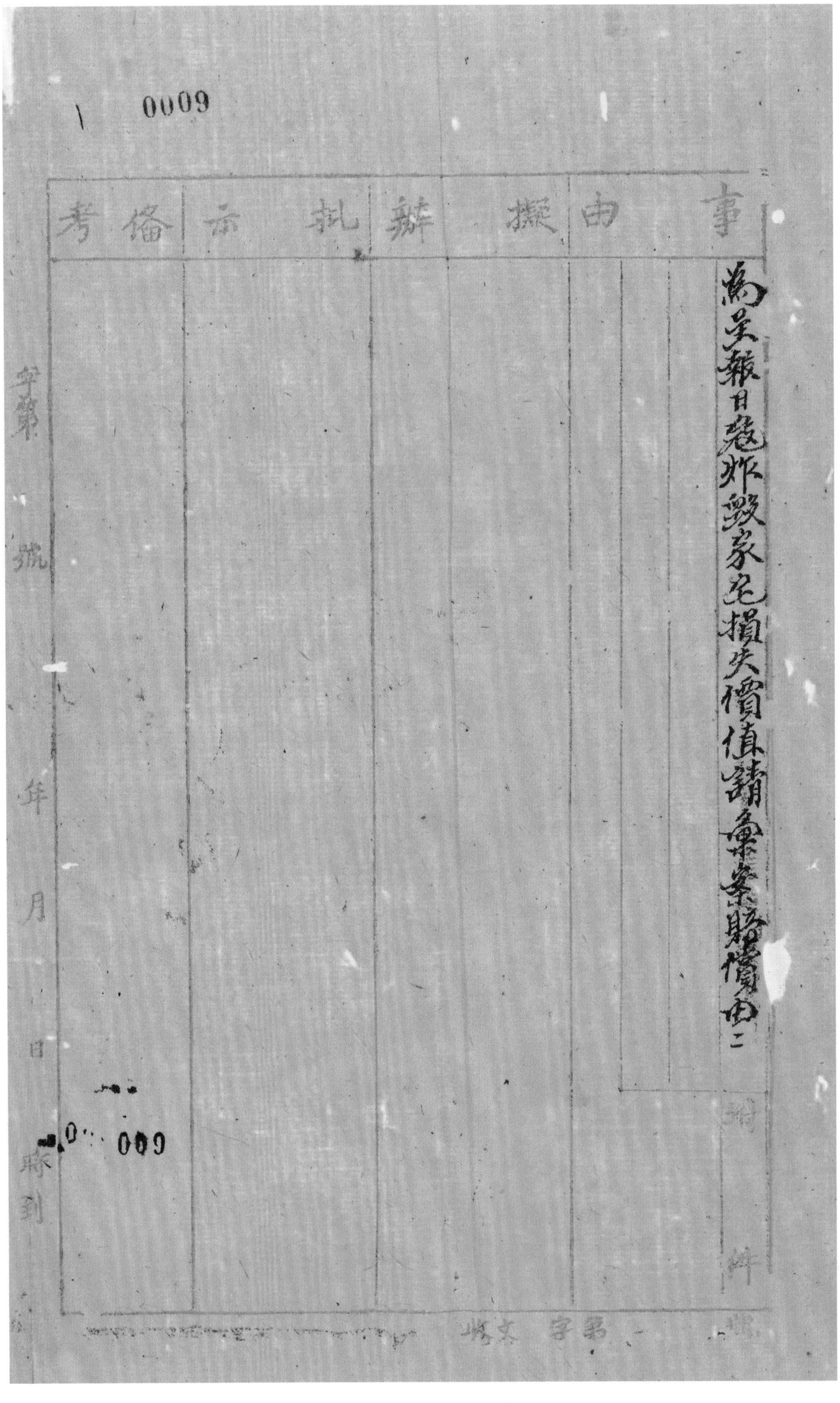

0009

事由	擬辦	批示	備考
為呈報日寇炸毀家宅損失價值請予備案賠償由二			

字第　號　年　月　日　時到

0009

第　字　文號

案奉

鈞處師管公函合調日寇飛行飭將人民被炸損失價值開具清表由當地保長發明於九月十五號以前呈報等因民遵即造具日寇炸毀家宅損失價值表備文呈送敬祈

鑒核彙案轉請賠償實沾德便！、

計開

(一)被害人錢節軒年五十六歲現住菜市街第十三號商業

(二)被炸地點菜市街諮封樓

(三)被炸日期民國二十八年三月二十九日

(四)被炸家宅損失價值

0010

甲、損失房屋平院共十二間約值現時國幣壹百伍肆拾萬元正

乙、損失器物圖書等約值現時國幣叁拾萬元正

以上合計現時國幣壹佰柒拾萬元正

謹呈

梁山縣司法處

被炸居民錢節軒　現住菜市街　號

證明人保長陳廷治

010

中華民國三十四年九月日

熊余氏关于报送一九三九年三月二十九日被炸损失申请备案赔偿致梁山县司法处的呈（一九四五年九月）

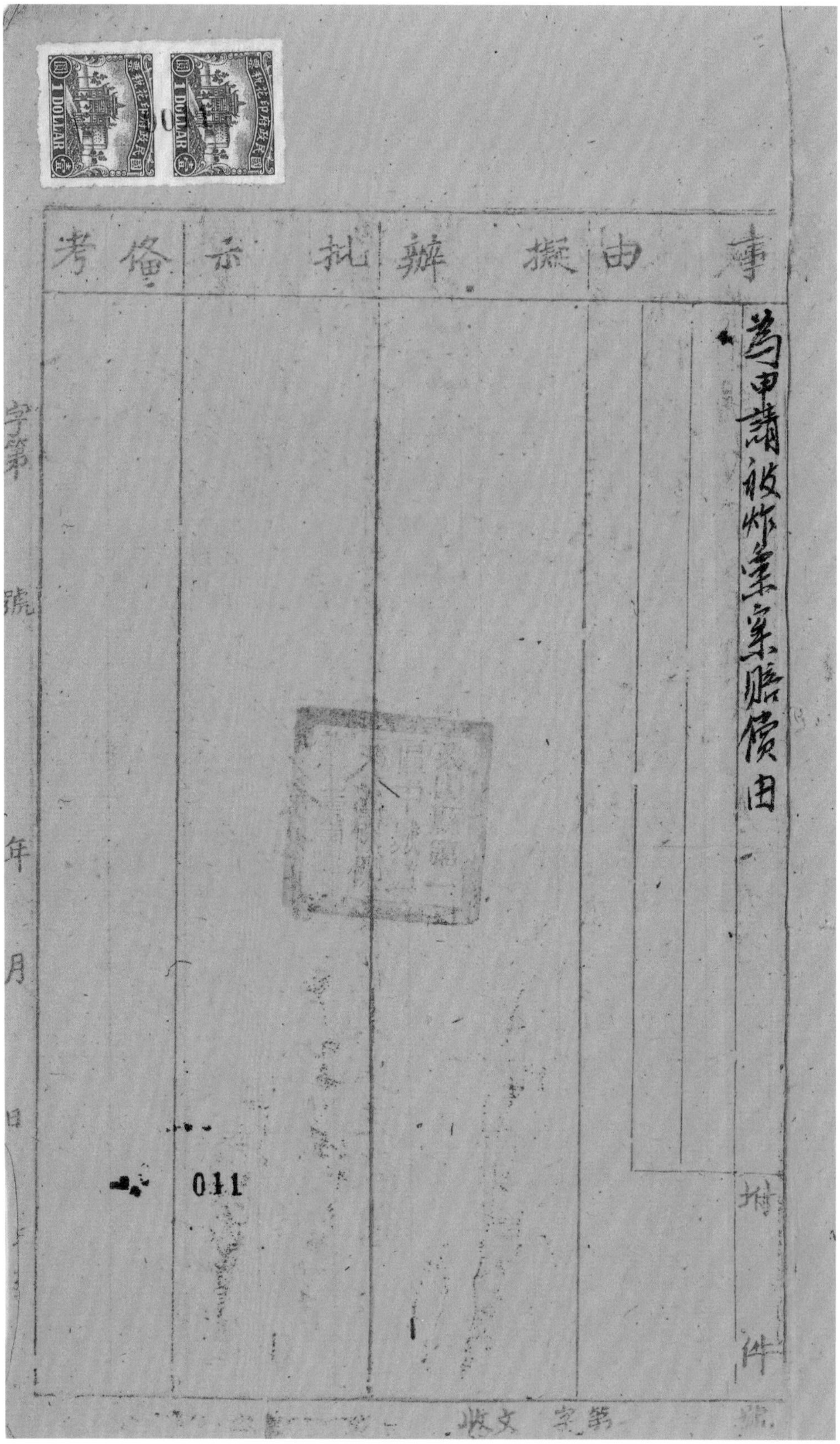
事由 擬辦 批示 備考
為申請被炸案賠償由
附件
字第 號 年 月 日
011

本年九月　日

案奉

鈞處佈告以奉令調查日寇罪行飭將人民被查損失價值開具清表由當地保長証明於九月十五号以前呈報等因民遵即造具日寇炸毀家宅損失價值表備文呈送敬祈鑒核彙案轉請賠償實為德便

計開

被害人姓名　熊余氏　年五四歲　住北正街紳

被炸地点　北门内正街

被炸日期　民二十八年國曆三月二十九号

被炸家宅損失價值

一、炸毀鋪面三間房院一座計十五間約值現時國幣一百萬元

二、損失動用器俱衣物等約值現時法幣五十萬元

以上統計損失二百五十萬元

具証明人中城鎮第五保保長　陳廷治

謹呈

梁山縣司法處

被炸居民熊余氏　現迁仁和鄉

中華民國三十四年九月　日

刘永茂关于报送一九三九年三月二十九日被炸损失申请备案赔偿致梁山县司法处的呈（一九四五年九月）

事由	擬辦	批示	備考
為聲請登記以憑彙轉由		0025	

附件　件

字第　號　年　月　日　時到

025

收文　字第　號

情因敵機肆虐炸毁舖房分令登記茲將炸毁日期及損毁房舍
什物等項臚列於后如有虛报甘受誣告處分特請
鈞處鑒核彙轉以憑賠償不勝沾感

謹呈

四川璧山縣司法處

一、被炸地址：
璧山北門順城街中城鎮五保房院一向正屋三間左右横屋共六間
及什物等項以現時價估計洋貳百壹拾餘萬元正

一、被炸日期係二十八年古曆二月初九日

025-1

0026

一、原住地址：中城鎮第五保

一、現住地點：中城鎮

聲請人劉永茂 現住中城鎮廿六保

具結人陳廷治 中城鎮五保保長

龍興富 現住甲長

026

中華民國三十四年九月　　日

026-1

李万顺关于报送一九三九年三月二十九日被炸损失申请备案赔偿致梁山县司法处的呈（一九四五年九月）

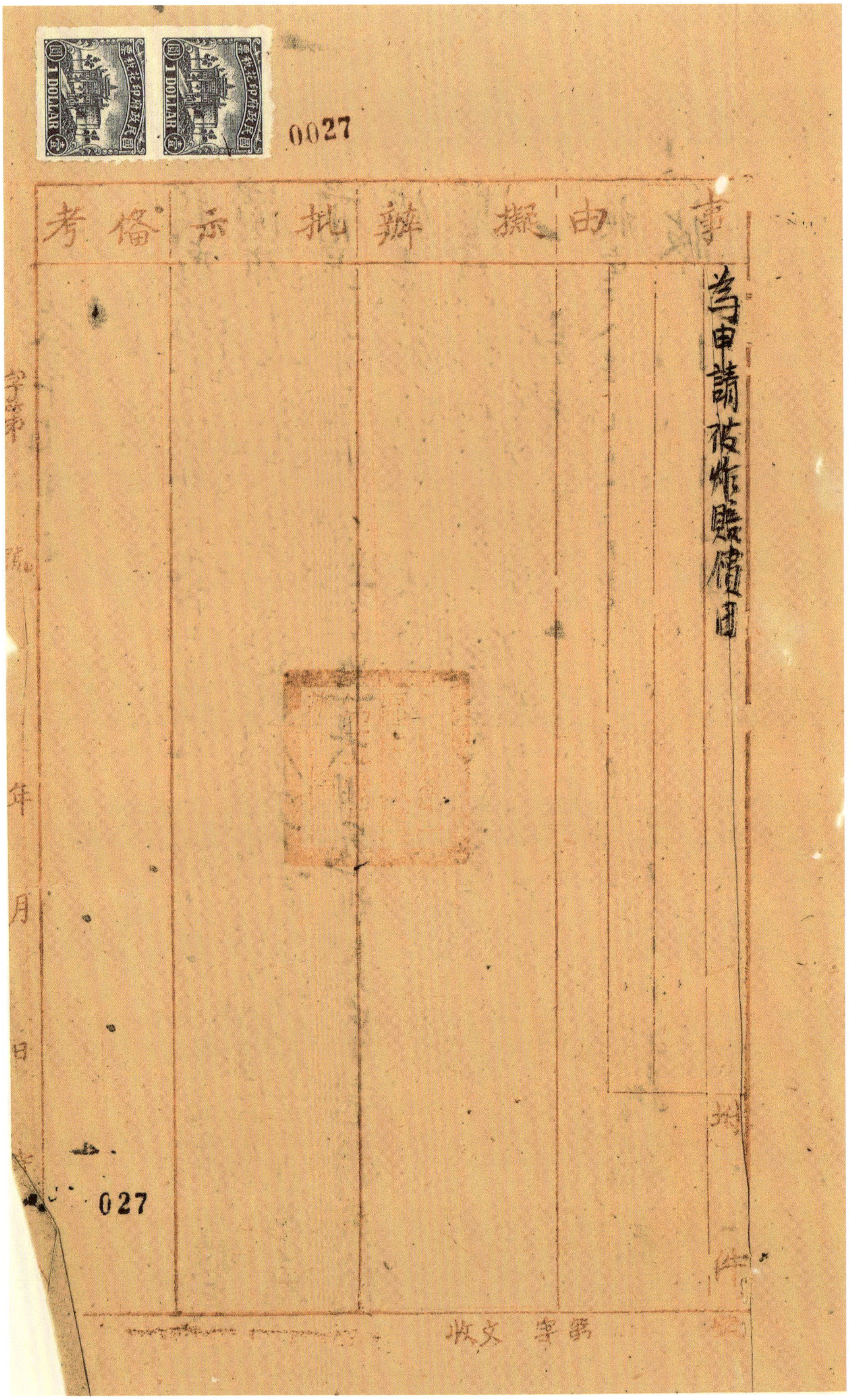
0027
事由　擬辦　批示　備考
為申請被炸賠償由
字第　號　年　月　日
件
027

本年九月　日

案奉

鈞處佈告以奉令調查日寇罪行飭將人民被炸損失價值開具清表同當地保長証明於九月十五号以前呈報等因。民遵即造具日寇炸毁家宅損失價值表備文呈送，祈

鑒核彙案轉請賠償，實為德便！

計開

被害人姓名李萬順　年七十歲　住北门内正街乾業

被炸地点北正街

027-1

0028

被炸日期民二十八年三月廿九日

一、炸毁动用器具等约值现时国币三十万元

炸毁乾业约值二百二十万元

其计二百五十万元

具证明人中城镇第五保保长陈廷治

谨呈

梁山县司法处

被炸居民李万顺

现住北正街

0028

中華民國三十四年九月　日

0281

刘直斋关于报送一九三九年三月二十九日被炸损失申请备案赔偿致梁山县司法处的呈（一九四五年九月）

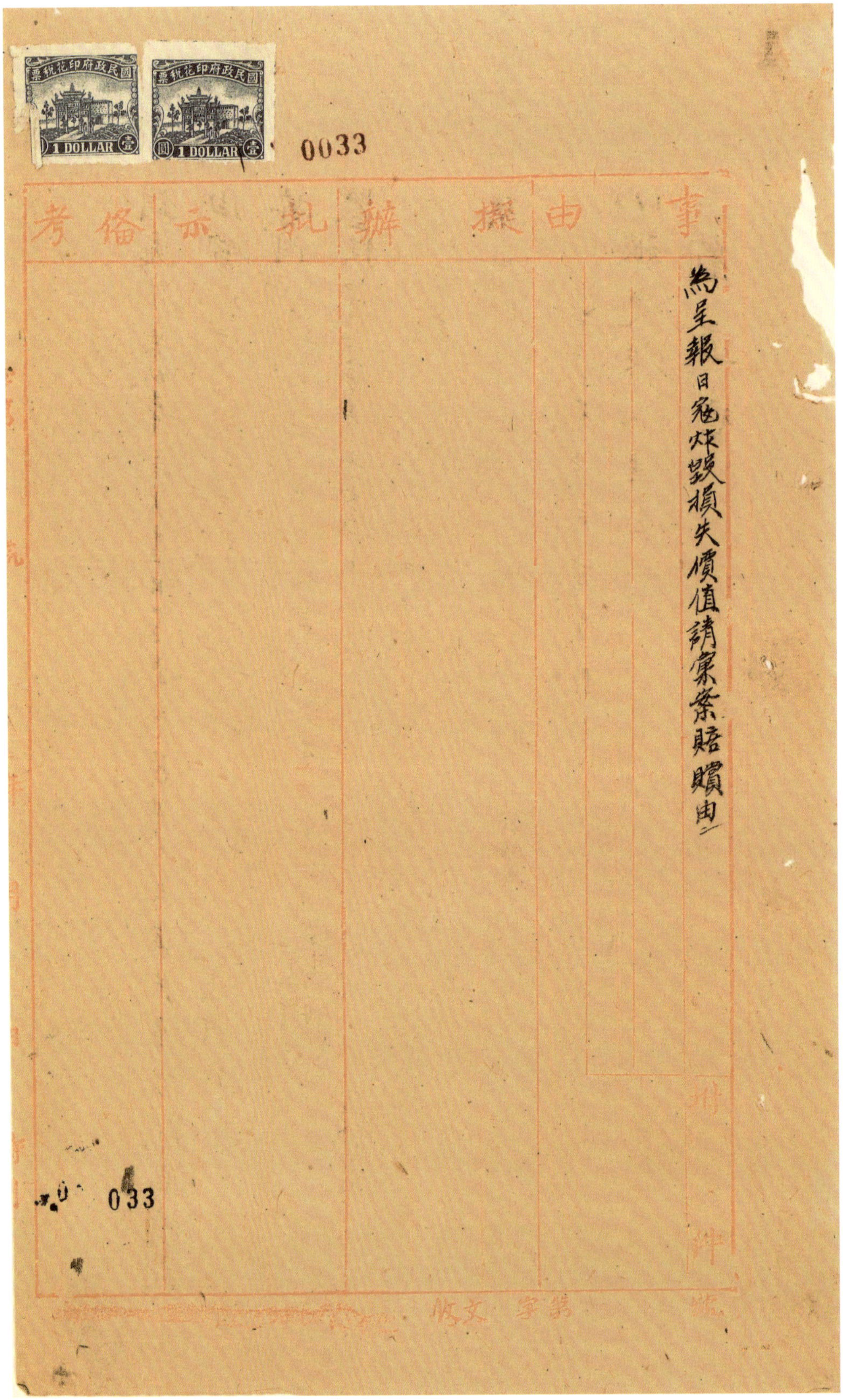

0033

事由	擬辦	批示	備考
為呈報日寇炸毀損失價值請備案賠償由			

附件

033

收文 字第 號

案奉

鈞處佈告以奉令調查日寇罪行飭將人民損失價值開具清表

由當地保甲証明於九月十五日以前呈報

等因民遵即造具日寇炸毀家宅損失價值呈送敬祈

鑒核彙案轉請賠贖實為德便

謹呈

梁山縣司法處審判官蔣　公鑒

附呈損失清表壹份

小被受炸人姓名

劉直齋

0034

(2)被炸地址

北城内顺城街

(3)被炸年月日

民二十八年三月二十九日

(4)被炸家宅损失价值

共值国币洋柒拾万元正

因礴式瓦屋住院壹座 值国币洋伍拾万元 乙什物用具等值国币洋贰拾万元

中城镇第五保保长陈廷治

甲长陈朝华

被炸居民刘直斋 住北门街35号

中華民國三十四年九月　日

梁山縣第一區中城鎮第五保辦公處圖記

034-1

江周氏关于报送一九三九年三月二十九日被炸损失申请备案赔偿致梁山县司法处的呈（一九四五年九月）

国民政府印花税票 壹圆 1 DOLLAR
国民政府印花税票 壹圆 1 DOLLAR
0035
事由 擬辦 批示 備考
為遵示據實呈報敵機轟毀情形請予依法彙轉以便交涉賠償由
附件
035

竊民江周氏孀居獨守僅有梁山北正街花生市房屋一向一進三間天樓地板瓦桷
裝修齊全計值時價洋陸拾六萬元民居住其中所動用傢俱衣被裝飾及陳列品各
物均被炸毀計大小鍋四口計洋弍萬元金戒指壹對計洋弍萬肆仟元衣被蚊帳
銀手飾與夫食用器具壽衣玉器等項細料磁器計洋伍拾捌萬元總共實值價
洋壹百零捌萬肆仟元哭於民國二十八年三月廿九日敵機來梁轟炸命中民屋毀
壞一空損失甚鉅茲閱　鈞處佈告案奉司法行政部訓參字第四一〇三號訓令
畧開敵人投降人民呈報損失恐有遺漏特令該處佈告人民迅即呈報彙轉等因
奉此遵即限期九月十五日截止佈告週知等因奉此賫即遵期據實呈報敵機
轟毀情形並邀請當地保長陳廷治簽名蓋章為之証明特具呈
鈞處請予依法彙轉以便交涉賠償公私兩便謹呈

035-1

0036

梁山縣司法處

具呈人江周氏 年七四歲 住中城鎮第五保花第

証明人中城鎮第五保保長 陳廷治

四甲甲長 唐廷富

036

中華民國三十四年九月一日

036-1

雷李氏关于报送一九三九年三月二十九日被炸损失申请备案赔偿致梁山县司法处的呈（一九四五年九月）

0041

事由　為申請備案被炸賠償由

擬辦

批示

備考

附件

字第　號

年　月　日　時到

041

本年九月　日

案奉

鈞處佈告以奉令調查日寇罪行飭將人民造具清表由當地保長証明於九月十五號以前呈報等因民遵即造具被查日寇損失價值表偹文呈送敬祈

鑒核彙案轉請賠償實為德便！

計開

被害人姓名雷李氏年七十歲住北门内正街職業乾菓炒糖

被炸地点北门内正街

被炸日期民二十八年國曆三月二十九號

041-1

被炸損失價值

一、炸毀乾菜鹽糖貨物等約值現時國幣四百餘萬元左右

二、炸毀動用器俱及衣物等約值現時法幣五十餘萬元

以上統計損失四百五十餘萬元

具証明人 中城鎮第五保保長陳廷治（印）

謹呈

梁山縣司法處

被炸居民雷秉氏 現住北門內正街 門牌[illegible]號

中華民國三十四年九月 日

042-1

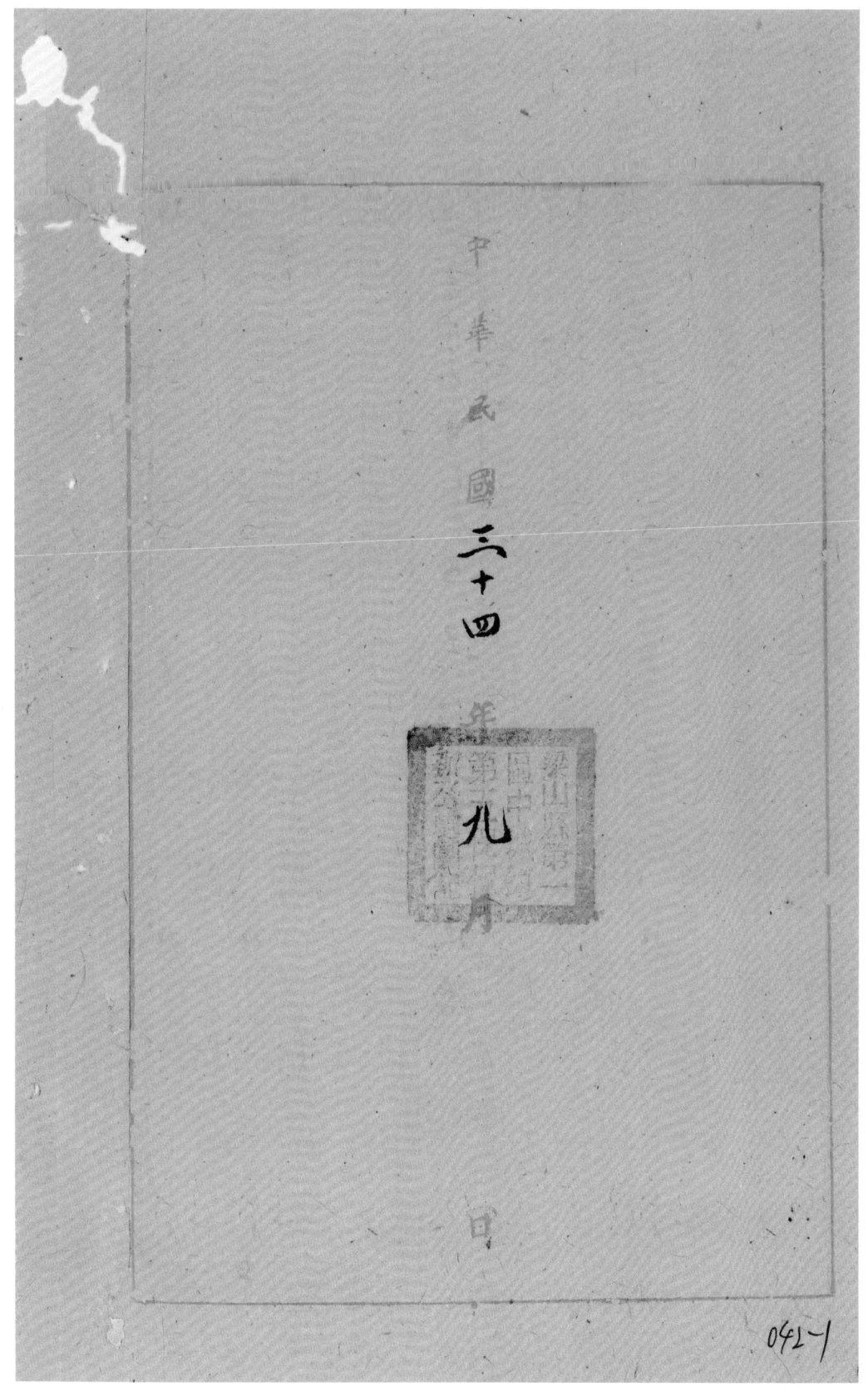

钱保华关于报送一九三九年三月二十九日被炸损失申请备案赔偿致梁山县司法处的呈（一九四五年九月）

0049

事由	擬辦	批示	備考
為呈報日寇炸毀家宅損失價值請[illegible]案賠償由			

附 件

收文 字第 號

字第 號 年 月 日 時到

049

案奉

鈞處佈告以奉令調查日寇罪行飭將人民被炸損失價值開具清表由當地保甲証明於九月十五號以前呈報等因

民遵即造具日寇炸毀家宅損失價值表備文呈送敬祈

鑒核彙案轉請賠償寔為德便！

計開

(一)被炸人錢保華年二十四歲住彙市街十三號業小貿

(二)被炸地址彙市街錢姓誥封樓

(三)被炸年月於民國二十八年三月二十九號

甲、被炸毀卧室廚房各壹間計值價洋叁拾萬元正

049-1

乙、卧室内床帐被盖木器古玩書图衣物首飾一併炸毁無餘

計值價洋叁佰伍拾萬元

丙、厨房内磁碗壹桷古十樣錦碗壹桷及寒大小碗盞炊具

等一併炸毁計值價叁拾伍萬元

共計值國幣洋肆佰壹拾伍萬元

謹呈

梁山縣司法處審判官蔣

証明人第五保保長陳廷治

被炸災民錢保華 住華市街十三號 城鎮第五保七甲三戶

中华民国三十四年九月日

0504

唐汤氏关于报送一九三九年三月二十九日被炸损失申请备案赔偿致梁山县司法处的呈（一九四五年九月）

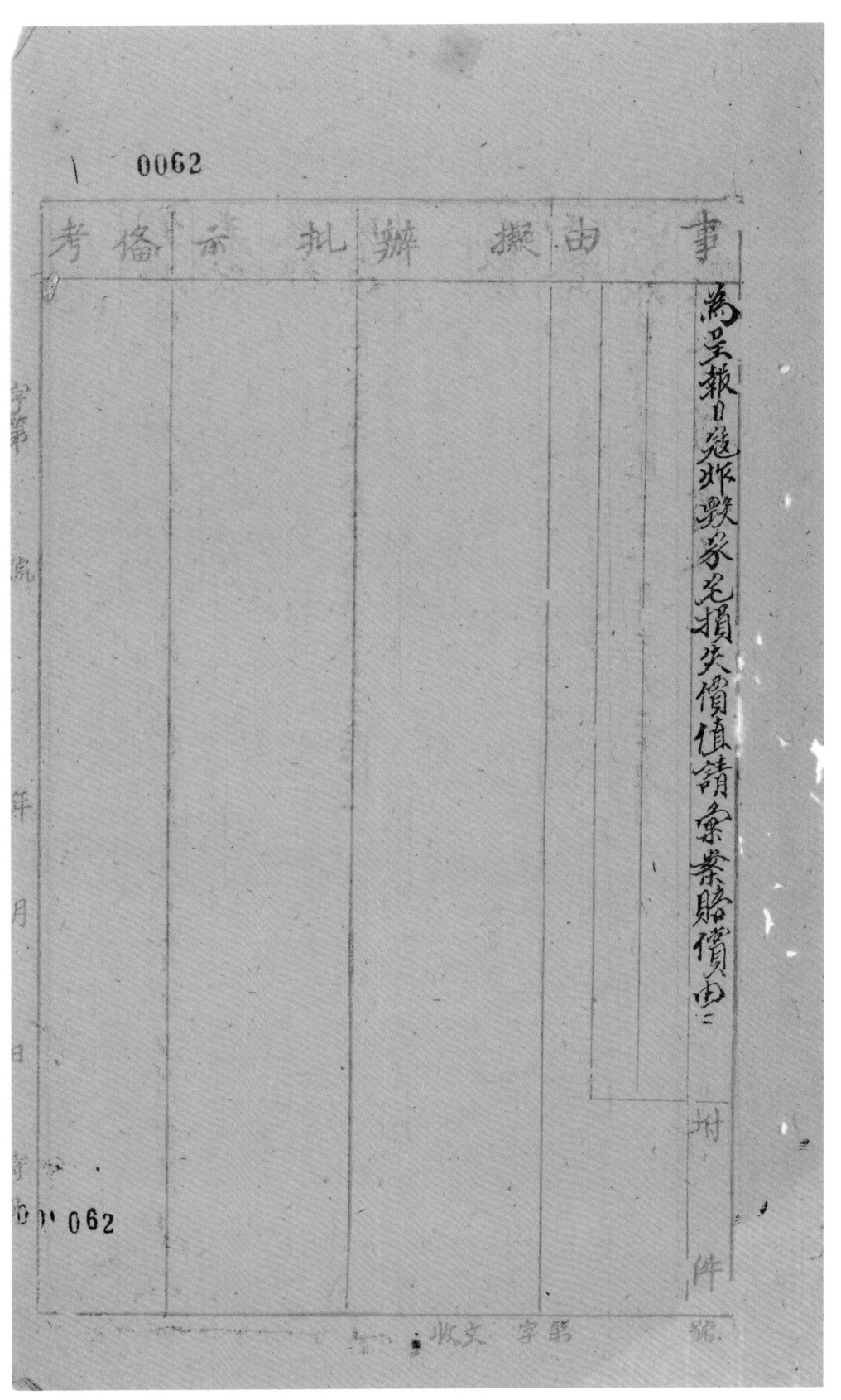

0062

事由：为呈报日寇炸毁房屋损失价值请备案赔偿由

附件

拟办

批示

备考

字第　号

年　月　日

0062

收文　字第　号

案奉

鈞處佈告公奉令調查日寇罪行飭將人民被炸損失價值開具清表由當地保長證明於九月十五號以前呈報等因民遵即造具日寇炸毀家宅損失價值表備文呈送敬祈

鑒核彙案轉請賠償實沾德便

計開

（一）被害人唐湯氏年四十歲現住萊市街十四號

（二）被炸地點萊市街十五號

（三）被炸日期民國二十八年三月二十九日

（四）被炸家宅損失價值

062-1

0063

（甲）炸毁房屋贰间约值现时國幣洋叁拾萬元正

（乙）損失器物貨物等約值現時國幣洋貳拾萬元正

合計國幣洋伍拾萬元正

謹呈

梁山縣司法處

被炸居民唐湯氏

證明人五保長陳廷治

0063

中華民國三十四年九月日

063-1

晏光华关于报送一九三九年三月二十九日被炸损失申请备案赔偿致梁山县司法处的呈（一九四五年九月）

情因敵機肆虐炸毀舖房什物分令登記以便賠償茲將炸毀
日期及損毀什物房院臚列於后如有虛報甘受誣告處分是
特報請
鈞處鑒核彙轉以憑賠償不勝沾感
謹呈
四川梁山縣司法處
一、街房地址：
東門外平街中城鎮十一保房屋一進三間並家具衣被各物
以現時市價估計值洋伍拾餘萬元正
一、被炸日期：

024-1

00085

民國二十八年三月二十九日古曆

具聲請人 晏光華（印）

現住東正街廿三號

具結證明人十一保保長鄢天才（印）

四甲甲長謝世燕（印：謝世燕印）

鄰居陳銀週（印）

025

中華民國三十四年九月　日

025-1

罗鸿九关于报送一九三九年三月二十九日被炸损失申请备案赔偿致梁山县司法处的呈（一九四五年九月）

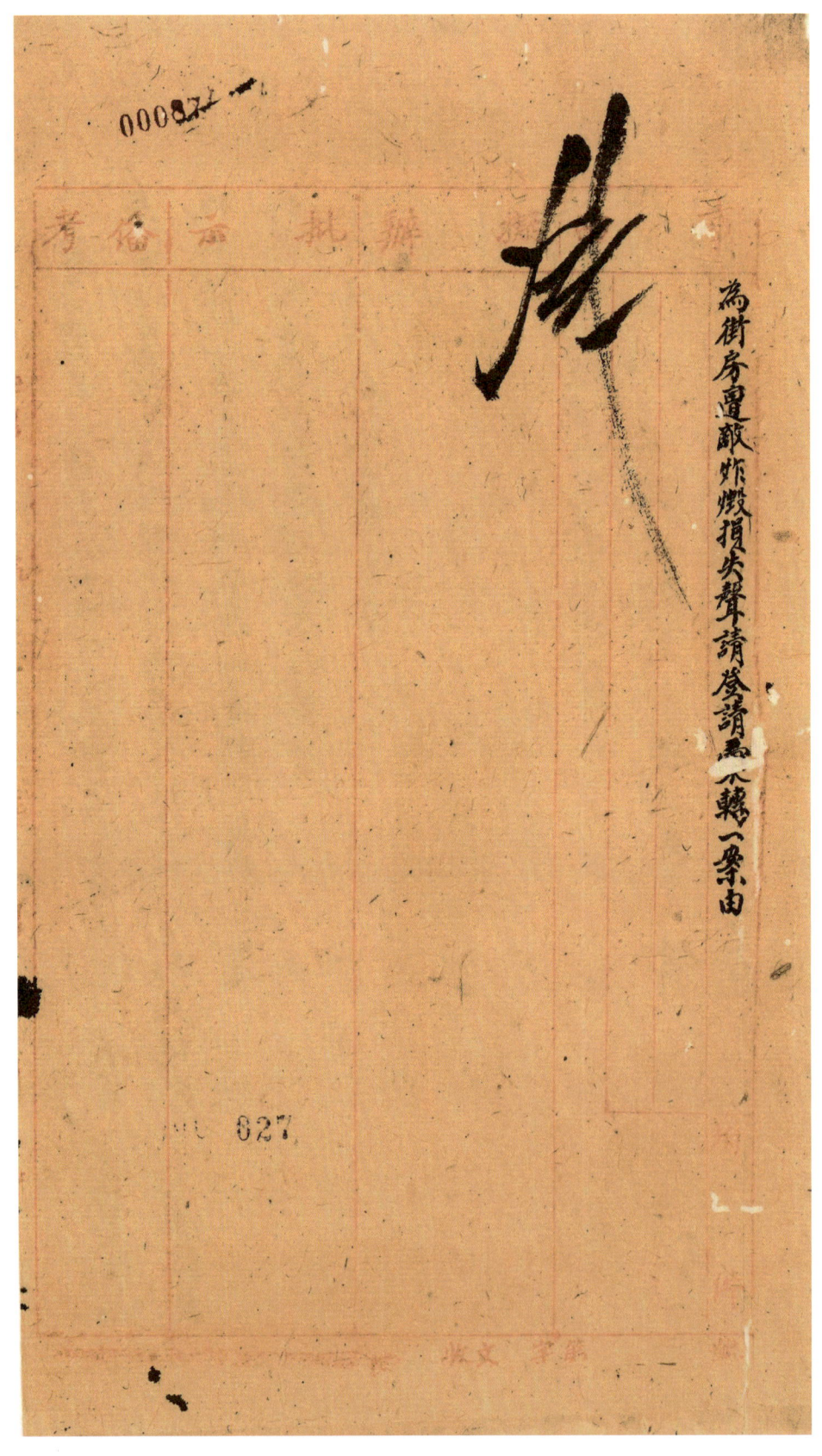

000827

事由	擬辦	批示	備考
為街房遭敵炸燬損失聲請登請恳求轉一案由	存		

827

第 字 收文

竊民佃住中城鎮十一保五甲地名平街之街房一棟於民國二十八年國曆三月二十九日遭敵機炸毀損失動用衣被什物等項並傷斃民父羅顕廷現敵寇敗北業已無條件投降所有被炸損失應遵

鈞處佈告分別列表附後具報聲請

鑒核懇予登記彙轉為感

謹呈

梁山司法處

計損失表附後並証明書一份

保甲別	地名	損失類別	價值數量	備考
十一保五甲	平街	動用衣被什物等	六二、0000元	以下各物民國二十八年國曆三月二十九日被炸

0271

一 羅顯廷 喪葬超度等費 八六、〇〇〇〇元 是日被炸斃命

合計 四八、〇〇〇〇元

具聲請被害人羅鴻九

中華民國三十四年九月 日

028-1

證明書

茲證明本保五甲佃户羅於民國二十八年國曆三月二十九該羅鴻九遭敵機狂炸罄盡損失各物及傷羅顯廷斃命不虛特具証明此証

証明人	
姓名	柳天才
蓋章	（印）
服務機關及職務	中城鎮十一保保長
住址	中城鎮十一保

中華民國三十四年九月　日

熊见如关于报送一九三九年三月二十九日被炸损失申请备案赔偿致梁山县司法处的呈（一九四五年九月）

為遵令呈報損失以備彙詳查核事。竊民家歷住城北一牌樓正街，因戰端發生，恐敵機狂炸，始於民國廿七年舉家遷回金帶鄉一德橋故廬避襲。孰次年古曆二月初九突有敵機數十餘架來梁，從南至北任意放彈狂炸。梁城半壁成為焦土。民家坐院房屋二十四間，內貯床榻器具等件，以及舖面二幢，合併震毀盡餘。計共損失不下千餘萬元之巨。昨奉 鈞處令飭遭炸之家據實呈報彙轉，茲特遵令將民家被炸情形據實呈報

鈞處鑒核，俾予彙集詳報 上峰查核賑災，不勝迫切待命之至。謹呈

梁山縣司法處審判官蔣 公鑒

計開損失價值如左

坐屋一院房屋二十四間損失六百萬元

6200萬
100
400
1100

床帳桌櫈玩具等項損失一百餘萬元

舖面二幢兩樓兩底直進三間損失四百萬元

具呈人熊見如 熊見如印

中城鎮第五保保長陳廷治 陳廷治

008-1

00068

中華民國三十四年九月　　日

柳吉安关于报送一九三九年三月二十九日被炸损失申请备案赔偿致梁山县司法处的呈（一九四五年九月）

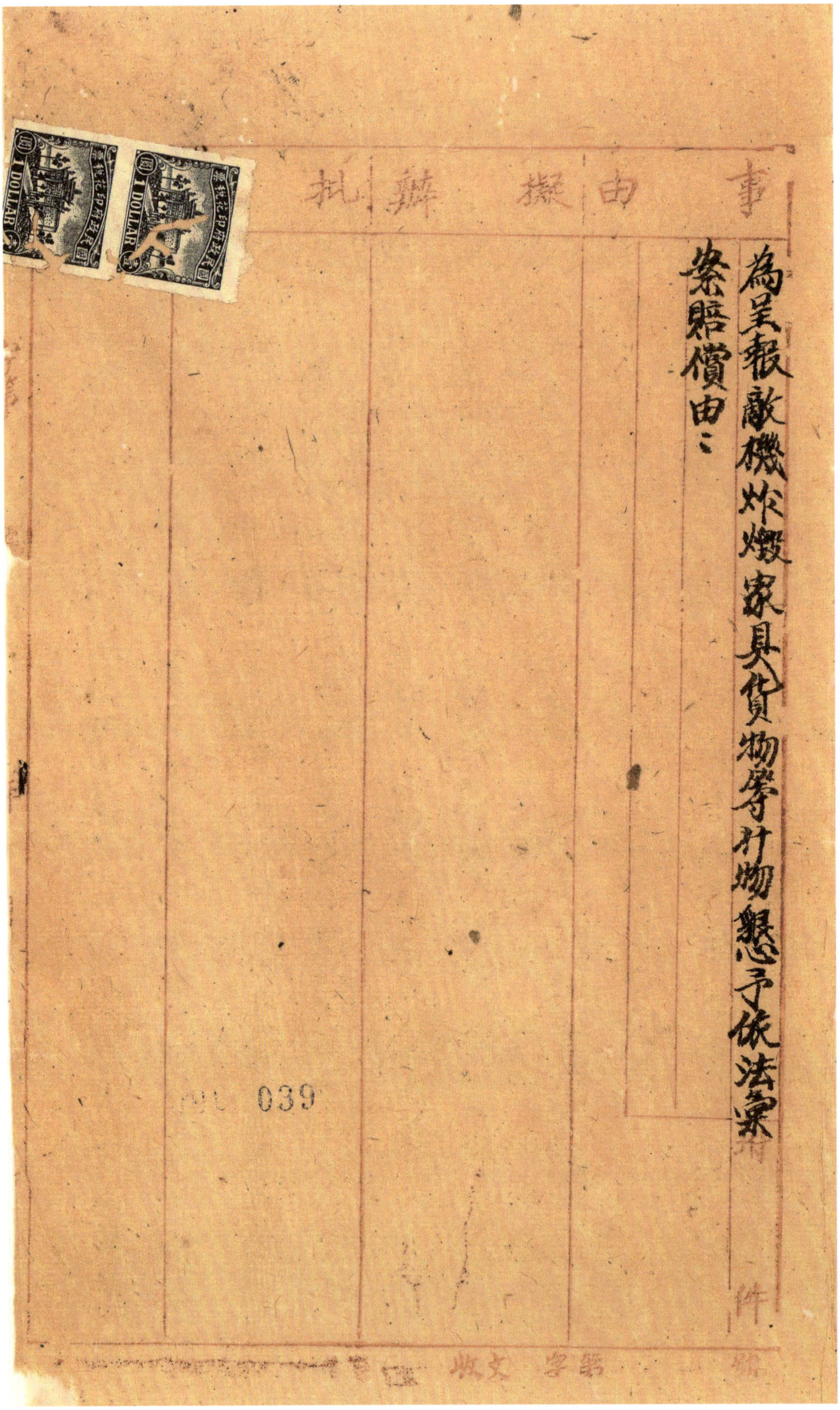

事由 擬辦 批

為呈報敵機炸燬家具貨物等什物懇予依法備案賠償由

件

第 字 文收 號

039

具申請人鄒吉安年五十五歲現住中城第十一保八甲所轄機場邊養老所(小箕)

竊民居地養老所門首第十一號房屋一向於民廿八年古曆八月十六日及廿九年古曆二月初九日先後被敵機轟炸將民家具貨物等什物光燬無存以現時物價估計約值國幣叁萬餘元慘情莫伸於此次奉沐

鈞處以牘字第一二二一號轉奉　司法行政部訓參字第四一〇三號佈告(略)「日本投降吾人所受之損失均可責令敵人賠償並限於九月十五日前呈報」等因，民奉示後遵即將民上項損失約值國幣叁萬餘元呈報並請當地保甲鄰居人等隨文依件證明俯懇

鈞處俯賜鑒核懇予依法彙案賠償損失實為體恤沾感之至！

謹呈□

039-1

00100

四川省梁山縣司法處

具申請人柳吉安

具證明人中城第十一保保長柳天才

八甲甲長夏開福

鄰　居胡正興

040

中華民國三十四年九月　日

040-1

钟和霖关于报送一九三九年三月二十九日被炸损失申请备案赔偿致梁山县司法处的呈（一九四五年九月）

竊和霖自置有中城鎮第十一保第七甲地名扈家巷土城門上下廳房院一座及院内動用器物衣被等項不幸於民國二十八年國曆三月二十九日遭受敵機狂炸完全燬盡其損失狀況已成爲一片瓦礫除另表列附呈外理合

具報申請

鈞處鑒核懇予登記以資彙轉爲感！

謹呈。

梁山縣司法處

附損失表於後並證明書一件

損失表

損失種類	値價數量	備攷

043-1

上

房院壹座	二〇〇〇〇〇〇元〇〇
動用器具衣物	一二〇〇〇〇〇元〇〇
合計	三二〇〇〇〇〇元〇〇

具申請被害人鍾和霖

中華民國三十四年九月　日

045-1

證明書

茲證明本保七甲住户鍾和霖確於民國二十八年國曆三月二十九日遭受敵機將房院及動用器衣物等項轟炸凈盡成爲焦土損失屬實特具證明此證

證明人	
姓名（蓋章）	柳天才（代）
服務機關及職務	中城鎮第十一保保長
住址	土城門扈家巷

中華民國三十四年九月　日

000 044

具懇請人郭興順年[illegible]一岁住中城鎮第十一保第八甲業養魚

事由　為遵示據實呈報敵機轟炸情形懇請依法彙轉以便賠賞由

竊民現住中城鎮第十一保八甲所轄機場邊境，因前於民國二八年古曆二月初九日被敵機襲梁山，將民所養之魚及藕等遭炸無存，不堪痛恨。於本年沐

鈞處以牘字第一二二一號轉奉

司法行政部訓參字第四一四三號佈告（略）「日本今已無條件投降，凡各國人民房屋遭敵人轟炸者，其損失均可責令敵人賠賞，仰各受損人等一体知悉」。因竊民奉讀後，遵即邀請鄰居保甲長等估計損失魚藕價額，以現時物價評定，將值國幣拾萬餘元之普。所有各由當復請保甲長及鄰居人等隨文依件証明。俯祈

鈞處俯賜鑒核，懇予彙轉依法賠償，不勝深感。

謹呈
四川省梁山縣司法處

具請人 郭興順（郭興順印）

證明人十一保長 柳天才（柳天才印）

八甲〻長 夏開福（印）

鄰居 鄧火清（印）

潘科源（潘科源印）

中華民國三十四年九月　日

050-1

唐宪尧关于报送一九三九年三月二十九日被炸损失申请备案赔偿致梁山县司法处的呈（一九四五年九月）

00110

事由	拟办	批示	备考
为呈报敌机炸毁房院动用什物等损失恳予依法汇转赔偿由			

附件

000051

收文　字第　号

具申請人唐憲堯年四十歲現住中城鎮第九保東正街業公務

竊民先前買有房院二向共計二十四間位於今中城鎮第十一保九甲所轄機場邊之林家花園於民廿八年古曆二月初九日被敵機全部炸燬（內計損各項動用什物等）以現時物價估計約值國幣弍佰壹拾餘萬元正其慘無從拯救於此次幸沐

鈞處以積字第一二二一號轉奉 司法行政部訓參字第四一〇三號佈告（畧已）「日本投降吾人所受炸之損失均可責令敵人賠償茲限於九月十五日前呈報仰各受損人等一體知悉」等因，民奉讀後遵即將民上項損失計洋弍佰壹拾餘萬元據實呈報並即請當地保甲鄰居人等隨文依件證明俯祈

鈞處鑒核懇予依法彙轉賠償損失實為德便沾感！

051-1

00111

謹呈：

四川省梁山縣司法處

具申請人唐恩堯

具證明人虎城鄉第十保保長柳天才

九甲甲長林大賢

鄰居林紹雲

052

中华民国三十四年九月 日

052-1

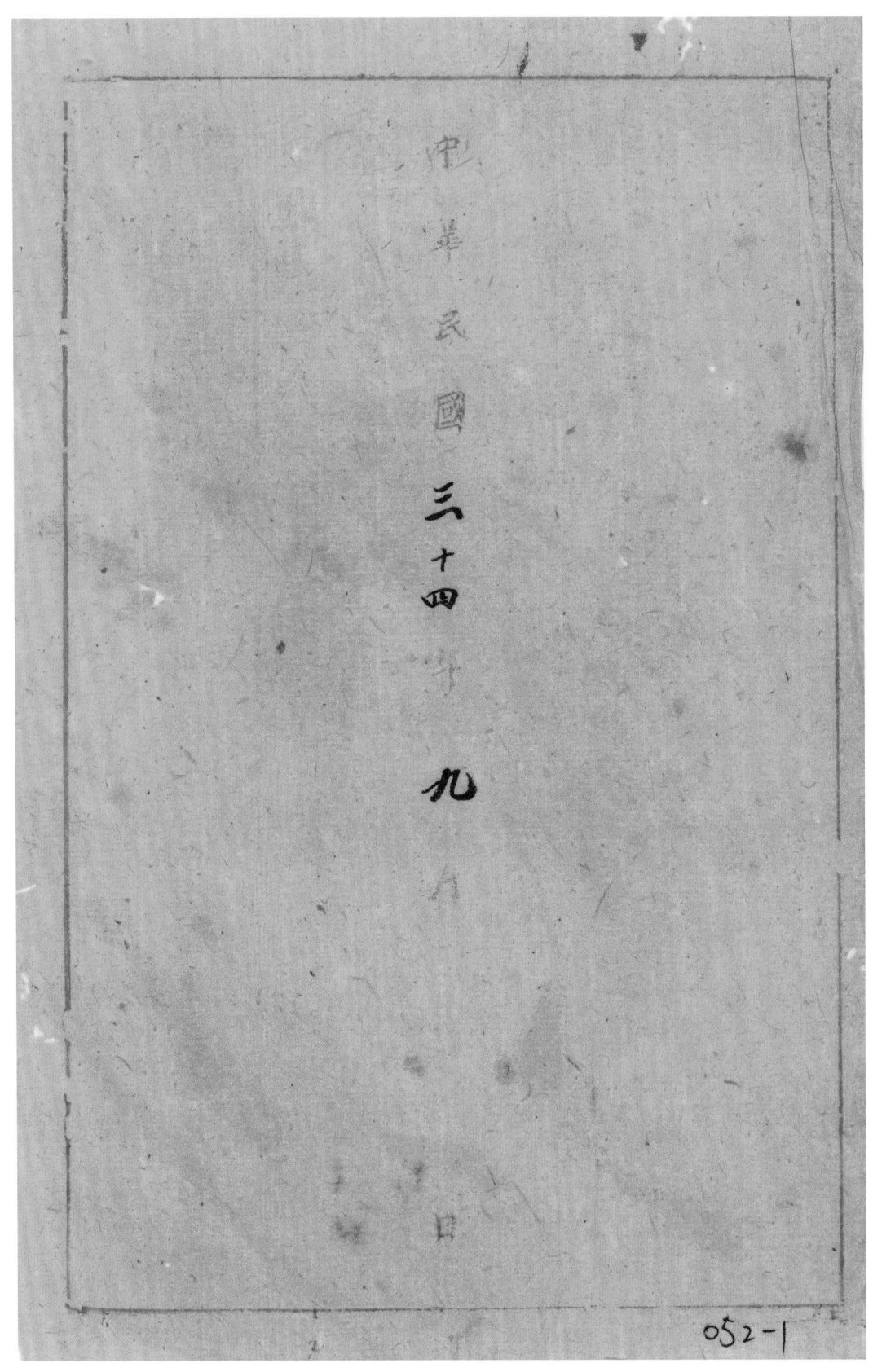

李少武关于报送一九三九年三月二十九日被炸损失申请备案赔偿致梁山县司法处的呈（一九四五年九月）

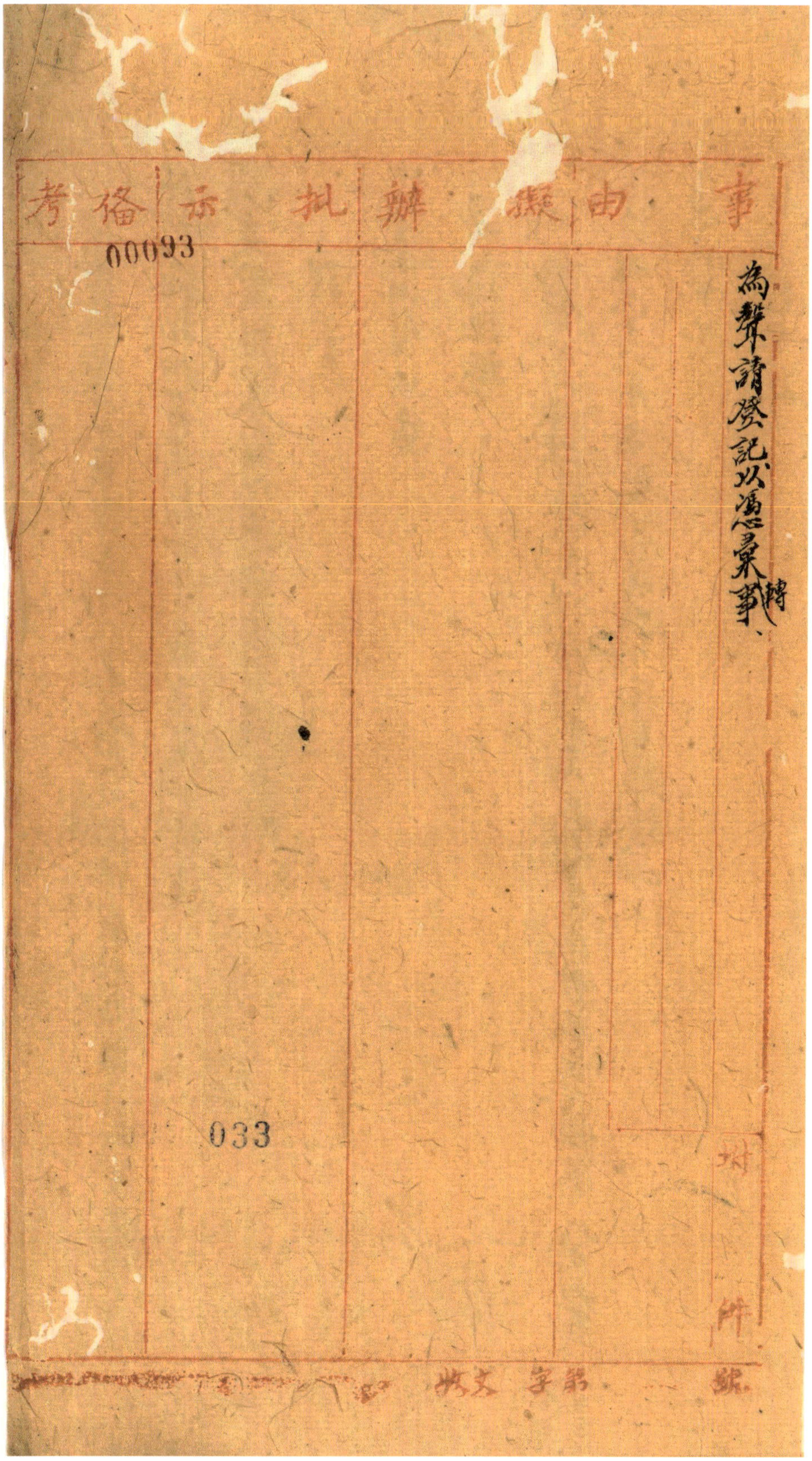
事由 拟辦 批示 備考

00093

為聲請登記以憑彙轉事、

附件

033

收文 字第 號

情因敵寇肆虐炸毀房院，分令登記，以便賠償，兹將炸毀日期、及損毀房院

陳列於后，如有虛報，甘受嚴厲處分，特請

鈞處鑒核彙轉，以憑賠償，不勝沾感！

謹呈

四川梁山司法處

一、房院地址：

中城鎮十一保林家花園房院六間及猪衣被什物等值洋八十六萬

元，係二十八年古曆二月五、九日炸毀

一、原住地址：

中城鎮十一保

033-1

一、現住地址：

中城鎮第九保

具聲請人李少武　　住中城鎮九保

具結人柳天才　　中城鎮十一保保長

林大賢　　現任甲長

邱少榮　　鄰長

034

中華民國 三十四 年 九 月 日

034-1

杨志钧关于报送一九三九年三月二十九日被炸损失申请备案赔偿致梁山县司法处的呈（一九四五年九月）

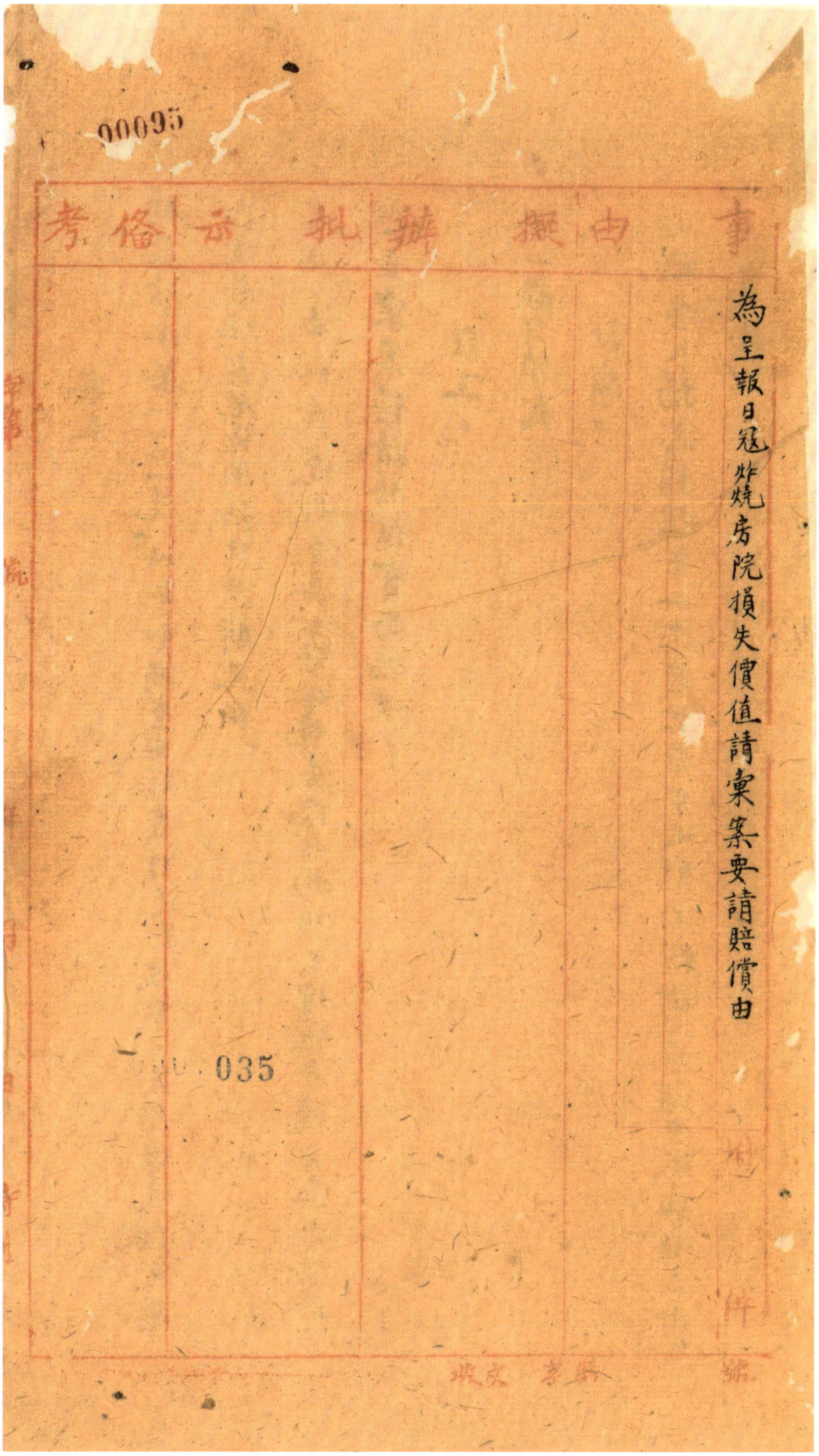
00095

事由	擬辦	批示	備考
為呈報日寇炸燒房院損失價值請稟案要請賠償由			

035

案奉

鈞處牘字第一二二一號「以奉令調查日寇罪行通飭被害人民將炸燒損失開具清表經當地保甲証明限期呈報」等因；奉此，民遵即造具日寇炸燒房院什物損失價值表備文呈送敬祈

鑒查彙案轉請賠償實為德便！

謹呈。

梁山縣司法處

計開

1、被害人楊志鈞現年二十歲世居中城鎮木料街（現住中城鎮西正街六十八號）

035-1

00096

2、被毁房院什物及其他之价值：房院一座其楼二层房屋共计十六间木石砖瓦连同院内什物现值洋弍百伍拾万元整

3、被轰炸日期及地点：前后被炸一次（民国二十八年古历二月初九日）

4、取具邻右或保甲之保结：

証明人中城镇第十一保保长柳天才

第九甲甲长林大贤

具呈人杨志钧

邻居田星一

张昌福

036

中華民國三十四年九月　日

036-1

曾克清关于报送一九三九年三月二十九日、六月三十日被炸损失申请备案赔偿致梁山县司法处的呈（一九四五年九月）

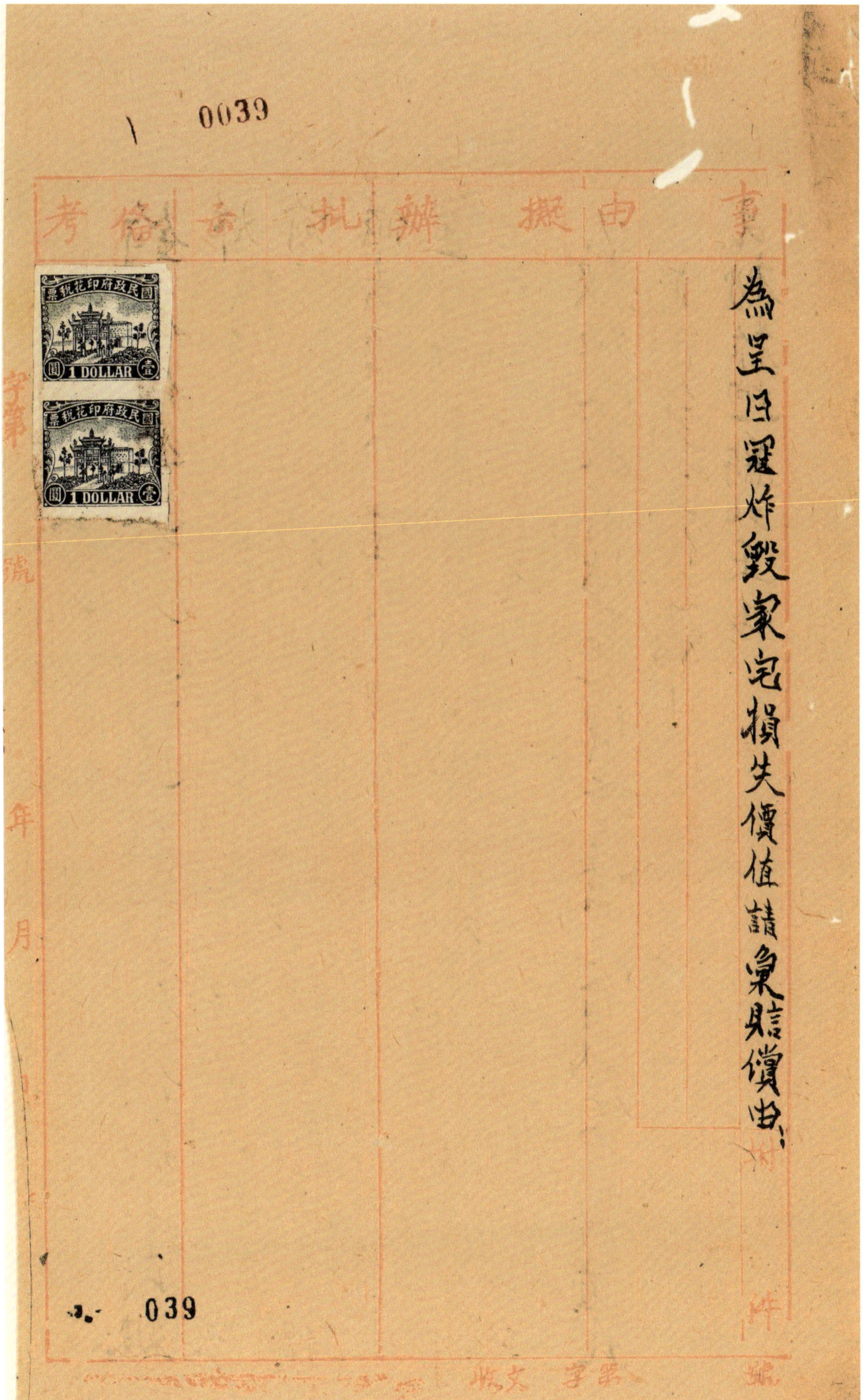
0039

事由 擬辦 批示 備考

為呈日冦炸毀家宅損失價值請彙賠償由

附件

字第 號 年 月

039

收文 字第 號

案奉

鈞處佈告奉令調查日寇罪行飭將人民被炸傷開具清由當地保甲長証明於九月十五日以前呈報等因民遵即造具日寇炸毀家屋損失價值表條文 呈送 敬祈

鑒核彙案轉請賠償實為德便！

計開

1、被炸人姓名曾克貴年五十六歲住中城鎮北正街第五保十甲

2、被炸地點北正街

039-1

0040

3、被炸年月日民國廿八年國曆三月廿九日、六月卅日共二次、

4、被炸家宅損失價值

甲炸毀動用器俱及食谷衣物等件約值國幣五十萬元

乙、銀錢貨物等約值國幣三十一萬元

以上總計共國幣八十一萬元

具證明人中城鎮第五保保長陳廷治

十甲甲長陳朝華

謹呈

梁山縣司法處

被炸居民曾克清

現住地正街[illegible]

040

中華民國三十四年九月　日

041-1

钱绍奎关于报送一九三九年三月二十九日、六月三十日被炸损失申请备案赔偿致梁山县司法处的呈
（一九四五年九月）

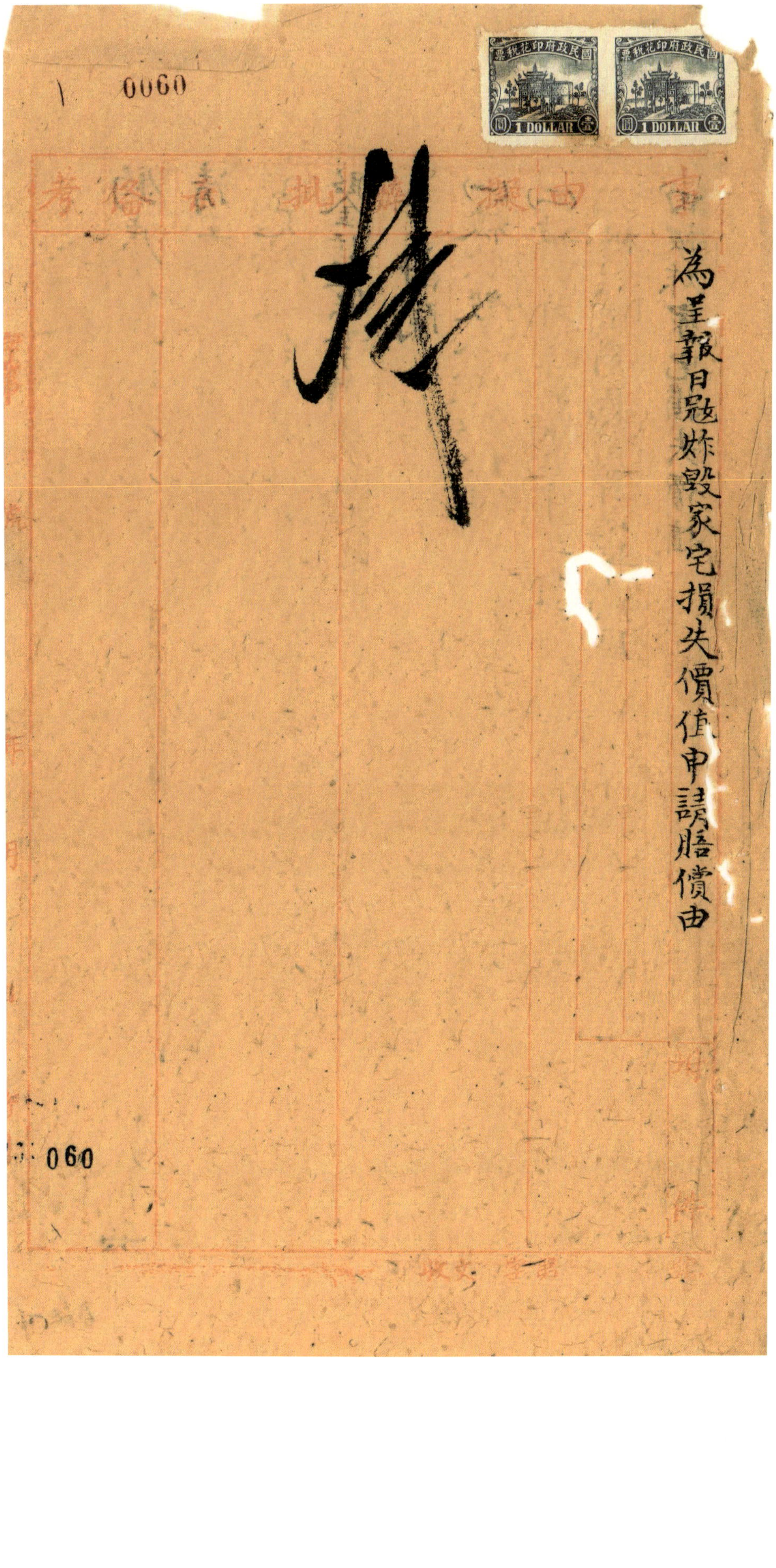
0060

為呈報日寇炸毀家宅損失價值申請賠償由

060

案奉
鈞處佈告以奉令調查日寇罪行飭將人民被炸損失價值開具
清表由當地保長証明於九月十五號以前呈報等因民遵即造具
日寇炸毀家宅損失價值備文呈送敬祈
鑒核彙案轉請賠償實沾德便
計開
(一)被炸毀人錢紹全年三十六歲現住北城内萊市街13號商業
(二)被炸地點北城内第五保萊市街誥封樓
(三)被炸日期民國二十八年國曆三月二十九日即六月三十日
(四)被炸家宅損失價值

060-1

0061

（甲）損失房屋串院計十二間約值現時國幣洋壹百弍拾萬元正
（乙）損失貨物器俱衣被等約值現時國幣洋柒拾萬元正
合計現時國幣洋壹百玖拾萬元正
謹呈
梁山縣司法處
被炸居民錢紹奎 現住萊市街13號
証明人保長陳廷治

061

中華民國三十四年九月　日

061-1

田子兴关于报送一九三九年六月三十日被炸损失申请备案赔偿致梁山县司法处的呈（一九四五年九月）

0043

事由	擬辦	批示	備考
為遵示具報敵人炸燬罪行懇予登記轉請賠償由	存		

附件

字第　號　年　月　日

043

收文　字第　號

具聲請人田子興年四四歲住梁山中城鎮北正街第五保二甲業商

情民佃居北正街五保二甲所轄街房一間開設小貨筆墨店慘於民國二十八年古曆五月十四日遭敵機二十四架分批襲梁擲下爆炸重彈時落民居之屋將儲各貨衣被動用物等全部炸燬殆盡實屬慘甚幸經梁山空襲緊急救濟聯合辦事處會同保甲鄰居暨有關機關前來調查勘明登記在册可查至炸燬貨物等統計值洋八十六萬元正刻因日本投降應負賠償之責是以申請保甲鄰居盖章併結証明為此聲請

鈞處鑒察准予按照炸燬損失登記轉請飭賠以資商艱不勝沾感

謹呈

四川梁山縣司法處

045-1

0044

證明人保長陳廷治

甲長吴昌順

鄰居羅昆倫

范中文

賀松廷

被害損失申請人田子興

.97.044

中華民國三十四年九月　日

044-1

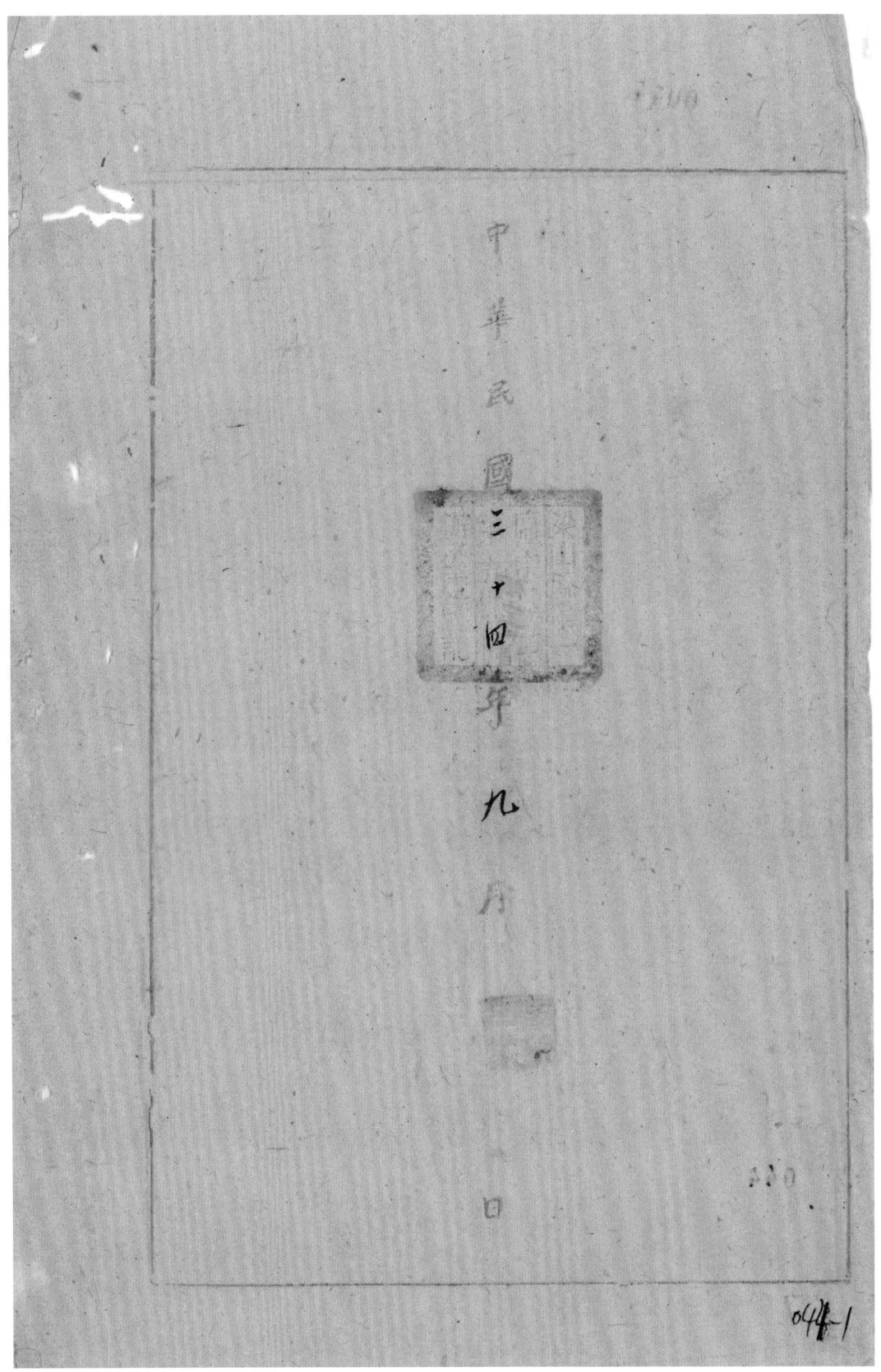

陈辅堂关于报送一九三九年十月十三日被炸损失申请备案赔偿致梁山县司法处的呈（一九四五年九月）

0001

事由	擬辦	批示	備考
為遵示具報被炸損失請予彙轉以便賠償由			

附件

字第　號　年　月　日　時到

0001

第　字　號

具報被炸損失人陳輔堂年四三歲現住中城鎮第五保九甲六七號 商

情民前住北門外煤炭市係民自業有房屋一向共計三間天樓地板豬厠齊全於民廿八年農曆九月初一日被敵機投彈致遭慢性彈轟炸竟將民全部房屋牲畜動用器具衣被什物等項一併損毀以現時估價值法幣六十四萬餘元茲閱

鈞處佈告日本投降飭報民間損失一案理合將損失情形連同保甲簽押蓋章証明隨文報請

鈞處俯賜彙轉實爲公便

謹呈

梁山縣司法處

001-1

0002

證明人中城鎮第十二保保長 李世芳 李世芳章

第三甲甲長 蕭序穆 蕭序穆印

具報被炸損失人 陳輔堂 陳輔堂印

002

中華民國三十四年九月 日

李锦堂关于报送一九四〇年四月二十三日、十二月十一日被炸损失申请备案赔偿致梁山县司法处的呈（一九四五年九月）

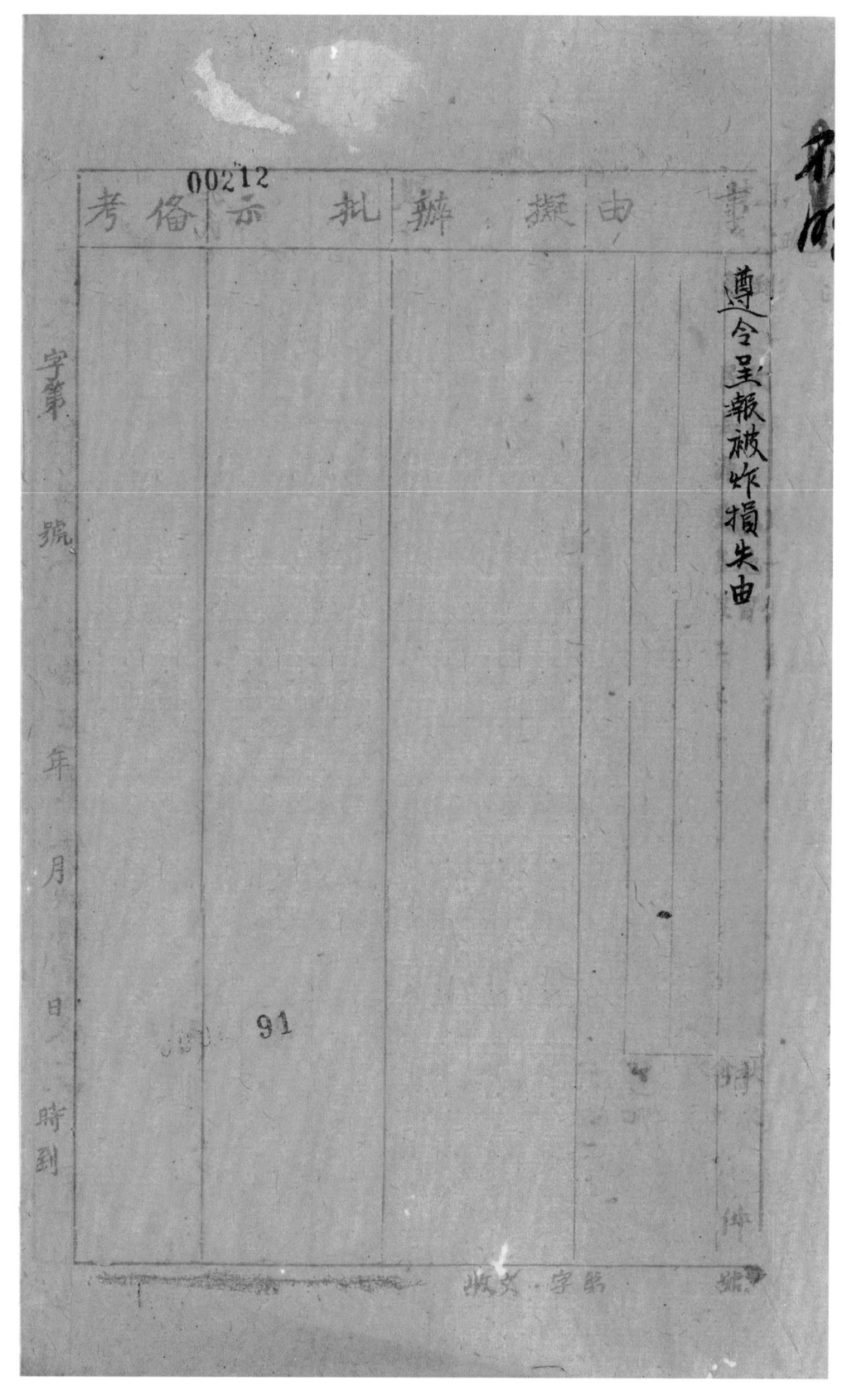

00212

事由	擬辦	批示	備考
遵令呈報被炸損失由			

字第　號　年　月　日　時到

91

收文　字第　號

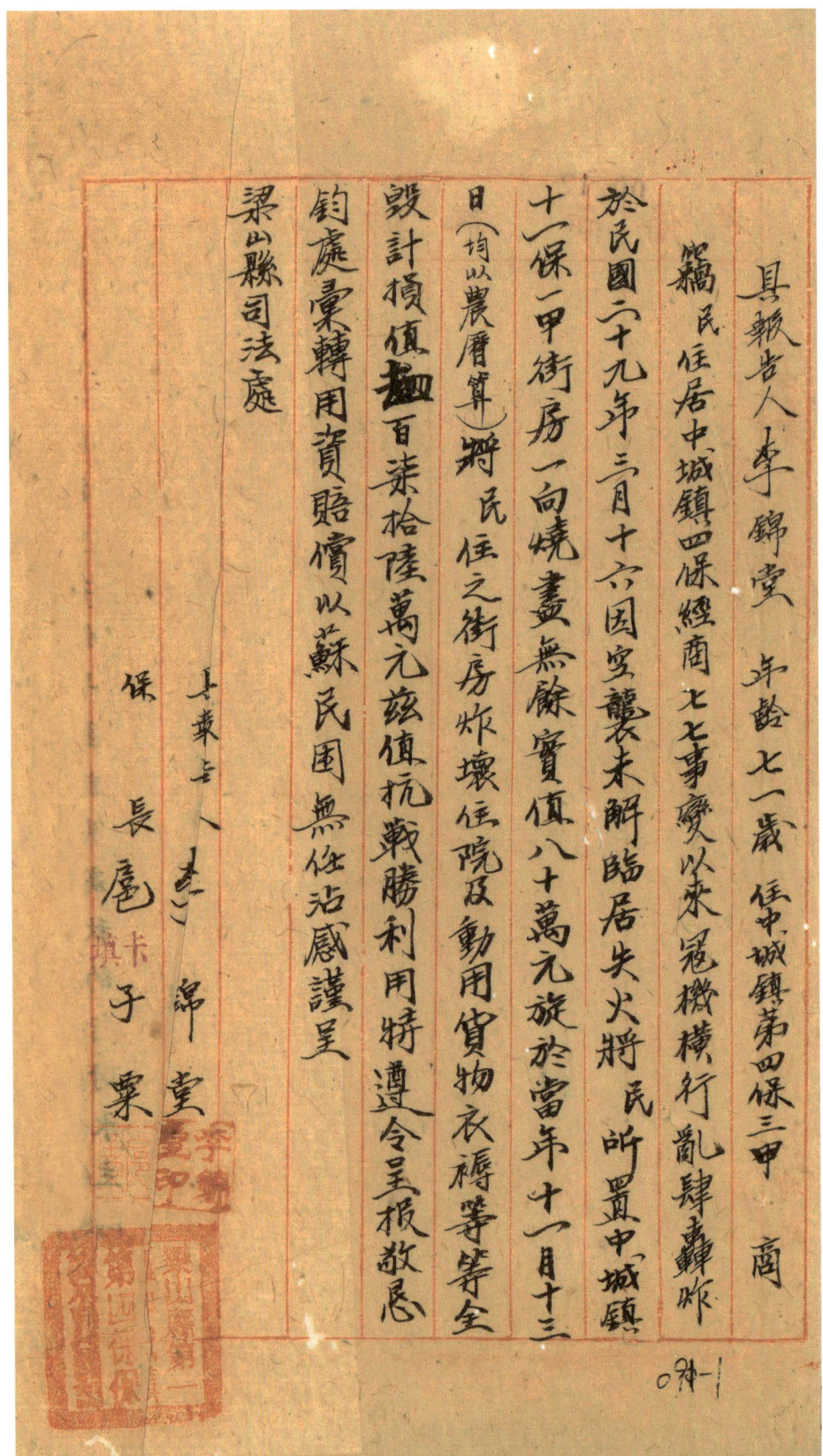

具報告人李錦堂　年齡七一歲　住中城鎮第四保三甲　商

竊民住居中城鎮四保經商七七事變以來寇機橫行亂肆轟炸於民國二十九年三月十六日因空襲未解臨居失火將民所置中城鎮十一保一甲街房一向燒盡無餘實值八十萬元旋於當年十一月十三日（均以農曆算）將民住之街房炸壞住院及動用貨物衣褥等等全毀計損值壹百柒拾陸萬元茲值抗戰勝利用特遵令呈報敬懇

鈞處彙轉用資賠償以蘇民困無任沾感謹呈

梁山縣司法處

具呈人　李錦堂

保長　扈子粟

00213

甲長歐廷貴

計開被炸損失列后

類別	金額（元）	備攷
街房	八○○○○○○○	中城鎮十一保一甲古曆二十九年三月十六日被燒
街房	一五○○○○○○	古曆二十九年十一月十三日被炸
住院	一九○○○○○○○	時間同前
貨物	一三○○○○○○○	同前
傢具	九○○○○○○	同前
衣物	四五○○○○○○	同前
合計	五五六○○○○○○	以上兩處共合如上數

92

中華民國三十四年九月　日

092-1

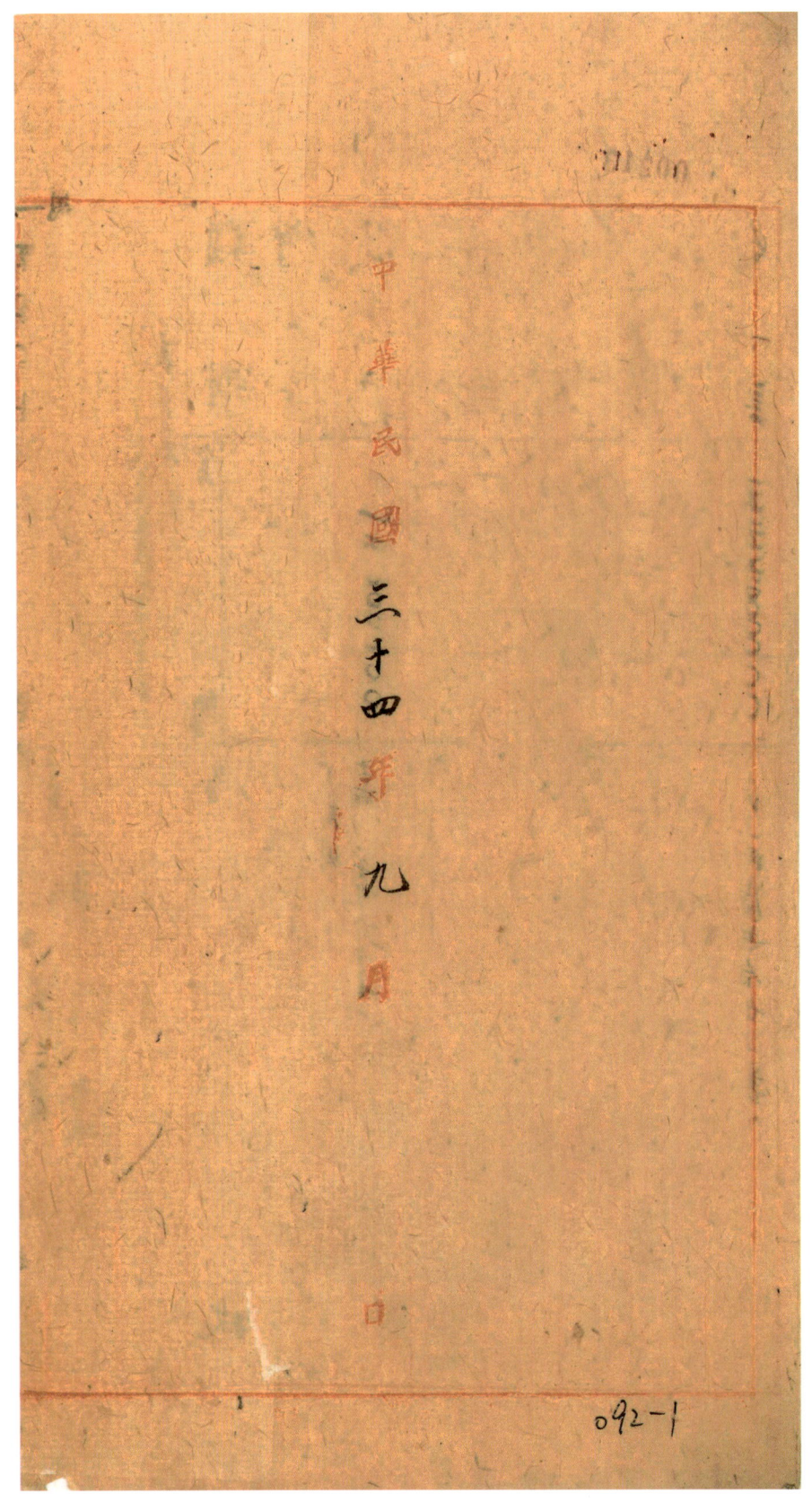

钱昌斗、钱佐垣关于报送一九四一年八月二十三日被炸损失申请备案赔偿致梁山县司法处的呈
（一九四五年九月）

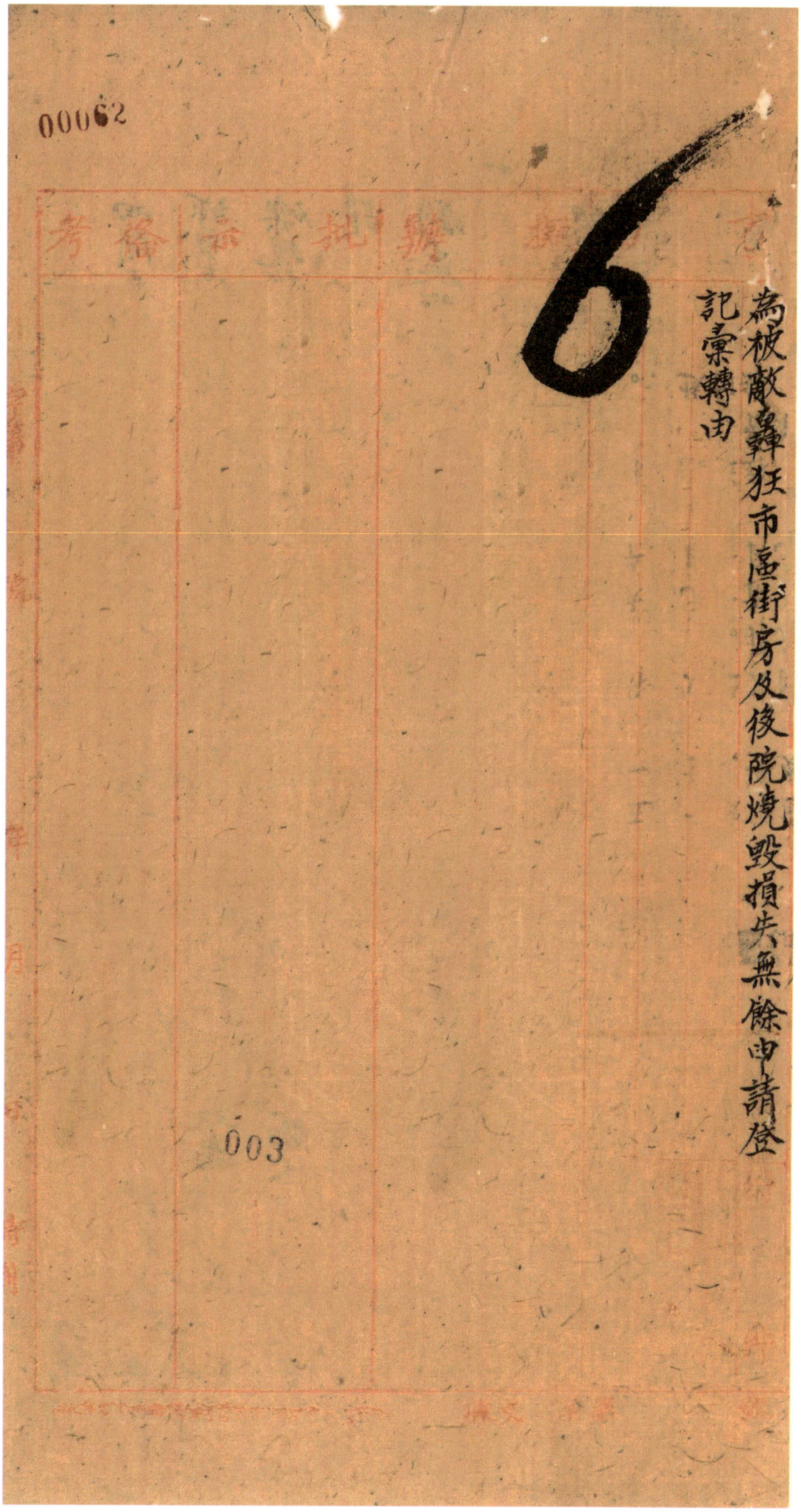
00062

6

擬辦　批示　備考

為被敵轟狂市區街房及後院燒毀損失無餘申請登記彙轉由

003

情昌斗等自有祖遗中城镇第六保六甲地名中正街街房四栋每栋一进四間及後院一座招佃貿住不幸於民國三十年陰曆七月初一日被敵機大批轟炸市區并投燃燒彈當將昌斗等之街房及後院完全燒毁無餘已成為瓦礫現敵既經無条件投降其損失除另表列後以憑統計追賠外理合具報申

請

鈞處鑒核登記彙轉為感！

謹呈

梁山縣司法處

附損失表於後并證明書一份

損失種類	值價數量	備改

003-1

00064

街房四棟 八〇,〇〇〇〇元〇〇
房院一座 四〇,〇〇〇〇元〇〇
合　計 一二〇,〇〇〇〇元〇〇

具申請被炸人錢昌斗 （錢昌斗印） 年五十二歲 住中正街
錢佐垣 （錢佐垣印） 年四十六歲 住中正街

005

中華民國三十四年九月 日

005-1

00063

證明書

茲證明本保六甲業户錢昌斗佐垣確於民國三十年陰曆七月初一日被敵機轟炸市區連投燃燒彈將該房及後院連炸帶燒罄盡成為瓦礫損失不虛特具證明此證

證明人	
姓名	彭俊傑
蓋章	
服務機關及職務	中城鎮第六保保長
住址	中正街

004

中華民國三十四年九月　日

来忠全关于报送一九四一年八月二十三日被炸损失申请备案赔偿致梁山县司法处的呈（一九四五年九月）

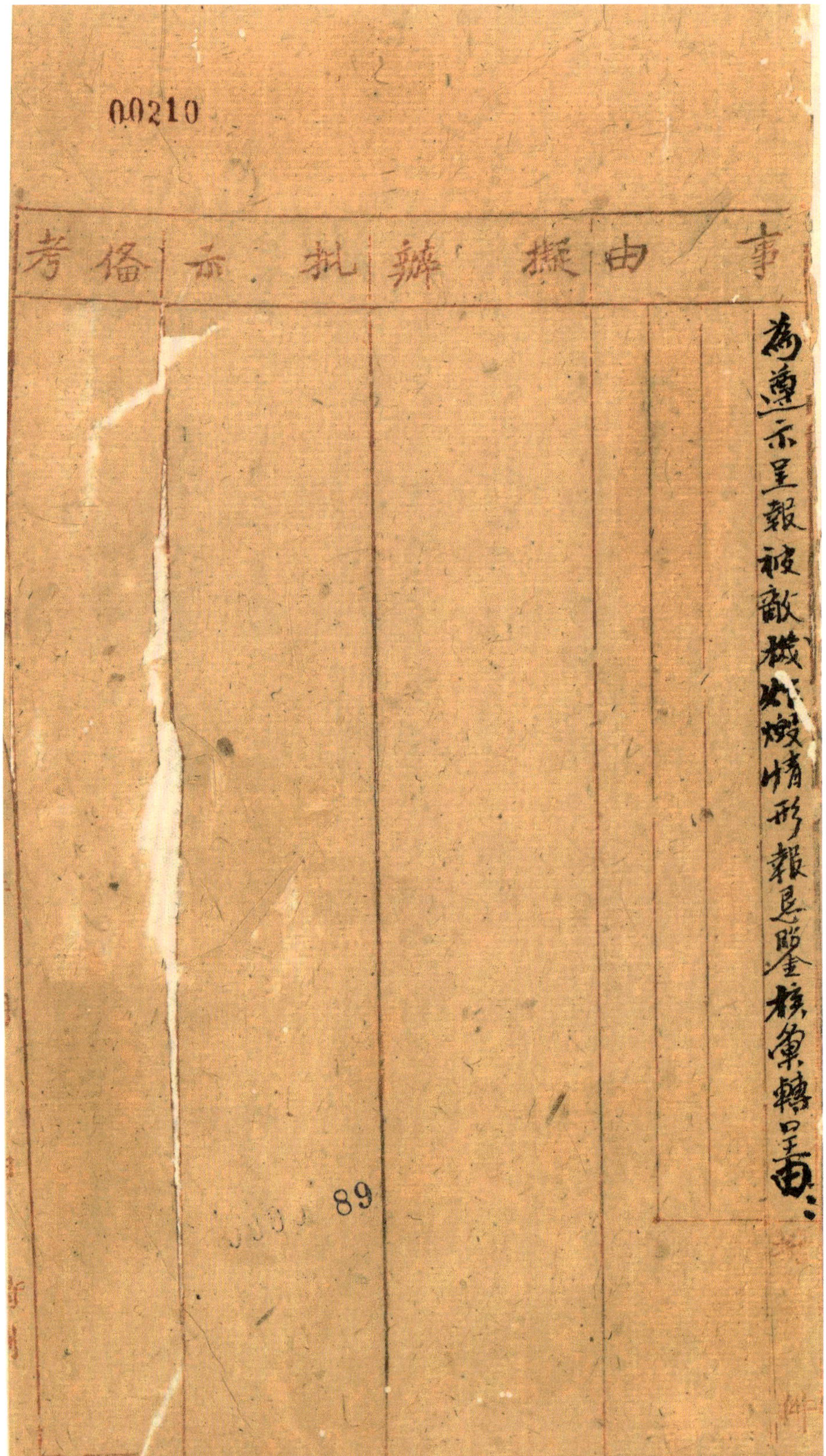
00210

事由	拟办	批示	备考
為遵示呈報被敵機炸燬情形報懇鑒核彙轉呈由			

89

收文 字第 號

具報告人來忠全年四八歲住東大街五十九號屠商

情民原住八保九甲佃居東大街五九號舖房一向開設屠業子坏营生於民三十年古曆七月初一日被敵機投下燃燒炸彈將民佃居之舖面燃燒並家下全堂動用其全被蓋衣物底貨全遭炸燬估計損失洋伍十伍萬元正曾經振委會查核登記在卷茲遵

鈞告理合將所受損失情形報請

鈞處鑒核准予彙轉不勝沾感

謹呈

四川梁山司法處主任審判官蔣

089-1

00211

具報告人 來忠全

中城鎮第八保証明保長 趙世明

甲長 劉邦遠

中華民國三十四年九月　日

090-1

来汉臣关于报送一九四三年五月二十日被炸损失申请备案赔偿致梁山县司法处的呈（一九四五年九月）

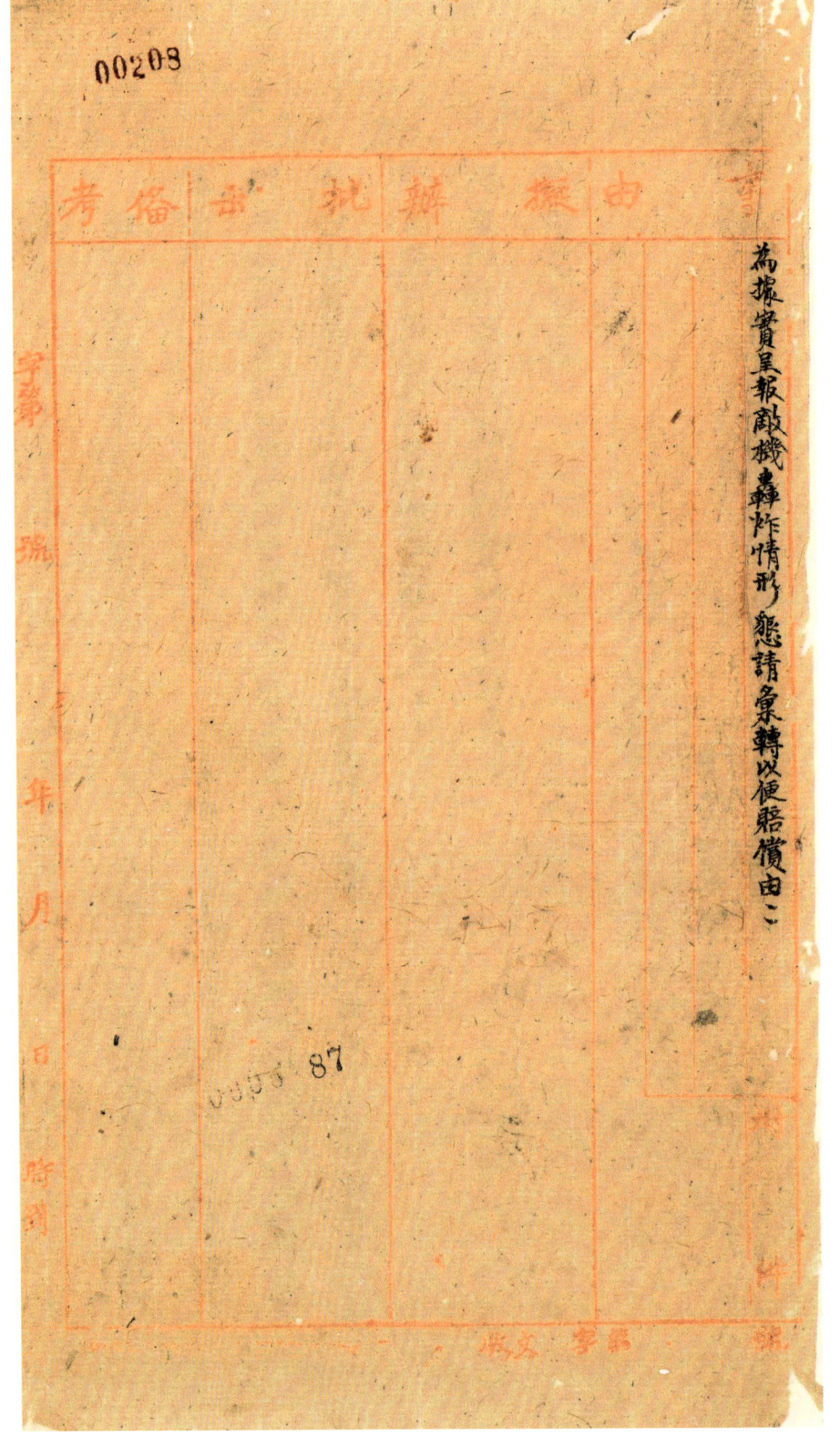
00208

由：為據實呈報敵機轟炸情形懇請彙轉以便賠償由

擬辦

批示

備考

字第　號　年　月　日　時到

件　號

收文　第　號

具呈報被炸損失人來漢臣年五一歲住中城鎮第八保九甲五七號　屠商

情民因生活所迫不能疏散民再佃東大街邱子厚街房舖面一向開設飯館及屠業生理以維全家老幼生活計民三十年農曆四月十七日敵機來梁轟炸彈中民所佃屋炸毀半向炸毀衣物被蓋等項值現時國幣肆拾萬元家庭動用傢俱值洋弍拾萬元又損失肥豬弍隻值洋拾萬零弍仟元總共合計洋柒拾萬零弍仟元茲閱

鈞處佈告日人投降飭報民間損失一案遵即邀同當地保甲坿署証明呈報

鈞處俯賜彙轉以便賠償實沾公便謹呈

梁山縣司法處

具証明人中城鎮第八保保長趙世明

第九甲甲長　來忠全

087-1

具呈报被炸损失人 來漢臣

來漢臣印

88

中華民國三十四年九月日

088-1

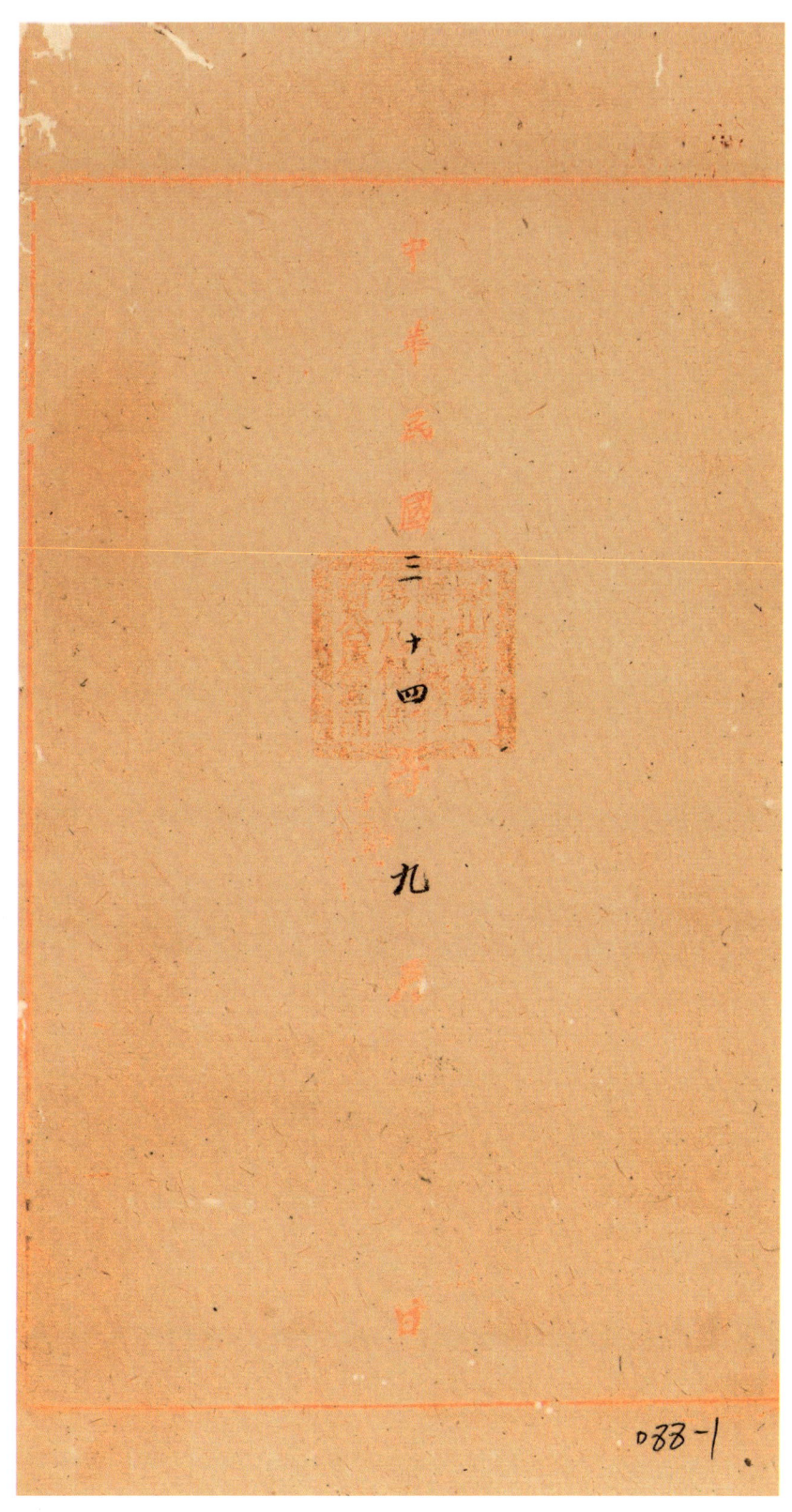

黄禅关于报送一九三九年三月二十九日被炸损失申请备案赔偿致梁山县司法处的呈（一九四五年十月）

5

國民政府印花税票 壹圓 1 DOLLAR

國民政府印花税票 壹圓 1 DOLLAR

0005

事由	擬辦	決定辦法	備攷
事由：為慘遭敵機轟炸損失情形遵示據實呈報懇予彚轉以憑賠償 附件			

005

具呈報人黄　禪年四〇歲住金華鄉

情民原係佃居城廂北城鎮鴿子市香其南陽院內左側半邊於民二十八年三月二十九日被敵機轟炸所有傢具衣被古玩書畫什物動用等全被炸毀罄盡計值現時法幣捌百貳拾萬零柒仟伍百元正竊閱

鈞處轉錄司法行政部訓令佈告梁民如有被炸損失應予呈報是特將同被炸當地保長加章證明據實報請

鈞處請予彙轉以憑賠償公私兩便！

謹呈。

梁山縣司法處

證明人保長陳廷治

陳廷治

005-1

玉中

被損失人黄禅

[禅黄]

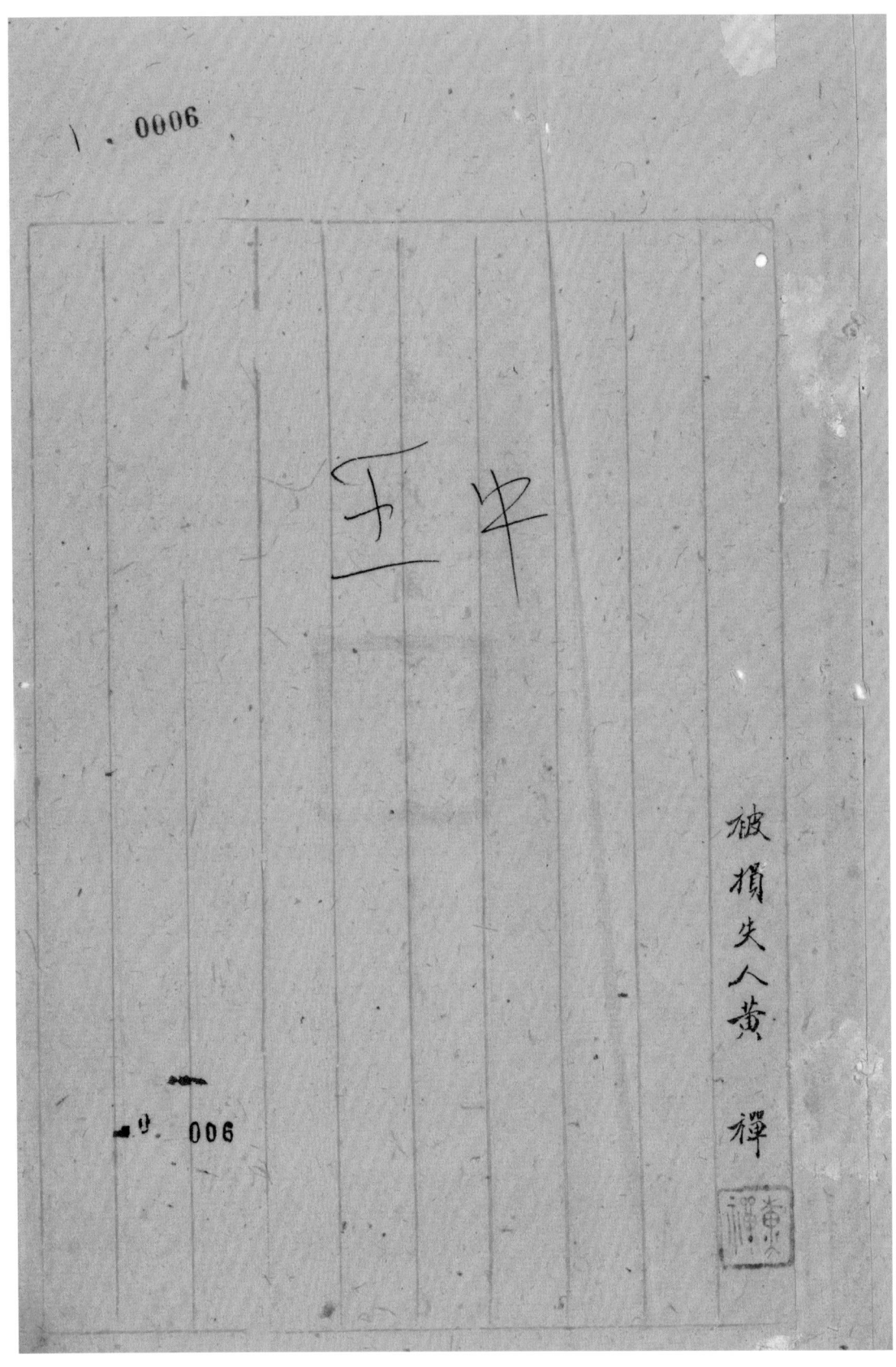

中華民國三十四年十月　日

梁山縣第一區中城鎮第[illegible]辦公處圖記

006-1

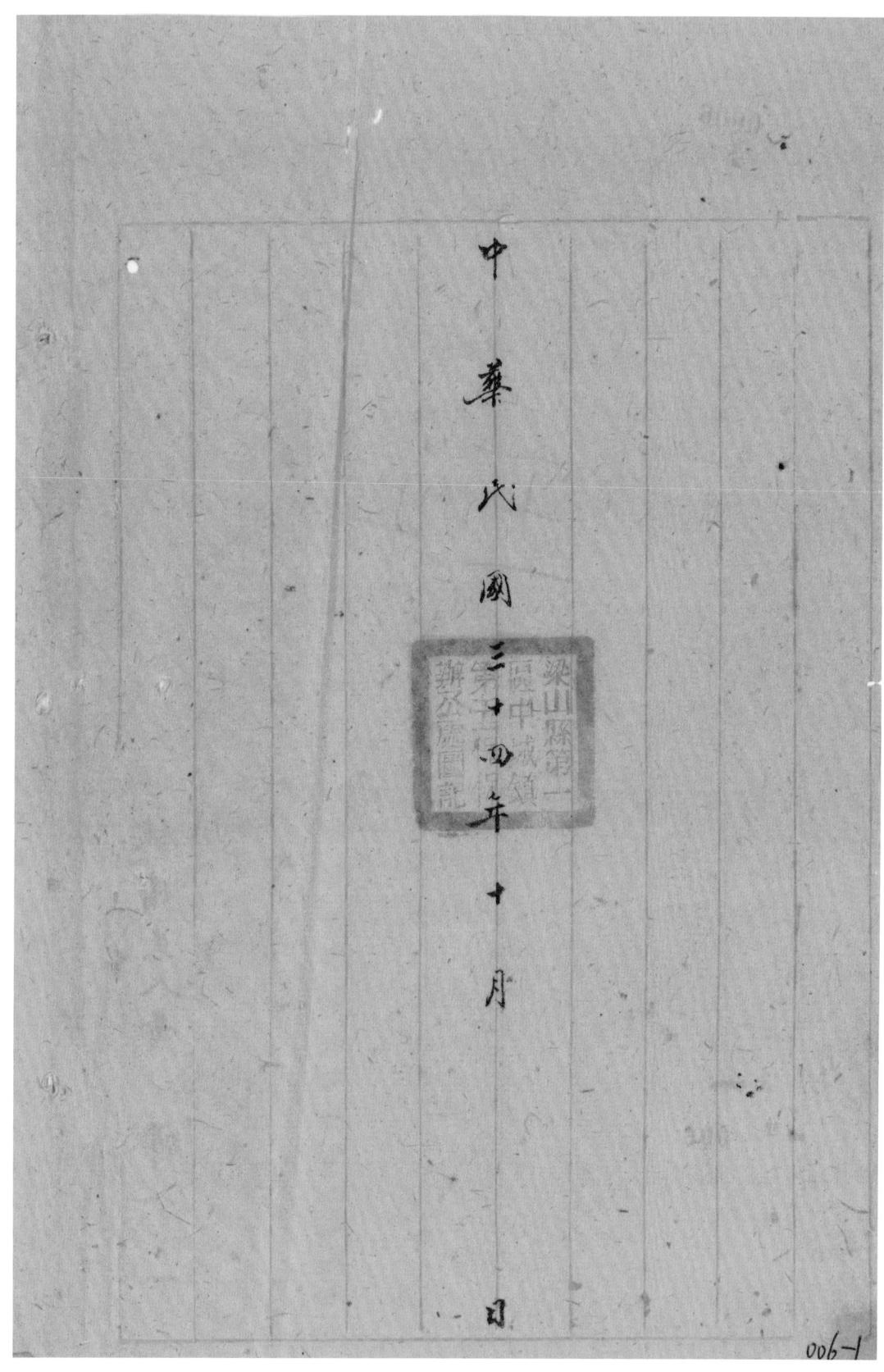

张兴富关于报送一九三九年三月二十九日其父张代武被炸亡申请登记致梁山县赈济委员会的呈（一九四五年十月）

00084

為被敵機炸斃申請登記轉報備查由：

情民任安勝鄉第一保一甲苦力營生，民父代武因運米進城出售，於民國二十八年三月二九日適逢敵機大肆轟炸，即將民父炸斃，是特具文申請

鈞會鑒核，准予登記轉報備查，不勝沾感。

謹呈 ○二

梁山縣賑濟委員會主任委員蕭

具申請人 張興富

証明人梁山安勝鄉第一保長 余貴友

084

中華民國三十四年十月　日

084-1

杨学善关于报送一九三九年三月二十九日其家人被炸亡申请登记致梁山县赈济委员会的呈（一九四五年十月）

00103

為被敵機轟炸全家斃命申請登記轉報備查由

情民任安勝鄉第四保五甲於民國二十八年三月二十九日因民母羅氏及民妻來氏男孩大毛女孩秋菊等四人同往中城鎮至戚家中吊孝突來敵機數十架大肆狂炸因民母等皆係婦孺逃避不急同歸炸斃是特具文申請

鈞會鑒核准予登記轉報備查不勝沾感

謹呈

梁山縣賑濟委員會

具申請人 楊學善（印）

證明人梁山縣安勝鄉第四保保長 郭祖友（印）

019

中華民國三十四年十月　日

019-1

杨汝贤关于报送一九三九年三月二十九日其家人被炸亡申请登记致梁山县赈济委员会的呈（一九四五年十月）

00104

為被敵機轟炸全家斃命申請登記轉報備查由：

情民住中城鎮第四保二甲於民國二十八年三月二十九日突來敵機數十架大肆轟炸民嬸母余氏及民妻唐氏男孩得貴得富女孩得芳得芬等六人因係婦孺逃避不急全家炸斃留民一人是特具文申請

鈞會鑒核准予登記轉報備查，不勝沾感！

謹呈〇二

梁山縣賑濟委員會

具申請人 楊汝賢（印：楊汝賢印）

證明人梁山縣中城鎮第四保保長 扈子粟（印）

020

中華民國三十四年十月　　日

020-1

唐钟氏关于报送一九三九年三月二十九日其家人被炸亡申请登记致梁山县赈济委员会的呈（一九四五年十月）

為被敵機炸斃申請登記轉報備查由：

情氏住安勝鄉第一保五甲挑力營生，氏夫唐德心及子祖華、祖榮等三人於民國二十八年三月二十九日挑運煤炭進城出賣，突來敵機轟炸，將氏夫父子三人一同炸斃，用特據實申請

鈞會鑒核准予登記轉報備查，不勝沾感！

謹呈。

梁山縣賑濟委員會主任委員蕭

具申請人 唐鍾氏

証明人梁山縣安勝鄉第一保保長 余貴友

中華民國三十四年十月　日

035-1

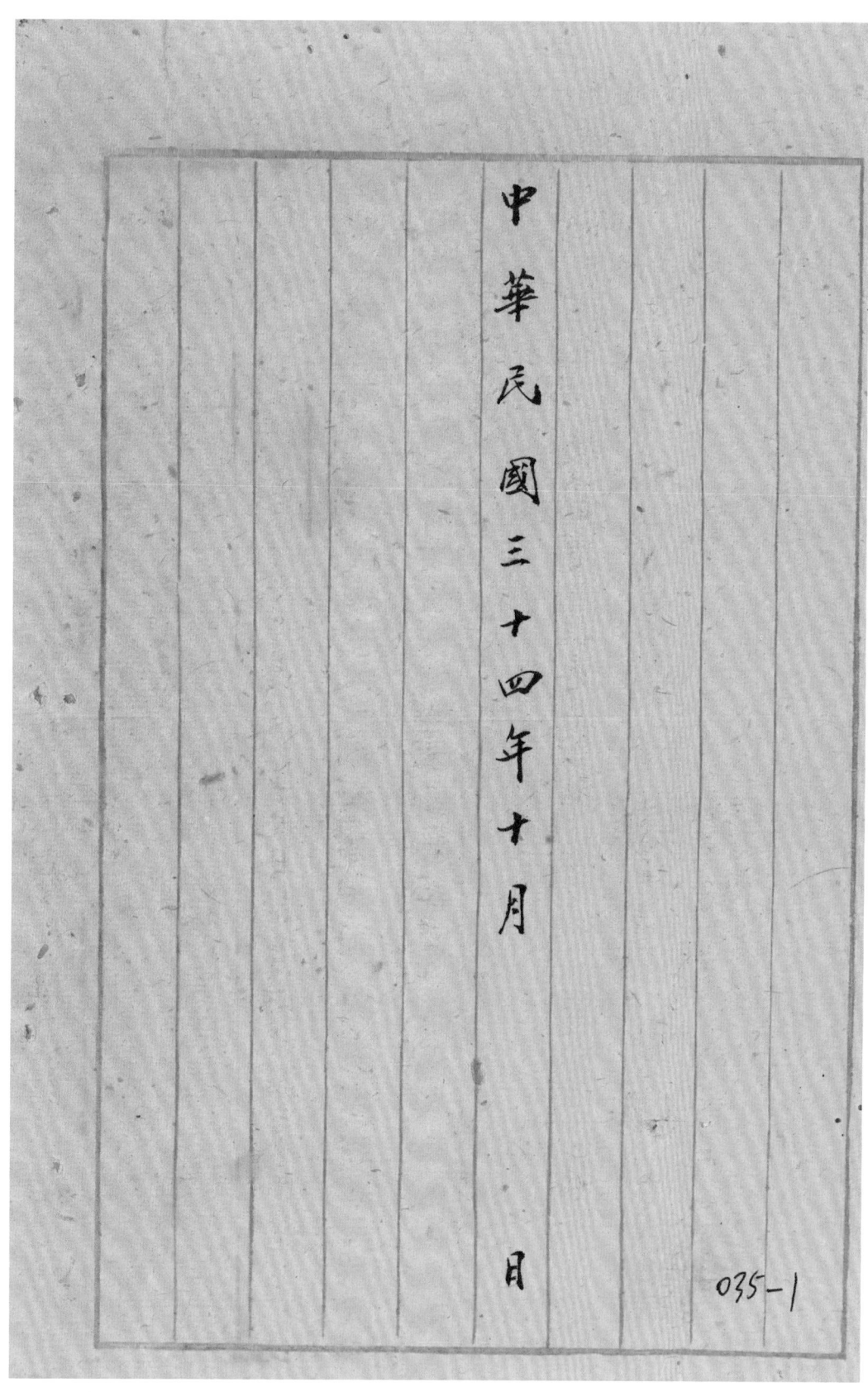

龙树关于报送一九三九年十月十三日被炸损失申请备案赔偿致梁山县政府的呈（一九四五年十二月）

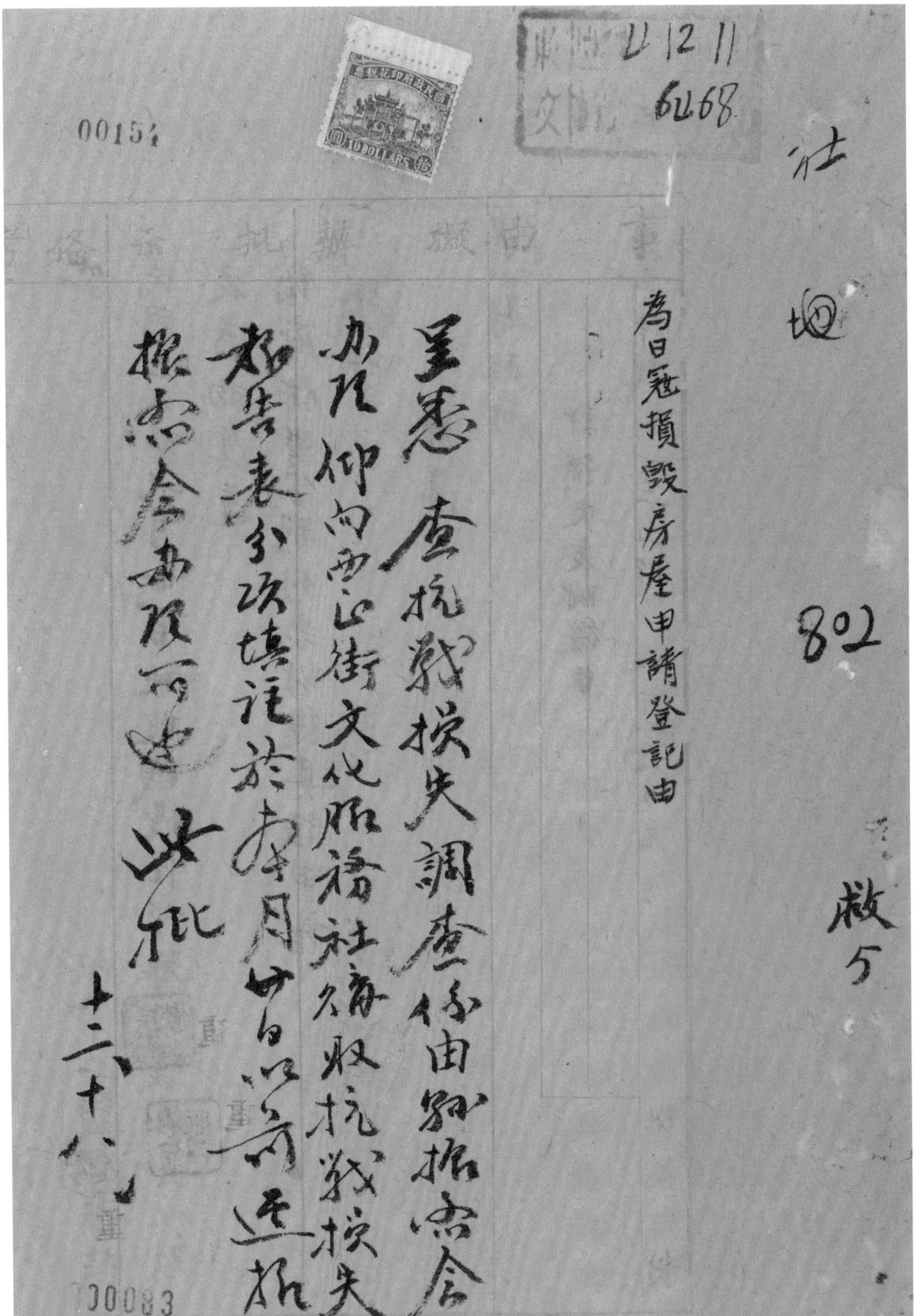

00154

社地

802

敝5

為日寇損毀房屋申請登記由

呈悉。查抗戰損失調查係由縣振濟會辦理，仰向西正街文化服務社[illegible]取抗戰損失報告表分項填註，於本月廿日以前送振濟會辦理為要。

此批

十二、十八

000083

窃民所有中城镇第五保地名通夫第八十二号住居于
民国二八年九月初一日被敌机慢性炸弹毁坏器具以及
衣着物应遵
钧府布告分别列表附后具报申请
鉴核
谨呈
梁山县政府
计损失表附后
器具件数　一三二件　八一三六〇元
衣着物数　八五件　二七五〇〇元

0837

合計國幣壹百〇捌萬捌仟陸百元正

具聲請被害人龍樹

中華民國三十四年十二月 日

085-1

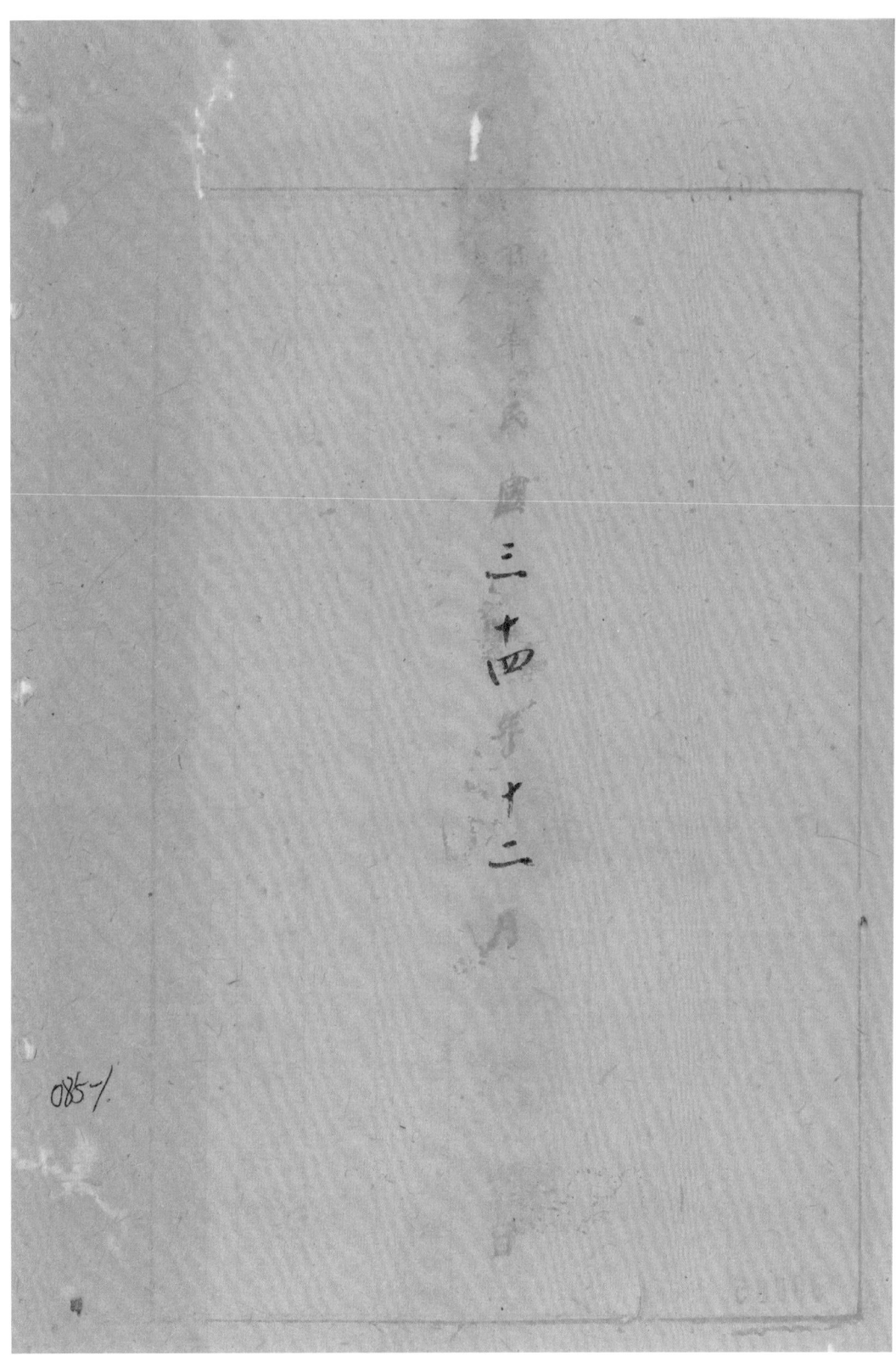

155

證明書

茲證明本保八甲業户龍澍碓於民國二十八年古曆九月初一日遭敵機狂炸罄盡損失不虛特具證明此證

證明人姓名	盖章	服務機關及職務	住址
陳廷治		中城鎮五保保長	北大街第　號

中華民國三十四年十二月　日

000084

后记

本书编纂工作在《抗日战争档案汇编》编纂出版工作领导小组和编纂委员会的具体领导下进行。本书编者主要来自重庆市梁平区档案馆。在编纂过程中，重庆市档案局、档案馆予以了具体指导，唐润明、周文彬、屈治国、黄娟、姚旭、温长松等同志审阅了书稿，提出了重要修改意见。五洲传播出版社对本书的编纂出版工作给予了鼎力支持。仅向上述单位和同志致以诚挚的感谢！

编者